한국특수교육교과교육학회 교과교육론 II

〈2판〉

개정 교육과정에 따른

특수교육 수학교육론

남윤석 · 유장순 · 이대식 · 이필상
홍성두 · 고혜정 · 이성진

교육과학사

최근 특수교육에서는 교과 교육이 강조되고 있다. 그동안 특수교육이 양적 발전을 이루어왔다면, 이제는 특수교육이 양적 발전뿐만 아니라 질적 발전을 함께 이루어야 한다는 입장이 반영된 것이라 할 수 있다. 학생들과 직접 마주하는 특수교육 현장의 교과 수업에 관심을 기울이고 교과 교육의 질을 개선하기 위해 노력하는 것이 궁극적으로 특수교육의 질적 발전을 도모할 수 있기 때문이다.

특수교육 현장에서 학생들에게 가장 많은 수업 시간을 배정하는 교과 중에 하나가 수학이라고 할 수 있다. 수학은 국어와 같이 다른 교과를 학습하는데 필요한 내용을 담고 있는 도구 교과이기 때문이다. 우리가 일상생활 속에서 접하게 되는 수많은 숫자, 기호, 모양, 그래프 등을 떠올려 보면, 수학을 모르는 상태에서 일상생활에 적응하며 살아가는 것이 얼마나 어려운 일이 될지를 짐작해 볼 수 있다. 또한 논리적이고 추상적으로 생각하는 능력이 부족한 특수교육대상학생들에게 보다 논리적인 사고, 보다 추상적인 사고, 보다 나은 문제해결 능력 등을 길러주는 데 가장 적합한 교과는 수학이라고 할 수 있다.

이처럼 수학이 특수교육대상학생들의 성장에 필수적인 교과임에도 불구하고, 예비특수교사나 현직 특수교사들이 수학 교육에 관해 공부하는 데 적합한 전문 서적을 찾아보기 어렵다는 것은 매우 안타까운 현실이다. 이러한 현실적인 문제를 해결하기 위해서 특수교육대상학생들의 수학 교육에 깊은 관심과 열정을 가진 7명의 저자들이 2011년에 모여서 '특수교육 수학교육론'을 집필하였다. 이후 몇 번의 교육과정 개정이 이루어졌고, 특수교육 현장에서도 수학 교육에 대한 관심이 높아져 많은 연수와 연구가 활발히 이루어져 왔다. 더욱이 최근에는 중등 특수교사 자격 취득을 위한 전공과목의 세부 이수기준이 변경되어 기존 표시과목 관련 교과목(총 38학점)에 특수교육교육과정(기본 교육과정 교과) 3과목 이상이 포함되도록 함으로써 초등특수교사뿐만 아니라 중등특수교사도 수학 교과를 이수할 수 있는 기회가 마련되었다.

이러한 변화에 따라 개정 교육과정의 내용을 반영하고, 더욱 확대된 독자들을 고려한 수학 교육 관련 전문 서적의 필요성에 공감하여, 새롭게 7명의 저자들이 힘을 모았다. 집필에 참여한 저자들은 모두 특수교육대상학생의 수학 교육에 관한 연구 경험을 가지고 있으며, 교사양성 대학이나 대학원 등에서 특수교육대상학생들의 수학 교육에 관한 강의를 수행해 왔다. 이러한 경험을 토대로 특수교육대상학생들에게 수학을 가르치는데 도움이 되는 내용을 '개정 교육과정에 따른 특수교육 수학교육론'에 담아내기 위해 노력하였다.

이 책은 특수교육 수학 교육의 기초적인 내용을 담은 제1부와 특수교육 수학 교육의 실제적인 내용을 담은 제2부로 구성되었다. 제1부는 특수교육대상학생에게 왜 수학 교육을 해야 하는지, 무엇을 가르쳐야 하는지, 어떻게 가르쳐야 하는지에 초점을 두고, 제1장 수학과 수학 교육, 제2장 수학 교육의 목표, 제3장 수학 교육의 내용, 제4장 수학 교수·학습 이론, 제5장 수학 수업모형, 제6장 수학 교수·학습 자료, 제7장 수학 교육의 평가로 구성하였다. 제2부는 수학 교과의 각 내용 영역에 따라 구체적으로 무엇을 어떤 순서로 어떻게 가르칠 것인가에 초점을 두고, 제8장 수 이전 영역의 교수·학습 방법, 제9장 수 영역의 교수·학습 방법, 제10장 연산 영역의 교수·학습 방법, 제11장 도형 영역의 교수·학습 방법, 제12장 측정 영역의 교수·학습 방법, 제13장 규칙성 영역의 교수·학습 방법, 제14장 자료와 가능성 영역의 교수·학습 방법으로 구성하였다. 또한 부록에는 개정 교육과정의 수학과 교육과정을 수록하였다.

이 책은 특수교육대상학생뿐만 아니라 수학 학습에 어려움을 경험하는 일반학생들을 어떻게 지도할 것인지에 관한 안내서의 역할을 할 수 있을 것으로 기대한다. 따라서 특수학교와 특수학급에서 수학을 지도하는 초·중등 특수교사들은 물론이거니와 통합학급에서 수학을 지도하는 일반교사들과 수학을 지도하는데 어려움을 경험하는 일반교사들 모두에게 도움이 될 것이다. 또한, 이 책은 수학 교육

강좌를 이수해야 하는 초·중등 예비특수교사와 대학원에서 특수교육 교과 교육에 관한 연구를 준비하는 연구자뿐만 아니라 수학 학습에 어려움을 겪는 학생들에게 관심을 갖는 모든 예비교사들에게 유용한 교재로 활용될 수 있을 것이다.

이 책은 특수교육 교과교육이 총론 수준에서 나아가 각론 수준으로 확대되는 과정에서 특수교육에서의 수학 교육이 어떻게 자리매김을 할 것인지에 대한 고민과 노력의 두 번째 결과물이다. 저자들 모두가 공동의 협력 작업을 통해 보다 나은 결과물을 얻기 위해 노력하였음에도 불구하고, 부족한 부분이 있을 것으로 생각된다. 수학 학습에 어려움을 겪는 학생들을 지도하는 데 애쓰는 독자들의 아낌없는 지적과 조언을 기대한다. 또한, 수학 학습에 어려움을 겪는 학생들에 관해 연구하는 독자들의 날카로운 논의를 기대한다. 이러한 독자들의 지적과 논의는 특수교육에서의 수학 교육에 관한 이론과 실제를 더 굳게 다져가는 기회가 될 것이기 때문이다. 아무쪼록 이 책이 특수교육에서의 수학 교육에 관한 더 많은 논의와 연구를 불러일으키고, 특수교육 현장에서 수학 수업의 질을 끌어올리는 데 유용하게 활용되기를 바란다.

마지막으로 이 책의 집필을 위해 애써주신 공동 저자들과 출판을 위해 수고해주신 교육과학사의 한정주 사장님과 편집실 직원 여러분에게도 진심으로 감사드린다.

2025년 3월

저자 대표 남 윤 석

제 1 부

특수교육 수학 교육의 기초

제 1 장 수학과 수학 교육

이 필 상

수학은 인류의 역사와 함께 시작되어 왔다고 할 만큼 가장 오래된 학문이라고 할 수 있다. 그러나 막상 수학의 개념이나 수학의 목적을 정의하라는 요구에 답하기는 결코 쉽지가 않다. 수학을 가르치는 교사에게 있어서 이러한 요구에 답하는 것은 기본적인 문제일 뿐만 아니라 수학을 배우는 학생의 입장에서도 반드시 이해하고 넘어가야 할 문제임에는 분명하다.

특히 특수교육대상학생들에 대한 교육 현장에서는 많은 교과들 중에서 특히 수학과를 지도함에 있어서 교사들이 가지는 교수·학습 활동에 대한 막막함과 어려움은 쉽게 공감이 가는 부분이다. 이런 점에서 교사가 수학의 특성을 이해하고 특수교육대상학생들이 가지는 특성과 수학 영역에서 겪는 어려움을 이해한다면 특수교육대상학생들을 위한 수학과 교육의 방법들을 구안하는 여정의 출발은 성공적이라 할 수 있다.

따라서 본 장에서는 먼저 수학의 개념과 목적을 살펴보고, 수학의 특성과 수학 교육의 성격을 알아보기로 한다. 그리고 이를 바탕으로 특수교육대상학생과 수학 교육을 살펴보기로 하는데, 특수교육대상학생의 수학 영역에서의 어려움을 이해하고 특수교육대상학생의 수학에서의 난관 극복 방법을 자세히 알아보기로 한다.

1. 수학의 개념

수학은 역사적으로 볼 때 인류의 발생과 함께 생겨나 발전해 왔다. 역사적으로 수학은 기원전 2천년경의 바빌로니아와 이집트까지 거슬러 올라간다. 특히 기원전 5세기부터 3세기까지(그리스)와 17세기경(유럽에서 무한소 계산법의 발생)의 풍요한 발달 시기를 거쳐 20세기 초까지 자연 과학 및 공학적인 문제와 밀접하게 결부되어 기하학, 대수학, 해석학의 고전적 분야가 크게 발달하였다. 20세기에는 실용 수학의 새로운 분야(추측 통계학, 컴퓨터 과학)가 탄생하였으며, 그와 동시에 수학은, 이전에는 수학적 방법으로 접근할 수 없는 것으로 여겨지던 많은 새로운 영역(경제, 사회 과학, 생물학, 언어학, 설계, 통신 등)에 침투하였으며, 과거와 비교할 수 없을 정도로 폭넓게 응용되어, 매우 중요한 역할을 하게 되었다(이용률 등, 2000: 21). 또한 수학은 숫자 세기, 계산, 측정 및 물리적 대상의 모양과 움직임을 추상화하고 이에 논리적 추론을 적용하여 나타났다. 이런 기본 개념들은 고대 이집트, 메소포타미아, 고대 인도, 고대 중국 및 고대 그리스의 수학책에서 찾아볼 수 있으며, 유클리트의 원론에서는 엄밀한 논증이 발견된다. 이런 발전은 그 뒤로 계속되어, 16세기의 르네상스에 이르러서는 수학적 발전과 과학적 발견들의 상호 작용이 일어나 혁명적인 연구들이 진행되며 인류 문명에 큰 영향을 미치게 되었고, 이는 현재까지도 계속되고 있다.

오늘날 수학은 자연 과학, 공학, 의학뿐만 아니라 경제학 등의 사회 과학에서도 중요한 도구로서 사용된다. 수학을 이런 분야들에 적용한 응용 수학은 그 결과로서 수학 자체의 발전을 이끌고 새로운 분야들을 낳았다. 응용이 아닌 수학 자체의 아름다움과 재미를 추구하며 연구하는 것을 순수 수학이라 한다. 결국 수학은 주로 일상생활과 밀접한 관계가 있는 실용적인 토대 위에서 발전하였고, 사회의 형태가 점차 발전해감에 따라 수학은 농업이나 토목, 건축과 같은 일에 필요한 실용적인 과학으로 발전하여 왔다.

인문 · 사회 과학은 인간이 존재함으로써 인간에 의해 만들어진 학문이며, 자연과학은 자연 속에 이미 존재하는 현상, 또는 법칙을 인간이 연구, 관찰하여 만든 학문인데, 사전적 정의에서 수학(數學)은 양, 구조, 공간, 변화 등의 개념을 다루는 기초과학의 학문이다. 현대 수학은 형식 논리를 이용해 공리로 구성된 추상적 구조를 연구하는 학문으로 여겨지기도 한다. 수학은 그 구조와 발전 과정에서 자연과학에 속하는 물리학을 비롯한 학문들과 깊은 연관을 맺고 있으나, 여느 과학의 분야들과는 달리 자연계에서 관측되지 않는 개념들에 대해서까지 이론을 일반화 및 추상화시킬 수 있다는 차이가 있다. 수학자들은 그러한 개념들에 대해 추측을 하고, 적절하게 선택된 정의와 공리로부터의 엄밀한 연역을 통해 추측들의 진위를 파악하려 한다.

수학의 개념을 논할 때 가장 많이 갖는 의문으로는 수학은 산수인가? 라는 점일 것이다. 대부분의 경우, 사람들은 수학과 산수를 혼돈하여 사용하는 경우가 많다. 그러나 산수는 수에 관한 것으로서 산수가 수학이라면 수학은 수와 숫자, 그들의 가감승제에 관한 학문으로 정의할 수 있을 것이다. 그러나 수학은 이와 같은 수에 관한 계산을 넘어선 영역으로 다음과 같은 학문적 개념을 갖는다. 첫째, 수학은 규칙성과 관계에 관한 학문이다. 수학은 다양한 수학적 개념들간의 규칙성과 관계와 관계를 이해하는 학문이라고 할 수 있다. 예를 들어 자연수간의 덧셈이라는 개념을 생각해 볼 때 학생은 1, 2, 3, …… 등의 자연수에서 1, 2, 3, ……, n+1이라고 하는 규칙성과 관계가 존재함을 먼저 인식해야 할 뿐만 아니라 덧셈에서도 합병과 첨가라고 하는 두 집합간의 관계를 이해하여야 한다. 둘째, 수학은 사고의 방법이다. 수학은 수뿐만 아니라 보다 넓은 자연과 인간세계의 이해를 위해 다양한 자료를 조작하고, 분석하며, 종합하는 능력과 구체적인 상황을 추상화하는 과정을 익히는 학문이라고 할 수 있다. 이런 관점에서 볼 때 수학은 다양한 일상의 문제해결을 위하여 사용되는 사고의 도구이자 사고의 산물이다. 예를 들어 복잡한 사회적 현상을 간단한 수식이나 표, 그래프 등으로 표현하여 이해를 쉽게 할 뿐만 아니라 그 과정이 보다 쉽고 편안하게 이루어질 수 있도록 방법을 모색하는 일이야말로 수학의 중요한 특성이라고 할 수 있다. 셋째, 수학은 질서와 내적 일관성이 있는 예술이다(강문봉 등, 2004). 많은 학생들이 수학을 별개의 여러 가지 암기해야 할 개념과 기능들로 이루어져 있다고 생각하지만 사실 수학보다 더 규칙적이고, 일관성 있는 학문은 드물다. 수학은 마치 커다란 건축물과 같아서 전체 건축물에서 벽돌을 한 장이라도 빼낸다면 그것은 지탱하기 어려울 것이다. 따라서 수학 교육은 수학에 내재된 질서와 내적 일관성을 깨달을 수 있는 기회를 제공하여 학생의 수학에 관한 지적 건축물이 허물어지는 일이 없도록 해야 할 것이다. 넷째, 수학은 언어를 의사소통 도구로 사용하는 학문이다. 학생들은 수학이 언어로 이루어졌다는 사실을 잊어버리는 경우가 많다. 그러나 돌아보면 수학은 잘 정의된 용어와 기호를 사용하여 의사소통을 한다. 따라서 수학과 교육은 반드시 이같은 수학적 의사소통 도구의 의미를 정확히 알고 사용하여 의사소통하는 능력을 길러 줄 수 있어야 한다.

한편 현행 초등학교 교육과정(공통 교육과정)에서는 수학은 수량과 관련된 사실, 관계, 규칙을 다루며, 공간에서 일어나는 다양한 현상들에 대해 연구하는 분야이며, 우리 인간의 생활 영역이나 지식의 세계에서 주로 수리적인 계산이나 사고, 공간 감각과 직접적인 관련이 있으며, 또한 개인의 생각이나 개념을 정확하고 간결하게 전개, 표현하는 것을 용이하게 해주는 것(교육과학기술부, 2008: 42)으로 설명하고 있다.

또한 현행 특수학교 교육과정(기본 교육과정)에서도 수학은 특수교육대상학생들이 우리 일상생활에서 다양한 모습으로 존재하는 수학의 기초적인 개념, 원리, 법칙을 이해하고, 일상생활의 여러 가지 사물과 현상을 수학적으로 관찰하고 사고하는 능력을 기르며, 일상생활의 여러 가지 문제를 합리적으로 해결하는 능력과 태도를 기르는 교과로, 실제적인 측면에서 수학이 실제 생활에서 유용하게 사용되며, 다른 교과 학습을 돕는 기초적인 도구 교과로서의 역할을 수행(교육과학기술부, 2009: 174)하게 된다고 한다.

2. 수학의 특성과 수학 교육의 성격

1) 수학의 특성

수학은 우리의 일상생활 어디에서나 찾아볼 수 있기 때문에 수학을 하는 것은 삶을 살아가는 하나의 방식이다. 등교 시간에 맞추기 위해 집과 학교까지의 거리와 시간을 염두에 두고 출발할 때나, 여행 준비를 위해 양과 무게를 고려하여 가방을 정리할 때, 친구들과 생일 케이크를 나누어 먹기 위해 조각을 어림할 때 등 수학을 의식하려 하지 않아도 수학적 논리를 다양한 상황 속에서 활용하고 있는데, 이는 과거보다 첨단 과학 시대이자 정보화 시대를 살고 있는 현재에는 더욱더 그 중요성이 증가하고 있다.

수학은 절대적으로 분명하여 의문이 없고 객관적이라 믿는 사람들은 수학은 체계적이고 연역적인 과학으로서 정의, 정리, 알고리즘과 그 연역 체계를 수학으로 본다. 그러나 수학적 지식은 절대적 진리가 아니며 구성 도중에 있는 실험적이고 귀납적인 과학으로 보는 입장도 있다. 이러한 수학의 양면성 때문에 수학을 보는 관점에 따라 강조되는 수학의 특성을 한 가지로 설명하는 것은 불가능하다. 그러나 일반적으로 수학의 특성으로 실용성, 추상성, 형식성, 계통성, 직관성과 논리성, 일반화와 특수화, 이상성, 역동성 등이 거론된다. 이에 대해 좀 더 구체적으로 살펴보면 다음과 같다.

(1) 실용성

수학은 발생 자체가 인간 생활의 필요에서 비롯되었다. 생활 속에서 물건의 개수를 세고 길이나 양을 측정하고자 하는 노력에서 수 개념이 생겨났다. 뿐만 아니라 자연을 탐구하면서 넓은 강을 직접 건너지 않고도 강의 너비를 알 수 있게 해 주었으며, 높은 산을 실제 오르지 않고도 산의 높이를 알 수 있게 해 주었다. 또한 지구의 크기를 측정하거나 달까지의 거리도 계산하게 해 주었다. 이러한 수학은 이론 수학으로 발전하였으며, 우리들은 땅의 넓이나 산의 높이를 구할 때 수학의 이론을 적용하여 측정하는 것과 같이 실제 생활에서 수학이 유용하게 사용되고 있으며, 다른 학문의 획득을 돕는 기초적인 도구 역할을 수행하는 점은 수학의 실용성을 보여준다.

(2) 추상성

추상성은 어떤 구체물의 모임에서 각각이 가지는 여러 가지 특성 중에서 서로 다른 속성을 버리고 같은 속성만을 추출하여 만들어지는 개념을 말하는 것이다. 이를테면 책, 칠판, 상자 등의 구체물에서 색깔이 다르고 크기가 다르다는 이질적인 속성을 버리고, 동질적인 속성으로서 점, 선, 면으로 구성된 이상적이고 단순화된 사각형이라는 개념을 얻을 수 있다. 추상성은 눈에 띄는 겉모양의 이질적인 속성에 주의를 기울이기 보다는 눈에 띄지 않는 동질적인 속성을 찾아내는데 주의를 기울여야 하기 때문에, 이렇게 추상적인 개념을 익히는 과정은 생각하는 힘을 기르는 과정이 된다. 수학에서 다루는 대상은 대부분 추상화하여 얻어진 개념이라는 점에서 추상성은 수학 교과가 가지는 핵심적 특성이라고 할 수 있다.

한편 추상화의 방법은 서로 다른 속성의 구체물들을 같은 속성으로 받아들이는 것이므로 귀납적 방법이 적용된다고 할 수 있고, 또 이렇게 추상화된 개념이 구체적인 사항에 여러 가지로 적용될 때에는 연역적 방법을 따르게 된다.

(3) 형식성

형식성은 수학의 개념이나 원리가 추상화의 사고 과정을 통하여 발견되고 추출된 다음, 더욱 발전된 일반성을 가지는 활용 방법을 얻는 과정에서 갖출 필요가 있는 격식(pattern)을 의미하는 것으로 수학적 표현의 엄밀성을 보장하기 위한 장치이다. 수학에서는 형식화를 통해 어떤 대상에서 추상화의 사고 방법을 통해 공통적인 격식이나 필요한 규칙성, 원리성 등을 만들어간다. 또한 형식화는 알고리즘의 개발을 촉진한다. 이를테면 정수의 덧셈 계산 형식은 소수, 분수의 덧셈 계산 형식과 공통되는 점이 있어서 궁극적으로는 유리수의 덧셈 계산 형식이라는 틀이 만들어지게 되고, 반대로 이 형식이 정수, 소수, 분수의 계산에 적용되는 것이다.

이러한 형식성은 수학의 힘을 증대시키고 효율적인 사고를 가능하게 해주는 특징적인 것이다.

(4) 계통성

계통성은 어떤 기초적인 내용을 기반으로 하여 그 기반 위에 다른 내용을 더 첨가함으로써, 발전되고 통합된 새로운 내용을 일관성 있게 이어나가는 것으로, 수학적 개념의 확장과 관련된다. 예를 들면, 덧셈은 동수누가의 과정을 거쳐 곱셈으로, 뺄셈은 동수누감의 과정을 거쳐 나눗셈으로 발전하는 계통성을 갖는다. 또 우리가 수를 학습할 때의 자연수, 정수, 유리수, 실수로의 확장은 이러한 계통성의 전형적인 예라고 할 수 있다.

계통성은 학습 내용의 순서를 정할 때 논리적 연결성을 가지고 학습이 단계적으로 이루어지도록 해주는 것이므로, 계통성은 수학 교육과정을 구성하는데 핵심적인 역할을 한다. 또한 이러한 이유로 수학은 어느 교과보다도 계통성이 강한 교과라고 할 수 있다.

(5) 직관성과 논리성

전제나 선행 명제로부터 결론이나 후속 명제를 타당하게 이끌어내는 논리성은 다른 어떤 교과보다 수학 교과의 특징적인 것이다. 즉, 논리성은 계통성을 지원하는 규칙으로서, 수학 발전 과정에서 수학 내용을 모순 없이 체계화하여 질서 있는 구조를 갖추게 해준다. 논리성에 대한 학습은 사고를 효율적이면서도 정연하게 가다듬어 세련된 사고를 가능하게 해준다. 그러나 논리적으로 정당화할 대상은 직관에 의해 발견, 발명하는 경우가 많다. 직관은 사고 대상을 인지하는 활동이 다소 불분명하지만 전체를 감지할 수 있는 사고이며, 이론 전개의 방향, 기틀을 마련해 주는 직감적 아이디어로 수학에서 직관성도 매우 중요하다. 결국 수학의 논리성은 그 자체만으로 설명되기보다는 직관성과의 비교와 상호 관련성에 의해 설명할 수 있다. 예를 들어, 나란히 놓인 길이가 서로 다른 두 개의 연필 중에 어느 것이 더 긴 것인지를 알아보고자 할 때에, 시각적 지각을 통해 직접 알아내면 직관적 판단이 이루어진 것이다. 그러나 두 구체물의 위치가 달라 직관적 판단만으로는 문제를 해결할 수 없을 때에, 임의 단위로 재어 보거나 자와 같은 측정 도구를 사용하여 보다 분석적이고 단계적으로 길이의 대소를 알아낸다면, 이는 보다 논리적으로 사고를 한 것이다. 이처럼 논리적 사고는 직관적 판단으로 해결할 수 없는 여러 가지 상황에 직면할 때에 발생할 수 있으며, 기본적으로는 수많은 직관적 판단을 해 보는 경험이 쌓여졌을 때에 얻어질 수 있는 것으로 볼 수 있다.

직관적 사고는 수학의 발견, 발명에 중요한 역할을 하며, 논리적 사고는 발견, 발명된 수학의 정리에 정당성을 부여하는 데 필수적이다. 따라서 논리성은 완성된 수학의 특성을 나타내며, 직관성은 구성 중에 있는 수학에서 나타나는 특성이라고 할 수 있다.

(6) 일반성과 특수성

일반성은 하나의 대상에 대한 고찰로부터 그 대상을 포함하는 집합에 대한 고찰로 확장시키는 일반화의 성질을 가리키는 것으로 수학에서 사용되는 여러 가지 원리와 법칙을 발견 혹은 구성하게 해준다. 예를 들면, 한 자리 수의 덧셈에서 두 자리 수의 덧셈, 세 자리 수의 덧셈, 나아가 모든 자연수의 덧셈을 하는 것이나, 삼각형에 대한 고찰로부터 임의의 다각형의 고찰로 나아가는 것이 일반화이다. 수학에서 사용되는 여러 가지 원리, 법칙 등은 모두 이러한 일반화의 결과이다.

한편, 일반화와 반대되는 개념이 특수성이다. 특수성은 주어진 대상의 집합에 대한 고찰로부터 그 집합에 포함되는 더 작은 집합 또는 단 하나의 대상에 대한 고찰로 옮겨가는 특수성의 성질을 가리키는 것으로, 일반화된 명제를 검증하거나 그 증명 또는 풀이에 대한 실마리를 제공해 주기도 한다. 예를 들면 다각형에 대한 고찰에서 정다각형에 대한 고찰로, n각형에 대한 고찰에서 삼각형에 대한 고찰로 옮아가는 것은 모두 특수성의 예이다. 일반성이 귀납적인 탐구 과정을 통해 얻어지는 산출물이라면, 특수성은 연역적인 탐구 과정을 통하여 개별적인 사례에 적용하여 새로운 산출물을 얻는 활동이라고 할 수 있다.

(7) 이상성

이상성은 추상성과 밀접하게 관련된 것으로, 수학적 사고 과정에서 그 사고의 대상인 사물이나 현상에 대하여 사고의 대상이 되는 사물이나 현상을 그 겉모양으로 보는 것이 아니라 최적의 사고가 가능하도록 본질적인 요소만 고려하여 새로이 바람직한 형태로 단순화시킴으로써 얻게 되는 특성이다. 예를 들면 한 시간에 4km를 걷는 사람이 x시간 동안 걸은 거리는, 그 사람이 항상 일정한 속도로 걷는 것은 아니지만, 이상화하여 (4× x)km라고 말하게 된다. 또, 직사각형 모양의 땅의 넓이를 구할 때, 그 땅이 정확하게 직사각형이 될 수는 없겠지만 직사각형으로 이상화하여 직사각형의 넓이 구하는 공식을 사용한다.

(8) 역동성

수학은 완성된 수학과 구성 과정에 있는 수학으로 나눌 수 있다. 수학의 역동성은 수학의 발생, 즉 구성 과정에 초점을 둔 것으로서, 시행착오와 직관, 개연적 추론, 발견, 탐구 양식 등을 강조하여 부각시킨 성질이다. 예를 들어, 공리(axiom)·공준(postulate)과 같은 정의에서 시작되는 유클리드 기하(고대 그리스에서부터 시작한 유클리드 기하학은 모든 수학 영역에서 기초가 되는 것인데, 유클리드 원론에서 유래된 정의, 공리, 공준으로부터 정리를 증명하는 연역적, 공리적 체계이다)는 이미 완성된 수학이지만, 유클리드 기하가 완성되기까지에는 수학자들이 거기에 포함된 정리를 발견하고 그것을 증명하는 과정에는 많은 오류와 시행착오가 있었고, 결국 귀납적 방법에 의해 공리·공준, 즉 정의를 찾아내었을 것이다. 이처럼 수학적 과정과 활동은 고정되어 있는 상태가 아니라 구성 과정에 있는 특성이 있으므로, 이런 의미에서 수학은 역동성을 갖는다고 할 수 있다.

2) 수학 교육의 성격

현행 공통 교육과정에서 수학과는 수학의 개념, 원리, 법칙을 이해하고 주변의 여러 가지 현상을 수학적으로 관찰하고 해석하며 논리적으로 사고하고 합리적으로 문제를 해결하는 능력과 태도를 기르는 교과(교육부, 2022a)로 성격을 규정하고 있다. 이는 수학과 교육을 하는 목적이 기본적으로는 수학적 개념이나 원리, 또는 법칙을 이해하는 것이지만, 수학과 교육의 목적이 단순히 수학적 개념, 원리, 법칙의 이해나 수학적 지식의 획득에 국한된 것이 아니라 이를 바탕으로 논리적인 사고력 및 여러 가지 현상을 수학적으로 관찰하고 해석할 수 있는 능력을 기르는 데 있다는 의미이다. 더 나아가 여러 가지 문제를 수학적인 방법을 사용하여 합리적으로 해결하는 능력과 태도를 기를 수 있어야 한다.

그러므로 공통 교육과정에서 밝히고 있는 수학과 성격은 수학의 지도에서는 논리적인 사고 및 여러 가지 현상에 대한 수학적 관찰 및 해석, 수학적인 방법과 수학적 활동을 통한 문제 해결 능력과 태도의 신장을 염두에 두어야 함을 의미하고 있다고 할 수 있다. 이는 수학과의 목적이자 수학 학습을 통해 성취될 수 있는 기대 효과이기도 하다.

뿐만 아니라 수학적 개념의 깊이 있는 이해와 활용, 합리적인 문제 해결 능력과 태도는 모든 교과를 성공적으로 학습하는 데 필수적일 뿐만 아니라 개인의 전문적인 능력을 향상시키고 민주시민으로서 합리적인 의사결정 방법을 습득하는 데에도 필요하다. 또한 수학적 지식과 사고 방법은 오랜 역사를 통해 인간 문명 발전의 지적인 원동력 역할을 해 왔으며, 미래의 지식 기반 정보화 사회를 살아가는 데 필수적이다.

한편, 특수교육 기본 교육과정에서는 수학과를 학생이 주변 현상을 관찰하고 주변 사물을 조작하는 과정을 통해 수학적 기본 개념과 원리를 이해하도록 하는 교과(교육부, 2022b)로 성격을 규정하고 있다. 또 수학과는 수학의 일반적인 성격인 추상성·계통성·논리성을 바탕으로 생활 속에서 경험하는 여러 가지 사물과 사건을 분류·비교하고 관계를 찾아보는 등의 구체적인 조작 활동 및 경험을 통하여 생활에 필요한 수학적 기초 지식을 습득하고, 실제 생활의 문제 해결에 활용하는 능력과 태도를 기르는 데 중점을 둔다고 한다.

전술한 바와 같이 수학의 개념에서도 알 수 있듯이 수학은 사회가 발전하고 학문이 분화되는 데 없어서는 안 될 필수불가결한 학문이다. 순수 학문으로써의 수학과 수학 교육은 분리되어야 할 개념임에는 분명하다. 그러나 오늘날 수학은 인간 생활에서 제외할 수 없는 학문으로 자리잡게 됨에 따라 우리 인간은 사회적·개인적 이유로 인하여 개인은 어떻게 구체적인 문제의 해결을 통해 수학적인 사고를 하는가 등에 관심을 가지게 되었다. 이런 과정에서는 두 가지의 일(work)이 진행되는데, 하나는 수학 자체의 개발이고 다른 하나는 인간이 어떻게 수학을 연구하는가인데, 후자를 수학 교육이라 부른다. 따라서 우리는 수학과 수학 교육 두 개를 엄격하게 분리할 수 없다는 것을 알게 된다(신현성, 1999: 37). 수학 교육 분야의 학문적 성향들을 종합하면 수학 교육학이 구성되는데, 수학 교육학의 성격(최창우, 2007: 3-4)은 다음과 같이 설명할 수 있다.

수학 교육학은 수학의 교수·학습에 관련되는 것을 연구하는 과학이다. 수학 교육학을 이와 같이 생각할 때 그 주된 연구 대상은 당연히 수학의 교수·학습이다. 이를 위해 교사는 전문 서적, 교과서나 참고문헌, 각종 지도 사례 등에서 얻은 정보를 학생들의 사고 수준에 맞게 일정한 수단을 써서 교수·학습활동에 활용하게 된다. 수학 교육학은 기초 과학인 수학의 내용을 교수·학습하는 일련의 행위와 관련되는 분야이긴 하지만, 자연과학에 비하여 학문으로써 갖추고 있는 체제나 성격은 물론, 그 연구 방법에 있어서도 많은 차이점을 내포하고 있다. 아울러 수학 교육 연구에서 구성된 이론을 실제 교육 현장에 적용하는 데 있어서도 시(時), 공(空)의 제한을 받는 많은 변인들이 서로 복합적으로 영향을 미치기 때문에, 오히려 사회 과학과 유사한 점이 많다고 볼 수도 있다. 그 이외에도 수학 교육학은 실제 현장에서의 수학 교육과 밀접한 관계를 유지해야 하는 실천 과학이므로, 과학적이고 체계적인 방법을 통하여 구성된 이론이라 할지라도 그 실제적인 결과와 예상되는 결과 사이에 존재할 격차의 발생 가능성을 항상 예상해야 하는 문제점을 가지고 있다.

수학 교육학의 탐구 대상을 구조화하면 아래의 표와 같다.

〈표 1-1〉 수학 교육학의 구조

수 학 교 육 학		
내용적 이해(수학)	교육적 이해	설명적 이해(수학사, 수학기초론)
• 순수수학 • 응용수학 • 통계학	• 수학 교육과정론 • 수학 교재론 • 수학 교수 · 학습론 • 수학 교육평가 • 수학 문제해결 • 수학 교육공학	• 수학사 • 수리철학 • 수리 논리학 • 수학 사상사

학교 수학이 다루는 내용은 학문으로써의 수학의 수준이나 그 범위와는 차이가 있다. 하지만 수학 교과를 학습함으로써 학습자가 획득하기를 기대하는 것은 수학의 학문적 특성과 가치의 맥락에서 크게 벗어나지 않는다. 수학을 가르치고 배우는 활동 속에서 사용되는 소재와 내용이 무엇이든지 간에 그것을 통해 수학의 특성을 인식하고 그 가치를 느끼는 것이야말로 수학 교육을 통해 달성할 중요한 목적이라고 할 것이다.

초등학교에서 교육하는 수학은 중학교나 고등학교 혹은 대학교에서 교육하는 수학과는 공통적인 부분도 있겠지만 이질적인 부분도 있다. 인지 수준을 고려한다면 초등학교 수학 교육은 중학교나 고등학교 혹은 대학교에서의 수학 교육과 다른 점이 더 많다. 초등학교 학생들에게 수학과를 교육할 때에는 대부분 구체적인 수학적 상황에서 출발하여 반구체적인 수학적 상황으로 발전하고, 결국에는 추상적인 수학적 아이디어를 논의하는 단계로 발전해 나간다. 이러한 관점에서 볼 때 특수교육대상학생을 위한 수학과 교육에서는 장애 특성과 인지 수준을 고려한 교수·학습 활동에 고려가 필수적이다.

공통 교육과정에서 볼 때 초등학교 수학과 교육 내용은 '수와 연산', '변화와 관계', '도형과 측정', '자료와 가능성'의 4개 영역으로 구성된다. '수와 연산' 영역에서는 초등학교에서 자연수, 분수, 소수의 개념과 사칙계산을 다루며 중학교에서 정수, 유리수, 실수의 개념과 사칙계산으로 학습 내용을 확장한다. '변화와 관계' 영역에서는 초등학교에서 규칙, 비, 비례식을 다루며 중학교에서 문자의 사용과 식, 일차방정식과 일차부등식, 연립일차방정식, 이차방정식의 내용을 포함한다. '도형과 측정' 영역에서는 초등학교에서 평면도형과 입체도형의 개념, 구성 요소, 성질, 공간 감각을 비롯하여 시간, 길이, 들이, 무게, 각도, 넓이, 부피의 측정과 어림을 다룬다. 중학교에서는 평면도형과 입체도형의 성질, 삼각형과 사각형의 성질, 도형의 닮음, 피타고라스 정리, 삼각비, 원의 성질로 내용을 심화한다. '자료와 가능성' 영역에서는 초등학교에서 자료의 수집, 분류, 정리, 해석과 사건이 일어날 가능성을 다루며, 중학교에서 대푯값, 경우의 수와 확률, 산포도 등으로 내용을 확장한다.

그리고 특수교육 기본교육과정에서 볼 때 수학과 교육내용은 '수와 연산', '도형', '측정', '규칙성', '자료와 가능성'의 5개 영역으로 구성된다. '수와 연산' 영역에서는 수의 기초, 수, 수의 연산, 화폐를, '도형' 영역에서는 모양과 도형, 만들기와 꾸미기, 공간 감각을, '측정' 영역에서는 양의 측정, 시간을, '규칙성' 영역에서는 규칙성, '자료와 가능성' 영역에서는 분류하기, 표와 그래프, 가능성을 다룬다.

3. 특수교육대상학생과 수학 교육

1) 특수교육대상학생의 특성

일반적으로 수학이 특수교육대상학생들에게 어렵게 받아들여지는 것은 수학이 숫자 또는 상징(기호)으로 추상적인 내용으로 이루어져 이를 표상하고 조작하는 데 어려움을 나타내며, 수학에서 사용하는 언어가 일상생활에서 경험하는 언어와는 달리 이해하기 어렵고 복잡하기 때문이다.

특수아는 특수교육대상학생과 영재학생을 포괄하는 용어이지만 여기에서는 특수교육대상학생의 경우로 국한하여 수학과 교육과 관련한 특성을 중심으로 살펴보기로 한다.

먼저 장애 영역별로 학생의 일반적 특성을 간략히 살펴보면, 시각장애 학생은 시각의 장애로 인하여 경험의 범위와 다양성의 제한성, 보행 능력의 제한성, 환경과의 상호작용의 제한성을 가지게 된다. 이러한 제한성은 신체적 측면에서 상동행동을 나타내거나, 운동량 부족과 운동 경험의 제한으로 체력이 약하거나 운동 능력이 뒤떨어진다. 뿐만 아니라 자세 조정 능력이 잘 발달하지 못하거나 자세 이상이 나타난다. 지적 측면에서는 지능 검사상의 불이익이 예상되며, 사회적 측면에서는 성격이 조용한 상태의 수동적인 성향을 가지게 되고 사회화 기술의 발달에 어려움을 가진다. 청각장애 학생은 청각장애의 영향으로 언어와 말의 발달에 어려움을 나타낸다. 그리고 인지능력에 있어서 지능 검사상의 불리함이 예상되며, 언어 경험의 결핍으로 지적 발달을 위한 충분한 경험이 보장되지 않는다. 또한 의사소통의 문제로 사회적 문제와 행동 문제 및 적응 능력의 문제를 일으킬 수 있다. 지적장애 학생은 지적 기능에 있어서 기억력의 약화, 자아 통제력의 결여, 추상적 능력의 제한, 관계 이해와 관련지음의 부족, 그리고 언어 능력, 새로운 환경에의 적응 능력, 분석-종합능력 등의 부족이 나타난다. 그리고 적응행동 특성으로는 미래의 시도에 대한 실패 예상, 외부적 통제와 무기력, 자아 기능의 결핍, 고착화된 행동, 사회적 상호작용의 필요성이 나타난다. 지체장애 학생의 경우에는 수반 장애가 있는 경우 인지 발달과 학업 성취에 문제를 나타낼 수 있으며, 피전도성, 다동성 및 고집성의 특성과 자세 유지 및 이동에 어려움을 겪는 경우가 많다. 정서·행동장애 학생은 품행장애, 사회화된 공격성, 주의력 결함/미성숙, 불안/위축, 정신증적 행동, 과잉행동 등의 특성을 나타낸다. 자폐성장애 학생은 발달 지체, 인지적 결함, 사회적 상호작용의 결함, 언어 및 의사소통상의 결함, 상동행동, 감각 자극에 대한 비정상적인 반응 등의 특성을 나타낸다. 학습장애 학생은 읽기 학습 면에서 단어 재인 문제, 읽기 유창성 문제, 읽기 이해 문제를, 쓰기 학습 면에서 글씨 쓰기 문제, 철자 문제, 쓰기 표현 문제, 노트 필기 문제가 나타난다. 수학 학습 면에서는 수학 계산 장애, 수학 추리장애 등이 나타난다. 그리고 구어 학습장애도 나타난다.

한편 특정학습장애라는 용어는 듣기, 말하기, 읽기, 쓰기 또는 수학적 계산의 불완전한 능력으로 표면화되는 한 가지 또는 그 이상의 기초 심리적 과정에서의 장애를 말하는데, 이 용어에는 지각 장애, 뇌손상, 미세 뇌기능장애, 난독증, 그리고 발달적 실어증과 같은 장애가 포함된다. 그러나 기본적으로 시각, 청각, 또는 운동장애의 결과로 나타나는 학습장애를 가지는 학생들은 포함되지 않으며 지적장애, 정서장애 또는 환경적·문화적 또는 경제적 불리를 가진 학생도 포함하지 않는다(신현기 등 역, 2009: 27). 그러나 전술한 여러 장애 유형별 학생들은 수학 영역에서 공부할 때 어려움을 갖는 것이 사실이므로, 수학과 교육과 관련하여 폭넓은 의미에서 학습장애의 특성을 나타내고 있다고 볼 수 있다.

학습장애 학생이 가지고 있는 일반적 특성으로 정보처리에 있어서 시각적 결함, 청각적 처리 곤란, 운동장애, 기억 결함, 주의집중 부족을 나타내며, 언어에 있어서는 표현 곤란과 수용 곤란이 나타난다. 그리고 인지적 및 초인지적 문제와 수학 학습에 대한 긍정적 태도의 유지 곤란이 나타난다.

다음의 표는 특수교육대상학생들이 수학과 교육에서 겪는 공통적인 어려움을 요약한 것이다(권요한 등, 2003: 558-560).

〈표 1-2〉 특수교육대상학생들이 수학 영역에서 겪는 어려움

장애	수학과 관련된 수행	
시지각	전경과 배경	학습지에서 학습하고 있는 곳을 볼 수 없다. 책에 있는 문제를 읽어내지 못한다. 복잡한 숫자를 읽는 데 어려움을 느낀다.
	식별	숫자들(예: 6, 9; 2, 5; 17, 71), 동전, 연산, 기호, 시계 등의 차이를 구별하기 어렵다.
	공간	도형이나 문제를 모사하는데 어려움을 겪는다. 종이에 그려진 선에 따라 글씨를 쓰는데 어려움을 겪는다. 앞뒤 개념에 혼란을 겪는다. 방향에 혼란을 겪기 때문에 상하(예: 덧셈), 좌우(짝짓기), 수 배열 등과 같은 문제에 어려움을 겪는다. 소수점 찍기를 잘못한다. 규칙성이나 조합과 같은 문제에서 공간 조작에 어려움을 겪는다. 숫자로 표시된 직선에 대해 공부하는데 어려움을 겪는다. 양수와 음수에 관한 학습(방향)에 혼란을 겪는다.
청지각		입으로 연습하는 데 어려움을 겪는다. 구어로 지시되는 문제를 푸는 데 어려움을 겪는다. 순서대로 헤아리는 데 어려움을 겪는다. 구술되는 수나 문제를 받아쓰는 데 어려움을 보인다. 수의 규칙성을 학습하는 데 어려움을 겪는다.
운동		숫자를 쓰는 것이 느리고 정확하지 않으며, 무엇을 썼는지 알아보기 어렵다. 작은 크기의 숫자를 쓰는 것이 힘들다.
기억	단기기억	수학적 사실이나 새로운 정보를 파지할 수 없다. 연산을 할 때 단계를 잊어 버린다. 부호의 의미를 파지할 수 없다.
	장기기억	사실을 완벽히 이해하는 데 시간이 오래 걸린다. 복합적인 시도나 과목 복습을 미숙하게 수행한다. 연산의 단계를 잊어 버린다.
	순차기억	시간을 말하는 데 어려움을 겪는다. 다단계 계산 문제를 풀이할 때 끝 단계까지 완수하지 못한다.

장애		수학과 관련된 수행
		다단계 단어 문제를 해결하는 데 어려움을 겪는다.
집중		문제에 집중하는 데 어려움을 겪는다. 수업에 집중하는 데 어려움을 겪는다.
언어	수용	수학 용어와 의미를 연관짓는 데 어려움을 보인다(예: 빼기, 더하기, 나누기, 곱하기 등). 복합적 의미를 가진 용어를 연관짓는 데 어려움을 보인다(예: 반올림과 배수).
	표현	수학 어휘를 사용하지 못한다. 구두로 계산 연습을 하는 데 어려움을 보인다. 용어 문제나 연산 문제를 해결할 때 그 단계를 언어화하는 데 어려움을 보인다.
독해		수학 용어 문제의 어휘를 이해하지 못한다.
인지와 추상적 추론		언어 형식의 정보와 숫자로 된 정보를 방정식과 연산식으로 변화시키는 데 어려움을 보인다. 용어 문제를 푸는 데 어려움을 보인다. 크기와 양을 비교할 수 없다. 수학적 기호를 이해하는 데 어려움을 보인다(예: 〉, 〈, x, =). 수학적 개념과 연산의 추상적 수준을 이해하는 데 어려움을 보인다.
상위 인지		계산 문제나 용어 문제를 해결하기 위한 전략을 선택하거나 확인할 수 없다. 다단계 계산과 문장으로 된 문제 해결 과정을 점검하는 데 어려움을 보인다. 다른 상황에서 전략을 일반화할 수 없다.
사회적 정서적 요인들	충동적	계산에서 부주의한 실수를 한다. 구두로 수학 문제를 다룰 때 부정확하게 재빨리 반응한다. 문제를 다시 듣거나 보기를 요구받을 때 빈번히 틀리게 반응한다. 문제를 해결할 때 세부 내용에 주의하지 않는다.
	주의집중 결핍과 산만	주어진 시간에 완성하지 못한다. 다단계 계산을 하는 데 곤란을 느낀다. 문제를 끝내지 않고 다음 문제로 넘어간다.
	수동적/	계산 문제를 생략한다.

장애	수학과 관련된 수행	
	학습 무력감	용어 문제를 생략한다. 무관심하다. 전략이 부족하다.
	자기존중	확신이 부족하다. 쉽게 포기한다.
	불안	수학 시험 기간 동안 시험을 볼 수 없을 만큼 긴장하며, 그러한 불안을 감소시키기 위해 수학을 기피한다.

2) 특수교육대상학생과 수학 교육

공통 교육과정의 적용이 곤란한 학생들을 위한 특수교육 기본 교육과정에서 밝히고 있는 수학과 교육의 기본 방향은 특수교육대상학생 개개인의 능력과 수준을 고려하여 최대한의 교육 성과를 거두는 데 있다고 할 수 있으며, 이는 수학과의 교수・학습 방법과 그 맥을 같이 하고 있다. 특수교육대상학생들을 위한 수학 교육의 방향(교육과학기술부, 2009: 7-8)은 다음과 같다.

첫째, 학생들이 수와 연산 영역뿐만 아니라 수학과의 모든 영역에서 수학적인 도전 과제에 직면할 수 있도록 해 주어야 한다. 흔히 '수학'이라고 하면 수와 연산을 떠올리지만, 수학은 수 영역이나 연산 영역 이외에도 측정, 도형, 표와 그래프 등의 다양한 영역이 존재하며, 이들 영역은 수학의 실용성 측면에서도 꼭 익혀야 하는 필수적인 내용 영역이라고 할 수 있다.

둘째, 학생들이 가정생활이나 학교생활과 같은 제한적인 생활 영역에서뿐만 아니라 건강, 여가, 직업 생활과 같은 폭넓은 생활 영역에서 수학적 과제에 도전할 수 있도록 해 주어야 한다. 이는 지적 발달이 더딘 특수교육대상학생이라 하더라도, 생활 영역의 확장을 통해 다양한 수학적 과제에 도전하도록 할 수 있음을 의미하는 것이다.

셋째, 학생들이 기초적인 수학 개념이나 원리를 이해하도록 하는 데에 그치는 것이 아니라, 일상생활의 여러 가지 문제를 합리적으로 해결하는 문제해결 능력에 도전하도록 해 주어야 한다. 특수교육대상학생들의 문제해결 과정에 대한 이해와 확인에 어려움이 있고, 수학적 사고와 문제해결 영역에서는 수준이 낮다는 이유로 문제해결을 수학 교육과정에서 국소적으로 다루거나 아예 다루지 않는 경우가 많았는데, 특수교육대상학생들에게 있어서 문제해결 능력을 기르기 위한 수학 학습은 이들이 일생동안 사용할 수 있는 도구를 제공해 주는 중요한 것으로, 문제해결 능력을 신장시키기 위한 과제는 전체적인 수학과의 내용 영역에서 도전적인 수학 학습과제로 다루어져야 한다.

넷째, 수학 학습 지도 방법은 학습 내용의 성격이나 학습 상황에 따라 보다 다양화시킬 필요가 있다. 특수교육대상학생들도 교실 상황에서 잘 조직된 환경이나 맥락을 이용하거나 생활 주변의 자연스러운 환경과 맥락에서 직접 경험하고 적용할 수 있는 다양한 수학 교육 지도 방법을 구안하여 지원한다면 학습이 가능하다.

다섯째, 특수교육대상학생들을 위한 수학교육 활동의 전개는 주로 구체적 조작 활동과 경험을 통해 이루어진다는 점을 감안하여, 새로운 개념이나 내용의 지도 과정에서 가능한 구체적 조작활동을 할 수 있거나 학생 스스로 탐구해 볼 수 있는 도구를 지원하는 것이 바람직하다.

수학과 교육에서 특수교육대상학생 개개인의 능력과 수준을 고려한 최대한의 교육 성과를 거두기 위해서는 어떻게 하면 이들에게 최대한의 지원을 제공할 것인가를 생각하기에 앞서, 어떻게 하면 이들에게 적합한 도전 과제를 제공할 것인가를 생각하는 것이 필요하다.

이러한 공통 교육과정의 적용이 곤란한 학생을 위한 특수교육 기본 교육과정 수학과 교육의 기본 방향에 바탕한 수학과의 교수·학습 방법(교육과학기술부, 2009: 수업모형-13)은 다음과 같다.

첫째, 구체적인 조작 활동에 기초한 학습이 이루어져야 한다. 특수교육대상학생들은 구체적인 조작 활동을 토대로 수학적 개념이나 원리를 학습하도록 해야 한다. 이는 Piaget의 인지 발달 이론에 근거한 것으로, 학생들은 직접 만져볼 수 있는 다양한 구체물을 활용하여 구체적이고 조작적인 활동을 충분히 경험해야만 형식적이고 추상적인 사고를 할 수 있게 된다. 또한 학생들의 흥미와 관심을 끌 수 있는 다양한 구체물을 활용하는 구체적 조작 활동은 학생들이 수학 학습에 적극적으로 참여할 수 있는 기회가 되기도 한다.

둘째, 학습자의 실생활을 반영하는 학습 내용을 제시하여야 한다. 학생의 생활 주변에서 그리고 학생이 이해할 수 있는 생활 장면에서 수학적 개념 또는 문제를 찾아 학습하도록 해야 한다. 이는 Freudenthal(1973)의 이론에 근거한 것으로, 실생활은 수학을 가르치는 출발점이 되며, 현실과 관련성이 있는 수학적 문제 상황이어야 수학의 적용 가능성이 보장된다는 것이다. 특수교육대상학생들은 장애로 인하여 경험의 양이 부족할 뿐만 아니라 제한된 환경에서 생활하는 경우가 많기 때문에, 학생들에게 적합한 실생활 장면을 수학 학습 내용에 반영하여 제시하는 것은 학생 경험의 폭을 확장시키는 효과적인 방법이 될 수 있다.

셋째, 다양한 표현 방식을 활용하여야 한다. 수학적 용어나 기호 등의 추상적인 상징 체계를 활용하기 어려운 학생들을 위해서 교사는 학생 개개인이 자신의 능력과 수준에 알맞은 표현 방식으로 수학적 의사소통을 할 수 있도록 다양한 표현 방식을 활용하여야 한다.

넷째, 학생의 흥미를 고려한 수업이 이루어져야 한다. 학생의 흥미를 고려한 수학 수업은 학습 동기를 높여 특수교육대상학생의 적극적이고 능동적인 수업 참여를 가능하게 한다. Dienes는 수학 학습과 지도를 위한 초기 단계에서 자유 놀이와 게임을 제안하였는데, 이는 자유로운 놀이와 다양한 게임이 학생의 수학 학습에 대한 흥미를 유발시키며 학습 활동에의 적극적인 참여를 가능하게 하는 중요한 방법임을 강조한 것이다.

다섯째, 문제해결 능력을 신장시키는 수업이 되어야 한다. 문제해결 능력을 기르기 위해서는 학생들이 배운 것을 다양한 실생활의 문제 상황에 적용해 보는 기회를 제공하여야 한다. 실생활에서의 문제해결 능력은 계산과 같은 단순한 기능

외에도 주어진 상황을 이해하고, 문제해결 계획을 수립하고, 실행 과정을 점검하는 등의 종합적인 능력을 요구한다. 특수교육대상학생들이 문제해결 능력과 같은 높은 수준의 과제를 익힐 수 있도록 하기 위해서는 다양한 교수 전략을 활용하여야 하는데, 자기교시, 자기 질문, 자기 점검을 하게 하는 초인지 전략과 스캐폴딩(scaffolding) 전략이 효과적인 전략이 될 수 있다.

여섯째, 교육 기자재를 활용하는 수업이 이루어져야 한다. 교사가 구체적인 조작 활동을 통한 수업을 진행하기 위해서는 다양한 구체물을 준비하여야 하며, 수학적 활동이나 수학적 탐구를 위해 고안된 여러 가지 교육 기자재를 적극적으로 활용해야 한다. 수학 학습에 활용할 수 있는 교육 기자재에는 일상생활에서 볼 수 있는 모든 사물이 포함될 수 있으며, 몬테소리 교구, 십진 막대, 점판 등과 같이 특별히 수학 학습을 위해 고안된 것들도 있고, 계산기나 컴퓨터 등과 같은 공학적 도구들이 포함될 수 있다.

〈표 1-2〉에서 특수교육대상학생들이 수학 영역에서 겪는 어려움을 요약하여 나타내었는데, 〈표 1-3〉은 그러한 문제들을 해결하기 위한 방안(권요한 등, 2003: 560-561)이다.

〈표 1-3〉 수학에서의 난관 극복 방법

난관	극복 활동
숫자 쓰기 장애와 숫자 반전 장애	• 숫자를 바르게 쓰도록 하기 위하여 여러 가지 전략을 사용하고, 많은 기회를 제공하라. • 수 쓰기 장애를 사정하고 교정할 때 Baroody와 Kaufman(1993)의 지침을 따르라.
숫자 관련 사실 기억 장애	• 학생들이 컴퓨터와 소프트웨어를 사용하여 연습할 수 있는 시간을 제공하라. • 정말 교수 방법을 사용하여 숫자 관련 사실의 기억에 대해 시간을 재고 표에 기록하라. • 학생들에게 하나, 둘 등을 가르치기 보다는 수 집단(예: 2+3= 3+2)으로 가르쳐라.

난관	극복 활동
	• 덧셈, 뺄셈, 곱셈, 나눗셈 사이의 관계를 가르쳐라. • 계산기를 사용하라. • 기억을 조장하기 위해 기본적인 수학적 사실에 의해 용이하게 이루어지는 활동을 하라. • 기억 훈련을 한 다음에 교과를 다루어라.
다단계 계산 문제나 과제 완성에 어려움을 보임	• 단계에 맞게 구성하고 정렬할 수 있도록 격자 틀이 그려진 종이를 제공하라. • 고정된 접근 방법과 함께 설명을 사용하라. • 이해하기 쉽도록 단순한 언어로 단계를 개설하라. • 연산의 단계를 노래나 랩으로 옮겨라. 그러나 노래와 랩은 학생들이 집단으로 문제를 풀 때 함께 암송할 수 있다. 그런 다음 수학적 언어로 변화시킨다. • 컴퓨터 소프트웨어를 이용하여 강화하라.
많은 문제가 제시되어 있는 학습지를 받았을 때나 문제 풀 여백이 없을 때 당황함을 보임	• 문제를 부분으로 나누고, 부분별로 완성하게 한다. 한 부분이 완성되면 다음 부분이 주어진다. • 풀이 중인 문제를 제외한 나머지 문제는 보이지 않게 종이를 접어라. • 문제를 확대하기 위해 복사기를 사용하라. 그런 다음 종이를 접거나 부분으로 나누어라. 그래야만 학생들은 한 번에 주어지는 정보의 양 때문에 당황하지 않는다. • 풀이 중인 문제를 제외하고는 다른 종이로 덮어서 가려라. • 풀이 중인 문제만 볼 수 있게 문제 창을 만들어라. 학생들은 오직 창을 통해서 눈에 보이는 문제만 공부한다.
칠판이나 책으로부터 종이에 문제들을 옮겨 적는데 어려움을 보임	• 복사기를 사용하라. • 칠판보다 TP 용지에 문제를 써라. TP 용지를 복사하여 학생들에게 나누어 주고 그것에 답을 쓰도록 하라.
숫자를 정확하게 쓰는 데 어려움을 보이고, 종이 위에 숫자를 쓰는 데 시간이 많이 걸리거나 혹은 종이	• 학생들에게 컴퓨터를 사용하도록 하라. 학생들은 컴퓨터에 제시되어 있는 문제를 보고 키보드를 통하여 그것을 풀이한다. • 학생들이 문제를 완성할 때 칸 안에 숫자를 쓰도록 칸이 그려진 종이를 제공하라. • 만약 학생이 판독하기 어려운 글자를 쓰거나 답을 쓰는데 오랜 시간이

난관	극복 활동
위에 수학 문제를 조직하는 데 어려움을 보임	소요된다면 다른 사람으로 하여금 답을 대신 쓰게 하거나 컴퓨터를 이용해서 문제를 완성하게 하라. • 만약 신체장애학생이 이러한 문제에 부딪히게 된다면 그들이 사용할 수 있는 적당한 키보드를 제공하라.
오늘은 사실을 알고 개념을 이해하는 것처럼 보이지만 그러나 내일은 기술이나 개념을 전혀 배우지 않은 것처럼 행동함	• 수학 시간이 시작될 때 복습할 수 있는 기회를 넉넉히 제공한다. • 학생들에게 배운 것을 생각나게 하는 도구를 제공하라. • 수업에서 새로운 개념이 도입될 때 이미 학습된 기술을 연습할 수 있는 기회를 주어라. • 학생들에게 자신이 지난 시간에 그림으로 그린 것이나 기록한 수학 용어 목록을 지참하게 하라.
수학적 언어 사용에 실패하고, 이해한 것을 수학적 용어로 표현하지 않음	• 자신들이 쓰거나 그림으로 표현한 내용의 설명을 위해서 뿐만 아니라 용어의 정의를 위해서 학생들로 하여금 수학 용어 사전을 가지고 다니게 하라. • 학생들에게 다른 사람들과 더불어 과정을 토의하고, 탐구하고, 학습하게 하라. • 수학 용어를 직접 가르쳐라. • 수학 용어의 적절한 사용을 시범하고, 그 용어를 일관되게 사용하라.
문제 해결 전략을 선택하고 점검하는 데 어려움을 보임	• 문제 해결에 참여할 때 사용하기 위하여 학생들에게 자기 점검 차트를 제공하라. • 무엇이 잘 되었는지 다음 시간에는 무엇이 달라져야 하는지 확인하기 위해서 학생들에게 문제 해결 활동을 짚어가면서 보고하게 하라. • 학생들에게 가능한 전략의 단순화된 메뉴를 제공하라. 그들은 문제 해결에 참여할 때 인용될 수 있다. • 문제 해결 전략을 명확하게 가르쳐라. 전략을 연습하기 위한 많은 기회를 제공하라. 한 가지 전략이 숙달되면 새 전략을 소개하라. 그러나 어떤 학생들에게는 한 시간에 한 가지 전략만이 가장 적합할 수 있다.

요약

수학은 양, 구조, 공간, 변화 등의 개념을 다루는 기초과학의 학문으로, 주로 일상생활과 밀접한 관계가 있는 실용적인 토대 위에서 발전하였고, 사회의 형태가 점차 발전해감에 따라 수학은 농업이나 토목, 건축과 같은 일에 필요한 실용적인 과학으로 발전하여 왔다. 우리가 배우고 가르치는 수학의 일반적인 특성은 실용성, 추상성, 형식성, 계통성, 직관성과 논리성, 일반화와 특수화, 이상성, 역동성 등이 거론된다.

공통 교육과정에서 수학과는 수학의 개념, 원리, 법칙을 이해하고 주변의 여러 가지 현상을 수학적으로 관찰하고 해석하며 논리적으로 사고하고 합리적으로 문제를 해결하는 능력과 태도를 기르는 교과로 그 성격을 규정하고 있으며, 특수교육 기본 교육과정에서는 수학과를 학생이 주변 현상을 관찰하고 주변 사물을 조작하는 과정을 통해 수학적 기본 개념과 원리를 이해하도록 하는 교과로 성격을 규정하고 있다. 또한 수학과 교육내용은 공통 교육과정에서 볼 때 '수와 연산', '변화와 관계', '도형과 측정', '자료와 가능성'의 4개 영역으로 구성되어 있으며, 특수교육 기본 교육과정에서는 '수와 연산', '도형', '측정', '규칙성', '자료와 가능성'의 5개 영역으로 구성되어 있다.

특수교육대상학생들에 대한 수학과의 교수·학습 방법으로는 구체적인 조작 활동을 토대로 수학적 개념이나 원리를 학습, 학습자의 흥미를 고려한 수업, 생활을 반영하는 학습 내용을 제시, 다양한 표현 방식을 활용, 문제 해결 능력을 신장시키는 수업, 교육 기자재를 활용하는 수업이 이루어져야 한다.

연구과제

- 수학의 특성이 무엇이며, 그에 따른 수학 교육의 방향에 대해 토의해 보자.
- 특수교육대상학생을 위한 수학과 교수 전략 중 초인지 전략과 스캐폴딩 전략에 대해 알아보자.
- 장애를 가진 학생들이 문장으로 제시되는 수학 문제의 해결에 어려움을 가진다는 것은 잘 알려진 사실이다. 문제를 해결하는 데 도움을 줄 수 있는 교수 방법에 대해 알아보자.

참고문헌

강문봉 · 강흥규 · 김수미 · 박교식 · 박문환 · 서동엽 · 송상헌 · 유현주 · 이종영 · 임재훈 · 정동권 · 정은실 · 정영옥(2006). 초등수학의 이해. 서울: 경문사.

강문봉 · 강흥규 · 김수미 · 박교식 · 박문환 · 서동엽 · 송상헌 · 유현주 · 이종영 · 임재훈 · 정동권 · 정은실 · 정영옥(2007). 제2판 초등수학의 이해. 서울: 경문사.

강 완 · 백석윤(2003). 초등수학교육론. 서울: 동명사.

권요한 · 이만영(2003). 특수아동을 위한 교육과정과 수업. 서울: 도서출판 특수교육.

교육과학기술부(2009a). 특수학교 교육과정 해설(Ⅱ). 서울: 교육과학기술부.

교육과학기술부(2009b). 기본 교육과정 수학 교사용 지도서. 서울: 교육과학기술부.

교육과학기술부(2009c). 초 · 중등학교 교육과정 총론. 서울: 교육과학기술부.

교육부(2015a). 초등학교교육과정 해설Ⅳ. 교육부.

교육부(2015b). 기본교육과정. 교육부.

교육부(2022a). 2022 개정 수학과 교육과정 [별책 8]. 교육부 고시 제2022-33호.

교육부(2022b). 2022 개정 특수교육 기본 교육과정[별책3]. 교육부 고시 제2022-34호.

교육인적자원부(2007). 초등학교 교육과정 [별책 2]. 서울: 교육인적자원부.

김동일 · 손승현 · 전병운 · 한경근(2010). 특수교육학개론. 서울: 학지사.

김동일 · 이대식 · 신종호(2003). 학습장애아동의 이해와 교육. 서울: 학지사.

김부윤 · 김소영(2007). 수학적 개념에 대한 조작적 접근과 구조적 접근. 수학 교육 논문집, 21(3), 499-514.

김애화(2006). 수학 학습장애 위험학생 조기선별검사 개발: 교육과정중심측정 원리를 반영한 수감각검사. 특수교육학연구, 40(4), 103-133.

김응태 · 김연식(2000). 수학 교육교재론. 서울: 경문사.

김응태 · 박한식 · 우정호(1998). 수학 교육학개론. 서울: 서울대학교출판부.

박경난 · 조형숙(2007). 동작을 통한 수학 교육 활동이 유아의 수학 개념과 수학적 태도에 미치는 영향. 유아교육학논집, 11(2), 95-112.

송낙호(1989). 현대수학서설. 서울: 청문사.

수학교재연구회 편(1985). 신편 수학개론. 서울: 학문사.

신현성(1999). 수학교육론. 서울: 경문사.

오원석 · 정명희(2005). 청각장애학생의 산술 문장제 해결 능력에 관한 연구. 특수아 동교육연구, 7(4), 303-318.

이용률 · 성현경 · 정동권 · 박영배 · 정은실 · 박교식 · 강문봉 · 백석윤 · 유현주(2000). 초등수학교육론. 서울: 경문사.

임문규(2007). 구성주의에 입각한 초등수학 학습 · 지도. 서울: 경문사.

최창우(2007). 초등수학 교육의 이해. 서울: 경문사.

한국통합교육학회 편(2005). 통합교육. 서울: 학지사.

허우봉(1999). 정신지체 학생의 수학 학습특성과 지도 방법. 수학 교육 논문집, 8, 529-543.

허 일 · 김영욱(2001). 청각장애학생의 계획 · 주의집중 · 연속적 처리 · 동시적 처리 과정과 수학 학업성취와의 관계. 특수교육학연구, 36(1), 297-321.

현종익(1994). 수학과교육. 서울: 학문사.

홍종화 · 김동섭 · 변동수 · 변용성(1989). 최신 수학개론. 서울: 도서출판 창문사.

Barry E. McNamara (2009). Learning Disabilities. 김용욱 · 변찬석 · 우정한 · 김남진 · 이창섭 · 이근용 · 박정식(2009). 현장 중심의 학습장애아동 교육. 서울: 시그마프레스.

Freudental, H. (1973). *Mathematics as an educational task.* Dordrecht: Kluwer Academic Publishers.

Julie A. Sliva (2004). Teaching INCLUSIVE Mathematics to Special Learners, K-6. 신현기 · 김영표 · 이병혁 공역(2009). 통합교육 효율화를 위한 장애 아동 수학지도 방법. 서울: 시그마프레스.

Kennedy, L. M., Tipps. S., & Johnson, A. (2004). *Guiding children's learning of mathematics.* Belmont: Wadsworth.

National Council of Teachers of Mathematics (2000). *Principles and standards for school mathematics.* Reston, VA: The National Council of Teachers of Mathematics, Inc.

제 2 장 수학 교육의 목표

이 성 진

교육목표란 교육을 통해 이루고자 하는 최종적 성과로 일반적이고 포괄적인 교육 목적보다는 구체적인 세부 항목을 가리킨다(Daum 국어사전, 2025). 따라서 수학 교육의 목표 역시 수학 교육의 목적을 보다 구체적으로 나타낸 것을 말한다.

교육의 목적은 변화된 인간상을 지표로 삼기 때문에 수학 교육의 목적으로 제시되는 인간상은 수학 교육을 통하여 기를 수 있는, 혹은 길러진 궁극적인 인간상이라고 할 수 있으며, 수학과 교육의 목표는 이런 인간상을 구체적으로 제시한 것이라 할 수 있다. 수학 교육을 통하여 수학자를 양성할 것인지, 일상생활 속에서 수학을 즐기는 수학적 낭만주의자를 추구할 것인지, 혹은 일상생활에 필요한 수학적 내용을 알고 적극적으로 활용하고자 하는 사람을 배출할 것인지에 따라 수학 교육의 목적과 목표는 매우 달라질 것이다. 만약 수학자를 기르고자 하면 고차적으로 수학하는 방법과 내용이 교육 목표로 포함되어야 하지만 실용성에 바탕을 둔 수학 사용자를 기르고자 할 경우 일상생활에 널리 사용될 수 있는 수학적 사례와 모형을 중심으로 한 수학 교육을 목표로 할 수 있을 것이다.

수학 교육의 목적과 목표는 수학과의 특성과 사회적 요구, 시대적 가치, 학생의 발달단계 등을 반영하여 결정된다. 이 장에서는 수학과 목표의 내용과 사회적 요구, 학생의 발달단계가 반영된 수학과 교육의 목표에 관하여 살펴보고자 한다.

1. 수학 교육의 목적

수학은 왜 가르치고 배워야 하는가? 수학은 고대 그리스 시대 이후 지금까지 형식적, 비형식적 교육과정의 가장 큰 핵심을 차지하고 있다. 그 이유는 무엇일까?

수학과 교육의 목적은 수학 교육의 필요성과 깊은 관련을 갖는다. 수학을 가르치고 배우는 이유는 일상생활의 유용성에 따른 실용적 목적, 수학을 하나의 문화적 산물로 보고 이것들이 다음 세대로 전송되도록 하기 위한 문화창달적 목적, 순수한 지적 활동을 강화하기 위한 도야적 목적, 미적 아름다움과 즐거움을 창조할 수 있는 심미적 목적의 네 가지로 구분할 수 있다. 이와 같은 수학과 교육의 목적을 구체적으로 살펴보면 다음과 같다.

1) 실용적 목적

수학의 실용적 목적은 수학을 일상생활에서 필요한 수학적 지식이나 기능을 습득시키는 유용성으로 보는 관점이다. 사실 수학의 초기 발생과정을 보면 인류가 나무열매나 조개껍데기를 세고, 해가 뜨고, 별이 지는 현상 등을 표현하기 위한 목적이 있었다. 또한 물건을 사고 팔 때 퍼센트(%)를 알고 있어야 하는 경우나, 삼각형의 넓이를 계산하는 방법을 알려면 먼저 직사각형의 넓이를 계산하는 방법을 알고 있어야 하는 것처럼, 수학에서 배운 내용은 실생활이나 더욱 차원 높은 공부를 할 때 즉각적으로 유용한 경우가 있다. 물론 수학이 점차 발전함에 따라 인류가 공통적으로 필요로 하던 실용적 성격뿐만 아니라 보다 전문적인 연구나 조사를 위한 혹은 수학 자체를 탐구하기 위한 수학의 필요성도 증가하게 되었다.

2) 문화창달적 목적

수학의 문화창달적 목적은 수학을 전승되어져야 할 하나의 문화로 보는 관점이다. 인류는 오랜 역사를 통하여 과학, 문학, 예술 등의 문화를 창조하여 왔으며 사람들은 이런 문화를 동경할 뿐 아니라, 이를 전승하고 발전시키고자 하는 욕구를 가지고 있다. 수학도 이러한 문화의 한 종류로써 역사상 인류의 지적 유산인 학문의 생성 발전에 많은 영향을 끼쳤다. 수학을 배움으로써 전문 수학자뿐만 아니라, 모든 사람들은 인류가 남긴 문화적, 학문적 유산을 계승하여 활용 발전시키고 있다.

3) 도야적 목적

수학의 도야적 목적은 수학을 지적 활동 강화를 위해 가르치는 것으로 보는 관점이다. 수학 학습을 통해 그 학습과정이나 결과가 어떤 정신적인 습관이 형성된다든가 혹은 어떤 성격에 관한 능력이 육성된다든가 하는 직접적인 것들은 아니지만 어느 정도 밀접한 관련성을 지닌 정신적인 능력향상이 기대된다. 예컨대 수학을 배움으로써 우리는 합리적이고 논리적인 사고력, 추상적 사고력, 창의적 사고력, 비판적 능력, 기호화하고 형식화하는 능력, 단순화하고 종합화하는 능력 등을 향상시킬 수 있다. 이와 같은 수학 학습의 결과는 형식으로 정착되고, 이 형식은 다른 면에서의 학습으로 파급될 수 있다.

4) 심미적 목적

수학의 심미적 목적은 수학은 그 자체로서 아름다움을 가지며, 인간은 그 아름다움을 통하여 새로운 아름다움을 창조한다고 보는 관점이다. 수학자들은 이 세상의 복잡한 일이 가장 간단한 수식으로 표현되어 있는 그 형태에 한없는 아름다움을 느낀다고 한다. 예컨대 $E=mc^2$이라고 하는 상대성의 원리의 수식을 보며 그 속에 감추어진 수식의 아름다움을 느낀다는 것이다. 또한 이는 반드시 수학자뿐만 아니라 그 내용을 알고 있는 일반인들도 느낄 수 있는 아름다움이다. 이러한 아름다움을 느낄 때 사람들은 보다 창의적이고, 아름다운 수식으로 사회적, 자연적 현상을 표현하려는 의욕을 갖게 된다. 뿐만 아니라 수학의 아름다움에 대한 견해는 우리를 둘러싼 세계에서 발견된다. 벌집의 육각기둥, 광석의 결정 구조 등은 기하 공부를 위한 훌륭한 제재이다. 또한 오늘날까지도 관심거리인 고대예술가, 건축가, 조작가에 의해 알려진 '황금분할비'는 유명하다.

이상의 네 가지 수학과 교육의 가치에 따른 수학과 교육의 목적은 시대별로 달리 강조되어 왔다. 일찍이 고대 그리스에서는 최상의 인간상을 진선미를 갖춘 철인에 두었으므로 수학의 실용적 가치보다는 심미적 가치와 도야적 가치에 의의를 두었다. 하지만 공교육이 처음 도입되던 근대에는 수학의 실용적 특성을 강조하였다. 산업혁명에 이어 빠르게 변화하는 사회 속에서 수학의 실용성은 보편적인 유용성을 갖고 있었기 때문이었다. 특히 19세기 말까지 상업의 발달은 수학이 모든 사람에게 중요한 것이라고 여기게 만들었다. 이 시기에 수학과 교육과정은 퍼센트, 비율과 비례배분, 거듭제곱근, 수열과 같은 내용으로 확대되었다.

이러한 맥락에서 직업에 필요한 내용을 교육시켜야 한다는 주장은 20세기까지 계속되었다. 사회적 활용도를 가장 높이 주장한 학자는 Guy Wilson으로서 그는 목수나 점원, 기타 노동자들이 산수 계산을 실제로 사용하는지 조사하고, 학교 수학 교육에서도 산수를 가르치는 데 큰 비중을 두어야 한다고 주장하였다(강문봉 등, 2004).

1950년대에는 수학 교육이 우주전쟁에서 뒤지지 않기 위한 연구의 기본 개념을 지도하는데 중심을 둔 반면, 1960년대에는 기회의 균등이라는 입장에서 수학적 성취의 향상에 집중을 하게 되었다.

그러나 1970년대 이후 수학 교육에서는 학습자 개인의 요구나 문제해결력, 보다 고차적인 사고력의 향상에 목적을 두었다. 그 변화의 하나로 미국수학장학사협회(NCSM, 1977)에서는 "오늘날 과학기술 사회는 일상생활에서 어림셈, 문제해결, 자료해석, 자료조직, 측정, 예측, 그리고 수학의 응용을 강조한다. 사회의 변화된 요구,

계량 정보량의 폭발, 컴퓨터와 계산기 사용 가능성은 기본 수학 기능의 우선권을 다시 정의하도록 요구하고 있다(NCSM, 1977)."고 하였다. 뿐만 아니라 NCSM(1977)은 핵심 수학 요소를 문제해결, 수학적 아이디어의 의사소통, 수학적 추론, 일상 상황에서의 수학 응용, 결과의 적절성에 관한 점검, 어림, 적절한 계산 기능, 대수적 사고, 측정, 기하, 통계, 확률로 제시하여 수학의 실용적 활용을 위한 개념과 기능에 더하여 문제해결력과 수학적 의사소통도 강조하고 있는 것을 알 수 있다.

또한 1980년 NCTM의 활동계획(An Agenda for Action)을 보면 다음과 같이 권고하고 있다.

- 1980년대 학교 수학의 중심은 문제해결에 있다.
- 기본 계산 기능이란 계산 능력 이상의 것을 포함하는 개념이다.
- 모든 학년에서 계산기와 컴퓨터를 활용한 계산의 이점을 활용할 필요가 있다.
- 수학 교육의 효율성과 효과성을 증명할 수 있는 엄격한 기준을 적용하여야 한다.
- 수학과 학업성취도는 전통적인 시험보다 다양한 방법으로 평가하여야 한다.
- 수학과 교육과정은 보다 다양한 학생들의 요구를 반영하여 개발되어야 한다.

따라서 미국의 경우 1980년대에 이미 수학과 교육의 목적을 학생들의 문제해결력 신장과 다양한 요구에 대응하는 능력에 두고 있음을 알 수 있다.

한편 21세기의 다양한 변화에 따라 우리는 사회의 극적인 변화를 보게 되었다. 이제는 수학적 소양이 더 이상 소수의 사람만을 위한 것이 아니라 문제를 해결하고, 수학적으로 생각하며, 데이터를 분석하고, 과학기술세계에서 의사소통 능력을 필요로 하는 대부분의 사람을 위한 것으로 변화되었다. 이러한 변화는 NCTM(2011, NCTM 홈페이지)의 수학과 기준에서도 잘 반영되어 수와 연산, 대수, 기하, 측정 영역에 문제해결, 추론과 증명, 의사소통, 관계, 표현 영역을 추가하여 포함하고 있다.

2. 공통 교육과정의 수학 교육 목표

교육부 고시 제2022-33호 공통 교육과정 수학과 교육과정의 목표는 총괄 목표와 세부 목표로 구분되어 있다. 총괄 목표는 지식 · 이해, 과정 · 기능, 가치 · 태도를 통합적으로 학습하여 수학 교과 역량을 함양하는 것으로 진술되었으며, 세부 목표는 문제해결, 추론, 의사소통, 연결, 정보처리 역량을 각각 함양하는 것으로 제시되었다(교육부, 2022c).

1) 총괄 목표

수학과 총괄 목표에서는 수학과 교육과정이 지향해야 할 방향과 학생이 도달해야 할 학습 성취 수준을 수학 교과 역량 함양에 초점을 두고 종합적으로 제시하였다. 총괄 목표를 진술할 때 수학 교과 역량은 지식 · 이해, 과정 · 기능, 가치 · 태도의 세 가지 범주가 조화롭게 어우러져 통합적으로 작동한다는 점을 강조하기 위해 각 범주와 관련된 능력을 서로 엮어 한 문장으로 기술하였다(교육부, 2022b). 공통 교육과정 수학과의 총괄 목표는 다음과 같다.

> 수학의 개념, 원리, 법칙을 이해하고 수학의 가치를 인식하며 바람직한 수학적 태도를 길러 수학적으로 추론하고 의사소통하며 다양한 현상과 연결하여 정보를 처리하고 문제를 창의적으로 해결하는 수학 교과 역량을 함양한다.

공통 교육과정의 수학과 목표는 경험적 마음의 도야와 문화전달의 목적을 비롯하여 그 지식을 통하여 사회 현상을 지배하는 수학적인 힘을 깨닫고 수학적 사고와 의사소통 능력, 합리적이고 창의적인 문제해결력 함양, 수학의 가치를 인식하며 바람직한 수학적 태도를 기르는 심성 도야적 목적, 심미적 목적을 모두 포함한다. 따라서 그리스 이래 오랫동안 수학 교육의 흐름을 지배하던 수학의 절대성과 객관성의 습득으로부터 구성주의적 실용성과 상대적인 목표로 변화하였음을 보여준다. 다시 말해 그리스 시대부터 오늘날까지 변하지 않은 수학과의 흐름인 실제적 문제해결과 무관한 이론적 지식이 실제적 수학 교육의 중심에 서 있던 그 틀을 깨고 수학과의 지도 내용을 수학하는 사고와 내면적 각성 경험까지 확장시킨 것이다.

왜 수학과의 교육이 필요한가라는 의문이 제기되어 왔던 중심에는 실생활과 유리된 지식과 기능 강조라고 하는 커다란 현상이 존재하였기 때문이다. 그러나 수학의 실용적 목적을 강조하던 시대에도 도야적 목적이나 문화창달적 목적이 완전히 사라졌던 것은 아니며 다만 관심의 정도가 약화되었을 따름이었다.

이와 같이 수학과 목표의 변화는 수학적 지식을 보는 눈의 변화에 기인한다고 볼 수 있다. 유클리드의 기하학을 필두로 수학이 객관적이고 확실성을 대변하는 학문으로 받아들여지던 시절이 가고, 확실성은 그 어디에도 존재하지 않으며, 수학도 주체의 구성과 사회적 협상과정의 결과라고 하는 소위 사회적 구성주의(우정호, 2009, 재인용)가 시대 사조가 된 것이다. 수학과의 목표가 위와 같이 학생의 개인적 상대성에 있게 되자 사적 경험도 학습의 내용으로 중요하게 다루어지게 되었다. 뿐만 아니라 학생들이 삶을 살아가는 데 필요한 능력을 길러주는 것이 수학 교육의 중요한 목표가 됨으로써 지식·이해, 과정·기능, 가치·태도의 세 가지 범주의 조화와 통합을 통해 수학 교과 역량을 함양하는 데 주안점을 두고자 한 것이다.

2) 세부 목표

세부 목표는 수학 교과 역량인 문제해결, 추론, 의사소통, 연결, 정보처리 역량을 각각의 문장에 구분·반영하여 다섯 개의 문장으로 진술하였으며, 각 문장에는 지식·이해, 과정·기능, 가치·태도의 핵심 내용이 포함되도록 하였다(교육부, 2022b). 공통 교육과정 수학과의 세부 목표는 다음과 같다.

(1) 수학적 지식을 이해하고 활용하여 적극적이고 자신감 있게 여러 가지 문제를 해결한다.
(2) 수학적 사실에 대해 흥미와 관심을 갖고 추측과 정당화를 통해 추론한다.
(3) 수학적 사고와 전략에 대해 의사소통하고 수학적 표현의 편리함을 인식한다.
(4) 수학의 개념, 원리, 법칙 간의 관련성을 탐구하고 실생활이나 타 교과에 수학을 적용하여 수학의 유용성을 인식한다.
(5) 목적에 맞게 교구나 공학 도구를 활용하며 자료를 수집하고 처리하여 정보에 근거한 합리적 의사 결정을 한다.

이와 함께 세부 목표별 지식·이해, 과정·기능, 가치·태도의 핵심 내용은 다음과 같다.

세부 목표	지식·이해	과정·기능	가치·태도
(1)	수학적 지식	문제해결	적극적인 태도, 자신감
(2)	수학적 사실	추론	수학에 대한 흥미와 관심
(3)	수학적 표현	의사소통	수학의 유용성 인식
(4)	수학의 개념, 원리, 법칙	연결	수학의 가치 인식
(5)	자료와 정보	정보처리	합리적 의사결정

출처: 이경화 외(2022). 2022 개정 수학과 교육과정 시안 개발 연구. 세종: 교육부, p.246.

또한 2022 개정 수학과 교육과정에서는 2015 개정 수학과 교육과정과 마찬가지로 성취기준을 제시하였다. 성취기준이란 영역별 내용 요소(지식·이해, 과정·기능, 가치·태도)를 학습한 결과 학생이 궁극적으로 할 수 있거나 할 수 있기를 기대하는 도달점(교육부, 2022c)을 말한다. 성취기준은 학년군별로 제시되었으며, 각 학년군에서는 수와 연산, 변화와 관계, 도형과 측정, 자료와 가능성의 영역별로 성취기준을 제시하였다. 이와 함께 2022 개정 수학과 교육과정에서는 성취기준에 뒤따라 '성취기준 해설'과 '성취기준 적용 시 고려 사항'을 제시하였다. 성취기준 해설에서는 해당 성취기준의 설정 취지 및 의미 의도 등을 설명하였으며, 성취기준 적용시 고려 사항에는 영역 고유의 성격을 고려하여 특별히 강조하거나 중요하게 다루어야 할 교수・학습 및 평가의 주안점, 총론의 주요 사항과 해당 영역 학습과의 연계 등을 설명하였다.

3) 수학 교과 역량

2022 개정 교육과정에서는 2015 개정 교육과정에서 중점을 두었던 핵심 역량을 그대로 강조하였다. 핵심 역량은 미래 사회 시민으로서 성공적이고 행복한 삶을 살아가기 위해 필요한 핵심적인 능력으로, 지식, 기능, 태도 및 가치가 통합적으로 작용하여 발현되는 능력이다(교육부, 2016a). 2022 개정 교육과정에서는 자기관리 역량, 지식정보처리 역량, 창의적 사고 역량, 심미적 감성 역량, 협력적 소통 역량, 공동체 역량의 6가지 핵심 역량을 도출하였다. 이는 2015 개정 교육과정과 그 내용이 유사하게 제시된 것이다. 다만 2015 개정 교육과정에서 제시된 의사소통 역량은 나와 나 사이, 나와 우리 사이의 소통과 배려와 협력 등을 강조하기 위해 '협력적 소통 역량'으로 그 명칭이 변경되었다(교육부, 2022a). 이와 함께 각 교과에서는 교과의 특성에 맞는 교과 역량을 선정하였다. 교과 역량은 교과가 기반한 학문의 지식 및 기능을 습득하고 활용함으로써 길러질 수 있는 능력으로 교과학습의 결과로 지식, 기능, 태도 등을 통합적으로 운영하여 문제를 해결할 수 있는 능력(한혜정, 김기철, 이주연, 장경숙, 2018)을 말한다. 수학 교과 역량은 수학교육을 통해 학습자가 길러야 할 기본적이고 필수적인 능력 또는 특성(교육부, 2015a)으로, 2022 개정 수학과 교육과정의 경우 문제해결, 추론, 의사소통, 연결, 정보처리 역량을 수학 교과 역량으로 설정하였다. 이는 2015 개정 교육과정 수학과에서 제시되었던 창의・융합 역량을 연결 역량으로 변경한 것이며, 태도 및 실천은 수학 교과 역량에서 직접 제시하지 않은 것이다. 이와 함께 2015 개정 수학과 교육과

정에서는 각 교과 역량의 함양 방안을 교수·학습 방법에 제안하였고, 지식과 별개의 차원에 존재하는 것으로, 지식과 결합하여 학습할 것을 제안하였지만, 2022 개정 수학과 교육과정에서는 각각의 교과 역량이 지식·이해, 과정·기능, 가치·태도를 아우르는 것으로 규정(교육부, 2022b)하였다. 수학 교과 역량은 총론에 제시된 6개의 핵심 역량과 밀접하게 관련되어 있으며, 총론의 핵심 역량은 교과교육의 방향성을 제시해주고, 교과 역량은 교과교육과 핵심 역량을 이어주는 매개체라고 할 수 있다(한혜정 외, 2018).

수학 교과 역량 함양을 통해 학생들은 복잡하고 전문화되어 가는 미래 사회에서 사회 구성원의 역할을 성공적으로 수행할 수 있고 개인의 잠재력과 재능을 발현할 수 있으며, 수학의 필요성과 유용성을 이해하고 수학 학습의 즐거움을 느끼며, 수학에 대한 흥미와 자신감을 기를 수 있다(교육부, 2015c).

3. 기본 교육과정의 수학 교육 목표

2022 개정 특수교육 기본 교육과정에서는 수학과 교육의 목표를 총괄 목표와 5개의 세부 목표로 제시하고 있다. 이러한 기본 교육과정 수학과의 교과목표는 지식·이해, 과정·기능, 가치·태도가 유기적으로 연계되어 학생의 수학 교과 역량을 함양할 수 있도록 진술되었다. 이때 수학적 '지식·이해'는 기초적이고 기본적인 개념이나 원리를 이해하고 익히는 인지적인 범주를 말하며, 수학적 탐구 '과정·기능'은 수학적 지식을 탐구하는 과정이나 수학적 이해를 위해 동반되어야 하는 수학적 기능을 경험하고 익히는 기능적인 범주를 말한다. 또한 수학적 '가치·태도'는 수학 학습을 통해 형성해야 하는 수학 가치에 대한 유용성 인식과 수학 학습에 대한 바람직한 태도의 정의적인 범주를 말한다(교육부, 2022d).

이와 함께 기본 교육과정 수학과는 실생활의 활용과 사고력 증진을 지속적으로 추구하며, 기초적이고 기본적인 수학 내용에서 시작하여 배움을 바탕으로 생활에서 수학을 활용하는 것으로 내용이 확장되도록 제시되었다. 기본 교육과정 수학과의 교과 목표로 제시된 내용을 살펴보면 다음과 같으며 [그림 2-1]의 2022 개정 기본 교육과정 수학과의 설계 개요에서 기본 교육과정 수학과의 목표와 지향점을 알 수 있다.

기초적이고 기본적인 수학 개념과 원리를 익히고, 수학적으로 사고하고 의사소통하며 합리적으로 문제를 해결하는 능력을 길러 일상생활을 하는 데 필요한 수학적 역량을 갖추는 것을 목표로 한다.

(1) 수학적 개념과 원리를 이해하고, 이를 활용하여 실생활 문제를 해결한다.
(2) 사물과 현상을 수학적으로 관찰하고, 추측하고 확인하는 과정을 통해 추론을 경험한다.
(3) 간단한 수학적 용어와 다양한 표현 방법으로 의사소통하고 협력하는 태도를 가진다.
(4) 실생활 상황이나 다른 교과 학습에 수학을 적용하여 수학의 유용성을 익힌다.
(5) 자료와 정보를 바르게 처리하고 교구나 공학적 도구를 적절하게 활용한다.

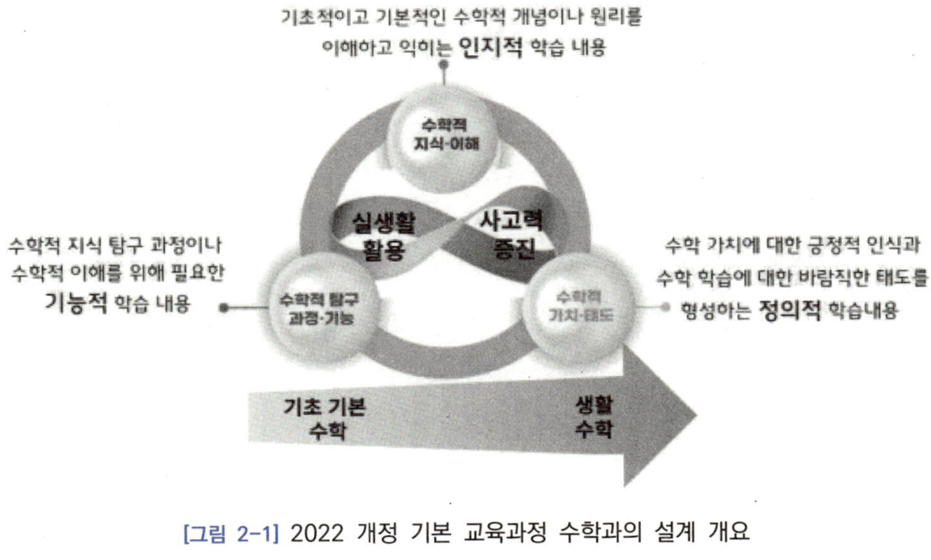

[그림 2-1] 2022 개정 기본 교육과정 수학과의 설계 개요

출처: 교육부(2022e). 2022 개정 특수교육 기본 교육과정[별책3]. 교육부 고시 제2022-34호, p.134.

1) 총괄 목표의 이해

기본 교육과정 수학과의 총괄 목표는 특수교육 대상학생에게 수학을 가르쳐야 하는 이유를 밝혀주고 있다. 그 내용을 살펴보면 수학과 교육의 목표는 기초적이고 기본적인 수학 개념과 원리를 익히고, 수학적으로 사고하고 의사소통하며 합리적으로 문제를 해결하는 능력을 길러 일상생활을 하는 데 필요한 수학적 역량을 갖추는 데에 있다(교육부, 2022e). 따라서 총괄 목표는 수학과의 실용적, 문화창달적, 도야적, 심미적 목적의 도달을 위한 목표이며, 특히 기초적이고 기본적인 수학 개념과 원리를 익히는 것을 바탕으로, 수학적으로 사고하고 의사소통하며 합리적으로 문제를 해결하는 능력을 길러 일상생활을 하는데 필요한 수학적 역량을 갖춘다는 것은 실용적 목적의 도달에 큰 비중을 두고 있다고 볼 수 있다. 뿐만 아니라 이러한 기본 교육과정 수학과의 목적은 문제해결, 추론, 의사소통, 연결, 정보처리 역량의 5가지 교과 핵심 역량 함양과도 깊은 관련성이 있다.

① 개념적 지식과 절차적 지식의 습득

수학과 교육에서는 개념적 지식이 중요한가? 혹은 절차적 지식이 중요한가? 라는 오랜 논쟁거리를 지니고 있다. 독자 중에는 정답이 '2'인 수학 문제의 풀이 결과에 대하여 다음의 두 가지 경험을 하였을 수 있다.

- 정답을 '2'라고 써서 점수를 받은 학생에게 풀이과정을 물어 답을 못하였을 때 0점으로 처리하거나 감점을 주는 선생님
- 정답인 '2'를 쓴 학생을 칭찬하고 격려하며, 풀이과정을 묻지 않는 선생님
  - 어느 선생님이 더 수학 교육의 입장을 잘 대변하는지는 때에 따라 달라져 왔다.

그러나 이러한 입장을 구분지어 생각하는 일은 사실상 의미없는 일이라 할 수 있다. 왜냐하면 수학을 잘 하기 위해서는 개념적 지식과 절차적 지식이 모두 필요하기 때문이다. 따라서 우리는 무엇이 절차적 지식과 개념적 지식을 구성하는지

알 필요가 있으며, 학생들의 개념적 지식과 절차적 지식 사이의 의미있는 관계를 만들고, 연결하도록 도와주는 일이 필요하다.

개념적 지식이란 2, 3, 4와 같은 수의 크기와 수의 순서, 수 체계 등의 문자 그대로 개념에 관한 지식이다. 덧셈, 뺄셈, 원주 등도 개념적 지식에 속한다. 절차적 지식이란 일련의 행동에 기초를 두고, 알고리즘과 규칙을 포함한다. 따라서 개념적 지식은 관계와 분리되어 있는 정보를 이어주는 연결된 그물망에 기초하며 (Hiebert & Lefevre, 1986), 절차적 지식은 계산과 같이 연결된 알고리즘에 근거하여 의미와 이해를 수반하며 발달될 수 있다.

절차적 지식은 특정한 질문에 답하기 위한 규칙이나 정의를 제공하지만 때로는 중요한 연결이 제한되어 있거나 빠져 있을 수 있다. 예를 들어 분수의 나눗셈에서 역수를 곱하여 계산하는 일은 일련의 절차적 지식에 따라 이루어진다. 학생은 기계적으로 이 일을 해 낼 수 있지만 실상 왜 역수를 곱하는지는 이해하지 못하고 있을 수도 있다. 만약 학생이 답만을 중요하게 생각한다면 학생은 왜 그런 절차를 거쳐서 답이 나오는지 알 필요가 없게 된다. 그러나 수학은 왜 그렇게 되는지가 중요한 학문이므로 학생은 반드시 개념적 지식을 익히지 않으면 안 된다.

절차적 지식과 개념적 지식에 관한 보다 명확한 예를 덧셈을 통하여 알아보자.

■ 덧셈의 개념(첨가의 예)

- **42+7=**
- 어제 달걀 42개를 삶았습니다. 오늘은 어제보다 7개를 더 삶았습니다. 삶은 달걀은 모두 몇 개입니까?

■ 덧셈의 개념(합병의 예)

- **10+3=**
- 키위 10개와 멜론 3개로 주스를 만들고 있습니다. 과일은 모두 몇 개인지 알아보세요.

덧셈식의 계산 방법은 상하 모두 동일하므로 동일한 알고리즘을 갖는 절차적 지식으로 해결할 수 있으나 덧셈에 포함된 개념적 지식은 상하가 명확히 구분됨을 알 수 있다.

개념적 지식은 학습자가 새로운 지식을 기존의 정신적 구조에 동화시키는 과정에서 관계를 고찰하고 연결짓는 일에 능동적일 것을 요구한다. 절차적 지식은 어떤 과정이 시연되거나 예시된 후, 학생이 그러한 방법을 모방하도록 요구하는 좀 더 수동적인 형태로 획득될 수 있다. 절차적 지식은 이미 알고 있는 지식이나 자신의 경험을 활용하여 문제를 해결하고 새로운 것을 만들어내는 지식으로 절차적 지식과 개념적 지식 사이의 연결 장치가 없으면 필요한 회상을 하는데 부적절할 수 있으며, 이렇게 되면 오류가 발생한다. 또한 절차적 지식만 알고 있는 학생은 오류와 비합리적인 답을 검토하고 수정하는 데 매우 제한적일 수 있기 때문에 두 지식을 동시에 지도하는 일은 반드시 필요하다.

② 문제해결력의 향상

문제는 누군가 무엇인가를 원하고 있지만 즉각 그것을 얻기 위해 무엇을 해야 할지 모르는 상황과 관련이 있다. 만약 '문제'가 너무 쉬워서 학생이 답을 얻는 방법을 알고 있거나 즉각 답을 구할 수 있다면 실제로 문제가 없는 것과 마찬가지이다(강문봉 등, 2004).

우리는 일상생활에서 어떤 것을 해결하기 위해서는 노력이 필요한 '문제'들에 직면한다. 그 중 일부는 수학과 무관하겠지만 일부는 수학적인 사고를 필요로 한다. 이와 같이 수학적 사고에 기반한 문제해결력 향상이야말로 수학과의 목표가 된다.

문제해결력의 습득을 위해서는 문제해결을 스스로 해 보아야 한다. 문제해결을 할 수 있도록 하기 위해서는 다음과 같은 전략을 일반화하여 활용할 수 있다.

- 문제해결 전략을 명확히 지도한다. 그렇게 되면 학생들이 문제해결 전략을 자

주 사용하게 될 뿐만 아니라 그로 인해 올바른 해답을 산출할 수 있게 된다.

- 어떤 하나의 전략이 모든 문제를 해결하는 데 적절한 것은 아니다. 문제해결 과정의 각 단계에 따라 다양한 전략이 사용될 수 있고, 어떤 문제해결 전략은 다른 전략들보다 더 자주 사용되기도 한다.
- 여러 가지 전략들을 지도해서 학생들이 자신만의 문제해결 전략의 목록을 갖도록 지도하면 이를 기반으로 다양한 영역의 문제를 접할 때마다 정리된 목록에서 적절한 전략을 끄집어내어 사용하는 기술을 익히도록 반복해서 실행해 보도록 한다. 학생들에게 다양한 문제들을 똑같은 전략으로 해결해 볼 수 있도록 해보고, 문제별로 적용되는 문제해결 전략에 대하여 논의해 볼 수 있도록 기회를 주어야 한다.
- 학생들에게 제시되는 문제는 그 해결전략이 명확하게 드러나지 않는 것이 좋다. 그리고 다양한 방법으로 문제를 해결해 볼 수 있는 기회를 주는 것이 좋다.
- 학생들의 문제해결 성취도는 그들의 발달 수준과 관련이 있으므로 학생들에게 적절한 난이도의 문제를 제시해야 한다.

한편 문제해결을 위하여 제시되는 문제는 다음과 같은 것들을 포함시키는 것이 좋다.

- 문제 해결에 필요한 정보가 많거나 적은 문제
- 어림이 포함되어 있는 문제
- 문제에서 요구되는 정확도를 위해 선택해야 하는 문제
- 실제 생활에서 발생할 수 있는 문제
- 매우 큰 수나 매우 작은 수를 개념화 할 수 있는 문제
- 논리, 추론, 추측의 검사, 정보의 합리성을 다루는 문제
- 수학적인 답이 있는 것처럼 보이나 실제 답이 없는 문제
- 풀이를 위하여 여러 단계나 하나 이상의 전략을 요구하는 문제
- 의사결정이 요구되는 문제

• 개방형 문제

③ 수학에 대한 바람직한 학습태도 향상

수학에 대한 긍정적 태도를 향상시키기 위해서 수학 학습은 재미있는 것, 즐겁게 할 수 있는 것, 관심과 의욕을 가지고 해볼 만한 것, 나도 해결할 수 있다는 자신감 등을 가질 수 있는 분위기를 조성해 주는 것 등이 필요하다. 이를 위하여 교사는 학생에게 조급하게 가르치는 것이 아니라 관심과 의욕을 가지고 열심히 참여할 수 있는 기회를 제공하여야 한다(강지형 등, 2003). 이와 함께 학생 개개인이 성공적인 학습을 경험할 수 있는 지원체계를 마련하여야 한다.

2) 세부 목표의 이해

기본 교육과정 수학과의 세부 목표를 이해하기 위해 5가지 목표 내용을 인용하여 살펴보면 다음과 같다.

① 수학적 개념과 원리를 이해하고, 이를 활용하여 실생활 문제를 해결한다.

수학적 개념과 원리를 이해하고, 이를 활용하여 실생활 문제를 해결하는 활동에 대한 경험은 문제해결 역량 함양과 관련성이 있다. 배운 것을 적용하거나 여러 상황에 일반화하는 능력이 부족한 특수교육 대상학생은 수학의 기본 개념과 기초 기능을 교실에서 익혔다 할지라도, 이렇게 익힌 개념과 기능을 일상생활의 여러 가지 문제해결에 활용하는 것은 어려울 수 있다. 수학의 기본 개념과 기초 기능의 습득에도 불구하고, 이를 일상생활의 여러 가지 문제를 해결하는 데에 활용할 수 없다면 절반의 목표 달성에 그칠 수밖에 없다. 따라서 수학과 교육은 학생들이 기본적인 개념을 이해하고 기초 기능을 익히도록 하는 데에 그치는 것이 아니라, 수학교과역량의 함양을 통해 일상생활의 여러 가지 문제를 합리적이고 창의적으로 해결할 수 있는 능력을 갖출 수 있도록 해 주어야 한다.

② 사물과 현상을 수학적으로 관찰하고, 추측하고 확인하는 과정을 통해 추론을 경험한다.

사물과 현상을 수학적으로 관찰하고, 추측하고 확인하는 과정을 통한 추론에 대한 경험은 추론 역량 함양과 관련성이 있다. 이러한 경험을 위해서는 생활 주변의 사물과 현상을 활용하여야 한다. 왜 생활 주변의 사물과 현상을 활용하여야 할까? 추상적 사고보다는 구체물을 통한 사고가 더 쉽게 느껴지는 특수교육 대상 학생에게는 생활 주변의 익숙하고 구체적인 사물과 현상을 활용하는 것이 효과적이다. 이를 통해 학생들은 친숙한 대상을 바탕으로 다양하게 사고하며 추론할 수 있는 기회를 얻을 수 있다. 또한 생활 속의 경험은 학생들의 학습흥미나 동기를 향상시켜 줄 뿐만 아니라 기본 개념과 관련지어 살펴보면 동일한 기호나 알고리즘이 포함된 내용이라 할지라도 생활 속의 경험을 반영할 경우 보다 세부적인 내용을 이해하기 쉽기 때문이다. 예를 들어 사각형을 지도하고자 할 때 교사는 다양한 생활 자료들을 제시하고, 그 모양을 추상화 하는 과정을 통해서 보다 다양한 사각형의 예시를 줄 수 있다. 사각형이라는 개념은 이러한 생활 속의 다양한 사물의 속성 중 공통적인 부분만 남기고 나머지는 제거함으로써 가장 추상화되었다고 할 수 있다. 따라서 공통성을 제외한 모든 사각형의 속성이 제거되어 있으므로 학생은 사각형이 생활 속에서 발견할 수 있는 도형이라는 사실을 발견하기 어려울 뿐만 아니라 학습 후의 일반화 과정에서도 어려움을 겪을 수도 있다.

③ 간단한 수학적 용어와 다양한 표현 방법으로 의사소통하고 협력하는 태도를 가진다.

간단한 수학적 용어와 다양한 표현 방법으로 의사소통하고 협력하는 태도를 가지는 활동은 의사소통 역량 함양과 관련성이 있다. 이러한 활동은 수학적 사고를 다른 사람과 공유하며 협력하는 능력을 키우는데 중요한 역할을 한다. 이를 통해 특수교육 대상학생은 자신의 생각을 쉽게 전달하고, 다른 사람의 의견을 이해하며, 문제를 함께 해결하는 협력적인 자세를 기를 수 있다. 이러한 태도는 수학 학습뿐만 아니라 실생활의 다양한 상황에서 원활한 의사소통과 다른 사람과의 원만한 관계를 형성하는 데에도 도움이 된다.

④ 실생활 상황이나 다른 교과 학습에 수학을 적용하여 수학의 유용성을 익힌다.

실생활 상황이나 다른 교과 학습에 수학을 적용하여 수학의 유용성을 익히는 활동은 연결 역량 및 수학의 가치와 유용성을 인식하는 것과 관련성이 있다. 실생활의 문제는 단순히 하나의 분절된 교과 지식만으로는 해결하기 어려우며, 다양한 교과와 영역의 지식을 융합하고 통합적으로 사고해야 효과적인 해결방안을 모색할 수 있다.

이와 함께 학습한 내용을 실생활에 적용하는 것을 통해 특수교육 대상학생의 수학에 대한 흥미와 관심을 높일 수 있다. 이는 학령기뿐만 아니라 학령기 이후에도 지속적으로 수학과 관련된 내용을 학습하고 활용할 수 있는 든든한 밑바탕이 될 수 있다. 따라서 학습이 보다 효과적으로 이루어지고 학령기 이후에도 지속적으로 수학 학습이 이루어지도록 하기 위해서는 실생활 상황이나 다른 교과 학습에 수학을 적용할 수 있게 함으로써 학생들이 수학에 흥미와 관심을 가질 수 있도록 해 주어야 한다. 이를 통해 학생들은 수학에 대한 흥미와 관심뿐만 아니라 수학의 유용성과 가치를 인식할 수 있게 될 것이다.

⑤ 자료와 정보를 바르게 처리하고 교구나 공학적 도구를 적절하게 활용한다.

자료와 정보를 바르게 처리하고 교구나 공학적 도구를 적절하게 활용하는 활동은 정보처리 역량과 관련성이 있다. 이러한 활동은 문제를 이해하고 해결하는 데 큰 도움을 주며, 이러한 과정을 통해 학생들은 정보를 찾고 정리하며 활용하는 능력을 기르고, 도구를 활용하여 복잡한 문제를 보다 쉽게 해결하는 경험을 쌓을 수 있다. 이는 실생활의 문제를 해결하는 데에도 도움을 줄 뿐만 아니라 특수교육 대상학생의 성공 경험을 높이는 데에도 도움이 된다. 특수교육 대상학생의 경우 거듭된 학습실패로 인해 학습된 무력감에 빠져있는 경우가 많다. 특히 정・오답이 분명한 수학교과의 경우 특수교육 대상학생이 실패의 경험을 하게 될 가능성이 높다. 또한 이는 학령기뿐만 아니라 학령기 이후의 삶에도 악영향을 끼칠 수 있다. 따라서 수학에 대한 긍정적인 인식을 강화하기 위해서는 수학 학습에서의 성공 경험을 제공하는 것이 필요하며, 교구나 공학적 도구를 적절하게 활용하여 특수교육 대상학생의 성공 경험을 높일 수 있다.

또한 2022 개정 기본 교육과정 수학과에서는 2015 개정 기본 교육과정 수학과와 마찬가지로 성취기준을 제시하였다. 성취기준은 학년군별로 제시되었으며, 각 학년군에서는 수와 연산, 도형, 측정, 규칙성, 자료와 가능성의 영역별로 성취기준을 제시하였다. 이와 함께 2022 개정 기본 교육과정 수학과에서는 성취기준에 뒤따라 '성취기준 해설'과 '성취기준 적용 시 고려 사항'을 제시하였다. 성취기준 해설에서는 성취기준의 적용 범위, 성취기준 달성에 필요한 방법, 유의사항 등을 설명하였으며, 성취기준 적용시 고려 사항에는 장애 정도가 심한 학생의 수학 수업 참여를 위한 구체적 예시나 대안적인 방법 등을 제시하였다. 이와 함께 2022 개정 기본 교육과정 수학과에서는 중도·중복 장애학생을 장애 정도가 심한 학생으로 지칭하였다. 이는 장애인 등에 대한 특수교육법에 근거한 용어로 중도·중복장애 학생이란 2가지 이상의 장애를 가진 경우를 의미하여, 단일장애를 가진 중증장애 학생은 포함되지 않는다. 따라서 단일장애이면서 장애 정도가 심하여 해당 성취기준을 달성하기 어려운 학생(예: 중증의 지적장애 학생)을 포괄적으로 고려하여 이 용어를 사용한 것이다.

4) 기본 교육과정 수학 교과 역량

급속한 사회의 변화와 디지털 기술의 발달에 따라 지식의 단편적인 암기보다는 깊이 있는 학습을 통해 지식을 삶에 활용하고 적용하는 것이 중요시 되고 있다. 이러한 시대적 변화에 따라 교육부(2021)에서는 당면한 사회적 변화에 능동적으로 대응할 수 있도록 개별맞춤형 교육을 바탕으로 미래 핵심역량을 키우는 교육 혁신이 필요하다고 하였다. 이러한 최근 교육의 흐름에 대응하여 수학 학습에 어려움을 겪는 특수교육 대상학생들을 위한 수학교육도 배움과 삶을 연계하는 학습을 강조하기 위해 학생들의 역량 함양을 통한 실생활 중심의 수학교육으로의 개선이 필요하다.

이에 2022 개정 기본 교육과정 수학과에서는 문제해결, 추론, 의사소통, 연결, 정보처리 역량의 5개를 수학 교과 역량으로 설정하였다. 이는 2015 개정 기본 교육과정 수학과에서 제시되었던 문제해결, 추론, 창의융합, 의사소통, 정보처리, 태도 및 실천의 6개 수학 교과 역량 중에서 창의·융합 역량을 연결 역량으로 변경한 것이며, 태도 및 실천은 수학 교과 역량에서 직접 제시하지 않은 것이다. 이와 함께 2022 개정 기본 교육과정 수학과에서는 각각의 교과 역량을 교육내용, 교수·학습 및 평가를 통해 구현하고자 하였으며, 지식·이해, 과정·기능, 가치·태도의 요소가 유기적으로 연계되어 통합적으로 발현되도록 함으로써 학생의 수학 교과 역량 함양을 돕고자 하였다. 또한 수학 교과 역량은 총론에 제시된 6개의 핵심역량과 밀접하게 관련되어 있으며, 총론의 핵심 역량은 교과교육의 방향성을 제시해주고, 교과 역량은 교과교육과 핵심 역량을 이어주는 매개체라고 할 수 있다(한혜정 외, 2018).

이상 기본 교육과정 수학과의 목표에 대하여 살펴보았다. 기본 교육과정 수학과의 목표는 기본 교육과정 수학과 교육과정이 지향해야 할 방향과 학생이 도달해야 할 학습 성취 수준을 수학 교과 역량 함양에 초점을 두고 종합적으로 제시한 것이다. 총괄 목표에서는 지식·이해, 과정·기능, 가치·태도의 세 가지 범주가 조화롭게 어우러져 통합적으로 작동한다는 점을 강조하기 위해 각 범주와 관련된 능력을 서로 엮어 한 문장으로 기술되었다. 또한 세부 목표는 수학 교과 역량인 문제해결, 추론, 의사소통, 연결, 정보처리 역량을 각각의 문장에 구분·반영하여 다섯 개의 문장으로 진술되었으며, 각 문장에는 지식·이해, 과정·기능, 가치·태도의 핵심 내용이 포함되도록 구성되었다.

요약

교육목표란 교육을 통해 이루고자 하는 최종적 성과로 일반적이고 포괄적인 교육 목적보다는 구체적인 세부 항목을 말한다. 교육의 목적은 변화된 인간상에 있으며, 교육의 목표는 이러한 인간상을 구체적으로 표현한 것이다.

수학 교육의 목적은 실용적 목적, 문화창달적 목적, 도야적 목적, 심미적 목적의 네 가지로 구분될 수 있다. 네 가지 수학 교육의 목적은 시대적 필요성에 따라 강조되어지는 부분이 달랐으며, 그리스 시대에는 문화창달적 목적, 도야적 목적, 근대에는 실용적 목적이 강조되었다. 이 장에서는 공통 교육과정 수학과와 기본 교육과정 수학과의 목표를 살펴보았다. 공통 교육과정 수학과와 기본 교육과정 수학과의 목표는 총괄목표와 세부 목표로 구분되어 있다.

공통 교육과정 수학과와 기본 교육과정 수학과 모두 총괄 목표는 수학 교과 역량에 중점을 두어 지식 · 이해, 과정 · 기능, 가치 · 태도의 세 가지 범주가 조화롭게 어우러져 통합적으로 작동한다는 점을 강조하기 위해 각 범주와 관련된 능력을 유기적으로 연결하여 한 문장으로 기술되었다. 세부 목표는 수학 교과 역량인 문제해결, 추론, 의사소통, 연결, 정보처리 역량을 각각의 문장에 구분 · 반영하여 다섯 개의 문장으로 진술되었으며, 각 문장에는 지식 · 이해, 과정 · 기능, 가치 · 태도의 핵심 내용이 포함되어 있다.

이와 함께 공통 교육과정 수학과와 기본 교육과정 수학과 모두 문제해결, 추론, 의사소통, 연결, 정보처리 역량의 5개를 수학 교과 역량으로 설정하였다. 여기에서 각각의 교과 역량을 교육내용, 교수 · 학습 및 평가를 통해 구현하고자 하였다. 수학 교과 역량은 총론에 제시된 6개의 핵심 역량과 밀접하게 관련되어 있으며, 총론의 핵심 역량은 교과교육의 방향성을 제시해주고, 교과 역량은 교과교육과 핵심 역량을 이어주는 매개체라고 할 수 있다.

연구과제

- 기본 교육과정 수학과 목표와 공통 교육과정 수학과 목표가 어떻게 다른지 찾아보고 논의해 보자.
- 미래사회에 대비하기 위해 기본 교육과정 수학과의 목표에서 강조하고 있는 부분은 무엇이며, 개선할 부분은 있는지 논의해 보자.

참고문헌

강문봉・강완・김난희・김수환・나귀수・박경미・박영배・백석윤・송상헌・유현주・이경화・이중권・임문규・임재훈・장혜원・정동권・정영옥・정은실・허혜자 공역(2004). 초등 수학 학습지도의 이해. 서울: 양서원

강지형・김수환・라병소・박성택・이의원・이정재・정은실(2003). 7차 교육과정에 의한 초등 수학 교육. 서울: 동명사.

교육부(2015a). 2015 개정 수학과 교육과정 시안 개발연구Ⅱ. 미간행 자료.

교육부(2015b). 2015 특수교육 교육과정 기본 교육과정 해설자료 1. 미간행 자료.

교육부(2015c). 수학과 교육과정 [별책 8]. 미간행 자료.

교육부(2018). 초등학교 교육과정[별책2]. 미간행 자료.

교육부(2020). 기본 교육과정[별책3]. 미간행 자료.

교육부(2016a). 2015 개정 총론(일반)연수자료(http://www.edunet.net/2017. 04. 30. 검색)

교육부(2016b). 2015 개정 교육과정 총론 해설: 초등학교. 미간행 자료.

교육부(2021). 더 나은 미래, 모두를 위한 교육 2022 개정 교육과정 총론 주요사항(시안). 2021년 11월 24일자 교육부 보도자료.

교육부(2022a). 2022 개정 교육과정 총론 해설: 초등학교. 교육부 고시 제2022-33호.

교육부(2022b). 2022 개정 수학과 교육과정 시안(최종안) 개발 정책연구. 미간행 자료.

교육부(2022c). 2022 개정 수학과 교육과정 [별책 8]. 교육부 고시 제2022-33호.

교육부(2022d). 2022 개정 특수교육 기본 교육과정 수학과 시안 개발 연구.

교육부(2022e). 2022 개정 특수교육 기본 교육과정[별책3]. 교육부 고시 제2022-34호.

우정호(2009). 개정판 수학 학습-지도 원리와 방법. 서울대학교 출판부.

이경우 · 홍혜경 · 신은수 · 진명희(2009). 유아 수학 교육의 이론과 실제. 서울: 창지사.

이경화, 김선희, 김윤민, 강은주, 김남균, 최인용, 주신영, 조성민, 임미인, 김은하, 나귀수, 변희현, 정중기, 최지선, 김동재, 양정은, 탁병주, 이상훈, 전종삼, 임해미, 최성이, 김보현, 김부미, 이명화, 이정, 서보억, 도주원, 박정숙, 고호경, 선우진, 조장익, 장정욱, 정종식, 홍영범, 강현영, 나미영, 김하림, 최은아, 지영명, 전수경, 주미경, 구나영, 이윤경, 권순학, 김정현(2022). 2022 개정 수학과 교육과정 시안 개발 연구. 세종: 교육부.

한혜정, 김기철, 이주연, 장경숙. 한국교육과정평가원(2018). 역량기반 교육과정에 대한 국내 선행연구의 이론적 논의 분석 및 쟁점 탐색. 교육과정평가연구, 21(3), 1-24.

Hiebert, J., & Lefevre, P. (1986). "Conceptual and Procedural Knowledge in Mathematics: An Introductory Analysis." In Conceptual and Procedural Knowledge: *The Case of Mathematics*(ed. James Hiebert). Hillsdale, N. J.: Lawrence Erlbaum Associates, pp. 1-27.

National Council for Teachers of Mathematics (1980). *An Agenda for Action: Recommendations for School Mathematics of the 1980s.* VA: NCTM

National Council for Teachers of Mathematics (2000). *Principles and standards for school mathematics.* VA: NCTM.

National Council of Supervisors of Mathematics (1977). "Essential Mathematics for the 21st Century". *Arithmetic Teacher, 25(October 1977).* pp. 18-22.

http://krdic.daum.net/dickr/contents.do?offset=A004331400&query1=A004331400#A004331400(2011. 2. 28)

http://www.NCTM.org/standards/content.aspx?id=7564(2011. 2. 28)

제 3 장 수학 교육의 내용

홍 성 두

급변하는 정보화 시대에 따라 전 세계의 각 나라들은 전통적인 기초 수학능력만으로는 학생의 필요와 사회적 요구를 충족할 수 없음을 알고 다양한 수학적 개념들을 창안하고 생활 장면 속에서 활용할 수 있도록 노력하고 있다. 이러한 사회적 변화와 미래사회에 대처하고자 미국을 비롯한 각국에서는 수학전쟁이라는 표현을 쓸 정도로 수학 교육 내용을 개선하고 수월성을 추구하기 위한 노력을 지속적으로 하고 있다. 우리나라도 역시 전미수학교사협의회(National Council of Teachers of Matehmatics: 이하 NCTM)를 중심으로 한 미국의 스탠다드 중심 교육개혁 운동에 영향을 받아서 2007년에 제7차 수학 교육과정을 개정하여 고시한 바 있다(허경철, 2007). 이런 수학 교육과정의 변화는 특수교육 분야에도 여러 가지 영향을 주고 있는 상황인데, 특수교육대상학생들이 다른 교과에 비해 수학 교과에 있어서 훨씬 더 큰 어려움을 경험한다는 연구결과들은 수학 교육 내용과 관련된 급격한 변화흐름에 대해 특수교육 관계자들이 더욱 민감해 질 것을 요구하고 있다.

따라서 이 장에서는 수학 교과와 관련된 급격한 변화의 정점에 있는 수학과 교육의 내용에 대해서 소개하고자 한다. 이를 위해 먼저 현재 우리나라의 공통 교육과정에 가장 큰 영향을 미친 NCTM의 Standards 2000과 2006 Curriculum Focal Points에 대해 소개하고, 누리 교육과정과 공통 교육과정에서 제시하고 있는 수학 교육 내용을 살펴봄으로써 수학과 교육 내용의 보편성을 확인하고, 2022 개정 기본 교육과정을 중심으로 수학과 교육 내용의 특수성을 알아보고자 한다.

1. 미국의 수학 교육 내용

이 절에서는 우리나라 수학과 교육 내용을 알아보기에 앞서 우리나라 현행 수학과 교육과정 개정에 가장 크게 영향을 미친 NCTM의 Standards 2000을 검토해보고, Standards 2000 이후에 NCTM이 일종의 교육과정 개발 안내서와 같은 차원에서 제시한 2006 CFP(Curriculum Focal Points)의 내용을 알아볼 것이다.

1) NCTM Standards 2000

NCTM의 주장에 따르면 '수학을 안다는 것'과 '수학을 실제 행하는 것'은 밀접하게 연결되어야 하고, 학생들이 '무엇을 배우느냐' 하는 것은 결국 그들이 '어떻게 배우느냐'에 달려 있다(김민경 외, 2006). 이런 생각 하에 NCTM은 학생들이 더 나은 문제해결자가 되고, 수학적 추론 능력을 신장시키고, 수학의 소중함을 알고, 수학에 대해서 자신감을 가지며, 수학적 의사소통에 대해 알도록 하는 것을 주요 목적으로 한 Standards 2000을 제시하였다(NCTM, 2000). NCTM은 또한 '삶을 위한 수학', '문화유산으로써의 수학', '일터에서의 수학', '과학과 기술에서의 의사소통을 위한 수학'이라는 일반목표를 설정하고, 다음과 같은 여섯 가지 원리를 제시하였다(신현기, 2009에서 재인용).

- 공평함: 이 원칙은 모든 학생들에게 높은 기대를 갖고 강력한 지원을 해야 한다는 관점을 뒷받침하고 있다.
- 교육과정: 교육과정 원칙은 모든 학년에 걸쳐 분명하게 표명된, 중요한 수학에 초점을 맞춘 일관성 있는 교육과정을 갖춰야 함을 의미한다.
- 교수: 효과적인 교수는 학생들이 아는 것, 학생들이 알아야 할 필요가 있는 것 등에 대한 이해 및 학생들이 제대로 학습할 수 있도록 도전하게 하고 지원하는 것을 요구한다.

- 학습: 학생들은 그들이 지닌 사전 경험 및 지식에 기반을 두고 수학을 이해하면서 적극적으로 학습해야 한다.
- 평가: 평가는 의미있는 수학 학습을 뒷받침하고 학생과 교사 모두에게 유익한 것이 되어야 한다.
- 공학: 수학 교수 및 학습에 있어 핵심적인 것은 공학의 활용이다. 공학은 학생들이 배우는 것에 영향을 주며 이들의 학습을 향상시킨다(NCTM, 2000, pp. 11-27).

이런 원칙하에 NCTM은 전학년(Pre-K-2, 3-5, 6-8, 8-12학년)에 걸쳐 수와 연산, 대수, 기하, 측정, 자료 분석과 확률 등 공통된 다섯 개의 내용 규준과 문제해결, 추론과 증명, 의사소통, 연계성, 표상 등 다섯 개의 사고과정 규준을 제시하였다. Standards 2000의 내용 기준과 사고과정 규준에 대한 구체적인 내용 예시는 다음과 같다(김민경 외, 2006, pp. 9-13).

〈표 3-1〉 Standards 2000 Pre-K~2학년의 내용 규준

기준	내용
수와 연산	수, 수 표상, 수와 수 체계의 관계 이해하기 연산의 의미와 어떻게 그것들이 관련되어 있는지 이해하기 유창하게 계산하고 합리적으로 어림하기
대수	패턴, 관계, 함수를 이해하기 대수적 상징을 사용하여 수학적 상황과 구조를 표현, 분석하기 양적인 관계를 이해, 표현하기 위해 수학적 모델을 사용하기 다양한 맥락에서 변화를 분석하기
기하	2차원/3차원 기하 모형의 특성과 속성을 분석하고 기하학적 관계에 관한 수학적 논쟁을 발전시키기 좌표기하와 다른 표상적 체계를 사용하여 위치를 서술하고, 공간적 관계를 기술하기 수학적 상황을 분석하기 위하여 변화를 적용, 대칭을 사용하기 문제해결을 위한 시각화, 공간적 추론, 기하학적 모델링 사용하기

기준	내용
측정	측정 가능한 구체물의 속성과 측정의 단위, 측정의 체계, 측정의 과정을 이해하기 측정을 결정하기 위해 적절한 기술, 도구, 방식을 적용하기
자료분석 및 확률	자료로 처리될 수 있는 문제를 명확히 하고, 그것에 답하기 위해 관련된 자료를 수집, 조직, 표시하기 자료를 분석하기 위해 적절한 통계적 방법을 선택하고 사용하기 자료에 기초한 추론과 예상을 발전시키고 평가하기 확률에 관한 기초 개념을 이해하고 적용하기

〈표 3-2〉 Standards 2000의 사고 과정 규준 및 내용

기준	내용
문제해결	문제해결을 통하여 새로운 수학적 지식을 구성하기 수학 및 다른 상황에서 발생하는 문제들을 해결하기 다양한 전략을 사용하여 문제를 해결하고 이를 새로운 상황에서 응용하기 수학적 문제해결 과정을 조정하고 반성하기
추론 및 증명	추론과 증명은 수학의 기본적인 요소임을 인식하기 수학적 추론을 만들고 탐구하기 수학적인 논쟁과 증명들을 개발하고 평가하기 다양한 추론과 증명방법을 선택하여 활용하기
의사소통	의사소통을 통하여 자신의 수학적 사고를 조직하고 정리하기 자신의 수학적 사고를 동료, 교사 등에게 분명하고 조리있게 표현하기 수학적 사고와 전략을 분석하고 평가하기 수학적 아이디어를 간결하게 표현하기 위하여 수학적 언어를 사용하기
연계성	수학적 아이디어들 사이의 연계성을 인식하고 활용하기 수학적 아이디어들의 내적 연결성과 일관성 있는 전체를 구성하기 위한 방식을 이해하기 수학 외 과목에서 수학을 인식하고 응용하기
표상	수학적 아이디어를 조직하고 기록하고 의사소통하기 위한 표상을 만들어 사용하기 적절한 수학적 표상을 선택하여 문제를 해결하고, 이를 활용하기 물리적, 사회적, 수학적 현상을 모델화하고 해석하기 위하여 표상을 이용하기

여기서 우리가 주의해서 보아야 할 것은 기존의 전통적인 수학 교육의 분류체계는 '수와 연산'과 같은 내용 규준 중심이었으나, NCTM은 명확한 사고과정 규준을 제시함으로써 수학 교육의 분류 형식을 '무엇을 배우느냐'에서 '어떻게 배우느냐'로 커다란 관점의 변화를 이루었다는 측면이다. 이런 변화는 수학 교육의 목표를 수학적 내용 학습보다 수학적 사고력 신장에 초점화 하게 하였고, 이는 통합교육 상황에서의 수학 교육에 중요한 시사점을 제공해 준다.

왜냐하면 특수교육대상학생을 비롯한 모든 학생들이 수학 내용 학습에만 집중하고, 내용습득에 습득하면 수학 교육 목표 달성에 실패한다는 관점에 머물러 있는게 아니라, 수학을 통한 사고력 신장과 수학적 사고를 통한 문제해결력이 신장된다면 비록 수학 내용 학습에 제한적으로 실패하였다고 해도 수학 교육 목표를 달성하였다고 볼 수 있다는 것이다. 이런 관점은 수학 내용 학습에만 모든 관심이 집중되어 있는 우리나라의 통합교육 환경에 중요한 의의를 제공한다고 하겠다. 따라서 이후 이 사고과정 기준에 대한 연구가 특수교육분야에서 많이 이루어져야 할 것이다.

2) 2006 Curriculum Focal Points(이하 CFP)

NCTM의 세 번째 규준인 CFP는 수학전쟁에서 합의점 모색의 일환으로 발간된 것으로, CFP가 발간된 목적은 Standards 2000의 초점(Focal Points)을 추려 간략하게 제시하여 교육과정 개발자들의 사용을 용이하게 하기 위함이었다(NCTM, 2006).

CFP에서 제시하고 있는 가르쳐야 할 핵심내용들의 선정 기준은 다음과 같다. 1) 내용이 수학적으로 의미있고 실제 세계에서 유용한가? 2) 선정할 내용이 최신의 수학 학습이론에 근거한 것인가? 3) 학생들이 이전에 학습한 주제와 이후에 학습할 주제들이 서로 연결되는가?(노선숙, 2007). 이 선정기준을 근거로 하여 CFP는 유치원 이전(Pre-K)부터 8학년까지 총 10개 학년에 걸쳐 (1) 수와 연산, (2) 기하, (3) 대수, (4) 측정, (5) 자료분석 등 다섯 가지 내용 영역 중 세 개의 핵심영역을 선정하여, 영역별로 핵심적인 내용, 수학적 개념, 기술, 이해 등에 대해 설명하였다.

그리고 CFP는 주제별로 구체적인 맥락에서의 교수·학습 방법을 제시하는 것이 아니라, 한 가지 주제를 학습하였을 때 학습자가 습득할 지식, 기술, 그리고 학습 목표를 추상적으로 제시하는 특징을 가지고 있다. 교수·학습 지침은 '학습자는 이 주제를 심도있게 이해함으로써 습득한 지식을 각각의 문제해결 상황에서 적절히 사용할 수 있다' 등과 같이 제시되고 있다.

CFP에 제시된 학년의 변화에 따른 5개 영역별 하위 내용영역은 〈표 3-3〉과 같다.

〈표 3-3〉 CFP 핵심 내용영역과 하위 내용영역

내용영역	하위 내용영역
수와 연산	자연수 세기 < 집합 < 덧셈, 뺄셈 < 십진법 < 자리값 < 여러 자릿수 덧셈, 뺄셈 < 곱셈, 나눗셈 < 분수 < 곱셈과 나눗셈 법칙 < 소수 < 소수와 분수의 덧셈, 뺄셈, 곱셈, 나눗셈 < 비와 비율 < 비례 < 유리수
대수	덧셈, 뺄셈 < 여러 자릿수 덧셈, 뺄셈 < 곱셈, 나눗셈 < 3차원 도형 표현 및 분석 < 수학적 표현으로 쓰기, 해석하기 < 비례 < 3차원 도형 공식 < 유리수, 일차방정식 < 일차함수 < 일차 연립방정식 < 데이터 분석
기하	도형 분류, 표현 < 도형 합성, 분해 < 평면도형의 표현, 분석 < 공간도형의 표현 < 여러 가지 도형의 표면적 공식 < 여러 가지 도형의 각, 거리 분석
측정	측정할 물체 구분 < 측정 가능 속성 < 선형 측정, 길이 < 면적 < 부피, 표면적 < 평면도형, 공간도형 관련 공식 < 거리, 각 분석
자료분석	자료 분석 및 요약

출처: 노선숙 (2007). NCTM의 스탠다드 중심 수학 교육과정 개혁동향: 2006 curriculum focal points를 중심으로. 교육과정 연구 25(2), p. 155.

〈표 3-4〉는 유치원 이전(Pre-K)부터 8학년까지 학년별로 제시된 핵심내용영역들을 정리한 것이다(NCTM, 2006).

〈표 3-4〉 학년별 교육과정 핵심 내용 영역

학년	학년별 교육과정 핵심 내용 영역	
유치원 이전 (Pre-K)	수와 연산	대응, 세기, 집합의 수, 그리고 비교 개념을 포함한 범자연수 (0을 포함한 자연수) 이해하기
	기하	모양을 분류하고 공간적 관계를 설명하기
	측정	측정 가능한 특성을 분류하고 이를 활용하여 여러 가지 사물 비교하기
유치원 (K)	수와 연산	범자연수를 표현하고(쓰기), 비교하고 순서대로 나열하기, 독립 집합 합하기
	기하	모양과 공간 설명하기
	측정	여러 가지 물건을 측정 가능한 특성의 크기에 따라 순서대로 늘어놓기
1	수와 연산 + 대수	덧셈과 뺄셈을 이해하고 간단한 덧셈 구구와 그와 관련된 뺄셈 구구 방법 익히기
	수와 연산	열 개씩 묶음과 낱개로 묶는 것을 포함하는 범자연수 관계를 이해하고 익히기
	기하	도형의 모형을 만들고 분해하기
2	수와 연산	십진법과 자리 값의 개념 이해하기
	수와 연산 + 대수	덧셈 구구와 그와 관련된 뺄셈 구구를 숙련하여 빠르게 기억해 낼 수 있도록 익히고, 여러 자리 수의 덧셈과 뺄셈을 능숙하게 하기
	측정	직선의 길이 재기와 길이를 능숙하게 재기
3	수와 연산 + 대수	곱셈과 나눗셈을 이해하고 간단한 곱셈구구와 그와 관련된 나눗셈 구구 익히기
	수와 연산	분수와 동치분수 익히기
	기하	평면도형의 성질을 설명하고 분석하기
4	수와 연산 + 대수	곱셈구구와 관련된 나눗셈 구구를 빠르게 기억해 낼 수 있고 범자연수의 곱셈을 능숙하게 하기
	수와 연산	분수와 소수의 연계성 이해하기 분수와 연계되는 소수 이해하기
	측정	평면도형의 면적을 이해하고 구하기

학년	학년별 교육과정 핵심 내용 영역	
5	수와 연산 + 대수	범자연수의 나눗셈을 이해하고, 능숙하게 하기
5	수와 연산	분수와 소수의 덧셈과 뺄셈을 이해하고 능숙하게 하기
5	기하 + 측정 + 대수	입체도형을 설명하고 부피와 겉넓이 등 성질을 분석하기
6	수와 연산	분수와 소수의 곱셈과 나눗셈을 이해하고 능숙하게 하기
6	수와 연산	비와 비율을 곱셈과 나눗셈으로 연결하기
6	대수	수학적 표현과 방정식을 쓰고, 해석하고 활용하기
7	수와 연산 + 대수 + 기하	닮음 등의 비례를 이해하고 활용하기
7	측정, 기하, 대수	입체도형의 겉넓이와 부피를 이해하고 공식을 이용하여 구하기
7	수와 연산 + 대수	유리수의 연산을 이해하고 일차방정식 풀기
8	대수	일차함수를 분석하고 나타내기, 일차방정식과 연립일차방정식 풀기
8	기하 + 측정	거리와 각을 사용해서 2차 공간과 도형, 3차 공간과 도형 분석하기
8	자료분석 + 수와 연산 + 대수	자료 집합을 분석하고 정리하기

출처: 노선숙 (2007). NCTM의 스탠다드 중심 수학 교육과정 개혁동향: 2006 curriculum focal points를 중심으로. 교육과정 연구 25(2), pp. 157-158.

CFP에 나타난 커다란 변화는 다음과 같이 정리할 수 있다. 첫째, 제시 방식의 변화이다. 3-4개 학년을 하나로 묶어 기준을 제시하던 Standards 2000과는 달리, CFP에서는 학년마다 핵심적인 학습내용, 습득할 기본기술, 학습목표를 한 표에 간략하게 제시하고 있다. 또한 Standards 2000에서 내용규준과 절차 규준을 독립적으로 제시했다면, CFP는 핵심개념, 기술, 목표를 합쳐서 학년별 CFP라고 제시하며, 구체적인 교수법을 언급하지 않는 것 또한 변화된 특징이다.

둘째, '암기'와 '숙련'에 대한 관점의 변화이다. Standards 2000에서는 복잡한 계산은 테크놀로지에 맡기고 학생들은 개념 파악에 집중해야 한다는 관점이 지배적이다. 그러나 CFP에서는 "빠른 기억"과 "숙련"이라는 용어를 활용하여, 알고리즘적 사고 및 암기 학습의 중요성을 제시하는 변화를 보이고 있다.

셋째, 학습자의 이해를 강조한 서술 방식의 변화로서 CFP는 유치원 이전(Pre-K)부터 8학년까지 학년별 핵심내용 주제들을 '~를 이해하기'라고 서술하고 있다. 이는 CFP가 학습자의 이해를 추구하는 교육과정 실행안내서라는 것을 강조하는 것으로 볼 수 있다. 결국 학습자의 이해를 도모하려는 주장은 standards 2000의 특징이기도 하지만, CFP에서는 한층 더 강조됨을 알 수 있다.

NCTM의 규준들은 우리나라의 교육과정과 유사한 기능을 하고 있지만, 엄밀한 의미에서 우리나라의 교육과정과 동일하지는 않다. CFP에서는 교육과정 개발자에게 상세한 내용기준의 선정을 맡기는 체제를 취하면서 각 내용 체계마다 학습자가 특정 개념(주제)을 이해하는 것을 위주로 내용+과정+목표 기준을 혼합하여 제안하였다는 측면에서 볼 때 우리나라의 교육과정에서 제시하고 있는 내용기준과는 차별된다고 할 수 있다.

CFP를 중심으로 살펴본 NCTM의 규준 중심 교육과정 개혁동향 논의를 종합하면, '암기와 훈련'에 대한 입장을 약화시킨 반면, '학습자의 이해'를 강화한 것으로 요약할 수 있다. 많은 수학 교육 전문가들은 학교 수학 교육과정의 궁극적인 목표가 학습자의 수학적 '이해'를 통한 '문제해결력' 향상이라는 NCTM의 교육과정 개혁운동의 기본취지에 동의하나 이러한 교육 목표를 '어떻게' 교육현장에서 실현시키는가에 대한 것은 여전히 합의점 모색이 어려운 일이라 할 수 있다.

2. 누리 교육과정의 수학 교육 내용

현행 유치원 교육과정인 2019 개정 누리 교육과정은 신체운동 · 건강, 의사소통, 사회관계, 예술경험, 자연탐구 영역으로 구분되어 있으며, 이 중에서 수학 교육 내용은 주로 자연탐구 영역에 제시되어 있다. 자연탐구는 "탐구과정 즐기기", "생활 속에서 탐구하기", "자연과 더불어 살기"의 세 가지 내용으로 구성되어 있으며, 이 가운데 '생활 속에서 탐구하기'에 대부분의 수학 교육 내용이 포함되어 있다. '생활 속에서 탐구하기'의 내용은 '물체의 특성과 변화를 여러 가지 방법으로 탐색한다', '물체를 세어 수량을 알아본다', '물체의 위치와 방향, 모양을 알고 구별한다', '일상에서 길이, 무게 등의 속성을 비교한다', '주변에서 반복되는 규칙을 찾는다', '일상에서 모은 자료를 기준으로 분류한다', '도구와 기계에 대한 관심을 가진다'의 내용으로 구성되어 있다(교육부, 보건복지부, 2019, pp. 148).

내용범주	하위내용
생활 속에서 탐구하기	물체의 특성과 변화를 여러 가지 방법으로 탐색한다
	물체를 세어 수량을 알아본다
	물체의 위치와 방향, 모양을 알고 구별한다
	일상에서 길이, 무게 등의 속성을 비교한다
	주변에서 반복되는 규칙을 찾는다
	일상에서 모든 자료를 기준으로 분류한다
	도구와 기계에 대한 관심을 가진다

이 내용을 지도하기 위해서 교사들은 유아가 흥미와 관심에 따라 놀이에 자유롭게 참여하고 즐기도록 하고, 놀이를 통해 배우도록 한다. 또한, 유아가 다양한 놀이와 활동을 경험할 수 있도록 실내외 환경을 구성 하고, 유아와 유아, 유아와 교사, 유아와 환경 간에 능동적인 상호작용이 이루어지도록 노력해야 한다. 그리고 가능한 5개 영역의 내용이 통합적으로 유아의 경험과 연계되도록 하고, 개별 유아의 요구에 따라 휴식과 일상생활이 원활히 이루어지도록 해야 한다. 이런 모든 활동들은 유아의 연령, 발달, 장애, 배경 등을 고려하여 개별 특성에 적합한 방식으로 제공되어야 한다.

3. 공통 교육과정의 수학 교육 내용

현행 공통 교육과정 내 수학 교육 내용은 2022년 수학과 교육과정을 기반으로 하고 있다. 2022년 수학과 교육과정은 '수학의 개념, 원리, 법칙을 이해하고 수학의 가치를 인식하며 바람직한 수학적 태도를 길러 수학적으로 추론하고 의사소통하며 다양한 현상과 연결하여 정보를 처리하고 문제를 창의적으로 해결하는 수학 교과 역량을 함양한다.'를 목표로 하고 있다.

이런 목표 하에서 이루어진 2022 공통 교육과정의 수학 교육 내용체계는 다음과 같다(교육부, 2022a, pp. 7-10).

1) 내용 체계

(1) 수와 연산

<table>
<tr><td>핵심 아이디어</td><td colspan="6">• 사물의 양은 자연수, 분수, 소수 등으로 표현되며, 수는 자연수에서 정수, 유리수, 실수로 확장된다.
• 사칙계산은 자연수에 대해 정의되며 정수, 유리수, 실수의 사칙계산으로 확장되고 이때 연산의 성질이 일관되게 성립한다.
• 수와 사칙계산은 수학 학습의 기본이 되며, 실생활 문제를 포함한 다양한 문제를 해결하는 데 유용하게 활용된다.</td></tr>
<tr><td rowspan="3">구분
범주</td><td colspan="6">내용 요소</td></tr>
<tr><td colspan="3">초등학교</td><td colspan="3">중학교</td></tr>
<tr><td>1~2학년</td><td>3~4학년</td><td>5~6학년</td><td colspan="3">1~3학년</td></tr>
<tr><td>지식 · 이해</td><td>• 네 자리 이하의 수
• 두 자리 수 범위의 덧셈과 뺄셈
• 한 자리 수</td><td>• 다섯 자리 이상의 수
• 분수
• 소수
• 세 자리 수의 덧셈과 뺄셈</td><td>• 약수와 배수
• 수의 범위와 올림, 버림, 반올림
• 자연수의 혼합 계산</td><td>• 소인수분해
• 정수와 유리수</td><td>• 유리수와 순환소수</td><td>• 제곱근과 실수</td></tr>
</table>

	의 곱셈	• 자연수의 곱셈과 나눗셈 • 분모가 같은 분수의 덧셈과 뺄셈 • 소수의 덧셈과 뺄셈	• 분모가 다른 분수의 덧셈과 뺄셈 • 분수의 곱셈과 나눗셈 • 소수의 곱셈과 나눗셈			
과정 · 기능	• 자연수, 분수, 소수 등 수 관련 개념과 원리를 탐구하기 • 수를 세고 읽고 쓰기 • 자연수, 분수, 소수의 크기를 비교하고 그 방법을 설명하기 • 사칙계산의 의미와 계산 원리를 탐구하고 계산하기 • 수 감각과 연산 감각 기르기 • 연산 사이의 관계, 분수와 소수의 관계를 탐구하기 • 수의 범위와 올림, 버림, 반올림한 어림값을 실생활과 연결하기 • 자연수, 분수, 소수, 사칙계산을 실생활 및 타 교과와 연결하여 문제해결하기			• 최대공약수와 최소공배수 구하기 • 정수, 유리수, 실수의 대소 관계 판단하기 • 정수, 유리수, 근호를 포함한 식의 사칙계산의 원리를 탐구하고 계산하기 • 유리수와 순환소수의 관계 설명하기		
가치 · 태도	• 자연수, 분수, 소수의 필요성 인식 • 사칙계산, 어림의 유용성 인식 • 분수 표현의 편리함 인식 • 수와 연산 관련 문제해결에서 비판적으로 사고하는 태도			• 음수, 무리수의 필요성 인식 • 실생활에서 사칙계산의 유용성 인식 • 수 체계의 논리적 아름다움에 대한 관심 • 정수와 유리수의 사칙계산의 원리를 이용하는 문제의 풀이 과정과 결과를 반성하는 태도		

(2) 변화와 관계

<table>
<tr><td>핵심 아이디어</td><td colspan="6">• 변화하는 현상에 반복적인 요소로 들어있는 규칙은 수나 식으로 표현될 수 있으며, 규칙을 탐구하는 것은 수학적으로 추측하고 일반화하는 데 기반이 된다.
• 동치 관계, 대응 관계, 비례 관계 등은 여러 현상에 들어있는 대상들 사이의 다양한 관계를 기술하고 복잡한 문제를 해결하는 데 유용하게 활용된다.
• 수와 그 계산은 문자와 식을 사용하여 일반화되며, 특정한 관계를 만족시키는 미지의 값은 방정식과 부등식을 해결하는 적절한 절차를 거쳐 구해진다.
• 한 양이 변함에 따라 다른 양이 하나씩 정해지는 두 양 사이의 대응 관계를 나타내는 함수와 그 그래프는 변화하는 현상 속의 다양한 관계를 수학적으로 표현한다.</td></tr>
<tr><td rowspan="3">구분 / 범주</td><td colspan="6">내용 요소</td></tr>
<tr><td colspan="3">초등학교</td><td colspan="3">중학교</td></tr>
<tr><td>1~2학년</td><td>3~4학년</td><td>5~6학년</td><td colspan="3">1~3학년</td></tr>
<tr><td>지식·이해</td><td>• 규칙</td><td>• 규칙
• 동치 관계</td><td>• 대응 관계
• 비와 비율
• 비례식과 비례배분</td><td>• 문자의 사용과 식
• 일차 방정식
• 좌표 평면과 그래프</td><td>• 식의 계산
• 일차 부등식
• 연립일차 방정식
• 일차함수와 그 그래프
• 일차함수와 일차 방정식의 관계</td><td>• 다항식의 곱셈과 인수분해
• 이차방정식
• 이차함수와 그 그래프</td></tr>
<tr><td>과정·기능</td><td colspan="3">• 물체, 무늬, 수, 계산식의 배열에서 규칙을 탐구하기
• 규칙을 찾아 여러 가지 방법으로 표현하기
• 두 양의 관계를 탐구하고, 등호를 사용하여 나타내기
• 대응 관계를 탐구하고, □, △ 등을 사용하여 식으로 나타내고 설명하기</td><td colspan="3">• 식의 값과 함숫값 구하기
• 다항식의 연산 원리에 따라 계산하기
• 식을 간단히 하기
• 등식의 성질과 부등식의 성질 설명하기
• 방정식과 부등식 풀기</td></tr>
</table>

	• 두 양의 관계를 비나 비율로 나타내기 • 비율을 분수, 소수, 백분율로 나타내기 • 비율을 실생활 및 타 교과와 연결하여 문제해결하기 • 비례식을 풀고, 주어진 양을 비례배분하기	• 방정식, 부등식, 함수와 관련된 문제해결하기 • 상황이나 관계를 표, 식, 그래프로 나타내기 • 주어진 그래프 해석하기 • 일차함수의 그래프와 이차함수의 그래프의 성질 설명하기 • 일차함수의 그래프와 미지수가 2개인 일차방정식의 해 사이의 관계 설명하기
가치·태도	• 규칙, 동치 관계 탐구에 대한 흥미 • 대응 관계, 비 표현의 편리함 인식 • 비와 비율의 유용성 인식 • 변화와 관계 관련 문제해결에서 비판적으로 사고하는 태도	• 문자의 유용성 인식 • 순서쌍과 좌표, 그래프 등 수학적 표현의 유용성과 편리함 인식 • 방정식, 부등식, 함수의 필요성 인식 • 실생활, 사회 및 자연 현상과 관련된 문제를 수학적 모델링을 통해 해결하려는 도전적인 태도 • 체계적으로 사고하여 합리적으로 의사 결정하는 태도 • 타당한 근거에 따라 논리적으로 설명하는 태도

(3) 도형과 측정

<table>
<tr><td>핵심 아이디어</td><td colspan="6">• 평면도형과 입체도형은 여러 가지 모양을 범주화한 것이며, 각각의 평면도형과 입체도형은 고유한 성질을 갖는다.
• 도형의 성질과 관계를 탐구하고 정당화하는 것은 논리적이고 비판적으로 사고하는 데 기반이 된다.
• 측정은 여러 가지 속성의 양을 비교하고 속성에 따른 단위를 이용하여 양을 수치화함으로써 여러 가지 현상을 해석하거나 실생활 문제를 해결하는 데 활용된다.</td></tr>
<tr><td rowspan="3">구분
범주</td><td colspan="6">내용 요소</td></tr>
<tr><td colspan="3">초등학교</td><td colspan="3">중학교</td></tr>
<tr><td>1~2학년</td><td>3~4학년</td><td>5~6학년</td><td colspan="3">1~3학년</td></tr>
<tr><td>지식 · 이해</td><td>• 입체도형의 모양
• 평면도형과 그 구성 요소
• 양의 비교
• 시각과 시간 (시, 분)
• 길이(cm, m)</td><td>• 도형의 기초
• 원의 구성 요소
• 여러 가지 삼각형
• 여러 가지 사각형
• 다각형
• 평면도형의 이동
• 시각과 시간 (초)
• 길이 (mm, km)
• 들이(L, mL)
• 무게(kg, g, t)
• 각도(°)</td><td>• 합동과 대칭
• 직육면체와 정육면체
• 각기둥과 각뿔
• 원기둥, 원뿔, 구
• 다각형의 둘레와 넓이
• 원주율과 원의 넓이
• 직육면체와 정육면체의 겉넓이와 부피</td><td>• 기본 도형
• 작도와 합동
• 평면도형의 성질
• 입체도형의 성질</td><td>• 삼각형과 사각형의 성질
• 도형의 닮음
• 피타고라스 정리</td><td>• 삼각비
• 원의 성질</td></tr>
<tr><td>과정 · 기능</td><td colspan="3">• 여러 가지 사물과 도형을 기준에 따라 분류하기
• 도형의 개념, 구성 요소, 성질 탐구하고 설명하기
• 평면도형이나 입체도형 그리기와 만들기</td><td colspan="3">• 점, 직선, 평면의 위치 관계를 다양한 상황과 연결하기
• 도형의 성질 설명하기
• 삼각형의 작도 과정 설명하기
• 삼각형의 합동과 닮음 판별하기</td></tr>
</table>

	• 평면도형을 밀기, 뒤집기, 돌리기 한 모양을 추측하고 그리기 • 쌓은 모양 추측하고 쌓기나무의 개수 구하기 • 공간 감각 기르기 • 여러 가지 양을 비교, 측정, 어림하는 방법 탐구하기 • 측정 단위 사이의 관계 탐구하기 • 측정 단위를 사용하여 양을 표현하기 • 실생활 문제 상황에서 길이, 들이, 무게, 시간의 덧셈과 뺄셈하기 • 도형의 둘레, 넓이, 부피 구하는 방법 탐구하기 • 측정을 실생활 및 타 교과와 연결하여 문제해결하기	• 도형의 길이, 넓이, 겉넓이, 부피 구하기 • 구체적인 모형이나 공학 도구 이용하기 • 도형의 성질을 정당화하기 • 닮음비 구하기 • 간단한 삼각비의 값 구하기 • 삼각비를 활용하여 문제해결하기
가치·태도	• 평면도형, 입체도형에 대한 흥미와 관심 • 합동인 도형, 선대칭도형, 점대칭도형의 아름다움 인식 • 표준 단위의 필요성 인식 • 넓이와 부피를 구하는 방법의 편리함 인식 • 도형과 측정 관련 문제해결에서 비판적으로 사고하는 태도	• 증명의 필요성 인식 • 피타고라스 정리, 삼각비의 유용성 인식 • 피타고라스 정리, 삼각비에 대한 흥미와 관심 • 도형의 성질을 이용한 건축물, 문화유산, 예술 작품에 대한 흥미와 관심 • 다양한 정당화 방법을 이용하여 체계적으로 사고하고 타인을 합리적으로 설득하려는 태도 • 정당화를 통해 수학적 근거를 바탕으로 비판적으로 사고하는 태도

(4) 자료와 가능성

<table>
<tr><td>핵심 아이디어</td><td colspan="6">• 자료를 수집, 정리, 해석하는 통계는 자료의 특징을 파악하고 두 집단을 비교하며 자료의 관계를 탐구하는 데 활용된다.
• 사건이 일어날 가능성을 여러 가지 방법으로 표현하는 것은 불확실성을 이해하는 데 도움이 되며, 가능성을 확률로 수치화하면 불확실성을 수학적으로 다룰 수 있게 된다.
• 자료를 이용하여 통계적 문제해결 과정을 실천하고 생활 속의 가능성을 탐구하는 것은 미래를 예측하고 합리적인 의사 결정을 하는 데 기반이 된다.</td></tr>
<tr><td rowspan="3">구분 / 범주</td><td colspan="6">내용 요소</td></tr>
<tr><td colspan="3">초등학교</td><td colspan="3">중학교</td></tr>
<tr><td>1~2학년</td><td>3~4학년</td><td>5~6학년</td><td colspan="3">1~3학년</td></tr>
<tr><td>지식·이해</td><td>• 자료의 분류
• 표
• ○, ×, /를 이용한 그래프</td><td>• 그림그래프
• 막대그래프
• 꺾은선그래프</td><td>• 평균
• 띠그래프, 원그래프
• 가능성</td><td>• 대푯값
• 도수분포표와 상대도수</td><td>• 경우의 수와 확률</td><td>• 산포도
• 상자그림과 산점도</td></tr>
<tr><td>과정·기능</td><td colspan="3">• 자료를 기준에 따라 분류하고 설명하기
• 탐구 문제를 설정하고 그에 맞는 자료를 수집하기
• 자료를 표나 그래프로 나타내고 해석하기
• 자료의 평균을 구하고 해석하기
• 자료를 수집하고 정리하여 문제해결하기
• 사건이 일어날 가능성을 비교하고 표현하기
• 실생활과 연결하여 사건이 일어날 가능성을 예상하기</td><td colspan="3">• 적절한 대푯값을 선택하여 구하기
• 자료를 표, 그래프로 나타내고 해석하기
• 통계적 탐구 문제 설정하기
• 공학 도구를 이용하여 자료를 수집하고 분석하기
• 확률의 기본 성질 탐구하기
• 자료의 분포를 비교하고 설명하기
• 자료의 상관관계 설명하기</td></tr>
<tr><td>가치·태도</td><td colspan="3">• 표와 그래프의 편리함 인식
• 평균의 유용성 인식
• 자료를 이용한 통계적 문제해결 과정의 가치 인식
• 가능성에 근거하여 판단하는 태도
• 자료와 가능성 관련 문제해결에서 비판적으로 사고하는 태도</td><td colspan="3">• 대푯값, 상대도수, 상자그림의 유용성 인식
• 공학 도구를 이용한 자료 수집과 분석의 편리함과 유용성 인식
• 자신의 삶과 연계된 확률과 통계에 대한 흥미와 관심
• 통계적 문제해결 과정에 주도적으로 참여하는 태도
• 체계적으로 사고하여 합리적으로 의사 결정하는 태도
• 확률 및 통계적 근거를 바탕으로 비판적으로 사고하는 태도</td></tr>
</table>

수학과 교육과정의 수학 내용은 '수와 연산', '변화와 관계', '도형과 측정', '자료와 가능성'의 4개 영역으로 구성된다. '수와 연산' 영역에서는 초등학교에서 자연수, 분수, 소수의 개념과 사칙계산을 다루며 중학교에서 정수, 유리수, 실수의 개념과 사칙계산으로 학습 내용을 확장한다. '변화와 관계' 영역에서는 초등학교에서 규칙, 비, 비례식을 다루며 중학교에서 문자의 사용과 식, 일차방정식과 일차부등식, 연립일차방정식, 이차방정식의 내용을 포함한다. '도형과 측정' 영역에서는 초등학교에서 평면도형과 입체도형의 개념, 구성 요소, 성질, 공간 감각을 비롯하여 시간, 길이, 들이, 무게, 각도, 넓이, 부피의 측정과 어림을 다룬다. 중학교에서는 평면도형과 입체도형의 성질, 삼각형과 사각형의 성질, 도형의 닮음, 피타고라스 정리, 삼각비, 원의 성질로 내용을 심화한다. '자료와 가능성' 영역에서는 초등학교에서 자료의 수집, 분류, 정리, 해석과 사건이 일어날 가능성을 다루며, 중학교에서 대푯값, 경우의 수와 확률, 산포도 등으로 내용을 확장한다.

초등학교와 중학교에서 학습한 수학은 고등학교 수학 학습의 토대가 되고, 자연과학, 공학, 의학뿐만 아니라 경제·경영학을 포함한 사회과학, 인문학, 예술 및 체육 분야를 학습하는 데 기초가 되며, 나아가 포용성과 창의성을 갖춘 주도적인 사람으로 성장할 수 있는 기반을 제공한다. 이를 위해 학생들은 수학의 지식을 이해하고 기능을 습득하는 것과 더불어 문제 해결, 추론, 연결, 의사소통, 정보처리의 5가지 수학 교과 역량을 길러야 한다.

수학 교과 역량 함양을 통해 학생들은 복잡하고 전문화되어 가는 미래 사회에서 사회 구성원의 역할을 성공적으로 수행할 수 있고 개인의 잠재력과 재능을 발현할 수 있으며, 수학의 필요성과 유용성을 이해하고 수학 학습의 즐거움을 느끼며, 수학에 대한 흥미와 자신감을 기를 수 있다(교육부, 2015, pp. 3-4).

이에 따른 성취기준의 예시를 초등학교의 수와 연산 영역을 중심으로 살펴보면 다음과 같다. 보다 구체적인 성취기준의 내용은 2022년 공통교육과정 내 수학과 교육과정을 통해 알 수 있다(교육부, 2022a, pp. 11-42).

[초등학교 1~2학년]

(1) 수와 연산의 성취기준

1 네 자리 이하의 수

[2수01-01] 수의 필요성을 인식하면서 0과 100까지의 수 개념을 이해하고, 수를 세고 읽고 쓸 수 있다.

[2수01-02] 일, 십, 백, 천의 자릿값과 위치적 기수법을 이해하고, 네 자리 이하의 수를 읽고 쓸 수 있다.

[2수01-03] 네 자리 이하의 수의 범위에서 수의 계열을 이해하고, 수의 크기를 비교할 수 있다.

[2수01-04] 하나의 수를 두 수로 분해하고 두 수를 하나의 수로 합성하는 활동을 통하여 수 감각을 기른다.

[초등학교 3~4학년]

(1) 수와 연산의 성취기준

1 다섯 자리 이상의 수

[4수01-01] 큰 수의 필요성을 인식하면서 10000 이상의 큰 수에 대한 자릿값과 위치적 기수법을 이해하고, 수를 읽고 쓸 수 있다.

[4수01-02] 다섯 자리 이상의 수의 범위에서 수의 계열을 이해하고, 수의 크기를 비교하며 그 방법을 설명할 수 있다.

[초등학교 5~6학년]

(1) 수와 연산의 성취기준

1 자연수의 혼합 계산

[6수01-01] 덧셈, 뺄셈, 곱셈, 나눗셈의 혼합 계산에서 계산하는 순서를 알고, 혼합 계산을 할 수 있다.

4. 기본 교육과정의 수학 교육 내용

기본 교육과정 수학과는 특수교육대상학생들이 생활 주변의 여러 가지 사물과 현상을 수학적으로 탐구하면서 수학의 기본적인 개념을 이해하고 기능을 습득하여 실생활의 문제를 합리적으로 해결하는 능력과 태도를 기르는 교과이다. 일상생활 속에는 여러 가지 수학적 현상이 내재되어 있기 때문에 실생활에서 부딪치는 여러 가지 문제를 해결하기 위해서는 수학적 지식과 방법이 필요하다. 시각에 맞추어 일어나는 일에서부터 승강기를 이용하는 일에 이르기까지 다양한 생활 장면에서 수학적 능력이 필요하다. 이렇게 실용적인 수학을 배우는 과정에서 학생은 실생활에서 부딪치는 여러 가지 문제를 해결하는 경험을 쌓아갈 수 있으며, 보다 독립적으로 생활할 수 있는 능력을 갖출 수 있다.

추상적이고 논리적인 성격을 지니고 있는 수학을 배우는 과정에서 학생은 합리적인 의사결정에 필요한 여러 가지 수학적 사고 능력을 익힐 수 있다. 학생은 눈에 띄는 겉모양에 주의를 기울이기보다는 눈에 띄지 않는 현상에 주의를 기울이는 수학 학습 과정을 통해 생각하는 힘을 기를 수 있다. 또한 학생은 수많은 직관적 판단을 해 보고, 그러한 판단에 모순이 없는가를 점검하는 경험을 통해 점차 논리적 사고를 익힐 수 있다. 이렇게 학생이 익힌 수학적 사고 능력은 합리적으로 문제를 해결하거나 의사를 결정하는 토대가 된다.

수학 학습 과정에서 익힌 여러 가지 수학적 지식과 방법은 다른 교과를 학습하는 데에 필요한 도구로 활용된다. 측정 영역에서 익히는 양감은 양을 재어 보는 활동을 해야 하는 과학, 실과 등의 교과를 학습하는 데에 필요하며, 도형 영역에서 익히는 공간 감각은 위치를 파악하는 활동을 해야 하는 사회, 체육 등의 교과를 학습하는 데에 필요하다. 이처럼 학생은 수학 학습을 통해서 다른 교과를 배우는 데에 필요한 여러 가지 능력을 갖출 수 있다. 이러한 수학과 교육이 이루어지기 위해서는 기본 교육과정 수학과의 핵심역량은 수학 교과 학습을 통해 학생이 길러야 할 인지적이고 기능적인 능력과 태도에 관한 것이다(교육부, 2020, p.159-160).

학생은 문제해결, 추론, 연결, 의사소통, 정보처리의 5가지 수학 교과의 핵심역량을 길러야 한다.

이를 위해서 2022 기본 교육과정 내 수학 교육과정은 다음과 같은 내용을 담고 있다(교육부, 2022b, pp. 137-141).

기본교육과정 내 수학과 교육과정은 '수와 연산', '도형', '측정', '규칙성', '자료와 가능성'의 5개 영역으로 구성된다. '수와 연산' 영역에서는 수의 기초, 수, 수의 연산, 화폐를, '도형' 영역에서는 모양과 도형, 만들기와 꾸미기, 공간 감각을, '측정' 영역에서는 양의 측정, 시간을, '규칙성' 영역에서는 규칙성, '자료와 가능성' 영역에서는 분류하기, 표와 그래프, 가능성을 다룬다.

(1) 수와 연산

<table>
<tr><td colspan="2">핵심 아이디어</td><td colspan="5">• 수 이전 개념을 다루는 활동은 수 개념 형성의 기초가 된다.
• 사물의 개수와 양을 나타내기 위해 만들어진 수는 생활 속에서 집합수, 순서수, 명명수로 사용된다.
• 기초적인 덧셈, 뺄셈, 곱셈, 나눗셈 연산의 문제 해결은 실생활 문제를 합리적으로 해결하는 데 유용하다.
• 실생활 장면에서 다양한 형태의 화폐 활용은 화폐의 용도와 가치를 이해하는 토대가 된다.</td></tr>
<tr><td colspan="2" rowspan="3">범주</td><td colspan="5">내용 요소</td></tr>
<tr><td colspan="3">초등학교</td><td>중학교</td><td>고등학교</td></tr>
<tr><td>1~2학년</td><td>3~4학년</td><td>5~6학년</td><td>1~3학년</td><td>1~3학년</td></tr>
<tr><td rowspan="2">지식·이해</td><td>수의 기초</td><td>• 찾기
• 변별하기
• 비교하기
• 짝짓기
• 순서짓기</td><td></td><td></td><td></td><td></td></tr>
<tr><td>수</td><td>• 다섯까지 개수 세기</td><td>• 열까지 개수 세기</td><td>• 두 자리 수</td><td>• 세 자리 수</td><td>• 네 자리 수
• 생활 속의 수</td></tr>
</table>

			• 한 자리 수 • 순서수			
	수의 연산	• 가르기와 모으기	• 한 자리 수의 덧셈과 뺄셈	• 10이 되는 더하기와 10에서 빼기 • 몇 십의 덧셈과 뺄셈	• 몇 백의 덧셈과 뺄셈 • 받아올림이 있는 한 자리 수의 덧셈 • 곱셈의 기초	• 큰 수의 덧셈과 뺄셈 • 받아내림이 있는 십 몇과 한 자리 수의 뺄셈 • 나눗셈의 기초
	화폐	• 화폐 탐색	• 동전 활용	• 지폐 활용	• 여러 가지 화폐 활용	• 화폐 활용과 관리
과정 · 기능		• 수 개념 파악하기 • 수를 세고 읽고 쓰기 • 덧셈, 뺄셈 문제 해결 과정 나타내기 • 화폐 활용 시 간단한 의사 표현하기 • 수와 연산을 실생활과 타 교과에 적용하기 • 구체물, 수모형, 계산 도구 활용하기			• 수 계열 파악하기 • 생활 속의 수를 찾아 읽고 쓰기 • 사칙연산 문제 해결 과정 나타내기 • 화폐 활용 시 다양한 의사 표현하기 • 수와 연산을 여가, 직업생활 및 타 교과에 적용하기 • 수모형, 계산 도구 활용하기	
가치 · 태도		• 수의 필요성 • 덧셈과 뺄셈의 유용성 • 동전과 지폐의 생활 속 가치 • 적극적으로 참여하는 태도			• 생활 속의 수에 대한 흥미와 관심 • 사칙연산에서의 성공 경험 • 여러 가지 화폐의 생활 속 가치 • 또래와 협력하는 태도	

(2) 도형

<table>
<tr><td colspan="2">핵심 아이디어</td><td colspan="5">• 주변 사물을 관찰하여 여러 가지 모양을 찾고, 조작하는 것은 도형의 특성과 성질을 이해하는 기초가 된다.
• 입체 또는 평면 모양과 도형을 만들고 꾸미는 활동을 통해 도형을 생활 속에서 유용하게 활용한다.
• 공간에 대한 직접적 경험은 물리적 공간을 이해하고 활용하는 기초가 된다.</td></tr>
<tr><td colspan="2" rowspan="3">범주</td><td colspan="5">내용 요소</td></tr>
<tr><td colspan="3">초등학교</td><td>중학교</td><td>고등학교</td></tr>
<tr><td>1~2학년</td><td>3~4학년</td><td>5~6학년</td><td>1~3학년</td><td>1~3학년</td></tr>
<tr><td rowspan="3">지식 · 이해</td><td>모양과 도형</td><td>• 사물의 모양</td><td>• 입체 모양</td><td>• 평면 모양</td><td>• 평면도형</td><td></td></tr>
<tr><td>만들기와 꾸미기</td><td></td><td>• 입체 모양 만들기와 꾸미기</td><td>• 평면 모양 만들기와 꾸미기</td><td>• 평면도형 만들기와 꾸미기</td><td>• 생활과 도형</td></tr>
<tr><td>공간 감각</td><td>• 공간의 탐색</td><td>• 위치와 방향의 변화</td><td>• 공간의 이해</td><td>• 쌓기나무 쌓기</td><td>• 공간의 활용</td></tr>
<tr><td colspan="2">과정 · 기능</td><td colspan="3">• 사물의 모양 관찰하고 찾기
• 위치와 방향, 거리를 구분하기
• 평면 모양 만들거나 그리기
• 여러 가지 모양으로 만들기와 꾸미기
• 대상의 위치, 방향, 거리 나타내기
• 직관적 비교로 모양 분류하기
• 도구를 사용하여 모양 그리기</td><td colspan="2">• 도형 관찰하고 구별하기
• 입체 모양과 똑같이 쌓기
• 사용된 쌓기나무 개수 세기
• 여러 가지 도형으로 만들기와 꾸미기
• 모양 보고 쌓기나무 개수 추측하기
• 직관적 비교로 도형 분류하기
• 도구를 사용하여 도형 그리기</td></tr>
<tr><td colspan="2">가치 · 태도</td><td colspan="3">• 사물의 모양에 대한 흥미와 관심
• 모양의 아름다움
• 만들기와 꾸미기의 즐거움
• 또래와 협력하여 만들기와 꾸미기</td><td colspan="2">• 도형에 대한 흥미와 관심
• 도형의 아름다움
• 공간의 효율적 활용
• 또래와 협력하여 만들기와 꾸미기</td></tr>
</table>

(3) 측정

<table>
<tr><td colspan="2">핵심 아이디어</td><td colspan="5">• 여러 가지 속성의 양을 비교하고, 단위를 사용하여 측정하는 활동은 실생활 및 실습 활동에 활용된다.
• 일상생활 속 시간의 순서와 경과를 이해하는 것은 계획적인 생활을 실천하는 토대가 된다.</td></tr>
<tr><td colspan="2" rowspan="3">범주</td><td colspan="5">내용 요소</td></tr>
<tr><td colspan="3">초등학교</td><td>중학교</td><td>고등학교</td></tr>
<tr><td>1~2학년</td><td>3~4학년</td><td>5~6학년</td><td>1~3학년</td><td>1~3학년</td></tr>
<tr><td rowspan="2">지식 · 이해</td><td>양의 측정</td><td>• 직관적 비교</td><td>• 직접 비교</td><td>• 길이(cm)
• 들이(L)</td><td>• 길이(m)
• 무게(kg)</td><td>• 생활과 측정</td></tr>
<tr><td>시간</td><td>• 시간 경험하기</td><td>• 하루의 일과</td><td>• 시각과 날짜</td><td>• 시간과 달력</td><td>• 시간 계획하기</td></tr>
<tr><td colspan="2">과정 · 기능</td><td colspan="3">• 측정 대상의 속성 탐색하기
• 측정 절차 따르기
• 측정 도구 사용하기
• 측정 단위(cm, L, 시, 일) 표현하기
• 양을 비교하고 결과를 표현하기
• 양적 감각 익히기
• 측정을 일상생활과 연결하기
• 시간의 순서 파악하기
• 시간과 생활 모습의 변화 연결하기</td><td colspan="2">• 측정 정보 파악하기
• 측정 도구 선택하고 활용하기
• 측정 단위(m, km, kg, 월, 년) 표현하기
• 측정을 자립, 진로와 직업생활, 타 교과와 연결하기
• 물체의 양 어림하기
• 시간 계획을 수립하고 생활에 활용하기
• 시간에 따른 생활 모습의 변화 관계 짓기</td></tr>
<tr><td colspan="2">가치 · 태도</td><td colspan="3">• 측정 도구의 필요성
• 시간 측정의 필요성
• 측정 활동에서의 성공 경험</td><td colspan="2">• 측정 도구 활용의 유용성
• 시간 계획의 유용성
• 측정 활동에서의 자신감</td></tr>
</table>

(4) 규칙성

<table>
<tr><td colspan="2">핵심 아이디어</td><td colspan="5">• 생활 주변의 여러 규칙적인 현상을 경험하고 탐구하는 활동은 변화하는 현상과 대상 간의 관계를 이해하는 기초가 된다.</td></tr>
<tr><td colspan="2" rowspan="3">범주</td><td colspan="5">내용 요소</td></tr>
<tr><td colspan="3">초등학교</td><td>중학교</td><td>고등학교</td></tr>
<tr><td>1~2학년</td><td>3~4학년</td><td>5~6학년</td><td>1~3학년</td><td>1~3학년</td></tr>
<tr><td>지식 · 이해</td><td>규칙성</td><td>• 규칙 따라 하기</td><td>• 물체 배열의 규칙</td><td>• 물체, 무늬 배열의 규칙</td><td>• 대응하는 규칙</td><td>• 규칙의 활용</td></tr>
<tr><td colspan="2">과정 · 기능</td><td colspan="3">• 규칙 경험하고 모방하기
• 다음에 올 것 추측하고 확인하기
• 규칙에 맞게 배열하기
• 물체와 무늬 배열에서 규칙 찾기
• 규칙에 맞게 나타내기
• 규칙을 실생활과 놀이와 연결하기
• 도구를 활용하여 규칙 나타내기</td><td colspan="2">• 규칙에 따른 변화 찾기
• 한 양에 대응하는 다른 양 추측하기
• 규칙을 정해 배열하기
• 물체, 무늬, 수 배열 등에서 규칙 찾기
• 규칙에 대한 생각을 공유하기
• 규칙을 여가 및 직업생활에 적용하기
• 도구를 활용하여 규칙 문제 해결하기</td></tr>
<tr><td colspan="2">가치 · 태도</td><td colspan="3">• 규칙적 무늬의 아름다움
• 규칙적 배열에 대한 흥미와 호기심
• 규칙 찾기 활동에서의 성공 경험</td><td colspan="2">• 규칙 활용의 유용성
• 규칙 정하는 활동에의 흥미와 관심
• 다른 학생의 규칙에 대한 생각을 존중하는 태도</td></tr>
</table>

(5) 자료와 가능성

<table>
<tr><td colspan="2">핵심 아이디어</td><td colspan="5">• 자료를 일정한 기준에 따라 분류하는 활동은 자료의 특징을 파악하고 집단을 비교하는 데 활용된다.
• 표와 그래프의 정보를 파악하는 것은 생활 속 문제를 합리적으로 해결하는 데 유용하다.
• 가능성을 이해하는 것은 생활 속에서 미래를 예측하고 준비하는 데 도움이 된다.</td></tr>
<tr><td colspan="2" rowspan="3">범주</td><td colspan="5">내용 요소</td></tr>
<tr><td colspan="3">초등학교</td><td>중학교</td><td>고등학교</td></tr>
<tr><td>1~2학년</td><td>3~4학년</td><td>5~6학년</td><td>1~3학년</td><td>1~3학년</td></tr>
<tr><td rowspan="3">지식 · 이해</td><td>분류하기</td><td>• 분류 경험하기</td><td>• 두 개로 분류하기</td><td>• 세 개 이상으로 분류하기</td><td>• 두 가지 기준으로 분류하기</td><td>• 여러 가지 기준으로 분류하기</td></tr>
<tr><td>표와 그래프</td><td></td><td></td><td>• 표 만들기</td><td>• 간단한 그래프</td><td>• 여러 가지 그래프</td></tr>
<tr><td>가능성</td><td></td><td></td><td></td><td>• 놀이 속의 가능성</td><td>• 생활 속의 가능성</td></tr>
<tr><td colspan="2">과정 · 기능</td><td colspan="3">• 자료의 특성과 분류 기준 파악하기
• 기준에 따라 자료 분류하기
• 자료를 수집 · 정리하기
• 자료를 분류하고 비교하기
• 표 그리는 과정 따르기
• 자료를 표로 나타내기
• 표를 일상생활과 연결하기</td><td colspan="2">• 자료의 분류 기준 파악하기
• 순차적으로 자료 분류하기
• 자료, 표, 그래프 연결하기
• 그래프 그리는 과정 따르기
• 자료를 그래프로 정리하기
• 그래프 정보를 활용하여 문제 해결하기
• 가능성 추측하기
• 가능성을 일상생활과 연결하기</td></tr>
<tr><td colspan="2">가치 · 태도</td><td colspan="3">• 분류의 필요성
• 분류 활동에의 적극적 참여
• 표의 편리함과 유용성</td><td colspan="2">• 그래프의 편리함과 유용성
• 실생활 자료 활용에의 자신감
• 가능성 예측의 필요성</td></tr>
</table>

이에 따른 성취기준의 예시를 초등학교의 수와 연산 영역을 중심으로 살펴보면 다음과 같다. 보다 구체적인 성취기준의 내용은 2022 기본 교육과정 내 수학과 교육과정을 통해 알 수 있다(교육부, 2022b, pp. 142-190).

[초등학교 1~2학년]

(1) 수와 연산

1 수의 기초

[2수학01-01] 주변을 탐색하여 방금 전에 보았던 사물을 찾는다.

[2수학01-02] 제시한 구체물과 같거나 다른 구체물을 찾는다.

[2수학01-03] 구체물을 보고 많은 것과 적은 것을 비교한다.

[2수학01-04] 서로 관계있는 구체물을 찾아 일대일로 짝짓는다.

[2수학01-05] 구체물을 한 가지 기준에 따라 순서대로 배열한다.

[초등학교 3~4학년]

(1) 수와 연산

1 수

[4수학01-01] 열 개 이하의 구체물 개수를 센다.

[4수학01-02] 두 모음의 구체물 개수를 비교하고 많고 적음을 표현한다.

[4수학01-03] 9 이하의 수를 읽고 쓴다.

[4수학01-04] 0의 개념을 알고 0을 읽고 쓴다.

[4수학01-05] 9 이하의 수 크기를 비교한다.

[4수학01-06] 구체물의 배열을 순서수로 표현한다.

[초등학교 5~6학년]

(1) 수와 연산

1 수

[6수학01-01] 10의 개념을 알고, 몇 십을 센다.

[6수학01-02] 10개의 묶음과 낱개의 수를 두 자리 수로 나타낸다.

[6수학01-03] 두 자리 수의 크기를 비교한다.

이런 기본 교육과정의 수학과 교육 내용을 효과적으로 지도하기 위해서는 수학과 수업은 학생의 능력과 수준 등을 고려하여 직접 교수법, 인지적 자기 교수법, 자기관리 중재법, 탐구 학습, 개별 학습, 협력 학습, 컴퓨터 보조 학습, 보조공학, 매체 및 도구 활용 학습 등을 적절히 선택하여 적용하여야 하고, 학습 내용은 구체적인 설명, 체계적 시범, 실생활 적용의 예시, 학생의 연습과 질문, 피드백 제공, 자기 점검, 그리고 평가 과정을 유기적으로 관련지어 지도해야 한다.

요약

특수교육대상학생을 위한 수학과 교육의 내용은 크게 교육의 보편성 차원에서 공통 교육과정, 교육의 특수성 차원에서 기본 교육과정으로 구분해 볼 수 있다. 이에 대한 이해를 위해 이 장에서는 현행 교육과정에 영향을 미친 NCTM의 Standards 2000과 CFP의 내용 그리고 누리 교육과정과 공통 교육과정에 대해서 알아보고, 이후에 교육의 특수성 차원에서 기본 교육과정의 구체적인 내용에 대해 간략히 소개하였다.

NCTM의 기준들은 우리나라의 교육과정과 유사한 기능을 하고 있지만, 엄밀한 의미에서 우리나라의 교육과정과 동일하다고 볼 수는 없다. CFP에서는 교육과정 개발자에게 상세한 내용 기준의 선정을 맡기는 체제를 취하면서 각 내용 체계마다 학습자가 특정개념(주제)을 이해하는 것을 위주로 내용+과정+목표 기준을 혼합하여 제안하는 것이 우리나라의 교육과정에서 일시에 제시되고 있는 내용 기준과는 차별된다고 할 수 있다. 하지만 이런 NCTM 기준들의 장점은 전통적으로 우리가 수학과 교육의 내용이라고 생각했던 지식 내용 기준뿐만 아니라 사고 기준이라는 것을 수학의 교육 내용에 포함시킬 것을 제안했다는 측면에서 고무적으로 생각할 수 있다. 특수교육대상학생들이 지식 내용 기준에 존재하는 특정 내용에 대한 개념화된 지식을 모른다 하더라도 수학적 의사소통을 실시할 수 있다면 사고 기준의 교육 목표를 달성한 것이 되기 때문에 수학과 목표 달성과 내용 기준 차원에서 새롭게 검토해 볼 가치가 있다고 하겠다.

그리고 2022 특수교육 교육과정 내에 수학과 교육과정은 내용의 수준과 난이도 조정, 기존 내용의 상세화, 핵심역량 함양 등을 통해 기존의 특수교육 수학 기본 교육과정을 발전시켰다. 그리고 이런 내용이 학교와 교실 현장에서 구현되기 위해서는 교사들이 교육과정과 수업의 일체화를 위한 노력을 기울여야 할 것이다.

연구과제

- 이 장에서 소개된 특수교육 수학 교육의 내용이 실제 특수교육 현장에서 어떻게 구현되고 있는지 토의해 보자.
- 특수교육대상학생의 수학적 역량을 신장시키기 위해서 수학 교육 내용을 어떻게 편성 또는 재구성하는 것이 바람직할지에 대해 장애 특성별로 구체적으로 생각해 보자.

참고문헌

교육부, 보건복지부(2019). 2019 개정 누리과정 해설서. 교육부, 보건복지부.

교육부(2015). 수학과 교육과정. 교육부 고시 제2015-74호.

교육부(2020). 기본 교육과정. 교육부 고시 제2020-226호.

교육부(2022a). 2022 개정 수학과 교육과정 [별책 8]. 교육부 고시 제2022-33호.

교육부(2022b). 2022 개정 특수교육 기본 교육과정[별책3]. 교육부 고시 제2022-34호.

김남순(2005). 정신지체아동 교육의 이론과 실제. 서울: 교육과학사.

김민경・홍혜경・이지현・이정욱(2006). 유아수학 교육의 탐구. 서울: 교육사

노선숙(2007). NCTM의 스탠다드 중심 수학 교육과정 개혁동향: 2006 curriculum focal points를 중심으로. 교육과정 연구 25(2), 147-169.

신현기 역(2009). 통합교육 효율화를 위한 장애아동 수학 지도 방법. 서울: 시그마프레스.

이승택(2009). 2007년 개정 교육과정 수학 교과서의 수와 연산 영역 분석. 서울시립대학교 석사학위논문.

전영미(2001). 초등학교 3, 4학년 사회과 교육과정에 제시된 경제교육내용과 교사들이 인식하는 경제교육내용 분석. 이화여자대학교 박사학위논문.

한국특수교육교과교육학회(2008). 특수교육 교과교육론. 서울: 교육과학사.

허경철(2007). 교육과정 국가기준(National Standards)으로서의 성취 기준의 재음미. 한국교육과정학회 3월 월례회 발표 자료집. 한국교육과정 학회. 서울.

Banks, J. A. (1990). *Teaching strategies for the social studies*(4th ed). New York: Longman.

제 4 장 수학 교수 · 학습 이론

남윤석

교육에서의 이론(theory)과 학교 현장의 실제(practice)는 상당히 동떨어져 있는 것처럼 보이지만, 크게 보면 머리와 다리처럼 한 몸을 이루는 것으로 생각할 수 있다. 머리와 다리가 서로 다른 위치에서도 유기적으로 기능을 발휘하는 것처럼, 이론과 실제는 서로가 영향을 주고받으며 더 나은 모습으로 발전해간다. 이 장에서 소개하는 이론은 현재 이루어지고 있는 수학 교육의 실제를 평가해 보고 더 나은 전문적 의사결정을 하는 데 도움을 줌으로써, 새로운 수학 교육의 실제를 만들어가기 위한 기초로 활용될 수 있을 것이다.

장애학생의 수학 교육에 활용될 수 있는 교수 · 학습 이론은 크게 일반적인 교수 · 학습 이론과 수학 관련 교수 · 학습 이론으로 구분해 볼 수 있다. 자극-반응의 연합이나 강화와 같은 외부의 조작을 통해 학습자 행동을 형성시키고자 하는 행동주의 이론, 학습자 내부에서 일어나는 인지적 활동과 발달에 초점을 둔 인지적 구성주의 이론, 학습자와 학습자를 둘러 싼 환경과의 상호작용에 초점을 둔 사회적 구성주의 이론, 교수 · 학습 상황의 환경적 변인에 초점을 둔 생태학 이론은 각기 다른 철학적 기반과 관심의 초점을 달리하여 발전해 온 일반적인 교수 · 학습 이론들이라 할 수 있다. 이러한 일반적인 교수 · 학습 이론은 모든 교과의 교수 · 학습 상황에 적용시킬 수 있기 때문에, 수학 교수 · 학습 상황에서도 효과적으로 활용될 수 있다.

일반적인 교수 · 학습 이론은 여러 서적에서 소개되어 있으므로, 이 장에서는 수학 교수 · 학습과의 관련성이 깊은 몇몇 수학 관련 교수 · 학습 이론을 소개하고자 한다. 이론을 개발한 여러 학자들이 주장하는 바가 무엇이며, 그들의 주장이 특수교육대상학생의 수학 교육에 주는 시사점은 무엇인지를 탐색하고자 한다.

1. Bruner의 EIS 이론

수학 시간이라고 하면 흔히 수학 공식을 나타내는 갖가지 기호나 수식들로 가득히 채워져 있는 교실의 칠판 모습을 떠올리게 된다. 수학의 추상적인 특성으로 인해 학생들이 활동적으로 움직이거나 만들거나 그리는 등의 조작적인 활동을 통해 이루어지는 수업은 주로 체육이나 미술과 같은 교과 수업시간에만 일어나는 모습으로 생각하기 쉽다. 기호나 수식으로 전달되는 수학 시간에 인지적인 어려움이 있는 특수교육대상학생들이 잘 참여할 수 있으리라 기대하는 것은 무리일 것이다. 여기에서 우리는 '가르쳐야 할 수학 내용을 학생들에게 어떻게 전달하는 것이 효과적일까? 학생들이 알고 있는 수학적인 지식을 나타낼 수 있도록 도울 수 있는 방법은 무엇인가?'라는 물음을 떠올리게 된다.

Bruner는 EIS 이론을 통해, 수학적 지식을 포함한 어떤 영역의 지식도 다음과 같은 세 가지 방법으로 표상해 낼 수 있다고 하였다(박성택, 1996a).

- 동작적 표상 양식(Enactive mode of representation)
  실물이나 구체물 등의 행동화, 조작화를 통해 지식을 이해하는 방법
- 영상적 표상 양식(Iconic mode of representation)
  그림이나 도식 등의 영상을 통해 지식을 이해하는 방법
- 상징적 표상 양식(Symbolic mode of representation)
  기호, 수식, 문자 등의 상징적 체계를 통해 지식을 이해하는 방법

예를 들어, 3 더하기 5는 8이 된다는 것을 지도할 때, 사탕이나 공깃돌을 조작화하고 행동화하여 이해하도록 한다면, 이는 동작적 표상을 활용한 지도가 된다. 또한, 도트(점)나 동그라미와 같은 반추상적 모델을 이용하여 3 더하기 5는 8이 됨을 이해하는 것은 영상적 표상을 활용한 지도 방법이 된다. 마지막으로 상징적 표상을 활용한 지도에서는 더하기 기호와 등호를 사용하여 '5+3=8'이라고 표현하

도록 할 수 있다(교육과학기술부, 2009b).

수학의 측정 영역에 해당하는 넓이 개념(넓다, 좁다)과 관련된 구체적인 활동 사례를 제시하면 다음과 같다. 여러 장의 신문지를 넓게 펼치거나 좁게 접어서 교실 바닥에 길을 만들고, 넓은 길과 좁은 길을 걸어보는 활동은 동작적 표상 양식을 활용한 활동이다. 옷 모양이 그려진 도화지에 굵은 붓과 가는 붓을 이용하여 가로줄 무늬를 그려 보는 활동은 영상적 표상 양식을 활용한 활동이다. 양쪽에 여러 명의 아동이 손을 잡고 늘어서 술래가 지나갈 수 있는 터널을 만든 후, 누군가 "넓은 터널" 또는 "좁은 터널"이라고 소리치면 각각의 터널이 만들어지고, 술래는 넓은 터널일 때에 지나가고, 좁은 터널일 때에는 멈추는 활동은 상징적 표상 양식을 활용한 활동이다(Richardson et al., 1980).

이처럼 Bruner의 EIS 이론은 수학적 지식을 다양한 방식으로 전달할 수 있는 방법을 안내해 준다. 동작적 표상은 수학적 개념이나 원리를 이해하기 위해서 학습자가 구체적인 실물의 조작을 시도하는 표상 양식이며, 영상적 표상은 시각 또는 다른 감각적 조직에 의존하는 내적 심상에 근거하는 성격을 띠고, 상징적 표상은 감각적 심상에 의존하기보다는 사고 표현의 수단인 언어나 문자, 기호 등에 의존하는 표상 양식이다(권영례, 1998). Bruner에 따르면, 아동의 지능 발달은 동작적 표상, 영상적 표상, 상징적 표상의 순서로 이루어지는 표현 수단의 발달과 그 사이의 조정 능력의 발달을 의미한다(황혜정 외, 2001).

Bruner의 EIS 이론이 수학 교육에 주는 시사점은 다음과 같은 세 가지 측면에서 생각해 볼 수 있다.

첫째, 수학 지도의 계열성 측면에서 시사하는 바가 있다. 세 가지 표상 양식은 각각 선행 양식에 의존하여 발달하는데, 연령의 증가에 따라 동작적 표상 양식보다는 영상적, 상징적 표상 양식에 보다 크게 의존하게 된다는 것이다(박성택, 1996a). 따라서 추상적인 수학 학습을 쉽게 이해하기 위해서는 인지 발달의 경로에 따라 [그림 4-1]과 같이 동작(조작) → 영상(그림) → 상징(기호, 수식)의 단계적인 과정 중심의 학습이 이루어지는 것이 바람직하다고 할 수 있다.

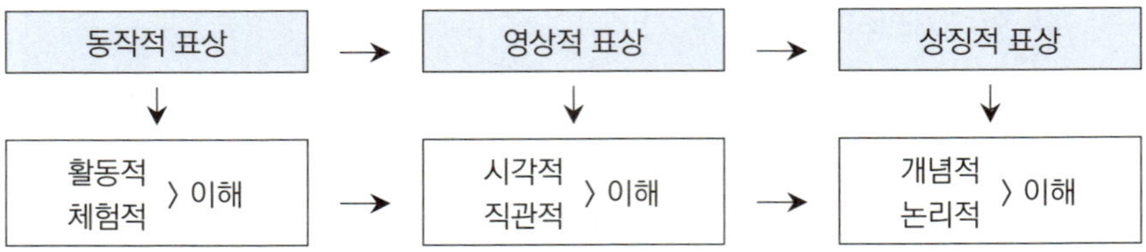

[그림 4-1] 인지 발달의 경로에 따른 학습 방법

출처: 박성택(1996a). Bruner의 EIS 이론과 수학 학습. 수학 교육 프로시딩, 4, pp. 90-98.을 수정함.

첫 번째 단계인 동작적 표상에서는 주로 구체물 조작에 의한 학습을 하고, 두 번째 단계인 영상적 표상에서는 구체물 조작에 의해서 습득된 지식을 영상인 그림이나 도식으로 나타내어 보고, 마지막 단계인 상징적 표상에서는 영상으로 얻은 지식을 문자, 기호, 숫자 등을 사용하여 형식화하고 이를 추상적인 수식으로 표현해 보게 하는 것이 인지 발달의 경로에 따르는 학습이라고 할 수 있다. 이처럼 수학적인 개념을 보다 명확히 형성시키기 위해서는 인지 경로에 따르는 단계적인 수학 학습이 필요하다(박성택, 1996a).

둘째, 수학 지도의 대안적 측면에서 시사하는 바가 있다. EIS 이론을 통하여 Bruner가 가정하고 있는 것은 수학의 어떠한 지식도 세 가지 표상 양식으로 나타낼 수 있으며, 각각의 양식에 알맞은 학생의 수준에 따라 지도할 수 있다는 것이다(황혜정 외, 2001). 학생의 능력에 맞추어 구체적인 활동적 양식으로 제시할 수도 있고, 시각적 표현이나 추상적인 기호적 표현을 하여 제시할 수도 있다는 것이다. 이는 앞서 언급한 인지 발달의 경로에 따른 단계적인 지도와 대치되는 내용으로, 아동의 논리에 의한 점진적인 동화를 강조하는 Piaget의 이론과 학습의 준비성이라고 하는 점에서 정면으로 대립하는 것이다(김응태 외, 1984). 결국, 학생의 준비성 수준에 관계없이 학생의 수준에 알맞은 대안적인 표상 양식을 활용하여 수학을 지도할 수 있다는 논리가 성립된다. 즉, 추상적 사고가 가능한 형식적 조작기에 이르지 못한 학생에게는 상징적 표상 양식이 아닌 동작적 표상이나 영상적 표상 양식을 활용하여 수학 내용을 전달할 수 있다는 것이다.

Bruner(1966)가 세 가지 표상 양식을 정보처리와 표상을 위한 세 가지 병렬적 시스템으로 언급한 것으로 볼 때에, EIS 이론은 [그림 4-2]와 같이 상호간에 대안적인 방법으로 활용될 수 있다고 할 수 있다.

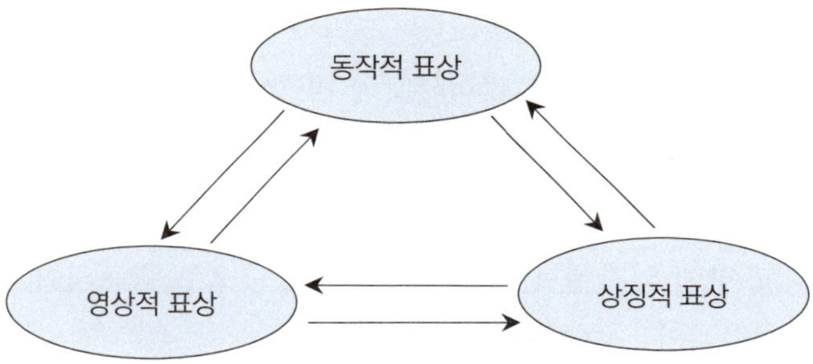

[그림 4-2] 대안적인 표상 양식으로서의 EIS 이론

EIS 이론은 동작, 영상, 상징의 순으로 단계적인 학습을 안내하는 계열적인 수학 지도 방법을 제안할 뿐만 아니라, 각각의 표상이 서로의 대안적인 표상 양식으로 활용될 수 있음을 말해 준다. 이는 특수교육대상학생 수학 교육에서 동작적 표상을 활용하기 어려운 지체장애학생에게는 영상적 표상이나 상징적 표상을 활용한 대안적인 지도 방법을, 영상적 표상을 활용하기 어려운 시각장애학생에게는 동작적 표상이나 상징적 표상을 활용한 대안적인 지도 방법을, 상징적 표상을 활용하기 어려운 지적장애학생에게는 동작적 표상이나 영상적 표상을 활용한 대안적인 지도 방법을 활용할 수 있음을 말해 준다. Richardson 등(1980)은 Bruner의 EIS 이론을 이용하여 어린 아동이나 특수교육에서 이용할 수 있는 수학 활동 교육과정을 한 권의 책으로 개발하였다. 이 책에서는 위상, 모양, 크기, 분류와 같은 기초적인 수학 내용뿐만 아니라, 수, 연산, 자릿값 등의 수학 내용까지도 동일한 수학 내용을 동작적, 영상적, 상징적 표상을 활용한 다양한 활동으로 지도할 수 있음을 보여주고 있다.

셋째, 보편적 학습 설계와 관련하여 수학 교육의 의사소통 측면에서 시사하는 바가 있다. CAST(http://www.cast.org)에서 제안한 보편적 학습 설계(universal design for learning)의 개념에 따르면, 특수교육대상학생을 포함하는 모든 학생들을 위한 교수·학습을 설계하기 위해서는 다양한 설명 수단(multiple means of representation), 다양한 표현 수단(multiple means of expression), 다양한 참여 수단(multiple means of engagement)을 고려해야 한다는 것이다(Wehmeyer et al., 2002). 수학 교육의 의사소통 측면에서 보면, 교사가 학습 내용을 제시할 때에 다양한 설명 수단을 활용해야 하며, 학생이 학습한 내용을 드러낼 때에 다양한 표현 수단을 활용해야 한다는 것이다. EIS 이론은 교사 입장에서는 다양한 설명 수단으로, 그리고 학생 입장에서는 다양한 표현 수단으로 활용되어 수학 교육에서 의사소통을 활성화시키는 기회를 마련할 수 있다.

교수·학습의 과정은 교사와 학생 간의 상호작용을 통해서 이루어지며, 상호 간에 알맞은 의사소통 방법을 활용할 때에 효과적인 교수·학습이 이루어질 수 있다. 교사는 동작적, 영상적, 상징적 표상 양식을 활용하여 다양하게 설명함으로써 학생의 학습에 도움을 줄 수 있다. 또한, 학생에게는 동작적, 영상적, 상징적 표상 양식을 활용하여 다양하게 표현할 수 있는 기회를 제공함으로써 수업에 적극적으로 참여하는 데 도움을 줄 수 있다.

2. Freudenthal의 수학화 교수·학습

수업 시간 내내 학습지에 제시된 연산 문제를 열심히 풀게 하는 교실 모습이나 학습지의 세로셈 문제는 잘 풀지만, 가게에서는 과자 하나조차 구입하지 못하는 학생의 모습은 특수교육 현장에서 빈번히 접하게 되는 장면이다. 이러한 현상의 원인은 여러 가지로 살펴볼 수 있겠지만, 그 중 가장 두드러진 원인은 현실과 학교 수학 교육의 괴리에서 찾아볼 수 있다. 현실과는 상관없이 주어진 수학내용으로서의 연산 알고리즘을 기계적으로 익히게 하는 수업에 참여한 학생에게 현실의 문제를 해결할 수 있으리라는 기대를 갖는 것은 모순이다.

Freudenthal(1973)은 이러한 모순을 지적하며 바람직한 수학 교수 · 학습 방법론을 제안하고 있다. Freudenthal은 수학을 결과적 지식체계로서의 기성 수학(ready-made mathematics)과 수학화 활동을 통해 만들어지는 실행 수학(acted-out mathematics)으로 구분하였다. 수학 교육에서의 문제점은 학생들에게 가르쳐야 할 수학을 기성 수학으로만 생각하고, 기성 수학을 지도하기 위해 알고리즘의 연습에 초점을 둔 교육을 함으로써 수학을 현실에 적용하는 것을 가르치는 기회를 마련하지 못하는 데에 있다. 이러한 수학 교육을 받은 학생들은 수학이 현실에서 유용하게 활용될 수 있음을 알지 못한 채 수학에 대한 잘못된 이미지를 갖고 학교를 떠나게 된다(우정호, 2000).

Freudenthal은 학생들이 학습해야 하는 수학은 바로 수학화 활동으로서의 실행 수학이라고 주장하였다(황혜정 외, 2001). 수학화란 수학적 개념, 아이디어, 구조 등을 포함하는 수학적 수단을 가지고 현실에서 나타나는 현상을 정리하고 조직하는 활동을 말한다. 공간적 현상을 도형으로 파악하는 것은 공간을 수학화하는 것이며, 평행사변형의 한 가지 성질을 정의로 받아들이고 그것을 기초로 평행사변형의 여러 가지 성질을 정리하는 것은 평행사변형의 개념적 영역을 수학화하는 것이다(우정호, 2000).

수학화는 현실 세계에서 좀 더 추상화된 기호의 세계로 이행되는 수평적 수학화와 추상화된 기호의 세계에서 기호들이 계속 형성되고 이해되고 반성되는 수직적 수학화로 구분된다. 수평적 수학화는 현실 내의 문제 상황을 형식적인 수학적 처리가 가능하도록 변환하는 것을 의미하고, 수직적 수학화는 좀 더 세련된 높은 수학적 처리가 가능하도록 하는 것을 의미한다. 수학화는 현실을 수학적 수단으로 조직하는 수평적 수학화로 시작되지만, 수학적 경험이 축적되면 수학 자체의 수학화인 수직적 수학화가 시작된다(황혜정 외, 2001). 예를 들어, 구체물을 세어 2+7=7+2임을 인식하는 것은 수평적 수학화이고, 이러한 덧셈의 성질(교환법칙)이 일반화되어 법칙으로 인식되는 것은 수직적 수학화이다(우정호, 2000). 수업에서의 수학화 과정은 [그림 4-3]과 같이 표현될 수 있다. 현실 세계에서 수학적 개념을 추출하는 수평적 수학화와 이를 바탕으로 추상화, 형식화에 이루는 수직적 수학화 과정에서는 관찰, 실험, 귀납, 유추 등의 구체적인 활동이 이루어지게 된다.

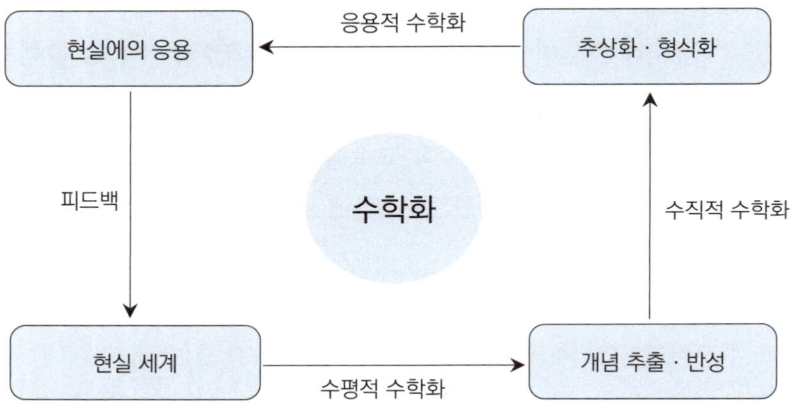

[그림 4-3] 수업에서의 수학화 과정

출처: 황혜정 외 (2001). 수학 교육학신론. 문음사, p. 219를 변형함.

Freudenthal의 수학화 교수·학습의 대표적인 원리는 '현실과 결부된 수학 학습', '안내된 재발명', '반성적 사고'의 세 가지로 표현될 수 있다.

학생들이 수학을 현실에 응용할 수 있도록 하기 위해서는 처음에 현실 세계에서 시작하여 수학화 과정을 거친 후, 다시 현실 세계로 돌아올 수 있도록 하는 현실과 결부된 수학 학습이 이루어져야 한다. 현실에서 출발하지 않은 채 배운 수학을 현실에 응용하기 바라는 것은 팥을 심고 콩이 자라기를 바라는 것과 같은 일이다. 이처럼 현실과의 밀접한 관련성을 유지하기 위해서는 수학적으로 정련된 설명과 단순한 수학적인 문제 풀이 위주의 수업이 아니라 풍부한 현실 맥락을 학생들에게 제시해야 하며, 이를 기반으로 수학화가 이루어질 수 있도록 하는 것이 중요하다

(황혜정 외, 2001).

Freudenthal(1991)에 따르면, 수학 지도는 기성 수학을 학습자에게 부과하는 것이 아니라 인류가 찾아낸 수학의 발생과정을 학습자가 현재의 상황에서 재발명하도록 안내하는 안내된 재발명 과정이어야 한다. 학습자는 인류의 학습 과정을 똑같이 따라 배우는 것이 아니라, 자신이 처한 현실을 바탕으로 인류의 학습 과정과는 다른 수정된 방식으로 재현하기 때문이다. 따라서 Freudenthal은 현재의 교육 실천에 널리 퍼져 있는 원자론적인 행동주의적 접근을 지식의 기록으로서의 수학관에 입각한 주입식 교육의 일종이며, 학습 과정의 본질을 간과한 근본적인 오류로 본다(우정호, 2000). 수학의 안내된 재발명을 위해서는 인위적인 구체물보다 자연스런 상황, 학생들이 현실적, 구체적으로 받아들일 수 있는 맥락이 제시되어야 하며, 학습자의 현실에서 출발해서 교사의 안내에 의해 수학화 경험을 할 수 있도록 해야 한다(황혜정 외, 2001).

Freudenthal은 수학화 과정에서 근본적으로 수준의 상승을 가능하게 하는 중요한 정신적 활동을 반성적 사고라고 보았다(황혜정 외, 2001). 반성적 사고는 자신을 다른 사람에게 비추어서 탐구하고 이해하는 것으로부터 시작해서 자기가 한 것, 느낀 것, 상상한 것, 생각한 것 또는 자기가 하고 있는 것, 느끼고 있는 것, 상상하는 것, 생각하는 것에 대해 돌아보는 자기 자신에 대한 반성을 말한다. 알고리즘을 강조하고 현실과의 관련성이 결여된 수학 학습 환경에서는 학생들이 자신의 활동에 대해 반성을 해보려는 기회를 제공받지 못하며, 스스로 활동해 볼 기회와 생각할 여유를 주지 않는 학습 환경에서는 학생들이 사고하는 방법을 익히기 어렵다. 따라서 학습자로 하여금 자신의 사고와 행동에 대해 당연하다고 생각했던 부분에 대해 의문을 제기하여 반성적 사고를 유도함으로써, 학습자 자신의 사고와 행동을 의식하고 확실성을 추구하는 수학적 태도를 길러주어야 할 필요가 있다.

Freudenthal의 수학화 교수 · 학습론이 수학 교육에 시사하는 바는 다음과 같이 정리해 볼 수 있다.

첫째, 수학 학습이 이루어지도록 하기 위해서는 현실을 반영해야 한다. 수학 학습의 과정은 학생의 현실에 내포되어 있는 수학적인 현상들과 수학적인 요소들을 알아내어 불필요한 정보를 제거함으로써, 수학적인 수단으로 조직하고 수학적인 구조를 창조하는 일련의 과정으로 이루어져야 하기 때문에 학생들 수준에 적합한 현실과의 고리가 항상 연결되어야 한다(황혜정 외, 2001). 따라서 수학 학습의 출발점은 가능한 학생이 처해 있는 구체적인 현실이어야 하며, 수학 학습의 종착점 역시 학습자가 익힌 수학을 응용해 볼 수 있는 현실이어야 한다.

둘째, 수학화할 수 있는 안내된 재발명의 기회를 제공해야 한다. 학생들은 기성 수학을 답습하는 것이 아니라 자신만의 방식으로 재발명하는 과정을 통해 수학을 학습하게 된다. 따라서 교사는 수학화에 적합한 풍부한 현실 맥락을 제공하고 관찰, 실험, 귀납, 유추 등의 구체적인 활동을 통해 수학화가 이루어질 수 있도록 안내된 재발명의 기회를 제공해야 한다.

셋째, 수학화의 과정 속에서 반성할 수 있는 기회를 제공해야 한다. 수학화의 과정 속에서 반성적 사고를 통하지 않고는 수준을 향상시킬 수 없으므로, 교사는 적절한 순간에 적절한 발문을 통해서 학생들의 사고 활동을 촉진시키고 학생 스스로 자신의 활동을 탐구할 수 있도록 반성의 기회를 제공해야 한다.

3. Dienes의 놀이를 통한 수학 학습

수학을 좋아하거나 수학이 재미있다는 학생을 조사해 보면, 그 수가 많지 않은 것이 현실이다. 이러한 현실은 수학에 대한 흥미를 잃거나 수학에 대한 자신감이 부족한 학생들이 많다는 것을 반증한다. 때문에 수학을 재미있게 공부하는 방법은 없을까 하는 의문은 수학을 공부하는 학생이나 가르치는 교사 모두가 품게 되는 주요한 의문이다. 공통 교육과정이나 기본 교육과정의 수학과에서 공통적으로 학생들의 수학에 대한 관심과 흥미를 강조하는 이유도 여기에 있다. 놀이나 게임을 이용하여 수학을 공부한다면 재미있지 않을까, 그럼 어떻게 수학 학습에 놀이나 게임을 활용할 수 있을까, 과연 놀이나 게임을 수학 학습에 활용하는 것이 바람직한 것일까 하는 구체적인 의문들에 대한 해답을 찾아야 할 것이다.

Dienes는 Piaget의 놀이 이론을 기초로 하여 놀이나 게임을 주요 수단으로 하는 수학 학습 이론을 개발하였다. Dienes는 수학 학습을 '놀이'를 통한 구성적 활동이라고 보고, 수학 개념 학습의 6단계 과정과 네 가지의 수학 학습 원리를 제시하였다. Dienes는 수학적 구조가 내포된 다양한 교구를 개발하고, 그것을 다루는 놀이 활동을 통하여 수학적 구조의 구성을 시도하는 수학 학습 지도 원리와 방법을 제시한 것이다(우정호, 2000). Dienes의 놀이를 통한 수학 학습은 교사로 하여금 놀이를 수학 학습에 활용하는 것이 바람직한 것인가에 대한 의문과 구체적으로 어떤 과정을 거쳐 어떻게 놀이를 활용할 것인가에 대한 의문들을 해결해 준다.

Dienes는 놀이를 수학적 개념 형성의 기본적인 경험으로 보았으며, 아무런 의식적인 목적이 없는 놀이 활동으로부터 시작하여 점차 구조화되어 가는 과정을 거쳐 전체적인 구조를 바르게 이해하는 개념 형성이 이루어진다고 보았다(김응태 외, 1984). 이렇게 형성된 개념은 또다시 보다 높은 수준의 개념 형성을 위한 놀이로 활용됨으로써 개념 형성의 순환이 이루어진다. 이러한 개념 형성의 순환이 연속적으로 일어나면서 보다 객관적이고 보다 높은 수준의 재구성이 이루어진다는 것이다. 예를 들어, 색종이로 만든 여러 가지 모양의 평면도형으로 놀이를 하는 과정에서 동그라미, 네모, 세모 모양을 식별한다면 이 세 가지 모양에 대한 개념이 형성된 것이다. 여기서 나아가 여러 가지 네모 모양의 종이로 놀이를 하는 과정에서 차이를 식별하여 정사각형, 직사각형, 평행사변형 등의 개념을 형성하는 경우를 생각해 볼 수 있다(황혜정 외, 2001). Dienes는 이같이 놀이를 통해 구조화되어 가는 한없이 열려진 사고가 수학적 사고의 본질이라고 보았다.

Dienes는 수학적 개념의 학습 지도 과정을 수학적 구조가 내재된 자료를 자유롭게 다루는 자유놀이 단계, 규칙놀이 단계, 다양한 동형인 규칙놀이를 하며 공통성을 파악하는 단계, 추상된 수학적 구조의 비형식적인 표현 단계, 기호화 단계, 기본적인 성질로부터 체계화를 시도하는 형식화 단계의 6단계로 구체화하였다(우정호, 2000). Dienes의 수학 개념 학습의 6단계 과정에 대한 구체적인 내용은 〈표 4-1〉과 같다.

〈표 4-1〉 Dienes의 수학 개념 학습의 6단계 과정

단계	명칭	특징과 예
1	자유놀이 (free play)	이 단계는 아동들이 구조화되어 있지 않은 조작이나 실험 활동 등 많은 구체적인 자료를 자유롭게 대하는 시기이다. 도형 개념의 예를 든다면, 개수나 모양, 크기 등이 여러 가지로 주어진 구체물로 놀이하는 경험을 하는 것이 된다.
2	게임 (games)	이 단계는 아동들이 자유롭게 놀이를 하는 가운데 점차로 어떤 규칙성이 있다는 느낌을 갖게 되는 시기이다. 예를 들면, 어떤 도형은 각진 부분이 없다거나 모양에 차이가 있다는 것을 인식하는 단계이다.
3	공통성의 탐구 (search for commonalities)	이 단계에서는 놀이의 소재가 되는 여러 구체물 속에 공통적으로 들어 있는 특정 개념의 수학적인 구조를 파악하기 시작하며, 게임 단계에서 감지된 규칙성이 보다 명확해지는 시기이다. 예를 들면, 네모 모양은 꺾어지는 부분이 네 군데이고, 원 모양은 그런 부분이 없다는 것을 명확하게 인식한다.
4	표현 (representation)	이 단계는 아동이 추상화 과정을 통하여 파악한 개념의 공통성을 적절한 방법으로 표현하는 시기이다. 이 때 사용하는 표현 방법은 간단한 그림의 형태나 언어적인 방법, 전형적이거나 포괄적인 예 등 다양한 방법이 가능하다. 네모, 세모, 동그라미 모양 등에 대하여 다양한 방법으로 표현하게 된다.
5	상징화 (symbolization)	이 단계에서 아동은 자신만의 적절한 수단으로 표현한 개념을 수학적인 기호를 이용하여 표현하게 된다. 아동이 자기 나름의 기초 체계를 발명하는 것도 좋겠지만 의사소통을 위하여 공통적으로 이용하는 수학적 기호를 이용하도록 지도해야 한다. 도형 개념에서는 네모, 세모, 동그라미 또는 사각형, 삼각형, 원 등의 표현을 이용하도록 지도한다.
6	형식화 (formalization)	이 단계에서 아동은 개념의 수학적 구조를 파악하고, 그 개념이 갖고 있는 여러 성질을 체계화하게 된다. 삼각형과 사각형의 관계나, 삼각형의 성질, 사각형의 성질 등을 파악하게 되는 단계이다.

출처: 황혜정 외 (2001). 수학 교육학신론. 문음사, pp. 173-174의 내용을 도표화함.

Dienes는 놀이를 통한 수학 개념 학습을 구현하기 위한 효과적인 학습 원리를 다음과 같이 네 가지로 제시하고 있다(Dienes, 1960)

- 역동적 원리(dynamic principle): 아동의 수학적 개념은 예비적인 게임, 구조화된 게임, 연습이나 반성형의 게임을 거쳐서 형성되므로, 이러한 과정을 순차적으로 경험할 수 있도록 적절한 시기에 놀이 경험을 제공해야 한다는 것이다. 어린 아동의 경우에는 구체적인 도구를 가지고 하는 놀이를 제공해야 하지만, 서서히 머릿속으로 하는 정신적인 게임을 도입함으로써 가장 흥미있는 게임인 수학의 맛을 보게 한다.
- 구성의 원리(constructivity principle): 새로운 개념을 이미 알고 있는 개념으로부터 구성되도록 하는 과정에서 그 논리적 관계는 후에 분석될 수 있으므로, 분석적 사고보다 구성적 이해에 이를 수 있도록 학습 상황을 조직하라는 것이다. 아동은 논리적 판단을 할 준비가 되어 있지 않더라도 많은 수학적 개념을 잘 구성할 수 있으므로, 아동에게 제시하는 수학적 상황은 분석보다는 구성을 요구하는 것이 우선되어야 한다.
- 지각적 다양성의 원리(perceptual variability principle): 아동들이 추상적인 수학적 개념의 본질을 추측하도록 유도하기 위해 하나의 개념을 지각적으로는 다르지만 구조적으로는 동일한 다양한 구체적 형태로 제시해야 한다는 것이다. 이는 동일한 개념을 형성하는데 존재하는 다양한 개인차를 고려하는 방법으로, 학생들의 지각적 표현을 다양하게 변화시키는 것을 포함한다.
- 수학적 다양성의 원리(mathematical variability principle): 아동의 개념 성장을 돕기 위해 구조화된 경험을 제공하려면, 개념은 변하지 않게 유지하면서 가능한 한 많은 변인을 변화시켜야 한다는 것이다. 예를 들어, 수 개념을 지도하는 과정에서 동일한 개수의 구체물들을 활용하되, 크기, 모양, 색깔 등의 변인을 다양하게 변화시키는 것이다.

역동적 원리와 구성의 원리는 놀이를 통한 수학 학습의 기반이 되는 것으로, 학생이 역동적 활동을 통해 학생 스스로 수학적 개념을 점차적으로 구성해 나아가도록 한다는 것이다. 지각적 다양성의 원리와 수학적 다양성의 원리는 수학적 개념의 지도에 있어서 비본질적인 것을 될 수 있는 한 다양하게 변화시킴으로써 불변성으로서의 수학적 개념을 보다 명확하고 유연하게 구성시키고자 하는 것으로 수학적 개념의 일반화와 추상화를 위한 전략이라고 말할 수 있다(김응태 외, 1984).

Dienes의 놀이를 통한 수학 개념 학습이 수학 교육에 시사하는 바를 김수미(2008)는 다음과 같이 언급하고 있다.

첫째, 놀이나 게임은 수학의 개념이나 구조를 익히는데 결정적인 역할을 하므로, 수학 학습 지도에서 보다 적극적으로 활용되어야 한다. 잘 개발된 놀이나 게임이 적절한 단계에서 제공되면, 어린 아동들이라 할지라도 어려운 수학적 개념을 잘 받아들일 수 있다.

둘째, 추상화와 일반화는 수학 학습 지도의 가장 중요한 요소로서, 많은 연습이 요구된다. 추상화나 일반화는 매우 고차적인 사고 활동이기 때문에, 학습 지도 과정은 매우 신중하게 설계되어야 하며, 학생들에게 충분한 연습 기회를 제공해야 한다.

셋째, 수학 지도에서 상징적 언어 혹은 기호 도입의 시기는 가능한 늦추어야 한다. 수학 수업에서 너무 이른 시기에 상징 언어를 도입하게 되면, 수학에 재능있는 일부 학생을 제외한 대부분의 학생들은 좌절하게 되며, 교과서에서 요구하는 답을 기계적으로 반복하는 것 이외에 선택의 여지가 없다. 상징적 언어 도입 이전에 놀이나 게임을 충분하게 경험하게 하고, 그로부터 도출된 공통성을 다양한 시각적 방법으로 표현하는 활동은 상징 언어의 도입을 지연시킬 수 있는 효과적인 대안이 될 수 있을 것이다.

4. Skemp의 수학적 이해

한 학생이 수학 문제를 풀고 있다. 이 학생은 정확한 풀이 과정에 따라 문제의 정답을 구한다. 그런데 왜 그렇게 답이 나온 것인지 혹은 왜 풀이 과정이 그래야 하는지에 대한 물음에는 답변을 하지 못한다. 이 학생은 수학적 개념을 올바로 이해하고 있는 것일까?

영국의 수학 교육학자인 Skemp는 Piaget의 스키마 개념을 이용하여 반복 연습과 암기에 의한 수학 학습의 대안으로서 관계적 이해를 통한 수학 학습을 제안하였다. Skemp는 어떤 것을 수학적으로 이해한다는 것은 그것을 적절한 스키마에 동화시키는 것으로 보았다. Skemp는 수학적 이해를 도구적 이해와 관계적 이해의 두 가지로 구분하고 있다. 도구적 이해는 이유는 모르는 채 암기한 규칙을 문제해결에 적용하는 기계적인 학습을 말하는 것으로, 적절한 스키마가 형성되지 않은 상태에서의 이해를 의미한다. 반면에 관계적 이해는 무엇을 해야 할지 그리고 왜 그런지를 모두 알고 있으면서 일반적인 수학적인 관계로부터 특수한 규칙이나 절차를 연역할 수 있는 상태를 말하는 것으로, 선행 지식과의 적절한 동화와 조절을 통해 적절한 스키마가 형성된 상태에서의 이해를 의미한다. 우리들이 흔히 말하고 있는 수학적 이해는 관계적 이해를 뜻한다(박성택, 1996b).

예를 들어, 분모가 다른 두 분수($\frac{1}{3}$과 $\frac{2}{5}$)의 크기 비교를 다음과 같이 두 가지 이해로 구분하여 볼 수 있다(황혜정 외, 2001). 여기에서의 핵심적인 생각은 통분에 의하여 분모를 같게 만들어 분자끼리 비교한다는 것이다. 이를 도구적으로 이해하는 경우는 다음과 같을 것이다.

- 먼저, 두 분모의 최소공배수를 구한다.
- 3과 5의 최소공배수는 15이다.
- 분자와 분모에 같은 수를 곱하여 분수를 변형한다.

- $\frac{1}{3} \times \frac{5}{5} = \frac{5}{15}$, $\frac{2}{5} \times \frac{3}{3} = \frac{6}{15}$ 이다.
- 분자의 크기가 두 분수의 크기를 결정한다.
- 따라서 5 〈 6 이므로, $\frac{1}{3} < \frac{2}{5}$ 이다.

이 예에 대한 관계적 이해는 다음과 같을 것이다.

- $\frac{1}{3}$과 $\frac{2}{5}$는 각각 다음과 같이 그릴 수 있다.

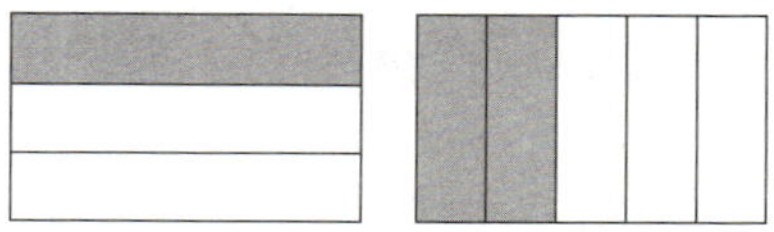

- 두 그림에서 영역의 크기를 비교하기 위해 보조선을 그린다.

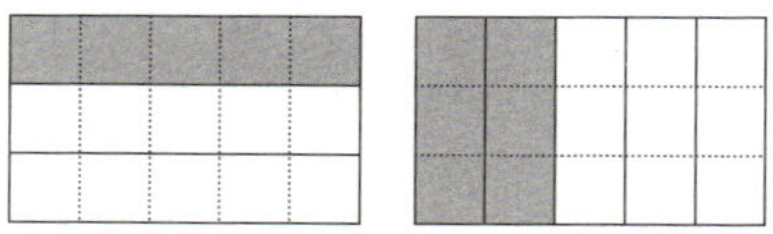

- 그림에서 보는 바와 같이 $\frac{1}{3}$은 5칸을 차지하고, $\frac{2}{5}$는 6칸을 차지하므로, $\frac{1}{3} < \frac{2}{5}$ 이다.
- 또한, 위 그림에서 $\frac{1}{3} = \frac{5}{15}$, $\frac{2}{5} = \frac{6}{15}$ 이므로, 분모의 최소공배수로 통분 하여 분자의 크기를 비교하면 됨을 알 수 있다.

이와 같이 분모가 다른 두 분수의 크기 비교를 가르칠 때 관계적 이해를 하게 한다는 의미는 분수의 크기 비교 그 자체만을 알게 하는 것이 아니라, 분수의 스키마 속에서 분수의 대소를 알게 한다는 것이다. 다시 말해, 분수의 여러 가지 성질들, 이를테면 분수란 무엇인가, 두 분수 중 더 큰 분수는 무엇인가, 분수의 덧셈은 어떻게 하는가 등에 대하여, 각각의 사실을 아는 것이 중요한 것이 아니라 분수의 덩어리, 즉 분수 전체의 관계 속에서 각각의 사실들을 알아야 한다는 것이다(황혜정 외, 2001).

Skemp(1987)는 이렇게 관계적 이해를 했을 때의 장점을 다음과 같이 이야기한다.

첫째, 관계적으로 이해된 수학 학습은 새로운 문제해결에 적용하기가 쉽다. 도구적으로 이해한 학생은 특정한 문제해결 방법이 어떤 문제에 적용되고 어떤 문제에 적용되지 않는가를 기억해야만 하고, 새로운 문제에 직면하면 그에 따르는 새로운 문제해결 방법을 익혀야만 한다. 그러나 관계적으로 이해한 학생은 수학적인 문제해결 방법이 어떻게 작용하는지의 원리를 이해할 뿐만 아니라 왜 적용 가능한지를 인식하고 있기 때문에 새로운 문제해결에 이미 익힌 문제해결 방법을 관련지어 적용하기가 용이할 것이다.

둘째, 관계적으로 이해된 수학 학습은 기억하기가 쉽다. 예를 들어, 삼각형, 사각형, 평행사변형, 사다리꼴의 넓이 공식을 도구적 이해를 통해 각각 따로 기억하게 되면, 편리하기는 하겠지만 쉽게 망각될 수 있다. 그러나 이러한 공식들이 어떻게 관련되어 있는가를 관계적으로 이해한다면, 망각된 어떤 공식도 연결된 사각형 전체의 한 부분으로 떠올려 공식을 기억해 내기 쉬울 것이다. 관계적으로 이해된 학습은 기억한 지식을 그대로 재생시키는 것이 아니며, 그 지식의 의미를 다른 말로 해독하고 적용, 분석, 관련지우는 능력이 있기 때문에 망각하더라도 하위단계에서부터 차츰 더듬어 나가면 기억해 내기가 쉬울 수 있다. 이처럼 관계적으로 이해된 수학 학습은 기억하기가 쉽고, 그 결과는 오래 지속되며, 재학습부터는 시간이 줄어들어 장기적으로 볼 때에 시간이 절약된다(박성택, 1996b).

셋째, 관계적 이해는 그 자체만으로도 효과적인 목적이 될 수 있다. 도구적으로 이해하는 학습은 기계적이고 반복적인 암기를 요구하므로, 학생이 학습에 의미를 부여하지 못하고 외적 보상에 크게 의존하게 된다. 그러나 관계적으로 이해하는 학습이 성공하게 되면 내적 동기가 부여됨으로써 외적 보상에 대한 의존이 감소되고, 학습에 대한 호기심과 자신감, 긍정적인 태도를 지닐 수 있게 된다. 따라서 수학 학습에서의 관계적 이해는 외적 보상이라는 또 다른 목적을 설정하기 않고도 그 자체만으로 효과적인 목적이 될 수 있다.

넷째, 관계적 스키마는 질적으로 유기적이다. 관계적 스키마는 그 자체가 성장하는 하나의 요인으로 작용한다는 것이다. 학생이 관계적 이해를 통해 만족감을 얻게 되면 자신 앞에 놓인 새로운 자료를 관계적으로 이해하려고 노력할 뿐만 아니라 능동적으로 새로운 자료를 찾고 새로운 분야를 탐구하게 된다는 것이다(황혜정 외, 2001).

일반적으로 수학에서 이해라고 하면, 관계적 이해를 말한다. 관계적 이해를 통한 유의미 학습이 수학 교육의 본질에서 요구되는 학습인 것이다. 그러나 학생의 인지수준이 낮아서 관계적 이해를 통한 학습이 어려운 경우에는 도구적 이해에 의한 학습이 필요하다는 뜻을 Skemp는 밝히고 있다. 박성택(1996b)은 도구적 이해가 관계적 이해에 비해 다음과 같은 효과가 있음을 밝히고 있다. 첫째, 도구적 이해에 의한 학습은 이해하기가 쉽고 빠르게 학습목표를 달성할 수 있다. 둘째, 도구적 이해에 의한 학습 효과의 보상은 보다 즉각적이고 가시적이다. 셋째, 도구적 이해에 의한 학습은 관계적 이해에 의한 학습보다 더 적은 단순한 지식이 관련되므로 때로는 관계적 이해보다 더 신속하고 신뢰할 수 있는 정답을 구할 수 있다. 이 같은 장점을 고려하면, 수학 학습은 관계적 이해만으로 학습하는 것보다 때에 따라서 학생들의 인지발달수준을 고려하여 도구적 이해에 의한 학습과 상호 관련성을 맺어가면서 학습하는 것이 효과적일 수 있겠다.

Skemp의 수학적 이해에 대한 견해가 수학 교육에 시사하는 바는 다음과 같이 정리해 볼 수 있다.

첫째, 수학 학습 지도의 궁극적 목표는 관계적 이해에 두어야 한다(우정호, 2000). 도구적 이해는 관계적 이해에 비해 상대적으로 용이하고 그 보상이 즉각적이고 분명하게 나타나며, 과학과 같은 다른 교과에서 수학을 도구적 지식으로 요구하기 때문에 많은 학생들이 도구적 이해 상태에 그치는 경우가 많다. 때로는 인지 수준상 관계적 이해가 어려운 경우에는 우선 도구적 이해로 학습한 후에 적당한 시기에 관계적 이해에 의한 학습이 요구되기도 한다(박성택, 1996b). 그러나 궁극적인 수학 학습 지도의 목표는 진정한 이해를 보증하고 발전적 학습을 용이하게 하며, 기억하기 쉽고 적용 가능성을 보장할 수 있는 관계적 이해에 두어야 한다.

둘째, 학생들의 관계적 이해를 위해서는 특정 수학적 개념에 대한 학생의 현재 스키마를 파악하고 새로운 개념을 연결지을 수 있도록 하는 지도법을 계획해야 한다. 학생의 현재 스키마와 새롭게 익혀야 할 수학적 개념 사이의 틈이 너무 커서 조절이 성공적으로 이루어지지 않는 경우, 학생은 '기계적인 학습'을 할 수밖에 없으므로, 교사는 학생 수준을 파악하여 흥미를 일으키는데 충분하면서도 적절히 어려운 상황을 만들어 새로운 개념을 익히도록 해야 한다(김응태 외, 1984).

5. Wertheimer의 생산적 사고와 통찰

교사는 수학 문제를 해결할 수 있는 가장 효율적인 알고리즘을 학생들에게 알려주고, 이를 반복 연습하게 한다. 이에 학생들은 자신이 배운 알고리즘을 수학 문제에 기계적으로 적용하면서 알고리즘을 익힌다. 반복 연습과 기계적 적용을 통한 알고리즘의 습득은 과연 학생들의 사고력을 신장시키는데 도움이 될까? 이러한 의문에 대한 해답은 Wertheimer 중심의 베를린 학파에 의해 만들어진 형태심리학(Gestalt Psychology)에서 찾아볼 수 있다.

형태심리학은 '전체가 부분의 합보다 크다'라는 인식을 바탕으로, 어떤 현상은 그 구성요소들로 인식되는 것이 아니라 하나의 전체로 인식된다고 보는 심리학이다(남승인 외, 2018). 지나치게 원자론적이고 분석적이던 당시의 행동주의 심리학에 반대하는 베를린 학파에 의해 주장되었는데, 이 학파에 따르면 인간은 감각적 자극들을 단순히 합한 것과는 다른, 하나의 전체를 조직하는 방법으로 지각한다고 한다.

형태심리학자들은 인간의 정신은 정보를 단순히 받아들이는 것이 아니라 어떤 방식으로든 이해가 이루어질 수 있도록 인간에게 입력되는 모든 감각과 경험을 어떤 조직 원리에 따라 해석한다고 주장하였다(남승인 외, 2018). 지각하는 사람은 지각의 경험에 따라 독특하게 지각하며, 단지 자극의 성분들을 더해 놓은 것 이상의 경험을 하게 된다고 한다. 또한 지각하는 사람은 어떤 환경에서 전체적인 모양이나 형태를 찾으려는 경향이 있으며, 이것은 지각의 특별한 법칙에 의하여 영향을 받는다고 한다.

형태심리학자들이 확인한 지각적 조직의 몇 가지 기본적인 특징은 다음과 같다(남승인 외, 2018).

- 근접성: 대상이나 모양 또는 크기가 전혀 다르다고 해도 서로 가까이 있는 대상이나 모양을 하나의 전체로 인식하려는 경향이다. 다음의 그림은 세 개의 기둥이나 두 개씩 세 쌍의 직선이 있는 것으로 인식하게 된다.

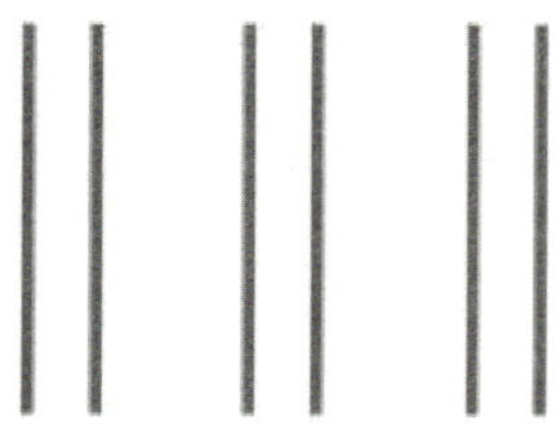

- 유사성: 가까이 있는 것들 가운데는 서로 다른 것들끼리 보다는 서로 같은 것들끼리 묶어서 인식하려는 경향이 있다. 다음의 그림에서 ×와 ○가 교대로 나타나는 것으로 인식하기보다는 ×의 세로줄과 ○의 세로줄이 교대하는 것으로 인식하게 된다.

× ○ × ○
× ○ × ○
× ○ × ○
× ○ × ○
× ○ × ○

• 완결성: 불완전한 부분이 포함되어 있는 경우에 인간은 그것을 완전한 것으로 인식하려는 경향이 있다. 다음의 그림에서 실제로는 삼각형이 존재하지 않지만 포개어져 있는 두 개의 삼각형을 인식하게 된다.

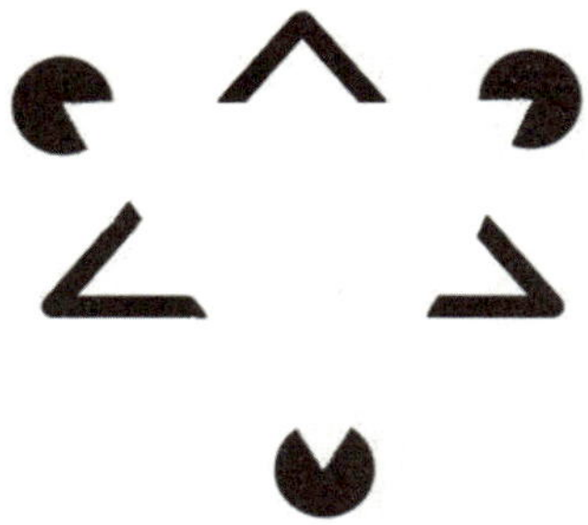

[그림 4-4] 형태심리학에서 밝힌 지각적 조직의 기본적인 특징

출처: 남승인 외 (2018). 2015 개정 교육과정에 의한 초등수학교육론. 서울: 경문사, pp. 81-82.

이처럼 형태심리학은 행동주의가 풍미하던 시대에 행동주의와는 근본적으로 다른 기본 가정을 가지고 연구하였다. 행동주의가 외적 행동을 연구 대상으로 삼은 것에 비해서 형태심리학은 자극과 반응의 중간과정인 인간의 내적 인지과정을 연구 대상으로 삼았다는 점에서 그 차이가 있다(김언주, 1987). 이렇게 인간의 내적 인지과정의 시작이라고 할 수 있는 지각 현상에 관심을 갖고, 인간이 형태를 어떻게 지각하는가를 밝혀내는데 기여했다는 점이 형태심리학의 첫 번째 교육적 시사점이라 할 수 있다.

Wertheimer는 실험실에서 지각 현상에 대한 연구를 시작했지만, 학생들의 사고과정을 연구하기 위해 교실로 관심을 돌렸다. 그는 평행사변형 문제를 이용하여 생산적 사고의 과정을 밝혔으며, 이러한 사고 교육의 필요성을 주장하였다. Wertheimer는 다음과 같은 전형적인 수업 장면을 제시하였다(김수천, 1981).

교 사: 전 시간까지 우리는 직사각형의 넓이 구하는 방법을 공부했습니다. 모두 잘 알고 있죠?

학생A: 직사각형의 넓이는 가로×세로입니다.

(교사는 고개를 끄덕이며, 크기가 다른 여러 직사각형 문제를 제시한다. 학생들은 모두 쉽게 해결한다.)

교 사: (칠판에 평행사변형 하나를 그리면서) 이런 도형을 평행사변형이라고 합니다. 평행사변형은 서로 마주보는 변의 길이가 같고 평행인 사각형입니다.

학생B: 선생님, 변의 길이는 각각 얼마입니까?

교 사: 변의 길이는 각기 다를 수 있습니다. 지금 이것은 한 변이 11cm, 다른 변이 5cm입니다.

학생B: 그러면, 그 넓이는 11×5 제곱센티미터 입니다.

교 사: 아니에요. 그렇게 하면 틀립니다. 지금 우리는 평행사변형의 넓이를 공부하고 있어요. (평행사변형의 꼭짓점에 a, b, c, d 기호를 붙이면서) 이 도형의 왼쪽 꼭짓점(d)과 오른쪽 꼭짓점(c)에서 각각 수직선을 내리고 밑변 ab를 오른쪽으로 연장하여 밑변에 생기는 두 점을 e, f 라고 하면, 그림에서와 같이 결국 평행사변형의 넓이는 밑변×높이가 됩니다.

… 자, 그러면 몇 가지 문제를 더 풀어봅시다. … (교사는 넓이, 각의 크기, 변의 길이가 다른 여러 가지 평행사변형 문제를 제시하고, 학생들은 그것을 정확하게 해결한다.)

[그림 4-5] Wertheimer가 제시한 평행사변형 넓이 구하기 수업 장면

출처: 김수천(1981). M. Wertheimer의 생산적 사고. 춘천교육대학 논문집, 21권, p. 7의 내용을 재구성.

표면적으로 교사는 정확하게 가르쳤고 학생들은 완전하게 학습한, 이러한 수업을 보고, Wertheimer는 학생들은 무엇을 배우는지, 과연 생각을 하는지, 문제의

핵심을 파악하는지, 단지 맹목적으로 연습에만 몰두하는 것은 아닌지와 같은 여러 가지 의문을 제기하였다. 그리고 학생들에게 다음과 같은 문제를 추가로 제시하였다.

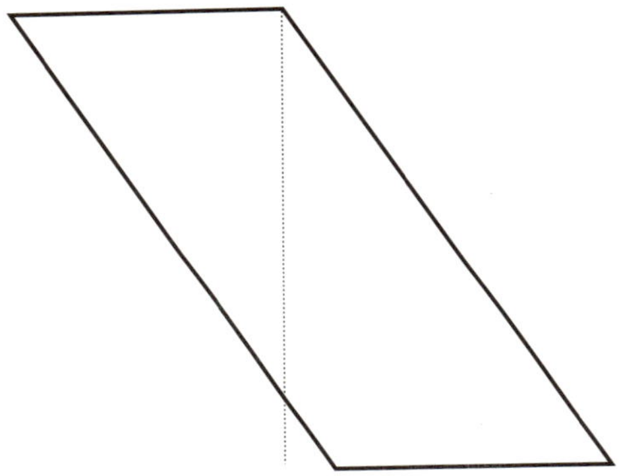

Wertheimer가 추가로 제시한 문제는 새로운 문제가 아니고, 교사가 제시했던 평행사변형의 방위만을 달리한 것이었다. 그럼에도 불구하고 학생들은 매우 당황해하며, 배우지 않았다거나 틀린 문제라고하기도 했으며, 어떤 학생들은 그냥 포기해 버렸다. 이러한 반응이 나타난 이유는 교사로부터 배운 것에 따라 왼쪽의 꼭짓점에서 수선을 그으면, 그 수선은 밑변이 아닌 밑변의 왼쪽으로 내려오게 되어 표준적인 공식을 적용할 수 없었기 때문이다.

이 사례에서 평행사변형을 하나의 전체로 지각하는 것은 문제의 본질적인 구조를 이해하는데 큰 도움이 된다. 전체로 지각한다는 측면에서 볼 때 이 평행사변형은 다른 형태, 즉 한 부분이 다른 쪽 끝부분에 정확하게 채워질 수 있으므로 직사각형으로 지각하게 된다. 이렇게 해서 평행사변형을 수선에 따라 나누어 직사각형이 되도록 각 조각을 재구성하여 변형시키면 높이×밑변의 공식이 직접적으로 적용될 수 있다는 것을 알 수 있으며, 평행사변형의 넓이를 구하는 공식에서 왜 수선을 긋는지도 알게 된다. 그러나 학생들은 알고리즘의 기초가 되는 구조적 원리를 이해하지 못한 채 교사가 제시한 방법을 따랐기 때문에, 유의미한 학습이 이루어지지 못했고, 결국 사물을 구조적인 전체로 보려는 인간의 자연적인 성향을 거스르는 기계적인 학습이 되어버렸다(남승인 외, 2018).

Wertheimer는 학생들에게 평행사변형의 넓이 구하는 방법을 다음의 그림과 같이 구조적인 방법과 기계적인 방법으로 가르쳤다(남승인 외, 2018). '구조적인 방법'은 '도형의 한쪽 끝에 있는 삼각형을 다른 한쪽으로 옮겨 놓으면 평행사변형이 직사각형으로 변한다'는 구조적 속성을 강조하는 것이다. 그리고 '기계적인 방법'은 수직선을 그어 밑변×높이 공식으로 넓이를 구하도록 하는 것이다.

이해 방법: 이해 방법은 학생들로 하여금 평행사변형의 구조적 성질을 파악하도록 한다. 한 평행사변형의 한쪽 끝에 있는 삼각형을 다른 한쪽으로 이동시키면 직사각형이 된다는 점을 이해시킨다. 학생들은 직사각형의 면적 계산법을 알기 때문에, 일단 평행사변형의 구조적 성질을 파악하게 되면 쉽게 면적을 계산할 수 있다.

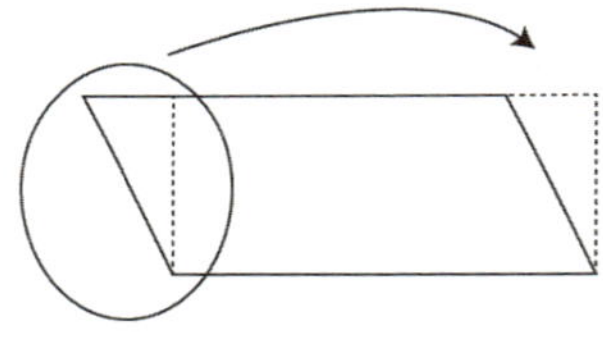

기계적 방법: 기계적 방법에서는 학생들로 하여금 수직선을 긋는 것을 학습시킨 후 (평행사변형의 넓이)=(밑변)×(높이)라는 공식을 암기시킨다.

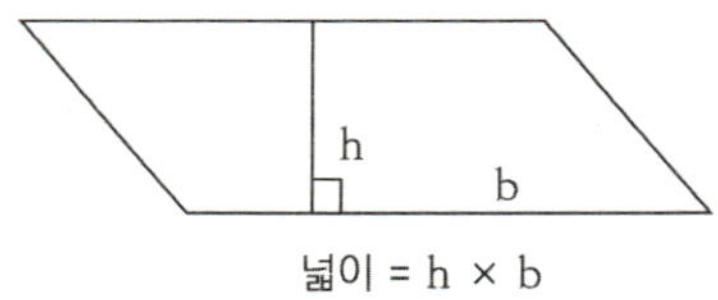

전이: 이해 방법으로 학습된 집단만이 아래와 같이 생소한 문제를 풀었다.

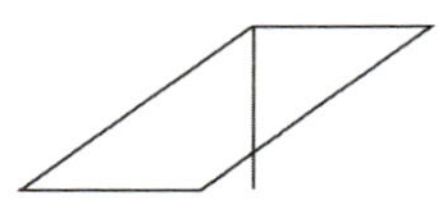

이해방법으로 학습한 집단만이 다음과 같은 해결가능한 문제와 해결 불가능한 문제를 구별했다. 기계적 방법으로 학습한 집단은 '우리가 그것을 아직 배우지 않았다'고 반응한다.

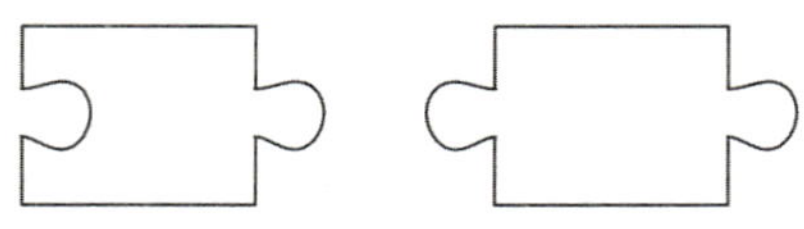

[그림 4-6] Wertheimer의 평행사변형 넓이 구하는 두 가지 교수 방법

출처: 남승인 외(2018). 2015 개정 교육과정에 의한 초등수학교육론. 서울: 경문사, p. 84.

이 실험에 따르면, 구조적인 방법에 의해 학습한 집단과 기계적인 방법에 의해 학습한 집단 모두가 준거 과제(배웠던 문제와 유사한 문제)는 거의 동등하게 풀었으나, 전이 과제에서는 두 집단 간에 차이가 있었다(남승인 외, 2018). '구조적인 학습을 한 집단'은 전혀 생소한 모양의 평행사변형 넓이를 계산할 수 있었다. 또한 넓이 계산이 불가능한 문제가 주어지면, 그 문제는 넓이를 구할 수 없다는 것을 알아차릴 수 있었다. 그러나 '기계적인 학습을 한 집단'은 "그런 것을 배운 적이 없어요"라는 식으로 반응했다.

이처럼 Wertheimer는 수학적 구조를 이해하는 생산적 사고를 강조하는 교육이 이루어져야 한다고 주장하였다. 생산적 사고는 전체의 구조적 요소에서 출발하여 그에 합치되는 의미있는 구조적 · 내적 관계를 발견함으로써 문제를 해결해 나아가는 것이다(김수천, 1981). Wertheimer의 생산적 사고 과정에 관한 연구는 수학 교육이 기계적인 암기 혹은 맹목적인 연습에 의해 이루어지는 것이 아니라 수학적 구조를 이해하는 문제해결 학습 과정으로 이루어져야 한다는 타당한 근거를 제공하였다는 점에서 교육적 시사점을 찾을 수 있다. 나아가 알고리즘을 지도할 때에도 그 토대가 되는 구조적인 맥락에서 가르쳐야 하고, 수학적 구조를 직관적으로 이해하도록 가르치고 난 이후에 보다 정교한 사고를 위한 표준적인 알고리즘을 도입해야 한다(남승인 외, 2018)는 점을 시사한다.

문제해결에 대한 형태심리학자들의 주된 연구는 '통찰(insight)'이라는 현상이다. 문제해결에서 통찰의 역할은 Köhler의 침팬지 연구로 알려지게 되었다(김수천, 1981). 침팬지의 손이 닿지 않는 높은 천장에다 바나나를 매달아 놓고, 주변에 나무 막대와 상자들을 놓아둔 후 침팬지의 행동을 관찰했다. 침팬지는 바나나를 따기 위해 손을 뻗치거나 발돋움을 하는 행동을 보이다가, 잠시 행동을 멈추고 방 안을 살핀 후에 상자들을 보고 상자를 쌓은 다음 그 위로 올라가서 바나나를 땄다. 침팬지는 천장에 매달린 바나나를 시행착오적 행동이 아니라 막대나 상자를 이용해서 통찰적으로 따 먹었다는 것이다.

침팬지의 이런 행동은 자극-반응의 연결을 단순히 결합해서 전체를 구성하는 것이 아니라 기능적인 전체로서 문제를 지각하는 것이라고 보았다(남승인 외, 2018). 이러한 침팬지의 행동을 인간 행동에 비유하여 보면, 해결책이 즉시 보이지 않는 문제 상황에서 갈등이 발생하면 역동적인 정신력이 어떤 재조직을 통해서 평형화를 이루려고 하고, 이러한 내적 갈등의 해소는 문제의 구성요소들이 전체와 관련하여 적절한 기능을 지각했을 때에 발생할 수 있으며, 이러한 재조직이 이루어지는 시점에서 이루어지는 것이 통찰이라는 것이다. 따라서 학습은 맹목적 시행착오나 조건화에 의한 자극 반응의 연합이 아니라, 문제 사태의 전체적 관련(목표-수단의 관계) 또는 구조를 파악하는 통찰에 의해 학습자의 인지구조가 변화하는 것이다(김수천, 1981).

이처럼 문제해결에 관한 연구를 기반으로 형태심리학에서는 학습의 단위를 요소들 간의 관계로 보고, 이러한 관계는 통찰에 의해 발견된다고 보았다. 이러한 견해는 학습의 단위를 자극과 반응의 연결로 보고, 이러한 연결은 주로 시행착오에 의해 이루어진다고 보는 행동주의 심리학과는 다른 새로운 주장이었다는 점에서 차별화된다(김언주, 1987). 이는 전체적인 구조의 이해를 중심으로 하는 구조 지향적인 수학 지도의 시발점을 제기하였다는 점에서 교육적 의미를 찾을 수 있다.

그러나 형태심리학은 주어진 문제 상황에서 통찰의 가능성을 증가시킬 수 있는 구체적인 방법을 제안하지는 못했다는 한계를 보여준다(남승인 외, 2018). 이에 Polya는 형태심리학에서 주장하는 해결해야 할 문제의 구조 발견을 용이하게 하는 방법으로, 문제해결 상황에서 통찰을 안내할 수 있는 도움이나 힌트에 따라 수학을 지도하는 방법을 연구하였다. 문제를 해결할 때 통찰을 얻을 수 있는 특별한 질문이나 단계를 제공하는 '발견적 전략'인데, 이 발견적 전략은 우연히 또는 자기 스스로 문제의 구조를 재빨리 알아내는 몇몇 우수한 학생에게만 일어나는 생산적 사고와는 달리 문제해결자로 하여금 체계적인 통찰이 일어나도록 유도한다는데 그 가치가 있다.

6. Polya의 문제해결 교육론

우리는 수학 문제를 해결하는 과정에서 제시된 풀이나 정리를 받아들일 때 그것이 옳음을 인정하면서도 한편으로는 여러 가지 의문을 품게 된다. 사람들은 어떻게 해서 그러한 풀이를 생각해 낼 수 있었을까, 수학자들은 어떻게 해서 그러한 정리를 발견해 낼 수 있었을까, 나는 어떻게 해야 그러한 풀이나 정리를 발견해 낼 수 있을까 하는 의문들이다. 수학을 지도하는 교사로서는 어떻게 해야 학생들이 그러한 풀이나 정리를 발견하도록 할 수 있을까라는 의문을 가질 수 있다.

Polya는 이러한 의문들에 답하기 위해 1945년 『어떻게 문제를 풀 것인가(How to solve it)』라는 저서를 출간하였다. Polya는 문제해결을 수학 교육의 논의 대상으로 부각시킨 최초의 학자라고 볼 수 있다(박교식, 1989). 오늘날 문제해결은 추론, 수학적 연결성, 의사소통, 표상과 더불어 중요한 수학 교육의 목표로 강조되고 있다.

Polya는 자신이 문제를 해결해 왔던 경험을 주의 깊게 분석해 본 뒤 모든 문제의 해결은 [그림 4-7]과 같이 문제 이해(understanding the problem), 계획 수립(devising a plan), 계획 실행(carrying out the plan), 반성(looking back)의 4단계를 거쳐야 한다고 결론지었다(박교식, 1989). 그는 이러한 문제해결의 4단계는 학생들의 문제해결 능력을 신장시킬 수 있는 좋은 방법이 될 수 있다고 보았다.

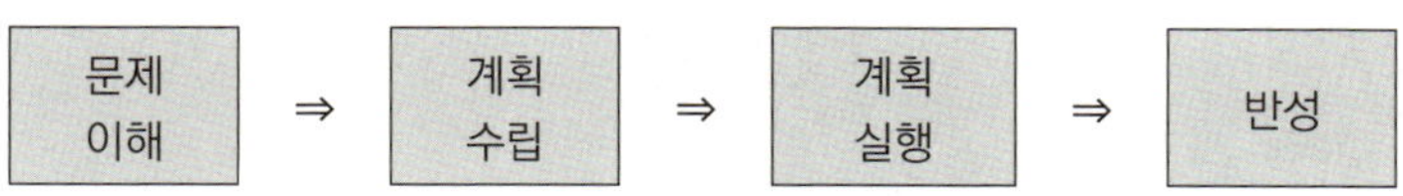

[그림 4-7] Polya의 문제해결 4단계

문제 이해란 문제에서 요구하고 있는 것이 무엇인지를 파악하는 것이다. 이 단계에서는 문제의 언어적 표현에 대한 이해는 물론이고, 문제의 주요 부분을 미지인 것, 자료, 조건 등으로 분석적으로 파악하게 된다.

계획 수립이란 미지인 것을 구하기 위해 어떤 계산이나 작도를 해야 할 것인가를 결정하는 것이다. 이 단계에서는 과거의 경험이나 이전에 얻은 지식을 바탕으로 문제에서 주어진 것과 구하려는 것 사이의 관계를 파악하여 적절한 문제해결 전략을 찾게 된다.

계획 실행이란 수립된 계획에 따라 문제를 풀어보는 것이다. 이 단계에서는 계획을 차례로 수행하면서 문제 해결에 들어맞는다는 것을 확인하게 된다.

반성이란 문제 해결 과정을 처음부터 검토해 보고, 더 나은 해결 방법은 없는지를 알아보는 것이다. 이 단계를 통해 오류를 찾아 고칠 수 있고, 풀이를 개선할 수 있으며, 또 자신의 이해를 보다 깊게 할 수 있다.

학생들은 스스로 이러한 문제해결의 과정을 경험하는 가운데 능동적이고 자율적인 문제해결자가 되어야 한다. 학생들의 문제해결 활동을 효과적으로 돕기 위해 교사는 학생의 사고를 자극하고 이끌어주는 적절한 수준의 발문과 권고를 사용해야 한다. 문제해결의 각 단계에서 교사가 사용할 수 있는 발문과 권고에는 다음과 같은 것이 있다(황혜정 외, 2001).

■ 문제 이해 단계

- 미지의 것은 무엇인가?
- 주어진 것은 무엇인가?
- 자료나 조건은 무엇인가?
- 조건은 미지의 것을 결정하기에 충분한가, 불충분한가, 아니면 과다한가?
- 그림을 그려 보아라.
- 적절한 기호를 붙여라.
- 조건을 여러 부분으로 분해해 보아라.

■ 계획 수립 단계

• 전에 그 문제를 본 적이 있는가?
• 관련된 문제를 알고 있는가?
• 도움이 될 것 같은 어떤 사실이나 정리를 알고 있는가?
• 미지인 것을 잘 살펴보아라.
• 문제를 달리 진술할 수 있을까?
• 보다 쉬운 관련된 문제를 생각해낼 수 있을까?
• 문제를 보다 일반적인 형태로 변형할 수 있을까?
• 문제를 보다 특수한 문제로 변형할 수 있을까?
• 문제를 부분적으로 풀 수 있는가?
• 자료로부터 무엇인가 유용한 것을 이끌어낼 수 있을까?
• 자료나 조건은 모두 사용했는가?
• 문제에 포함된 핵심적인 개념을 모두 고려했는가?

■ 계획 실행 단계

• 풀이의 각 단계를 조심스럽게 실행하라.
• 각 단계가 올바른지 명확히 할 수 있는가?
• 그것이 옳다는 것을 설명할 수 있는가?

■ 반성 단계

• 결과를 점검할 수 있는가?
• 풀이 과정을 점검할 수 있는가?
• 결과를 다른 방법으로 이끌어낼 수 있는가?
• 결과나 방법을 어떤 다른 문제에 활용할 수 있는가?

Polya에 의하면 문제의 해결에는 항상 발견이 포함되어 있다. 아무리 하찮은 문제라 하더라도 그 문제의 해결에는 작은 발견이 있게 마련이다. 따라서 이러한 발견의 방법 또는 규칙을 알 수 있다면, 문제해결은 보다 수월하게 이루어질 것이다. Polya는 '현대적 발견술(modern heuristic)'이라고 이름붙인 이러한 발견의 방법을 수학에서뿐만 아니라 모든 종류의 문제에 적용되는 일반적인 것으로 소개하고 있다(박교식, 1989). 미지인 것을 살펴보는 것, 그림을 그려보는 것, 관련된 문제를 회상하는 것 등이 발견의 방법에 속하는 것들이다. 최근에는 발견의 방법을 문제해결 전략으로 소개하고 있는데, 2007년 개정 초등학교 교육과정의 수학과에서는 실제로 해 보기, 그림 그리기, 식 만들기, 규칙 찾기, 거꾸로 풀기, 표 만들기, 예상과 확인, 단순화하기, 논리적 추론 등을 초등학생이 익혀야 하는 문제해결 전략으로 제시하고 있다.

Polya의 문제해결 교육론은 문제해결을 수학 교육의 주요한 목표로 부각시켰을 뿐만 아니라 문제해결을 위한 구체적인 방법론과 지도 방법을 제시하였다는 점에서 그 교육적 의의가 크다고 하겠다. 또한, Polya의 문제해결은 특수교육대상학생에게 수학 문장제 문제해결을 지도하기 위한 Montague와 Bos의 인지·초인지 전략을 개발하는데 단초를 제공하였다는 점에서도 그 의의를 찾아볼 수 있다.

7. Montague와 Bos의 인지·초인지 전략

- 혜원이는 공책을 36권 가지고 있습니다. 오늘 생일 선물로 공책을 7권 더 받았습니다. 혜원이가 가지고 있는 공책은 모두 몇 권입니까?
- 영미는 군밤 22개를 사고, 선미는 군밤 9개를 샀습니다. 영미는 선미보다 군밤을 몇 개 더 샀습니까?

위의 첫 번째 문제는 초등학교 2학년 1학기 수학 교과서(교육과학기술부, 2008)에 등장하는 덧셈 문장제 문제이고, 두 번째 문제는 기본 교육과정 수학 3단계 교과서(교육과학기술부, 2009a)에 등장하는 뺄셈 문장제 문제이다. 특수교육대상학생이 이러한 문장제 문제를 해결할 수 있을까? 특수교육대상학생이 문장제 문제를 해결하는데 부딪치는 어려움은 무엇이며, 이를 지원할 수 있는 방법은 무엇일까?

문장제 문제는 단순한 연산 문제와 달리 일상생활에서 일어날 수 있는 수학적 문제 상황을 글로 제시한 것이기 때문에, 문제해결 능력을 일상생활에 적용시킬 수 있는가의 여부를 알아볼 수 있는 가늠자로서의 의미를 갖는다. 또한, 결합형, 변화형, 비교형과 같은 다양한 형태로 제시되는 문장제 문제를 해결하기 위해서는 연산 능력뿐만 아니라 문제 상황에 대한 읽기 이해력이나 문제 해결을 위한 계획 수립과 실행, 반성에 이르는 총체적인 능력을 요구하는 높은 수준의 사고 능력을 갖추어야 한다. 이와 같은 문장제 문제의 특성 때문에 인지 능력이 부족한 특수교육대상학생이 문장제 문제를 해결할 수 있을까 하는 의문은 교육 현장의 실제적인 문제가 될 뿐만 아니라 연구자들에게도 주요한 관심의 대상이 되어 왔다.

Montague와 Bos(1986)는 Polya가 제시한 문제해결의 구성요소와 인지이론가들이 개발한 교수적 실제를 활용하여 경도의 특수교육대상학생들이 수학 문장제 문제를 해결하는데 활용할 수 있는 수학 교수 전략을 개발하였다. 특수교육대상학생들이 문제를 읽고, 무엇을 해야 할 것인지를 결정하고, 자신의 답을 점검하는 형태의 교과서적인 접근만으로는 문장제 문제를 해결하기 어렵다. 때문에 Montague와 Bos는 문제해결 과정을 다단계로 세분화하여 사고 과정을 안내하는 인지 전략과 자기교시, 자기질문, 자기점검의 자기조정 과정을 지원하는 초인지 전략을 함께 사용하는 인지 · 초인지 전략을 개발한 것이다.

수학 문장제 문제해결을 위한 인지 · 초인지 전략은 〈표 4-2〉와 같다. Polya의 4단계 문제해결과 달리 문제해결 과정을 더 구체적으로 세분화하여 7단계로 제안하였다. 또한, 특수교육대상학생 스스로가 문제해결 과정을 조정해 갈 수 있도록 하기 위해서 교사의 시범을 따라 큰 소리로 말하면서 문제를 해결해가다가 점차적으로 내적 언어화의 과정을 거쳐 마음속으로 생각하도록 하는 자기교시와 같은 초인지 전략을 활용하였다.

이러한 인지·초인지 전략의 적용은 문장제 문제해결 과정을 세분화하여 구체적으로 안내하고, 문제해결 과정을 실행하는 학습자 자신의 행동을 스스로 관리하도록 도와줌으로써 인지 과정과 자기 조정에 어려움을 겪는 특수교육대상학생들에게 효과적으로 적용되어 왔다. 그러나 인지·초인지 전략을 특수교육대상학생들에게 적용하는 과정에서 읽기나 그 밖의 어려움을 나타내는 특수교육대상학생들에게는 적용하기가 어렵고, 특수교육대상학생의 장점과 약점을 토대로 개별적인 필요에 맞게 교수하는 것이 어렵다는 문제점을 발견하였다(Montague et al., 2000). 이는 특수교육대상학생들이 수학 문장제 문제해결 과정에서 여전히 문제 읽기의 어려움, 시각적 표상 과정에서 상징화의 어려움, 계산의 어려움, 초인지 전략 사용을 위한 기억 회상의 어려움 등을 나타내며, 인지·초인지 전략이 이러한 어려움을 나타내는 특수교육대상학생 개개인의 특성에 알맞게 적용되지 못하였음을 말해 준다.

〈표 4-2〉 수학 문장제 문제해결을 위한 인지·초인지 전략

인지 과정	자기조정 전략		
	말하기(자기교시)	묻기(자기질문)	점검하기(자기점검)
1. 이해를 위한 읽기	문제를 읽자, 이해가 안 되면 다시 읽자	나는 문제를 읽고 이해했는가?	문제를 풀 수 있을 만큼 이해했는지 점검하기
2. 자신의 말로 요약하기	중요한 내용에 밑줄을 긋자, 문제를 내 식으로 말해보자	중요한 내용에 밑줄을 그었는가? 무슨 문제인가? 내가 찾는 것은 무엇인가?	문제에 있는 정보인지 점검하기
3. 그림이나 도식으로 표상하기	그림이나 도식을 만들자	그림이 문제에 알맞은가?	그림과 문제에 있는 정보가 다르지 않은지 점검하기

인지 과정	자기조정 전략		
	말하기(자기교시)	묻기(자기질문)	점검하기(자기점검)
4. 문제해결을 위한 계획 세우기	필요한 단계와 연산 기호를 결정하자	이렇게 하면 답을 얻을 수 있나? 다음에 해야 할 것은 무엇이지? 몇 단계가 필요할까?	계획이 잘 세워졌는지 점검하기
5. 답을 어림해 보기	숫자들을 써보고 문제를 머릿속으로 풀어보고 예상한 것을 써 보자	올림이나 내림을 했는가? 어림한 것을 썼는가?	중요한 정보를 사용했는지 점검하기
6. 계산하기	일의 자리부터 계산을 하자	답을 어림한 것과 어떻게 비교할까? 답이 맞는가? 단위를 잘 썼는가?	모든 계산을 일의 자리부터 했는지 점검하기
7. 모든 과정이 옳은지 점검하기	계산을 점검해 보자	모든 단계를 점검했는가? 계산을 점검했는가? 답은 옳은가?	모든 단계가 옳은지 점검해 보고, 잘못되었으면 다시 하기. 그래도 도움이 필요하면 물어보기

출처: Montague, M. (1992). The effects of cognitive and metacognitive strategy instruction on the mathematical problem solving of middle school students with learning disabilities. Journal of Learning Disabilities, 25(4), pp. 230-248.을 번안함.

특수교육대상학생이 나타내는 어려움으로 인한 제한을 극복하기 위해 Montague와 Bos의 인지·초인지 전략을 한층 발전시킨 연구(남윤석과 한성희, 2007a, 2007b; 남윤석, 2008)가 이루어졌다. 이 연구(남윤석과 한성희, 2007a)에서는 선행 연구들을 토대로 특수교육대상학생이 수학 문장제 학습에서 나타내는 어려움과 그에 적절한 지원 내용을 〈표 4-3〉과 같이 제안하였다.

〈표 4-3〉 수학 문장제 학습에서의 어려움과 지원 방법

수학교수 전략	학습자의 어려움	지원 방법	지원 방법의 추출 근거
문제 읽기	읽기의 어려움	문제 읽어주기	문제 읽기의 어려움은 문제를 대신 읽어줌으로써 해결될 수 있다.
밑줄 긋기	의미있는 정보 찾기의 어려움	중요 정보에 밑줄긋기 단서 제공	밑줄긋기 활동을 통해 문제 해결에 중요한 정보를 찾을 수 있다.
표상하기	상징화의 어려움	숫자 정보와 연결된 표상 도구 제공	다이어그램과 함께 구체적 또는 영상적 그림을 숫자 정보와 연결하여 제공함으로써 상징화를 유도할 수 있다.
식 세우기	알맞은 연산 선택의 어려움	연산 부호에 대한 발문 촉구	발문 촉구를 통해 연산 선택의 어려움을 줄일 수 있다.
계산하기	계산의 어려움	조작적 계산 도구 제공	조작적으로 계산함으로써 계산의 어려움을 경감시킬 수 있다.
확인하기 (전략 사용)	전략 회상의 어려움	전략 순서에 대한 단서 제공	전략 순서에 대한 단서를 제공해 초인지 전략 사용에 필요한 기억 회상의 어려움을 도울 수 있다.

출처: 남윤석 · 한성희 (2007a). 지적장애학생의 수학 문제해결 교수를 위한 스캐폴딩 기반 코스웨어 설계. 정보처리학회논문지B, 14-B(1), pp. 43-50.을 수정함.

Montague와 Bos가 제안한 7단계의 인지 과정에서 어림하기를 제외하여 6단계로 제시하고, 각 단계에서 나타날 수 있는 학습자의 어려움과 그러한 어려움을 극복할 수 있는 대안적인 지원 방법을 제시한 것이다. 이러한 지원 방법은 읽기나 그 밖의 어려움을 나타내는 특수교육대상학생도 인지 · 초인지 전략을 활용하여 수학 문장제 문제를 학습할 수 있는 교수적 수정 방안이 될 수 있다.

특수교육대상학생들은 개인차가 크게 나타나므로, 이들에게 제공되는 교수적 지원은 학생 개개인의 특성에 맞게 개별화되어야 할 필요가 있다. Montague와 Bos의 인지 · 초인지 전략도 특수교육대상학생 개개인의 특성에 맞게 적용할 필요가 있기 때문에, 인지 · 초인지 전략에 사회적 구성주의 이론의 스캐폴딩(scaffolding)

전략을 결합하여 인지 · 초인지 전략의 개별화 방안을 마련하였다(남윤석과 한성희, 2007b). 스캐폴딩은 학습자 혼자서는 달성하기 어려운 학습 과제를 완성할 수 있도록 지원을 제공하고, 능력이 향상됨에 따라 서서히 지원을 철회하는 것을 말한다(Hogan & Pressley, 1997). 인지 · 초인지 전략을 통해 수학 문장제를 학습하는 특수교육대상학생 개개인의 어려움에 따라 선별적으로 교수적 지원을 제공하고, 학습자의 문제해결 능력이 향상됨에 따라서 교수적 지원을 단계적으로 거둬들임으로써 특수교육대상학생이 독립적인 문제해결 능력을 습득할 수 있도록 한 것이다(남윤석, 2008).

Montague와 Bos의 인지 · 초인지 전략이 특수아 수학 교수 · 학습 이론의 측면에서 시사하는 바는 다음과 같다. 교수 · 학습 이론의 발전 속에서 행동주의 이론으로부터 인지적 구성주의, 사회적 구성주의 이론으로의 변화는 여러 이론들 속에서 장점만을 활용하는 수학 교수의 혼합 모델(hybrid model)을 개발하고 실현해보는 기회를 제공한다(Goldman et al., 1997). Montague와 Bos의 인지 · 초인지 전략은 Polya의 문제해결 교육론과 인지이론을 토대로 특수교육대상학생을 위한 수학 문장제 문제해결 전략으로 구체화하였다는 점에서 특수교육대상학생의 수학교육에 시사하는 바가 크다. 또한, 인지적 구성주의 이론에 토대를 둔 Montague와 Bos의 인지 · 초인지 전략은 교수적 지원 방안으로서의 행동주의적 촉구 전략과 개별화를 위한 사회적 구성주의의 스캐폴딩 전략이 결합하여 수학 교수의 혼합 모델을 만들어내는 실마리가 되었다는 점에서 그 의의가 있다.

요약

특수교육대상학생의 수학 교육에 활용될 수 있는 교수·학습 이론은 크게 일반적인 교수·학습 이론과 수학 관련 교수·학습 이론으로 구분해 볼 수 있는데, 이 장에서는 수학 교수·학습과의 관련성이 깊은 몇몇 수학 관련 교수·학습 이론을 알아보았다.

Bruner의 EIS 이론은 동작적 표상, 영상적 표상, 상징적 표상으로의 단계적 수학 지도 방법을 안내해 주며, 각각의 표상이 대안적인 표상 양식으로 활용될 수 있음을 보여줌으로써 수학 수업에서 교사에게는 다양한 설명 수단, 학생에게는 다양한 표현 수단으로 활용할 기회를 제공해 준다. Freudenthal의 수학화 교수·학습은 수학 학습에서 현실을 반영해야 하는 이유와 현실을 반영한 수학 지도를 어떻게 해야 하는지에 대해 설명해 준다. Dienes의 놀이를 통한 수학 학습은 놀이나 게임이 수학의 개념이나 구조를 익히는데 얼마나 중요한지를 알려준다. Skemp의 수학적 이해에서는 반복 연습과 암기에 의한 수학 학습이 아니라 관계적 이해를 통한 수학 학습이 수학 교육의 궁극적 목표가 되어야 함을 강조하였다. Wertheimer의 생산적 사고와 통찰에서는 문제해결 과정에서 전체적인 수학적 구조에 초점을 두는 생산적 사고와 통찰의 필요성을 밝혔으며, Polya의 문제해결 교육론은 문제해결을 수학 교육의 주요한 목표로 부각시켰으며, 문제해결을 위한 구체적인 방법론과 지도 방법을 안내해 준다. Montague와 Bos의 인지·초인지 전략은 특수교육대상학생의 문장제 문제해결을 위한 구체적 전략으로 개발되었으며, 이후 수학 교수의 혼합 모델을 개발하는 기회를 제공하였다.

이 장에서 소개된 이론들이 현재 이루어지고 있는 수학 교육의 실제를 평가해 보고, 더 나은 수학 교육의 실제를 만들어가기 위한 기초로 활용되기를 바란다.

연구과제

- 이 장에서 소개된 교수·학습 이론(theory)과 학교에서 이루어지는 수학 교육의 실제(practice)는 어떤 차이를 보이는지 토의해 보자.
- 특수교육대상학생의 수학 교육을 더 나은 모습으로 만들어가기 위해서 교수·학습 이론을 어떻게 활용할 것인지에 대한 구체적인 방안에 대하여 생각해 보자.

참고문헌

교육과학기술부(2008). 수학 2-1. 서울: (주) 두산.

교육과학기술부(2009a). 기본 교육과정 수학 3. 서울: 대한교과서주식회사.

교육과학기술부(2009b). 특수학교 교육과정 해설(II): 기본 교육과정. 경기도: 창원문화

권영례(1998). 유아수학 교육. 서울: 창지사.

김수미(2008). Zoltan Dienes의 수학 학습 6단계 이론의 재음미. 대한수학교육학회지 〈학교수학〉, 10(3), 339-355.

김수천(1981). M. Wertheimer의 생산적 사고. 춘천교육대학 논문집, 21, 23-44.

김언주(1987). 창의력의 교육적 재해석. 충남교육, 79, 9-14.

김응태 · 박한식 · 우정호(1984). 수학 교육학개론. 서울: 서울대학교출판부.

남승인, 류성림, 권성룡, 김남균, 신준식, 박성선, 박만구, 최근배, 권점례, 이종학(2018). 2015 개정 교육과정에 의한 초등수학교육론. 서울: 경문사

남윤석(2008). 스캐폴딩 기반 코스웨어의 적용이 지적장애학생의 수학 문장제 문제해결 능력과 독립적인 수행 능력에 미치는 효과. 특수교육학연구, 43(1), 203-231.

남윤석 · 한성희(2007a). 지적장애학생의 수학 문제해결 교수를 위한 스캐폴딩 기반 코스웨어 설계. 정보처리학회논문지B, 14-B(1), 43-50.

남윤석 · 한성희(2007b). 지적장애학생의 수학교수전략 개별화를 위한 스캐폴딩 기반 코스웨어의 개발. 특수교육저널: 이론과 실천, 8(3), 93-116.

박교식(1989). Polya의 생애와 그의 수학 교육 이론. 한국수학교육학회지(수학 교육), 28(1), 7-12.

박성택(1996a). Bruner의 EIS이론과 수학 학습. 수학 교육 프로시딩, 4, 90-98.

박성택(1996b). Skemp 이론에 따른 수학 학습 효과 분석. 대한수학교육학회 논문집, 6(2), 1-58.

우정호(2000). 수학 학습-지도 원리와 방법. 서울: 서울대학교출판부.

이대식(2010). '통합교육 시대의 특수교육 교과교육 효율성을 전제한 특수교육적 지원 방안' 토론. 2010 한국특수교육학회 춘계학술대회 자료집, 33-41.

이병혁 · 신현기(2004). 현실적 수학 교육이 학습장애학생의 수학 교육에 주는 함의. 특수교육학연구, 39(2), 123-138.

황혜정 · 나귀수 · 최승현 · 박경미 · 임재훈 · 서동엽(2001). 수학 교육학신론. 서울: 문음사.

Bruner, J. S. (1966). *Toward a theory of instruction.* MA: The Belknap Press of Harvard University Press.

Dienes, Z. P. (1960). *Building up mathematics.* London: Hunchinson Educational.

Freudenthal, H. (1973). *Mathematics as an educational task.* The Netherland: D. Reidel Pubiching Company.

Freudenthal, H. (1991). *Revisiting mathematics education.* China Lectures, Kluwer Academic Publishers.

Goldman, S. R., Hasselbring, T. S. & the Cognition and Technology Group at Venderbilt. (1997). Achieving meaningful mathematics literacy for students with learning disabilities. *Journal of Learning Disabilities, 30*(2), 198-208.

Hogan, K., & Pressley, M. (1997). *Scaffolding student learning: Instructional approaches and issues.* Cambridge, MA: Brookline Books.

Montague, M. (1992). The effects of cognitive and metacognitive strategy instruction on the mathematical problem solving of middle school students with learning disabilities. *Journal of Learning Disabilities, 25*(4), 230-248.

Montague, M., & Bos, C. S. (1986). The effect of cognitive strategy training on verbal math problem solving performance of learning disabled adolescents. *Journal of Learning Disabilities, 19*(1), 26-33.

Montague, M., Warger, C., & Morgan, T. H. (2000). Solve it! strategy instruction to improve mathematical problem solving. *Learning Disabilities Research & Practice, 15*(2), 110-116.

Richardson, L. I., Goodman, K. L., Nancy, N. H., & LePique, H. C. (1980). *A mathematics activity curriculum for early childhood and special education.* NY: Macmillan Publishing Co.

Skemp, R. R. (1987). *The psychology of learning mathematics.* 황우영 역 (2000). 수학 학습 심리학. 사이언스북스.

Wehmeyer, M. L., Lance, G. D., & Bashinski, S. (2002). Promoting access to the general curriculum for students with mental retardation: A multi-level model. *Education and Training in Mental Retardation and Development Disabilities, 37*(3), 223-234.

제 5 장 수학 수업모형

이 대 식

수학을 가르치고 배우는 방법은 가르칠 내용, 학습목표 등에 따라 다양할 수 있다. 같은 내용이나 목표라고 하더라도 어떻게 가르치고 배우도록 하는 것이 가장 효과적인지에 대해서는 아직 확정된 것이 없다고 봐야 할 것이다. 수학을 어떻게 가르칠 것인가에 관한 접근들을 그 특징에 따라 분류한 것이 수학 수업모형이다. 이 장에서는 장애학생에게 수학을 가르치는 여러 가지 수업모형에 대해서 알아본다. 일반학생에게 수학을 가르칠 때와 장애학생에게 수학을 가르치는 방식이 얼마나, 어떻게 달라야 하는지에 대해서는 아직 연구된 바가 많지 않다. 다만, 장애학생에게 수학을 가르칠 때에는 '교사의 시범이나 설명이 보다 명료해야 한다', '연습의 양과 시간을 충분히 제공해야 한다', '구체물이나 다양한 교구를 많이 사용해야 한다' 정도의 다소 일반적인 지침이 널리 알려져 있는 정도다.

이 장을 학습할 때에는 첫째, 일반적인 수학 수업모형을 충분히 이해하고 적용할 수 있게 되는 것에 초점을 두기 바란다. 장애학생을 위한 수학 수업모형 역시 수학 교과의 지식이나 기술을 대상으로 하기 때문에 일반학생을 대상으로 한 수업모형을 크게 벗어나기 어렵다. 둘째, 그럼에도 불구하고 수학 학습 과정에서 장애학생들이 제기하는 독특한 요구를 반영한 수학 수업모형의 요건과 내용을 적극적으로 그리고 창의적으로 모색해야 한다. 이 장에서 제시한 것은 그러한 노력을 촉진하는 하나의 자극이나 단서가 될 수 있을 것이다.

1. 수업모형의 기초

수업이란 학습자가 특정한 학습목표를 달성하도록 환경(물리적인 환경뿐만 아니라 교사의 모든 행위를 포함한)을 설계하고 구축하는 것을 말한다. 수업모형이란, 학습환경과 그 환경을 적용하는 교사의 수업 행위를 기술한 것을 말한다(Joyce, Weil, & Calhoun, 2009: 24). 따라서, 수학 수업모형이란 특정 수학 수업의 목표를 달성할 수 있도록 교사가 환경을 설계하고 구축하는 행위를 기술한 것이다. 수학 교과의 내용과 수업 목표가 다양하기 때문에 수학 수업모형 역시 다양하다. 여기서는 그 중에서 대표적인 모형만을 다루고자 한다.

장애학생을 대상으로 수학수업을 진행할 때에는 여러 가지 요소를 고려해야 한다. 예컨대, 장애학생들은 일반학생에 비해 사전지식이나 선수기능은 물론 주의집중력이 매우 낮다. 많은 경우, 시간을 충분히 주어도 스스로 답을 찾아내지 못하는 경우가 많고, 효과적인 학습전략을 알려주어도 스스로 이를 적용하지 못한다. 또한, 통합학급에서는 일반교사와 특수교육 교사가 같이 수업을 하는 경우도 있다. 여기서는 장애학생을 대상으로 수학수업을 진행할 때 수업모형 측면에서 고려해야 할 사항들을 직접교수법, 문제해결 학습 등 몇 가지 수업모형 관점에서 살펴보기로 한다.

2. 직접교수법 수업모형

직접교수법은 학습목표의 명확한 제시, 교사에 의한 명료한 시범과 학습 안내, 지원의 점진적인 감소, 학습자에 의한 충분한 연습, 학습 검토, 평가 및 피드백으로 이어지는 과정을 통해 새로운 정보나 개념을 제시하는 수업 형태이다. 직접교수법의 '직접'이란 말은 교사가 학생들이 학습할 내용이나 수행해야 할 과제를 먼저 명료하게 시범 보인다는 것을 의미한다. 정반대의 접근법은 먼저 학생으로 하여금 탐구하고 발견하게 하는 것이다. Rosenshine(1979)이 제시한 직접교수법의 주요 특징은 다음과 같다;

- 구조화된 자료를 사용하는 교사 주도 학급 내에서 학생의 학업에의 몰입 정도가 높다.
- 학생들에게 목표를 명확하고 구체적으로 제시한다.
- 충분한 시간 동안 단위 내용을 충분히 다룬다.
- 학생들의 수행 정도를 자주 점검한다.
- 어렵지 않은 질문을 자주 제시하여 반응을 유도한다.
- 즉각적이고 학업지향적 피드백을 제공한다.

Rosenshine(1979)이 주장하는 직접교수법은 주로 학생들의 학업성취와 상관이 높다고 알려진 교사의 행위나 교실 조직화 측면에 초점을 둔 것이다. 직접교수법의 일반적인 수업 절차는 〈표 5-1〉과 같다.

〈표 5-1〉 직접교수법에 따른 수업 절차

수업 절차	교수·학습 활동
도입	• 수업의 틀 제시 • 학습목표 제시 • 학습할 내용과 이전의 경험을 연결시켜 학습동기 고양
교사의 설명	• 새로운 개념이나 특성, 규칙, 원리, 절차 등을 상세히 설명
교사의 시범	• 과제수행 방법을 명료하게 단계별로 시범
교사의 질문과 학생의 대답	• 수업한 내용에 대해 질문하고, 응답이 만족스럽지 못할 때 다시 명료하게 지도
단계적 연습	• 다양하고 충분한 예를 가지고 점진적으로 학생 스스로 문제를 해결해 나가는 연습 실시
독립적 연습	• 학생 스스로 자기주도적으로 문제나 과제 해결
정리 및 평가	• 학습 내용 정리 및 형성 평가 • 차시 예고

출처: 윤기옥 외 (2009). pp. 314-315. 일부 수정.

Engelmann과 그의 동료들(Adams & Engelmann, 1996; Engelmann & Carnine, 1991)은 Rosenshine 등(1979)이 주장하는 직접교수법이 내용의 조직과 계열화, 그리고 교사의 수업 진행 방식에 대한 지침의 구체성 측면에서 보완의 여지가 있다고 주장했다. 이들은 자신들이 주장하는 직접교수법과 기존 직접교수법 간의 핵심적인 차이를 교재와 교사의 교수 행위의 적절한 조직화와 계열화를 통한 명료성에 대한 강조 정도에 두었다. 학생들의 학업성취와 상관이 높다고 발견된 교사의 행위나 교실 조직화 측면에 초점을 둔 접근은 일반학생들에게는 효과적이지만 심한 학습부진이나 인지적 장애를 가진 학생들을 지도하는 교사들에게는 그 이상의 구체적인 지침이 필요할 것이다. 그 구체적인 지침의 핵심은 교재와 교사에 의한 이 교재의 전달 과정 모두가 명쾌하고 명료하게 하는 것이다(Gersten, Woodward, & Darch, 1986).

장애학생을 대상으로 직접교수법을 적용하고자 할 때 특히 중점적으로 고려해야 할 영역은 다음과 같다; ① 큰 개념(big ideas)을 중심으로 한 내용의 조직과 계열화, ② 사전지식의 점검과 활성화, ③ 대본화된 교사용 지도서, ④ 비계 설정(scaffolding) 원리의 구현, ⑤ 오류의 체계적인 교정, ⑥ 신호사용, 적절한 수업진행 속도, 긍정적인 피드백 등을 통한 효과적인 수업진행. 각각에 대해 간단히 설명하면 다음과 같다.

1) 큰 개념을 중심으로 한 내용의 조직과 계열화

큰 개념이란 가르쳐야 할 핵심 개념, 원리, 전략 등을 말한다. 예컨대, 연산 영역에서의 큰 개념들로는 〈표 5-2〉와 같은 것들을 들 수 있다. 내용분석을 통해 큰 개념이 확인되면 교과서는 물론, 교재, 교사의 수업 지도안 등을 큰 개념을 중심으로 조직한다. 또한, 내용의 순서를 결정할 때에는 내용 간의 위계와 학습 간의 연계성을 고려하여 가장 중요하고 쉬운 것부터 먼저 다루도록 한다.

〈표 5-2〉 연산에서의 큰 개념

큰 개념	예
자리값: 우리 수 체계에서 어느 숫자가 일련의 수 계열에서 차지하고 있는 "자리"가 그 수에 대한 정보를 준다는 것을 이해하는 것.	265라는 숫자에서 첫째 숫자 2는 백의 자리이다. 우리는 2의 자리에 100단위가 두 개 있다거나 혹은 100이 두 개라는 것을 안다. 비슷하게, 6의 자리는 10단위가 6개 있다는 것을 말해준다.
확장된 표기: 숫자를 각 자리값에 따라 표기할 수 있는 것.	숫자 213은 두 개의 100, 한 개의 10, 그리고 3개의 1로 구성되어 있다. 이는 다음과 같은 식으로 표현할 수 있다. 100+100+10+1+1+1=213 혹은 200+10+3=213.
교환법칙: 등식에서 숫자의 순서는 결과에 영향을 주지 않고 바꿀 수 있다. $a + b = b + a$	덧셈과 곱셈은 교환법칙이 성립한다: 덧셈에서 3+4=7, 그리고 4+3=7, 곱셈에서 4×5=20, 그리고 5×4=20. 뺄셈과 나눗셈에서는 교환법칙이 성립하지 않는다. 뺄셈에서 5-3=2이지만 3-5=-2이다. 나눗셈에서 6÷3=2이지만 3÷6=0.5이다.
결합법칙: 등식에서 결과에 영향을 주지 않고서도 서로 다른 수를 결합할 수 있다. $(a + b) + c = a + (b + c)$	덧셈과 곱셈은 결합법칙이 성립한다. 덧셈에서 (2+4)+5=11이고 2+(4+5)=11이다. 곱셈에서 (3×2)×5=30이고 3×(2×5)=30이다. 뺄셈과 나눗셈은 결합법칙이 성립하지 않는다. 뺄셈에서 (15-3)-5=7이지만 15-(3-5)=13이다. 나눗셈에서 (32÷8)÷2=2이지만 32÷(8÷2)=8이다.
배분법칙: 곱셈을 포함하는 등식에서의 숫자는 배분될 수 있다. $a \times (b + c) = (a \times b) + (a \times c)$ 나눗셈과 뺄셈 혹은 덧셈을 포함하는 등식에서도 숫자를 배분할 수 있다. $(a + b) \div c = (a \div c) + (b \div c)$	5×(3+2)=(5×3)+(5×2) (8+4)÷2=(8÷2)+(4÷2)

큰 개념	예
등식: 등호 부호의 왼쪽 양과 오른 쪽 항의 양은 같다.	32+15=47 16+16+15=47 8+8+8+8+(5×3)=20+20+7 주의: 많은 학생들이 등호를 하나의 관계(예컨대, 등호를 보면 한 쪽의 양이 다른 쪽의 양과 같다는 것을 안다)로 해석하기 보다는 조작(예컨대, 등호를 보면 더하거나 빼다 등)으로 해석한다.

출처: 이대식, 이창남(공역) (2005). 모든 수준의 학습자를 위한 수업설계 및 교재개발의 원리. 서울: 시그마프레스. p. 156.

2) 사전지식의 점검과 활성화

비단 장애학생뿐만 아니라 일반학생들도 이전에 학습한 것을 잘 기억하고 있지 못하거나 기초지식이 미흡할 수 있다. 이럴 경우 당장 수업해야 할 내용과 관계된 선수학습 기술을 점검하고, 점검 결과 미흡하다면 이를 보완한 후 본 수업을 나가야 한다는 것은 당연하다.

3) 대본화된 교사용 지도서

복잡하고 어려운 임무나 수행을 완수하기 위해서는 치밀하고 반복적인 연습이 필요한 것처럼, 유창하고 효과적인 수업 진행 역시 사전에 치밀한 준비와 계획 및 반복 연습이 필요하다. 즉흥적인 언행으로 진행되는 수업에서는 교사가 의도한 수업의 목적을 장담할 수 없고, 자칫 일관성 결여로 인해 학생들에게 혼란을 안겨줄 가능성이 있다. 특히, 장애학생들의 경우 교사가 일관성 없이 용어를 사용하거나 수업 진행을 산만하게 할 경우 다른 학생에 비해 더 큰 타격을 입는다. 따라서 장애학생들에게는 교사의 언행, 설명, 예들이 아주 상세하게 명시적으로 제시된 대본화된 수업 지도안이 필요하다. 〈표 5-3〉은 대본화된 수업지도안의 예이다.

〈표 5-3〉 대본화된 수업지도안 예

교사	학생
(칠판에 다음과 같이 적는다) 36 48 26 +27 +26 +16	
1. "첫 번째 문제를 읽어보세요."	"36+27은 얼마인가?"
2. "무슨 자리부터 시작하죠?"	"일의 자리"
3. "더하려고 하는 첫 두수는 무엇인가?" *(틀렸을 때 교정: 6과 7을 가리킨다. 단계 3을 반복한다.)*	'6+7"
4. 6+7은 얼마죠?	"13"
5. "이런! 문제가 생겼네요. 13은 10이 1개이고 1이 3개입니다. 일의 자리에 10의 개수를 쓸 수가 없어요. 따라서 십의 자리 맨 위에 1을 적어야 해요. 1을 어디에 적는다고요?"	"10의 자리 맨 위"
(3위에 1을 쓴다). "일의 자리 밑줄 아래에 3을 씁니다. 3을 어디에 쓴다고요?" *(7아래에 3을 쓴다.)*	"일의 자리 아래" "1+3"
6. "십의 자리에 더해야 할 처음 두 수는 무엇입니까?"	"4"
"1+3은 얼마죠?" (멈춤).	"4+2"
"이제 무엇과 무엇을 더해야 하죠?"	"6"
"4+2는 얼마죠?"	"십의 자리는 6"
"십의 자리는 몇이 되었습니까?" "십의 자리는 6이 되었습니다. 따라서 십의 자리 밑줄 아래에 6을 쓰겠습니다." *(십의 자리의 행에 6을 쓴다.)*	
7. "이제 계산을 다 했어요." *(63을 가리킨다.)* "36+27은 얼마죠?"	"63"
"문제를 읽고 답을 말해보세요." *(남은 문제로 단계 1-5를 반복한다.)*	"36+27=63"

출처: Stein, Kinder, Silbert, & Carnine (2006). p. 118. 일부 인용.

4) 비계 설정(scaffolding) 원리의 구현

이것은 교사의 명료한 시범 이후 학습자들이 스스로 과제를 해결하기까지 과정을 점진적으로 진행한다는 것을 의미한다. 교사가 직접 시범을 보인 이후에는 바로 학습자에게 문제해결을 요구하기보다는 안내된 연습 → 개별 연습의 과정을 거치도록 한다.

5) 오류의 체계적인 교정

오류를 교정할 때에는 다음과 같은 세 가지 원칙을 준수하여 교정한다. 첫째는 가급적 긍정적인 피드백을 준다. 둘째, 해당 문제 해결에 구체적으로 도움을 주는 교정적 피드백을 제공한다. 셋째, 오류가 발생하면 즉시 정답을 알려준다. 오류를 교정할 때에는 단순히 정답을 알려주는 데서 그치지 말고, 오류 발생 → 교사의 시범 → 학생 안내 → 학생 검사 → 재검사 혹은 지연 검사의 과정을 거친다.

6) 효과적인 수업진행 기법 적용

장애학생들은 특히 수업 중 집중력이 낮기 때문에 이들이 실제로 수업에 참여한 시간을 최대화하기 위해서는 다양한 수업 기법이 필요하다. 첫째는 적절한 신호를 사용하여 학생들의 대답과 동작을 통제함으로써 수업에 대한 집중력을 높인다. 둘째, 수업진행 속도를 적절하게 유지하여 적절한 정도의 긴장감을 유지한다. 셋째, 수업 중 최대한 긍정적인 피드백을 자주 제공하여 상호작용 정도를 높이고 학습동기를 유지시킨다.

한편, Bender(2005: 41-42)는 전통적인 직접교수법이 수준이 다양한 다수의 학생들이 입급되어 있는 학급에서는 그대로 적용하여 효과를 거두기가 어렵다고 진단하고 다음과 같은 학급 내 수준별 수업(differentiated instruction) 지침을 제시했다. 그 중 일부를 소개하면 다음과 같다.

- 학급을 조기에 그리고 자주 여러 하위 집단으로 나눈다. 학급 내 학생들의 수준과 수업 이해 능력이 다양한 만큼 자주, 그리고 가급적 수업 초기에 여러 하위 집단을 구성하여 각 집단에 가장 적절한 활동과 과제를 부여한다.

- 항상 여러 가지 활동을 준비한다. 각종 참고서나 지도서를 참조하여 다양한 수준을 고려한 다양한 활동을 준비한다.
- 같은 단원 내에서라도 특정 집단만 따로 시켜보는 것을 여러 번 실시한다. 예컨대, 곱셈 시간에 곱셈구구표를 완성하는 활동을 어제는 A 집단, 오늘은 B집단 등 돌아가면서 실시한다. 특히 연습이 많이 필요한 학생은 각 집단에 번갈아가며 포함시켜 반복적으로 연습하게 할 수도 있다.
- 다중지능의 각 측면을 활용할 수 있도록 학습활동을 다양화한다.
- 지역사회 예나 자료를 활용한다. 학생들이 흥미를 느낄 수 있도록 주변 지역의 자료나 사례를 활용한다.
- 학생들과 정서적으로 유대를 맺는다. 학생들이 수업 전부터 정서적으로 안정감을 느끼게 하고 교사로부터 능력에 상관없이 고유한 존재로 인정받고 있음을 느끼도록 해준다. 이를 위해 학생의 여러 가지 개인적인 배경 정보에 관심을 가져준다.

7) 직접교수를 통한 연산 학습

수학에서 직접교수는 명시적이고 면밀히 구조화되고, 계획된 수업을 통해 학생들이 수학기술에 숙달되도록 돕는 교수방법이다. 이는 수학수업 프로그램을 제작하기 위한 교수기법들을 수학과 교육과정에 통합하는 종합적인 체계를 가지고 있다. 직접교수는 수학의 계열적인 특성에 잘 맞으며 숙달된 학습과 효과적인 학습을 요구하는 수학과의 수업철학과 일맥상통한다.

직접교수에 기초한 수학프로그램은 고도로 조직화되고 주의깊게 계열화되어 있다. 수학과에 적용된 직접교수는 교사가 교수목표를 결정하며, 과제분석을 통해 교수를 계획하여 명시적 수업을 제공하며, 지속적인 평가를 하도록 한다. 또한 학생들이 기술을 숙달하기 위해 충분한 연습할 수 있는 시간을 가질 것과 필수적인 개념들을 가르칠 것을 강조한다.

직접교수를 통해서 연산을 지도할 때 교사는 학생들의 참여를 촉진하고, 학생들을 동기화 시키며, 가급적 모든 학생들이 유의미한 학습을 할 수 있도록 학생들과 상호작용해야 한다.

직접교수에서는 학생과 교사 간 효과적인 상호작용을 증진하기 위해 다음 8가지 요소를 강조한다(이대식, 2004).

첫째, 학생들의 적극적인 참여를 위해 아주 자주(적어도 30초에 한번씩) 학생들에게 때로는 집단에게, 개인에게 질문을 던져 반응하게 한다.

둘째, 교사가 질문을 하면 이에 대해 학생들이 합창식으로 반응하도록 한다.

셋째, 이러한 합창식 반응을 유도하기 위해 신호를 사용한다. 학생들이 집단적으로 합창하듯 대답했을 때의 단점은 대답을 하는 학생만 계속하게 되고 모르는 학생은 반응할 기회를 놓쳐 수업 자체에 참여하지 않는다는 것이다. 따라서 학생들의 반응을 통제하기 위해 다양한 형태의 신호를 사용한다. 신호에는 소리 신호(박수, 발구르기, 손가락 튕기기, 구두 신호 등)와 시각적 신호(손짓하기, 지시봉 사용하기 등)가 있다. 일반적으로 "주목할 단서 제공 → 생각할 시간 제공 → 구두 신호(준비) → 시간간격(2초 정도) → 신호"의 순서에 따라 제시된다.

넷째, 수업은 진행속도가 대체로 빠른 편이다. 빠른 수업 진행을 통해 단위 시간당 보다 많은 내용을 다루고, 자칫 주의가 산만해지기 쉬운 아동들을 수업에 집중할 수 있게 해준다.

다섯째, 완전학습을 지향한다. 기본적으로 선행 수업이 후행 수업의 성공과 직결되게 설계되어 있으며 현재 몇 차시를 학습하고 있는가가 바로 그 학생의 현재 학습 진도를 나타낸다고 볼 수 있다. 문제는 어느 정도 숙달했을 때 완전숙달했다고 볼 수 있을 것인가 하는 점이다. 합의된 기준은 존재하지 않지만 대체로 새로운 내용을 처음 학습할 때에는 적어도 70% 정도 정답을 보여야 한다. 사전 기술이나 지식에 대해서는 적어도 90% 이상의 정답률을 보일 때 숙달했다고 볼 수 있고, 특정 수업이 끝났을 때에는 해당 수업 내용을 거의 100% 맞추었을 때 완전학습이 이루어졌다고 볼 수 있다.

여섯째, 오류 교정 절차를 중시한다. 일반적으로 효과적인 오류 교정은 즉각적이고, 긍정적이며, 직접적이어야 한다. 직접교수 프로그램은 학생의 학습 완성도를 높이기 위하여 교수 내용과 관련된 명시적 예를 제시하므로 교수 내용의 습득에 대한 명확한 기준이 제시되어 있어 학생이 습득한 것과 습득하지 못한 것을 구체적으로 파악할 수 있다(Watkins & Slocum, 2004). 기본적인 오류 교정절차는 오류발생 → 교사의 시범 → 학생 안내 → 학생검사 → 재검사 혹은 지연검사이다. 다단계 절차나 여러 요소로 이루어진 전략 사용상의 오류가 일어났을 때에는 해당 오류 부분만 교정하고 반복연습하기 보다는 대상절차나 전략을 처음부터 연습하고 검사하는 것이 필요하다.

일곱째, 학생들의 학습동기를 고취시키기 위해 가능한 자주 학생들의 노력에 대해 칭찬하고 인정한다. 또 가능한 자주 성공경험을 갖도록 기회를 제공한다.

여덟째, 학생들의 수행 정도를 지속적으로 평가함으로써, 학생에게는 자신의 학습정도를 확인할 수 있게 해주고, 교사는 이 자료를 근거로 교수에 대한 중요한 의사결정을 할 수 있다. 다양한 형태의 형성평가과제를 제시하며 이를 통해 학생의 진전도를 점검할 수 있고, 평가자료를 분석하여 교수의 효과성을 검증할 수 있다.

직접교수는 빈번한 학업수행 모니터링의 개념과 효과적인 교수원리들을 함께 포함하는 행동주의적 관점의 교수절차들로 구성된다. 현실적으로 말하자면 직접교수라는 용어는 이 용어를 사용하는 이론가들이나 현장 전문가에 따라 적어도 두 가지 의미를 가진다. 초기에는 이 용어가 모든 학생들에게 더 높은 학업성취를 이끌어 내는 많은 구체적인 교수행동들의 적용을 의미했다. 직접교수에 관한 문헌에 따르면 직접교수는 지도단계는 크게 4단계로 설정한다(김수미, 2009, p.6-8).

1단계: 학습에 대한 오리엔테이션

교수 스트립트에는 그 날 수업에 대한 오리엔테이션을 시작으로 교사가 말해야 할 모든 것들이 명시되어 있다. 이 스크립트들은 학생들로 하여금 수업이 무엇에 관한 것인지 알게 해 주는 대화로 시작된다. 과제는 학생들이 이해하기 쉽고 명료하고 간단하게 진술된다. 학생에게 제공되는 교수는 간결하게 이루어지고, 수업진행은 매끄럽게 진행되도록 경쾌한 속도로 이루어진다. 또한 장애학생이 과제를 열심히 해야 하고 자료에 숙달해야 할 필요성을 이해하도록 돕기 위해 목표 달성의 중요성에 대해 약간의 토의가 이루어진다. 직접교수에서의 수업에 대한 오리엔테이션 단계는 이 같은 개인적인 참여에 중점을 둔다.

2단계: 직접교수 단계(초기교수)

직접교수의 단계는 때때로 초기 교수라고 불리기도 한다. 스크립트 된 수업은 교사가 읽어야 할 교수 과제의 특정 측면들을 강조하는 대화로 이루어진다(Darch & Kameenui, 1987). 때로는 지난 수업에 관한 문장이 포함되기도 하는데, 교사는 과제의 첫 단계를 모델링 해준다. 학생들에게는 과제에 대한 질문들이 주어질 것이다. 이 직접교수 단계 동안 여러 개의 과제가 교사와 학생들에 의해 완수될 수도 있는데 이때는 교사가 그 과제에 대해 주된 역할을 맡게 된다.

직접교수와 다른 교수 프로그램들 간의 중요한 차이는 이 단계 동안 행해지는 명시적 교수의 특성이다. 스크립트는 교사에게 예제들을 제시하고, 문제영역들에 주목하고, 과제를 모델링 해주도록 지시한다. 이들 각각의 행동들은 앞서 언급한 효과적인 교수 행동이라는 것이 확인되었다. 그러나 불행히도 전통적 교수 기법들은 많은 이러한 학습단계들을 소홀히 하고 있다.

3단계: 교사 주도 연습(안내된 연습)

학생이 참여한 모델링이 이루어지는 직접교수가 지나면, 여러 개의 연습과제가 학생에게 주어진다. 이들 과제에서는 교사가 학생들에게 올바른 과제절차에 대한 구어적 단서를 제공하지만, 과제에 대한 책임은 학생에게 있다. 스크립트된 수업은 교사가 학생에게 던질 명시적 질문들을 포함하고 있으며, 이들 질문은 과제수행 중에 일어날 수 있는 다양한 문제영역들을 예시하게 된다. 흔히 이 단계는 안내된 연습단계로 언급되기도 한다. 어떤 스크립트들은 모델링 또는 직접교수 단계와 교사 주도 연습 단계 사이의 경계를 매우 명확하게 하고 있는 반면, 다른 자료들에서는 이런 구분이 덜 명확하고, 그럼에도 불구하고 어떤 시점이 되면 학생은 과제 완수에 대한 주된 책임을 떠맡게 된다. 이 교사 주도 연습 단계 동안 교사는 오답이 계속되는 것을 막기 위해 학생들에게 즉각적인 피드백을 제공한다. 이러한 즉각적인 피드백은 효과적인 학습연구에서 크게 강조되었던 것과 마찬가지로 직접교수의 핵심중의 하나이다.

4단계: 독자적 연습

교사 주도 연습 단계에서 어느 정도 학생의 수행 능력을 확인하면, 독자적 연습을 위한 일련의 문제들이 부과된다. 이 수업 시점이 되면 스크립트는 교사에게 다양한 수업활동지, 프로젝트, 그리고 숙제를 할당하도록 지시한다. 일반적으로 이러한 과제들을 전체 수업시간의 반 이상을 필요로 하지 않을 것이다. 학생은 이들 과제를 혼자서 수행하고 확인을 위해 교사에게 완성된 과제를 보여준다. 대부분의 상업적 자료들에서는 지정된 수업시간에 하는 몇 가지 개별 연습을 담고 있기는 하지만, 일부 직접교수 교육과정 자료에서는 이 교수 단계가 숙제로 행해지기도 한다. 학생의 수행 모니터링이 직접교수의 한 주춧돌이기 때문에 거의 모든 상업적인 직접교수 프로그램들은 개별 연습문제에 대한 각 학생의 과제 성공 속도를 일일 단위로 모니터링 할 수 있는 절차들을 담고 있다.

전술한 직접교수의 원리와 지도 단계를 바탕으로 직접교수를 활용한 연산학습 단계를 간략히 제시하자면 다음과 같다(김수미, 2009, p. 9).

첫째, 성취되어야 할 구체적인 수학 교육 목표들을 정하라. 이 목표는 측정 가능하고 관찰 가능하여야 한다.

예를 들어, 학생은 90퍼센트 정확하게 10분에 20개의 곱셈문제(1단에서 7단까지)의 정답을 쓸 것이라는 것이 목표가 될 수 있다.

둘째, 목표를 달성하기 위해 필요한 하위기술을 상술하라.

셋째, 이들 중 학생이 이미 알고 있는 기술들을 결정하라.

예를 들어 학생이 곱셈에서 1단에서 5단의 곱셈을 확실히 알고 있는가? 학생은 이미 과제를 정확히 수행하나 매우 느리게 할 수 있는가?

넷째, 목표에 달성하기 위해 필요한 단계들을 계열화하라.

학생이 1단에서 5단까지의 곱셈을 알고 있다면, 다음 단계로는 6과 7단을 필요로 할 것이다. 만약에 학생이 1단에서 7단까지 이미 알고 있지만 문제들을 매우 느리게 푼다면, 계산에 속도가 붙도록 반복훈련 및 연습의 교수를 제공해야 한다.

이에 따른 직접교수를 이용한 뺄셈지도의 구체적인 예시는 다음 〈표 5-4〉와 같다(Friend & Bursuck, 2002; 신현기 등, 2009에서 재인용).

〈표 5-4〉 직접교수를 이용한 뺄셈지도 예

이 직접교수 수업은 받아내림이 있는 두 자리 수 뺄셈을 가르치기 위해 설계되었다.
교사는 먼저 언제 받아내림을 해야 하는지를 학생이 알고 있는지 검토한 후 몇 가지 문제들을 제시함으로써 학생을 지도한다.

교사:	어제 우리는 뺄셈에서의 받아내림에 대해 공부했지요. 받아내림이 뭐지요?
학생:	첫 번째 수보다 더 큰 수를 뺄 때 받아내림을 해야 해요
교사:	그래 맞았어! 그럼 이 문제를 풀 때 받아내림을 해야 하는지 말해볼까요? (교사는 칠판에 42-37을 쓴다)
학생:	예 해야 돼요
교사:	왜 그렇지?
학생:	2에서 7을 빼야 하니까요. 7이 더 크니까 받아내림을 해야 해요.
교사:	좋아! 오늘은 뺄셈에서 받아내림을 어떻게 하는지 공부하겠어요. (교사는 칠판에 53-26=?을 쓴다). 한번 읽어볼까요?
학생:	53 빼기 26

교사:	1의 자리를 보면 3에서 6을 빼야 해요. 1의 자리에서 알 수 있는 것이 뭐지요?
학생:	3에서 6을 빼야하는 거요.
교사:	받아내림을 할까?
학생:	예
교사:	맞았어요. 3에서 3보다 큰 수를 빼야 해요. 자 받아내림은 이렇게 하는 거예요. 먼저 10이 다섯 개 있는 10의 자리에서 10을 빌려와요. 무엇을 먼저 해야 한다고 했지요? 다섯 개의 10에서 하나의 10을 빌려와요. 그러면 10의 자리에 10이 몇 개 남지요?
학생:	네 개요.
교사:	그러면 네 개가 남았다는 것을 보여주기 위해 5에 줄을 긋고 4라고 써볼까요. (교사는 5에 줄을 긋고 4라고 쓴다) 자 10을 빌려왔어요. 다음에 무엇을 할까요? 1의 자리 3과 10을 함께 써요. 그래 1의 자리 3에 10을 함께 써야지요(교사는 3앞에 1을 쓴다). 이제 1의 자리는 13이 됐어요. 13에서 6을 빼면 얼마인지 알아볼까요? (잠시 멈춤) 얼마지요?
학생:	7이요.
교사:	1의 자리에 7을 쓴다(교사는 답란의 1의 자리에 7을 쓴다). 10의 자리를 보니까 40에서 20을 빼야 하겠지요. 40에서 20을 빼면 얼마지요?
학생:	20이요.
교사:	그러면 53에서 26을 빼면 얼마지요?
학생:	27이요.

출처: Friend, M., & Bursuck, W. D. (2002). Including students with special needs: A practical guide for classroom teachers (3rd ed.) Boston, MA: Allyn & Bacon.

3. 개념학습 수업모형

개념이란 '여러 사물이나 관념 속에서 공통 요소를 뽑아내어 종합한 하나의 관념'을 말한다. 수학 개념의 예로는 집합, 자리값, 각, 약수, 가분수, 약수 등을 들 수 있다. 개념을 학습했다는 말에는 두 가지 의미가 있다(Joyce, Weil, & Calhoun, 2009: 108). 첫째는 개념을 형성하는 것(concept formation)으로, 이는 사물이나 사건을 그 특성이나 속성을 고려하여 특정 범주에 따라 분류할 수 있다는 것을 의미한다. 둘째는 개념을 습득한 것(concept attainment)으로, 이는 특정 범주의 속성을 비교하고 대조하는 활동을 통해 이해하고 설명할 수 있음을 의미한다.

개념학습을 위한 수업모형은 크게 개념 속성 모형, 개념 원형 모형, 개념 형성 모형으로 나누어볼 수 있다(윤기옥 외, 2009; 남승인 외, 2009). 개념 속성 수업모형에서는 개념을 먼저 정의하고 개념의 속성을 분석한다. 분석할 때에는 특히 결정적 속성과 비결정적 속성을 제시하는 것이 중요하다. 분석한 속성에 맞는 예와 아닌 예를 제시하고 검토한 후에는 새로운 대상에 분석한 속성이 적용되는지 가설을 검증하고 개념을 확대 적용해보도록 한다. 개념 속성 수업모형에 따른 수업 절차는 〈표 5-5〉와 같다.

〈표 5-5〉 개념 속성 수업모형

수업 절차	교수 · 학습 활동
문제 제기	• 수업 목표와 배울 개념에 대한 안내
속성의 제시와 정의	• 아동이 배울 개념 정의
결정적 속성과 비결정적 속성 검토	• 배울 개념의 결정적 속성과 비결정적 속성을 제시하고 검토
예와 비예의 검토	• 배울 개념의 속성에 맞는 예와 예가 아닌 것을 제시하고 검토
가설 검증	• 새로운 대상에 이 속성이 잘 적용되는지 시험. 즉 배운 개념을 다른 상황에 적용.
개념의 형태, 종류, 관계 등 개념분석	• 배운 개념을 토대로 관련 개념과 확대된 개념 사용을 통해 배운 개념의 위치를 파악
관련 문제 검토	• 배운 개념과 관련되어 제기될 수 있는 여러 가지 문제 검토. 또한 배운 개념이 포함된 발전된 개념이나 일반화 등의 적용

출처: 윤기옥 외(2009). p. 102.

개념 원형(concept prototype) 수업모형은 가장 대표적인 예를 통해서 개념을 가르치고자 하는 수업모형이다. 먼저 전형적인 예를 제시하고 예가 아닌 것을 소개하여 개념의 속성을 파악하도록 한다. 일단 개념의 속성을 학생들이 파악하면 이를 일반화하도록 가르친다. 이 수업모형에 따른 수업 절차는 〈표 5-6〉과 같다.

한편, 개념 형성 수업모형은 학습자가 관련 선행 지식이나 개념이 없는 경우에 예와 예가 아닌 것을 제시함으로써 개념 형성을 도울 때 사용한다. 가장 대표적인 예만을 사용하는 것은 아니라는 점에서 앞의 개념 원형 수업모형과 다르다. 예컨대, 정삼각형의 개념을 처음 가르칠 때에는 정삼각형의 속성을 설명해야 할 뿐 아니라 정삼각형인 것과 정삼각형이 아닌 것을 체계적으로 보여주어야 할 것이다. 개념 형성 수업모형에 따른 수업 절차는 〈표 5-7〉과 같다.

〈표 5-6〉 개념 원형 수업모형

수업 절차	교수 · 학습 활동
문제 제기	• 수업목표와 배울 개념에 대한 안내
원형 제시	• 원형, 즉 전형적인 예 제시
예가 아닌 것 제시	• 예가 아닌 것을 제시하여 개념을 분명히 이해시킴
속성 검토	• 개념의 속성들을 제시하여 개념 정리
개념 분석	• 배운 개념을 토대로 관련 개념과 확대된 개념 사용을 통해 배운 개념의 위치 파악
문제 검토	• 배운 개념과 관련되어 제기될 수 있는 여러 가지 문제를 검토. 또한 배운 개념이 포함된 발전된 개념이나 일반화 등의 적용

출처: 윤기옥 외, pp. 102-103.

〈표 5-7〉 개념 형성 수업모형

수업 절차	교수 · 학습 활동
도입	• 선수 학습 상기 및 동기 유발 • 학습 문제 제시하기(학습 목표 확인)
범례 제시 및 범례 분류하기	• 개념의 정의에 필요한 범례(정례와 비례) 제시 • 조작, 관찰 등에 의해 범례를 여러 가지 속성에 따라 분류 • 분류된 예들의 공통 성질을 암묵적으로 생각
공통의 성질 추상화하기	• 분류된 예들의 공통된 성질을 명확하게 설명 • 분류된 예들의 공통 성질을 추상화
개념 정의하기	• 추상화한 공통 성질을 활용하여 수학적인 용어와 기호로 개념 정의
개념의 속성 조사하기	• 정의한 개념의 결정적 속성과 비결정적 속성 조사
개념 익히기	• 개념을 익히고 새로운 상황에 개념 적용
정리 및 평가	• 학습 내용 정리 및 형성 평가 • 차시 예고

출처: 교육과학기술부(2007). 수학과교사용지도서총론, p. 28.

4. 원리탐구 수업모형

원리 탐구 수업모형은 수학적 원리의 필요성을 인식하고, 수학적 원리가 내재된 조작 활동을 통해서 그 원리를 수학적 기호로 표상화 하는 활동 등을 중심으로 하는 수업에 적절한 수업모형이다. 예를 들어, 1에서 10까지 혹은 1에서 100까지의 수를 더하는 과제를 수행할 때, 처음부터 수를 더해가는 방식(1+2+3+......)과 첫 수와 끝 수를 쌍으로 묶어 더한 수(1+10, 2+9, 3+8, ...)에 그 쌍의 수를 곱하는 방식을 적용해보고 그 과정에서 가장 빠르고 정확하게 답을 얻을 수 있는 원리를 생각해보게 할 수 있다.

원리 탐구 수업모형에서는 원리를 찾아내어 이를 적용하는 것이 수학 문제를 해결하는 데 도움이 된다는 것을 학생들이 인식할 수 있는 기회를 제공하는 것이 중요하다. 그렇지 않을 경우에는 왜 원리를 탐구하는지 이유도 모르고 기계적으로 수학 문제를 해결하려 하거나, 답은 맞을지 모르지만 수학적이지 않는 방법으로 문제를 해결하려 할 수 있기 때문이다. 일단 수학적 원리의 중요성을 깨닫고 그 원리를 찾았으면 이를 수학적으로 형식화하고 적용하는 연습을 충분히 하도록 하는 것이 중요하다. 수학적으로 형식화한다는 말은 간단한 수식이나 공식 혹은 절차 등으로 정리하는 활동을 말한다.

원리 탐구 수업모형에 따른 수업 절차 예는 〈표 5-8〉과 같다.

〈표 5-8〉 원리 탐구 수업모형 절차 예

수업 절차	교수 · 학습 활동
도입	• 선수 학습 상기 및 동기 유발 • 학습 목표 확인
새로운 문제 상황 제시	• 새로운 문제 상황을 제시함으로써 학생들의 인지적 갈등 상황 유도
수학적 원리의 필요성 인식	• 이전에 습득한 지식을 활용하여 문제해결 방법을 탐색함으로써 일반적인 수학적 원리의 필요성 인식
수학적 원리가 내재된 조작 활동	• 학습해야 할 수학적 원리가 내재되어 있는 조작 활동 수행
수학적 원리의 형식화	• 수학적 원리 형식화
익히기 및 적용하기	• 형식화한 수학적 원리를 익히고 적용
정리 및 평가	• 학습 내용 정리 및 형성 평가 • 차시 예고

출처: 교육과학기술부(2007). 수학과교사용지도서총론, p. 32.

5. 문제해결 수업모형

수학 교육의 궁극적인 목적 중의 하나는 학생들로 하여금 수학적 개념이나 원리를 이해하고 이를 다양한 문제상황에 적용하여 이를 수학적으로 해결하는 능력을 갖도록 하는 것이다. 2007년 개정된 교육과정에서는 수학과에서의 문제해결 능력을 개발시키기 위한 교수·학습 방법으로 유의할 사항으로 다음 다섯 가지를 제안하였다. 첫째, 문제해결은 수학 전 영역에서 지속적으로 지도해야 한다. 둘째, 학생 스스로 문제 상황을 탐색하고 수학적 지식과 사고 방법을 토대로 문제 해결 방법을 적절히 활용하여 문제를 해결하게 한다. 셋째, 자신의 경험과 요구를 바탕으로 문제를 창의적으로 해결할 수 있게 한다. 넷째, 문제해결 결과뿐만 아니라 문제해결 방법과 과정, 문제 생성 능력도 중요시한다. 다섯째, 생활주변 현상, 사회 현상, 자연 현상 등 여러 가지 현상에서 파악된 문제를 해결하면서 수학적 개념, 원리, 법칙을 탐구하고 이를 일반화하게 한다.

문제해결 수업을 진행하는 한 가지 방법은 문제해결 과정에 따라 지도하는 것이다. Polya(1945)는 문제해결을 문제의 이해, 해결 계획의 수립, 계획 실행, 사후 평가 및 반성의 4단계 과정으로 제시했다. 첫째, 문제를 해결하기 위해서는 먼저 문제가 무엇인지, 무엇을 해결해야 하는지를 이해할 수 있어야 한다. 문제가 정확히 무엇을 묻고 있는지를 알기만 해도 문제해결이 훨씬 쉬워지는 경우가 많다. 둘째, 문제해결을 위한 계획을 작성해야 한다. 문제해결을 위해 식을 세워야 하는지, 그림을 그려야 할지 등을 생각한다. 셋째, 계획을 실행한다. 문제가 요구하는 것에 맞게 정확하게 식을 세우거나 그림을 그린 다음, 절차에 따라 문제를 해결해 간다. 넷째, 문제를 해결하고 나서는 자신이 제대로 정확하게 해결했는지를 검토한다. 〈표 5-9〉는 문제해결 수업모형에 따른 절차와 문제해결 과정별 문제 해결 촉진 질문 예를 나타낸 것이다.

〈표 5-9〉 문제해결 수업모형에 따른 수업절차

수업 절차	교수 · 학습 활동
도입	• 선수 학습 상기 및 동기 유발 • 해결해야 할 문제 제시하기
문제의 이해	• 문제의 이해 • 문제에서 구하려는 것과 주어진 것 알기 • 문제에 제시된 수학적 용어의 의미 파악하기
문제해결 계획 작성	• 전에 풀어본 경험이 있는 문제인가? • 문제해결 방법 생각하기 • 문제에서 주어진 것과 구하려는 것 사이의 관계 파악하기 • 여러 가지 문제해결 전략 생각하기: 실제로 해보기, 그림 그리기, 식 만들기, 거꾸로 풀기, 규칙 찾기, 예상과 확인, 표 만들기, 단순화하기, 논리적 추론 • 주어진 것과 구하려는 것 사이의 관련성을 즉각적으로 알 수 없을 때에는 보조 문제 고려하기
계획의 실행	• 주어진 문제에 맞게 식을 세웠는가? • 식을 제대로 풀었는가?
사후 평가 및 반성	• 문제해결 과정 검토하기 • 다른 해결 방법 탐색하기 • 문제해결 과정과 결과를 논의하여 더 나은 문제해결 방법 탐색하기 • 문제해결 방법을 일반화하기 • 조건을 변경하여 새로운 문제 만들기
정리 및 평가	• 학습 내용 정리 및 형성 평가 • 차시 예고

출처: 교육과학기술부 (2007). 수학과교사용지도서총론, p. 39. 일부 수정.

문제해결 모형은 Polya 이후 여러 가지가 제안되었다. 예컨대, Schoenfeld (1985)는 '문제의 분석 → 문제 해결 계획 수립 → 문제 해결 활동 실행 → 문제해결 여부 검증'의 모형을 제시했다. 또 다른 문제해결 모형으로는 片桐重男(카다기리)(이용률, 성현경, 정동권, 박영배, 1993)의 문제해결 5단계를 들 수 있다. 片桐重男는 문제해결 단계를 문제의 형성 혹은 파악, 문제해결의 개괄적 구상, 문제해결 노력 실행, 문제의 답의 논리적 조직화, 검증의 5단계로 나누었다. 정동권, 김수미, 김지원(2009: 300-302)은 학생들이 실제적인 문제를 해결해가는 학습을 위한 수업 절차로 '① 문제 상황 도입하기 → ② 문제 상황 제시하기 → ③ 문제 상황 파악하기 → ④ 문제 재정의하기 → ⑤ 탐구 및 자료 수집하기 → ⑥ 자료 분석하기 → ⑦ 문제 종합하기 → ⑧ 문제 해결하기 → ⑨ 정리하기'를 제안하였다.

장애학생을 대상으로 문제해결 수업을 진행하고자 할 때 특히 고려해야 할 점은 교사가 문제해결의 모든 과정을 명료하게 시범보이고, 그 과정을 점진적으로 학생들에게 습득시켜야 한다는 것이다. 특히, 이 과정에서는 언어적 설명보다는 다양한 시각적 이미지를 사용하는 것이 효과적이다. 즉, 문제해결에 도움이 되는 틀이나 그림, 그래픽, 큰 개념(big idea) 등을 개발하여 이것의 사용을 명시적으로 시범보이고, 안내된 연습을 거친 후, 풍부한 연습을 통해 홀로 적용할 수 있도록 한다. 예컨대, 아래와 같은 문장제 문제를 해결해야 할 경우 큰 박스와 작은 박스를 사용하여 큰 박스가 비어 있는 경우에는 제시된 숫자를 더하고, 작은 박스 중 어느 하나나 둘이 비어 있는 경우에는 큰 박스 수에서 다른 작은 박스 수를 뺄셈하여 문제가 요구하는 답을 구하도록 지도할 수 있다.

※ 다음 문장제 문제를 효과적으로 지도하는 방법이나 전략은?

1) 시장에서 철수는 1000원을 주고 토마토를 3개 샀다. 영희는 2500원을 주고 토마토를 8개를 샀다. 철수와 영희가 산 토마토는 모두 몇 개이며, 모두 얼마를 지불했는가?

2) 꽃밭의 2/5에는 채송화를 심고, 1/4에는 봉선화를 심었다. 아무 것도 심지 않은 부분은 전체의 얼마인가?

3) 영희는 4500원을 들고 문방구에 가서 공책 2권을 2300원에, 볼펜 4자루를 1250원에 각각 구입했다. 영희가 받게 될 거스름돈은 얼마인가?

4) 4학년 1반 학생과 선생님이 이어달리기를 했다. 모두 3명이서 총 2킬로미터를 뛰었다. 그 중 기철이가 890미터, 영철이가 570미터를 각각 뛰었다면, 나머지 한 사람은 몇 미터를 뛴 것인가?

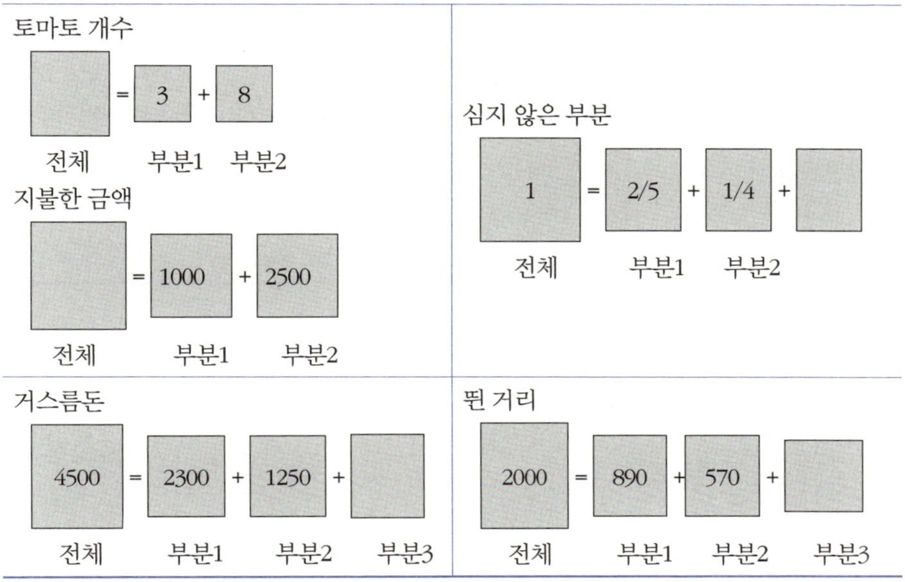

출처: 이대식 · 김수연 · 이은주 · 허승준(2006). p. 402.

위와 같은 전략을 활용하는 데 있어서 장애학생들이 특히 문장제 문제를 그림이나 이미지 형태로 전환하는 데 어려움을 겪을 수 있다(Montague, 1992). 이에 대해 Bender(2005) 역시 위와 유사한 전략을 활용할 것을 〈표 5-10〉처럼 단계별로 주장하였다.

〈표 5-10〉 문장제 문제 그래픽으로 표상하기 지도 지침

문장제 문제 해결 단계	지도 지침
문제의 구조 확인 및 표시하기	1. 문제의 패턴을 확인한다. – 문제를 주의 깊게 읽는다. – 문제가 바꾸는 것, 묶는 것, 비교하는 것 중 어느 것을 요구하는지 알아낸다. 2. 다이어그램으로 문제를 나타낸다. – 다이어그램에 주어진 문제의 내용을 나타낸다. – 모르는 부분을 물음표로 다이어그램에 표시한다.

문장제 문제 해결 단계	지도 지침
문제 해결하기	3. 문제 해결 계획을 수립한다. – 가장 많은 것의 개수를 적고 그 밑에 전체(total)을 의미하는 T를 쓴다. – 알고 있는 것과 모르는 것에 기초하여 사칙연산 중 적절한 연산을 결정한다. – 연산식을 풀고 답이 맞았는지 확인한다.

출처: Bender (2005). p. 83.

특별히 인지전략을 사용하여 문제를 해결하는 능력을 장애학생을 대상으로 지도하고자 할 때에는 다음 7가지 요소를 고려하는 것이 중요하다.

첫째, 문제해결에 효과적이면서도 적용하기 쉬운 전략을 구안한다.

둘째, 해당 인지전략 그 자체뿐만 아니라 해당 인지전략을 왜, 그리고 언제 사용하는 것이 효과적인지, 구체적인 사용 절차는 무엇인지 등 문제해결 전략의 자율적인 활용능력 배양을 위해 초인지 전략을 개발하여 적용한다.

셋째, 학생들에게 교사가 먼저 해당 인지전략이나 초인지 전략을 사용하는 과정을 명시적으로 시범 보인다.

넷째, 인지전략 및 초인지 전략을 학생들이 활용해볼 연습기회를 충분히 제공한다.

다섯째, 문제해결 전략 연습 때에 사용할 예는 가급적 학생들의 일상생활과 밀접한 관련이 있는 것들로 선정한다.

여섯째, 학생들이 문제해결 전략을 제대로 잘 적용하고 있는지 지속적으로 점검하고 필요에 따라 피드백을 제공한다. 학생들에게 피드백을 제공할 때에는 긍정적으로, 신속하게, 교정적으로 제시한다. 교정적으로 제시한다는 말은 문제해결과 별 관련이 없는 피드백을 삼가고 피드백 결과로 학생이 신속하고 정확하게 해당 문제를 해결할 수 있는데 도움이 되도록 피드백을 제공하라는 뜻이다.

일곱째, 문제해결 활용 능력을 형성시키고자 할 때에는 Vygotsky의 비계설정(scaffolding) 원리를 준수하여 처음에는 교사가 많은 지원을 제공해주다가 점진적으로 학생 스스로 문제를 해결할 수 있도록 지원의 양을 줄여나간다.

연구과제

- 각 수학 내용 영역(수와 연산, 측정, 도형, 규칙성, 자료와 가능성)별로 가장 효과적인 수업모형을 제시하고 그 근거를 설명하라.
- 일반교육에서 수학은 학생 스스로의 발견과 탐구 및 문제해결 노력을 중시한다. 이러한 접근이 장애학생을 대상으로 한 수업에서도 적용되어야 하는지, 그렇지 않다면 그 이유와 근거는 무엇인지 설명하라.
- 장애학생을 대상으로 한 수학 수업모형이 일반학생을 대상으로 한 그것과 어떤 점에서 어떻게 달라야 하는지 각 수업모형별로 제시해보아라.
- 직접교수를 활용한 연산 학습의 바람직한 사례와 그렇지 않은 사례를 찾아보고, 그 이유에 대하여 토의해 봅시다.

참고문헌

교육과학기술부(2007). 수학과교사용지도서총론.

김수미(2009). 직접교수가 수학 학습부진아의 연산능력에 미치는 효과. 광주교육대학교 교육대학원 석사학위논문.

남승인 · 류성림 · 권성룡 · 김남균 · 신준식 · 박성선 · 박만구 · 최근배 · 권점례(2009). 초등수학교육론 I. 서울: 경문사.

윤기옥 · 정문성 · 최영환 · 강문봉 · 노석구(2009). 수업모형. 서울: 동문사.

신현기 · 김영표 · 이병혁(2009). 통합교육 효율화를 위한 장애아동 수학지도 방법. 서울: 시그마프레스.

이대식(2004). 학습장애 및 학습부진 문제 해결을 위한 직접교수법의 이론과 활용방안. 직접교 수법의 의미와 주요 특징. 학습장애연구, 1(1), 133-161.

이대식 · 김수연 · 이은주 · 허승준(2008). 통합교육의 이해와 실제. 서울: 학지사.

이대식 · 이창남(2005). 모든 수준의 학습자를 위한 수업설계 및 교재개발의 원리. 서울: 시그마프레스.

이용률 · 성현경 · 정동권 · 박영배 공역(1993). 問題解決過程과 發門分析. 서울: 경문사.

정동권 · 김수미 · 김지연(2009). 수학 문제해결 지도의 이해. 경인교육대학교 특성화사업단 R-멘토링 총서 6. 서울: 학지사.

Adams, G. L., & Engelmann, S. (1996). *Research on direct instruction: 25 years beyond DISTAR.* Seatle, WA: Educational Achievement Systems.

Bender, W. N. (2005). *Differentiating math instruction.* CA, Thousand Oaks: Corwin Press.

Darch, C., & Kameenui, E. J. (1987). Teaching LD Students Critical Reading Skills: A Systematic Replication. *Learning Disability Quarterly, 10*(2), 82-91.

Engelmann, S., & Carnine, D. (1991). *Theory of instruction: Principles and applications.* ADI Press.

Friend, M., & Bursuck, W. D. (2002). *Including students with special needs: A practical guide for classroom teachers* (3rd ed.) Boston, MA: Allyn & Bacon.

Gersten, R., Woodward, J., & Darch, C. (1986). Direct instruction: A research-based approach to curriculum design and teaching. *Exceptional Children, 53,* 17-31.

Joyce, B. R., Weil, M., & Calhoun, E. (2009). *Models of teaching*(8th Ed.). Pearson Education, Inc.

Montague, M. (1992). the effects of cognitive and metacognitive strategy instruction on the mathematical problem solving of middle school students with learning disabilities. *Journal of Learning Disabilities, 25,* 230-248.

Polya, G. (1945). *How to solve it: A new aspect of mathematical method.* Princeton: Princeton University Press.

Rosenshine, B. (1979). *Direct instruction for skill mastery.* Paper presented to the School of Education. University of Milwaukee, Wisonsin.

Schoenfeld, A. H. (1985). *Mathematical problem solving.* Orlando: Academic Press.

Stein, M., Kinder, D., Silbert, J., & Carnine, D. W. (2006). *Designing effective mathematics instruction: A direct instruction approach.* New Jersey, Upper Saddle River: Pearson Prentice Hall.

제 6 장 수학 교수 · 학습 자료

고 혜 정

특수교육대상학생은 일반학생과 다른 교수 · 학습 요구를 갖는다. 그들 중 일부는 청각적 단서를 활용하기 어렵고, 다른 일부는 시각적 단서를 활용하기 어렵다. 또한 일부 학생들은 시 · 청각적 단서를 동시에 제공할 때 주의를 집중하기 어려워할 수 있으며, 일반학생에 비하여 지나치게 낮은 기억력으로 인하여 학습의 경제성을 높이기 위한 자료가 필요한 학생도 있다. 따라서 이러한 학생들을 위한 교수 · 학습 자료는 일반학생에 비하여 보다 개별화되고 조직화될 필요가 있으며, 때에 따라서는 단순화되거나 생략되어야 할 필요가 있다.

교수란 가르치는 활동으로 교수의 목적은 학습자에게 학습이 이루어지도록 하는 데 있다. 따라서 교수란 학습자가 특정한 또는 의도하는 학습목표에 도달할 수 있도록 하기 위한 계획적 활동이다. 이는 학습자가 단순한 사실을 암기하는 것부터 복잡한 문제해결을 위한 계획적, 의도적 활동이다. 학습자가 학습하도록 하기 위해서는 여러 가지 교수 방법, 전략 등이 이용되며 교수 · 학습 자료는 그 방법과 전략의 하나라고 볼 수 있다.

한편 수학과는 다른 교과와는 달리 주로 실물이나 모형, 그림, 그래프, 다이어그램 등의 시각적 자료를 활용하여 학생의 경험을 확대하고, 다양하고 풍부한 실생활에서의 구체적인 소재를 제시하여 학생의 흥미를 유발하는 것이 중요하다. 이 장의 1절에서는 수학 교수 · 학습을 위한 자료를 추상성과 구체성에 따라 구체물(실물과 모형), 반구체물(그림이나 그래픽), 추상물(언어나 상징)로 나누어 살펴보고, 2장에서는 각 장애영역별로 필요한 수학 교수 · 학습 자료를 살펴보고자 한다.

1. 구체성과 추상성

교수·학습의 과정은 주로 언어와 시각정보, 청각정보로 이루어지며 교수·학습 자료는 이 과정이 보다 원활히 이루어지도록 하는 촉매, 혹은 매개체로서 역할을 수행한다. 즉 교수·학습 자료는 학습자의 학습에 관한 관심을 불러오고 고취시키며, 이해를 촉진시키는 한편, 학습내용을 잘 기억할 수 있도록 돕는 역할을 한다.

교수·학습 자료의 특성은 크게 그 내용과 설계에 따라 구분될 수 있다. 내용은 전달하고자 하는 정보로서 전달하고자 하는 교육 내용을 말하며, 설계란 교수자와 학습자 사이에 교육 내용이 전달될 수 있도록 하는 방법의 구안 즉 전달체계의 구안을 의미한다. 이 전달체계는 시각과 청각, 혹은 두 감각을 모두 포함하기도 하고, 촉각이나 미각 등 다른 감각들을 이용하기도 한다. 최근 들어 교수·학습 자료의 전달체계를 교수-메시지 설계의 입장에서 보기도 하는데 그 의미는 특정한 학습이 이루어지기 위해서 메시지가 학습자의 기억 속에 저장될 수 있도록 그림, 단어, 상징 등의 물리적인 외적 제시형태를 분석하여 계획하는 것이다(최성희, 2003).

교수·학습 자료는 그 추상성과 구체성에 따라 분류할 수도 있고, 제시 방법에 따라 분류할 수도 있다. 자료를 추상성과 구체성에 따라 분류하면 사물을 어느 정도 구체적으로 표현하였는가? 또는 얼마나 추상적으로 표현하였는가에 따라 그림, 그래픽, 언어 등으로 구분할 수 있다(Houghton & Willows, 1987). 한편 [그림 6-1]과 같이, 구체성이 가장 높은 자료는 실물이며, 추상성이 가장 높은 자료는 언어라고 할 수 있다. 앞선 4장에서 살펴보았듯이, Bruner(1966)의 EIS 이론에 따라, 구체물-반구체물-추상물은 수 감각 및 개념 학습에서부터 연산까지 다양한 학습수준의 학생들에게 적용 가능하다(김우리, 연준모, 2014).

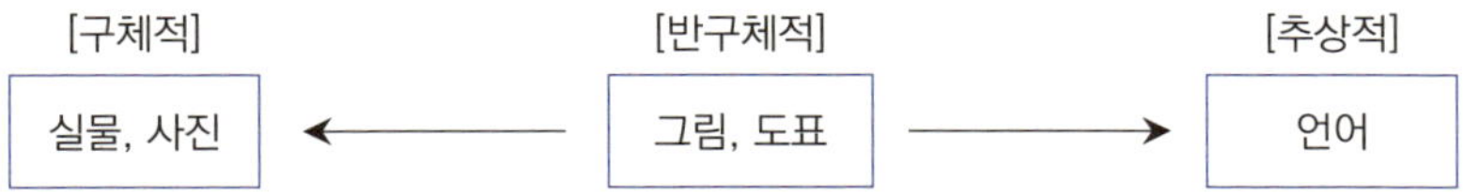

[그림 6-1] 자료의 추상성과 구체성

1) 구체적 교수 · 학습 자료

수 개념을 형성하고, 연산과 도형, 측정 등 수학의 각 영역별 내용을 익힘에 있어, 실제 구체물을 관찰하거나 만지는 등의 조작활동은 매우 유익하다. 실물은 사물을 변형 없이 수업 장면으로 옮겨 놓은 경우를 말하며, 모형은 실물의 일부, 혹은 전부를 축소시키거나 확대하는 경우, 눈에 보이지 않는 현상을 눈으로 볼 수 있는 가상적인 구체물로 제시하는 경우를 말한다. 사진 자료는 구체물은 아니나 구체물의 형태를 보여주기 가장 좋은 2차원 자료이므로 실물에 대한 개념이 없는 학생들을 위하여 좋은 자료라고 할 수 있다. 수학과 학습에서는 여러 가지 과일, 장난감, 도형, 카운터 등의 실물과 모형, 사진이 활용될 수 있다.

특수교육 현장에서 수학 학습을 위하여 많은 구체적 조작물이 활용되고 있다. 구체적 조작물은 수학의 추상적 아이디어를 구체화한 물체로서 이 매개물을 통하여 수학적 관계의 이해를 보다 쉽게 도울 수 있는 것이어야 한다(김효정, 1994). 특히 특수교육대상학생들은 구체물의 도움 없이 독자적으로 추상적인 사고를 하기 어려워 구체적 조작 단계에 머물거나 그에 미치지 못하기 때문에 수학 학습 도구를 활용한 구체물의 조작활동을 통하여 수학적 개념, 원리, 법칙을 학습하여야 한다. 이 조작 활동을 통하여 특수교육대상학생들은 수학적 개념에 대한 심상이 형성되어 추상적인 사고를 할 수 있게 되고, 자신의 비형식적 사고를 내면화할 수 있게 되어 수학적으로 사고하고 의사소통할 수 있게 된다.

모든 구체물이 특수교육대상학생의 수학 학습에 도움을 주는 것은 아니기 때문에 수학 학습 도구로써 조작교구라 불리기 위해서는 다음과 같은 몇 가지 특성을 가지고 있어야 한다(김수미, 2000). 첫째, 조작교구는 학생의 지각적 감각에 자극을 주어야 한다. 예컨대 여러 가지 울긋불긋한 색상으로 혹은 여러 가지 기하학적 도형으로 되어 있어 학생의 시각을 자극하거나, 빼었다 끼었다 할 수 있게 하여 학생의 촉각을 자극하는 것이어야 한다. 둘째, 학생이 만질 수 있어야 한다. 조작교구는 크기가 너무 작거나, 유리 등의 깨지기 쉬운 재질로 되어 있어 학생이 만질 수 없는 것이어서는 안 된다. 셋째, 이동과 재배열이 가능해야 한다. 조작교구는 학생의 책상 위에서 다루어지는 것으로 이 위치에서 저 위치로 가능한 자유롭게 옮겨질 수 있는 것이어야 한다. 예컨대, 덧셈 또는 뺄셈의 지도 시 카운터의 이동과 재배열은 연산의 과정을 역동적으로 이해하는 데 도움이 될 것이다. 넷째, 수학적 아이디어를 표현해야 한다. 예컨대, 십진 블록은 자릿값 개념 표현이 가능하며, 기하판은 여러 가지 도형의 기하학적 모양뿐만 아니라 도형의 넓이 개념이 지도 가능하다.

(1) 실물

실물은 현실 속에 존재하며, 조작할 수 있는 연필, 지우개, 블록과 같은 자료로서 실제 학생이 조작할 수 있는 범위 안에 있는 실물이라고 볼 수 있으며, 학생이 조작할 수 없는 집, 자동차, 동물, 물고기 등은 모형 자료로서 활용할 수 있다. 이 때 실물 자료를 사용할 것인가 모형 자료를 사용할 것인가는 학생의 학습 내용이나 방법 등에 따라 달라질 수 있다. 가령 학생이 자신의 아파트 엘리베이터를 타고 올라가며, 1층, 2층, ……과 같은 순서수를 학습할 경우나 아파트의 주차장에서 자동차를 세어가며 수를 익힐 경우 그 아파트나 자동차는 실물을 사용할 수 있지만 교실에서 수업할 경우에는 부득이 모형을 활용할 수밖에 없다. 실물 자료를 활용할 것인가, 모형자료를 활용할 것인가는 수업의 내용이나 학생의 학습 선호도, 이해도 등에 따라 달라진다.

(2) 모형

수학 교수・학습 지도를 위한 모형은 구체물의 모양을 그대로 축소하거나 본딴 실물모형과 수학적 개념지도를 위하여 실물의 크기나 모양 등을 제거한 자석, 바둑알 등의 카운터, 수막대, 수직선, 퀴즈네르 막대, 몬테소리 수학 교구, 가테노 기하판, Dienes의 블록과 속성판 등 추상적 모형의 두 종류로 나뉠 수 있다.

실물모형의 경우 학생들의 학습 동기 유발이 쉽고, 생활과 관련지어 설명할 수 있어 학생과 교사 모두에게 유용한 자료이기는 하나 실물모형을 사용한 지도가 지속적으로 이루어질 경우 수학과의 특성이라 할 수 있는 추상성을 획득하는 일이 어려울 수 있다. 예를 들어 사물과의 1:1 대응을 통한 수개념 지도를 하고자 할 경우 지도 초기에는 실물모형이나 실물을 사용하여 지도하는 일이 학생의 생활 속 경험을 학습상황과 연관지어주기 쉽고, 학습 흥미와 학습동기를 향상시키는 데 도움을 줄 수 있다. 그러나 수 1, 2, ……, 10을 지도하기 위하여 실물, 실물모형, 추상 모형 등을 사용하였더라도 10,000, 100,000 등의 큰 수를 지도하는데 동일한 자료를 사용할 수는 없으며, 구체적인 조작을 통하여 도입 정도만 실시한 후 형식적 조작에 의한 지도가 이루어져야 한다.

수학과의 교수・학습 지도에서 중요하게 사용되는 모형자료는 수와 연산 지도를 위한 카운터, 수막대, 수학 교구, 도형 지도를 위한 기하판과 속성판 등이 있다. 여기서는 퀴즈네르 색막대, 딘즈 블록, 몬테소리 수와 연산 수학 교구, 가테노 기하판과 딘즈 속성판에 대하여 알아보고자 한다.

① 퀴즈네르의 색막대

이 색막대는 벨기에의 수학 교육자 퀴즈네르(G. Cuisenaire)에 의해서 개발되어 세계적으로 널리 사용되고 있는 교수・학습자료로써 한 변이 1cm인 정사각형이고 길이가 1cm에서 10cm까지의 10종류의 직육면체 막대이다. 퀴즈네르 막대는 1cm 길이를 달리하여 흰색 1cm, 빨간색 2cm, 연두색 3cm, 보라색 4cm, 노랑색

5cm, 초록색 6cm, 검정색 7cm, 갈색 8cm, 파랑색 9cm, 주황색 10cm의 10종류의 막대로 구성되어 있다. 색막대의 색과 길이 및 개수는 〈표 6-1〉과 같다.

〈표 6-1〉 퀴즈네르 색막대의 길이와 개수

길이	1	2	3	4	5	6	7	8	9	10
색	흰색	빨강	연녹	분홍	노랑	진녹	검정	갈색	파랑	주황
개수	50	50	33	25	20	16	14	12	11	10

〈표 6-1〉, [그림 6-2]를 보면 퀴즈네르 막대는 각각의 막대에 서로 다른 색이 지정되어 있어 수를 모르는 학생들도 쉽게 사용할 수 있으며, 1cm 단위로 되어 있기 때문에 추상적인 개념인 수를 직관적으로 인식하여, 크기를 비교하고, 합성과 분해를 할 수 있게 해 줄 수 있다. 특수교육대상 학생을 위한 수학교육에서는 부분과 전체, 동등분할, 더하기와 빼기, 수의 모으고 가르기 등의 학습에 활용될 수 있을 것이다. 예를 들어, 노란색 막대(5)는 흰색 막대(1)과 보라색 막대(4)를 합하거나, 빨간색 막대(2)와 연두색 막대(3)을 합한 것과 같다는 것을 배울 수 있다.

퀴즈네르 색막대는 자연수의 덧셈과 뺄셈을 지도하고, 곱셈과 나눗셈을 지도하는 데도 우수한 자료일 뿐만 아니라 수 계산의 기본적인 개념이 시각과 촉각을 통하여 충분히 전달될 수 있다는데 그 가치가 있다. 더욱이 다양한 색채와 길이로 구성된 막대이므로 자유롭게 기차나 비행기 또는 글자를 만들 수 있어 수학 학습 이외의 구성 놀이에도 활용할 수 있을 것이다.

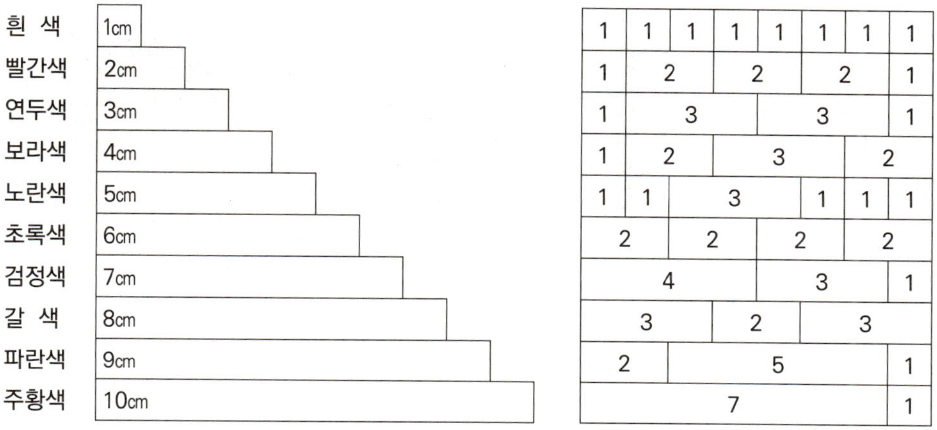

[그림 6-2] 퀴즈네르 색막대의 상대적 길이 및 수의 합성과 분해를 위한 활용(수 8)예시

② 딘즈의 블록

Dienes 블록이라고 하는 수모형은 활동주의 수학 교육자인 Dienes가 기호를 사용하지 않고도 수학의 구조를 지도할 수 있도록 고안한 수학학습도구이다. 딘즈 블록은 다양한 진법 체계를 구현할 수 있다는 의미에서 다진수 블록이라고도 한다.

초등학교 수학 교과서에서 더하기와 자릿수에 활용되고 있는 수모형은 딘즈에 의해 고안되었다. 그에 의하면 수학적 패턴과 관계는 유아들의 일상생활에서 분명하지 않기 때문에 이러한 수학적 구조를 구체화할 수 있고 경험할 수 있는 교수자료로 다진수 블록(Multibase Arithmetic Blocks)을 고안하였다. 나무로 된 1×1×1cm의 정육면체 단위로 여러 기수법 체계의 구조를 구체화할 수 있도록 구성되어 있다. 그러나 가장 많이 쓰이는 것은 10진 블록의 형태로써 [그림 6-3]에 제시되어있는 1×1×1cm의 단위(unit)블록, 1×1×10cm의 막대(long)블록, 1×10×10cm의 판(flat)블록, 10×10×10cm의 큰 정육면체(cube) 블록으로 구성되어 있다. 이 수모형은 10단위 수의 체계의 이해, 덧셈 알고리즘의 기초 개념의 지도, 인수분해 원리의 지도 등에 사용할 수 있다(김정하, 2000).

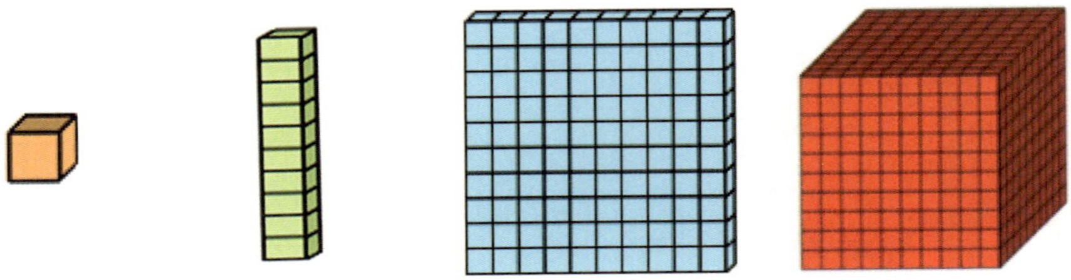

[그림 6-3] 딘즈의 블록

③ 몬테소리 수와 연산 수학 교구

몬테소리는 수학교육을 위한 감각적 경험을 요구하는 교재와 교구를 제시한 것으로 유아가 교구를 자유롭게 선택하도록 하며, 놀이 또는 활동을 통해 직접 교구를 조작하고, 이를 지원해줄 수 있는 환경을 제공하여 유아가 스스로 지식이 구성되는 경험을 갖게 하는 것이다(홍혜경, 2009). 몬테소리 수학 교구로는 수막대, 셈하기 상자, 홀수와 짝수, 모래숫자, 덧셈판, 곱셈판, 구슬 줄, 도형서랍, 도형카드, 분수대, 색구슬, 구성 삼각형 등이 있다.

몬테소리 수학교육은 단계적인 구조성을 보여주는데, 감각적이고 구체적인 것에서 추상적인 것으로 진행되며, 동적인 활동에서 정적인 활동으로 구성되어져 있다. 또한, 수량과 숫자, 수사의 관계를 중요시하여 단순히 세는 활동을 배제하고, 양을 먼저 도입하고 숫자, 양과 숫자의 일치로 나아간다(오은정, 2004). 또한, 0과 십진법 및 연산을 중요시하고, 스스로 오류를 발견하고 문제해결의 확인이 가능하도록 하여, 내적 구조의 변화와 인지 발달을 유도한다(박현진, 2008).

몬테소리의 수와 연산은 수의 소개, 십진법, 연속수, 사칙연산, 사칙연산의 강화, 분수 등 여섯 가지 내용으로 나누어 살펴볼 수 있다(고경나, 2017; 강은미, 2013; 김영선, 2002). 내용별로 주로 사용되는 수학교구는 [그림 6-4]와 같다. 첫째, 수의 소개에서 제시되는 활동들은 '0에서 10까지의 기본적인 개념'과 '수의 이름과

수막대	모래 숫자판	작은 수 막대
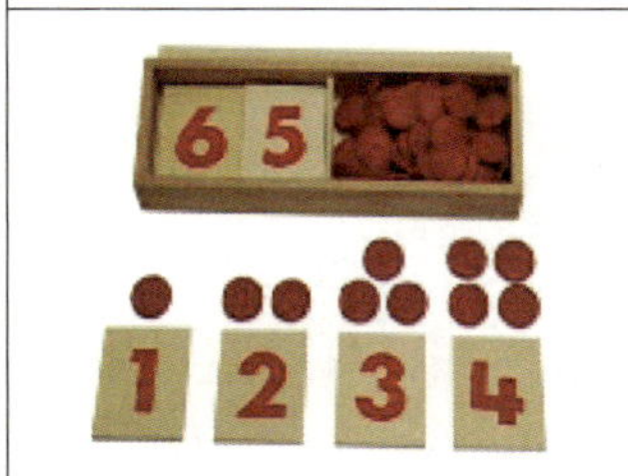		
숫자와 바둑알	방추형봉과 상자	색구슬

황금구슬과 십진법 카드	세강판	색비즈걸이
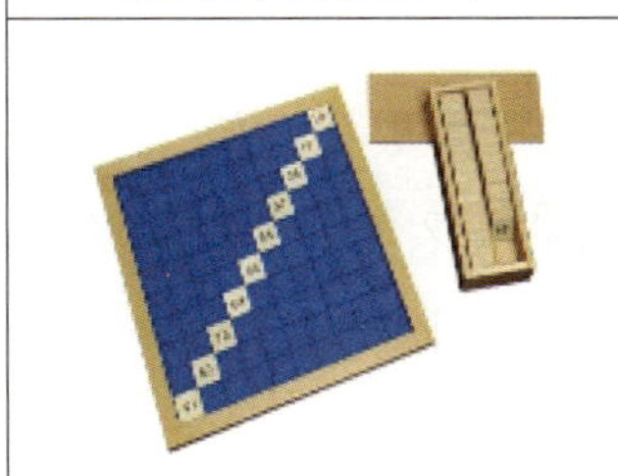		
백판	우표놀이	은행놀이

[그림 6-4] 몬테소리의 '수와 연산' 수학 교구

출처: https://www.everystarisdifferent.com/p/montessori_24.html

양의 개념'을 습득하기 위한 것이다. 수학교구로는 숫자막대, 모래숫자판, 수 막대와 숫자카드, 방추형봉과 상자, 수의 기억 게임, 숫자와 빨간 바둑알, 기억게임이 있다. 둘째, 십진법에서 제시하는 활동들은 수의 자리 개념, 수의 구성, 기본적인 조작(사칙연산)을 습득하기 위한 것이다. 수학교구로는 황금 구슬, 쟁반과 숫자카드, 교환 게임이 있다. 셋째, 연속수의 소개를 통해 '양적인 탐색', '10~100의 기호와 이름 알기'로 연속되는 수의 많고 적음을 비교할 수 있다. 세강판 1, 세강판 2, 100구슬, 1000구슬과 같은 교구가 있다. 넷째, 사칙연산이다. 처음에는 구슬교구와 카드로 된 수학적 조작을 통해 사칙연산을 살펴보고 점차적으로 추상적인 인지력을 요구한다. 뱀놀이, 은행놀이, 우표놀이 등이 있다. 다섯째, 사칙연산을 강화하는 내용으로 우표놀이와 점찍기 놀이 등을 사용한다. 여섯째, 분수 내용으로 감각적인 경험으로 분수를 이해하고, 분수 봉, 분수 판 등을 사용한다.

④ 가테노의 기하판

가테노 기하판(geoboard)은 영국의 수학 교육학자 가테노(C. Gattegno)가 개발한 것으로 판자 위에 여러 가지 일정 간격의 격자점에 못을 박아놓은 것인데, 거기에 고무줄 등을 걸어서 다양한 도형을 구성할 수 있게 한 것이다. 격자점에 못을 박는 방법은 정사각형, 정삼각형, 원형 등을 생각할 수 있다(강지형 등, 2008).

가테노 기하판(geoboard)은 [그림 6-5]에서 보는 바와 같이 학생들에게 다양한 도형을 만들거나 넓이를 구하는 방법을 직관적으로 알아볼 수 있게 한다. 기하판은 학생들이 고무줄로 쉽게 도형을 만들어보고 변환시켜보며 기하학적 사고를 촉진하고, 일정한 간격으로 박혀있는 못으로 넓이와 둘레를 파악할 수도 있다(최창우, 2002).

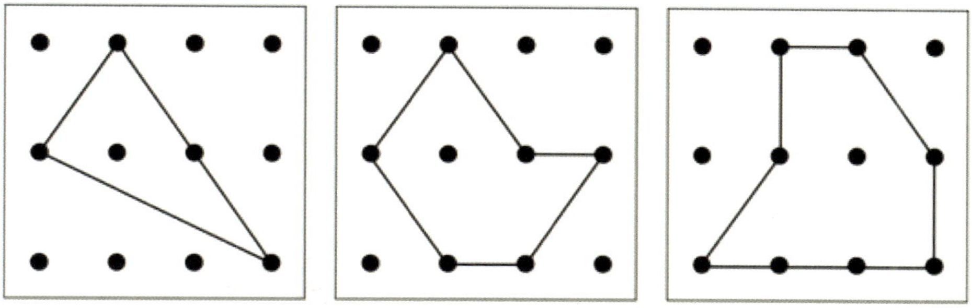

[그림 6-5] 가테노 기하판의 활용

⑤ 딘즈의 속성판

수학 교육자 Dienes에 의해서 고안된 것으로, [그림 6-6]과 같이 정사각형, 직사각형, 정삼각형, 원의 4종류로 크기, 두께, 색깔이 다양하다. 한 세트는 합계가 48개로, 4종류의 모양 각각에 색깔이 빨강, 노랑, 파랑의 3종류, 크기가 다른 2종류(24개는 크고 24개는 작음), 두께가 다른 2종류(24개는 두껍고 24개는 얇음)로 구성되어 있다. 이것을 Dienes 속성판(attribute blocks) 또는 이론판(logical blocks), 집합교구라고 한다(강지형 등, 2008).

[그림 6-6] Dienes의 속성판

이 자료는 학생들이 놀이를 통하여 즐겁게 수학을 학습할 수 있도록 개발된 교수로써 Dienes의 수학 교육관에 입각한 도구라고도 할 수 있다. 이 색판은 모양, 색깔, 크기, 두께의 4가지 성질을 말함으로써 1장의 판이 정해진다.

이 성질을 이용한 놀이는 여러 가지를 생각할 수 있다. 이를테면, [그림 6-7]과 같이, 같은 종류의 것을 모으기(집합 만들기), 두 가지 종류에 공통되는 것 모으기(교집합 만들기), 또는 한 가지 성질만을 바꾸어 늘어놓기(계열 만들기) 등은 수나 도형개념을 형성할 수 있다.

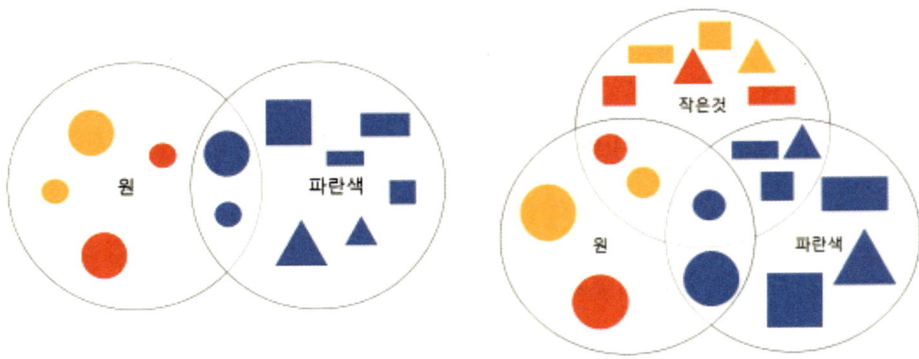

[그림 6-7] Dienes의 속성판을 활용한 교집합 만들기 예시

그리고 색판의 성질, 즉 모양, 색깔, 크기, 두께의 각각의 종류를 숫자로 치환하면, 즉 원은 0, 정사각형은 1, 직사각형은 2, 정삼각형은 3, 또 빨강은 0, 노랑은 1, 파랑은 2로 수식화하면 '원이고 파랑색인 작고 두꺼운 색판'은 (0, 2, 1, 0)으로 나타낼 수 있다. 따라서 48매의 색판은 각각(0, 0, 0, 0)에서 (3, 2, 1, 1)까지의 수의 짝과 대응된다. 이 순서구조를 이용하면 더욱 다양한 놀이를 생각할 수 있고, 이들은 논리적 사고력 함양에 가장 적합한 놀이라고 할 수 있다(강지형 등, 2008).

2) 반구체적 교수 · 학습 자료

반구체적 교수 · 학습자료의 대표적인 유형은 그림이나 그래픽이다. 그림이나 그래픽은 어려운 수학적 원리나 공식 등을 시각적인 입력 자료로 제시하기 위하여 주로 사용된다. [그림 6-8]은 덧셈에서의 첨가와 합병의 개념 지도를 위하여 알아보기 쉽게 그래픽으로 나타낸 자료로서 한 집합에 다른 집합을 첨가하는 덧셈의 첨가모형과 한 집합과 다른 집합을 합하는 덧셈의 모형을 알기 쉽게 나타낸 것이다.

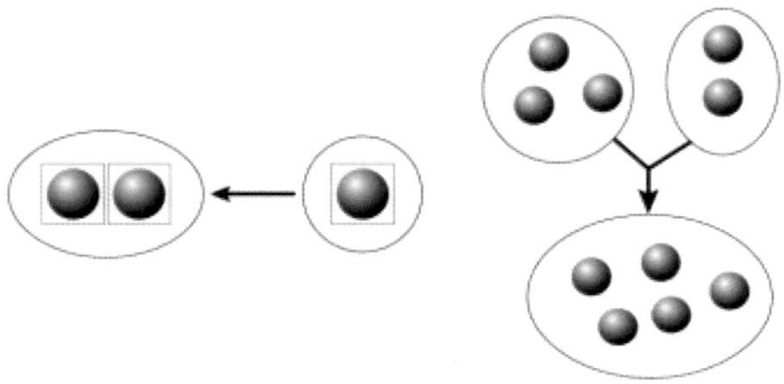

[그림 6-8] 첨가와 합병을 그림으로 나타낸 자료

그래픽은 학생의 연령과 발달수준에 따라서 추상적이고 구체적인 정도가 결정될 것이다. 어리거나 인지능력이 부족한 학습자, 또는 제시되는 자료에 대한 사전 지식이 없는 학습자에게는 보다 구체적인 그래픽 자료를 제시하는 것이 바람직하다(최성희, 2003).

반구체물은 대수 학습과 기하 학습 중 어떤 상황에 맞추느냐에 따라 이해할 수 있다. 대수 학습에서는 실제로 조작활동을 할 수 있는 사물과 교구를 구체물이라 하며, 구체물의 도상적 표현물을 반구체물이라고 본다. 그러나 기하학습에서 구체물은 실제로 주변에서 볼 수 있는 사물이며, 구체물에서 비본질적 요소를 최대한 사상시킨 수학교구를 반구체물로 본다(임영민, 2016). 도형의 지도 단계를 보면 처음에는 생활 속의 여러 가지 사물의 모양을 알아본다. 그 후 반추상화 된 기둥모양, 상자모양, 삼각김밥 모양으로 이행하며, 마지막으로 원, 삼각형, 사각형과 같은 완전히 추상화된 도형으로 이행한다.

김애화와 백지은(2020)은 CSA교수를 구체물 및 반구체물 활동이 수 수준으로 전이될 수 있도록 하는 지도 전략이라고 하였다. 즉, 구체물(Concrete) 단계에서 실물 수준의 조작 활동으로 개념을 익히고, 반구체물(Semi-concrete)단계에서 그림 수준의 반복 활동으로 개념을 연습한 뒤, 추상물(Abstract)단계에서의 수 수준의 연산 활동을 수행하는 것이다. 이들의 연구에서는 〈표 6-2〉와 같이 수직선을 활용하여 연산활동을 CSA단계로 나누어 지도하였다. 수직선은 수 체계에 대한 좋은 은유이며 수 개념 학습에 유용한 도구로 수직선은 수와 수의 표현 방식, 수 사이의 관련성을 이해하고 수의 크기를 비교하거나 연산 절차를 구조화하기에 유용한 수학적 도구이다(김양권, 홍진곤, 2016).

〈표 6-2〉 CSA단계에 따른 수직선을 활용한 연산 지도의 예시

전략 단계	내용
구체적 수준	칠판, 수직선, 인형 등의 교구를 활용하여 조작활동을 하면서 계산 개념 익히기 • "양수 범위의 수직선은 더운 나라(빨간색으로 표시)를 나타냅니다. 음수 범위의 수직선은 추운 나라(파란색으로 표시)를 나타냅니다." • "(+5)+(+9) 식을 보세요. +5는 코코아가 +5만큼 뜨겁다는 의미입니다 +5만큼 뜨거우니 빨간색으로 표시된 더운 나라 쪽의 자리에 아이를 +5놓습니다. +9만큼 뜨거운 기운을 더했으므로 코코아의 온도는 +9만큼 더 뜨거워집니다. 그래서 계속해서 빨간색으로 표시된 더운 나라 쪽으로 +9만큼 아이를 이동시킵니다. 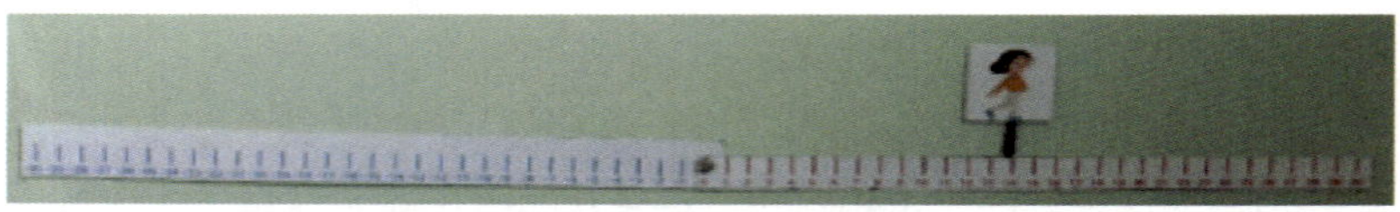
반구체적 수준	칠판, 수직선, 마커 등의 교구를 활용하여 계산 연습 실시 • (-5)+(-9)를 해결함에 있어, 파란색 추운 나라 쪽으로 표시된 -5 자리에 마커로 표시하고, 다시 파란색 추운 나라 쪽으로 -9만큼 이동하여 마커로 표시하도록 하여 답을 구함 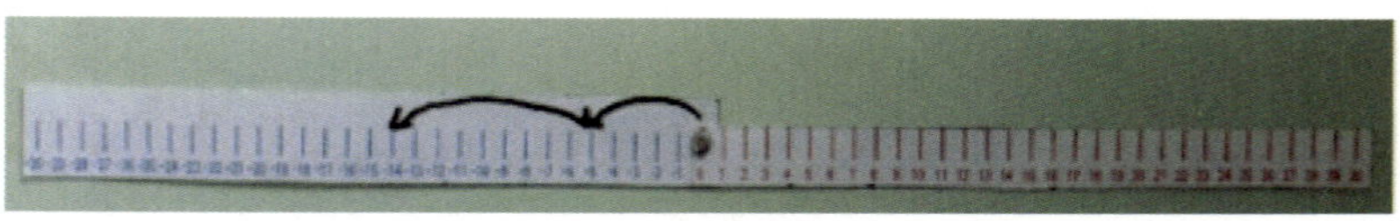
추상적 수준	수식과 계산 규칙 등을 사용하여 계산을 실시

출처: 김애화, 백지은(2020). 직접교수 및 CSA 전략의 활용이 수학학습장애 중학생의 정수 및 유리수 계산 능력에 미치는 효과. 교육연구, 78, p. 77. 〈표 4〉를 수정함.

인지능력이 부족하거나 어린 학생들의 경우 수학 학습지도 과정에서 언어 및 상징 자료는 그 자체로서 교수 · 학습할 수 있는 것이 아니라 구체물 → 반구체물 → 추상물의 순으로 지도되어야 할 것이다. [그림 6-9]와 같이, 뺄셈의 지도를 예를 들어보면 처음에는 실물이나 그림으로, 다음으로 그림 중에서도 실물의 특성을 배제한 그래픽으로서, 그 다음 언어적 자료로 이행하게 된다.

[그림 6-9] 시각자료의 구체성

| 위로 갈수록 구체성은 높고, 아래로 갈수록 자료의 추상성이 높아진다. |

출처: 교육부(2018). 기본교육과정 초등학교 3~4학년군 수학(나). 서울: ㈜미래엔, p. 235

3) 추상적 교수 · 학습 자료

추상적 교수·학습 자료는 언어나 상징으로 제시되는 자료를 말한다. 학습을 목적으로 지면자료나 화상자료를 제시할 때는 언어자료, 사진자료, 그림자료 등 단일 자료로만 제시되기도 하지만 주로 두 가지 이상의 자료들이 동시에 제시되는 경우가 많다. 즉 학습의 목적에 따라서, 대상 학습자에 따라서, 사용되는 매체에 따라서, 제시되는 매체에 따라서 언어, 그래픽, 사진자료의 적절한 제시 방법이 결정된다. 이러한 여러 가지 변인을 고려해서 구체성과 추상성의 정도에 따른 시각자료의 분류뿐만 아니라 구체성과 추상성의 사이에서 전달하고자 하는 학습 내용을 어느 정도의 시각적 위치에서 제시해야 하는가를 결정해야 한다(최성희, 2003).

한 지면 또는 화상 위에 구체적인 시각자료와 추상적인 시각자료를 전달하고자 하는 메시지의 목적에 따라서 어느 정도의 비율로 제시할 것인가에 따른 자료 제시 방법을 결정하게 된다. 추상적인 형태의 단어 또는 문장만을 제시할 것인가, 그림과 사진만을 제시할 것인가, 또는 둘 모두를 적절하게 혼합하여 제시할 것인가를 결정해야 한다. 예를 들어, 단지 단어 등의 추상적인 언어자료를 시각적으로 제시할 것인지, 아니면 그림자료만을 제시할 것인지에 따라서 유형을 분류하는 것이다.

실제로 시각 메시지를 제시할 때, 단어 또는 문장과 그림, 그래픽의 적절한 사용이 메시지 전달의 성공 여부를 결정할 수 있다. 여기서는 언어와 그래픽 자료를 이용한 시각자료의 제시방법에 관해서 Wileman(1993)이 제시하는 7가지 유형을 간단히 살펴보겠다.

(1) 언어제시형

언어제시형이란 시각자료를 제시할 때 추상적인 언어만을 사용하는 것을 의미한다. 언어제시형을 사용하고자 할 때는 전달대상이 반드시 언어를 해독할 능력이 있는 사람인가를 확인하는 것이 필요하다.

지영이에게 노란색 색종이 2장, 파란색 색종이 1장을 주었습니다. 지영이는 총 몇 장의 색종이를 가지고 있나요?	2+1= □

[그림 6-10] 언어제시형

(2) 장식이 있는 언어제시형

첫 번째 유형인 언어제시형과 매우 유사한 것으로 장식이 있는 언어제시형은 첫 번째 유형에 장식이나 강조를 첨가한 것을 의미한다. 장식 등을 사용한 전달 내용의 강조로 보는 이의 관심을 집중시킬 수 있는 장점이 있다. 언어제시형보다는 보는 이의 관심을 유도해서 교육 내용을 읽도록 독려할 때 이용하는 것이 바람직하다.

장식이 있는 언어제시형을 만드는 방법은 핵심단어에 활자체 변화를 주거나, 활자 크기에 변화를 주거나, 다양한 색상을 사용하거나, 핵심단어 옆에 별표(★)나 체크 부호를 사용한다. 그러나 너무 많은 강조는 의도하는 바를 벗어나게 하고 혼돈을 일으킬 수 있으므로 명쾌함을 줄 수 있는 시각의 강조를 준다(최성희, 2003).

지영이에게 노란색 색종이 <u>2장</u>, 파란색 색종이 <u>1장</u>을 주었습니다. 지영이는 <u>총 몇 장</u>의 색종이를 가지고 있나요?

[그림 6-11] 장식이 있는 언어제시형

(3) 그림 배경의 언어형

그림 배경의 언어형이란 전달하고자 하는 언어 메시지와 관련 있는 그림 또는 그래픽 자료가 배경으로 있는 것이다. 유의미한 그림을 배경으로 언어자료를 제시하는 형태이다. 언어와 그림의 비중이 대략 6과 4의 비율로 되어 있다고 할 수 있으며, 책이나 잡지, 프레젠테이션 자료 등에서 광범위하게 사용되고 있다. 그림 배경의 언어형에서 배경이 되는 그림 또는 그래픽은 학습자의 관심을 끄는 것이 주목적이고 의미전달을 할 수 있지만 주요 정보는 언어로 제시된다(최성희, 2003).

[그림 6-12] 그림 배경의 언어형

출처: 교육부(2018). 기본 교육과정 초등학교 3~4학년군 수학(나). 서울: (주)미래엔, p. 215.

(4) 언어와 그림의 혼합형

언어와 그림의 혼합형이란 문자와 그림이 반반씩 제시되어서 학습자가 그림을 보거나 글을 읽음으로써 메시지를 이해할 수 있는 유형이다. 다시 말하면, 제시된 그림만으로도 메시지를 전달할 수 있고, 글만 보아도 메시지가 전달 가능한 형태이다. 주의해야 할 것은 일반적으로 그림과 글 모두가 함께 제시될 때 메시지가 명확하게 전달되기 때문에 그림은 전달하고자 하는 메시지를 충분히 표현할 수 있을 만큼 명확해야 한다. 즉 그림과 언어가 서로 상호의존적인 형태라고 할 수 있다(최성희, 2003).

[그림 6-13] 언어와 그림의 혼합형

출처: 교육부(2018). 기본 교육과정 초등학교 3~4학년군 수학(가). 서울: (주)미래엔, p. 202.

(5) 지시가 있는 그림자료형

지시가 있는 그림자료형이란 그림 또는 그래픽 자료에 화살표 등을 이용해서 주요 내용을 설명하는 것으로서 언어가 사용되는 것이다. 학교에서 사용되는 교과서에서 널리 사용되는 것으로 언어와 그림의 비율이 각각 3과 7의 비율로 그림 또는 그래픽의 비중이 더 높다고 할 수 있다(최성희, 2003).

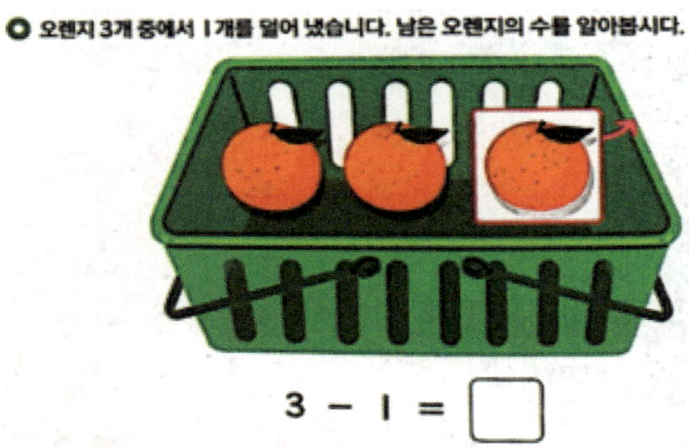

[그림 6-14] 지시가 있는 그림자료형

출처: 교육부(2018). 기본교육과정 초등학교 3~4학년군 수학(가). 서울: (주)미래엔, p. 218.

(6) 상징적 강조의 그림형

상징적 강조의 그림형이란 언어는 전혀 사용되지 않고 상징적으로 강조하는 그림 또는 그래픽을 사용하는 것이다. 실제 사물의 사진이나 삽화가 아니라 강조하는 상징의 의미를 가지고 있다(최성희, 2003).

(7) 그림자료형

그림자료형이란 사진, 삽화 등의 실물과 동일한 실제적인 그림자료를 의미한다. 사진매체 또는 비디오 매체 등을 이용해서 실물을 그대로 재현하는 슬라이드, 비디오 제작에 사용된다.

한편, 수학의 추상적 교수·학습 자료로 앞서 살펴본 수학문장제 문제 정도가 아닌, 이야기를 다루는 아동문학을 활용할 수 있다(이경우 등, 2009). 이 접근방법의 이론적 근거는 유아학습이 유아 자신의 사전 경험과 실생활을 토대로 제시되어야 하고, 수학의 사실이나 개념이 설명적인 지식 형태보다는 이야기 지식 형태로 제시되는 것이 더욱 효과적이며, 수학 학습 활동이 유아에게 의미있는 상황에서 단편적인 기술이나 지식이 아닌 통합적이고 실제적인 상황을 통해 제공되어야 한다는 입장을 반영한다. 또한 수학 교육에서 이야기책의 활용은 실제와 유사한 상황을 자연스럽게 제공할 수 있을 뿐 아니라 유아의 흥미를 유발하고 지속시키기 용이하며, 총체적인 경험으로 활용하기 쉽다는 데 있다(홍혜경, 1995).

이처럼 유아에게 제공이 필요한 이야기 자료는 특수교육대상학생의 수학과 교수·학습 자료로서도 매우 유용하다고 할 수 있다. 특히 기본 교육과정 수학과 교과서의 경우 각 페이지의 전체 혹은 일부가 학생의 일상생활과 밀접하게 관련된 그림이나 화보로 구성되어 있으므로 반드시 이와 관련된 이야기 자료가 제공될 필요가 있다.

또한 교과서 내용에 대응하는 이야기 자료뿐만 아니라 ‘콩쥐와 팥쥐’, ‘백설공주와 일곱 난장이', '엄지공주', '이상한 나라의 앨리스', '아기돼지 삼형제'와 같은 동화나 소설 등이 직접적인 수학 교수·학습 자료로 활용될 수도 있다. 왜냐하면 수학이나 소설 등에는 수학적 상황이나 개념들이 많이 포함되어 있기 때문이다. 〈표 6-3〉은 다양한 개념 영역과 지도내용 중 일부만 정리한 것으로 학생이나 학생별로 재구성하여 제시할 수 있다.

〈표 6-3〉 '백설공주와 일곱 난장이'를 통한 수학과 교수 · 학습(예시)

개념	지도 내용
수	• 그림에 나타난 사람들의 수 • 난장이의 수를 세고, 수와 숫자로 나타내기 • 식탁 위에 놓인 우유의 수를 수와 숫자로 나타내기 • 사람과 사물 1:1 대응하기
연산	• 백설공주가 있을 때와 없을 때 난장이의 집에 사는 사람의 수와 숫자 크기 • 8을 1과 7로 가르기, 7을 1과 6, 2와 6 …… 등으로 가르고 모으기
측정	• 가장 키가 큰 난장이 찾기 • 난장이의 키 순서대로 침대와 1:1 대응하기
시각과 시간	• 공주가 일어나는 시각 말하기 • 난장이가 일하러 떠나는 시각, 돌아오는 시각 말하기 • 공주가 혼자 있는 시간 알아보기 • 아침, 점심, 저녁 알기

이상에서 살펴본 이야기 교수자료는 총체적 언어학습에 기반을 둔 생활 속의 수학 지도라는 데 그 의의가 있다. 이야기 자료는 학생들의 흥미 유발이 쉽고 생활과 쉽게 연관 지을 수 있는 한편 여러 가지 다른 교과나 학습 내용을 통합적으로 지도할 수 있다는 장점이 있다. 그러나 교사가 사전에 철저하게 준비하지 않으면 자칫 수학적 개념의 지도가 피상적으로 이루어지고, 학생에 따라서는 이야기 자체에 흥미를 느끼기는 하지만 수학 개념의 학습으로까지 그 관심을 이어가기 어렵다는 단점이 있다.

2. 장애유형별 수학 교수·학습 자료

수학 교수·학습 자료는 수 개념 형성, 수 감각 개발, 연산 능력 신장에 도움을 줄 수 있고, 수학적 경험을 통하여 학습내용의 이해를 돕고, 학습에 흥미와 자극을 줄 수 있는 사물이나 구성요소를 의미한다.

수학 교수·학습 과정에서 교수·학습 자료는 구체적인 조작 및 탐구활동에서 적절하고 다양하게 활용되어야 한다. 특히, 학생들이 학습자료를 직접 만지고 조작함으로써 수학의 개념, 원리, 법칙을 체험하고 실생활에 적용할 수 있도록 지도하여야 한다. 또한, 어려운 계산 수행, 수학의 개념, 원리, 법칙의 이해, 문제해결력 향상 등을 위하여 계산기, 컴퓨터, 교육용 소프트웨어 등의 공학적 도구와 다양한 교구를 활용할 수 있다. 이러한 교수·학습 자료는 학습 목표, 학습 내용, 학습 과정을 중시하여 개발하되 학생의 흥미 및 동기, 학습 양식, 의사소통 방법 및 능력 등의 개인차를 고려하여야 한다. 지금부터는 장애유형별 특징을 고려한 수학 교수·학습자료에 대해 간략하게 살펴보고자 한다.

1) 시각장애 학생을 위한 수학 교수·학습 자료

시각장애 학생들은 시각적 정보를 획득하는 것에 제한이 있어 시각적으로 나타난 개념과 정보에 충분하게 접근하기가 어렵기 때문에 이들의 수학 개념 형성과 학습을 위한 교수·학습 자료가 요구된다(김동일 외, 2013). 시각장애 학생들은 시각적 정보로부터 다양하고 의미 있는 경험을 하지 못하기 때문에 거리, 시간, 도형 등의 개념을 습득하는데 어려움을 겪고, 모방 학습에 있어서 어려움이 있다(임안수, 2006). 또한 시각장애 학생들의 수학 학습을 방해하는 또 다른 요인은 교육현장의 부족한 교육시설과 교육자료가 제시되고 있는데(이태원, 1999), 시각장애(저시력) 학생 현황 및 교육지원 방안에 대한 연구(홍재영, 이태훈, 박영근, 2020)에서도 저시력 학생을 위해 교구 개발 및 보급이 필요한 교과목으로 '수학'

교과가 가장 높게 나타났으며, 유·초등, 중등학교 모두 수학 교과에 대한 교구 개발과 보급에 대한 요구가 가장 높게 나타났다. 따라서 시각장애 학생에게는 언어를 매개로 지도하기보다는 경험을 통하여 수학을 지도할 필요가 있으며, 다양한 촉각자료, 청각자료, 조작자료 등을 사용할 수 있도록 하여야 한다(이해균, 이영경, 2006).

수학 교과의 교수·학습 자료에서 특히 많이 제시되고 있는 그림, 표, 그래프 등을 점역함에 있어 고려해야 할 사항들은 다음과 같다(김영일, 강성주, 이민진, 2020). 그림을 점역함에 있어, 시각장애 학생의 촉지각 능력을 고려하는 것이 중요하며, 내용의 의미를 벗어나지 않는 범위에서 불필요한 부분을 생략하거나 부각시켜야 하는 부분을 선별하여 제시하도록 한다. 표를 점역함에 있어서도 테두리, 표 제목 위치, 제목과 내용 셀 사이의 구분선, 셀과 셀 안의 간격 등의 일관성을 유지하는 것 등이 필요하다고 하였다. 점역자료뿐만 아니라 시각자료들에 대한 음성 설명을 활용할 수도 있다.

시각장애 학생들은 도형과 함수를 수와 연산보다 더 어려워한다(황민용, 김정연, 2013). 시각장애 학생들이 직접 만질 수 있는 실물 자료를 가지고 수학 개념을 설명할 수 있도록 하며, 볼록한 선, 점, 면을 사용하여 촉각으로 명확하게 식별 가능하도록 제작한다. 또한, 도형과 함수를 학습할 때, 촉각에 의존하여 함수와 도형을 학습하기 때문에 많은 어려움이 발생하므로 3D 프린팅을 활용한 수학 교수·학습 자료 개발도 제시되고 있다. 3D 프린팅 기술은 광경화와 종이 레이어 등 기술을 이용해서 물질을 뿌리면서 3차원 물체를 만들 수 있는 제조기술로 [그림 6-15]는 다양한 함수 그래프를 3D 프린팅 한 예시이다.

[그림 6-15] 3D 프린팅 한 다양한 함수의 그래프

출처: 이상구, 박경은, 함윤미(2016). 시각장애청소년을 위한 3D 프린팅 촉각수학교재 모델 개발 연구, 수학교육논문집, 30(4), 515-530. p. 526.

2) 자폐스펙트럼장애 학생을 위한 수학 교수 · 학습 자료

수학은 수학적 상징체계인 수와 연산 기호, 등호 등을 활용하는 학습이기 때문에 자폐스펙트럼장애 학생들은 이를 표상하고 조직하는 데 어려움을 겪는다. 숫자 인식에 있어서도 기계적인 수 세기 및 기본 연산이나 절차 암기를 바탕으로 하는 연산은 가능할지라도 추상적 개념 학습은 어려워 숫자가 의미하는 수량적인 관계를 정확하게 이해하고 처리하는 것은 쉽지 않다(김소년, 2001).

자폐스펙트럼장애 학생들은 시각적인 정보처리자인 경우가 많은데, TouchMath는 자폐스펙트럼장애 학생의 시각적 강점을 고안하여 만들어졌다(신현기 외 역, 2007; Berry, 2002; 탁윤희, 김은경, 2019 재인용). TouchMath는 1~9가지의 숫자 위에 각각의 고유한 점들(touchpoints)이 존재하는 다감각적인 수학 접근 프로그램으로, 각 숫자의 touchpoints를 보고, 듣고, 만지며 수 개념을 형성하고 연산 등의 해결을 돕는다(https://www2.TouchMath.com/). TouchMath는 각각의 숫자 위에 touchpoint를 지정하여 시각적으로 수의 양을 알도록 하는데, 1은 한 개의 touchpoint를 가지고 9는 아홉 개의 touchpoints를 가진다. [그림 6-16]과 같이 1-5까지는 하나의 터치포인트가 있으며, 6-9에는 더블 포인트로 수의 양을 표시하고 있으며, 0에는 touchpoint가 없다.

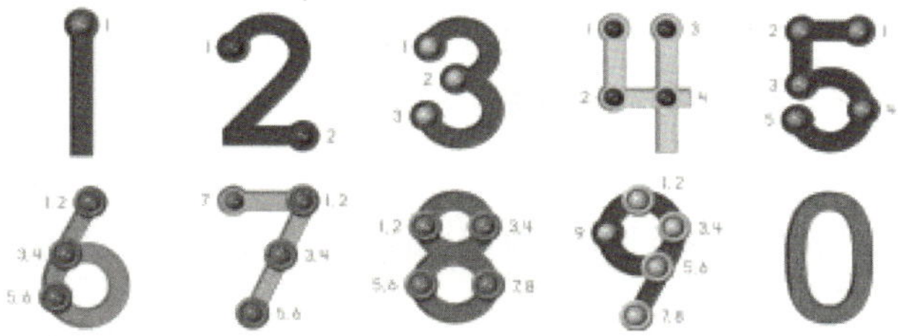

[그림 6-16] 지시가 있는 그림자료형

출처: https://www2.TouchMath.com/

3) 지적장애 학생을 위한 수학 교수 · 학습 자료

지적장애 학생들에게는 기능적 수학교수를 위한 다양한 학습자료와 도구를 사용할 수 있다. 지적장애 학생은 계산을 어려워하거나 부주의한 실수를 반복할 수 있다. 지적장애 학생에게 적절한 기능적 생활중심 수학교육으로 계산기 앱을 활용할 수 있다. 이를 통해 실생활 문제를 소재로 하여 연산의 이해에 더 집중하게 하여, 단순한 계산 자체에서 오는 부담을 덜 수 있다(조지은, 2016). 계산기는 휴대폰의 기본 기능으로도 탑재되어 있어 별도의 비용이 들지 않고, 지역사회에서 필요한 순간에 유용하게 사용할 수 있다.

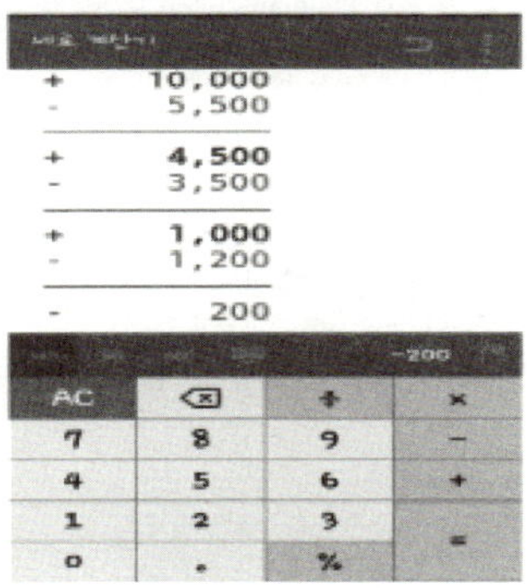

[그림 6-17] 계산기 앱

출처: 조지은(2016). 계산기 앱을 활용한 기능적 수학 교수가 지적장애 성인의 예산범위 내 물건구매 기술에 미치는 효과. 이화여자대학교 교육대학원 석사학위논문. p.81

또한, 많은 지적장애 학생들은 기본적인 수세기와 덧셈과 뺄셈에 어려움을 겪는다. 이를 돕기 위해 가상조작물을 활용할 수 있다. 정적인 시각적 표상은 책 자체에 있는 시각적 이미지이며 독자가 그림을 만지거나 조작할 수 없지만 역동적인 시각적 표상은 3차원의 물체처럼 컴퓨터 화면에서 시각적으로 보이는 물체를 마음대로 돌리고 움직일 수 있는데, 이를 가상조작물(virtual manipulatives)이라고 한다(Shin et al., 2017). 가상조작물에서 구현되는 표상은 기하학적인 모형, 막대기, 수직선 등 다양하다. 이러한 가상조작물을 활용한 앱과 웹을 지적장애학생에게 수학 교수·학습자료로 제시할 수 있다. [그림 6-18]에 제시된 것은, 나의 레켄렉(https://soohak.net)이며, 네덜란드 프로이덴탈 연구소에서 개발된 레켄렉을 우리 교실 환경에 맞추어 만든 가상조작물 덧셈, 뺄셈 교구이다. 마우스나 키보드로 구슬을 직접 조작하며 수세기와 덧셈과 뺄셈 등을 학습할 수 있다.

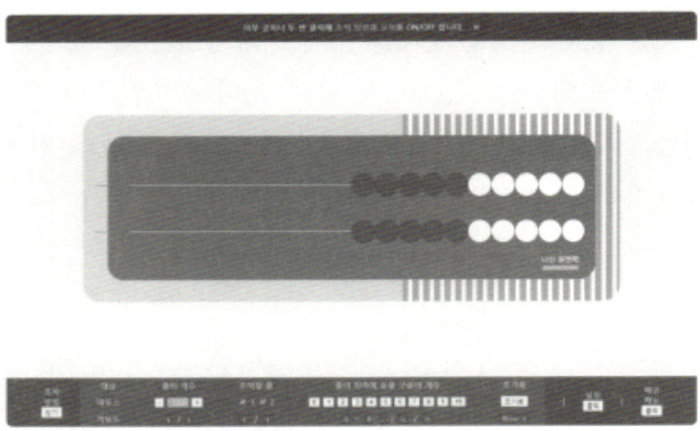

[그림 6-18] 가상조작물을 활용한 수세기

출처: '나의 레켄렉' https://soohak.net/

4) 학습장애 학생을 위한 수학 교수 · 학습 자료

웹 또는 앱을 활용한 가상조작물의 활용은 학습부진 및 학습장애 학생의 수학적 개념 형성과 수업 참여를 증진시키는 효과적인 교수적 실제로도 추천되고 있다(Bouck et al., 2017; Shin et al., 2017). 앱은 자료제시의 다양성, 시공간의 제한을 극복할 수 있는 상호작용 및 환경의 제공, 시뮬레이션을 통한 간접체험의 장점이 있다(이태수, 김정수, 2013).

학습장애 학생은 공간감각 영역에서 공간위치 지각력, 공간관계 지각력에 어려움을 보이는데 특정 도형을 180도 돌리거나 뒤집었을 때 나타나게 될 모양을 추론하거나 전개도를 보고 해당되는 입체도형을 추측하는 밀기. 뒤집기. 돌리기 활동들을 어려워한다(김동일, 신종호, 이대식, 2016). 학습장애 학생뿐만 아니라 도형 학습에 어려움을 갖고 있는 학생들을 위하여 다각도에서 도형을 살펴볼 수 있는 많은 교육용 어플들이 있으며 [그림 6-19]는 쌓기나무 앱의 예시로 다양한 모양으로 쌓고, 몇 개의 층으로 이루어져 있는지, 기둥과 뿔의 모양과 전개도 등을 입체적으로 살펴보도록 구성되어져 있다.

[그림 6-19] 도형 교육용 앱 예시

출처: '쌓기나무(초등학교 수학, 입체도형, 각기둥, 각뿔, 전개도)'
https://play.google.com/store/apps/details?id=fori.math.newssatginamu

분수 개념에 적용한 가상조작물 활용 앱과 웹사이트도 있다. 많은 학습부진 및 학습장애 학생들은 분수와 관련된 성취도 수준과 내용이해에 어려움을 가지고 있으며(고혜정 외, 2017; Shin & Bryant, 2015). 분수의 크기 비교하기, 분수의 사칙연산, 분수와 분수식을 활용하여 문장제 문제를 해결하는 등에 어려움을 가지고 있다(권성룡, 2003; 김미영, 백석윤, 2010). 가상조작물을 활용한 수학교수가 학습장애 학생들이 분수를 학습하는 데에도 효과적이라는 연구결과(Bouck et al., 2017; Shin & Bryant, 2015)들이 발표되고 있다. 대표적인 예시로, 가상조작물을 활용한 '재미난 분수' 웹사이트(http://funfraction.net)에서는 분수의 개념, 분수의 곱셈과 나눗셈, 분수의 문장제문제 학습에 도움을 줄 수 있는 프로그램을 제시하고 있으며, 이 프로그램을 직접 활용한 연구(신민경, 2018)에서 학습장애 학생의 분수 학습성취도가 향상되는 것을 확인할 수 있었다.

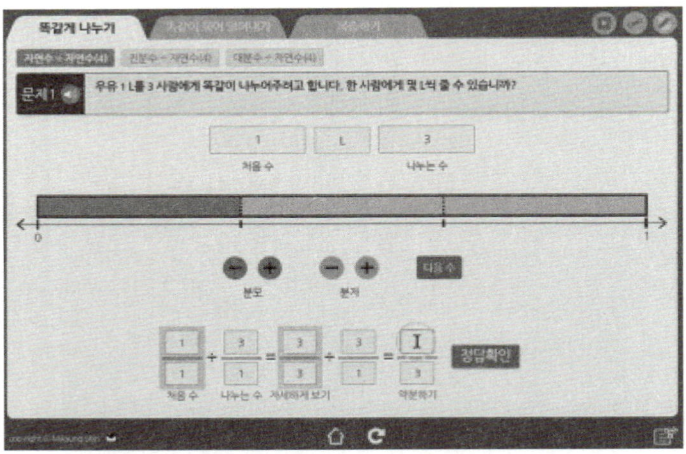

[그림 6-20] 분수학습용 웹사이트 예시

출처: '재미난 분수' http://funfraction.net

요약

특수교육대상학생은 일반학생과 다른 교수 · 학습 요구를 갖기 때문에 그에 적절한 교수 · 학습 자료의 제공을 위한 교사의 별도 노력이 필요하다.

교수 · 학습 자료를 분류하는 방법은 그 추상성과 구체성에 따르거나 제시 방법에 따라 분류할 수도 있다. 교수 · 학습 자료 중 구체성이 가장 높은 자료는 실물 자료이며, 추상성이 가장 높은 자료는 언어자료이다. 언어자료는 추상성이 높은 동시에 전달의 경제성도 높은 자료이지만 언제나 높은 학습 효과를 올릴 수 있는 자료라고는 볼 수 없다. 실물 및 모형, 사진자료는 실물을 변형 없이 수업 장면으로 옮길 수 있다는 장점이 있으며, 그림이나 그래픽 자료는 어려운 수학적 원리나 공식 등을 시각적인 입력 자료로 제시하기 위하여 주로 사용된다. 언어 및 상징자료는 실물의 구체성이 모두 제거된 자료라고 할 수 있다.

한편 수학과 교수 · 학습 자료는 수 개념 형성, 수 감각 개발, 연산 능력 신장에 도움을 줄 수 있고, 수학적 경험을 통하여 수학적 개념, 원리, 법칙을 이해하는 데 도움이 되는 사물이나 구성요소를 의미한다. 학습 자료는 학습 목표, 학습 내용, 학습 과정을 중시하여 개발하되 학생의 흥미 및 동기, 학습 양식, 의사소통 방법 및 능력 등의 개인차를 고려하여야 한다. 또한, 장애의 특성을 고려하여 시각장애 학생을 위한 3D 점자 프린팅, 자폐스펙트럼장애 학생을 위한 터치매쓰, 지적장애 학생의 기능적 수학을 도와줄 계산기 앱 및 가상조작물을 활용한 수세기와 수연산 프로그램, 학습장애 학생을 위한 다양한 웹과 어플 등이 수학 교수 · 학습 자료로 활용될 수 있다.

연구과제

- 특수교육대상학생을 위한 교수 · 학습 자료 중 수와 연산을 지도할 때 사용될 수 있는 구체적 조작물을 설명하여 보자.
- 특수교육대상학생을 위한 교수 · 학습 자료 중 장애영역별로 유용하게 사용될 수 있는 자료들을 설명하여 보자.

참고문헌

강은미(2013). 몬테소리 교육 이론에 기초한 수활동이 유아의 수 연산능력에 미치는 영향. 한국교원대학교 교육대학원 석사학위논문.

고경나(2017). 유아를 위한 수와 연산 교육 프로그램 개발 및 적용. 공주대학교 대학원 박사학위논문.

고혜정 · 조영희 · 김동일(2017). 인지진단모형을 적용한 초등학교 4학년 학생의 성취수준별 분수와 소수 문제해결력 분석. 특수아동교육연구, 19(2), 121-141.

교육부(2018). 초등학교 3~4학년군 수학(가). 서울: (주)미래엔

교육부(2018). 초등학교 3~4학년군 수학(나). 서울: (주)미래엔

권성룡(2003). 초등학생 분수 이해에 관한 연구. 학교수학, 5(2), 259-273.

김동일 · 손지영 · 이재호 · 고혜정 · 정소라 · 백서연(2013). 시각장애 학생을 위한 효과적인 수학 중재에 관한 연구: 문헌분석과 수학교사 면담을 중심으로. 시각장애연구, 29(2), 173-196.

김동일 · 신종호 · 이대식(2016). 학습장애 아동의 이해와 교육. 서울: 학지사.

김미영 · 백석윤(2010). 분수 덧셈, 뺄셈에서 나타나는 인지적 장애 현상 분석. 한국초등수학교육학회지, 14(2), 241-262.

김소년(2001). 자폐성 장애 아동의 수학 능력. 단국대 대학원 석사학위논문.

김양권 · 홍진곤(2016). 수 개념 학습에서 수직선의 도입과 활용. 한국초등수학교육학회지, 20(3), 431-456.

김애화 · 백지은(2020). 직접교수 및 CSA 전략의 활용이 수학학습장애 중학생의 정수 및 유리수 계산 능력에 미치는 효과. 교육연구, 78, 69-95.

김영일 · 강성주 · 이민진(2020). 시각장애학생용 대체교과서 질 관리 방안 연구보고서. 국립특수교육원 연구보고서.

김우리 · 연준모(2014). 한국 중재반응모형 연구 분석: 단계별 중재구성요소와 비반응정의를 중심으로. 특수교육학연구, 48(4), 275-298.

김정하(2000). Dienes의 수학 학습 원리의 구체화 방안 연구. 인천교육대학교 교육대학원 석사학위논문.

김효정(1994). 구체적 조작물을 이용한 활동지향적 수학 수업에 관한 연구. 이화여자대학교 교육대학원 석사학위논문.

박현진(2008). 프뢰벨과 몬테소리 교구의 유아 수학교육적 함의. 한국교원대학교 대학원 석사학위논문.

신미경(2018). 초등학교 수학부진학생을 위한 '재미난 분수' 가상조작물 웹사이트 개발 및 가상조작물-반구체물-추상기호의 명시적이고, 순차적인 교수 효과. 학습장애연구, 15(1), 57-91.

오은정(2004). Montessori 수 영역 프로그램이 유아의 수학접근태도와 수학문제해결능력에 미치는 영향. 대구가톨릭대학교 교육대학원 석사학위논문.

이경우 · 홍혜경 · 신은수 · 진명희(2009). 유아 수학 교육의 이론과 실제. 창지사.

이상구 · 박경은 · 함윤미(2016). 시각장애청소년을 위한 3D 프린팅 촉각수학교재 모델 개발 연구. 수학교육논문집, 30(4), 515-530.

이태수 · 김정수(2013). 장애학생의 스마트러닝을 위한 특수교육용 애플리케이션 분석. 특수교육저널: 이론과 실천, 14(1), 259-283.

임안수(2006). 시각장애아 교육. 대구: 도서출판 해국.

임영민(2016). 초등수학 학습에서의 구체와 추상. 건국대학교 대학원 박사학위논문.

이태원(1999). 시각장애학생의 도형지도를 위해 개별화교육 자료개발 및 활용. 1999년 시각장애인 복지 세미나 자료집 Ⅱ, 44-84.

이해균 · 이영경(2006). 시각장애학생의 수학학습 기피성향 분석. 특수아동교육연구, 8, 1-15.

조지은(2016). 계산기 앱을 활용한 기능적 수학 교수가 지적장애성인의 예산범위 내 물건구매 기술에 미치는 효과. 이화여자대학교 교육대학원 석사학위논문.

최성희(2003). 교수 메시지 설계. 남두도서.

최창우(2002). 초등학교 수학 수업에서 기파한의 활용. 초등수학교육, 6(1), 1-10.

탁윤희 · 김은경(2019) TouchMath원리와 직접교수를 적용한 프로그램이 자폐 스펙트럼 장애 초등학생의 수 감각에 미치는 영향. 특수교육논총, 35(3), 193-228.

홍재영 · 이태훈 · 박영근(2020). 시각장애(저시력)학생 현황 및 교육지원 방안 연구. 국립특수교육원 연구보고서.

홍혜경(1995). 유아 수학 학습에 아동문학의 교육적 활용을 위한 탐색. 교육학연구, 14(1), 259-283.

황민용 · 김정연(2013). 시각장애학교 중등학생의 수학교과 태도 및 인식. 특수교육, 12(2), 161-184.

Bouck, E. C., Bassette, L., Shurr, J., Park, J., Kerr, J., & Whorley, A. (2017). Teaching equivalent fractions to secondary students with disabilities via the virtualrepresentational-abstract instructional sequence. *Journal of Special Education Technology, 32*(4), 220-231.

Shin, M., & Bryant, D. P. (2015). Fraction interventions for students struggling to learn mathematics: A research synthesis. *Remedial and Special Education, 36*(6), 374-387.

Shin, M. & Bryant, D. P., Bryant, B. R., Mckenna, J. W., Hou, F., & Ok, M. (2017). Virtual manipulatives: Tools for teaching fractions to students with learning disabilities. *Intervention in Schools and Clinic, 52*(3), 148-153.

Wileman, R. E. (1993). *Visual communicating*. Englewood Cliffs, NJ: Educational Technology Publications, Inc.

제 7 장 수학 교육의 평가

유 장 순

평가는 본질적으로 선발, 교수 계획, 상담, 그리고 학생 배치 등의 의사결정을 내리는 데 필요한 정보를 제공해 준다. 수업에서의 수학과 평가는 교수·학습 과정의 일부로서 교육과정에서 제시하고 있는 학습목표 달성 여부, 교수자의 교수 방법 및 활동에 대한 개선과 피드백을 통한 반성적 성찰의 기회를 제공한다. 학습자에게 있어서 평가는 학생이 무엇을 배웠는지를 알게 해주며 동시에 무엇을 학습해야 하는가의 방향성을 제시한다. 교사는 평가를 통하여 교수·학습 내용의 선정과 조직의 타당성, 수업설계의 적합성, 교수·학습 방법의 적절성 등에 대한 정보를 얻게 된다. 그러므로 교사는 수학과의 평가에서 학습자의 개인차를 고려한 평가가 이루어지도록 평가 목적과 방향을 명확하게 수립하고, 평가의 관점과 그에 적합한 평가 방법 등을 고려하는 것이 중요하다.

이 장에서는 일반적인 수학과의 평가 목적과 방향, 평가의 관점과 기준을 알아보고, 그와 관련지어 특수교육 교육과정에서 제시하고 있는 특수교육대상학생의 수학과 평가의 목적과 관점을 살펴보았다. 그리고 수학과 평가의 형태와 방법으로 지필 검사, 관찰, 면담, 자기 평가, 포트폴리오 평가 등을 소개하고, 특수교육대상학생을 위한 대안적인 수학과 평가 방법과 수정 방법에 대해 각각 기술하였다. 또한 2022 개정 공통 교육과정과 기본 교육과정의 수학과 평가에 대한 내용을 각각 제시하였다.

1. 수학 평가의 목적과 방향

1) 수학 평가의 목적

수학 평가의 목적은 학습과 교수 측면에서 생각해 볼 수 있다. 학습 측면에서 평가는 학생의 수학 학습과 관련된 다양하고 유용한 정보를 제공하며, 이를 활용하여 학습자의 수학 학습이 효과적으로 이루어질 수 있도록 한다. 교수 측면에서의 평가는 수학 교수 활동과 수학 수업에 대한 전반적인 정보를 얻어, 교사의 교수 활동과 수업 방법을 개선하는 데 그 목적이 있다고 볼 수 있다(교육과학기술부, 2008). 즉, 학생은 평가를 통하여 수학 학습 내용 중 아는 것과 모르는 것을 파악하게 되고, 모르는 내용을 알려고 노력할 것이며, 교사는 학생들의 수학 학습 능력을 향상시키기 위해 교수 프로그램 및 교수 방법을 개선하게 될 것이다. NCTM(1995)은 평가의 목적을 다음과 같이 네 가지 범주로 나누어 제시하였다(강옥기, 2000: 168-169; 강지형 외, 2003: 126).

첫째, 학습 목표에 대한 학생의 진전 정도를 점검한다. 상위 수준의 학습목표를 설정한 후, 이들 목표로의 진전에 대한 증거를 수집하여 학생과 교사에게 피드백을 제공한다. 피드백은 수학적 힘의 성장을 촉진시키기 위해 사용되고, 점검은 지속적으로 이루어져야 한다. 자료 수집은 비형식적 또는 형식적인 방법을 통하여 이루어지며 평가 결과는 각 학습자에게 진단적인 피드백을 제공한다.

둘째, 학습지도의 판단을 결정한다. 교사는 수업 과정에서 얻는 자료와 학생들의 수학적 증거를 사용하여, 수업을 개선하여 학습을 더욱 잘 향상시킬 수 있다. 왜냐하면 교사는 학생들이 알고 있고 알 수 있는 수학을 가장 잘 평가할 수 있기 때문이다.

셋째, 학생의 성취 수준에 대한 가치를 부여한다. 교사는 적절한 시기에 각 학생의 평가 증거 자료들을 수집하여 어떤 형식으로든 보고한다. 이때 선택된 증거는 계획적인 것이라야 하며, 그 성취도가 목표의 어느 위치에 도달하였는가를 입증하는 형식을 갖추어야 한다. 이와 같은 평가는 기대한 성취 목표에 도달되었는지를 평가하는 절대 평가 기준이어야 한다.

넷째, 교수・학습 프로그램에 대한 가치 판단을 결정한다. 학생의 성취에 대한 증거는 다른 정보 자료와 같이 모든 학생들에게 수학에 대한 높은 기대치를 충족하는지에 대한 판단을 내리는 데 사용된다. 따라서 위의 목표를 종합하여 그림으로 제시하면 [그림 7-1]과 같다(강옥기, 2000: 169).

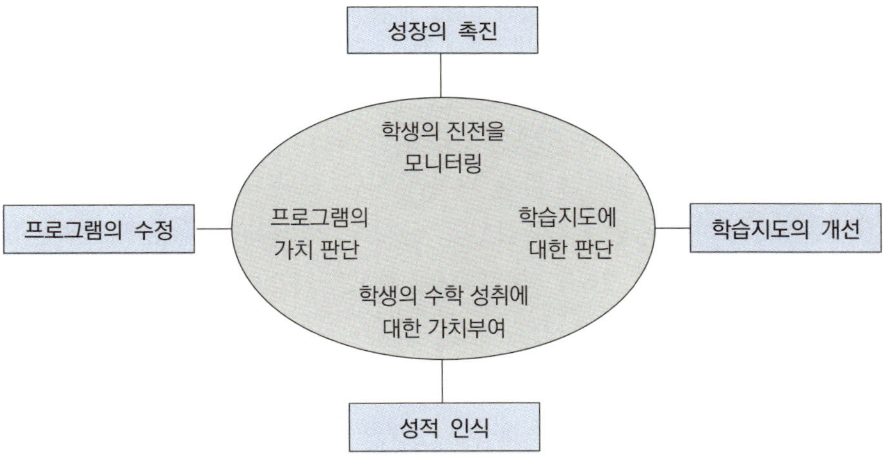

[그림 7-1] 평가의 목적과 그 결과

2) 수학 평가의 방향

전통적인 수학 평가의 관점은 수학적 지식을 분석하여 각각 평가 목표로서 문항들을 출제하는 경향이었다. 그리고 학습자의 성취 결과는 성적에 따라 학생의 순위를 매기는 상대적 관점에 집중하였고, 주로 단편적인 지필검사에 의존하는 경향이었다. 종래의 이러한 수학과 교육 및 평가에 대한 잘못된 믿음을 〈표 7-1〉을 통하여 좀 더 구체적으로 살펴볼 수 있다(황혜정 외, 2003: 282).

〈표 7-1〉 수학 평가에 대한 잘못된 믿음

- 수학을 배우는 것은 고정되어 있는 기본 능력을 측정하는 것이다. 그러므로 수학검사는 이러한 기본 능력을 완벽히 갖추었는지에 그 초점을 두어야 한다.
- 우선 가르치고 나서 평가한다.
- 학생들은 모방과 암기로 학습을 유지한다.
- 거의 모든 수학 문제는 하나의 답을 요구한다.
- 평가의 목적은 학생들이 이해하고 있는 것과 그렇지 못한 것을 평가하고 이에 따라 점수를 산정하여 등급을 매기는 것이다.
- 객관식의 선다형 검사는 수학에서 가장 중요한 아이디어를 측정하는데 최상의 방법이다.
- 교사만이 수업 상황에서 학생들의 학습 현황을 적절히 파악하고 평가할 수 있다.
- 대안적 평가 방법은 전통적인 평가 방법보다 객관적이지 못하며 교육적 책임을 회피하려고 잠시 유행하는 것뿐이다.

이와 같이 수학의 전통적인 평가 관점은 학습 결과 후에 이루어지며, 수학의 힘, 태도 등의 정서적 측면을 간과하였고, 문제해결력, 사고력 등을 평가하는 방법보다도 단편적인 수학적 지식을 측정하는데 관심을 가졌다. 그러나 최근의 수학과 평가의 방향은 성적에 따라 학생을 등급 매기기나 상대적인 평가에 그치지 않고 평가의 관점 및 방법을 다양화하고 있다. 단지 지필검사를 통한 성취 결과를 강조하였던 점을 탈피하여 학생의 총체적인 정보를 근거로 교사와 학생에게 폭넓은 학습 과정 정보를 제공하여 수업이나 학습을 계속적으로 반성할 수 있는 기회를 제공하며, 수학과 교육과정 및 운영과 관리에서 실태를 파악하고 개선하는데 자원을 제공한다(강완, 2010: 324). 이는 수학과 평가 자체만의 변화를 의미하는 것이 아니라 결국 수학과 교육과정 측면에서 교육 내용, 교육방법, 교육평가 등의 변화를 의미한다고 볼 수 있다.

이와 관련하여 NCTM(1989)이 제시하고 있는 〈표 7-2〉를 통하여 평가의 방향이 변화되고 있는 내용을 살펴보면, 평가는 수업의 일부로 학생이 알고 있는 것을 총체적인 관점에서 지필시험, 구두시험, 시연 등 다양한 평가 방법을 사용하며 학생이 문제해결 과정에서 계산기, 컴퓨터, 조작 자료, 공학 등의 사용을 강조하고 있다.

〈표 7-2〉 수학 평가에서 강조점의 변화

강조되는 측면	약화되는 측면
• 학생이 수학에 대하여 알고 있는 것이나 생각하는 방법에 대하여 평가한다.	• 학생이 수학에 대하여 알지 못하는 것에 대하여 평가한다.
• 평가는 수업의 일부로 통합한다.	• 평가는 단지 점수를 주기 위하여 정답의 개수를 세는 것에 불과하다.
• 수학의 폭넓은 영역에 초점을 두고, 수학에 대한 총체적인 관점에서 평가한다.	• 내용과 행동의 이원분류 방식에 의하여 조직된 다수의 특정 기능에 초점을 둔다.
• 수학적 아이디어를 적용해야 하는 문제상황을 개발한다.	• 한두 가지의 기능을 요구하는 문장제나 연습문제를 사용한다.
• 지필 시험, 구두시험, 시연 등의 다양한 평가 방법을 사용한다.	• 지필 시험만을 사용한다.
• 평가에 계산기, 컴퓨터, 조작 자료를 사용한다.	• 평가 과정에서 계산기, 컴퓨터, 조작 자료의 사용을 금지한다.
• 수업(program)의 평가는 수업의 결과, 교육과정, 교수에 관한 정보들을 체계적으로 수집하여 평가한다.	• 수업의 평가는 학생의 시험 결과만으로 평가한다.
• 표준화된 성취도 검사는 수업 결과를 나타내는 여러 지표 중의 하나로 사용한다.	• 표준화된 성취도 검사는 수업 결과를 나타내는 유일한 지표로 사용한다.

출처: 강완 외 (2010). 초등수학교육론, p. 327.

2. 수학 평가의 규준과 내용

1) 수학 평가의 규준

수학 교육과정에 대한 새로운 관점들은 교육 내용이나 교육 방법의 변화를 요구하며 평가를 실행하면서 준거로 삼아야 할 것에 대해서도 변화를 요구하고 있다. 수학 평가가 지향해야 할 것으로서 또는 평가를 질적으로 관리하기 위한 것으로

NCTM(1995)은 다음과 같은 여섯 가지의 평가 규준을 제시하고 있다(강완 외, 2009: 324-325; 강옥기, 2007: 178-179).

[첫째; 기준 1] 수학 규준(mathematics standard)으로, 평가는 모든 학생들이 알아야 할 필요가 있고 할 수 있는 수학을 반영하여야 한다. 모든 학생들이 알아야 할 필요가 있는 수학은, 그들이 실제로 배웠던 내용을 사용하고 있는가를 어떻게 평가로 이끌며, 가치 있는 수학활동에 참여하도록 어떻게 평가할 것인가에 대해 질문할 수 있으며 수학적 지식, 사고력, 문제해결 등을 요구하는 수학으로서 평가가 되어야 한다.

[둘째; 기준 2] 학습규준(learning standard)으로, 평가는 수학 학습을 촉진시켜야 한다. 학생에게 있어 평가는 단지 학생의 학습 결과를 말해주는 것이 아니라 학습이 추구하는 바를 드러내며 학습 자체를 지원해야 한다는 점이다. 즉, 평가의 결과는 학생에게 수학 평가 영역 및 내용의 강점과 약점을 알림으로써 학습을 촉진시키고, 교사 자신의 수업 방법을 반성하고 개선점을 찾아 수업의 질을 개선하므로 학습자의 학습자체를 지원하게 된다.

[셋째; 기준 3] 공정성 규준(equity standard)으로, 평가는 공정성을 증진시켜야 한다. 공정성을 증진시킨다는 것은 모든 학생이 중요한 수학을 성취하도록 기대하는 것이며, 각 학생들의 특성과 경험을 존중한다는 것이다. 즉, 평가되는 수학을 모든 학생이 배울 수 있는 기회를 갖는가? 평가 결과를 판단하는데 있어서 학생의 배경이나 경험은 어떻게 고려되는가? 등을 생각해 볼 수 있다.

[넷째; 기준 4] 공개성 규준(openness standard)으로, 평가는 공개된 과정이어야 한다. 평가의 공개성은 교사와 학생 입장에서 고려해 볼 수 있다. 교사에게 있어 평가의 공개성은 평가의 전 과정에 교사가 능동적으로 참여하여야 한다는 것을 의미한다. 학생에게는 평가의 영역, 평가 기준, 평가 방법 등을 사전에 숙지하고 있어야 하며 또한 평가의 과정이 공개적이 되기 위해서는 전 학습 과정에서 이것들이 강조되어야 학습자는 평가에 대한 동기가 생기며 자신의 성취 목표를 숙지하

게 된다.

[다섯째; 기준 5] 타당한 추론 규준(valid inferences standard)으로, 평가는 수학 학습에 대하여 타당한 추론을 증진시켜야 한다. 평가의 목적에 적합한 양적 및 질적인 정보 등 다양한 정보를 수집하여 타당한 추론을 하여야 한다.

[여섯째; 기준 6] 일관성 규준(coherence standard)으로, 평가는 일관된 과정이어야 한다. 평가의 목적은 교육과정과 수업에 일관되어야 하고 평가 과정의 단계들이 일관되게 이루어져야 한다는 것이다.

2) 수학 평가의 내용

2022 공통교육과정 수학과는 고등학교의 수학 학습의 토대가 되고 타 학문 분야를 학습하는데 기초가 되며, 창의적 역량을 갖춘 융합 인재로 성장할 수 있는 기반을 제공한다. 이를 위해 학생들은 수학의 지식을 이해하고 기능을 습득하는 것과 더불어 문제 해결, 추론, 연결, 의사소통, 정보처리의 5가지 수학 교과 역량을 길러야 한다(교육부, 2022a).

이와 관련하여 NCTM(1995)이 제시하고 있는 학교수학의 교육과정과 평가 기준을 통하여 수학의 평가 내용을 살펴보면, 학생에 대한 평가로 수학적 힘, 문제해결, 의사소통, 추론, 수학적 개념, 수학적 절차, 수학적 성향의 일곱 개의 영역을 들고 있다(강지형 외, 2001: 124).

첫째, 수학적 힘이다. 수학적 힘이란 수학적 지식이나 성향의 여러 측면을 통합하는 능력을 의미한다. 그러므로 수학적 힘은 문제해결력, 추론 능력, 수학적 의사소통 능력, 수학적 개념의 통합 능력, 수학적 성향 등을 포함한다. 수학적 힘을 평가하기 위한 채점 기준표를 켄터키 주에서 개발하여 사용하는 총체적 채점표를 제시하면 다음 〈표 7-3〉과 같다.

〈표 7-3〉 수학적 힘의 채점 규정표

캔터키 수학 포트폴리오 총체적 채점 기준표					
수학적 능력		매우 약함	약함	강함	매우 강함
문제 해결	• 문제의 특성을 이해하고 자기 자신의 언어로 재 진술할 수 있다. • 문제의 구성을 탐색할 수 있다(문제를 그림 또는 표로 나타낼 수 있으며 자료를 기록하고 패턴을 찾을 수 있다). • 적절한 문제해결 전략을 선택할 수 있다(예상과 확인, 표 만들기, 그림 그리기, 단순화하기, 거꾸로 풀기, 식 세우기, 추론하기 등). • 문제해결 계획을 수립하고 문제를 푼다. • 푼 문제에 대해 반성하고 수정하거나 일반화한다.				
수학적 의사소통	• 적절한 수학적 기호나 용어를 사용한다. • 주어진 과제에 대한 질적인 설명을 한다. • 개념이나 아이디어를 분명하게 나타내고 들을 수 있다. • 다양한 수학적 표현을 할 수 있다.				

출처: 강옥기(2010). 수학과 학습지도와 평가론, p. 202에서 발췌하여 요약 수정하였음.

둘째, 문제해결력이다. 문제해결력은 학생들이 수학적 지식을 이용하여 문제해결 능력을 측정하는 것으로, 문제를 구성하는 능력, 그리고 문제해결에 대한 이해를 일반화하는 능력 등으로 구분된다. 다음의 내용은 문제해결력 영역 중에서 문제를 구성하는 것에 해당하는 예시이다.

〈예시1〉 문제 구성하기

> 글을 읽은 다음, 문제를 만들고 풀어 보시오.
> 색종이를 정민이는 연진이보다 18장 더 많이 가지고 있고, 동준이는 정민이보다 14장 더 적게 가지고 있습니다. 연진이가 가지고 있는 색종이는 55장입니다(수학익힘책 2-1, 2011, p.53).

셋째, 의사소통이다. 의사소통은 학생들이 수학적으로 의사소통하는 것으로 평가기준은 다음과 같다; 수학적인 생각을 말하고, 쓰고, 설명하고, 시각적으로 표현하는 능력; 지필, 구두 또는 시각적 표현으로 제시된 수학을 이해하고 해석하는 능력; 수학적 어휘와 기호 체계, 구조를 사용하여 사고를 표현하고 관계성을 기술하고 상황을 모형화할 수 있는 능력이다. 다음의 예시는 의사소통 능력을 평가 영역에서 지필, 구두 또는 시각적 표현으로 제시된 수학을 이해하고 해석하는 문제에 해당하는 것이다.

〈예시 2〉 지필, 구두, 시각적 표현으로 제시된 수학적 아이디어를 이해하고 해석하기

아래 그래프는 A그룹과 B그룹 학생들을 대상으로 과학 시험을 실시한 후 그 결과를 나타낸 것이다.
A그룹의 평균 점수는 62.0이고, B그룹의 평균 점수는 64.5점이다. 그리고 점수가 50점 이상일 때 학생들은 이 시험을 통과하게 된다.

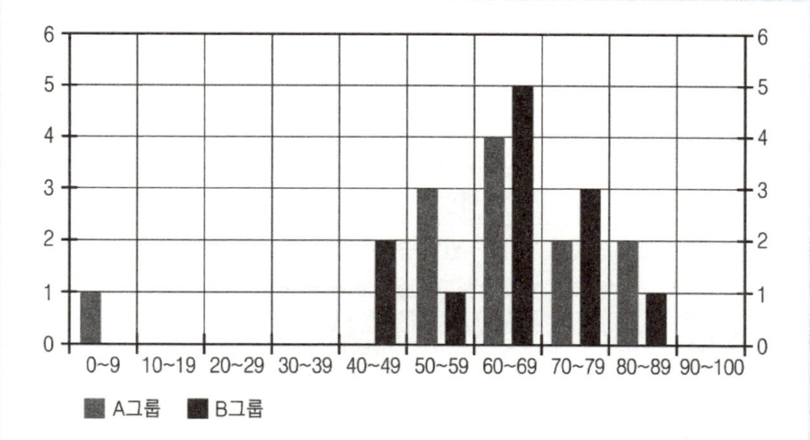

위 그래프를 토대로 선생님은 B그룹이 A그룹보다 더 잘 했다고 말씀하신다. 그리고 A그룹 학생들은 선생님의 의견에 동의하지 않는다. 그들은 B그룹 학생들이 반드시 더 잘 한 것은 아니라고 선생님을 설득시키려고 한다.
위 그래프를 이용해서 A그룹 학생들이 제시할 수 있는 수학적 주장을 하나만 쓰시오.

출처: 이미경 외 (2007). OECD/PISA 2003 공개문항 분석 자료집. 연구자료 ORM 2007-25, p. 151.

넷째, 수학적 추론이다. 수학적 추론 능력에는 규칙성을 인식하고 가설을 설정하는 데 귀납적 추론을 사용하는 능력, 수학적 명제에 대한 개연적 논증을 전개하기 위해 추론을 사용하는 능력, 비례추론과 공간추론을 사용하여 문제를 해결하는 능력, 결론을 내리고 논증의 타당성을 판단하며, 타당한 논증을 구성하는데 연역추론을 사용하는 능력, 상황을 분석하여 공통성질과 구조를 결정하는 능력, 그리고 수학의 공리적 성질을 이해하는 능력으로 세분된다.

다섯째, 수학적 개념이다. 수학적 개념에 대한 이해와 지식은 개념을 정의하고 말로서 표현하고 분류하는 능력, 적당한 예와 반례를 확인하고 만드는 능력, 개념을 표현하기 위해 기호와 도식과 모델을 이용하는 능력, 어떤 표현방식을 다른 표현방식으로 변환하는 능력, 개념의 다양한 의미나 해석을 인식하는 능력, 주어진 개념의 성질을 밝히고 특정 개념을 결정하는 조건을 인식하는 능력, 그리고 개념을 비교하고 대비시키는 능력 등으로 세분된다. 다음의 내용은 수학적 개념 평가 영역에서 적당한 예와 반례를 확인하고 만드는 능력을 평가하는 문제에 해당하는 예시이다.

〈예시 3〉 적당한 예와 반례를 확인하기

22. 경희와 미영이가 어떤 도형에 관하여 나눈 대화입니다.

경희: 어떤 도형이 네 변을 가지고 있다면 그건 직사각형이야.
미영: 반드시 그런 것은 아니야. 이 도형을 보면 알 수 있어.

미영이가 보여준 도형은 다음 중 어느 것입니까?

①원 ②삼각형 ③정사각형 ④직사각형 ⑤사다리꼴

출처: 고정화 외(2007). 2006년 국가수준 학업성취도 평가 연구-수학, 연구보고 RRE 2007-3-4, p. 51.

여섯째, 수학적 절차 지식이다. 수학적 절차에 대한 지식은 언제 어떤 절차가 적절한지를 인식하는 능력, 절차의 각 단계에서 이유를 제시하는 능력, 절차를 확실하고 효율적으로 실행하는 능력, 절차의 결과를 경험적으로 또는 분석적으로 입증하는 능력, 옳고 그른 절차들을 인식하는 능력, 새로운 절차를 만들고 기존 절차를 확장 또는 수정하는 능력, 그리고 수학에서의 절차의 성질과 역할을 음미하는 능력 등으로 세분된다.

일곱째, 수학적 성향이다. 수학적 성향은 과제에 접근하는 방식이나 자신감, 다른 방법을 찾아보려는 자발성, 지속성, 흥미, 자신의 생각을 반성하려는 경향에서 나타난다. 수학적 성향에는 문제를 풀고, 생각을 교환하고, 수학을 사용하여 자신감을 가지고 추론하는 것, 수학적 아이디어를 탐구하고 다른 문제해결 방법을 찾는 유연성, 수학적 과제를 지속적으로 수행하려는 자세, 수학을 하는 데 있어서의 흥미와 호기심, 창의성, 자신의 생각과 수행 결과를 조정하고 반성하려는 경향, 다른 과목과 일상의 경험에서 발생하는 상황에 수학을 적용하는 것의 가치를 아는 것, 우리 문화에 있어서의 수학의 역할과 도구와 언어로서의 수학의 가치에 대한 이해 등으로 구분된다.

3. 수학 평가의 유형과 방법

1) 수학 평가의 유형

평가의 유형은 평가의 기준, 평가의 방법, 평가의 시기 등으로 나눌 수 있으며, 평가의 기준에는 절대평가, 상대평가로 구분된다. 평가 방법은 공식적인 평가, 비공식적인 평가로 대별할 수 있으며, 평가의 시기에는 진단평가, 형성평가, 총괄평가로 구분된다. 본 절에서는 교육과정에서 제시되고 있는 수업의 전개 과정에 따라 실시되는 평가 유형에 대해서만 살펴보고자 한다.

진단 평가는 선수학습 내용을 확인하고 수업의 시작점을 파악하는 데 그 목적이 있다. 즉 진단평가는 수업이 시작되기 전에 학생의 학습 수준과 문제점을 파악하여, 이후의 학습지도 계획에서 무엇을 어디에서부터 가르쳐야 할 것인지를 참고하기 위한 정보를 제공해준다. 따라서 진단평가는 학년 초, 학기 초, 단원 시작 전, 수업 시작 전 등의 시기에 실시하며 후속 학습과 관련된다. 진단 평가 실시 방법에는 전통적인 검사 방법인 지필검사뿐만 아니라, 면담, 평정척도, 관찰 등 다양한 방법을 활용한다. 이러한 진단 평가의 결과를 토대로 학생의 수학과 학습 내용의 시작점을 파악할 수 있으며, 교사는 개별화교육계획을 수립하는데 참고자료로 활용할 수 있다.

형성 평가는 수업이 진행되는 과정에서 학생이 성취해야 할 목표를 향해 잘 전진하고 있는지를 알아보기 위해 실시되는 평가이다. 즉, 형성평가는 학습 및 교수가 진행되고 있는 동안에 학생들이 학습목표와 관련된 사항을 확인함으로서 학습곤란의 교정, 학습행동의 강화, 교수방법과 교육과정 개선 등을 위한 목적으로 이루어진다. 그러므로 형성평가는 수업 전개 과정 속에서 학생과 교사 모두에게 발전적인 수업을 위한 피드백을 제공한다. 형성평가의 특징을 살펴보면 다음과 같다(황정규, 1998: 263-265).

첫째, 형성평가의 가장 주된 특징은 정보의 송환과 교정에 있다. 다시 말하면 피드백 효과의 역할이다. 형성평가에서 좋은 성취를 보이는 학생은 형성적 평가의 결과, 그것 하나만으로도 보상과 강화의 역할을 했다고 본다.

둘째, 형성평가는 교수·학습이 유동적인 시기에 교과내용, 교수·학습의 개선을 위해 실시하는 평가이다. 즉, 형성평가의 목적은 점수를 매기거나, 학생의 성적을 판정하거나, 교사의 능력을 평가하려는 것이 아니라 학생의 학습을 증진시키려면 무엇을 개선해야 할 것인지를 추구하는 개선 추구의 평가이다. 그러므로 형성평가는 수업이 진행 중일 때에 실시되고 그 기초 위에서 기대하는 목표의 학습을 이끌어가기 위해서 필요한 정보를 얻는 데 목적이 있다.

셋째, 형성평가는 교수·학습 과정을 일차적으로 이끌어가고 개선해가야 할 교사가 제작하는 것이 원칙이다. 형성평가는 진행 중인 수업 프로그램에 관해 어떤 정보를 얻으려는 것이기 때문에 직접 수업을 하는 교사 자신이 평가 문항을 제작하는 것이 바람직하다. 따라서 교사는 학생의 수행 정도를 정확히 판단하기 위해서는 관찰 가능하고 측정 가능한 행동 목표를 구체적으로 설정하여 평가하여야 한다.

넷째, 수업목표 혹은 교수 목표에 기초한 평가를 한다는 것, 즉 목표지향평가가 형성평가의 중요한 특징의 하나이다. 교육과정이건, 교과서이건, 그것은 학생이 어떤 목표를 달성하도록 짜여진 경험의 조직체이다. 이같이 설정해 놓은 목표를 학습상황에서 성취하고 있느냐 어떠냐를 결정하는 일이 교사의 역할이라고 규정할 수 있다. 형성평가의 중요한 목적은 이같이 설정된 목표를 학생이 수긍할 정도로 성취하고 있는지 어떤지를 결정하려는 것이며, 성취하지 못했을 때 무엇을 개선해야 할 것인가를 결정하는 정보를 제공하려는 데 있다.

최근에 와서 흔히 형성평가는 '5분 테스트', '퀴즈', '쪽지검사', '형성검사' 등으로 불리는 지필검사를 많이 사용하고 있다. 여기에서 특히 주목해야 할 것은 형성평가의 역할을 하는 것이 반드시 시험지나 고사와 같은 시험 절차에 의해서 되는 것이 아니라, 구두 질문, 미소, 고개의 끄덕임, 칭찬 등도 같은 역할을 한다는 사실이다(최호성, 2008: 379). 즉, 형성평가 방법에는 지필검사뿐만 아니라, 교사의 질문, 학생활동의 관찰, 학생의 수행 행동, 과제학습의 분석 등을 활용할 수 있다.

총괄 평가는 수업이 마무리되는 시점에서 사전에 설정된 준거나 목표에 학생이 얼마나 도달했는가를 알아보기 위해 실시하는 것이다. 따라서 총괄 평가는 한 제재 또는 단원이 마무리되는 시점이나 주, 월, 학기 단위의 마무리 시점에서 정기적으로 실시하여 지금까지의 학습 내용을 정리할 것인지, 다음 학습 내용으로 전개할 것인지를 판단하게 된다. 이러한 총괄 평가의 결과를 토대로 교사는 기존의 개별화교육계획을 수정하거나 새로운 개별화교육계획을 수립할 수 있다.

〈표 7-4〉 진단, 형성, 총괄 평가의 관계 및 특성

평가 유형 / 요인	진단평가	형성평가	총괄평가
기능	• 필요한 기능이 있는지 없는지의 확인 • 사전에 습득되어 있는 수준의 확인 • 반복되는 학습 곤란점에 대한 원인의 확인	• 아동의 학습진전에 관한 교사와 아동에의 피드백 • 교육과정 편성을 위한 자료수집	• 단원, 학기말에 단위를 인정하든가 성적을 매기든가 함 • 정착된 학력의 평가
시기	• 수업 전 • 단원, 학기, 학년의 학습이 시작하기 전	• 수업 중 • 학습활동의 진행 중	• 수업 후 • 단원, 학기, 학년이 끝날 때
평가의 강조점	• 인지적, 정의적 능력	• 인지적 능력	• 일반적으로 인지적 능력
평가 용구의 형태	• 사전 검사를 위한 형성적 그리고 총괄적 검사 • 진단적 검사 등	• 형성적 검사	• 중간 · 기말시험
항목의 곤란도	• 쉬운 항목을 많이 사용함	• 미리 지정할 수 없음	• 쉬운 항목부터 어려운 항목까지를 배열함
채점	• 규범이나 달성기준에 기초함	• 달성기준에 기초함	• 규범에 바탕을 둠
득점의 표시	• 하위 기능마다 개인단평	• 통과 · 실패의 개별형식	• 총합득점, 또는 목표마다의 하위득점

출처: 강지형 외(2001). 7차 교육과정에 의한 초등수학 교육, p. 113.

2) 평가 방법

수학과 평가 방법은 평가 영역에 따라 지필검사뿐만 아니라, 학생의 행동에 대한 관찰, 일화 기록, 작품 분석, 면담, 프로젝트 평가, 포트폴리오 등의 다양한 평가 방법을 활용하게 된다. 특히 학생의 수학적 사고 과정, 문제해결 과정, 정의적인 태도 등을 평가하는데 있어 객관식 문항이나 지필검사는 제한적일 수 있다. 특수교

육대상학생의 경우 수학과 평가는 상대적 위치를 파악하거나 등급을 매기기 위한 평가가 아니고 준거 지향적 평가를 통한 개별 학생의 성취 정도를 파악하기 위한 것이므로, 평가 방법을 다양하게 활용하는 것이 필요하다. 따라서 본 절에서는 수학과의 다양한 영역을 평가하기 위해 활용되고 있는 평가 방법들을 소개하고자 한다.

(1) 지필평가

지필평가는 수학과 평가방법으로 가장 많이 사용하는 방법이다. 수학과의 새로운 평가 방향 및 관점에 비취어 볼 때, 지필평가는 학생의 수학적 사고과정, 태도, 흥미, 수학적 힘 등의 다양한 내용을 평가하는 데 어려움이 있다.

그러나 학생들의 수학적 사고 과정과 결과를 확인할 수 있는 질 높은 문항을 개발하고 관찰, 면담, 포트폴리오 등의 다양한 평가방법들을 조화롭게 병행한다면, 지필평가는 학교현장에서 효율적으로 다양한 정보를 수집할 수 있는 평가방법이 될 수 있다(교육과학기술부, 2007: 137). 지필평가에는 선택형으로 선다형, 진위형, 배합형이 있고 서답형으로 완성형, 단답형, 논술형의 방법이 있다. 선다형은 문항 형식을 변형하면 단순 정보만이 아니라 고차원적인 지식을 평가할 수 있고 채점이 용이하나, 좋은 문항을 만드는 것이 쉽지 않으며 특히 매력적인 오답을 만드는 것이 어렵다. 진위형은 읽기 능력이 부족한 학생들에게도 가능하며 채점이 간단하다. 배합형은 수학적 사실뿐만 아니라 개념적 지식, 절차적 지식의 문항을 구성할 수 있으며 시간도 짧고 채점도 신뢰롭다. 완성형과 단답형은 선택형에 비하여 학생이 내용을 알지 못하면서도 점수를 받을 가능성을 줄일 수 있지만 문제해결 과정이나 추론 과정을 밝히는 평가가 이루어지기 어렵다. 그리고 논술형은 깊고 넓게 문항을 구성할 수 있으나 시험 시간과 채점 시간이 길기 때문에 출제 문항 수에 제한이 있다(강완, 2010: 350).

그러므로 다음의 〈예시 4〉와 같이 서술식 문제에 대해서는 구체적인 채점 기준이나 분석적인 채점 기준표를 미리 작성하여 채점에 대한 타당도와 신뢰도를 높여야 한다. 또한 특수교육대상학생에게 지필평가를 실시할 경우, 교사는 장애의 특성을 고려하여 평가지를 제시하여 객관적이고 타당한 평가를 해야 한다. 예를 들면 시각장애 학생에게는 점자 평가지를 제시하고, 저시력 학생의 경우는 확대된 평가지를 제공한다. 특히 지체장애 및 뇌성마비 학생의 경우 개별적인 학습적 요구를 파악하여 평가시 특수교육 공학적 접근이 가능하도록 한다.

〈예시 4〉 수학과 문제해결 서술식 채점 기준표

응답 유형	응답 내용
모범적인 응답(10점)	• 적절한 전략을 선택한다(문제해결). • 모든 가능한 해결책을 찾는다(문제해결). • 분명하고 핵심적인 설명을 찾는다(의사소통). • 적절하다면 명확한 도표, 그림, 모형을 포함시킨다(의사소통). • 빠르게 계산한다(계산).
만족스런 응답(8점)	• 적절한 전략을 고른다. • 최선의 해결책을 찾는다(문제해결). • 이치에 맞는 명확한 설명을 제시한다(의사소통). • 일반적으로 적절한 수학적 용어를 설명한다(의사소통). • 빠르게 계산한다(계산).
보통수준의 응답(6점)	• 부적절한 전략을 선택한다(문제해결). • 가능한 해결책을 한 가지만 찾는다(문제해결). • 설명이 다소 불명확하다(의사소통). • 그림, 도표가 다소 불명확하다. • 수학적 용어 사용에서 실책을 하거나 혼란스러움을 느낀다. • 계산의 순서가 틀린다(계산).
부적절한 응답(4점)	• 부적절한 전략을 사용한다(문제해결). • 하나의 해결책을 찾거나 혹은 아무런 해결책도 찾지 못한다(문제해결). • 설명이 불명확하고 빠진 부분이 있다(문제해결). • 도표, 그림이 불명확하거나 빠져 있으며 적절하지 못하다(의사소통). • 수학적 용어를 사용하지 못한다(의사소통). • 중대한 계산 오류가 있다(계산).
무응답(0점)	• 문제해결에 대한 어떠한 응답이 없다.

출처: 조한무(1998). 수행평가를 위한 포트폴리오 평가, p. 236.

(2) 관찰

교사들은 교육활동에서 학생들의 행동을 수시로 관찰한다. 수학 수업상황에서 교사는 학생의 수학적 사고과정, 문제해결 과정 및 수행에 대해 관찰하여 그에 대한 정보를 수집할 수 있다. 이러한 정보를 바탕으로 교사는 수학 학습활동에 대해 학생에게 피드백을 제공할 수 있고, 교사는 수집된 정보를 분석하여 학습자의 개별적 특성을 고려하여 교수계획을 세울 수도 있다. 그러므로, 관찰은 인지적 영역뿐만 아니라 수학에 대한 태도, 흥미와 같은 정의적 영역을 평가하는 데 유용하다. 관찰은 수업내용 및 활동에 따라서 개별 학생, 소집단의 학생, 또는 학급 전체 학생을 관찰할 수 있는데, 이때 교사는 관찰의 목적과 내용을 구체적으로 계획하여 수업이 순조롭게 진행되도록 해야 함을 간과해서는 안된다. 특히 특수교육대상학생은 관찰을 통하여 수학적 태도, 사고, 흥미, 그리고 수학적인 수행능력과 같은 기능성 등을 평가할 수 있다. 수학과를 평가하기 위해 가장 보편적으로 사용되는 관찰 기록 방법에는 일화 기록법, 체크리스트법, 평정 척도법 등이 있다.

〈예시 5〉 일화 기록법: 수학 관찰 기록

관찰 요인	일시	관찰 내용
수세기	3/10	손가락으로 구체물을 하나씩 가리키지 못하고 반복해서 같은 구체물을 짚으면서 불분명한 발음으로 수세기를 함.
도형 변별	3/12	제시하는 도형을 보고 동그라미 모양은 찾으나, 세모와 네모는 찾지 못함.

〈예시 6〉 평정 척도의 예: 수와 연산 영역

평가 항목	평가 기준		
1. 과제에서 벗어나지 않는다.	상	중	하
2. 문제해결에 도움이 되는 전략을 제시한다.	상	중	하
3. 자신이 사용한 전략을 설명한다.	상	중	하
4. 문제를 끝까지 해결하려고 노력한다.	상	중	하
5. 모르는 것은 묻고 적극적으로 알려고 한다.	상	중	하

〈예시 7〉 정의적 영역 평가의 예

영역	관찰내용	학생1	학생2	학생3	학생4	학생5
과제 집착력과 의지	수학 공부를 열심히 한다.					
	수학 시간에 배운 내용을 정확히 알려고 노력한다.					
	수학 문제를 풀 때, 답을 구할 때까지 중단하지 않고 노력한다.					
	수학 공부를 잘하기 위해 계획을 세우고 스스로 노력한다.					
수학 수업에의 참여	수학 수업 시간에 모둠 활동에 적극적으로 참여한다.					
	수학 수업 시간에 다른 생각을 한다.					
	수학 수업 시간에 발표를 많이 한다.					
	수학 문제를 풀 때 아이디어를 다른 학생들과 공유한다.					

출처: 교육과학기술부(2008). 초등학교 교육과정 해설(IV), p. 141의 내용을 요약 · 수정 정리함.

(3) 면담

면담은 교사가 학생들을 직접 면담하여 학생들의 수학적 사고 과정에 대한 정보를 얻는 방법이다. 교사는 학생을 개별적으로 면담하여 학습 부진아를 진단하거나 학습 우수아를 확인할 수 있고, 또한 소집단별로 과제를 수행하는 자연스러운 분위기에서 면담을 실시하여 평가 목적에 부합하는 정보를 얻을 수도 있다. 면담 기록 방법에는 학생 개인의 구체적인 행동 사례를 간략하게 기술하는 일화기록법과 면담하려는 행동 단위를 미리 분류하고 이것을 기초로 그러한 행동이 나타났을 때 표시하는 체크리스트법 등이 있다. 일화기록법은 한 개인을 대상으로 구체적인 행동 사례를 간략하게 기술하는 방법이고, 체크리스트는 관찰이나 면담하려는 행동 단위를 미리 분류하고 이것을 기초로 그러한 행동이 나타났을 때 표시하는 방법이다(교육과학기술부, 2008: 137). 교사는 평가에 필요한 정보를 수집하기 위해서 면담을 실시하기 전에 면담 계획을 세우는 것이 중요하다. 즉, 면담의 성격 및 내용에 따라 면담 유형을 결정하여 질문내용을 작성하고, 필요한 자료, 기록 방법 등을 사전에 철저히 준비할 필요가 있다. 예를 들어 시각장애 학생을 면담할 경우, 교사는 면담지를 점자화하여 학생에게 미리 제공해주므로써 학생이 편안한 마음으로 면담에 임할 수 있도록 할 수 있다. 또한 통합 상황에서 청각장애 학생을 면담할 경우, 교사와 학생간의 원활한 의사소통을 위하여 구화 및 지문자를 사용하거나 수화통역사를 배치하여 수학 문제해결 과정에서 어려운 점, 오류 등의 정보를 좀 더 정확하게 수집할 수 있을 것이다.

(4) 포트폴리오

포트폴리오는 특정 영역의 교육과정 목표와 관련된 수업이나 다양한 장면에서 이루어진 활동 결과물들을 체계적으로 모아서 평가하는 것을 말한다. 즉, 학생이 만든 작품을 지속적으로 모아 둔 작품집을 이용한 평가 방법이다. 학생들은 자신이 제작한 수학 포트폴리오를 통해 자기 자신의 변화 과정을 알 수 있고 자신의 장점이나 약점, 성실성 여부, 잠재 가능성 등을 스스로 인식할 수 있다. 그리고 교사는 수학 수업에서 학생들의 과거와 현재의 상태를 쉽게 파악할 수 있고 앞으로의 발전 방향에 대한 조언을 쉽게 할 수 있다(국립교육평가원, 1996:50). 포트폴리오를 평가 방법으로 사용하기 위해서는 평가의 목적이 구체적으로 정의되어야 하고, 누구에 의해 언제, 무엇을 포트폴리오에 포함시킬 것인지에 대한 기준이나 방법이 결정되어야 하는데, 포트폴리오에 포함될 항목의 수는 일반적으로 10-12개 정도가 적절하다고 본다(Kulm, 1994).

포트폴리오 평가의 특성 및 장점에 대해 살펴보면 다음과 같다. 첫째, 수업과 연계시켜 학생의 성취수행을 평가할 수 있다. 둘째, 특정 학습내용 범위를 초월하여 학생의 학업 성취를 광범하게 기술 묘사할 수 있는 방법이다. 셋째, 특정 영역에서의 학생의 성장을 정확하게 기록할 수 있는 방법이다. 넷째, 학생 스스로 자신의 강점과 약점을 정확하게 파악할 수 있게 한다. 다섯째, 학생이 자신의 학습활동에 참여하고 자신의 학습활동에 대하여 책임을 질 수 있도록 격려한다. 여섯째, 학부모나 교육 행정가를 위한 가치로운 정보의 원천이 된다(Worth 등, 1993). 다음 〈표 7-5〉는 포트폴리오가 평가로서 활용될 때 그에 따른 목표와 내용을 제시한 것이다.

〈표 7-5〉 평가 목표와 포트폴리오의 내용

목표	증거자료, 예, 코멘트
긍정적인 수학적 성향 －동기 －인내심 －도전감 －책임감 －자신감	• 수학에 대한 열의를 나타내는 일지의 내용 • 주기별 학습한 문제해결 자료 • 가정학습 자료 • 학생이 작성한 학습 계획표 • 수학자서전
수학적 이해의 성장 －개념 발달 －문제해결 능력 －의사소통 능력 －수학의 구성	• 학기 초부터 일정한 기간을 둔 같은 항목에 대한 자료 수집 • 어떤 알고리즘이 타당한 이유 설명 • 문제 상황을 명확히 하는 그림, 표, 식 등 • 수학 프로젝트에 대한 사진 • 전략 사용에 대한 자료 • 문제 풀이한 노트
수학적 추론 －추론의 방법 －수와 연산 －도형	• 탐구활동에 대한 보고서 • 통계처리 계획 및 처리 자료 • 열린 문제에 대한 반응 • 수학적 원리나 법칙에 대한 설명
수학적 연결성 －수학적 개념이나 성질 사이의 연결	• 수학을 과학이나 사회 과목 등 다른 과목에 사용한 근거 자료 • 산술, 대수, 해석, 기하, 통계 사이의 관계성에 대한 보고 자료 • 수학적 예술 프로젝트
집단 문제해결 －협력하는 능력	• 과제해결 계획 작성 표 • 소집단 활동 자료 • 소집단의 자체평가 • 그룹활동에 대한 오디오 테이프 또는 비디오 테이프

목표	증거자료, 예, 코멘트
도구의 사용 －계산기, 컴퓨터 사용 －조작자료 사용	• 컴퓨터를 이용한 통계 처리 • 계산기를 사용한 자료 • 조작자료의 사용을 표현한 그림, 또는 결과
교사와 학부모의 포함 －교사와 학부모 협의 －학부모 학생 협의 －학부모의 교육 이해	• 평가시기마다 사용한 일관성 있는 자료 • 학생 면담 자료 • 교사-학부모 회의 자료 • 교사-학부모 회의에 학생이 발표한 포트폴리오

출처: 강옥기(2007). 수학과 학습지도와 평가론, p. 229.

(5) 자기평가

자기평가는 학생이 수학 학습 과정에서 자신의 진전 상황을 스스로 감독하고 자신의 수학적 지식과 태도를 평가하는 과정이다(Kenney & Silver, 1993). 자기평가의 구체적 방법으로는 '학생 자신과의 대화'와 '학생 자신에게 질문하기' 등이 있다. '학생 자신과의 대화'는 자신을 쉽게 표현하는 쓰기 활동의 일종이며, 매시간 학생 스스로 자신의 수학 지식의 이해도 및 수학에 대한 태도를 짧은 형태로 기록하여 교사에게 제출하는 것으로 일종의 개인일지라고 할 수 있다(Burton, 1985; 최승현, 1999에서 재인용). '학생 자신에게 질문하기'는 수학 문제를 해결하는 동안 학생들이 자기 자신에게 질문을 함으로써 자기를 감독하는 방법이다. 따라서 자기평가 방법을 활용할 경우, 교사는 학생에게 자기 평가의 목적과 수행 방법을 구체적으로 설명해준다. 예를 들어 체크리스트나 질문지 형식을 활용할 경우 자기평가 목록을 작성하는 방법을 알려준다. 그리고 일기 형식으로 자기평가를 할 경우에는 수학 수업에 대한 개인적 관심사 혹은 어려웠던 점, 이해가 잘 안 되는 점, 수업 과정에서 느꼈던 점 등을 구체적으로 기술하도록 한다(교육부, 2007). 특히 자기평가 적용이 어려운 특수교육대상학생일 경우 교사가 사전에 학생과의 면담을 통하여 알고자 한 수학내용에 대해 체크리스트화 하여 학생에게 제시함으로써, 학생이 수학 수업에서 해당하는 내용을 스스로 평가할 수 있도록 한다.

(6) 동료평가

동료평가는 협동학습이나 소그룹 활동에서 동료들의 수업 참여, 태도, 책임감, 역할 등을 서로 검토하고 격려하므로써 정보를 얻는 평가 방법이다. 동료평가에서 학생들은 서로의 평가자가 되므로, 동료들간의 신뢰로운 태도와 분위기를 형성하여야 한다. 따라서 교사는 동료들간의 객관적이고 타당하며 신뢰로운 평가가 되도록 학생들에게 동료평가에 대해 구체적으로 숙지시켜야 한다.

〈예시 8〉 동료 평가 예시문

항목 / 영역	평가 항목	학생이름		
		정○○	유○○	박○○
자료와 가능성	• 주어진 역할에 맡게 수업준비를 한다.			
	• 정해진 기준에 따라 사물을 분류한다.			
	• 표를 보고 협력하여 그래프를 그린다.			
	• 작성된 그래프를 보고 각각 설명한다.			
	• 수업활동에서 사용된 교구를 협력하여 정리한다.			

(7) 수학일지

수학일지는 일종의 수학일기라 할 수 있다. 수학일지는 학생이 배운 수학 학습에 대해 자신의 생각이나 느낌을 솔직하게 쓰는 것을 말한다. 학생은 자신의 수학 학습에 대한 능력, 태도, 흥미, 문제해결 방법 등을 기록하므로써 반성적 성찰을 할 수 있다. 그리고 교사는 수학일지의 내용을 토대로 학생의 인지적 영역뿐만 아니라 정의적 영역을 평가할 수 있는 정보를 얻을 수 있다. 따라서 수학일지를 평가 자료로써 활용할 경우 교사는 학생에게 수학일지 쓰는 목적을 설명하고 쓰는 방법과 과제를 자세히 안내해주어야 한다. 수학일지 자체가 부담을 주거나 부담이 되는 과제가 되지 않도록 해야 한다. 특수교육대상학생의 경우 특수학급에서 교사는 학생들에게 배운 내용을 편지나 이메일을 통하여 수학일지 쓰기를 지도할 수 있다. 그리고 자기보다 낮은 학년의 학생에게 문제해결 방법을 설명하는 글을 쓰게 하므로써 수학일지 작성을 지도할 수도 있다. 또한 스스로 수학일지 쓰기가 어려운 특수교육대상학생의 경우 수학 학습에서 정보를 얻고자 하는 내용이나 학생의 응답을 요구하는 수학일지 양식을 작성하여 제시할 수 있다.

4. 특수교육대상학생을 위한 평가 수정

1) 대안적인 평가 방법

특수교육대상학생들의 평가 방법은 그들의 특별한 학습 요구에 의해 결정된다. 예를 들면 읽기장애 학생의 수학시험지의 문항 또는 지시문이 읽기 위주로 되어 있을 경우 그 학생의 수학능력은 낮은 것으로 나오게 될 것이다. 그러므로 그들의 잠재능력을 충분히 발휘할 수 있도록 대안적인 평가 방법과 관리 및 절차 등의 전반적인 평가체제에 대한 수정이 필요하다. 본 절에서는 특수교육대상학생의 수학과 평가의 대안적인 방법인 개별화교육 프로그램, 계약평가, 합격/불합격 평가, 공동평가, 서술평가 등을 살펴보고자 한다(신현기 외, 2005: 130-132).

(1) 개별화교육 프로그램

개별화교육 프로그램(IEP)은 교사들에게 평가 기간 동안 학생들의 수행능력과 성취수준을 측정하는 데 참조할 수 있도록 여러 가지 목표들과 수행기준을 제시한다. 특수교육대상학생의 수학과 평가는 달성한 목표들의 수와 각 목표들의 성취수준들을 가지고 이루어질 수 있다. 특히 IEP는 통합된 특수교육대상학생의 수학과 평가 절차에 있어서 개별화된 평가를 할 수 있도록 해주는 평가 방법이다. IEP를 평가 기준으로 삼게 되면 특정한 기술 수준이 목표에 달성되었는지 등에 관한 학생들의 진전을 평가하는데 도움을 줄 수 있다. 그러므로 성취기대 수준에 도달한 학생들은 수행능력과 함께 노력점수도 포함해서 평가를 받게 된다.

(2) 계약평가

계약평가는 교사와 학생이 특정한 점수를 얻기 위해 과제의 양과 수준을 결정한다. 평가의 양과 수준, 그리고 방법 등이 미리 결정되기 때문에 이 평가 방법은 평가에서 나타날 수 있는 주관성이 감소될 수 있으며, 학생들에게 특정 점수에 해당하는 기대 수준의 이해를 도와준다. 즉, 계약평가에서 학생들은 학습 동기유발을 위해 학습목표 달성도를 선택하고 평가하는데 참여한다. 또한 학생들에게 자신의 과제에 대한 책임감과 자부심 등을 촉진하도록 동기를 유발시킬 수 있다. 계약의 범위를 정할 때에는 교사와 학생들 모두는 학생이 희망하는 학습내용, 기술 습득에 도움이 되는 활동과 전략, 자료들, 학생들의 성취수준을 나타내는 결과물, 학생들의 성취결과를 평가하는 방법, 과제완성에 주어지는 시간, 지각에 대한 벌칙, 성적을 매기는 절차 등에 대한 동의가 이루어져야 한다.

(3) 합격/불합격 평가

합격/불합격 평가는 가장 일반적인 평가 방법으로, 최소한의 수행능력의 범위를 정해놓고 평가하는 방법이다. 목표를 달성한 학생이면 "P(합격)"의 성적을 받지만, 최소한의 기준에도 미치지 못한 학생은 "F(불합격)"의 성적을 받게 된다. 합격/불합격 평가 방법은 학급 동료들과의 상대적 비교가 아니라 학급에서 요구하는 수준을 학생들이 성취했음을 나타내는 것이라고 볼 수 있다.

(4) 수행평가

수행(Performance)은 학생이 나타내는 반응의 양식과 직접적으로 연관이 있으며, 평가로서의 수행활동은 학생이 스스로 계획하고, 설명하고, 만들고, 증명하고, 적용하고, 해결하기 등이 해당된다. 즉, 교육과정 상의 목표나 기대한 결과가 학습 상황에서 달성했는지의 여부를 평가하기 위해 교사는 학생들의 낭독하기, 토론에 참여하기, 실험노트 작성하기, 발표하기, 협력하기, 학습 내용 요약 정리하기 등과 같은 활동 내용 등을 포함시킬 수 있다. 특히 특수교육 현장에서 수행평가를 계획할 때 교사는 실제 생활이나 필요에 적용해 볼 것을 학생에게 요구함으로써 수학의 기능적 평가를 고려할 수 있다.

(5) 공동평가

공동평가는 통합 상황에서 일반교사와 특수교사가 학생의 수행행동에 대해 함께 평가하는 방법이다. 즉, 특정 영역에서 학생들을 함께 지도하는 특수교사와 일반교사들은 학생의 수행활동 결과를 바탕으로 학생들의 성적을 결정하는 협력 체제로써 공동평가를 실시한다. 공동평가 방법은 교사들 간의 협력이 필요하며 함께 타당한 준거를 마련하고, 수행활동을 측정하기 위한 지침을 마련함으로써 공동평가가 효율적으로 이루어질 수 있다.

(6) 서술적 평가

서술적 평가는 학생들의 수행행동을 종합적으로 기술하는 방법이다. 교사들은 통합된 특수교육대상학생의 수행활동을 종합적으로 진술하거나 학생의 기록카드에 목표를 달성한 기술들의 목록을 적어줌으로써 학생의 평가를 개별화 할 수 있다. 이 서술적 평가 방법은 학생들의 수행을 더 자세하게 묘사해 줄 수 있으며, 학부모나 학생들, 다른 교사들에게 학생의 기술, 학습 형태, 동기, 태도 등에 대한 정보를 제공해 줄 수 있다. 따라서 서술적 평가를 사용할 때에는 교사의 주관적 진술을 피해야 하며, 교사가 관찰한 내용이나 행동 특징에 대해서만 진술해야 한다.

2) 평가체제의 수정

통합된 특수교육대상학생의 평가 수행능력은 그들의 특별한 학습 요구에 영향을 받게 된다. 즉, 시각적 정보처리 과정이나 과제집중에 어려움을 겪는 학생에게는 그들에 적합한 평가지원이 필요하다. 예를 들면 주의집중이 짧은 학생에게 교사는 평가과정에서 특수교육대상학생들에게 시간 안배를 고려하거나 휴식시간을 충분히 주는 등의 평가과정과 체제를 수정할 수 있다. 그러나 평가체제를 조정하는 것은 필요할 경우에만 이루어져야 하며, 특수교육대상학생이 통합학급의 평가체제에 잘 적응하고 있다면 수정된 평가 방법의 사용은 줄여야 한다. 본 절에서는 특수교육대상학생의 효율적인 학습 평가 체제 수정에 대한 내용을 간략하게 제시해 보고자 한다(신현기 외, 2005: 134-136).

(1) 문항과 지시문의 제시 방법

일반적으로 지필평가의 평가 문항이나 지시문의 제시 형태가 활자화되어 있기 때문에 시각장애 학생들은 이러한 형태의 평가문항을 완성하는데 어려움을 겪게 된다. 이러한 형태의 문항이나 지시문은 학생이 읽고 이해할 수 있도록 다른 방법으로 제시해 줄 수 있다. 예를 들면 특수교육대상학생들이 문항을 좀 더 수월하게 읽을 수 있도록 문항의 단을 구분해 준다든지, 문제를 풀어나가는 순서대로 지시문을 제시해 준다든지, 점자나 확대문자를 제공할 수 있으며, 학생이 익숙하게 사용하는 언어로 지시문이나 문항을 다시 제시해 줄 수 있다. 또한 문단의 형태도 지시문은 한 줄에 제시하거나 이중부정문을 사용하지 않거나, 다른 예문을 제시해

주는 등의 방법을 사용하는 것도 좋다.

(2) 답안 작성

특수교육대상학생 중 쓰기에 어려움을 보이는 학생들에게는 답안을 작성하는 방법을 수정해 주어야 하는데, 철자에 문제가 있는 경우에는 칠판에 필요한 낱말들을 적어준다거나, 쓰기(handwriting)에 문제가 있는 학생에게는 진술형 문항 대신 선다형 문항을 제시하기, 문법이나 철자가 학습평가에 별 영향을 주지 않는다면 테이프에 녹음한 답을 제시하게 한다거나 구술형 검사를 받게 할 수도 있다. 만일 쓰기가 중요한 학습평가 내용일 경우에는 성인 기록자에게 학생의 답을 대신 적도록 할 수 있다. 그리고 쓰기나 구술형 문제에 답을 완성하는 것이 어려운 학생들에게는 워드프로세서, 컴퓨터 등의 공학적 기기를 사용하게 할 수 있다.

(3) 채점

특수교육대상학생들의 평가에 있어서 채점하는 방법이나 절차도 수정할 필요가 있다. 예를 들면, 특수교육대상학생이 전체문항 중에서 시도한 문항에 대한 정답문항의 비율로 점수를 준다거나, 수학시험에서도 문제를 푸는 데 필요한 공식을 외우거나 쓰는 것으로 점수를 준다든지, 문법, 철자 등의 내용이 검사 요인이 아닐 경우 그 부분에 오류가 있다고 해도 벌점을 주지 않거나, 내용과 문법으로 나누어 점수를 주는 등의 방법을 사용할 수 있다.

(4) 평가도구의 제작 시 유의사항

특수교육대상학생들을 위한 수정된 평가 방법을 교사들이 유용하게 사용하지만, 대부분의 새로운 평가 방법도 전통적으로 사용되고 있는 교사가 직접 제작하여 시행한 평가 자료에 의존하게 된다. 그러나 특수교육대상학생들의 수행평가

시 교사가 제작한 평가도구를 그대로 사용할 경우 그들의 능력을 정확히 측정하는 데 한계가 있다. 그러므로 통합상황에서 특수교육대상학생들의 수행을 정확하게 평가하기 위해서 평가도구를 제작할 때에는 다음과 같은 점을 고려해야 한다 (Salend, 1994).

① 평가 내용

- 문항의 내용이 수업 목표와 직접 관련이 있는 것인가?
- 문항이 특수교육대상학생에게 가르치지 않았던 기술을 적용하도록 요구하지는 않는가?
- 문항의 형태가 그 동안 특수교육대상학생이 내용을 학습하는 데 도움을 주었던 전략들과 일치하는가?
- 문항의 지시문이나 문항에서 사용한 용어가 수업시간에 사용했던 것과 일치하는가?
- 특정한 영역에 할당된 문항의 비율이 그 영역을 다룬 수업의 시간의 양과 일치하는가?
- 평가 범위가 너무 넓은가 아니면 너무 좁은가?
- 평가 문항의 읽기 난이도는 적절한가?

② 평가 형태

- 지시문은 이해하기 쉬운 형태로 되어 있는가?
- 특수교육대상학생들에게 지시문의 변화를 나타내거나 문항의 특별한 사항을 지시해주는 단서를 사용하는가?
- 문항수는 적절한가?
- 검사문항에 혼동을 일으킬 내용은 없는가?
- 문항의 형태가 읽기에 좋은가?
- 페이지 당 문항수는 적절한가?

- 문항에 할당된 공간은 적절한가?
- 문항의 순서가 정확한가?
- 특수교육대상학생이 분리된 답안지에 답을 작성해야 하는가?
- 답안지의 공간은 적절한가?

5. 수학 교육과정의 평가

1) 공통 교육과정의 수학 평가

2022 개정 공통 교육과정 수학과의 평가는 초등학교의 경우 영역별, 학년군별로, 중학교의 경우는 영역별로 성기기준 적용 시 고려사항의 내용 안에 평가의 주안점 및 유의사항이 포함되도록 하였다. 이는 2015 개정 공통 교육과정 수학과에서 평가 방법 및 유의사항이 별도의 항목으로 제시했던 방식과 차별화되는 점으로 성취기준 적용 시 특별히 강조하거나 중요하게 다루어야 할 교수·학습의 내용과 평가의 주안점이 함께 고려하도록 제시된 것이다.

수학과의 평가는 학생의 인지적 영역과 정의적 영역에 대한 평가를 통하여 학생과 교사에게 유용한 정보를 제공하며 실생활 적용 및 활동 과정 평가를 강조하며, 교사의 수업 방법을 개선하는데 그 목적을 두고 있다. 수업 전에 진단평가를 실시하여 개인별 학습결손을 보완하고 지원 계획을 수립하여 실행하고 수업 전개과정에서는 형성평가를 통하여 교수방법이나 교수 프로그램을 수정하거나 학생의 학습목표를 조정한다. 평가 방법으로는 지필평가, 프로젝트 평가, 포트폴리오 평가, 관찰평가, 면담 평가, 구술평가, 동료 평가 등을 사용하여 학생의 수학 학습 과정과 결과를 양적 또는 질적으로 평가한다. 2022 개정 공통 교육과정 수학과 평가 방향 및 평가 방법을 살펴보면 다음과 같다(교육부, 2022a).

(1) 평가의 방향

(가) 학생의 수학 학습에 대한 정보를 수집·활용하여 학생의 주도적 학습과 성장을 지원하고 교사의 수업 개선을 돕도록 지속적으로 평가를 실시한다.

(나) 수학과 교육과정에 제시된 성격, 목표, 내용 체계, 성취기준, 교수·학습과 일관성을 가지도록 평가를 실시한다.

(다) 학생의 수학 학습을 돕기 위해 수업과 평가를 통합하여 과정을 중시하는 평가를 실시한다.

(라) 수학 내용 체계의 지식·이해, 과정·기능, 가치·태도를 학습 결과뿐 아니라 학습 과정에서 균형 있게 평가한다.

(마) 학생이 평가 과정에 적극적으로 참여하고 스스로 설정한 수학 학습 목표에 대한 달성 여부를 점검할 수 있게 한다.

(바) 학생의 사회·문화적 배경, 신체 특성 등이 불리하게 작용하지 않도록 평가를 실시하고, 학생의 사전 지식, 수학에 대한 흥미, 학습 유형, 학습 수준을 고려하여 평가 목적, 교수·학습 내용 및 방법에 따라 다양한 평가 방법을 적용한다.

(사) 진단평가, 형성평가, 총괄평가 등을 적절히 활용하여 수학 학습 과정과 결과에 대한 구체적인 정보를 바탕으로 학생의 특성과 학습 결손을 파악하고 개별적 지원 방안을 마련한다.

(아) 온라인 수학 수업에서 평가를 할 때 학습 환경 등의 외적 요소가 수학 학습 과정과 평가 결과에 영향을 미치지 않도록 한다.

(자) 평가 절차를 개방적이고 공정하게 시행하고 학생의 수학 학습에 대한 의미 있는 정보를 학생, 학부모에게 제공한다.

(2) 평가 방법

(가) 수학 수업과 연계하여 과정을 중시하는 평가를 실시할 때는 다음 사항을 고려한다.

① 성취기준을 중심으로 지식·이해, 과정·기능, 가치·태도 범주를 평가 요소로 구체화한다.

② 교수·학습과 연계하여 적절한 평가 도구와 준거를 개발하고 평가를 실시한다.

③ 평가 결과에 기반하여 학생의 학습 정보 및 수행 과정을 학생과 학부모에게 환류한다.

(나) 수학 교과 역량을 평가할 때는 다음 사항을 고려한다.

① 문제해결 역량의 평가는 수학의 개념, 원리, 법칙을 문제 상황에 적절히 활용하는지, 주어진 조건과 정보를 분석하고 적절한 해결 전략을 탐색하여 해결하

는지, 문제해결 과정을 돌아보며 절차에 따라 타당하게 결과를 얻어내고 이를 반성하는지, 적극적이고 자신감 있게 문제해결에 참여하는지, 적절한 방법을 찾기 위해 끈기 있게 도전하는지 등을 고려한다.

② 추론 역량의 평가는 수학의 개념, 원리, 법칙을 이해하는지, 논리적으로 절차를 수행하는지, 수학적 지식을 다양한 방법으로 탐구하는지, 관찰에 근거하여 추측하고 일반화를 할 수 있는지, 추측의 근거를 제시하는지, 타당한 정당화를 하는지, 수학에 대한 흥미와 관심을 갖는지, 체계적으로 사고하려는 성향이 있는지, 수학적 증거와 논리적 근거를 바탕으로 비판적으로 사고하는 태도를 갖는지 등을 고려한다.

③ 의사소통 역량의 평가는 수학 용어, 기호, 표, 그래프 등 수학적 표현을 이해하고 정확하게 사용하는지, 적절한 수학적 표현을 선택할 수 있는지, 수학적 표현 간에 변환을 할 수 있는지, 수학적 아이디어나 수학 학습 과정 및 결과에 대해 표현하고 다른 사람의 견해를 이해하는지, 수학적 표현의 편리함을 인식하는지, 타인을 배려하고 의견을 존중하는지 등을 고려한다.

④ 연결 역량의 평가는 영역이나 학년(군) 내용 사이에서 개념, 원리, 법칙을 적절하게 관련지어 이해하는지, 수학의 개념, 원리, 법칙을 연계하여 새로운 지식을 생성할 수 있는지, 수학을 실생활이나 타 교과의 지식, 기능, 경험에 적용할 수 있는지, 실생활이나 타 교과의 지식, 기능, 경험을 수학적으로 해석할 수 있는지, 수학을 바탕으로 창의적으로 관련성을 찾을 수 있는지, 수학의 유용성을 인식하는지 등을 고려한다.

⑤ 정보처리 역량의 평가는 자료와 정보를 목적에 맞게 수집하고 변환하고 정리하는지, 자료를 바탕으로 도출한 결론이 적절한지, 교구나 공학 도구를 적절하게 활용하는지, 수학적 근거를 바탕으로 합리적으로 의사 결정하는 태도를 갖는지 등을 고려한다.

(다) 학생의 수학 학습 과정과 결과는 다양한 평가 방안을 사용하여 양적 또는 질적으로 평가한다.

① 지필평가는 수학 내용 체계의 지식 · 이해, 과정 · 기능을 평가하는 데 활용할 수 있고, 선택형, 단답형, 서 · 논술형 등의 다양한 문항 유형을 사용할 수 있다.

② 프로젝트 평가는 학생 스스로 특정 주제나 과제를 탐구하고 해결하기 위해 계획을 수립하고 수행하는 과정과 그 결과물을 평가하는 방안으로, 수학 내용 체계의 세 범주를 종합적으로 평가할 때 활용할 수 있다.

③ 포트폴리오 평가는 학생의 성장에 대한 정보를 얻기 위해 수학 학습 수행과

그 결과물을 일정 기간 수집하여 평가하는 방안으로, 수학 교과 역량의 발달을 종합적으로 평가할 때 활용할 수 있다.

④ 관찰 평가, 면담 평가, 구술 평가는 학생 개인 및 소집단을 관찰, 학생과의 질의응답, 학생의 발표를 통해 평가하는 방안으로, 학생의 사고 방법, 수행 과정, 수학 내용 체계의 가치·태도 등을 평가할 때 활용할 수 있다.

⑤ 자기 평가는 학생 스스로 자신의 학습 과정과 결과를 평가하는 방안으로, 수학 내용의 이해와 수행 과정, 문제해결과 추론 과정의 반성, 자신의 생각 표현, 수학 내용 체계의 가치·태도 등을 평가할 때 활용할 수 있다.

⑥ 동료 평가는 동료 학생들이 상대방을 서로 평가하는 방안으로, 협력 학습 상황에서 학생 개개인의 역할 수행이나 집단 활동의 기여를 평가할 때 활용할 수 있다.

(라) 교구나 공학 도구를 활용하여 평가할 때는 다음 사항을 고려한다.

① 성취기준의 도달 여부를 판단하는 데 교구나 공학 도구의 사용이 효과적인 경우 이를 활용한 평가를 실시할 수 있다.

② 교구나 공학 도구를 활용하여 평가할 때는 교구나 공학 도구의 기능 및 조작이 아닌 수학 내용의 탐구 과정을 평가한다.

(마) 온라인 수학 교수·학습 환경에서 평가할 때는 다음 사항을 고려한다.

① 온라인 수학 학습에서는 학생의 활동에 근거한 구체적인 자료를 사용하여 평가한다.

② 온라인 학습 플랫폼이나 학습 관리 시스템을 이용하여 학생의 수행 과정을 관찰하고 개별 맞춤형으로 환류할 수 있다.

③ 학생의 접속 환경 미비로 인한 불참 시 기회 부여 등에 대해 방안을 마련하고 형평성의 문제가 제기되지 않도록 사전에 안내한다.

2) 기본 교육과정의 수학 평가

2022 개정 특수교육 기본 교육과정은 특수학교에 재학 중인 학생을 대상으로 하는 것으로 일반학교 특수학급에서는 공통교육과정의 편제와 시간을 적용하되, 기본교육과정의 내용과 연계하거나 대체하여 수업을 설계·운영 할 수 있다. 기본

교육과정을 적용하는 특수교육대상학생은 인지 능력, 학습 특성 및 능력 등에서 개인차가 매우 심하므로 수업 설계 단계에서 수학과 영역에 대한 학생의 진단평가를 통해 학습목표를 설정해야 한다. 그리고 교사는 학생 개개인의 현재 수행능력을 파악하고 그에 맞는 장·단기 교육 목표를 설정하는 개별화교육계획 안에서 평가가 이루어지도록 해야 한다. 즉, 개별적으로 설정된 학습 목표의 달성 여부는 수업전개과정에서 수시로 평가를 실시하고 각 영역별로 제시된 평가방법 및 유의사항을 고려하여 인지적, 기능적, 정의적 영역을 고르게 평가하도록 한다. 인지적 영역은 수학의 기초적인 개념, 지식이나 이론을, 기능에서는 수학의 개념이나 지식을 실생활에 적용하거나 활용능력에 주안점을 두고 평가할 수 있다. 정의적 영역의 평가는 수학에 대한 자신감이나 불안감, 수학 과제에의 집중력이나 지속력, 수학 수업에의 참여도 등과 같은 학습자의 수학에 대한 흥미와 관심을 중심으로 평가할 수 있다. 평가 방법은 관찰, 평정척도, 면담, 수학 학습일지, 포트폴리오, 자기 평가 등의 다양한 방법을 사용하며, 특수교육대상학생을 위한 대안적 평가 방법을 활용할 수 있다. 2022 개정 특수교육 기본 교육과정의 수학과 평가 방향 및 평가 방법을 살펴보면 다음과 같다(교육부, 2022b).

(1) 평가의 방향

(가) 학생의 수학 학습에 필요한 유용한 정보를 수집·활용하여 학생 성장과 발달을 돕기 위한 학습 측면에서의 평가와 교사의 수업 방법을 개선하고 전문성을 신장하기 위한 교수 측면에서의 평가로 실행할 수 있다.

(나) 교육과정에 제시된 내용의 수준과 범위를 준수하고, 교육과정의 '목표'와 '내용 체계', '성취기준', '교수·학습 방법 및 평가'가 일체화되도록 구체적인 평가 방향과 기준을 제시하도록 한다.

(다) 수학과 평가 활동은 교수·학습 활동과 연계된 필수적인 수업 활동으로, 모든 학생이 평가 활동에 참여할 수 있도록 다양한 평가 방안을 계획한다.

(라) 평가 결과는 학생, 학부모, 교사에게 피드백을 제공하고 환류하여 학생의 발달 및 수학 학습 개선에 도움이 되게 한다.

(마) 다양한 학습자의 교육적 요구 및 특성, 온오프라인의 학교 공간 확대 등을 고려한 실제적인 평가가 되도록 한다.

(바) 학습 측면에서의 평가는 학생 간 비교보다는 학생 내 향상 정도를 점검하고, 학생 개개인의 장점과 가능성을 발견하는 데에 초점을 둔다.

(사) 교수 측면에서의 평가는 교수・학습 방법, 교수・학습 자료, 평가 방법 등의 실제 수업을 개선하고, 교사 전문성을 신장하기 위한 반성적 자료로 활용한다.

(2) 평가 방법

(가) 학생 개개인의 현재 학습 수행 수준과 인지 발달 정도를 고려하고, 교육과정에 제시된 내용 수준과 성취기준을 종합적으로 고려하여 실시한다.

(나) 수업 전개 과정에 따라 진단평가, 형성평가, 총괄평가 등을 실시하되, 학습 과정 전반에 걸친 지속적인 평가를 통해 다양한 정보를 수집한다.

(다) '지식・이해', '과정・기능', '가치・태도' 범주가 고루 반영될 수 있도록 과정과 결과 모두에 초점을 두고 종합적인 평가가 이루어지도록 한다.

(라) 관찰, 체크리스트, 평정 척도, 면담, 포트폴리오, 자기 평가 등의 다양한 평가 방법을 사용한다.

(마) 생활 주변 현상이나 구체적 사실 등에서 수학의 기초적인 개념과 원리에 대해 이해하고 적용하는 과정에 초점을 둔 과정 중심의 평가가 이루어지도록 한다.

(바) 실생활과 관련된 다양한 문제 상황에서의 실제적인 평가를 통해 생활 수학으로의 전개를 위한 환류 자료로 활용되도록 한다.

(사) 평가하는 내용이나 방법에 따라 학생이 계산기, 컴퓨터, 교육용 소프트웨어 등의 공학적 도구와 다양한 교구를 이용할 수 있게 한다.

(아) 학생 개개인의 장애 유형이나 특성, 반응 및 표현 방식에 따라 다양한 표현 방식으로 수학적 의사소통이 이루어질 수 있는 평가 방안을 마련하여 모든 학생이 평가에 참여하게 한다.

(자) 장애 정도가 심한 학생의 경우 실제 장면에서의 '과정・기능'에 초점을 둔 참평가를 실시하고, 필요한 경우 대안평가 방안, 학생 특성을 반영한 평가기준 적용, 평가 방법의 조정 등을 적용한다.

(차) 교수 측면에서의 평가는 수업 설계, 수업 실행, 수업 평가 등 일련의 과정에서 여러 가지 정량적 혹은 정성적 평가를 실시하여 수업 방법의 개선에 실제적인 도움이 되게 한다.

요약

수업상황에서 수학과 평가는 교수·학습 과정의 일부로써 교육과정에서 제시하고 있는 수업목표 달성 여부, 교수자의 교수 방법 및 활동에 대한 개선과 피드백을 통한 반성적 성찰의 기회를 제공한다. 이 장에서는 수학과의 일반적인 평가 목적과 방향, 그리고 평가 규준과 내용을 알아보았으며, 그와 관련지어 특수교육 교육과정에서 제시하고 있는 특수교육대상학생의 수학과 평가의 목적과 관점을 살펴보았다. 수학과 평가의 형태와 방법으로 지필검사, 관찰, 면담, 자기 평가, 포트폴리오 평가 등을 소개하고, 특수교육대상학생을 위한 대안적인 수학과 평가 방법과 수정 방법에 대해 각각 알아보았다.

수학과의 평가 목적은 학습목표에 대한 학생의 진전도 점검, 학습지도의 판단 결정, 학생의 수학 성취에 대한 가치 부여, 교수·학습 프로그램에 대한 가치 판단을 결정하는 것이다. 최근 들어 수학과의 평가관이 변화되고 있는데, 평가는 수업의 일부로 학생이 알고 있는 것을 총제적인 관점에서 지필시험, 구두시험, 시연 등 다양한 평가 방법을 사용하며, 학생이 문제해결 과정에서 계산기, 컴퓨터, 조작 자료의 사용을 강조하고 있다. NCTM이 제시하고 있는 수학과 평가의 내용을 살펴보면, 학생에 대한 평가로 수학적 힘, 문제해결, 의사소통, 추론, 수학적 개념, 수학적 절차, 수학적 성향의 일곱 개의 영역을 들고 있다.

수학과 평가 방법은 평가 영역에 따라 지필검사뿐만 아니라, 학생의 행동에 대한 관찰, 일화 기록, 작품 분석, 면담, 프로젝트 평가, 포트폴리오 등의 다양한 평가 방법을 활용하게 된다. 특수교육대상학생의 수학과 평가방법의 대안적인 접근으로는 개별화교육 프로그램, 자기평가, 계약평가, 합격/불합격 평가, 수행평가, 공동평가, 서술적 평가 등이 있다. 특히 특수교육대상학생의 경우 평가과정에서 문항과 지시문의 제시 방법의 수정, 답안 작성 시 컴퓨터를 활용하거나 구두로 표현하기, 대독이나 대필자를 활용하는 방법, 채점과정에서 점수에 직접적인 영향을 미치지 않는 철자 쓰기 오류 등을 고려하여 채점을 할 수 있다.

연구과제

- 최근 들어 수학 교육에서 새롭게 강조되고 있는 평가의 방향을 설명해보자.
- 수학 평가의 목적과 규준을 각각 설명해보자.
- 2022 개정 공통 교육과정에서 제시하고 있는 수학과 평가의 목적과 평가 방법에 대해 설명해보자.
- 2022 개정 기본 교육과정에서 제시하고 있는 수학과 평가의 방향과 평가 방법에 대해 설명해 보자
- 수학 평가 방법의 유형을 열거하고 각각의 특징을 말해보자.
- 관찰 및 면담법의 기록 방법을 열거하고 각각의 장 · 단점을 열거해보자.
- 특수교육대상학생의 수학 평가 방법으로 대안적인 평가 방법을 말하고 각각 설명해보자.
- 특수교육대상학생의 수학 평가 방법의 수정에 대해 각각 설명해보자.

참고문헌

강완 · 김상미 · 박만구 · 백석윤 · 오영열(2010). 초등수학교육론. 서울: 경문사.

강옥기(2007). 수학과 학습지도와 평가론. 서울: 경문사.

강지형 · 김수환 · 라병소 · 박성택 · 이의원 · 이정재 · 정은실(2003). 7차 교육과정에 의한 초등 수학 교육. 서울: 동명사.

고정화 외(2007). 2006년 국가수준 학업성취도 평가 연구-수학, 연구보고 RRE 2007- 3-4. p. 51. 교육과학기술부, 2007

교육과학기술부(2007). 초등학교교육과정. 서울: 교육과학기술부

교육과학기술부(2008). 초등학교교육과정. 서울: 교육과학기술부

교육과학기술부(2015). 초등학교교육과정. 서울: 교육부.

교육과학기술부(2015). 공통교육과정. 서울: 교육부.

교육과학기술부(2015). 특수교육 교육과정. 서울: 교육부.

교육부(2022a). 2022 개정 수학과 교육과정 [별책 8]. 교육부 고시 제2022-33호.

교육부(2022b). 2022 개정 특수교육 기본 교육과정[별책3]. 교육부 고시 제2022-34호.

국립교육평가원(1996). 초등학교의 새로운 평가제도에 따른 수행평가의 이론과 실제. 서울: 대한교과서주식회사.

신현기 · 최세민 · 유장순 · 김희규(2005). 통합교육의 이론과 실제. 서울: 박학사.

이미경 외(2007). OECD/PISA 2003 공개문항 분석 자료집. 연구자료 ORM 2007-25.

조한무(1998). 수행평가를 위한 포트폴리오 평가.

최승현(1999). 수학 교과에서의 자기평가. 학교수학, 1(1), 123-133.

최호성(2008). 교육과정 및 평가-이해와 적용. 서울: 교육과학사.

황정규(1998). 개정판 학교학습과 교육평가. 서울: 교육과학사.

황혜정 · 나귀수 · 최승현 · 박경미 · 임재훈 · 서동엽(2003). 수학 교육학신론. 서울: 문음사.

Burton, G. M. (1985). Writing as a way of knowing in mathematics education class. *Arithmetic Teacher, 33*(4), 40-45.

Kenney, P. A., & Silver, E. A. (1993). Student self-assessment in mathematics. In N. L. Webb & A. F. Coxford(Eds.), *Assessment in the mathematics classroom: 1993 Yearbook. Reston.* VA: National Council of Teachers of Mathematics.

Kulm, Geral (1994). *Mathematics Assessment: What Works in the Classroom.* Jossey-BAss.

National Council of Teachers of Mathematics (1989). *Curriculum and Evaluation Standards for School Mathematics.* Rston, VA: Author.

National Council of Teachers of Mathematics (1995). *Assessment Standards for school Mathematics.* Reston, VA: Author.

National Council of Teachers of Mathematics, 류희찬 외 5명(공역)(2007). 학교수학을 위한 원리와 규준. 경문사.

Salend (1994). *Effective mainstreaming: Creating inclusive classrooms.* New York: Macmillan Publishing Co.

제 2 부

특수교육 수학 교육의 실제

제 8 장 수 이전 영역의 교수 · 학습 방법

고혜정

수 이전 영역은 수를 배우기 이전 단계에서 지도되는 통합적인 수학 활동이라 할 수 있다. 구체적인 수를 다루지는 않지만 수학과 전체 교육 내용의 기초가 되는 활동이자 생활 속에서 꾸준히 학습되어지는 지도내용이다. 일반학생의 경우, 초등학교 입학 전에 수 이전 영역의 내용을 습득하지만 특수교육대상학생의 경우 일반학생들과는 달리 인지 능력과 생활 경험이 부족하여, 쉽게 습득하기가 어렵다. 또한 가역적 사고가 어려우며, 자기중심성이 남아 있어 이 영역에 대한 별도의 구체적인 지도전략이 필요하다. 특히 2015 개정 기본 교육과정 수학과 1~2학년군의 '수와 연산' 영역에서는 '수 이전' 영역을 다루고 있으며, 이는 수학적 기초를 형성시키기 위한 매우 중요한 영역이라고 할 수 있다.

그러나 특수교육대상학생의 수 이전 영역에 관한 발달특성이나 지도 방법 등에 대해서는 현재까지도 그 연구나 교재가 부족하여 특수교사가 원활한 수업을 운영하는 데는 많은 어려움이 따른다. 따라서 이 장에서는 수 이전 영역을 대상영속성, 변별하기, 1:1 대응하기, 비교하기, 순서 짓기 등 5가지 영역으로 구분한 후 각 영역별 내용과 구체적인 지도 방법을 살펴보고자 한다. 이 밖에도 기초적인 위상개념, 패턴 형성하기, 분류하기 등의 내용도 수 이전 영역에 해당하는 교육 내용이라 할 수 있으나, 이러한 내용은 도형 영역, 규칙성 영역, 자료와 가능성 영역의 기초가 되기도 하므로 각각의 해당 영역에서 소개하게 된다는 점을 밝혀둔다.

1. 수 이전 영역의 교수 · 학습 내용

수 이전 활동(pre-math activities)이란 일반학생의 경우 주로 유아시기에 지도되는 개념으로 수를 익히기 위한 준비 과정으로서의 활동이라고 할 수 있다. 유아기에는 일상생활과 교육기관에서 여러 가지 활동과 놀이를 통해 직접적인 수학적 경험을 한다. 이 시기에 이루어지는 수학적 경험은 수학적 지식과 개념을 형성하는 토대를 마련해주며, 수학에 대한 긍정적인 태도를 기르도록 한다(문연심, 2010). 수 이전 기술 및 개념으로는 주로 사물 비교하기, 구분짓기, 관련짓기, 짝짓기 등이 있으며, 이는 점차적으로 서열화, 패턴, 분류와 같은 대수적 사고와 수 세기, 수와 연산, 도형, 측정 개념 등의 일반적인 수학 개념 습득과 이어진다(김숙자, 1992).

학자에 따라서는 수 이전 개념과 수 개념을 분리하여 학습 내용을 선정하거나, 통합적으로 접근하기도 한다(김숙자, 김현정, 2005). 학자별로 주장한 수 이전 개념 및 수 개념 교육을 위한 활동 영역을 살펴보면, Holmes(1985)는 '물체를 탐색하며 기술하기', '비교하기'를 비롯한 10가지 영역으로 분류하였으며, Shaw(1981)는 '기술하기', '순서짓기', '구분짓기' 등 9가지 영역으로, Barron(1979)은 '사물을 관찰하고 기술하기', '측정 개념의 용어를 사용하여 물체 비교하기' 등 13가지 영역으로 분류하였다(김숙자, 김현정, 2005). 이들 학자들은 공통적으로 모두 '수'라고 하는 상징을 익히기 이전 단계에서 최소한 7가지 기술(사물의 속성을 탐색하고 기술하기, 비교하기, 관련짓기, 1:1 대응하기, 순서짓기, 분류하기, 패턴 형성하기)을 익힐 것을 권하고 있다. 규칙 찾기, 분류하기의 수 이전 개념을 다루고 있다.

초기의 수에 대한 경험이 이후의 수학에 대한 경험의 수준을 결정하기 때문에 수 이전 활동은 매우 중요하다(Jordan, 1995). 본 장에서는 여러 학자와 우리나라 교육과정의 내용요소들을 종합하여 수의 기초가 되는 수 이전 활동을 대상영속성 이해하기, 변별하기, 1:1 대응하기, 비교하기, 순서 짓기의 5개 기술로 세분화하여 자세히 살펴보고자 한다. 이 외에, 수 이전 활동으로 중요한 분류하기와 패턴 형성하기는 13, 14장에서 자세히 다루어질 예정이므로, 간단히 언급하고자 한다.

수학의 구조는 각기 독립적이라기보다 서로 연관성을 갖고 제시되어야만 한다. 예를 들어 시간의 개념을 지도할 경우 기본적인 수 조직을 필요로 할 뿐만 아니라 시간의 단위, 시계의 모양 등, 수와 기하학적 개념, 측정 단위를 포함하고 있어 수학의 기본 구조를 모두 사용하게 된다. 이와 같은 수학의 구조는 서로 유기적인 관련을 맺고 있다(이경우 외, 2009).

따라서 수 이전 기술을 학습하고자 하는 학생에게는 특히 통합적 활동이 필요하다. 수 이전 기술을 학습해야 할 단계의 학생은 주로 통합적으로 사고를 하고 상징에 대한 이해력이 부족할 뿐 아니라 그들이 주로 접할 수 있는 교수·학습 자료는 생활 주변에서 발생하는 통합적인 일상생활이기 때문이다. 그러므로 이 시기의 학생들에게는 모양과 공간, 분류, 순서짓기, 패턴, 측정 등에 수가 포함되지 않은 통합적 활동을 먼저 제시하고, 수의 상징을 이해한 후에 수가 포함된 활동으로 나아가는 것이 좋다(이경우, 1995).

수 이전 영역의 교수는 학생의 생활과 밀접한 관련성이 있어야 하며, 생활 속에서 쉽게 접할 수 있는 다양한 놀이와 자료를 활용할 수 있어야 한다. 또한, 교사와 학생, 부모와 학생, 학생과 학생간의 상호작용을 강조하며 질문하고, 답하고, 피드백하고 격려하는 과정을 통해, 자연스럽고 즐거운 환경 속에서 수학을 대하는 긍정적인 태도도 함께 형성되도록 지원해주어야 한다. 특히, 특수교육대상 학생의 경우 광범위한 학습특성을 보이기 때문에 이를 고려하여 융통성 있게 교수하여야 한다(이병혁, 김영표, 홍성두, 박경옥, 2015).

2. 대상영속성 이해하기

대상영속성(object permanence)은 대상이 자신의 시야에서 사라졌음에도 불구하고 계속해서 존재하며, 자신과 독립적으로 대상의 행위가 존재할 수 있음을 인지하는 것이다. Piaget(1954)는 대상영속성이 24개월 동안 단계적으로 발달한다고

하였다. 1-2단계(0-4개월)에서는 대상영속성 개념이 없으며, 눈앞의 대상의 움직임은 시야가 따라가지만 시야에서 사라지면 관심이 없으며 사라진 대상이 여전히 존재한다는 사실을 이해하지 못한다. 3단계(4-8개월)에서는 물체가 보이지 않아도 어딘가에는 있다는 것을 인식하고 사라진 대상물을 찾는 행동을 보임으로써 대상영속성의 개념이 형성되기 시작한다. 친숙한 물체의 부분을 보고 숨겨진 대상물을 찾을 수 있다. 4단계(8-12개월)에서는 시야에서 사라진 물체를 적극적으로 찾으며, 완전히 숨겨진 물체를 찾아낼 수 있다. 그러나 물체를 처음 숨긴 장소와 다른 곳으로 옮겨놓아도 숨긴 장소의 위치 이동은 인식하지 못하여 처음 장소에서 그 물건을 찾으려 한다. 5단계(12-18개월)에서는 가장 최근의 사라진 시점에서 물건을 찾는다. 마지막 6단계(18-24개월)에서는 보이지 않는 대상이 독립적으로 존재하고 움직일 수 있는 존재임을 분명하게 알고 완전한 대상개념이 형성된다.

학생들이 대상영속성을 형성할 수 있도록 숨기기와 찾기 활동을 할 수 있다. 숨기기와 찾기 활동을 통해 시야에 있던 대상이나 사물이 잠시 시야에서 지각되지 않더라도 지속적으로 존재하고 있음을 인식하는 대상영속성의 개념을 이해하게 된다. 숨기기와 찾기 활동은 피아제의 대상영속성 발달 단계를 고려하여 실시될 수 있는데, 가장 먼저 사물에 관심을 가지는 활동, 움직이는 대상에 시선을 따라 움직이며 찾는 활동, 일부를 가린 물건을 찾는 활동, 전체를 가린 물건을 찾는 활동 등으로 전개해나갈 수 있다.

대상영속성을 형성하는 것은 여러 가지 사물을 탐색하는 것으로 수학학습의 바탕이 될 수 있다. 시야의 사물이 사라진 상황에서 주위를 열심히 탐색하며 사물을 찾는다. 탐색을 위해서는 시각, 청각 촉각, 후각 등의 모든 감각을 활용할 수 있도록 지도하는 것이 필요하다. 또한, 일상생활에서 사용하는 친숙한 대상(물건이나 사람)을 활용하여 교실과 가정에서 적극적으로 찾아볼 수 있도록 하는 것이 필요하다. 수건돌리기, 숨바꼭질이나 보물찾기 등의 놀이 활동과 연계하는 것도 도움이 될 수 있다. 학생의 발달 단계와 난이도를 고려하여 학생들이 자발적이고 적극적으로 참여하도록 하며, 대상과 장소를 확장시키고 경험을 확대 심화해나가도록 한다.

[그림 8-1] 대상영속성 이해를 위한 활동 중 일부를 가린 물건 찾기

출처: 교육부(2017). 기본 교육과정 초등학교 1~2학년군 수학(가). 서울: (주)미래엔, p. 14.

3. 변별하기

'변별'능력은 대상들에 대한 '같다'와 '다르다'의 관계 파악과 관련된다(박윤현, 김보경, 이순형, 2017). 사물의 공통점과 차이점을 발견하는 것은 대상 간의 관계 파악에 기초가 되며, 논리적 수학 사고능력 중에서도 가장 기본이 되는 것으로, 사물에 대한 관찰과 기술을 바탕으로 이루어진다.

사물을 탐색하고 물체를 관찰하고 기술하는 일은 학생의 생활 주변에서 쉽게 발견할 수 있는 여러 물체들에 대한 단순한 호기심을 유발하는 차원이 아니며 사고와 행동에 영향을 미칠 수 있도록 유도하는 의도적인 작업을 말한다(이경우 외, 2009). 교사는 학생이 사물의 특성을 통해 관찰한 내용을 언어나 그림 등으로 표현하고, 그 내용을 종합하는 과정에서 그 특색이나 속성을 발견할 수 있도록 지도하여야 한다.

사물을 관찰하고 기술하는 일을 촉진하기 위하여 교사는 학생의 가장 가까운 환경이라고 할 수 있는 교실이나 가정에서 볼 수 있는 물건들의 특성을 알아보고, 말이나 그림으로 표현할 수 있도록 기회를 제공하도록 한다. 또한, 실제 학생이 직접 만지고 느낄 수 있는 체험이 가능한 환경 속에 있는 친숙한 사물의 특징에 집중하여 관찰하고, 객관적으로 이를 기술할 수 있도록 지도하도록 한다. 이를 위하여 교사는 사물의 이름이 아닌 색깔이나 모양, 용도, 생김새에 따라 사물을 관찰하도록 한다.

사물에 대한 관찰과 인지를 바탕으로 사물이 가지고 있는 속성에 집중하여 같은 것과 다른 것을 찾는 활동으로 변별 능력을 발달시켜나갈 수 있다. 생활 주변의 친숙한 구체물을 활용하여 여러 가지 속성에 따라 같은 것과 다른 것을 구분 짓는 활동을 반복할 수 있다. 가장 먼저 쉽게 할 수 있는 구분짓기 활동은 같은 모양과 다른 모양 구별하기, 같은 색과 다른 색을 구별하기이다. 기준에 따라 구별하고 모으는 활동은 분류에 속하게 됨으로, 변별은 대상에 대한 자세한 관찰을 통해 같고 다름을 구분 짓는 활동을 하게 된다.

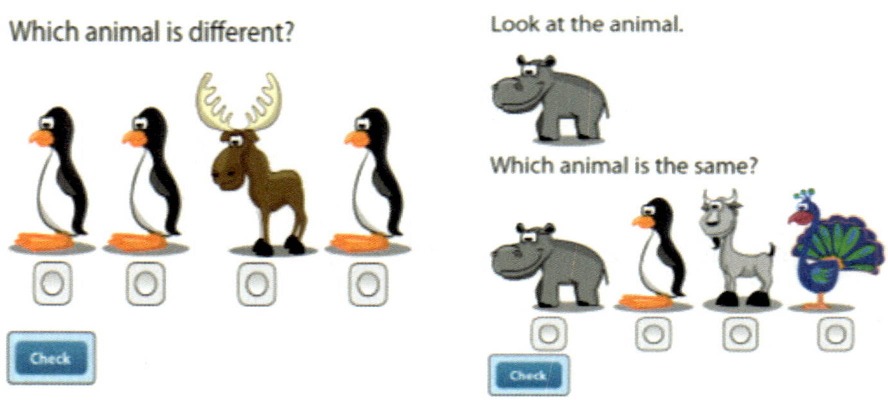

〈다른 모양 찾기〉 〈그림과 같은 모양 찾기〉

[그림 8-2] 변별하기 과제

출처: https://www.matholia.com/uk/apps/practice/soc_cc3oxk?cid=3984

구분짓기는 물체가 지니고 있는 지각적 속성에 의한 초보적인 분류작업으로 주로 색깔이나 크기와 모양 등의 공통된 속성에 의한 구분 작업이다(김숙자, 1992). 유아들은 형태와 색에 대한 변별이 2-3세에 획득되며, 월령이 증가함에 따라 크기, 길이, 무게 변별 능력도 발달하는 것으로 나타났다(성현란 외, 2004). 한편, 변별과제의 종류에 따른 수행을 살펴보면, 유아들은 형태의 개념화를 색의 개념화보다 더 일찍 획득된다(성현란 외, 2004; Mandell & Raijmakers, 2012).

[그림 8-3]의 (가)를 보면 삼각형과 사각형, 원이 모두 파랑, 빨강색으로 혼합하여 표현되어 있다. 즉, 파랑색 삼각형, 빨강색 삼각형이 존재하기 때문에 학생들은 색으로 삼각형, 사각형, 원을 구분할 수 없고, 오직 모양만으로 구분 지을 수 있다. 반면에 (나)를 보면 삼각형, 사각형, 원이 각각의 고유한 색상을 가지고 있기 때문에 학생은 색으로 구분 지을 수도 있고, 모양으로도 구분 지을 수도 있다. 즉, (가)의 경우는 오직 모양이라는 지각적 속성만을 활용해서 구분짓기를 해야 하지만 (나)의 경우는 모양과 색이라는 두 가지 속성을 활용해서 구분짓기를 할 수 있다. (나)와 같이 두 가지 이상의 단서로 구분 지을 수 있을 경우, 먼저 지각적 특성이 강한 조건으로 구분짓기가 이루어지는 일이 대부분이다. 그러나 교사는 학생이 발견하지 못한 지각적 속성을 발견할 수 있도록 한 후 그 조건에 의한 구분을 지을 수도 있음을 보여 주어야 하며, 때로는 [그림 8-4]와 같이 사물의 속성을 이용한 단계별 지도가 필요하기도 하다.

(가) 모양으로 구분짓기

(나) 모양과 색으로 구분짓기

[그림 8-3] 지각적 속성이 1개인 경우와 2개인 경우

1단계 색깔별 구분짓기

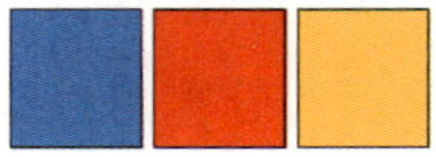

모양과 크기는 같되, 다양한 색깔을 가진 물체로 구분을 짓도록 한다. 처음에는 2가지 색을 이용한다.

2단계 모양별 구분짓기

색깔과 크기에 관계없이 모양이 다른 물체까지 구분짓게 한다. 처음에는 두 가지 모양만 사용한다.

3단계 기능별 구분짓기

장갑	모자	양말

색깔, 크기, 모양 등 지각적 속성이 아니라 물건의 기능이나 용도 등 공통성을 지니는 물체들을 구분하는 단계이다.

[그림 8-4] 단계별 구분짓기

구분짓기를 지도할 경우, 교사는 학생이 구분 지을 필요가 있는 사물인지, 구분이 가능한 사물인지를 먼저 고려해 볼 필요가 있다. 특히 기능별 구분짓기를 할 경우, 기능이나 용도가 적절한지, 구분을 지으려고 하는 사물의 용도끼리 비교가 가능한 것인지를 먼저 고려하여 자료를 제시하여야 한다. 가령 물고기 종류와 탈 것 간의 구분짓기를 할 수는 있으나 굳이 구분을 지어볼 필요는 없는 일이다. 왜냐하면 우리가 살아가면서 탈 것과 물고기를 구분 짓는 일은 거의 없기 때문이다. 그러나 물 위에서 탈 것인 배, 보트 등과 육지에서의 탈 것인 자전거와 오토바이, 자동차 등을 구분지어 보는 일은 학생에게 유의미한 구분짓기 경험이 될 수 있다.

4. 일대일 대응하기

본질적으로 1:1 대응은 어떤 대상들의 집합에 있는 한 대상을 다수 대상들의 집합에 있는 한 대상과 짝지을 수 있는 능력이다(강현석 외, 2003). 1:1 대응은 한 집합에서의 개별 대상을 다른 집합에서의 개별 대상과 각각 연결시키는 활동으로써 수적인 동등성이나 수에 대한 비형식적인 이해에 대한 기초를 형성하는 데 도움이 된다(Baroody & Benson, 2001).

일대일 대응은 가정과 학교에서의 일상에서 일어나는 일들을 활용하여 쉽게 경험해볼 수 있다. 가령, 한 쪽 발에 한 쪽 신발을 신는 일, 가정에서 식사를 준비하는 과정에서 한 사람당 한 개의 숟가락을 놓아보게 하는 일, 학교에서 학습자료 제시 도우미로 수업시간에 친구들에게 색종이 한 장씩을 나누어 주는 일 등은 일대일 대응 과제에 속한다. 일대일 대응은 추후, 셈하기와 분류하기, 그래프 읽기 등의 수학의 전반적인 영역의 기초능력이 될 수 있다.

먼저, 일대일 대응은 추후 셈하기의 기초가 된다. 수 세기에서는 수와 사물의 개수를 짝짓는다. 즉, 각 대상은 하나의 이름으로 정확하게 일대일로 대응시켜 합리적 수 세기를 한다. 특성과 유사성에 상관없이 하나의 묶음에 있는 하나의 사물이 다른 묶음에 있는 하나의 사물과 같은 수라는 것을 이해하고, 짝이 되고 남거나 모자라거나 하는 양적 이해를 통해 셈하기의 기초를 형성하게 된다(이병혁, 김영표, 홍성두, 박경옥, 2015).

두 번째, 일대일 대응은 분류 학습의 가장 초보적인 단계이다. 사물 하나에 다른 하나를 대응시켜 짝을 만드는 활동으로 일대일 짝짓기부터 관계있는 것끼리 연결해보는 활동으로 전개된다. 장갑, 양말, 신발 등을 짝지어 보기, 젓가락 짝지어 보기 등 학생들의 일상생활을 활용하여 지도가 가능하지만 필요에 따라서 교사가 의도적으로 학습 상황을 만들어 줄 수 있다. 학교에서 교사가 의도적으로 조작할 수 있는 학습 상황으로는 제 짝 찾기, 동일한 속성을 지닌 사물끼리 짝짓기, 공통된 상관성을 지닌 사물의 짝짓기 등이 있다(김숙자, 김현정, 2005).

1) 제 짝 찾기

이 활동은 한 쌍으로서 동일한 모양, 색깔, 크기를 가진 사물을 찾는 활동을 말한다. 장갑, 양말, 신발 등 한 켤레를 서로 찾도록 하거나 젓가락의 짝을 찾도록 한다. 이 때 찾은 물체끼리는 양쪽 방향을 나타내는 부호(↔)를 사용하여 표시하도록 한다(김숙자, 김현정, 2005).

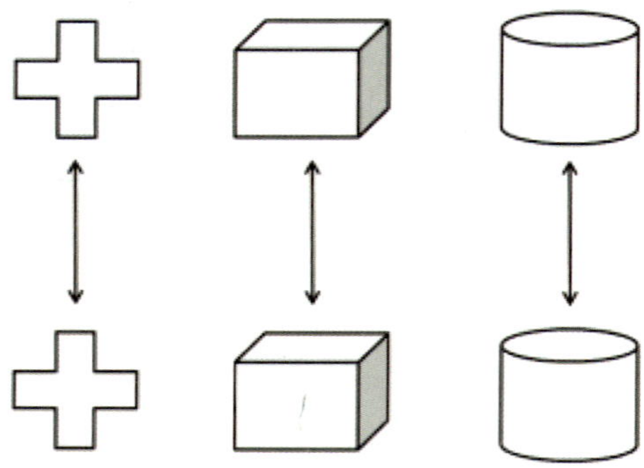

[그림 8-5] 같은 모양 짝짓기 과제

2) 동일한 속성을 지닌 사물끼리 짝짓기

이 활동은 반드시 서로 짝은 아니더라도 동일한 모양, 색깔, 크기 등의 속성을 가진 물체들을 짝짓는 활동을 말한다. 이 활동에서는 동일한 속성에 기준을 둠으로 동일한 색깔의 단추와 지우개, 동일한 모양의 과일과 과일 모형 등 보다 다양한 사물끼리 짝지을 수 있다. 교사는 학생에게 왜 두 가지 사물이 짝이 될 수 있는지 그 기준을 물어보아야 한다.

3) 공통된 상관성을 지닌 사물의 짝짓기

이 활동은 짝짓기의 가장 높은 단계 활동으로 관련짓기나 분류 개념의 전 단계에 속하는 전이적인 성격을 지니고 있다. 이 활동은 동물이나 식물의 일반적인 성격, 즉, 각 부류에 속하는 집단의 특징에 관한 토의가 이루어진 후에 가능하다(김숙자, 김현정, 2005). 가령 필통과 지우개, 자동차와 운전기사, 까치와 나무 위의 둥지 등을 짝짓는 활동이 공통된 상관성을 지닌 사물의 짝짓기에 속한다고 할 수 있다.

[그림 8-6] 공통된 상관성을 지닌 사물의 1:1 대응하기

출처: 교육부(2017). 기본 교육과정 초등학교 1~2학년군 수학(가). 서울: (주)미래엔, p. 66.

1:1 대응하기를 지도할 때에는 대응의 조건이 어느 정도 사회적 용인을 얻을 수 있는 내용이어야 한다. 즉 동일한 색상, 동일한 모양이라고 할 경우, 어느 정도 색상이 일치하고, 어느 정도 모양이 일치하여야 한다는 말이다. 관련된 속성을 찾아 연결하는 활동으로 손과 장갑, 야구공과 글러브 등 상호 연관되는 일상생활 속의 물건이나 상황이 중요한 학습 자료가 될 수 있다. 특히 공통된 상관성을 지닌

사물을 짝지을 경우, 그 상관성이 사회적으로 인정되는 경우에 한하며, 교사에 의하여 임의적으로 조작되는 경우가 있어서는 안 된다. 예를 들면 어떤 이야기나 단서 조건도 없이 배(boat)와 까치, 사람과 뱀 등을 짝지어 보도록 하는 일은 학생의 1:1 대응하기 활동을 혼란스럽게 할 뿐이다.

세 번째, 1:1 대응하기는 동량의 집합과 비동량의 집합에서의 대응관계를 지도하여 비교하기를 지도할 수 있으며, 그래프의 기초 활동으로 제시될 수 있다(Maore, 1988).

4) 동량 집합에서의 1:1 대응하기

동량 집합에서의 1:1 대응하기는 1:1 대응하기의 가장 초기 단계에서 지도하는 내용으로써 대응하고자 하는 두 집합의 이산량이 동일한 경우를 말한다. 이 때 각 물체의 성질이나 모양에 따른 짝짓기가 아닌 단순한 수량에 의한 짝짓기를 실시

[그림 8-7] 동량 집합에서의 1:1 대응하기

출처: https://www.worksheetfun.com/2013/02/24/math-the-parents-2-worksheets/

할 수도 있으나 학생이 짝짓기 혹은 대응하기라는 용어를 이해할 수 있도록 하는 데는 어려움이 발생할 수 있으므로 가능하면 동일한 속성이나 공통된 상관성을 갖는 사물로 이루어진 동량 집합에서의 1:1 대응하기를 지도하는 일이 필요하다.

5) 비동량 집합에서의 1:1 대응하기

이산량이 비동량인 두 집합에서 1:1 대응하기를 지도할 경우 학생은 '~보다 많은', '~보다 적은', '더 많은', '더 적은' 등의 비교 용어를 익히게 된다. 또한 세 집합일 경우, '가장 많은', '가장 적은'과 같은 비교 용어를 추가로 익힐 수 있게 된다.

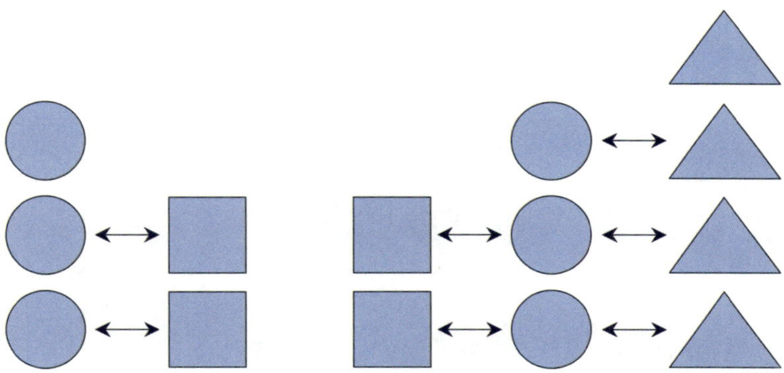

[그림 8-8] 두 집합에서의 1:1 대응하기와 세 집합에서의 1:1 대응하기

일반학생의 경우, 5세 정도가 되면 집합 사이의 1:1 대응관계를 맺을 수 있다고 본다. 좀 더 어려운 1:1 대응관계의 두 가지 변형은 1:다수, 다수:1의 관계라고 할 수 있다. 1:다수인 경우, 하나의 대상을 여러 대상과 짝짓는 것으로, 필통 하나와 그 속에 들어있는 여러 자루의 연필을 대응하는 것이다. 다수:1인 경우, 여러 대상을 하나의 대상과 짝짓는 일로 피구경기에서 여러 명이 한 개의 공을 사용하는 것이 그 예가 될 수 있다.

1:1, 1:다수, 다수:1의 경험은 일상적인 경험으로서의 가치뿐만 아니라 수의 개

념 발달에 있어서도 중요하다. 수를 세는 일은 숫자 이름과 어떤 대상의 1:1 대응을 발전시키는데 기초하고 있기 때문이다. 즉 자리수의 경우 10은 낱개 10개로 대응되며(수 10과 낱개 10), 낱개 10은 수 10(수는 하나)으로 대응되기 때문이다.

6) 그래프의 기초 활동으로써 1:1 대응하기

그래프의 대응 활동으로써 1:1 대응하기는 사물을 배열할 때, 기준점을 중심으로 좌우, 또는 상하로 배열하여 제시한 후 대응관계를 찾아보도록 하는 방법이다. 그래프의 기초 활동으로써 1:1 대응하기를 익힐 경우에는 학생에게 [그림 8-9]와 같이 기준점에 의거하여 좌우, 혹은 상하 등의 수평적, 수직적 비교가 이루어질 수 있는 물체를 제공하여야 한다.

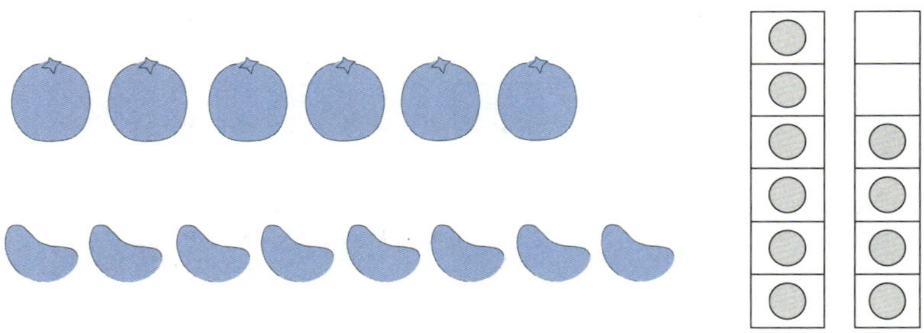

[그림 8-9] 그래프의 기초 활동으로써 1:1 대응하기

5. 비교하기

사물에 대한 관찰과 기술로 사물의 공통점과 차이점을 발견하면, 사물들을 비교하기 시작한다. 비교개념은 수 이전 개념으로 일정한 기준을 가지고 대상을 개념화하는 인지적 능력을 획득하는 것이다(Kristine et al., 1988). 큰 것과 작은 것

비교하기, 긴 것과 짧은 것 비교하기, 무거운 것과 가벼운 것 비교하기 등, 비교의 조건은 크기, 길이, 무게, 색깔, 모양, 수량 등의 속성이 될 수 있다.

[그림 8-10] 비교하기 과제(크기, 길이)

출처: 교육부(2017). 기본 교육과정 초등학교 1~2학년군 수학(가). 서울: (주)미래엔, p. 228, p. 236.

일상생활에서 구체물을 통해 크기나 모양, 색 등 물체의 특정한 속성을 기초로 유사한 점과 차이점을 비교해보고 표현해보도록 지도해야 한다. 비교하기는 추후, 수학의 측정영역을 이해하는 데 기본이 되므로, 다양한 교구와 경험을 풍부하게 제공해주도록 한다.

블록으로 탑 쌓기나 기차 만들기 등의 놀이 활동을 통해 자신과 친구의 결과물을 직접 대어보고 누가 더 높게, 더 길게 만들었는지를 직접 비교할 수 있다. 놀이 상황에서 자연스럽게 일어날 수 있는 구체적인 조작활동을 통해 비교하기가 익숙해지면, 반구체물인 그림이나 사진을 보고 비교하는 기회를 제공할 수 있다.

사물을 비교하는 초기에는 비교 조건의 차를 크게 하여야 하며, 점차적으로 비교하는 사물의 수를 늘리며, 사물 간의 비교 조건의 차이를 좁혀가는 것이 좋다. 또한 비교 활동을 하는 동안, 비교한 결과를 기술하는 용어인 '~보다', '더'를 소개하여 '~보다 크다', '~보다 작다', '~보다 길다', '~보다 짧다' 등의 표현을 자연스럽게 소개하도록 한다.

(가) 사물간의 비교 조건의 차이가 큰 경우: 크기(좌), 색깔(우)

(나) 사물간의 비교 조건의 차이가 적은 경우: 크기(좌), 색깔(우)

[그림 8-11] 사물간 비교 조건의 차이(크기와 색깔)

[그림 8-11]에서 학생이 왼쪽 그림을 볼 경우 '색깔은 같고 크기는 다르다, '앞에 있는 그림이 뒤에 있는 그림보다 크다(좌상)', '앞에 있는 그림이 뒤에 있는 그림보다 작다(좌하)'와 같이 비교하여 말할 수 있으며, 오른쪽 그림을 볼 경우 '두 사각형의 크기는 같지만 색깔은 다르다(우상)'. '위에 있는 사각형의 색깔은 많이 다르지만 아래에 있는 사각형들의 색깔은 많이 다르지 않아(우하)' 등으로 말할 수 있다.

나아가 하나의 사물을 기준으로 어느 쪽이 수량이 더 많은지, 더 적은지를 살펴볼 수 있다. '~더 많은', '~더 적은' 등과 같이 수량에 따라 비교하는 활동은 앞서 소개한 일대일 대응을 통해서도 파악할 수 있다. 왼쪽과 오른쪽에 각기 다른 사물의 그림을 제시하고, 각기 다른 사물을 1:1로 짝짓기 하도록 하며, 짝짓기하지 못하고 남은 그림이 있는 곳이 더 많다는 것을 설명해주어, '더' 많다와 적다의 관계를 알아볼 수 있다. 교실에서는 게임이나 재미있는 활동을 통해 두 사물의 관계를 비교할 수 있다. 예를 들어, 친구들과 즐겁게 노래하며 의자 주위를 돌다가 호루라기 소리에 맞추어 의자에 앉는 놀이를 통해, 한 명의 아이가 앉지 못하게 되면, 의자의 숫자가 사람의 숫자보다 적다는 것을 쉽게 이해할 수 있다.

[그림 8-12] 사물간 비교 조건의 차이(수량)

출처: 교육부(2017). 기본 교육과정 초등학교 1~2학년군 수학(가). 서울: (주)미래엔, p.70.

6. 순서 짓기

순서 짓기, 즉 서열하기는 대상자들 간의 비교와 관계 맺기 수행으로써 유아의 인지발달의 기본이 되는 과제이다(Siegel, 1972). 유아들은 비교하기를 경험한 후, 순서에 따라 배열하는데, 이때 서열은 단순히 늘어놓는 것이 아니라 일정한 속성이나 준거에 따라 나열하는 것을 말한다.

배열 순서는 크기, 높이, 길이, 무게, 색, 수 등의 한 가지 속성에 따라 달라질 수 있다. 작은 것에서 큰 것, 높은 것에서 낮은 것, 짧은 것에서 긴 것, 무거운 것에서 가벼운 것, 밝은 것에서 어두운 것, 적은 것에서 많은 것 등의 순으로 배열할 수 있다. 이러한 서열과제는 발달 단계를 따른다. 3-4세 정도의 유아들은 3개 정도의 물체를 순서 지을 수 있으나 그 이상이 포함되면 과업을 끝내지 못하며, 5세에는 시행착오를 통해 서열화가 가능하지만 추가되는 물체를 순서에 맞게 끼워넣지는 못한다. 그러다 6-7세경이 되어서야 순서적인 위치를 정확하게 이해하고 서열화를 제대로 수행할 수 있다(Piaget & Inhelder, 1964).

한편, 공통적인 사물의 속성 중에 차이를 비교하고 차이의 정도를 기준으로 순서대로 배열하는 서열하기 과제는 보통, 크기가 커지는 방향으로의 서열이 크기가 작아지는 방향으로의 후순 조작보다 빨리 발달한다(송명자, 김지영, 1993; Siegel, 1972). 또한, 사물의 속성 중 길이에 대한 서열화 능력이 제일 먼저 발달하며, 그 다음 무게에 따라 서열화하기, 그 다음 부피에 따라 서열화하는 능력이 발달한다(윤애희, 김은기, 이혜경, 2006).

순서 짓기에는 시작, 방향, 규칙이 포함된다. 아동에게 크기가 다른 숟가락 3개를 주고, 작은 것부터 큰 순서대로 왼쪽에서 오른쪽으로 놓아보게 한다. 이때 가장 작은 숟가락은 시작점이 되고, 왼쪽으로 오른쪽이라는 방향을 가지며, 점점 커진다는 규칙이 포함되게 되는 것이다. 반대로, 큰 것부터 작은 순서대로 놓아보게 하면, 가장 큰 숟가락이 시작점이 되며, 왼쪽에서 오른쪽이라는 방향을 가지되, 이번에는 점점 작아진다는 규칙을 포함하게 된다.

이러한 순서 짓기는 단순서열화, 이중서열화, 복합서열화, 패턴서열화로 나누어 볼 수 있다.

1) 단순서열화

한 가지 속성에 따라 물체를 순서 짓는 것이다. 사물들의 길이, 크기가 다른 것을 자연스럽게 순서화하는 것으로, [그림 8-13]과 같이 자연스럽게 '길이' 라는 하나의 준거에 맞추어 서열화하는 것이다. 시각적인 정보를 판단하여 가장 긴 것, 가장 짧은 것을 비교할 수 있다.

단순서열 과제는 처음에는 교사가 준거를 제시하여 순서 짓도록 할 수 있고, 이후 학생들이 준거를 정하여 순서 지을 수 있다. 또한, 다른 사람이 순서지어 놓은 것을 관찰하여, 준거를 찾을 수 있으며, 서열화 되어 있는 상태에서 빠진 부분이 있다면 찾아서 넣는 활동들로 확장해나갈 수 있다.

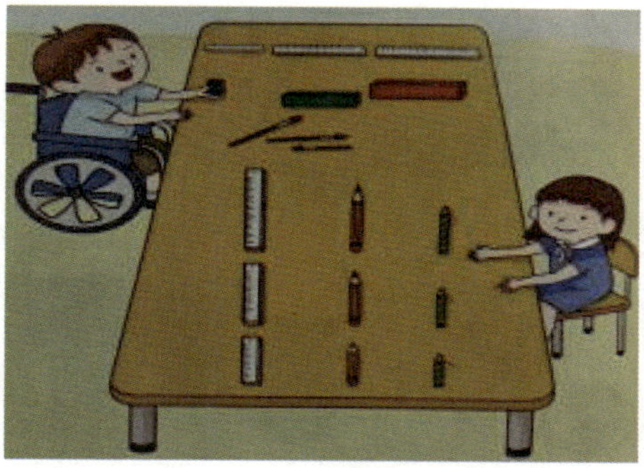

[그림 8-13] 단순 서열화 기준(길이)

출처: 교육부(2017). 기본 교육과정 초등학교 1~2학년군 수학(가). 서울: (주)미래엔, p. 88.

2) 이중서열화

한 사물의 세트를 다른 사물의 세트와 함께 순서 짓기하는 것이다. 즉, 두 집단의 사물들을 일대일대응하면서 순서대로 배열하는 것을 말한다. 가장 작은 곰에게 가장 작은 장갑을, 중간 곰에게 중간크기의 장갑을, 가장 큰 곰에게 가장 큰 장갑을 짝지어주는 것이며, [그림 8-14]와 같이 큰 액자에는 큰 사진을, 작은 액자에는 작은 사진을 매칭하여 서열화할 수 있다.

[그림 8-14] 이중 서열화 예시

출처: 교육부(2017) 기본 교육과정 초등학교 1~2학년군 수학(가). 서울: (주)미래엔, p. 84.

3) 복합서열화

3가지 이상의 물체를 두 가지 속성에 따라 물체를 순서 짓는 것이다. 동시에 두 가지 속성을 비교하기 때문에 단순 서열화보다는 난이도가 높다. [그림 8-15]와 같이, 길이와 크기 등의 두 가지 속성을 모두 고려하면서 순서화한다.

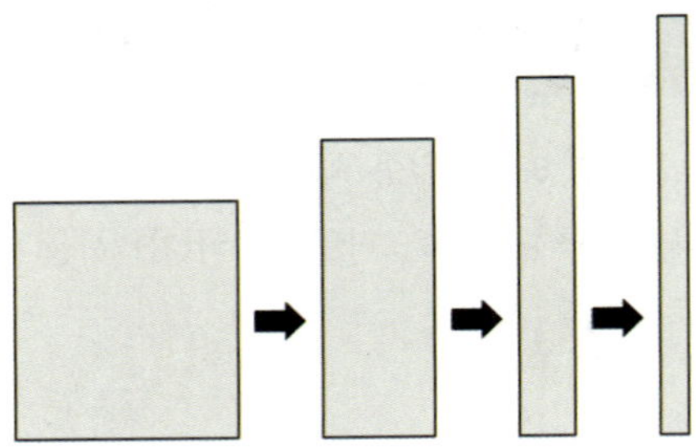

[그림 8-15] 복합 서열화 예시 (높이와 넓이를 함께 고려)

4) 패턴 서열화

규칙에 따라 물체를 순서 짓는 것이다. 그림에서 제시된 순서, 또는 교사가 제시하는 순서대로 따라 서열화하는 것이다. 규칙을 인식하고 구체물을 제시된 패턴 형태로 모방하여 배열하는 것이다.

[그림 8-16] 패턴 서열화 예시

출처: 교육부(2019). 2019개정누리과정 놀이이해자료. p. 91. 부분발췌.

주어진 사물들의 속성과 차이를 파악하여 기준에 따라 순서대로 배열하는 활동으로 이를 통해 수의 계열과 수의 대소 비교에 대한 기초지식을 쌓게 된다. 만일, A는 B 앞에 오고 B는 C 앞에 온다면, A는 C 앞에 온다는 이해성의 관계(A〈B, B〈C이면, A〈C가 성립됨)를 논리적으로 이해하게 된다.

또한, 수의 이해에는 기수성에 대한 이해와 서수성에 대한 이해가 있는데, 물체의 수량화를 이해하기 위해, 셋이란 것은 세 번째에 부여한 수 단어일지라도 그 이전의 수량을 포함하는 절대적 크기를 의미하는 기수성을 이해하여야 한다. 또한 셋은 둘 다음에 오는 수로써 위계적 관계를 갖는다는 서수성도 이해하여야 한다. 일반적으로 학생들은 서수보다 기수를 자연스럽게 먼저 익히게 되며, 이러한 순서 짓기에 포함된 논리적 관계가 이해되어야 수의 이해가 가능하다(홍혜경, 2004).

7. 분류하기

분류하기는 유사점과 차이점에 따라 사물들의 관계를 이해하고 묶는 과정으로 집합과 무리 짓기를 이해하는 과정이다(이병혁 외, 2015). 분류란 물체의 어떤 특성에 의해서 범주나 영역을 구분하는 과정으로 단순분류, 복합분류, 유목분류로 나눌 수 있다.

먼저, 단순분류는 공통된 하나의 속성을 준거로 물체들을 모아보는 것이다. 예를 들어, 모양을 기준으로 동그란 것, 네모난 것으로 분류해볼 수 있다.

다음으로 복합분류는 한 번에 두 가지 이상의 속성을 고려하여 물체들을 모아보는 것이다. 예를 들어, 모양과 색깔을 기준으로 분류하는 경우가 있다. 한 사물에 여러 가지 속성이 있다는 것을 이해할 수 있어야 수행할 수 있다.

마지막으로, 유목분류는 물체들을 상위-하위로 구성하여 상위유목에 하위유목을 포함시키는 것이다. 가령, 탈 것이라는 상위유목에 기차, 버스, 자전거 등의 하위유목이 포함되도록 분류하는 것이다. 이것은 하위유목은 더 큰 상위유목에 포함될 수 있다는 위계적 관계를 이해할 수 있어야 한다. 이는 서로 비슷한 정보를 집단화하는 것으로 개념을 형성한다는 의미로, 특정 속성을 기준으로 대상을 분류하여 묶는 것으로 집합관계와 포함관계를 이해하여야 한다. 분류하기의 구체적인 교수·학습방법은 14장 자료와 가능성 영역의 교수·학습 방법에서 자세히 다룬다.

[그림 8-17] 단순분류(원), 복합분류(원&초록색) 과제의 예시

8. 패턴 형성하기

사물의 배열이나, 사건 등이 반복적으로 나타날 때 일정한 규칙이 존재함을 인식하게 된다. 이것을 규칙성, 패턴이라고 하다. 패턴 능력은 일련의 대상에서 규칙성을 발견하고 이해하는 유추적 사고를 필요로 하는 것으로 좀 더 고차원적인 사고라 할 수 있다(박윤현, 김보경, 이순형, 2017).

패턴은 지각속성에 따라 운동적 패턴, 청각적 패턴, 시각적 패턴으로 구분된다(이경우, 1997). 운동적 패턴은 놀이에서 순서와 규칙을 지키거나 음악이나 손 유희를 통해 규칙적인 패턴을 익힐 수 있다(신혜은, 고태순, 장세희, 2017). '짝짝-짝짝짝'과 같이 박자에 맞추어 손뼉을 치며 청각적 패턴을 형성하고, 주변의 보도블록이나 벽지무늬, 그림 등에서 반복되는 시각적 패턴을 발견할 수 있고, 일정한 순서로 일어나는 일과를 경험하며 시간적 패턴을 이해할 수 있다.

한편, 패턴은 형성하는 방식에 따라, 반복패턴, 증가패턴, 관계패턴으로도 구분된다(Copley, 2000). 기본단위가 계속 반복되는 반복패턴, 기본 단위가 다른 패턴의 일부분으로 사용되는 증가패턴, 두 개의 조합 간에 연관성이 만들어지는 관계패턴이 있다. 패턴 형성하기의 자세한 교수・학습 방법은 13장 규칙성 영역의 교수・학습 방법에서 자세히 살펴보도록 한다.

[그림 8-18] 반복패턴(위), 증가패턴(아래) 예시

요약

수 이전 영역의 지도는 이후 모든 수학 학습의 기초가 되는 활동으로써 가치를 갖는다. 수 이전 영역은 대상영속성 이해하기, 변별하기, 일대일 대응하기, 비교하기, 순서짓기 등으로 구분할 수 있다.

대상영속성 이해하기는 대상이 자신의 시야에서 사라졌음에도 불구하고 계속해서 존재하며, 자신과 독립적으로 대상의 행위가 존재할 수 있음을 인지하는 것이다. 숨기기와 찾기 활동은 피아제의 대상영속성 발달 단계를 고려하여 실시될 수 있는데, 가장 먼저 사물에 관심을 가지는 활동, 움직이는 대상에 시선을 따라 움직이며 찾는 활동, 일부를 가린 물건을 찾는 활동, 전체를 가린 물건을 찾는 활동 등으로 전개해나갈 수 있다.

변별하기는 물체가 가진 지각적 속성에 의한 초보적인 분류 작업으로 주로 색깔이나 모양 등의 공통된 속성을 구분하는 활동이다. 사물의 공통점과 차이점을 발견하는 것은 대상 간의 관계 파악에 기초가 되며, 논리적 수학적 사고능력 중에서도 가장 기본이 되는 것으로, 사물에 대한 관찰과 기술을 바탕으로 이루어진다.

1:1 대응하기는 어떤 대상들의 집합에 속해 있는 한 대상을 다수 대상들의 집합에 있는 한 대상과 짝지을 수 있는 능력으로써 이산량과 연속량을 구분하고 이해하는 데 중요한 활동이다. 1:1 대응에는 제짝 찾기, 동일한 속성을 지닌 사물끼리 짝짓기, 공통된 상관성을 지닌 사물의 짝짓기, 동량 집합에서의 1:1 대응하기, 비동량 집합에서의 1:1 대응하기, 그래프의 기초 활동으로써 1:1 대응하기 등의 방법이 있다.

사물에 대한 관찰과 기술로 사물의 공통점과 차이점을 발견하며, 사물들을 비교하기 시작한다. 사물을 비교하는 초기에는 비교 조건의 차를 크게 하여야 하며, 점차적으로 비교하는 사물의 수를 늘리며, 사물 간의 비교 조건의 차이를 좁혀가는 것이 좋다.

순서 짓기는 대상자들 간의 비교와 관계 맺기 수행으로서 비교하기를 경험한 후, 순서에 따라 배열하는데, 이때 서열은 단순히 늘어놓는 것이 아니라 일정한 속성이나 준거에 따라 나열하는 것을 말한다. 순서 짓기에는 시작, 방향, 규칙이 포함되며, 단순서열화, 이중서열화, 복합서열화, 패턴서열화로 나누어 볼 수 있다.

연구과제

- 수 이전 영역의 학습이 일상생활에서 어떻게 적용될 수 있을지 설명해 보자.
- 수 이전 영역의 학습이 후속 학습에 어떻게 반영되어 있는지 그 내용을 교육과정 내용 체계에서 분석해 보자.

참고문헌

강현석 · 박영무 · 조영남 · 허영식 · 이종원 공역(2003). 통합교육과정의 이론과 실제. 양서원.

교육부(2017). 기본 교육과정 초등학교 1~2학년군 수학(가). 서울: ㈜미래엔.

교육부(2019). 2019개정 누리과정 고시문 (제2019-189호).

교육부(2020). 기본교육과정(제2020-226호).

김숙자(1992). 유아 수놀이 교육과 경험. 양서원.

김숙자 · 김현정(2005). 유아 수놀이 교육. 문음사.

문연심(2010). 통합적 접근에 기초한 영유아 수학교육. 경기: 양서원.

박윤현 · 김보경 · 이순형(2017). 3, 4, 5세 유아의 논리 수학적 사고 발달: 변별, 서열, 유목, 패턴 과제 수행을 중심으로. 미래유아교육학회지, 24(2), 1-30.

성현란 · 배기조 · 곽금주 · 장유경 · 심희옥(2004). 한국의 2세 아동에 있어서 색, 형태, 그리고 그 이외의 속성에 관한 개념화의 획득. 한국심리학회지: 발달, 17(1), 95-112.

송명자 · 김지영(1993). 과제유형과 조작형태에 따른 유아의 서열조작 발달양상. 한국심리학회지: 발달, 6(2), 147-161.

신혜은 · 고태순 · 장세희(2017). 유아수학교육. 경기: 양서원.

윤애희 · 김은기 · 이혜경(2006). 사고과정을 중심으로 한 유아 수 · 과학교육. 창지사

이병혁 · 김영표 · 홍성두 · 박경옥(2015). 장애아동 청소년을 위한 수학교육. 서울: 학지사.

이경우(1995). 수학교육을 위한 목록도서의 범주화 연구. 유아교육연구, 15(1), 123-142.

이경우(1997). 수학교육을 위한 문학적 접근. 다음세대.

이경우 · 홍혜경 · 신은수 · 진명희(2009). 유아 수학 교육의 이론과 실제. 창지사.

홍혜경(1992). 유치원 수학교육과정의 분석과 개선방향 모색. 유아교육연구, 12, 5-32.

Baroody, A. J., & Benson, A. (2001). Early number instruction. *Teaching Children Mathematics, 8*(3), 154-159.

Barron, L. (1979). *Mathematics experiences for the early childhood years*. Columbus: Bell & Howell Company.

Copley, V. J. (2000). *The young child and mathematics*. NAEYC.

Holmes, E. E. (1985). *Children learning mathematics*. Englewood Cliffs, New Jersey: Prentice-Hall.

Mandell, D. J., & Raijmakers, M. E. J. (2012). Using a single feature to discriminate and form categories: The interaction between color, form and exemplar number. *Infant Behavior & Development, 35*(3), 348-359.

Maore, W. (1988). *Nuffield maths 1: Teacher's handbook*. Longman Group UK Ltd.

Piaget, J. (1952). *The origins of intelligence in children*. New York: Norton.

Piaget, J. (1954). *The construction of reality in the child*. New York: Basic.

Piaget, J., & Inhelder, B. (1964). *The early growth of logic in the child: Classification and seriation*. New York: Harper & Row.

Shaw,. J. M. (1981). Ideas: Maths for young children. *Dimensions, 10*(1), 15-16.

Siegel, L. S. (1972). Development of the concept of seriation. *Developmental Psychology, 6*, 135-137.

제 9 장 수 영역의 교수 · 학습 방법

이 필 상

특수교육대상학생들이 수를 학습하기 위해서는 수 이전 개념의 학습이 먼저 이루어져야 하는데, 일반적으로 아동들은 발달 과정에서 취학 전이라 하더라도 크기, 양, 대소, 순서 등과 같은 기초적인 수학 개념들이 완전하지는 않지만 초보적인 수준으로나마 습득하게 된다. 그러나 특수교육대상학생들의 경우에는 이러한 기본적 수학 개념 학습 정도가 미약하여서 취학 이후에 학습하게 되는 좀 더 고차원적이고 추상적인 수학 개념 등에도 자연히 일반아동들보다 이해하는 데 더 많은 어려움을 겪는다.

한편, 수를 익히기 위해서는 수 이전 개념을 토대로 하여 구체물을 이용한 수 세기를 하여야 한다. 또한 기본적인 한 자리 수를 익힌 후에는 묶음과 낱개의 개념을 통해 더 큰 수로의 확장을 꾀하게 된다. 묶음과 낱개의 개념은 이후 자릿값의 개념으로 대체되어 큰 수를 익히는 기초가 된다. 따라서 이 장에서는 특수교육대상학생들의 수 영역 교수 · 학습 활동을 위해 수 영역의 내용 체계를 이해하고 수 영역의 교수 · 학습 방법을 알아보고자 한다. 이를 위해 본 장에서는 특수교육 기본 교육과정 상에서의 수 영역의 내용 체계를 먼저 살펴보고, 수 영역의 내용별 교수 · 학습 방법에 대해 특수교육 기본 교육과정 해설서와 특수교육 기본 교육과정 수학 교사용 지도서(교육부, 2017, 2018, 2019)의 내용을 중심으로 살펴보기로 한다.

1. 수 영역의 교수·학습 내용

특수교육대상학생들이 수를 학습하기 위해서는 수 이전 개념에 속하는 숨기기와 찾기, 변별하기, 짝짓기(일대일 대응), 순서 짓기 등의 학습이 먼저 이루어져야 한다.

수를 익히기 위해서는 수 이전 개념을 토대로 하여 구체물을 이용한 수 세기를 하여야 한다. 하나, 둘, 셋, 넷, 다섯과 같이 수를 세는 과정에는 다음의 네 가지 중요한 원리가 들어 있는데, ① 세어지는 각 대상에는 단지 하나의 수 이름이 할당되어야만 하고, ② 수 이름 목록은 사물이 세어질 때마다 고정된 순서로 사용되어야만 하며, ③ 사물이 세어지는 순서는 문제가 되지 않고, ④ 사용된 수 이름이 대상의 개수가 된다는 것이다(강문봉 등, 2001). 수 세기 활동이 충분히 이루어진 후에, 비로소 이러한 수 세기와 1, 2, 3, 4, 5와 같은 상징적인 숫자를 연결 짓는 학습이 이루어지게 된다. 수를 안다는 것은 수를 읽고 쓸 수 있을 뿐만 아니라, 수를 구체물 또는 반구체물의 개수와 연결지을 수 있다는 것을 말하며, 수의 순서와 수의 대소 관계를 파악하게 된다는 것을 의미한다.

기본적인 한 자리 수를 익힌 후에는 묶음과 낱개의 개념을 통해 더 큰 수로의 확장을 꾀하게 된다. 묶음과 낱개의 개념은 이후 자릿값의 개념으로 대체되어 큰 수를 익히는 기초가 되는 것이다. 이러한 수 개념을 형성하기 위해서 교사는 다양한 수 모델을 제공하여 학습자의 표상을 강화시킬 필요가 있다. 다양한 구체물을 조작하는 활동은 동작적 수준에서의 표상을 강화하는 일이 될 수 있으며, 도트 카드나 동그라미, 정육면체 그림을 활용하는 활동은 영상적 수준에서의 표상을 강화하는 일이 될 수 있다. 이러한 동작적 수준에서의 표상 활동과 영상적 수준에서의 표상 활동이 수와 연결됨으로써 상징적 수준에서의 표상이 가능해지는 것이다. 이 밖에도 손가락 모델의 활용은 10까지의 수를 지도하는 유익한 모델이 될 수 있으며, 수 모델로 화폐를 활용하는 것은 큰 수로의 확장에 도움을 줄 수 있다.

현행 특수교육 기본 교육과정에서는 수 영역을 수와 연산 영역으로 확장하여 수학과 내용 체계를 구성하고 있으며, 수와 연산 영역의 핵심 개념으로 수의 기초, 수, 수의 연산, 화폐를 제시하고 있다. 따라서 본 장에서는 수와 연산의 핵심 개념을 중심으로 살펴보기로 한다.

2. 개수 세기와 수 세기

수(number)는 양의 크기 즉, 양을 나타내는 아이디어 혹은 추상을 말하며 숫자(numeral)는 수의 크기를 기호로 나타낸 것 즉, 수를 나타낼 때 볼 수 있거나 쓸 수 있거나 만질 수 있는 기호(최창우, 2007: 166)를 말하는데, 수 세기는 그것 자체로서뿐만 아니라 이후 사칙연산을 수행하는 데에도 매우 중요한 기초 수학 능력이다. 수 세기에는 크게 단순 수 세기, 물건 세기, 중간에서부터 세기, 건너뛰며 세기, 중간에서부터 건너뛰며 세기, 그리고 서수 세기 등이 있다(김동일 등, 2005: 237). 수를 익히기 위해서는 수 이전의 개념을 토대로 하여 구체물을 이용한 개수 세기를 한다. 여기서 주의할 점은 무조건 구체물을 이용한 수 세기보다는 간혹 구체물을 표현한 그림이나 간단한 상징 등 중간 정도의 구체물을 조작하는 것이 때로는 더 효과적인 경우도 있다는 것이다. 개수 세기와 수 1, 2, 3, 4, 5와 같은 상징적인 숫자를 연결 짓는 학습 과정을 통해 학생들은 수를 인지하게 된다. 수를 안다는 것은 수를 읽고 쓸 수 있을 뿐만 아니라, 수를 구체물 또는 반구체물의 개수와 연결지을 수 있다는 것을 말하며, 수의 대소 관계와 수의 순서를 파악하게 된다는 것을 말한다. 이렇게 기본적인 한 자리 수를 익힌 후에는 묶음과 낱개의 개념을 통해 수의 범위를 확장할 수 있다. 십진수 체계에서 10 또는 100개짜리 묶음과 낱개의 개념은 이후 자릿값의 개념으로 대체되어 큰 수를 익히는 기초가 된다. 〈표 9-1〉에서 보는 바와 같이 특수교육 기본 교육과정 수학과의 경우 수 영역 중 수 세기는 결국 네 자리의 수 지도까지 발전하고 있음을 알 수 있다.

1) 셋까지 세기

이 활동을 통해 학생들이 일상적인 생활 장면에서 접하는 사물의 개수를 세며 자연스럽게 수에 대한 양감을 기르고 수 세기를 익히도록 한다. 학생들은 수 단어와 수량을 연결짓지 못한 채 '하나, 둘, 셋'의 분리된 수 단어를 암기하며 말로 세기를 하게 된다. 특히, 학생들이 개수를 셀 때 헤아리는 사물 한 개에 수 단어 하나를 하나씩 대응해야 한다는 일대일 대응의 원리를 사용하여 개수를 세어야 함을 가르쳐야 하고, 충분히 수 세기에 익숙해진 후에 수량의 개념을 확장해 나가는 것이 바람직하다.

예를 들면, 다트 놀이를 통한 수 세기 활동은 신체 활동을 통한 즐거움과 인지적 사고 과정, 그리고 반복적인 훈련을 통해 수 세기를 익혀 나갈 수 있다. 다트 놀이는 학생들 앞에는 학생들이 좋아하거나 학급에 있는 다양한 물건의 사진을 붙여 두고 학생이 던지는 공을 다트 판에 붙이는 활동이다. 가족이 단란하게 식사하는 모습의 풍경을 보면서 가족의 수와 그릇의 수, 반찬의 수, 숟가락의 수, 의자의 개수 등을 세게 할 수도 있다. 개수를 셀 때에는 일대일의 대응 개념으로 수를 세며, 한 사물에 두 번 대응하여 세지 않도록 주의를 기울여야 한다. 또한 개수를 세고 나면, 교사가 손가락을 세고 난 사물의 개수만큼 손가락을 펴 보이며 다시 한 번 개수를 세게 한다. 학생들이 교사를 모방하며 손가락을 이용하여 수 세기를 하는지 살핀다. 그리고 학급에서 사용하는 여러 가지 학용품과 물건을 책상 위에 가지런히 올려 두고 자신의 손가락을 펴가며 수 세기를 하게 한다. 그런 다음 자신의 손가락만큼 펼쳐진 그림을 찾아 옆에 붙이게 한다. 그 밖에도 색연필, 스케치북, 공책, 책 등을 이용하여 수 세기를 하게 한다.

셋까지 세기에서는 하나, 둘, 셋으로 세면서 일상생활에서 친숙하게 사용하는 3 이하의 수 개념이 형성되도록 한다. 개수를 셀 때에는 일정 공간 안에 집합의 개념으로 모여 있는 것을 찾아 센다. 사물의 개수를 세면서 수에 대한 기본적인 양감을 기르게 한다. 셋까지 세기, 같은 개수 모임 찾기, 같은 개수 모임 만들기,

세어 보고 개수 말하기 등과 같은 순서로 지도한다.

2) 다섯까지 세기

이 활동을 통해 생활 주변의 여러 가지 사물의 개수를 하나, 둘, 셋, 넷, 다섯으로 세어 보는 활동으로 수 개념의 토대를 형성한다. 예를 들면, 공기놀이는 기본 다섯 개의 공깃돌을 이용하거나 그 이상의 수를 도입하는데 자주 사용된다. 공기놀이의 과정은 하나에서 다섯까지의 수를 자연스럽게 놀이를 통해 익히게 되므로 반복적인 놀이를 통해 수 개념을 학습하기에 용이하다. 가정에서 기르는 어항 속의 여러 가지 생물을 이용하여 다섯까지 수를 세는 활동을 할 수도 있으며, 학교 컴퓨터실에서 수업하는 장면을 활용하여 컴퓨터실에 있는 모니터, 본체, 마우스, 참여하는 사람 등을 다양하게 세어 보고 5 이하의 수 개념을 익힐 수도 있다. 그리고 학교 운동장에서 뜀틀 수업시 뜀틀 단의 수를 세어 보게 하고 수의 크기에 따라 난이도가 바뀐다는 것을 익히게 할 수도 있으며, 가까운 전자 제품 판매 매장에서 물건을 파는 사람들도 관찰하고 제품의 수를 세어 보는 활동을 하게 할 수도 있다. 다섯까지 세기, 같은 개수 모임 찾기, 같은 개수 만들기, 세어 보고 개수 모임 말하기, 공기놀이 등과 같은 순서로 지도한다.

3) 다섯까지 개수 비교하기

다섯까지의 개수 비교하기는 직관적으로 두 사물의 수를 비교하여 '더 많은', '더 적은'을 아는 것이 아니라, 하나, 둘, 셋, 넷, 다섯으로 세어 수의 계열을 습득하여 '하나 더 많은', '하나 더 적은'을 표현할 수 있게 한다. 다섯까지의 개수 비교하기가 습득되면 수를 표현하는 상징으로써 수 1, 2, 3, 4, 5를 알고 수의 서열을 학습하는 단계로 나아가게 된다.

예를 들면, 말뚝박기 놀이는 몸으로 뛰면서 하는 놀이로 수학과의 사고력 중심의 활동에 놀이를 도입함으로써 지루할 수 있는 수학의 개념 습득을 흥미롭게 습득할 수 있게 한다. 반복적인 놀이를 통해 말에 올라 탄 학생의 수와 말에 올라타지 않은 학생의 수를 비교하면서 '더 적은', '더 많은'을 학습할 수 있으며, 말뚝에 학생들이 하나씩 올라탈 때 '하나 더 많은', 혹은 '하나 더 적은'을 학습할 수 있다. 또는 각 가정의 주방의 물건을 세어 보거나 학교 가사실의 물건을 조사하면서 자연스럽게 5 이하의 수 비교하기를 학습하거나, 학교나 공공 도서관에 비치되어 있는 많은 책을 같은 종류의 책으로 묶거나 같은 도서대에 비치되어 있는 수를 세어 5 이하의 개수 비교하기 개념을 익히게 할 수도 있다. 그리고 공원 등과 같은 곳에서 학생들이 여유로운 산책 활동을 하면서 수를 세고 비교하는 활동을 하게 할 수도 있다. 더 많은 것을 찾기, 하나 더 많게 만들기, 더 적은 것을 찾기, 하나 더 적게 만들기, 공원에서 개수 비교하기 등과 같은 순서로 지도한다.

4) 아홉까지 세기

일상생활에서 수를 사용할 때가 많다. 물건의 개수를 알아볼 때, 물건의 양이 많고 적음을 알아볼 때 등이다. 수 9까지를 배워야 십진 기수법의 기본 수를 완전히 알고 나타낼 수 있다. 또한 기본 수는 두 자리 수를 학습하는 데는 물론, 한 자리 수끼리의 덧셈에서 받아 올림이 있는 계산의 바탕이 된다. 사물의 개수를 셀 때에는 손가락으로 하나씩 짚으면서 차례대로 센 다음, 하나, 둘, 셋, 넷, 다섯, 여섯이라고 말하고, 5 다음에 오는 수가 6, 6 다음에 오는 수가 7임을 알게 반복적인 지도가 이루어져야 한다.

예를 들면, 별 달 적기놀이는 두 가지 방법으로 전개할 수 있다. 그 놀이 중 하나는, 짝끼리 각각 별과 달을 정하기, 가위바위보 하기, 이긴 사람이 빈칸에 자기 표시하기, 칸이 모두 채워지면 누가 더 많은지 세어 보고 승부가리기 순서로 놀이를 한다. 두 번째 방법은 놀이판이 모두 채워진 후 상대방 집 차지하기, 가위바위보 하기, 이긴 사람이 상대방 별이나 달 한 개 지우기, 또 한 번 이기면 지운

곳에 자기 표시하기, 상대방 집을 모두 차지하면 이긴다는 순서로 놀이를 한다. 그리고 부모님이 빨래를 할 때 학생이 옆에 앉아 빨래를 통에 넣으면서 옷가지를 세는 활동을 할 수도 있다. 또 빨래를 줄에 널거나 걷으면서, 또는 옷을 개면서 이와 같은 활동을 할 수도 있으며, 화살놀이를 통해 과녁에 꽂힌 화살의 수를 세게 할 수도 있다. 이때 한 화살에 두 번 대응하여 세지 않도록 주의한다. 그리고 놀이터나 공원에서 운동하는 사람의 수를 헤아리게 함으로써, 운동을 하는 사람은 모두 몇 명인지, 각 활동별로 놀이를 하는 사람의 수를 세게 할 수도 있으며, 주말 농장이나 현장 체험 활동을 통해 여러 종류의 가축을 확인하며 수를 세는 활동을 할 수 있다. 아홉까지 세기, 같은 개수 모임 찾기, 같은 개수 모임 만들기, 세어 보고 몇 개인지 말하기, 별 달 적기 놀이하기 등과 같은 순서로 지도한다.

5) 아홉까지 개수 비교하기

아홉까지 개수 비교하기는 직관적으로 두 사물의 개수를 비교하여 '더 많은', '더 적은'을 아는 것이 아니라, 여섯, 일곱, 여덟, 아홉의 수 계열을 습득하여 '하나 더 많은', '하나 더 적은'을 표현할 수 있게 한다. 또한 두 모임에서의 수 비교에서 확장하여 세 모임에서 '가장 큰 수'와 '가장 작은 수'를 비교하면서 수의 계열에 대한 이해를 강화한다.

예를 들면, 산가지 놀이는 매우 다양한 방법으로 활용할 수 있는데, 9 이하의 수 비교하기에서는 학생들이 가져가는 수가 9 이하가 될 때까지 산가지를 모으거나 뿌려 놓은 산가지를 건들지 않고 가져가서 두 수 또는 세 수 모임을 비교하는 활동으로 활용한다. 중증 장애학생에게는 기본 산가지 놀이보다 색 산가지 모으기를 활용하는 것이 쉽다. 화단에 심어 놓은 묘목이나 모종의 수를 세게 하는 활동이나 버스 정류장에서 각 버스의 노선 표시를 보면서 9 이하의 수 비교에 적용하여 각 노선의 개수와 길이를 비교하게 한다. 또한 학교 식당에서 테이블의 수나, 한 테이블에 모여 앉은 학생의 수 등으로 개수 비교를 시킬 수도 있다. 개수를 비교하기 위해서는 일상생활과 친밀하거나 친숙한 소재와 상황을 활용하고, 구체물을 통한 수 비교를 학습한 후에는 반구체물을 이용하여 비교해 볼 수 있도록 과제 제시의 위계를 구성한다. 하나 더 적거나 하나 더 많은 개수 모임을 찾기, 하나 더 적거나 하나 더 많은 개수 모임을 만들기, 개수가 가장 적거나 가장 많은 모임을 찾기, 개수가 가장 적거나 가장 많은 모임을 만들기, 산가지 놀이하기 등과 같은 순서로 지도한다.

3. 기수와 서수

우리는 일상생활에서 일어나는 여러 가지 사물의 현상이나 관계, 구조 등을 수학적 기호의 조작을 통하여 명확히 표현하려고 노력한다. 수를 기호로 나타내는 방법을 기수법(최창우, 2007: 170)이라고 하는데, 한 집합의 구성 물체들을 여러 가지 방법으로 헤아려도 전체 수에는 변함이 없고, 수 세기에서 마지막으로 센 수의 이름이 곧 전체의 수량임과 동시에 그 수량이 그 집합의 크기임을 이해하는 것이 기수의 원리이다. 기수법과 관련하여 명수법은 수를 읽는 방법인데, 기수법상의 수(숫자)의 계열에 수의 이름인 수사를 붙여주는 방법을 말한다. 따라서 수는 양의 크기를 말하고, 숫자는 수의 크기를 나타내는 것을 뜻하며, 수사는 수의 이름을 불러주는 언어적 표현이다. 한편 서수법은 한 집합에 속해 있는 각 물체들의 위치를 인식하는 것이다. 즉, '두 번째' 또는 '세 번째'와 같은 특정 위치의 물체들을 한 순열 속에서 지각하게 되는 과정으로써 각 물체들을 특정 속성에 의해 순열화시키거나 순서화한 후 특정 위치에 속하는 물체를 지칭하는 것이다. 서수 개념은 일상생활에서 많이 활용되므로 이를 반드시 지도해야 한다.

수 세기를 통해 익힌 한 자리 수를 확장하여, 한 자리 수의 수 개념을 토대로 십진법의 수 체계에 따라 두 자리 수와 세 자리 수의 범위까지 지도한다. 19까지의 수를 세어 보는 활동을 한 후에 '9보다 1 큰 수', '8보다 2 큰 수' 등으로 수 10을 지도하게 된다. 그 다음, 수 10을 바탕으로 10씩 묶음의 수와 낱개로 99까지의 두 자리 수를 쓰고 읽는다. 또 99까지의 수 및 대소 관계를 알아보고 99까지의 자연수를 이해하게 한다. 세 자리 수의 지도는 한 자리수와 두 자리 수 이해를 바탕으로 지도하여야 한다. 10개씩 10묶음으로 100을 도입하고 세 자리 수의 읽기, 쓰기, 세기, 수의 계열과 대소 비교 등을 통하여 세 자리 수의 개념을 바르게 이해하도록 한다.

먼저 구체물을 10씩 묶어 10묶음을 백이라 함을 알고, 100씩 묶어서 세고, 수로 나타내어 그것을 읽고 쓰는 법을 알아보게 한다. 구체물을 세기 위하여 100개씩, 10개씩 묶어 세고 남는 것은 낱개로 세어서 기수법의 원리에 따라 수로 나타내며 세 자리 수의 계열을 알아보게 되는데, 이 때 1씩의 계열, 10씩의 계열, 100씩의 계열을 알아본다. 몇 십, 몇 백을 이해하고, 다시 수 100은 90보다 10 더 큰 수, 99보다 1 더 큰 수임을 알게 함으로써 두 자리 수와의 수 계열을 명확히 이해하여 0에서 999까지의 정수를 이해할 수 있도록 해야 한다. 이때 수 100은 세 자리 수라는 입장보다 기본 수로 지도하는 것이 좋으며, 100을 읽을 때 '일백', '백'으로 읽도록 되어 있는데, 일상생활에서나 익숙한 상태에서는 백으로 읽도록 하되, 처음 지도 단계에서는 일백으로 읽도록 한다. 그것은 기수법과 명수법의 관계를 이해하는데 도움이 되기 때문이다. 그러나 십 오는 일십 오라고 읽지는 않는다. 그리고 세 자리 수의 개념 확장을 이해시키려면 단순히 기계적으로 세 자리 수 읽기를 가르치기 보다는 구체물의 묶기 활동을 통하여 그룹 짓고 조작하여 양감을 알 수 있도록 하는 것이 필요하다.

4. 자릿값과 큰 수

십진법 체계는 낱개가 10이면 새로운 단위인 십(10) 단위 한 개로 대치된다. 또, 십(10)이 10개면 새로운 단위인 백(100) 단위 한 개로 대치된다. 그리고, 백

(100)이 10개면 새로운 단위인 천(1000) 단위 한 개로 대치된다. 이와 같은 방법으로, 십진법 체계가 구성되어 있기 때문에 십진기수법에서의 각 자리는 자릿값을 가지고 있다(배종수, 2002: 77).

기본 교육과정 수학과 수 영역에서는 한 자리 수의 수 개념을 토대로 십진법의 수 체계에 따라 두 자리 수와 세 자리 수까지 수의 범위를 확장하도록 구성되어 있다.

9 이하의 수를 알게 되면, 한 자리 수와 두 자리 수의 연결고리가 되는 수 10을 알고, 구체물을 10개로 묶어 보고, 묶음의 수와 낱개로 나타내기를 통해 11에서 19까지의 두 자리 수를 익힌다. 개수(열 한 개, 열 두 개, 열 세 개, …), 구체물이나 반구체물의 모임, 숫자를 연결 짓는 다양한 활동을 통해 숫자 상징을 익히는 것과 익힌 수들 간의 관계를 파악하기 위해 수의 순서를 알고, 수의 크기를 비교하는 활동은 한 자리 수를 익히는 활동과 유사하다.

19까지의 두 자리 수를 익힌 이후에는 50까지의 수, 100까지의 수, 1000 미만의 수까지 확장된다. 이렇게 수를 확장시키기 위해서는 묶음과 낱개로 나타낼 수 있는 여러 가지 모델을 이용하여 다양한 활동을 전개하여야 한다. 빨대나 아이스크림 막대를 묶어 10개의 묶음이나 100개의 묶음을 만들어 보는 활동, 몬테소리 교구의 비즈와 같이 10개의 구슬이나 100개의 구슬로 된 것을 활용하는 활동처럼 구체적으로 조작할 수 있는 활동을 통해 동작적 수준에서 학습자가 표상할 수 있도록 해야 한다. 수의 범위가 확장될수록 조작해 볼 수 있는 구체물이 제한적일 수 있으므로, 도트(점), 동그라미, 네모, 정육면체 등의 모양을 10개씩 묶어 그리는 활동을 통해 영상적 수준에서 학습자가 손쉽게 표상할 수 있도록 해야 한다. 도트나 동그라미 모양을 묶어 그린 것은 수 모델이라 할 수 있으며, 네모 모양을 가로로 10개, 세로로 10개 붙여서 100개를 나타낸 것은 면적 모델이라 할 수 있으며, 정육면체 모양을 가로, 세로, 높이 모두 10개씩 붙여서 100개를 나타낸 것은 부피 모델이라 할 수 있다. 부피 모델은 수의 범위를 네 자리 수까지 확장시킬 수 있다. 화폐 모델은 일상생활에서 활용되는 친근한 소재이며, 그 크기에 관계없이 수의 가치를 부여하므로 위치에 따라 값이 달라지는 자릿값의 개념을 익힐 수 있는 좋은 모델이 될 수 있다.

이와 같이 여러 가지 구체물이나 모델을 활용한 다양한 표상 활동을 통해서 100개의 묶음, 10개의 묶음, 낱개는 각각 백의 자리, 십의 자리, 일의 자리의 자릿값으로 연결짓는 학습이 이루어져야 한다. 이처럼 자릿값을 익히게 되면, 수의 계열을 쉽게 파악하고, 수의 크기 관계를 명확하게 파악할 수 있을 뿐만 아니라, 더 큰 자리 수를 하나씩 첨가함으로써 더 큰 수를 익힐 수 있는 가능성을 갖게 된다.

자릿값을 제대로 학습했다면 적어도 첫째, 숫자의 읽고 쓰기(예를 들면, 427을 '사이칠' 대신 '사백 이십 칠'로 읽을 수 있다든지, 반대로 '사백 이십 칠'을 듣거나 읽고 이를 숫자 '427'로 나타낼 수 있는 능력), 둘째, 자릿값에 맞게 세로로 배열하기(가로식인 427+35를 세로식 $\begin{array}{r}427\\+35\end{array}$로 배열하는 능력), 셋째, 풀어서 자릿값 표현하기(427을 400+20+7로 표현하는 능력)와 같은 세 가지 기능을 보일 수 있어야 한다(김동일 등, 2005: 238).

세 자리 수 이상의 큰 수의 지도 방법은 두 자리 수의 지도나 세 자리 수의 지도 방법과 동일하다. 즉, 묶음과 낱개를 세어 보는 활동을 통해 지도를 하는 것이 가장 좋은데, 세 자리 수가 이해되면 임의 자리의 수의 지도는 거의 완결된다고 보아도 좋을 것이다. 그런데 10000 이상과 같은 큰 수는 구체물 조작에 의한 지도는 현실적으로 어렵다. 그러나 그 기본 원리는 세 자리 수나 네 자리 수와 동일하므로 묶음과 낱개를 세어 보는 방법을 확장하여 지도한다. 즉, 10000은 9999보다 1이 더 큰 수, 9990보다 10이 더 큰 수, 9900보다 100이 더 큰 수, 1000이 10인 수 등으로 도입하며, 10000이 2이면 20000, 3이면 30000 등으로 지도할 수 있다.

5. 화폐

화폐는 일 또는 물질 이익의 객관적인 가치 기준으로써 인간 사회에서만 찾아볼 수 있는 것이다. 그러므로 한 인간이 사회 구성원으로서 살아가기 위해서는 화폐의 체계를 이해하여야 하는데, 일반적으로 사람들은 생활 속에서 자연스럽게 화폐를 사용하기 때문에 화폐에 대한 교육은 상대적, 추상적인 것에 대한 이해가 어려운 특수교육대상학생들에게 인지력을 높일 뿐만 아니라 교환 가치를 이해하게 하여 사회의 생산자 및 소비자로서의 독립적인 생활을 영위하게 하는 데도 필수적이다.

공통 교육과정 수학과에서는 화폐 개념을 수와 연산 영역에서 자연스럽게 다루어질 수 있는 것으로 보고 이를 별도의 내용으로 구성하고 있지 않음에도 불구하고, 기본 교육과정 수학과에서는 수와 연산 영역에서 핵심 개념으로 구성하여 '화폐'를 다루고 있다.

학생들이 화폐를 계산해야 하는 궁극적인 목표는 자신이 원하는 물건을 제대로 구입하도록 하는 데에 있다고 볼 수 있다. 동전 교환기를 이용하는 방법, 계산기를 사용하는 방법, 카드를 사용하는 방법 등은 물건을 구입하는 과정에서 나타날 수 있는 어려움을 극복하는 대안적인 방법이 될 수 있다.

지도의 실제를 예를 들면 〈표 9-1〉과 같다.

〈표 9-1〉 화폐 지도의 실제(예)

제재	활동 내용
화폐와 화폐가 아닌 것을 구분하기	• 동전과 동전 아닌 것 구분하기 • 문방구에서 실물 화폐로 모형 화폐 사기 • 모형 동전 만들어 실제 동전과 비교하기 • 모형 지폐 만들어서 실제 지폐와 비교하여 구분하기 • 복사된 화폐와 실물 화폐 비교하기 • 지갑 안의 돈 나열하기

제재	활동 내용
화폐의 액면가 알기	• 액면가가 같은 화폐끼리 모으기 • 종이를 대고 동전 긁기 • 모형 화폐 만들기 • 화폐의 액면가와 같은 가격의 물건을 보고 읽기 • 돼지 저금통을 열어서 같은 액면가의 화폐끼리 쌓기 • 동전과 지폐의 앞 · 뒷면 짝짓기
액면가가 같은 화폐를 모았을 때의 금액 알기	• 액면가가 같은 동전을 모은 후 금액 말하기 • 재활용 물건에 가격표 붙인 후 10원짜리로 사기 • 빈 병값 계산하기 • 자판기 사용하기 • 차비 내기 • 100원 단위의 물건 사기 • 액면가가 같은 지폐를 모은 후 금액 말하기 • 1000원짜리 단위 물건 사기
액면가가 다른 화폐를 모았을 때의 금액 알기	• 10원, 100원짜리가 섞여 있을 때의 금액 알기 • 10원, 50원, 100원짜리가 섞여 있을 때의 금액 알기 • 종이 지갑에 들어있는 액수 알기 • 돼지 저금통에 들어 있는 돈 액수 알기
100원을 잔돈으로 바꾸기	• 100원을 잔돈으로 바꾸기 • 10원짜리로 100원이 되게 나누기와 모으기 • 100원이 되게 동전 쌓기 • 자판기에 동전 넣어 이용하기 • 낚시놀이로 모형 동전 모으기 • 카드 게임(100원 되게, 안 되게 그린 카드) 하기 • 퍼즐(잔돈 맞추기)놀이 하기
1000원을 잔돈으로 바꾸기	• 1000원을 잔돈으로 바꾸기 • 100원짜리로 1000원이 되게 나누기와 모으기 • 동전 바꾸는 기계 이용하기 • 1000원이 되게 동전 쌓기 • 자판기 이용하기 • 낚시놀이로 모형 동전 모으기 • 카드 게임(1000원 되게, 안 되게 그린 카드) 하기 • 퍼즐(잔돈 맞추기)놀이 하기

제재	활동 내용
10000원을 잔돈으로 바꾸기	• 은행놀이 하기 • 1000원짜리로 10000원이 되게 나누기와 모으기 • 10000원이 되게 지폐 쌓기 • 낚시놀이로 모형 지폐 모으기 • 카드 게임(10000원 되게, 안 되게 그린 카드) 하기 • 퍼즐(잔돈 맞추기)놀이 하기
물건값에 맞는 금액 지불하기	• 자기 소지품의 물건값 조사하기 • 먹고 싶은 과자의 물건 사기 연습하기 • 가게 놀이 하기 • 메뉴판 이용하기 • 자판기 이용하기 • 우표나 엽서 사기 • 재활용 센터(책, 옷, 장난감, 학용품 등) 운영하기
여러 개의 물건값 계산하기	• 먹고 싶은 과자의 값 계산하기 • 테이프와 CD의 값을 비교하여 지불하기 • 가격표 읽기 • 세일 기간의 가격 알기 • 값이 싼 곳 알아보기
거스름돈 계산하기	• 작은 액수의 거스름돈을 계산하기 • 큰 액수의 거스름돈을 계산하기 • 가게에서 물건사기 • 자판기 이용하기 • 버스나 지하철 타기
화폐의 개념을 생활에서 활용하기	• 영수증 확인하기 • 공과금 내기 • 용돈 기입장 이용하기 • 은행 이용하기 • 여러 가지 카드 이용하기

6. 분수와 소수

초등학교 교육과정 수학과에서는 수와 연산 영역의 3~4학년군부터 분수와 소수가 내용으로 구성되어 있다. 그러나 특수교육 기본 교육과정 수학과에서 초등학교의 경우 별도의 내용으로 구성되어 있지 않은데, 특수교육대상학생들이 일반적으로 어렵게 느끼는 수 내용 중의 하나이다. 분수의 경우, 일상생활에서 자주 접할 수 있는 구체적 조작 활동 즉, 사과를 반으로 자르기, 색종이를 반 또는 반의 반으로 접기, 주어진 사탕을 옆에 있는 친구와 똑같이 나누어 갖기, 생일 케이크를 가족의 수대로 자르기 등을 통해 부분과 전체의 관계를 이해하는 것이 분수의 선수학습으로 지도(국립특수교육원, 1996: 228)되어야 한다. 이와 같은 구체적 조작 활동을 통해 등분된 조각들은 원래 전체에서 완전히 양적으로 떨어져 나간 이물질이 아니라 전체에 속해 있던 하나의 부분이다. 이러한 개념 인식을 통해 분수라는 것은 곧, 전체의 양을 균등한 양으로 나눈 것이라는 기본적인 성격을 이해하도록 지도하여야 한다. 학습의 순서는 첫째, 색종이, 사과, 빵 등 구체적인 연속량을 등분해 보게 한 다음 주어진 연속량이 전체를 똑같이 몇으로 나눈 몇에 해당되는가에 대한 해결책으로 분수의 개념을 도입하여 주어진 연속량을 분수로 나타내게 한다. 둘째, 연속량 또는 분리량으로 이루어진 다양한 구체물을 주어진 분수의 양만큼 등분하는 구체적 조작을 통해 분수의 이해를 깊게 한다. 셋째, 분수의 대소를 이해하고 간단한 분수의 덧셈과 뺄셈을 하도록 한다. 이와 같은 학습과정을 거쳐 습득된 분수의 개념을 다양한 생활 장면에서 활용하도록 지도한다.

지도의 실제를 예를 들면 〈표 9-2〉와 같다.

〈표 9-2〉 분수 지도의 실제(예)

<table>
<tr><th colspan="2">제재</th><th>활동 내용</th></tr>
<tr><td colspan="2">부분과 전체</td><td>• 두 조각으로 나누어진 퍼즐 완성하기
• 특정한 일부분과 전체 연결하기(예: 토끼 귀와 토끼)
• 같은 짝을 찾아 한 쌍 만들기
• 빠진 곳 찾기
• 여러 가지 음식 자르기
• 퍼즐 만들기
• 도형을 이용해 그림 그리기</td></tr>
<tr><td rowspan="2">똑같이 나누기</td><td>구체물로 똑같이 나누기</td><td>• 간식을 똑같이 나누기
• 과일을 반으로 자르기
• 생일 케이크, 피자 나누기
• 공기돌이나 바둑알 나누기
• 색종이 접기
• 접는 부채 만들기
• 데칼코마니 하기
• 여러 가지 도형을 나누기</td></tr>
<tr><td>연속량을 2, 3, 4로 나누기</td><td>• 자르기
• 생일 케이크, 피자 나누기
• 초콜릿 나누기
• 색종이 접기
• 야채 썰기
• 찰흙, 지점토 자르기
• 여러 가지 도형 나누기
• 청소 구역 나누기</td></tr>
<tr><td>똑같이 나누기</td><td>분리량을 2, 3, 4로 나누기</td><td>• 간식 나누기
• 바둑알, 공깃돌 나누기
• 음식상 차리기
• 학용품 나누기
• 교실에 있는 화분 나누어 관리하기
• 장난감 나누기</td></tr>
</table>

<table>
<tr><th colspan="2">제재</th><th>활동 내용</th></tr>
<tr><td rowspan="2">분수</td><td>분수로
나타내기(연속량)</td><td>• 과일 깎기
• 색종이 접기
• 초콜릿 나누기
• 물약 먹기
• 분수 읽기와 쓰기</td></tr>
<tr><td>분수로
나타내기(분리량)</td><td>• 간식 나누기
• 바둑알 나누기
• 따조나 딱지 나누기
• 생일상 차리기</td></tr>
<tr><td rowspan="2">분수의
대소</td><td>분모가 같은 분수의
대소</td><td>• 피자 나누기
• 꽃밭을 나누어 물주기</td></tr>
<tr><td>단위 분수의 대소</td><td>• 초코파이 나누기
• 과자 나누기
• 색종이 접어 색칠하기</td></tr>
</table>

한편, 소수도 분수와 마찬가지로 특수교육대상학생들이 일반적으로 어렵게 느끼는 수 내용 중의 하나인데, 소수는 분수를 위치적 기수법인 십진기수법 표기로 표현하기 위하여 사용된다. 따라서 소수를 지도할 때에는 분수의 다른 표현법으로 도입하여 이해하도록 하는 것이 좋다. 먼저 소수 한 자리 수의 경우, 분모가 10인 여러 가지 분수를 소수로 나타낼 수 있음(예를 들면 $\frac{1}{10}$과 0.1은 1을 10 등분한 것 중의 하나의 크기를 나타내는 수로써 크기는 같으나 표현이 다르다는 것을 이해하도록 한다. 또한 $\frac{2}{10}$는 $\frac{1}{10}$이 둘과 같으므로 0.2는 0.1이 둘 모여 된 것임을 이해하게 한다.)을 알게 함으로써 분수로부터 소수를 도입하여 소수의 뜻을 이해시키고 분수와의 대응관계 및 소수의 구조를 이해시키며, 소수를 수직선 상에 나타낼 수 있게 하여 소수의 대소 관계와 소수의 계열을 이해시켜야 한다. 그리고 소수를 사용하여 ℓ와 dℓ, cm와 mm 등의 사이의 관계를 등 분할에 다른 크기의

분수 표현에서 같은 크기의 소수로 나타내도록 함으로써 소수를 이해하도록 지도한다. 소수 한 자리 수에 대한 개념이 이해되면 1m=100cm이며 1cm=$\frac{1}{100}$m=0.01m가 되어 소수 두 자리 수를 얻을 수 있고, 1km=1000m임을 이용하면 소수 세 자리 수를 얻을 수 있으므로 소수 두, 세 자리 수의 개념은 확장될 수 있다. 소수를 지도할 때 십진 블록을 이용하면 직접 소수의 크기를 눈으로 확인할 수 있어 소수에 대한 양감을 쉽게 키울 수 있다.

요약

특수교육대상학생들이 수를 익히기 위해서는 변별하기, 분류하기, 짝짓기(일대일 대응), 순서 짓기 등의 수 이전 영역의 학습이 먼저 이루어져야 하며, 이러한 수 이전 개념을 토대로 하여 구체물을 이용한 수 세기를 하여야 한다. 그리고 기본적인 한 자리 수를 익힌 후에는 묶음과 낱개의 개념을 통해 더 큰 수로의 확장을 꾀하게 된다. 묶음과 낱개의 개념은 이후 자릿값의 개념으로 대체되어 큰 수를 익히는 기초가 된다.

수학 교수 · 학습 방법에 있어서 수 세기는 그것 자체로서 뿐만 아니라 이후 사칙연산을 수행하는 데에도 매우 중요한 기초 수학 능력이므로, 수 세기를 통해 익힌 한 자리 수를 확장하여, 한 자리 수의 수 개념을 토대로 십진법의 수 체계에 따라 두 자리 수와 세 자리 수의 범위까지 지도한다. 화폐에 대한 교육은 상대적, 추상적인 것에 대한 이해가 어려운 특수교육대상학생들에게 인지력을 높일 뿐만 아니라 교환가치를 이해하게 하여 사회의 생산자 및 소비자로서의 독립적인 생활을 영위하게 하는 데도 필수적이다.

분수의 경우, 일상생활에서 자주 접할 수 있는 구체적 조작 활동을 통해 부분과 전체의 관계를 이해하는 것이 분수의 선수학습으로 지도되어야 하며, 전체의 양을 균등한 양으로 나눈 것이라는 기본적인 성격을 이해하도록 지도하여야 한다. 분수를 위치적 기수법인 십진기수법 표기로 표현하기 위하여 사용되는 소수를 지도할 때에는 분수의 다른 표현법으로 도입하여 지도한다.

연구과제

- 특수교육대상학생들에게 수 영역을 지도할 때 기능적 수학 교수를 위한 구체적인 접근 방법으로써의 환경적 접근에 대해 알아보자.
- 특수교육대상학생들에게 수 영역을 지도할 때 일반적으로 구체물 – 반구체물 – 추상물 등의 순서에 따라 보조 교재나 교구, 또는 구체물을 사용하는 것이 효과적인데, 반드시 이러한 순서와 구체물이 효과적인지에 대해 알아보자.

참고문헌

강문봉 · 강흥규 · 김수미 · 박교식 · 박문환 · 서동엽 · 송상헌 · 유현주 · 이종영 · 임재훈 · 정동권 · 정은실 · 정영옥(2007). 제2판 초등수학의 이해. 서울: 경문사.

국립특수교육원(1996). 환경중심 수량 지도 프로그램 Ⅰ, Ⅱ. 안산: 국립특수교육원.

권요한 · 이만영(2003). 특수아동을 위한 교육과정과 수업. 서울: 도서출판 특수교육.

교육과학기술부(2009a). 특수학교 교육과정 해설(Ⅱ). 서울: 교육과학기술부.

교육부(2017, 2018, 2019). 기본 교육과정 수학 교사용 지도서. 교육부.

교육과학기술부(2009c). 초 · 중등학교 교육과정 총론. 서울: 교육과학기술부.

교육과학기술부(2008). 초등학교교육과정 해설Ⅳ. 서울: 교육과학기술부.

교육인적자원부(2007). 초등학교 교육과정 [별책 2]. 서울: 교육인적자원부.

김동일 · 이대식 · 신종호(2003). 학습장애아동의 이해와 교육. 서울: 학지사.

김부윤 · 김소영(2007). 수학적 개념에 대한 조작적 접근과 구조적 접근. 수학 교육 논문집, 21(3), 499-514.

김애화(2006). 수학 학습장애 위험학생 조기선별검사 개발: 교육과정중심측정 원리를 반영한 수감각검사. 특수교육학연구, 40(4), 103-133.

박경난 · 조형숙(2007). 동작을 통한 수학 교육 활동이 유아의 수학 개념과 수학적 태도에 미치는 영향. 유아교육학논집, 11(2), 95-112.

배종수(2002). 초등수학 교육 내용지도법. 서울: 경문사.

오원석 · 정명희(2005). 청각장애학생의 산술 문장제 해결 능력에 관한 연구. 특수아동교육연구, 7(4), 303-318.

이용률 · 성현경 · 정동권 · 박영배 · 정은실 · 박교식 · 강문봉 · 백석윤 · 유현주(2000). 초등수학 교육론. 서울: 경문사.

임문규(2007). 구성주의에 입각한 초등수학 학습 · 지도. 서울: 경문사.

최창우(2007). 초등수학 교육의 이해. 서울: 경문사.

Barry E. McNamara (2009). Learning Disabilities. 김용욱 · 변찬석 · 우정한 · 김남진 · 이창섭 · 이근용 · 박정식 (2009). 현장 중심의 학습장애아동 교육. 서울: 시그마프레스.

Freudental, H. (1973). *Mathematics as an educational task.* Dordrecht: Kluwer Academic Publishers.

Julie A. Sliva (2004). Teaching INCLUSIVE Mathematics to Special Learners, K-6. 신현기

· 김영표 · 이병혁 공역(2009). 통합교육 효율화를 위한 장애 아동 수학지도 방법. 서울: 시그마프레스.

Kennedy, L. M., Tipps. S., & Johnson, A. (2004). *Guiding children's learning of mathematics.* Belmont: Wadsworth.

National Council of Teachers of Mathematics (2000). *Principles and standards for school mathematics.* Reston, VA: The National Council of Teachers of Mathematics, Inc.

제 10 장 연산 영역의 교수 · 학습 방법

홍성두

연산은 수학의 가장 기본적인 분야 중에 하나로, 우리가 흔히 알고 있는 사칙 연산뿐만 아니라 일종의 대응, 조작을 의미하는 매우 포괄적인 개념을 가지고 있다. 즉, 수학에 있어서 연산이란 두 수의 순서쌍에 대하여 덧셈, 뺄셈, 곱셈, 나눗셈 등과 같은 이항연산에 의해서 제3의 수를 대응시키는 활동이다.

기본 연산 능력은 일상생활의 문제에 적용되어 문제해결에 도움을 준다는 측면과 수학의 다른 영역을 학습하는 데 꼭 필요한 선수 기능이라는 측면 때문에 매우 중요하다.

이에 본 장에서는 연산 영역의 지도 방안에 대해서 소개하고자 한다. 이를 위해 먼저 연산 영역의 내용 체계를 살펴보았다. 이를 통해 수학자들이 연산을 설명하고 이해하기 위해 개발한 몇 가지 연산 체계를 이해하고, 교육과정의 내용 선정과 위계설정에 어떻게 관련되어 있는지를 파악하게 된다.

또한, 어떻게 가르칠 것인가에 관한 연산 영역의 교수 · 학습 방법에서는 연산 학습전략, 연산 오류 분석, 어림 측정 전략, 공학 활용, 문제해결 전략을 활용한 연산학습 등 여러 가지 교수 · 학습 방법을 제시하였고, 상대적으로 중요성이 높은 곱셈구구전략을 별도로 소개하였다. 이들 교수 · 학습 방법은 연산 영역의 지도와 관련된 여러 가지 서적이나 연구를 바탕으로 선정하였으며, 여러 가지 사례를 중심으로 설명하고 있으며, 교육현장에서 증거 기반 실제를 구현하는 데 도움이 될 것이다.

1. 연산 영역의 교수 · 학습 내용

학생들의 연산기술 발달은 작은 정보 단위에서 시작하여 점점 더 큰 정보 단위로 진행되고, 처리과정도 자동화되는 단계로 변화한다. 즉, 초기에는 연산과제 해결을 위해 각 절차마다 주의집중을 많이 해야 하지만, 좀 더 발전하면 연산과정에 주의를 많이 기울이지 않아도 될 만큼 자동화되어 문제해결 시에 즉각적인 인출이 가능해진다는 것이다. 여기에서 자동성(automaticity)은 원리나 방법을 많이 연습함으로써 습득될 수 있으며, 학습에 있어서 자동성은 하나의 과제를 수행하는 데 그것을 구성하는 하위기술과정을 자동화시켜 제한된 주의력을 좀 더 상위기술에 사용하게 함으로써 전체적인 문제해결 능력을 향상시키게 한다(김충경, 2005).

이렇게 학생들이 진전된 연산 능력을 획득하기 위해서 요구되는 지도 단계 혹은 기제에 대해 여러 가지 주장들이 존재하는데, 우정호 등(1987)은 학생들이 자동화된 연산능력을 획득하기 위해서는 연산의 의미, 성질, 그리고 계산이라는 지도단계를 거쳐야 한다고 하였다. 여기서 연산의 의미 지도란 형식적인 연산을 구체적인 장면에서 바르게 해석하고, 다시 구체적인 장면을 추상적인 연산으로 형식화하는 지도를 말하고, 연산의 성질 지도는 연산의 의미 지도와 밀접한 관계가 있기 때문에 서로 분리하여 생각할 수는 없는데, 그 까닭은 연산의 성질 자체가 연산의 의미에서 이끌어지고, 그 지도는 대부분 의미의 지도와 더불어 이루어지기 때문이다. 계산의 지도 단계에서는 아동 스스로 확인하여 그 결과에 대한 확신을 갖게 하는 경험을 통해, 완전히 몸에 배어 버리는 숙련의 과정에 이르게 되는 것이다

비슷한 맥락 하에서 이은정(2001)이 제시한 것에 따르면 연산의 인지적 과정을 통해 학생들이 연산문제를 능숙하게 처리하기 위해서는 수 이해 기제, 계산 기제, 그리고 수 산출 기제에 숙달되어야 한다. 여기서 수이해 기제는 수 지각의 인지과정을 포함한 것으로 상이한 수의 표현 유형을 추상적 유형으로 전환하고 이러한 추상적인 양적 기호들을 다음의 계산 혹은 산출 기제를 처리하기 위한 근거로 제공한다. 다음으로 계산 기제는 기본적인 수개념과 규칙 등에 대한 기억을 포함한

다. 마지막으로 산출기제는 수를 지각하는 과정과 계산과정을 거쳐 투입된 정보에 대한 최종결과를 출력한다(김충경, 2005). 즉, 어떤 정보를 받아서 산출하기까지의 과정에서 수를 이해하고 이를 추상적 유형으로 전환하며, 계산에 필요한 수 개념과 규칙 등을 정확히 알고 처리할 수 있어야 투입된 정보에 대해 정확한 결과를 인출할 수 있음을 알 수 있다.

이렇게 투입된 정보에 대해 정확한 결과를 인출할 수 있기 위해서 학생들은 먼저 기초적 사실과 연산절차에 대한 지식을 습득해야 한다. 기초적인 수학적 사실에 대한 지식은 보다 진전된 연산을 위한 기본 바탕이 된다. 즉 학생이 장기 기억상에 기초적 사실(예: 3 + 5 = 8, 9 × 7 = 63)을 학습하고 저장하는 것은 연산과정에서 빠르고 정확하게 회상하고 적용하기 위해서 반드시 필요하다. 연산 절차들 또한 기본 바탕이 되는데, 예컨대 학생들은 연산에 있어서 긴 나눗셈, 자리값, 재집단화에 포함된 절차를 학습할 필요성이 있다. 사칙연산에 따라 알아야 할 연산절차에 대한 지식을 정리하면 〈표 10-1〉과 같다.

그리고 학생들은 능숙하게 연산문제를 해결하기 위해서 문장제 문제해결기술을 개발하고 활용할 필요가 있다. 학생들은 중요한 정보를 확인하고, 문제를 해결하기 위한 방법을 개념화하고, 적절한 방정식을 정의하고, 방정식을 풀기위해 요구하는 단어 문제들과 직면한다. 이 과정에서 역시 기초적인 사실에 대한 지식과 연산적 절차는 적극적으로 활용되어져야만 한다.

그리고 이런 기초적 사실, 연산절차 그리고 문제해결과 관련된 기술의 발달을 위해서 선행되어지는 필수 기술들에는 수 감각과 기초 수학적 법칙에 대한 이해가 있다.

수 감각은 아동의 수에 대한 유창성와 융통성, 수가 의미하는 것에 대한 감각, 그리고 마음속으로 수학을 수행하고, 세계를 바라보며, 비교군을 만드는 능력에 대해서 언급하는 개념이다(Gersten & Chard, 1999). 수감각을 제대로 가지고 있는 아동들은 수학에 대해서 직감을 가지고 있다. 그들은 수의 형태를 볼 수 있고 보다 큰, 보다 작은, 같은 과 같은 개념을 완전히 학습한다. Van de Walle(1998)은 다음과 같이 수 감각의 다섯 가지 요소를 기술하였다. 첫째, 잘 이해된 숫자의 의미(예: 3은 특정한 수량과 일치한다), 둘째, 숫자들간에 다양한 연관성에 대한 인식(예: 6은 2가 3개 모여서 만들 수도 있고, 4에 2를 더해서 만들 수도 있다), 셋째, 숫자들의 상대적 크기에 대한 재인(예: 5는 2보다 크다), 넷째, 숫자상에 연산의 효과에 대한 지식(예: 더하기는 수를 더 크게 만든다), 다섯째, 실제 세계에서 무엇인가를 측정하기 위해서 숫자를 언급하는 지식 등이 그것이다.

〈표 10-1〉 사칙연산의 의미

연산	의미 및 예시
덧셈 (+)	• 합병: 빨간 구슬 5개와 흰 구슬 2개를 합하면 얼마인가? • 첨가: 꽃병에 꽃이 5송이 있다. 2송이를 더 꽂으면 꽃은 모두 몇 송이인가?
뺄셈 (−)	• 구잔(덜어내기: take-away) 사과 7개에서 5개를 먹으면 몇 개 남는가? • 구차(비교하기: Comparison) 귤 7개와 사과 5개 중 어느 것이 얼마나 많은가?
곱셈 (×)	• 두 집합의 순서쌍으로 나타나는 곱집합의 원소의 수: a×b=n(A×B) 자연수에만 가능 세 가지 다른 모양의 티셔츠와 두 가지 다른 바지를 입을 수 있는 경우의 수(3 곱하기 2) • 동수 누가(반복된 덧셈, repeated addition) 사과 세 개씩 두 봉지가 있다. 사과는 모두 몇 개인가?
나눗셈 (÷)	• 등분제(fair sharing) 사과 15개를 3사람에게 똑같이 나누어 줄 때 한 사람이 몇 개를 차지하는가? • 포함제(반복된 뺄셈, repeated subtraction) 사과 15개를 한 사람에게 3개씩 주면 몇 사람에게 줄 수 있는가?

출처: 김민경 등(2006). 유아수학 교육의 탐구. 서울: 교우사, p. 49.

좋은 수 감각의 주된 요소 중에 하나는 잘 발달된 수세기 능력이다. 수세기는 수관련 단어를 산출할 수 있는 능력과 숫자는 세어질 수 있는 집합과 일대일 관계를 가지고 있다는 지식을 포함한다. 수세기는 또한 항상 기초적인 덧셈 기술에 대한 지식을 개발하기 위해 중요한 선행기술이다. 기초적인 덧셈 기술에 대한 학습은 초기에 수세기 기반 전략에 의존한다(Garnett, 1992). 예컨대, 아동들은 기초적인 덧셈 기술을 학습하는 데 있어서 다음과 같은 단계를 거친다.

1단계: 3+2가 주어졌을 때, 학생은 답을 얻기 위해서 1, 2, 3, 4, 5를 센다(예: 모든 숫자를 다 센다).
2단계: 2+5가 주어졌을 때, 학생들은 한 숫자에서 시작해서 더해지는 만큼 2, 3, 4, 5, 6, 7을 센다.
3단계: 2+5가 주어졌을 때, 큰 수부터 세기 시작해서 짧게 합한다. 5, 6, 7을 센다.
4단계: 2+5가 주어졌을 때, 학생들은 답을 그냥 알아서 대답한다.

따라서 연산영역의 지도와 함께 수 감각, 수세기 기술에 대한 지도도 병행되어야 하는 중요한 지도 내용이다.

그리고 효과적인 연산능력을 갖추기 위해서는 학생들이 먼저 습득해야 할 몇 가지 중요한 수학적 규칙들이 있다. Harniss와 그의 동료들(2002)은 다음과 같은 중요한 규칙들을 기록하였다.

1. 자리값: 수의 위치는 수의 가치에 대한 정보를 제공한다.
2. 확장된 기수법: 숫자들은 그들의 각 단위를 나누어질 수 있다(예. 437은 100단위 4개, 10단위 3개, 1단위 7개로 구성된다).
3. 교환 법칙: 어떤 방정식에서 숫자의 순서는 결과에 영향을 미치지 않는다(예: 8 + 7 = 7 + 8). 이것은 덧셈과 곱셈에서는 진실이지만, 뺄셈과 나눗셈에서는 아니다.
4. 결합 법칙: 방정식에서 숫자의 집단화는 결과를 바꾸는 것이 없이 변화되어질 수 있다. 예컨대, (8 + 7) + 4 = 8 + (7 + 4). 이것은 덧셈과 곱셈에서만 진실이다.
5. 배분 법칙: 방정식에서 숫자는 재분배되어질 수 있다. 예컨대, 7 × (8 + 4) = (7 × 8) + (7 × 4).
6. 동치: = 상징은 한쪽 편의 양과 반대편의 양이 같다는 것을 의미한다.

이 법칙들은 기초적 수학의 모두에 적용되어지고, 방정식 해결과 수학에 대한 이해에 있어서 중요하다. 예컨대, 교환법칙은 5 × 4가 4 × 5와 같다는 것을 의미한다. 이런 법칙을 한 가지 이해하는 것은 100가지의 기초적인 덧셈 관련 사실(fact)을 기억하는 것 보다 훨씬 중요한 방법이다. 그것은 50가지 정도의 사실 기억만을 필요로 하기 때문에 기억의 부담을 훨씬 감소시켜준다.

이처럼 능숙하게 연산을 수행하기 위해서 학생들이 연산영역에서 학습해야할 내용들은 상당히 다양하다. 이러한 내용들은 학생들이 학습하는 연산 교육의 내용에 적용된다. 최근의 우리나라 학교 교육과정에서 이러한 연산영역의 내용이 어떻게 다루어지고 있는지를 대략적으로 살펴보면 다음과 같다. 첫째, 기본적인 수감각에 대한 지식 습득은 연산의 기초 과정으로써 주된 역할을 하고 있다. 둘째, 연산 능력 습득을 위해 일상생활 속에서 벌어지는 사건이나 생활 주변의 여러 가지 구체물을 활용하고자 노력하고 있다. 셋째, 사칙연산은 덧셈, 뺄셈, 곱셈, 나눗셈 순으로 지도가 이루어지고, 각 사칙 연산은 자리 수의 단위가 점차로 증가하는 방식으로 선택하고 있다. 넷째, 초등학교 4학년 이후부터는 자연수 범위를 넘어선 유리수까지로 사칙연산의 개념 확대가 이루어지고 있다. 다섯째, 최근에 연산과정에서 단순한 표준알고리즘을 활용한 단순반복을 지양하고 연산에 대한 이해와 통찰을 바탕으로 어림이나 암산 등과 같은 수 감각을 활용하고자 하는 노력들이 존재한다.

2. 지산법

연산학습에 있어서 특수교육대상학생들이 일반적으로 경험하는 어려움은 연산 자체보다는 그것을 추상화하고 기호화한 수 체계 자체에 대한 이해에 있다(정남신, 1985). 이는 발달장애아동들이 흔히 보이는 추상적, 논리적 사고 과정에서의 어려움 때문인데(전영례, 2003), 따라서 기호화된 과제 보다는 직접 조작할 수 있는 보다 구체적인 사물을 사용하는 것이 이들을 위해서 반드시 필요하다(국립특수교육원, 2002).

이렇게 구체물을 사용하는 방법 중에 교사와 학생이 접근하기 용이한 방법 중에 하나가 지산법이다.

지산법은 손가락이라는 구체물을 활용하여 아동들에게 무의미한 암기보다 구체적 표현 방법, 즉 수학의 원리를 보고, 듣고, 말하고, 동시에 촉각적으로 느낄 수 있도록 하여 자연스럽게 계산하도록 유도하는 방법이다(배항영, 1998). 지산법에서는 손가락에 주판의 원리를 도입하여 오른손 엄지를 5단위, 나머지는 각각 1단위로 하고 왼손의 엄지는 50단위, 나머지는 각각 10단위로 구분해 손가락을 책상위로 누르고, 큰 소리로 계산 과정의 수를 말하면서 덧셈, 뺄셈, 나눗셈, 곱셈을 실시한다(우미순, 2004).

김재식(1994)에 따르면 지산법을 이용한 연산학습이 기존의 전통적인 교수법에 비해 발달장애아동의 연산능력 증진에 효과적이며 학습흥미도 높이는 것으로 나타났다. 전통적인 교수법과 지산법을 비교해보면 수 체계에 있어 십진법을 사용하고 지필용 교재를 함께 사용한다는 점에서는 차이가 없다. 다만 지산법은 지필용 교재 이외에 손가락이란 구체적 교구를 사용하고 손가락 사용의 훈련이 필요하다는 점이 가장 커다란 차이이다. 이러한 차이는 아동이 추상적 연산의 원리를 구체적으로 조작해 볼 수 있는 기회를 제공함으로써 아동이 자신의 인지구조에 맞게 연산의 원리를 인식할 수 있도록 도와주며, 자신이 사용하고 있는 인지구조의 전략보다 하위 영역의 인지구조를 제시해 줌으로서 아동이 실패경험을 줄여 주어 아동에게 긍정적 피드백으로 주어 수학 학습의 흥미와 자신감을 유지할 수 있게 한다.

그리고 연산체계의 이해에서는 전통적인 교수법에서는 뺄셈과 덧셈이 반대개념, 곱셈과 나눗셈이 반대개념으로 인식하도록 아동을 지도하고 있지만 지산법의 경우는 뺄셈과 덧셈은 반대개념이지만 곱셈과 나눗셈은 각각 곱셈은 덧셈의 연장개념, 나눗셈은 뺄셈의 연장개념으로 지도하여 수학적 원리를 보다 명확히 하였다.

지산법을 적용하기 위해서는 먼저 지산법 손가락의 구조를 알아야 하는데, 지산법에서는 다음과 같이 각 손가락의 값과 명칭을 부여한다(우미순, 2004, pp. 8-10).

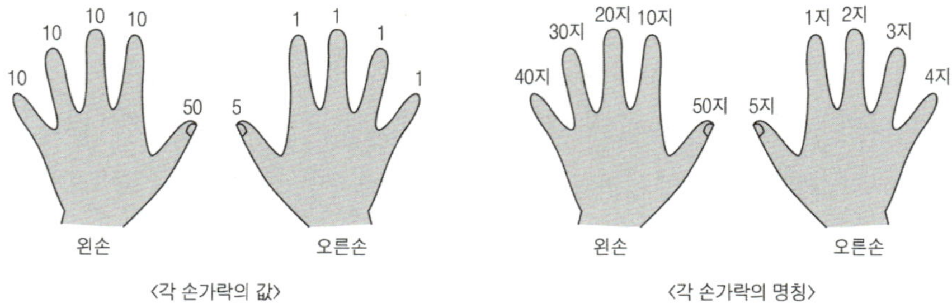

[지산법 손가락의 구조]

각 손가락의 명칭에 따라 1-20까지 수를 부여하는 것은 다음과 같이 이루어진다.

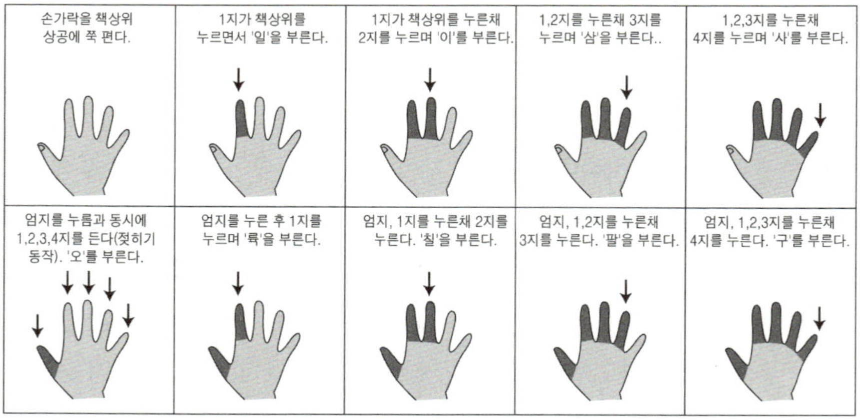

[1-20까지 손가락 놓기]

지산법을 활용한 덧셈과 뺄셈은 다음과 같이 이루어진다.

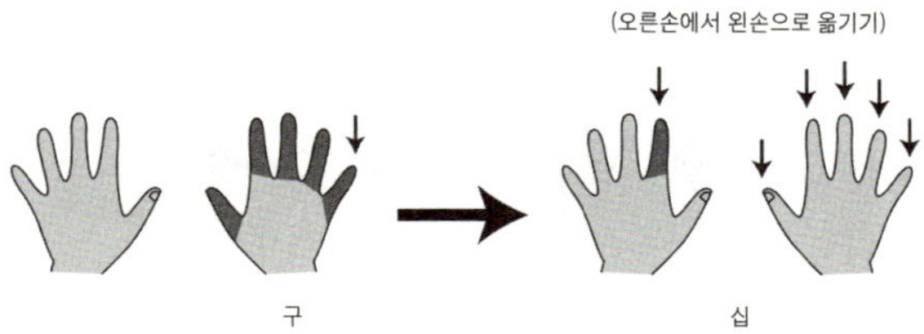

[10 놓기]

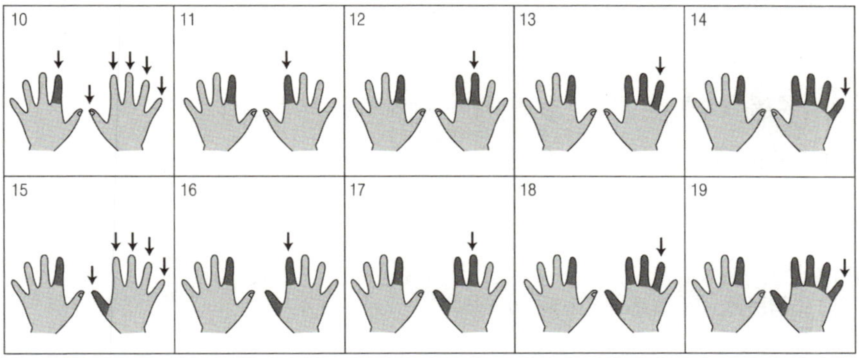

[11~20 놓기]

■ 지산법을 활용한 덧셈의 원리와 예:

• 덧셈의 원리

가. 첫 번째 덧셈 수를 큰 소리로 읽고 손가락을 놓는다.

나. 두 번째 덧셈 수를 읽고 누를 때에 부르기는 항상 '일'에서 다시 시작하여 부르며 손을 놓는다.

다. 최종적으로 놓인 손을 읽고 그 수가 답이 된다.

예 3 + 2 =

가. 먼저 3을 읽고 손가락을 놓는다. 손을 놓을 때, 일, 이, 삼하고 부른다.

나. 2를 읽고 손가락을 놓는다. 손을 놓을 때, 일, 이하고 부른다.

다. 손을 보고 답을 읽는다.

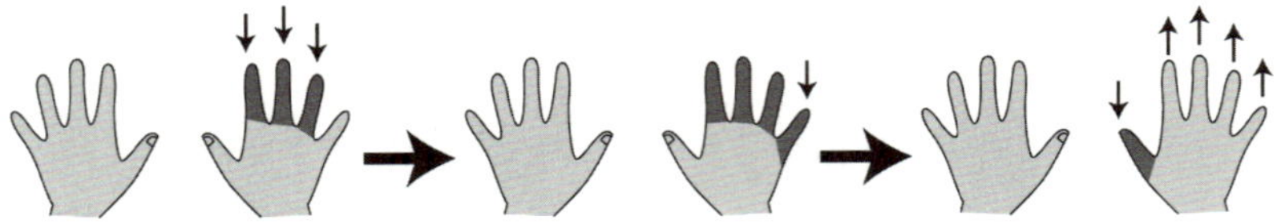

■ 지산법을 활용한 뺄셈의 원리와 예:

• 뺄셈의 원리

뺄셈의 원리는 덧셈과 손가락 운용이 정반대로 이루어진다. 수를 놓고 빼야 할 수를 읽고 뺄 수만큼 손가락을 들며 수를 부르면 된다.

가. 수를 크게 부른다. 수를 세며 손가락을 놓는다.

나. 빼는 수를 읽고 그 수만큼 손가락을 세며 손가락 하나씩 든다.

다. 손을 보고 답을 읽는다.

예 18-3=
18을 놓는다. -3(입으로 빼기 일, 이, 삼)

3. 연산 학습전략

학습전략은 특수교육대상학생을 포함한 모든 학생들을 위해 주로 사용되는 교수법으로 연산 학습 또한 학습전략을 통해서 많이 이루어진다. 실제로 특수교육대상학생들의 학습 수준에 적절하고 능동적 학습 활동을 강조하기 위해서 특수교육대상학생의 연산 학습을 위한 학습전략들이 많이 존재한다.

1) 사칙연산과 관련된 기본적인 수학적 사실 전달 전략들

사칙연산을 학습하는 데에 있어서 실생활과 관련시켜 의미있게 지도하는 것과 계산보다는 개념이나 관계에 초점을 두어 지도하는 것은 특수교육대상학생에게 있어서 필수적이라고 하겠다. 이런 사칙연산의 선행 지식으로 알아야 할 것들이 사칙연산과 관련된 몇 가지 규칙들이다. 각 사칙연산의 규칙들에 대한 특수교육대상학생의 인식은 이후 연산과 관련된 여러 학습전략을 습득하는 데 기초적 지식이 된다. 따라서 각 연산에 따른 객관적 사실을 기억하기 위한 전략들이 필요하다.

〈표 10-2〉 덧셈 사실-덩어리(chunking) 전략

사실 집단	예시 사실		언어적 촉진	전략
수세기	8+2	5+1	큰 수에서 시작해서 세어나간다	수를 느껴라
0 관련	6+0	0+3	0을 더하면 동일한 값을 가진다	보여주라
두 배	5+5	8+8	그림을 생각하기	그림을 사용해라 (예: 4+4는 거미 다리이다)
두 배 근처	6+5	8+7	도움을 줄 수 있는 두 배를 생각하기	그림을 통해서 두 배와 연관시켜라
9의 경우	9+3	6+9	무엇이 패턴인가?	패턴을 사용하라
10의 경우	7+3	6+4	합이 10을 활용해라	10을 기억하라
10 근처	7+5	4+8	10자리를 사용해라	10에서부터 시작하라

Thornton과 Toohey(1985)는 덧셈과 관련하여 학습자가 기억해야 할 기본적인 사실 지도를 위해서 다음과 같은 덩어리 전략을 개발하였다. 물론 이 전략은 체계적으로 구조화된 전략은 아니지만, 이 전략은 덧셈과 관련된 수학적 사실 규칙을 학습하는 데 장점을 가지고 있고, 매우 효과적인 기억술임에 틀림없다.

곱셈의 경우 학습자가 기억해야할 기초적인 사실은 Wood와 Frank(2000)에 의해 제시된 바 있다. 이들의 전략에 따르면 곱셈과 관련된 기초적인 사실 규칙은 0, 1, 2, 5, 9 규칙이라는 5개로 구분된다.

각 사칙연산에 따라 학습자가 기억해야할 규칙과 그 규칙에 따른 기초적인 사실정보는 다음과 같다.

〈표 10-3〉 사직연산 규칙에 대한 기초적인 사실정보

덧셈	뺄셈	곱셈	나눗셈
순서의 규칙(또는 교환 법칙) 0의 규칙: 어떤 수에 0을 더하면 바로 그 수가 된다. 1의 규칙: 어떤 수에 1을 더하면 그 수보다 하나 더 많은 수가 된다. 9의 규칙: 0보다 큰 어떤 1자리 숫자를 9에 더하면 10을 더하고 1을 뺀 것만큼 커진다. 10의 규칙: 10에 어떤 1자리 수를 더한 결과는 0이 더해진 숫자로 변화된다.	0의 규칙: 어떤 수에서 0을 빼면 바로 자기 자신이 된다. 1의 규칙: 어떤 수에서 1을 빼면 그 숫자보다 1 작은 수가 된다(1만큼 역행방향으로 수세기) 동일 숫자 규칙: 어떤 숫자에서 그 자신을 빼면 0이 된다. 더하기/빼기 관계 규칙: 빼기 문제에 있어서, 답에 어떤 수를 더하는 것은 맨 처음의 수에서 해당 숫자를 뺀 것과 같다. 그래서 12-9를 해결하는 것을 학생에게 가르치기 위해서 "무엇을 9에 더하면 12가 되는지를 알아본다".	0의 규칙: 어떤 숫자에 0배하면 0이 된다. 1의 규칙: 어떤 숫자에 1을 곱하면 바로 그 숫자가 된다. 2의 규칙: 어떤 수를 2배하는 것은 그것을 두 번 더하는 것과 같다. 따라서 8 × 2는 8 + 8과 같다. 5의 규칙: 5를 몇 배하는 것은 승수에 의해서 나타난 숫자만큼의 5의 배수를 세는 것과 같다. 따라서 5 × 4는 5를 네 번 더하는 것과 같다. 9의 규칙: 9를 배수할 때, 답은 배수해지는 수에서 1을 빼서 10자리에 적고, 그 수에 더해서 9를 만들 수 있는 수를 1자리에 적는다. 예컨대, 9×5는 5로부터 1을 빼서 10자리를 만들고(예: 4), 그 후에 4에서 더해서 9를 만들 수 있는 수를 적는다. 그래서 답은 45이다.	0의 규칙: 어떤 수로 0을 나누어도 0이 된다. 1의 규칙: 1로 어떤 수를 나누어도 자기 자신이 된다. 2의 규칙: 2에 의해서 나누어진 어떤 수도 그 수의 중간 값이 된다. 9의 규칙: 9로 나누어질 때 답은 10자리수에 비해서 1이 더 크다. 예컨대, 54÷9=6(6은 10의 자리수인 5보다 1이 더 크다). 곱셈/나눗셈 관계 규칙: 32÷4를 풀기 위해서 어떤 수를 4배하면 32와 같을까? 이 질문은 제수와 피젯수간의 관계를 나타낸다.

출처: Reid, R. & Lienemann, T.O. (2006). Strategy Instruction For Students with Learning Disabilities. New York, NY: Guilford Publications, p. 173.

2) 연산 전략

많은 특수교육대상학생들이 연산과정과 씨름을 한다. 34 × 7 또는 456 + 895와 같은 문제를 해결하는 것은 학생들에게 필요한 연산절차, 연산절차상의 순서 그리고 필요한 기초적 규칙 혹은 사실에 대한 기억을 요구한다. 이는 특수교육대상학생들에게 작동기억의 무리한 사용을 요구한다. 이로 인해 특수교육대상학생들은 연산의 순서를 잊어버리거나, 부적절하게 재그룹화하거나, 재그룹화를 실패하거나, 부적절한 알고리즘을 활용한다. 학생들이 연산 절차를 기억하고 올바로 절차를 따르는 데 도움을 주는 여러 연산전략들이 있다. 아래 표는 여러 연산 전략중의

〈표 10-4〉 연산전략의 예시

덧셈 전략	
덧셈: SASH를 기억하라.	첫 번째 칸에서 시작하라(Start)
각 칸의 수를 더하라(Add).	수를 옮겨야만(Should) 하는가?
나는 정확한 수를 옮겼는가?(Have)	
뺄셈 전략	
뺄셈: 4B를 기억하라	
1번째 칸에서 시작하라(Begin)	
각 숫자는 상대적으로 더 큰가?(Bigger)	
만약에 아래 수가 위에서 수보다 더 크다면 나는 수를 빌려와야 한다(Borrow).	
기초적 사실(Basic Facts)을 기억하라. 만약 필요하다면 그것을 사용해야 한다.	
곱셈 전략	
곱셉: MAMA를 기억하라.	
1번째 칸을 곱해라(Multiply).	
10 자리로 넘겨야 할 필요가 있는가?(Across)	
아래 쪽에 있는 1자리 수를 위에 10자리 수에도 곱했는가?(Multiply)	
2번째 단계에서 올렸던 숫자와 합했는가?(Add)	

출처: Frank, A, R., & Brown, D.(1992). Self-monitoring strategies in arithmetic. Teaching Exceptional Children, 24(2), 52-53.

일부 예시를 보여준다. 이 전략들은 학생들이 정확하게 문제해결을 하기 위한 단계를 기억하고 수행하는 데에 단서를 제공하는 기억술로 구성된다. 이것은 흔히 자기 점검 전략의 형태와 조합되어질 때 훨씬 더 유용해진다. 이 자기점검은 정확한 연산 절차상에서 모든 연산전략의 각 단계를 학생이 수행할 수 있도록 하는 단서를 제공한다. 학생이 연산전략에 더욱 유창해지면 유창해 질수록, 자기 점검에 요구되어지는 노력도 점차 감소한다. 특수교육대상학생들을 위해 교사들은 보다 간편한 전략을 개발하는 것도 가능할 것이다.

3) 문장제 문제해결 전략

특수교육대상학생들은 문장제 문제에 많은 어려움을 보인다. 문장제 문제해결 전략은 학생들에게 새로운 상황에서 연산에 대한 기초적 사실과 연산 기술을 활용하도록 요구한다. 문장제 문제 해결에는 두 가지 요소가 존재한다(Jitendra, Hoff & Beck, 1999). (1) 문제 재해석: 문제에 있는 여러 가지 단어를 의미있게 재해석하여 변환할 수 있어야 한다. (2) 문제 해결: 재해석된 내용을 바탕으로 적절한 수학적 연산을 선택하고 적용할 수 있어야 한다. 문제 해결은 해결 계획하기 그리고 적절한 수학적 작동을 실행하기 모두를 포함한다. 연구들은 이 성공적인 문장제 문제해결을 위한 두 가지 중요한 요소로 문제해결에서의 명시적 교수 그리고 단어 문제의 그래픽 재해석의 사용을 제안한다(Xin & Jitendra, 1999).

① 문제해결하기 전략

문장제 문제를 해결하기 위해서 학생들은 반드시 문제를 읽어야 하고, 무엇을 할지 결정해야 하고, 문제를 풀고, 답안이 합리적인지 점검해야 한다. 문제해결하기 전략은 학생들이 "수학적 문제를 이해하고, 제공된 정보를 분석하고, 문제해결을 위한 논리적 계획을 개발하고, 그들의 해결방안을 평가하는 것"을 도와주는 것이다. 문제해결하기 전략은 문제해결 단계에서 명시적 전략을 사용하기 위한 구조화된 전략이다. 문제해결하기 전략은 구조화된 연속 단계를 가지고 있다. 각 단계들은 자기교수와 자기점검과 연결되어 있다. 학생들은 문제를 조심스럽게 읽도록 가르쳐지고, 문제를 재해석하고, 정보를 분석하고, 계획을 형성하고, 문제를 해결하고, 해결책을 평가한다. 다음은 문제해결하기 전략의 예시이다(Montague et al., 2000, p. 110-116). 이것은 자기교수와 자기점검과 연결되어 있다.

이해를 위한 읽기
말하기: 문제를 읽어라. 만약 이해가 안 된다면, 반복해서 읽어라.
질문하기: 나는 문제를 읽고 이해하고 있는가?
점검하기: 나는 문제를 풀기 위해서 충분히 읽었는가?

자기 자신의 단어로 바꿔 말하기
말하기: 중요한 정보에 밑줄을 그어라. 문제를 너 자신의 말로 바꿔봐라.
질문하기: 중요한 정보에 밑줄을 그었는가? 문제가 무엇인가? 내가 찾아야 하는 것은 무엇인가?
점검하기: 정보는 질문에 적합한가?

그림이나 다이어그램으로 시각화 하기
말하기: 그림 또는 다이어그램을 그려라.
질문하기: 그림은 문제에 적합한가?
점검하기: 문제의 정보는 그림에 대응되는가?

문제 해결을 위한 계획을 가설화 하기
말하기: 얼마나 많은 단계와 작업이 요구되는지를 결정하라. 필요한 연산기호를 기술하라(+, -, ×, ÷).
질문하기: 내가 무엇을 수행했을 때, 나는 무엇을 얻게 될 것인가? 내가 무엇을 수행했을 때, 그 다음에 내가 해야 할 것은 무엇인가? 얼마나 많은 단계를 필요로 하는가?
점검하기: 계획은 합리적인가?

예상되는 답을 추정하기
말하기: 수를 반올림하라. 머리에서 문제를 수행하고, 추정값을 기술하라.
질문하기: 반올림을 했는가? 아니면 버림을 했는가? 추정값을 기록하였는가?
점검하기: 중요한 정보를 사용하였는가?

산술적 과정을 통해서 계산하기
말하기: 올바른 순서대로 계산하기.
질문하기: 답과 나의 추정값을 어떻게 비교할 것인가? 내 답은 합리적인가? 소수점과 화폐단위를 제대로 표시되었는가?
점검하기: 모든 계산의 순서들을 바르게 이루어졌는가?

수행한 전 과정이 맞았는지 점검하기
말하기: 계산과정을 점검하기
질문하기: 모든 단계들을 점검하였는가? 연산결과를 점검하였는가? 내 답은 맞았는가?
점검하기: 모든 것이 바르게 되었는가? 만약 아니라면 다시 돌아가라. 그리고 필요하다면 도움을 요청하라.

② 도식 기반 전략

단어 문제의 광범위한 다양성은 학생들을 보다 어렵게 하는 요인 중에 하나이다. 재해석되고 해결 가능한 일반적 특성을 가진 작은 단위의 그룹으로 문장제 문제를 조직화 하는 능력은 커다란 단어 문제의 어려움을 단순화 한다. 도식 기반 전략은 이런 관점에서 문장제 문제해결에 접근한다. 도식이란 문장제 문제 구조의 재해석 결과이다. 도식들은 작동과 연결되어 있는 만큼 연관성의 패턴 모두를 포함한다(Marshall, 1995, p.67). 그래서 도식 기반 접근은 학생들이 문제를 해결하는 데에 있어서 문제를 재해석하는 방법을 이해하고 정확한 작업을 명료화 하도록 허용한다(Jitendra, Dipipi, & Perron-Jones, 2002). 도식기반 접근의 장점은 정보를 인출하도록 하고 각 정보들간에 연결점들을 활성시킨다는 것이다. 문제 도식들의 주된 형태는 "변화하기, 동등화 하기, 조합하기, 비교하기, 다양하기, 재진술하기"이다. 이것들은 초등학교 또는 중학교에서 문장제 문제의 대부분의 정형적이다(Van de Walle, 1998). 다음 내용들은 각 도식의 문제 형태의 예시들이다. Jitendra와 그녀의 동료들은 문장제 문제 해결에 대한 도식 기반 접근을 개발하고 타당화하기 위해서 노력했다. 전략들은 학생들이 완전학습을 위한 여러 가지 도식들을 배울 수 있도록 돕고, 적절한 다이어그램을 각 도식과 짝지울 수 있도록 한다. 다이어그램은 학생들에게 중요한 정보를 기록하도록 돕고, 적절한 산출 작업의 단서를 제공하도록 한다. 전략에서 이 단계식은 다음과 같다(Marshall, 1995).

문제 도식을 명료화하기:
학생들은 완전학습을 위한 도식들의 형태들을 배우고 여러 예제들을 통한 그들간의 차이에 대해서도 알아야 한다.

적절한 다이어그램을 만들기:
학생들은 다양한 형태의 도식에 적절한 다이어그램을 그릴 수 있도록 배워야 한다. 다이어그램은 학생들이 중요한 정보를 조직화하고 기억하는 데에 도움을 주는 그래픽 조직자로서 역할을 한다.

질문 부호와 빠진 요소들을 확인하기:
빠진 요소 혹은 문제에서 요구하는 답이 질문 부호는 확인되어야 한다. 질문 부호는 학생들에게 학생들이 사용해야만 하는 수학적 작동을 알 수 있도록 도움을 준다.

문제해결을 위해서 적절한 작업을 수행하기:
도식과 다이어그램의 형태는 사용되어지는 연산에 따라 달라질 것이다. 학생들이 각 도식과 다이어그램을 이용해 수행할 수 있도록 지도해야 한다.

답이 합리적인지 물어보기:
학생들이 문제를 해결할 때, 그들은 답이 합리적인지 점검해야만 한다(예컨대, 덧셈을 수행했을 때, 결과가 더 큰 값이 나왔는가?). 그들의 대답이 합리적인지를 결정하기 위해서 학생들은 추정을 사용해야 한다.

작업을 확인하기:
학생들은 문제를 되돌아보는 작업을 배워야 한다. 문제를 되돌아보는 작업은 정답의 정오를 알아보기 위해서 역으로 대응되는 작업을 수행해 봐야 한다(예: 뺄셈 → 덧셈, 곱셈 → 나눗셈).

변화하기

결과를 모르는 경우
민영이는 6개의 골프공을 가지고 있다. 개남이가 그에게 8개의 공을 더 주었다. 민영이가 가지고 있는 골프공을 몇 개인가?
변화를 모르는 경우
웅식이는 7개의 야구공을 가지고 있다. 철윤이가 웅식이에게 몇 개의 야구공을 주었더니 웅식이는 23개의 야구공을 가지게 되었다. 철윤이는 웅식이에게 몇 개의 야구공을 주었는가?

시작을 모르는 경우
똘이는 몇 개의 햄버거를 가지고 있었다. 철이는 똘이에게 7개의 햄버거를 주었더니 똘이는 18개의 햄버거를 가지게 되었다. 처음에 똘이가 가지고 있던 햄버거는 몇 개인가?

동등화 하기
남규는 7백원을 가지고 있다. 경수는 1400원을 가지고 있다. 남규와 경수가 같은 돈을 가지려면 얼마가 더 필요한가?

조합하기

전체집합을 모르는 경우
희정이는 6송이의 꽃을 가지고 있다. 상희는 9송이의 꽃을 가지고 있다. 이들이 가지고 있는 꽃은 모두 몇 송이인가?

하위집합을 모르는 경우
영미와 일명이가 가지고 있는 토끼는 모두 28마리이다. 영미는 13마리를 가지고 있다. 일명이가 가지고 있는 토끼는 모두 몇 마리인가?

비교하기

차이를 모르는 경우
도현이는 책을 11권 가지고 있다. 정우는 책을 5권 가지고 있다. 도현이는 정우에 비해 얼마나 많은 책을 가지고 있는가?

비교할 양을 모르는 경우
형하는 컴퓨터 4대를 가지고 있다. 충훈이는 형하보다 컴퓨터를 8대 더 가지고 있다. 충훈이는 몇 대의 컴퓨터를 가지고 있는가?
상대적 관계를 모르는 경우
정원이는 10개의 DVD를 가지고 있다. 그는 한섭이 보다 3개를 더 가지고 있다. 한섭이는 몇 개의 DVD를 가지고 있는가?

다양화 하기

집단의 크기가 알려지지 않은 경우
경훈이가 운영하는 농구교실에는 25명의 학생을 위해서 5개의 공이 있다. 얼마나 많은 학생들이 각 공을 나누어서 사용해야 하는가?

전체를 모르는 경우
천규는 6일 동안 빈 병을 모았다. 천규는 빈 병을 모아 매일 5400원을 벌었다. 천규는 전체 얼마를 벌었을까?

비교하기

상대적 관계를 모르는 경우(상대적 관계의 일부분)
희윤이와 희정이는 블루베리를 샀다. 희윤이는 4㎏의 블루베리를 샀고, 희정이는 희윤이의 1/3만큼 블루베리를 샀다. 희정이는 블루베리를 얼마나 샀을까?

비교할 대상을 모르는 경우(상대적 관계의 일부분)
세원이와 영택이는 티켓을 구입했다. 세원이는 영택이의 1/2 값만을 지불하였다. 세원이는 4000원을 냈다. 그렇다면 영택이는 얼마를 내야 할까?

비교할 대상을 모르는 경우(상대적 관계의 배수)
윤자는 20개의 도너츠를 가지고 있다. 경룡이는 윤자보다 4배 많은 도너츠를 가지고 있다. 그렇다면 경룡이는 몇 개의 도너츠를 가지고 있는가?

재진술하기
재연이와 영숙이는 산책을 하였다. 영숙이는 재연이의 절반만큼만 산책하였다. 만약 재연이가 5㎞를 걸었다면, 영숙이는 얼마나 걸었을까?

4. 연산 오류 분석

오류 분석이란 학습자의 문제점을 진단하기 위하여 학습자가 범하는 오류를 수집하여 분류·분석하고 그 빈도에 따라 난이도를 추정하는 것이라 할 수 있다(김이지, 2004). 오류 분석에 대한 연구는 산술분야, 주로 대수적인 기술을 성취하는 데에서의 조사가 많이 이루어져 왔으며, 많은 연구자들이 수학적인 사고에서 사고 과정의 특성에 관한 추론을 하는 수단으로써 널리 사용해 왔다.

이런 오류가 발생하는 원인에 대해 여러 가지 의견들이 있지만, Radatz(1997)은 오류에 대한 정보-처리 분류로써 오류의 원인을 언어의 어려움 때문에 생기는 오류, 표현에 대한 특별한 정보를 획득하는 데 어려움이 생기는 오류, 필수적인 기술, 사실, 개념에 관한 미숙에 의해 생기는 오류, 잘못된 연합 혹은 사고의 경직에서 생기는 오류, 관련없는 규칙 혹은 전략의 응용에서 생기는 오류 등 다섯 가지 종류로 제안하였다.

그리고 Movshovitz-Hadar와 Zaslavsky(1987) 등은 연산학습과 관련하여 수학학습에서 일어날 수 있는 오류의 모델 4가지를 설정하였으며, 오류 분류에 대한 기준은 다음과 같다(장수연, 2009, p. 11).

① 문제의 자료를 잘못 사용하는 오류
이 유형의 오류는 문제에서 주어진 자료를 제대로 이용하지 못해서 문제의 해결을 잘못된 방향으로 이끌어 나가는 것 또는 문제에 제시된 자료 자체를 무시하는 것을 말한다. 문제의 자료를 잘못 사용하여 시각화 하는 것에 오류를 나타내거나 그림을 보고서 그 자료를 잘 못 사용하여 식을 바르지 못하게 나타낸 것 등을 이 오류에 포함하였다.
② 부정확한 개념과 정의의 오류
이 유형의 오류는 학생들이 수와 숫자, 수의 규칙, 식, 기호, 수학적 용어 등에 대한 기초 개념의 부족으로 나타나는 오류를 말한다.
③ 문제의 내용을 잘못 이해하는 오류
이 유형의 오류는 문제의 내용을 잘 이해하지 못하여 문제해결과정에서 나타는 오류로 문제에서 요구하고 있는 것이 무엇인지를 잘 이해하지 못하는 데에서 생기는 오류를 포함하였다.
④ 기술적 오류
이 유형의 오류는 문제해결 방법은 알고 있으나 계산과정에서의 오류, 표로부터 자료를 끌어내는 데 있어서의 오류, 기본적인 대수 부호의 조작에서의 오류와 숙달되지 못한 알고리즘의 실행에서의 오류를 포함하였다.

특수교육대상학생들의 경우 연산 영역에서 수에 대한 직관적인 이해가 부족하고 부주의로 인해 셈하기의 오류를 자주 범하며 기본적인 암산을 잘 하지 못하거나 자릿값을 이해하지 못해 어려워하는 것으로 나타나고 있다. 이들이 주로 어려워하는 사칙연산과정의 오류는 덧셈에서는 받아올림의 자릿수 맞추기, 받아 올리는 수를 더하는 처리과정에서의 오류이고, 뺄셈에서는 받아 내리는 수의 처리과정에서의 오류와 뺄셈의 결과를 자릿수에 맞게 답을 적는 과정에서의 오류이다. 또 곱셈에서는 구구단의 자동적인 암기와 적용에서 문제를 보이고, 받아올림이 있는 곱셈을 한 후 받아올리는 수를 더하는 과정에서의 오류와 곱한 수들을 자릿수에 맞게 더해서 답을 적는 과정에서 자주 실수를 범한다(주미선, 2006). 나눗셈에서는 계산과정에서 핵심이 되는 몫을 정하는 과정에서 많은 오류를 보인다. 또 나머지와 제수를 비교해서 몫을 어림하고 수정하는 과정이 능숙하지 못하고 제수와 피제수의 위치를 혼동하거나 나눗셈의 중간과정에서 곱하고 빼고 받아 내리는 계산과정에서 오류가 많다(문영호, 2002).

이와 같이 특수교육대상학생의 사칙연산과정에서의 오류는 수학문제해결의 거듭된 실패를 가져오며 나아가 모든 수학 학습과정에서 저성취의 결과를 초래해 고학년으로 올라갈수록 수학 학습부진이 누적되고 자기효능감은 저하된다. 또한 특수교육대상학생들은 학습한 내용을 이해하는데도 정상아동보다 더 많은 시간이 소요 되므로 성취동기와 주의집중력이 낮은 특수교육대상학생에게 학업성취도를 높이기 위해서는 사칙연산능력 향상을 위한 적절한 학습훈련 프로그램이 요구된다.

곱셈과정에서 나타나는 오류와 적절한 학습 대책은 다음과 같다(조영현, 2007).

〈표 10-5〉 곱셈과정에서 나타난 오류와 대책

오류	학습 대책
단순연산오류	재기회 부여, 구구단 연습
자릿값의 혼돈	자리의 정확한 위치표시, 푸는 순서 제시
받아올림의 생략	받아올리는 수를 적는 위치를 고정적으로 하도록 지도
0을 포함한 숫자에서의 두려움	0이 갖는 곱셈 계산의 간편함 지도
두 자릿수 이상의 수들끼리의 곱셈에서의 어려움	순서대로 침착히 풀도록 유도
문장제 곱셈 문제에 대한 어려움	유사한 문장패턴의 규칙성 이해하여 활용하도록 지도

출처: 조영현(2007). 자기교수법이 수학 학습부진아의 연산능력에 미치는 효과. 전남대학교 석사학위 논문, p. 37.

그리고 나눗셈의 경우 일반적인 오류의 원인을 여러 가지 자릿수를 읽거나 숫자를 구별하는 데 어려움을 가지거나 크기, 순서, 양과 관련된 개념을 이해하지 못하거나, 계산 기호를 구별하는 데 착각을 하여 잘못된 답을 도출하게 되는 경우 그리고 계산 원리를 이해하더라도 적절한 문제해결 전략을 알아내거나 사용하는 데 어려움을 지니기 때문으로 본다.

이런 나눗셈 오류를 피하기 위해 다음과 같은 전략을 사용할 수 있다.

첫째, 나눗셈에 대한 정확한 개념을 설명한다. 즉, 숨은 숫자(계산과정에서 0과 같은 숫자들)를 적으면서 생략되는 숫자의 존재를 인식해야 함을 알려준다.

둘째, 세로식을 써서 보조선을 긋는 방법을 활용한다. 먼저 세로선과 네모가 그려져 있는 문제들로 연습을 한다. 기호가 있는 가로식은 암산을 요구하므로 세로식으로 고쳐서 풀게 하며 네모 채워 넣기로 반복연습을 한다. 그 다음 네모의 수를 줄여가면서 연습을 반복하며 세로식을 쓸 경우 세로선과 네모를 스스로 그려가면서 풀 수 있도록 연습한다. 연습이 숙달이 되면 가로식을 세로식으로 전환하여 풀어본다.

셋째, 계산기를 사용하여 자신의 계산 결과를 확인한다. 계산기의 사용은 특히 문제해결에 어려움을 가지는 학생들에게 유용하고 자릿수, 수들의 관계, 연산, 수학적 추정치 등을 개발시키는 데 도움이 된다. 계산기를 사용하면 시험칠 때 더 높은 성취 점수를 보이게 된다(조영현, 2007).

그런데 이런 오류를 보다 정확하게 분석하기 위해서는 다수의 학생들을 대상으로 시험을 통한 단순한 분석이 아니라 면담 등을 통한 세심한 관찰이 이루어져야 할 것이다. 주어진 문제에 대해 문제를 파악하고 파악된 문제를 어떠한 방법으로 해결해 가는지 그리고 해결한 문제에 대해 다시 검산하는 과정은 어떻게 거치는지 등의 풀이 과정에 대한 포괄적인 관찰과 분석 그리고 평가가 이루어져야 할 것이다. 그렇지 않고 단순히 결과에만 치중한 나머지 정답과 오답으로만 오류를 평가한다면 그것이 또 하나의 오류가 될 것이다.

따라서 오류 분석을 위한 적절한 면담 방안이 마련되어야 한다. 이에 대해 미국 펜실베이니아 주의 교육부는 초등학교 교사들을 위해서 10여 년간 현장 연구를 통해서 만든 진단과 처방 수학(Diagnostic and Prescriptive Mathematics)에서 다음의 8가지 면담 실행을 위한 지침을 제공하였다.

가. 편안한 분위기를 조성한다.
나. 학생의 수준에 맞춘다.
다. 자료를 수집하되 가르치면 안된다.
라. 학생을 인격적으로 대해야 한다.
마. 철저해야 한다.
바. 오류유형을 알아내야 한다.
사. 개인적 관계로서 면담해야 한다.
아. 다양한 형태의 질문을 해야 한다.

5. 어림 측정 전략

수 연산은 수학의 가장 기본적인 기능으로, 초등학교 수학에서는 계산 기능의 숙달을 강조하여 왔다. 이에 지금까지도 많은 사람들은 수학이 단지 정확한 계산만을 하기 위하여 배우는 학문으로 생각하게 되고, 계산기와 컴퓨터의 발달로 인하여 정확한 계산의 필요성이 점차 줄어듦에 따라 수학의 가치와 효용성이 떨어지고 있는 실정이다. 그러나 우리는 실생활에서 계산을 필요로 하는 문제 상황과 마주쳤을 때 종이와 연필을 이용한 필산으로 계산을 하는 것이 아니라 주로 암산을 하거나 어림하여 계산 결과의 타당성을 확인하게 된다.

Charles 등(1998)은 어림(estimation)을 정확한 수에 가까운 수를 찾는 것이라 하였고, 배종수(1999)는 어림셈을 계산의 결과를 어림해 보는 셈이라 정의하였다. NCTM(1989)은 어림에 대한 규준으로 K-4학년의 수학 교육과정에 어림을 포함함으로써, 학생들이 (1) 어림 전략을 탐구할 수 있어야 하고, (2) 적절한 어림이 언제 필요한지를 인식할 수 있어야 하고, (3) 결과의 합리성을 결정할 수 있어야 하며, (4) 양, 측정, 계산, 문제해결을 수행하는 데 어림을 사용할 수 있어야 한다고 규정하고 있다. 또한 어림은 수 감각과 공간 감각이 상호작용하여 아동들로 하여금 개념과 절차에 대한 통찰과 수를 다루고 측정을 하는 데 융통성과 결과의 타당성을 인식하는 데 도움을 줄 수 있고, 어림 기능과 어림에 대한 이해는 아동의 일상생활에서 양에 관한 상황을 다루는 능력을 높여준다고 강조한다.

어림셈을 위한 전략에는 최고 자리 수 전략, 반올림 전략, 대푯값 전략, 조화수 전략, 근접수 전략들이 있는데, 각각의 내용은 다음과 같다.

1) 최고 자리 수 전략(Front-end strategy)

이 전략은 어린 학생들이 사용하기에 가장 쉬운 전략이다. 이 전략은 가장 왼쪽의 숫자 또는 자릿값이 가장 높은 숫자에 초점을 맞춘다. 주로 어림, 암산, 주산, 구체물 조작, 계산기 등이 높은 자릿값의 수부터 계산한다. 예를 들어, 이 전략을 이용하여 267+521의 어림값을 구하면 700이고 조금 더 정답에 가까운 어림값을 찾는다면 남아있는 67과 21의 합이 100에 가깝기 때문에 주어진 문제의 어림값은 800이라고 대답할 수도 있다.

2) 반올림 전략(rounding strategy)

주어진 수를 반올림하여 어림값을 구하는 방법이다. 예를 들면 267 + 521은 100에 가장 가까운 수의 선택 즉, 십의 자리에서 반올림을 이용하여 300 + 500의 어림값을 구하면 800이다. 곱셈의 경우에도 반올림을 이용하면 6 × 43의 어림값은 6 × 40 =240이다.

3) 대푯값 전략(clustering strategy)

이 전략은 주어진 양 전체를 하나의 무리(Cluster)로 보고, 이들을 묶어서 대푯값을 정하여 그 값의 몇 배로 처리하는 방법이다. 예를 들어 3학년 1반이 29명,

3학년 2반이 32명, 3학년 3반이 30명의 학생이 있다면 모두 몇 명이 학생이 있는가라는 질문에 대푯값 30을 이용하여 어림값을 구하면 3 × 30 =90명이다.

4) 조화수 전략(compatible numbers strategy)

이 전략은 특히 암산으로 덧셈이나 나눗셈을 할 경우 유용하다. 예를 들어, 25 + 60 + 44 + 57 + 35 + 80의 합을 어림하여 보자. 25와 80의 합이 100에 가깝고, 60 + 35의 합도 100에 가까우며, 44 + 57의 합이 100에 가까우므로 전체의 합을 어림하면 약 300이다. 또 3792 ÷ 14의 몫을 어림하면 나누어 떨어질 수 있도록 나누는 수와 나누어지는 수를 찾아 3600÷12 = 300이다.

5) 근접수 전략(special numbers strategy)

주어진 수를 그 수와 가까운 특별한 수로 고쳐서 어림셈을 하는 방법이다. 예를 들어, 19.95 × 0.094 어림값은 20 × 0.1 = 2 또는 436.2 ÷ 0.98은 0.98은 1에 가까우므로 몫은 약 436이다.

6. 공학 활용

최근에 학교 안팎에서 이루어지고 있는 학습에 대한 공학적 접근은 연산 학습에서도 중요한 요소로 자리잡고 있다. 점차 컴퓨터나 계산기와 같은 공학적 요소가 학교에 적극적으로 도입됨에 따라 교사들은 연산학습과 관련된 새로운 공학적 내용을 조사하고, 사용방법을 배우며, 학습을 촉진하기 위해 가장 적절하게 활용될 수 있는 공학적 접근법을 찾고자 노력하고 있다. 특히 연산은 공학을 활용하기에 매우 좋은 영역인데, 단순히 연산기술을 배우는 데 필요한 반복적 훈련과 연습에 활용하는 것만으로도 교사에게는 매우 효과적인 활용도구임에 틀림없다.

물론 아직까지 계산기와 컴퓨터를 활용하는 것이 실제적으로 연산학습에 도움이 되느냐에 대해서는 논쟁의 여지가 있지만, Hembree(1986)에 따르면 전반적으로 전자계산기를 비롯한 공학적 접근을 통한 수학 학습은 효과가 있는 것으로 판단된다. 따라서 계산기와 컴퓨터를 연산학습에 적용하는 것에 대해 알아볼 필요가 있다.

1) 계산기

계산기는 오늘날 교실에서 흔히 사용되고 다양한 배움의 기회를 제공한다. 특수교육대상학생들은 연산 문제를 푸는 데 있어서 계산기를 사용해서 많은 이득을 얻을 수 있다(Horton, Lovitt, & White, 1992). 특히 계산 자체를 완수하는 데에 너무 많은 시간을 소비하고 절차를 너무 혼돈스러워 하는 학생들은 계산 자체로 인해 중요한 개념의 개발이나 실제적 적용 등과 같은 문제해결력 신장에 시간을 제대로 사용하지 못하는 경험을 할 수 있다. 따라서 계산기의 사용은 특수교육대상학생들로 하여금 계산보다는 문제해결에 집중할 수 있게 해준다는 장점이 있다.

그러나 단순히 계산기를 조작하는 것만으로는 계산기를 활용한 연산지도를 제대로 하고 있다고 볼 수는 없다. 다음과 같은 활동들은 단순 계산기 사용을 넘어서서 2인 1조 학생들을 대상으로 하여 계산기를 효과적으로 활용할 수 있도록 하는 연산지도 방안들이다(Wheately & Clements, 1990; Sliva, 2004; 신현기 등에서 재인용, 2009, p.157-158).

- 내 숫자를 맞춰봐. 영희는 수수께끼 숫자로 34를 선택했고, '34 ÷ 34 ='의 순서로 계산기에 입력하였다. 답은 '1'이 나왔다. 영희는 '34'만 찍힌 계산기를 짝인 철수에게 건네주고 "내가 어떤 수를 골랐는지 알 수 있겠어?(철수는 사용된 연산이 나눗셈이라는 것을 알고 있다.) 네가 짐작한 수를 계산기에 입력하고

= 버튼을 눌러, 답이 1이 나오면 내가 고른 수를 맞춘 거야"라고 말한다. 철수는 60부터 시작해서 몇 개의 숫자를 계산기에 입력한다. 60을 입력하였을 때 답은 .5666이다. 그 다음으로 50을 입력했고 답은 .68이다. 결국 철수는 패턴을 알아차리고 수수께끼 수를 찾는다.

- 범위 게임. 학생들은 2인 1조를 이루고 있고, 25로 곱할 때 125에서 325 사이의 답이 나오는 수를 찾도록 한다. 학생들에게 계산기에 25를 입력하게 하고 25로 곱할 때 해당 범위 내에 있는 숫자가 나오는 수를 선택하게 한다. 그리고 나서 학생들에게 적절한 모든 자연수를 찾아보게 한다. 학생들은 또한 해당 조건을 충족하는 수 중 가장 작은 수와 가장 큰 수를 찾을 수도 있다.

2) 컴퓨터 보조학습

최근의 특수교육현장에서 가장 많이 활용되는 교구는 컴퓨터일 것이다. 컴퓨터는 여러 가지 측면에서 특수교육대상학생들에게 무한한 활용성을 가지고 있는 도구임에 틀림없다. 특히 연산과제와 같이 한정된 사실을 반복적으로 계속 제시해야 한다는 것은 특수교사의 입장에서도 매우 고된 일이기 때문에 컴퓨터를 활용하면 연산기술과 관련된 훈련과 연습이 무한반복가능하다는 측면은 특수교사에게는 매우 매력적인 요소임에 틀림없다.

또한 특수교육대상학생들의 여러 가지 한계를 보완해서 컴퓨터에서 활용할 수 있도록 도와주는 소프트웨어들이 지속적으로 개발되고 있다. 예컨대, 운동 기능에 문제가 있는 학생들에게 효과적인 쓰기도구로써 활용되어지는 소프트웨어들이 있다. 그리고 컴퓨터의 여러 소프트웨어들은 수학의 개념적 내용을 이해시키는 데에도 유용한다.

따라서 특수교사들은 연산학습에 있어서 활용 가능한 여러 가지 소프트웨어를 효과적으로 선별할 수 있는 안목을 가지는 것이 매우 중요하다. 다음은 연산수업에서 사용할 소프트웨어를 선택할 때 실질적으로 고려해야 할 10가지 사항들이다

(Babbitt, 1999).

1. 화면이 혼란스럽지 않은 게 좋다.
2. 절차는 학교에서 배운 것과 조화를 이루는 것이 좋다.
3. 수정 가능한 소프트웨어를 선택한다.
4. 수준별 차이가 적은 소프트웨어를 선택한다.
5. 도움이 되는 피드백이 있는 소프트웨어를 선택한다.
6. 각각의 문제에 대해 틀린 답의 수를 제한하는 소프트웨어를 선택한다.
7. 기록 기능이 좋은 소프트웨어를 선택한다.
8. 교수보조를 포함하고 있는 소프트웨어를 선택한다.
9. 실생활에서 사용 가능한 해법을 습득하게 하는 소프트웨어를 선택한다.
10. 소프트웨어는 학습도구이며, 완벽한 해결법이 아님을 기억한다.

그리고 교사들은 계산기와 컴퓨터 외에도 비디오 디스크와 다른 다양한 공학적 기기들이 존재한다는 것을 기억하는 것도 매우 중요하다. 비디오 디스크는 학생들이 연산관련 지식을 사용하는 실제적인 모의실험 상황을 연출하는 데에 사용할 수도 있다.

7. 문제해결 전략

문제해결의 지도는 학생들이 수학을 활용하여 생활에서 일어나는 여러 가지 문제를 해결하기 위한 지도 내용으로 받아들여졌지만 최근에는 수학 그 자체를 문제해결이라고 생각하는 성격이 더 강하다(강지형, 2005). 특히 문제해결은 문제를 해결하는 과정에서 기초적인 수학적 지식이나 기능을 보다 확실히 이해할 수 있으며, 의사소통 능력, 비판적 사고 능력, 창의적 사고 능력 등과 같은 고등 정신 능력을 신장할 수 있다는 데 그 의미가 있다. 또한 문제해결을 통해 지식의 단순 암기와 적용, 알고리즘의 반복 연습에서 탈피하여 수학을 진정으로 행하는 활동을 경험할 수 있다. 문제해결교육은 Polya(1957)에 의해 체계화되었다. Polya는 지식을 정보적 지식과 방법적 지식으로 구분하면서 수학 교육에서 정보적 지식과 더불어 방법적 지식을 강조해야 한다고 주장하였다.

1) 문제의 유형

문제의 유형에 대한 학자들의 의견은 다양하다. Butts(1980)는 기억 확인의 문제, 계산문제의 연습, 응용문제, 오픈문제, 문제 장면으로, Scriven(1967)은 제1유형의 문제, 제2유형의 문제, 제3유형의 문제로 구분하였다. 제1유형의 문제는 기존의 개념체계에 속하는 문제로써 대체로 엄격한 법칙이나 개념체계를 바탕으로 하고 있는 문제를 말하며, 제2유형의 문제는 새로운 개념에 관한 문제로써 근본적으로 새로운 접근이나 개념의 체계, 이론 통찰 또는 기술을 모색하는 문제, 제3유형의 문제는 인문계 학문이나 실제 생활의 장면에 통상적으로 접하게 되는 것과 같은 문제를 말한다.

한편 Kantowski(1981)는 언어적 문제, 비정형적 문제, 실생활 응용문제로 구분하였는데, 언어적 문제란 문제의 구조를 인지한 다음 적절한 알고리즘을 선택하여 정확히 적용하기를 요구하는 문제이고, 비정형적 문제는 해결에 필요한 분명한 절차나 적절한 알고리즘이 곧 바로 부각하지 않으며 해결전략의 사용을 요구하는 문제, 실생활 응용문제는 문제의 조건을 최적으로 만족시키는 독창적인 판단을 요구하는 실생활과 관련된 문제이다. 또한 Chales & Lester (1982)는 드릴문제, 간단한 적용문제, 복잡한 적용문제, 과정문제, 응용문제, 퍼즐문제로, 한국교육개발원(1985)은 정형문제, 비정형문제, 실생활 문제로, 박성택(1991)은 개념수준의 문제, 원칙수준의 문제, 문제해결수준의 문제로, 김진락(1990)은 기억 확인 및 계산문제, 수학적 표현문제, 수학적 해석문제, 단계성 문제, 응용문제, 오락문제로 구분하였다.

Jonassen(2004)는 논리문제, 알고리즘, 일화형 문제, 규칙사용 문제, 의사결정 문제, 결함해결문제, 진단해결문제, 전략적 수행문제, 사례분석, 설계, 딜레마 등으로 분류하고 문제에 다른 학습활동과 투입요소, 성취기준, 맥락, 구조성, 추상성 등을 제시하기도 하였다. 그 중에서 우리가 이야기하고자 하는 수학과의 식과 문장제는 일화형 문제에 속한다.

한편 문제해결에서 다루는 문제들은 몇 가지 일반적인 조건을 갖추고 있어야 좋은 문제라고 할 수 있다. 그 내용을 살펴보면 다음과 같다.

① 공식이나 절차가 알려지지 않은 문제이어야 한다. 특히 문제가 길면서도 간단한 공식에 대입하여 쉽게 풀 수 있는 문제이거나 학생이 해결절차를 미리 알고 있어 지적 호기심을 충족시키지 못하는 문제는 문제해결학습에서 다루는 대상이 될 수 없다.

② 생각할 수 있는 시간을 가져야 풀 수 있는 문제라야 한다. 이 때 생각은 단순한 공식이나 풀이과정을 회상하고 기억해 내는 과정이 아니라 학생이 여러 가지 방법으로 문제의 조건을 파악하고, 해결과정을 계획하기 위한 생각을 말한다.

③ 문제가 생활 속에서 발생할 수 있는 내용이면 그렇지 않은 문제보다 좋다. 특히 문제의 발생이 거의 희박하여 학습 후에도 전혀 사용할 수 있는 경험을 제공하지 못하거나 문제의 내용이 수업결과의 안전성을 보장해 주지 못하는 문제는 좋은 문제라고 할 수 없다. 따라서 교사는 문제해결학습을 위한 문제로써 학생의 실생활과 연관된 내용이면서 동시에 사회의 도덕적 허용이 이루어지는 내용으로 문제를 선정하여야 한다.

④ 수학적 개념과 절차를 종합적으로 필요로 하는 문제를 제시하는 것이 좋다.

2) 문제해결의 전략

문제해결전략으로 Chales & Lester(1982)는 일반적 전략과 이를 돕는 보조전략으로 구분하였고, Lenchner(1983)는 초등학교에서의 문제해결 전략을 12가지로 제시하고 있으며, 한국교육개발원은 9가지로 제시하였다. 그 내용을 정리하면 다음과 같다.

〈표 10-6〉 연구자별 문제해결전략

Chales & Lester(1982)	Lenchner(1983)	한국교육개발원(1989)
[일반적 전략] • 규칙찾기 • 연역적 또는 귀납적 추론하기 • 거꾸로 생각하여 풀기 • 추측하고 검토하기 • 유사문제 관련짓기 • 방정식 만들기 [보조적 전략] • 문제 다시 읽기 • 단서 찾기 • 주요정보 기록하기 • 정리하여 세목표 만들기 • 삽화나 그래프 등 사용하기 • 실험해 보기 • 단순화하여 생각해 보기	• 정리목록 만들기 • 그림 또는 도식으로 표현하기 • 규칙 찾기 • 표만들기 • 문제를 단순화하여 생각하기 • 시행하여 검토하기 • 시연(극화)하기 • 실험하기 • 거꾸로 생각하기 • 방정식 만들기 • 관점 변경하기 • 연역적으로 생각하기	• 식만들기 • 예상과 확인하기 • 그림 그리기 • 표만들기 • 규칙성 찾기 • 단순화하기 • 거꾸로 풀기 • 수형도 그리기 • 논리적 추론 사용

3) 문제해결의 과정

문제해결의 전략처럼 문제해결의 과정 역시 학자에 따라 다르게 제시하고 있다. 먼저 Chales & Lester(1982)는 문제해결에 영향을 주는 요인으로 인지적 요인, 경험적 요인, 정의적 요인을 제시하였는데 그 내용은 다음과 같다.

- 인지적 요인: 독해력, 기억력, 계산 기능, 공간적 사고력, 분석적 사고력, 논리적 사고력 등
- 경험적 요인: 연령(보존개념 발달수준), 수학적 소양, 문제해결방법 숙지정도, 문제의 맥락과 문제에 대한 숙지 정도 등
- 정의적 요인: 문제해결에 대한 스트레스, 압박감, 인내심, 관심, 흥미, 태도, 불안, 동기 정도 등

한편 문제해결의 과정에 관하여 Polya(1957)는 문제에 대한 이해, 계획의 작성, 계획의 실행, 반성의 4단계로 구분하였으며, NCTM(1983)은 의식, 이해, 계획, 실행, 검증의 5단계로, 한국교육개발원은 문제인식, 문제이해, 계획수립, 계획실행, 반성의 5단계로 구분하였다.

여기서는 문제해결 과정별 전략으로 교육과학기술부(2008b)가 제시하고 있는 Polya(1957)의 단계별 내용을 중심으로 살펴보고자 한다.

① 문제의 이해

문제의 이해 단계에서는 문제가 무엇인지를 발견하여야 한다. 학생들에 따라서는 문제의 내용을 제대로 파악하지도 않고 문제를 해결하고자 노력하기도 한다. 학생이 성급한 태도를 보이는 경우가 아니라 문제를 읽고도 문제를 잘 이해하지 못하는 것은 문제에 쓰인 용어나 구절, 기호 등을 이해하지 못하기 때문이다, 따라서 문제의 이해 단계에서 알아보아야 할 내용은 다음과 같다.

- 주어진 조건과 구하여야 할 것은 무엇인가?
  - 미지수인 것은 무엇인가? 자료는 무엇인가? 조건은 무엇인가?
- 주어진 조건은 구하여야 할 것을 찾는데 충분한가? 또 불충분한가?
  - 조건은 만족될 수 있는가? 조건은 미지인 것을 결정하기에 충분한가?
  - 조건은 불충분한가? 또는 과다한가? 또는 모순되는가?

- 그림을 그리고 적당한 기호를 도입할 수 있는가?
  - 그림을 그려 보아라. 적절한 기호로 표시하여 보아라.
- 조건의 각 부분을 분리하여 쓸 수 있는가?
  - 조건을 여러 부분으로 분해하여 보아라.

② 해결계획의 수립

문제가 이해되면 답을 구하기 위해 어떻게 할 것인지 계획을 수립하여야 한다. 문제의 이해와 해결 계획의 수립은 문제를 해결하기 위해 아주 중요한 단계이다. 이 단계에서는 문제를 해결할 수 있을 것으로 예상되는 방법을 찾아야 한다. 이 단계에서 교사는 적절한 발문을 하여 학생의 사고를 촉진하여야 하며, 여러 번 시도하여 실패하더라도 학생이 용기를 잃지 않도록 격려해 주어야 한다.

또한 성공적인 문제해결 계획을 수립하기 위해서는 이미 학습된 여러 개념들이 활성화되기 쉽도록 구조화되어야 하며, 목표에 대한 집중력 등이 뒷받침 되어야 한다(강지형 등, 2005). 문제해결을 위한 계획의 수립을 위해서는 다음과 같은 내용을 고려하여 발문하여야 한다.

- 앞에서 이 문제와 같거나 비슷한 문제를 풀어본 경험이 있는가?
- 비슷한 문제를 풀었을 때 사용한 정리를 알고 있는가?
- 비슷한 문제를 풀어보았던 경험을 살려 그 방법이나 결과를 이용할 수 있을까?
- 문제를 다른 말로 표현할 수 있을까?
- 정의는 무엇인가?
- 만약 문제가 풀어지지 않으면 이와 관련된 비슷한 문제, 특수한 문제, 일반적인 문제, 유추적인 문제는 풀 수 없을까? 문제의 일부는 풀 수 있을까? 일부 조건을 버리거나 다시 포함하였을 때 문제를 풀 수 있을까?
- 주어진 조건은 모두 사용하였는가? 문제에 포함된 핵심적인 개념은 모두 고려하였는가?

③ 해결계획의 실행

계획실행은 계획수립에 연이어 이루어지며, 실행은 계획에 비하여 쉽다. 계획은 전체적인 윤곽만 제시되므로 실행단계에서는 실수하지 않도록 세부사항을 각각 주의 깊게 살펴야 하며 인내를 가져야 한다. 또한 계획을 실행하여 답을 구하는데 실패하였다면 왜 그런가를 자신에게 물어보고 대답할 수 있어야 한다(강지형 등, 2005).

- 계획을 실행하고 매 단계를 점검하여라. 각 단계가 올바르며 명확히 할 수 있는가? 그것이 옳다는 것을 증명할 수 있는가?

④ 반성

학생들은 일단 문제해결을 마쳤다고 생각하면 더 이상 검토를 하지 않으려고 한다. 그러나 문제해결 과정에서 반성 또는 검토가 반드시 필요하다. 반성은 다른 말로 검토라고도 하며, 해결과정의 검토뿐만 아니라 다른 해결방법을 찾아보는 일, 비슷한 문제를 만들어 해결하는 일 등을 포함한다.

학생들은 반성의 과정을 거쳐 자신의 풀이과정에 대한 확신을 가질 수 있으며, 획득된 지식을 확고하게 다질 수 있고, 문제해결력을 증진시킬 수 있다. 또한 한 문제의 해결을 위하여 사용할 수 있는 다른 전략들을 생각해 볼 수도 있다.

반성의 과정에서 주어진 문제와 비슷한 문제나 조건을 약간 변형시킨 문제를 만들어 해결해 보는 것은 수학적인 개념, 조건의 역할, 해결전략 등을 확실히 다지는 데 도움이 된다(강지형 등, 2005).

- 결과를 점검할 수 있는가? 논증 과정을 점검할 수 있는가?
- 결과를 다른 방법으로 이끌어 낼 수 있는가? 그것을 한눈에 할 수 있는가?
- 결과나 문제해결 방법을 다른 문제에 활용할 수 있는가?

4) 문제해결의 전략

문제해결 계획의 수립이나 실행단계에서 사용할 수 있는 구체적인 전략과 그 내용을 살펴보면 다음과 같다.

① 실제로 해 보기

실제로 해보기는 실제 구체물이나 모형, 모델 등 구체적인 조작을 통하여 문제를 해결하는 방법으로써 학생의 학습 수준이 낮거나 문제해결에 필요한 수학적 개념의 불충분한 학습이 이루어진 경우에 실시한다.

예 기영이는 공책에 동그라미를 3개 그리고 이어 2개를 더 그렸습니다. 기영이가 그린 동그라미는 모두 몇 개일까요?

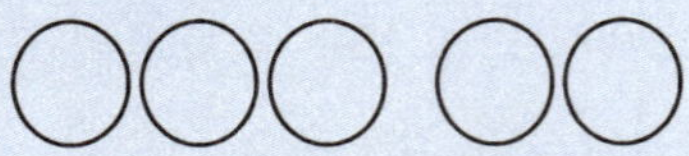

[그림] 첨가형 덧셈

▸ 학생이 3개를 직접 세어보게 한 후 이어서 2개를 세어 5개임을 알게 한다.

② 식 만들기

식 만들기는 해결이 필요한 문제의 조건들 사이의 관계를 나타내는 식을 세워 문제를 해결하는 방법이다. 많은 교사들은 이 전략으로 학생들에게 해결과정으로 이 전략을 제시하고 있으며, 그 영향으로 학생들도 문제를 읽고 우선 식을 수립하려는 시도를 하며, 식의 수립이 어려운 경우 문제를 해결하려는 시도를 포기하고 마는 경우가 있다(강지형 등, 2005). 또한 답은 알지만 그 답을 도출해 내는 과정을 정확한 수식으로 수립하기 어려워하는 경우도 있을 수 있다.

예 영주네 안경점에는 하루에 20개씩 안경을 판매하고 있습니다. 30일간 판매한 안경알의 수는 모두 몇 개일까요?

- 조건: 안경 1일 판매량 20, 판매일 30
- 식: 20개×30일=600개(오답)
- 숨겨진 조건: 안경 1개에는 안경알이 2개씩 있음
- 올바른 식: 20개×2개×30일=1,200개(정답)

③ 예상과 확인

예상과 확인은 문제를 해결하기 위하여 답을 미리 예상해 보고, 그것이 문제의 조건에 적절한지 확인해 보는 방법으로 실생활에서도 문제해결을 위하여 널리 사용되는 방법이다(강지형 등, 2005). 처음 예상이 틀렸을 경우에는 다시 예상하여 확인하여야 하며, 이 과정의 반복을 통하여 답을 얻을 수 있다. 그러나 이 전략을 잘못 사용할 경우 문제해결의 과정이 산만하고 비조직적으로 이루어질 수 있으므로 주의하여야 한다.

예 종호는 그림 붓을 두 종류로 구분하여 샀다. 그 중 한 가지는 전문가용으로 하나에 2,000원이며, 나머지는 일반인용으로 1,500원이었다. 종호가 지불한 붓값이 7000원이었다면 종호는 각각 어떤 붓을 몇 자루씩 산 것일까?

- 전문가용이 한 자루라면 일반인용은 3자루를 살 수 있으나 500원이 남는다.
- 전문가용이 두 자루라면 일반인용은 2자루를 살 수 있다.

④ 그림 그리기

그림 그리기는 어떤 문제를 해결하기 위하여 문제에 있는 조건의 관계를 그림으로 나타내어 문제를 해결하는 방법으로써 그림을 보고 직관적으로 문제를 해결하는 방법이다. 그러나 학생들은 식을 수립하여 문제를 푸는 일에는 익숙하지만 그림으로 풀이하는 일에는 익숙하지 않아 오히려 그림을 그리는 일 자체를 어려워

할 수도 있으며, 문제의 조건 관계를 명확히 나타내는 일을 어려워 할 수도 있다.

예 경진이네는 전체 밭의 $\frac{1}{2}$에는 콩을 심고 남은 밭의 $\frac{1}{2}$에는 팥을 심기로 하였다. 아무 것도 심지 않은 밭의 넓이는 얼마인지 알아보자.

〈풀이〉

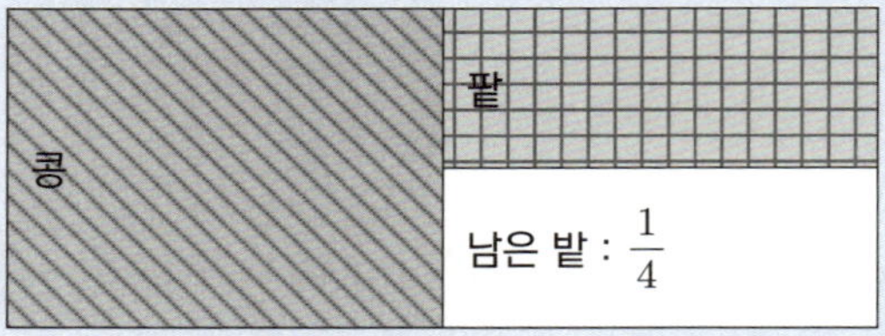

⑤ 표 만들기

표 만들기는 문제에 나타난 사실들을 표로 나타냄으로써 관계를 한 눈에 파악할 수 있게 할 때 사용하는 전략이다.

예 농장에는 소와 닭이 총 100마리 있습니다. 다리의 수를 세었더니 320개가 되었습니다. 소와 닭은 각각 몇 마리나 있을까요?(강지형 등, 2005).

소	1	2	3	4	……	60
닭	49	48	47	46	……	40
다리의 수	102	104	106	108	……	320

⑥ 단순화하기

단순화하기는 원래 주어진 문제에서 추론하여 더 간단한 문제를 만들어 본 후 이를 원래 문제에 대입하여 풀이하는 방법이다.

예 영미 아버지의 한 달 월급은 2,000,000원, 어머니의 월급은 1,500,000원이라고 한다. 두 사람의 12개월 월급을 합치면 모두 얼마일까?

〈풀이〉
(2,000,000+1,500,000)×12에서 덧셈 부분의 자리값을 찾아 20+15를 한 다음, 12를 곱한 후 나머지 자리값을 한 번에 기록한다.

⑦ 거꾸로 풀기

일반적으로 문제는 가정과 결론 부분으로 나뉘었을 때 결론 부분에서 문제를 제시하지만 어떤 경우에는 가정에 들어갈 내용을 묻는 경우도 있다. 거꾸로 풀기는 이러한 가정 부분을 묻는 경우에 사용할 수 있다.

예 경진이는 가진 돈의 절반을 학용품을 사고 남은 돈의 $\frac{1}{3}$인 3,000원을 저금하였다. 경진이가 처음 가지고 있었던 돈은 모두 얼마인가?

〈풀이〉

처음에 가졌던 돈 → 절반사용 (학용품) → 남은 돈의 $\frac{1}{3}$ → 저축 3,000원

마지막 남은 돈 전체 돈의 $\frac{1}{2}$의 $\frac{2}{3}$ 6,000원 → 전체 돈의 절반 6,000원+3,000원 → 처음에 가졌던 돈 9,000원+9,000원

→ 18,000원

5) 문제해결 과정의 예시

이상 각 문제해결 과정의 개념과 전략을 살펴보았다. 문제해결은 위의 한 가지

과정과 전략으로 이루어지기 보다는 한 문제에 대하여 문제해결 과정 전체와 여러 가지 전략이 종합적으로 사용되는 경우가 대부분이다. 예를 들어 나타내면 다음과 같다.

> **예** 길이가 15cm인 끈이 여러 개 있다. 둘레가 1m 20cm인 신문지를 묶으려고 하면 끈이 몇 개나 필요한지 알아보자.

① 문제에 대한 이해하기

㉮ 관련된 유사 문제나 유사 상황 회상하기

- 이전에 비슷한 문제를 풀어본 적이 있는가?
- 알고 있는 문제 중에 이것 하고 비슷한 문제를 생각해 보자.

㉯ 관련된 정보 불러오기

- 이 문제를 풀기 위하여 사용할 수 있는 정보에는 무엇이 있는가?
  1m 20cm=120cm
- 전에 문제를 풀어본 방법을 활용하여 이 문제를 풀 수 있을까?
- 이 문제를 풀기 위하여 사용할 수 있는 다른 방법은 없는가?

㉰ 전략을 선택하기

- 어떤 방법으로 문제를 풀었으면 좋겠는지 말해보자
- 문제를 다시 한 번 말해 보자.

② 문제해결 계획의 수립

㉮ 구하려는 것 알아보기

- 구하려고 하는 것을 생각하면서 문제를 읽어보자.
- 구하려고 하는 것은 무엇인가? '1m 20cm를 묶을 수 있는 끈의 개수'

㉯ 주어진 조건 이해하기

－문제의 뜻을 생각하면서 문제를 읽어 보자.

－모든 단어를 이해하고 있는가? '둘레'의 의미를 알고 있는가?

－주어진 조건은 무엇인가? 끈의 길이 15cm, 신문지 묶음의 둘레 1m 20cm

－이 문제를 풀기 위하여 다르게 사용할 수 있는 전략은 없는가?

㉰ 전략을 선택하기

－실제로 해 보자.

－그림을 그려서 알아보자.

－표를 만들어 알아보자.

－미리 예상하여 보고 확인해 보자.

……

(전략은 학생의 학습 상황이나 수준에 따라 선택할 수 있다)

③ 계획의 실행단계

－실제로 묶어보니 몇 개가 필요하였다.

－그림으로 그려보니 몇 개가 필요하였다.

－표를 만들어 보니 몇 개가 필요하였다.

－미리 예상할 때는 5개였는데 실제로 해 보니 8개가 필요하였다.

……

④ 반성 및 검토하기

㉮ 답을 검토하기

－풀이 단계를 검토하여라. 각 단계는 올바르게 진행되었는가?

－답은 문제의 조건에 맞는지 알아보자.

㉯ 다른 풀이방법 알아보기

－이 문제를 해결하기 위한 다른 방법에는 어떤 것들이 있는지 말해 보자.

㉰ 조건을 변경하여 유사한 문제 풀어보기

- 만약 끈의 길이가 20cm라면 몇 개가 필요할까?
- 만약 묶어야 하는 신문묶음의 길이가 2m 40cm라면 끈은 몇 개가 필요할까?

㉱ 일반화하여 확대하기

- 이와 비슷한 문제를 만들어 보고 같은 방법으로 풀이하여 보자.
- 생활 속에서 이와 비슷한 일을 경험한 적이 있는가? 그 때 어떤 방법으로 풀었는지 생각해 보고 오늘 배운 방법으로 풀이해 보자.

㉲ 문제해결 과정에서 발생한 이상한 점 토론하기

- 이 문제에서 두 끈은 매듭을 짓지 않도록 되어 있는 데 이 점이 이상하였다. 그래서 문제에다 매듭을 묶을 수 있는 끈의 길이는 미리 제시하여야 할 것 같다 등

㉳ 원래 문제를 창조적이고 재미있는 문제로 변형하기

- 길이가 15cm, 20cm인 끈이 두 개 있다. 이 두 끈을 번갈아 사용하여 가로, 세로, 높이가 각각 140cm인 선물을 포장하려고 한다. 끈은 각각 몇 개가 필요할까?

6) 문제해결 학습을 위한 교사의 역할

문제해결을 다루는 수업에서는 해답 그 자체보다도 문제를 해결하는 과정을 중시하고 있기 때문에 이것을 반영하여 문제해결책을 촉진하는 수업이 되어야 한다(현종익, 2008). 이를 위하여 수업시간의 일부분은 교사의 주도하에 문제를 해결해 나가는 단계적인 사고과정을 학생들에게 경험시키기 위한 전체 수업을 실시하여야 하지만 수업의 대부분은 학생 스스로 문제를 해결할 수 있도록 하는데 할애하며 학생의 자발적 문제해결 의지를 고취시키는 한편, 끝까지 문제를 풀이하려는 인내심을 길러 주어야 한다.

8. 곱셈구구 전략

수학 전반에 걸쳐서 지도되는 내용 중에 덧셈과 곱셈은 중요하고 핵심적인 내용임에 틀림없다. 그런데 대부분의 경우 덧셈 보다 곱셈을 배울 때 구구단을 외우기 시작하면 학생들은 수학에 대해서 극심한 어려움을 경험하게 된다(김상근, 2008).

학생에게 있어서 곱셈을 배우는 것은 하나의 단위와의 연산으로부터 합성단위와의 연산으로 옮겨가는 과정이기 때문에 덧셈 상황에 익숙한 학생들에게 곱셈을 배우는 과정은 커다란 변화이고 어려운 과정이다(Steffe, 1988). 이는 특수교육대상학생들에게 있어서도 마찬가지로 난해하고 복잡한 과정이다. 따라서 본 절에서는 곱셈구구 지도를 위한 전략을 소개하고자 한다.

일반적으로 초등학교에서는 2학년 1학기에 묶어 세어보기 → 곱셈 알기 → 곱셈식 알기 → 몇 배 알기 → 곱셈식 활용하기 통해서 곱셈의 기초를 경험하게 하고, 2학년 2학기에 곱셈구구를 2단 → 5단 → 3단 → 4단 → 6단 → 7단 → 8단 → 9단 → 1단 → 0단 순으로 제시한다. 그리고 곱셈구구를 제시한 후 곱셈의 교환법칙 성질, 곱셈표, 곱셈 활용을 제시하는 과정을 거치면서 곱셈과 관련된 학습을 하도록 한다(김상근, 2008, p. 70-81).

1) 묶어세기

묶어세기란 묶음의 개수와 묶음의 수를 알아본 후, 같은 수를 여러 번 더하여 전체의 수를 알아보는 활동으로 곱셈의 기초가 된다. 전체의 개수를 하나씩 제시않고 묶음을 만들어 같은 수 더하기의 식으로 구하는 것이 빠르고 능률적임을 알게 한다. 묶어서 세는 활동을 한 후 묶어세기를 같은 수 더하기로 나타내어 묶어세기와 동수 누가의 관계를 알게 한다.

2) 곱하기

같은 수를 여러 번 더할 경우 같은 수 더하기를 곱하기로 나타내는 것이 훨씬 간편함을 알게 한다. 이를 위해 구체적인 생활 장면을 도입하여 ○개씩 묶기 → 묶음 수 찾기 → 덧셈식으로 나타내기의 과정을 거친다. 이후 반구체물 도식을 통해서 위의 활동을 반복하게 하여 약속을 통해 5씩 4묶음을 5×4라고 표현하도록 한다.

3) 곱셈식

덧셈식과 곱셈식의 관계를 이해하게 하기 위해서 생활 장면에서 정렬된 구체물 도식을 제시한 후 동수누가의 덧셈식을 곱셈식으로 나타내기 위해서 ○개씩 묶기 → 묶음 수 찾기 → 덧셈식으로 나타내기 → 곱하기로 나타내기 → 전체 수 알기를 제시한다. 위와 같은 사고의 단계를 거쳐 덧셈식을 곱하기로 나타내며 전체 수를 동수누가에 의해 구하게 한다.

4) 몇 배

곱셈식의 활용이라는 측면에서 '어떤 수의 몇 배는 몇이다'를 지도하기 위해서 생활장면에서 몇 배를 알기 위해서 반구체물 모델을 제시한다. 몇 배를 나타내기 위한 반구체물 모델은 이미 완성된 형태가 아니라 아동들이 직접 그려 보게 하고 '5장씩 4묶음은 모두 몇 장입니까?'의 질문을 통해서 5장의 4배를 곱셈식으로 써보게 한다.

5) 곱셈식 활용

정렬된 총 개수를 곱셈식으로 나타낼 때에는 두 가지 관점, 즉 가로로 묶는 것과 세로로 묶는 것으로 볼 수 있으나, 더 발전하면 나머지가 없이 한 묶음의 수를 일정하게 묶을 수 있는 것도 고려한다. 예컨대, 달걀판에 있는 달걀의 개수를 알아보기 위한 구체적인 상황을 생활장면으로 제시하여 곱셈식으로 나타내게 한다. 정렬된 달걀을 5개씩, 4개씩, 10개씩 묶으면 몇 묶음이 되는지 3가지 경우로 알게 하여 각각을 곱셈식으로 나타낸다. 이해를 더욱 깊게 하기 위해서는 말 → 덧셈식 → 곱셈식, 덧셈식 → 말 → 곱셈식, 곱셈식 → 덧셈식 → 말 등으로 순서를 다양하게 하여 표현하게 한다.

6) 곱셈구구

① 2단

인형의 눈이 2개라는 사실을 이용하는 생활장면을 제시하고 구체물을 놓으면서 세어 보게 한 후 질문을 통해서 개수를 알게 할 수 있다.

② 5단

5명씩 타는 승용차 여러 대에 총 몇 명이 탈 수 있는지를 알아보는 생활장면을 제시하고 구체물을 놓으면서 세어보게 한 후 질문을 통해서 개수를 알게 할 수 있다.

③ 3단

세발자전거의 바퀴 수를 알아 보는 생활장면을 제시하고 구체물을 놓으면서 세어 본 후 질문을 통해서 개수를 알게 할 수 있다.

④ 4단

한 묶음이 4개씩인 동물의 다리 수를 알아보는 생활장면을 제시하고 반구체물을 그려서 세어보게 한 후 질문을 통해서 개수를 알게 할 수 있다.

⑤ 6단

곤충의 다리를 개수를 알아보는 생활장면을 제시하고 반구체물을 붙이면서 세어보게 한 후 질문을 통해서 개수를 알게 할 수 있다.

⑥ 7단

4주일은 며칠인지 알아보는 생활장면을 제시하고 달력을 놓고 1주일씩 세어보기 활동을 한 후 질문을 통해서 7단 곱셈구구를 알게 할 수 있다.

⑦ 8단

기차 한 칸에 8명이 앉을 수 있는 생활장면을 제시하고 반구체물을 그리면서 세어보게 한 후 질문을 통해서 개수를 알게 할 수 있다.

⑧ 9단

승합차 한 대 9명씩 타는 생활장면을 제시하고 구체물을 놓고 세어보기를 한 후 질문을 통해서 9단 곱셈구구를 알게 할 수 있다.

⑨ 1단

빵을 접시마다 1개씩 놓는 생활장면을 제시하고 구체물을 놓으면서 세어보게 한 후 질문을 통해서 개수를 알게 할 수 있다.

⑩ 0단

과녁 맞히기 놀이 생활장면을 제시하고 과녁 맞히기 놀이에서 얻은 점수를 알아보게 한 후 질문을 통해서 0단 곱셈구구를 알게 할 수 있다. 활동으로 알게 된 것에서는 "어떤 수와 0의 곱은 얼마라고 생각합니까? 0과 어떤 수의 곱은 얼마라고 생각합니까?" 질문을 통해서 0×(어떤 수)와 (어떤수) × 0임을 알게 할 수 있다.

⑪ 두 수를 바꾸어 곱하기

곱하는 두 수의 순서를 바꾸어도 곱은 변하지 않음을 지도하기 위해서 모눈종이에 색칠하기 생활장면을 제시하고 모눈종이에 '두 칸 씩 세 줄, 세 칸씩 두 줄'을 색칠하게 하여 칸 수 비교하여 곱셈에서 곱하는 두 수의 순서를 바꾸어도 곱이 같다는 것을 알게 할 수 있다. 이 활동으로 알게 된 것에서는 '2×3은 3×2와 같습니다'라고 제시할 수 있다.

⑫ 곱셈표 만들기

곱셈구구의 구성원리와 각 단의 곱셈구구를 이용하여 1단에서 9단까지 곱셈표를 완성할 수 있다. 곱셈표 완성을 위해서 다음과 같은 활동을 수행할 수 있다(송순희, 2000, p. 28-30).

활동(가) 곱셈표 완성하기

연구적인 활동으로 6명까지 할 수 있다. 교사에게서 필요로 하는 도움의 양은 어린이의 능력에 따라 달라진다.

▸ 자료(개인별)

부분적으로 완성된 정사각형 곱 1에서 50까지

L자 카드

연필

▸ 발견을 위해 필요한 조건

- 단계(a)

네모 안의 수와 곱셈모형의 관계는 무엇이며, 학습되어진 결과는 무엇인가? (그 대답은 간단한 예증으로 보여준다)

- 단계(b)

그들이 빈 네모를 채우면서 곱셈표를 어떻게 완성할까?
(왼쪽 열은 당연히 6에서 10까지 계속된다) 우리가 6, 7, 8, 9, 10의 곱 모두를 구하고자 할 때 각각의 곱에 L자카드를 놓고 네모를 센다. 이것은 나쁘지 않은데 그 이유는 이미 숫자가 쓰여진 네모를 세는 것을 포함하기 때문이다. 그러나 더 좋은 방법이 있다.

(i) 첫 번째 열은 10까지 써 내려간다.

(ii) 다음 4열은 곱셈이 상호교환적이라는 성질을 이용하여 완성할 수 있다. 즉 $6\times2 = 2\times6$이라는 기존 지식을 이용한다.

(iii) 여섯 번째 열은 매번 6을 더함으로써 완성되어진다. 이것은 또 다른 배분법칙 이용의 실제이다.

$$6\times6 = 6\times5+6\times1 = 30+6 = 36$$

(iv) 어린이들은 그들의 새로운 결과 모두를 서로 간에 표를 점검해 볼 때까지 연필로 쉽게 쓴다. 그리고 나서 앞으로의 사용을 위해 가능한 볼펜으로 깔끔하게 곱셈표를 완성해야만 한다. 그들에게 조심하여 간직하도록 말하라.

활동(나) 곱셈표 놀이

1	2	3	4	5	6	7	8	9	10
2	4	6	8	10	12	14	16	18	20
3	6	9	12	15	18	21	24	27	30
4	8	12	16	20	24	28	32	36	40
5	10	15	20	25	30	35	40	45	50
6	12	18	24	30	36	42	48	54	60
7	14	21	28	35	42	49	56	63	70
8	16	24	32	40	48	56	64	72	80
9	18	27	36	45	54	63	72	81	90
10	20	30	40	50	60	70	80	90	100

▸ 개념:

(i) 곱셈표, 곱셈 결과들의 조직적 모임

(ii) 10×10까지의 곱

▸ 능력:

(i) 특정 과제에 필요한 결과가 무엇이든 간에 그것을 쉽고 정확하게 기억해내기

(ii) 이미 알고 있는 것으로부터 새로운 결과 구하기

▸ 활동:

2명씩 할 수 있는 활동으로 자료의 수에 따라 여러 짝이 할 수 있다. 이 자료를 아동들이 만들 수 있고, 자투리 시간에 연습하는 것이 좋다. 그 목적은 10×10까지 곱셈의 결과를 능숙하게 기억해 내는 데 있다.

▸ 자료:

2×1부터 10×10까지의 각 단의 곱을 기입한 10매 1조의 카드 9세트

곱셈표와 L자 카드

▸ 방법

1. 한 아동이 카드 한 세트를 섞어서 뒤집은 채 손에 쥔다. 다른 아동은 곱셈

표와 L자 카드를 테이블 위에 둔다.

2. 아동 A가 맨 위 카드를 보고, 그 결과를 기억해 낸다. 이것이 4×7이라 하자. 아동 B는 곱셈표와 L자 카드를 이용하여 답을 검사한다.
3. 답이 맞으면, 이 카드를 테이블 위에 둔다. 만약 틀리면 나중에 다시 나오도록 손에 든 카드 뭉치 아래에 둔다.
4. A의 모든 카드가 테이블 위에 올려질 때까지 계속한다. 그렇게 하여 그가 맞추지 못한 카드를 다시 연습하게 한다.
5. A가 실수 없이 모든 카드를 내려놓을 때까지 과정 1-4를 반복한다.
6. 서로의 역할을 바꾸어서 과정 1-5를 반복한다.
7. 시간이 나면 다른 카드 세트로 1-5를 반복한다.
8. 두 세트의 카드를 섞어서 반복할 수 있다.
9. 마지막으로 모든 카드 세트를 섞은 후 10장을 뽑아서 1-5를 반복한다.
10. 이 활동은 상당히 오랫동안 계속되어져야 한다. 즉 한주에 새로운 세트 하나를 지난 주에 사용한 세트와 섞어서 한다.

활동토론

카드 뒷면에 곱셈의 결과를 적어(예: 6×3의 카드 뒷면에 18을 적는 것) 두고 싶겠지만 이것은 기계적 암기의 시작이다. 이 활동에서 곱셈표와 L자 카드를 사용할 때마다 그들이 배우고 있는 것을 어떤 구조에 관련시키게 된다. L자 카드의 오른쪽 아래 모서리에 나타난 수는 "직사각형 수 게임"에서는 점에 대응된다.

⑬ 곱셈 활용하는 방법 알기

배열된 사물의 개수를 곱셈식을 써서 여러 가지 방법으로 구하기 위해서 모눈그림의 가로와 세로가 똑같지 않은 것을 제시하여 모눈의 칸 수를 알아보는 생활장면을 제시한 후 문제를 해결하기 위해서 곱셈을 활용하는 방법을 질문을 통해서 곱셈 활용법을 익히게 할 수 있다.

요약

연산 영역에서는 두 수의 순서쌍에 대하여 덧셈, 뺄셈, 곱셈, 나눗셈 등과 같은 이항연산의 내용을 다루고 있다. 수학자들은 여러 가지 생활장면에서의 구체적인 활용을 위하여 연산 체계를 발전시켜 왔는데, 학령기에 접하게 되는 연산체계는 주로 덧셈, 뺄셈, 곱셈, 나눗셈으로 이를 사칙 연산이라고 칭한다. 이런 사칙연산은 학년이 올라감에 따라 다소 감소하기는 하지만, 초등학교 교육과정에서 차지하는 비율은 거의 40-50%에 해당한다.

이런 연산 학습을 위해선 사칙연산과 관련된 기초적 사실과 규칙, 연산 절차, 문제해결과 관련된 여러 가지 기술들을 알아야 하고, 그 이전에 수감각과 기초 수학 법칙에 대한 지식 습득이 반드시 선행되어야 함을 살펴보았다.

연산 영역의 교수 · 학습 내용으로는 지산법, 연산 학습전략, 연산 오류 분석, 어림측정 전략, 공학 활용, 문제해결 전략, 곱셈구구 전략 등을 연산 학습에 활용하는 방법들에 대해서 알아보았다. 연산 학습전략에서는 사칙연산과 관련된 기본적인 수학적 사실 전달 전략, 연산전략, 문장제 문제해결 전략에 대해서 구체적으로 살펴보았고, 문제해결 전략에서는 구체적인 적용 단계와 지도 사례를 통해 실제적 적용에 대한 이해를 높이고자 하였다. 이 외에 몇 가지 연산 영역에서 활용할 수 있는 교수 · 학습 내용을 소개하였으나, 이를 실제 교육 현장에서 개별 특수교육대상학생들에게 구체적으로 적용시키고 발전시키는 일은 여전히 교사 또는 예비교사인 독자의 몫으로 남는다.

연구과제

- 유치원 교육과정, 초등학교 교육과정, 기본 교육과정의 연산 관련 내용이 어떻게 다른지 토의해 봅시다.
- 연산 영역의 학습 내용을 한 가지 떠올려 보고, 그 학습 내용의 전 · 후에는 어떤 학습 내용이 있는지 확인해 보고, 왜 그러한 계열로 구성되어야 하는지를 토의해 봅시다.

- 연산 영역의 교육과정에서 한 차시의 학습 과제를 선정한 후, 그 학습 과제를 성취하기 위한 여러 가지 교수 · 학습 활동을 구안해 봅시다.
- 연산 영역에서의 구체적인 학습 과제를 가지고, 오류분석을 활용한 교수 · 학습 방안을 적용해 봅시다.

참고문헌

강 완(2000). 수학 교과서에 나타난 계산지도방법의 변화-두 자리수의 덧셈과 뺄셈. 한국초등수학교육학회지, 4, 21-38.

강지형 · 김수환 · 라병소 · 박성택 · 이의원 · 정은실(2008). 7차 교육과정에 의한 초등수학 교육. 동명사.

교육과학기술부(2008a). 유치원교육과정 해설서. 교육과학기술부.

교육과학기술부(2008b). 초등학교교육과정 해설서. 교육과학기술부.

교육과학기술부(2009). 기본 교육과정 해설서. 교육과학기술부.

김남희(2008). 학교수학과 교육. 서울: 경문사.

김민경 · 홍혜경 · 이지현 · 이정욱(2006). 유아수학 교육의 탐구. 서울: 교우사.

김상근(2008). 초등학교 수학 교과서에 나타난 곱셈 지도 방법에 대한 분석. 서울교육대학교 교육대학원 석사학위논문.

김수미(2009). 직접교수가 수학 학습부진아의 연산능력에 미치는 효과. 광주교육대학교 교육대학원 석사학위논문.

김이지(2004). 1-가 단계 수와 연산 영역에서 아동의 오류분석 및 처방에 관한 연구. 광주교육대학교 교육대학원 석사학위논문.

김재식(1994). 지산법을 적용한 연산자료 개발, 활용이 정신지체 아동의 연산능력 신장에 미치는 영향, 1994년 특수교육 현장 연구 보고서.

김정하(2000). Dienes의 수학 학습 원리의 구체화 방안 연구. 인천교육대학교 교육대학원 석사학위논문.

김진락(1990). 수학문제 유형의 분류와 그 실제. 수학 교육 제29권 제1호(통권67호). 한국수학교육학회.

김충경(2005). 초등학교 수학에서 기본 연산 훈련이 수학문제해결 및 태도에 미치는 효과. 고려대학교 교육대학원 석사학위논문.

김효정(1994). 구체적 조작물을 이용한 활동지향적 수학 수업에 관한 연구. 이화여자대학교 교육대학원 석사학위논문.

남윤석(2008). 스캐폴딩 기반 코스웨어의 적용이 지적장애 학생의 수학 문장제 문제 해결 능력과 독립적인 수행 능력에 미치는 효과. 특수교육학연구, 43(1), pp. 203-223.

노선숙(2007). NCM의 스탠다드 중심 수학 교육과정 개혁동향. 교육과정연구, 25(2), pp.147-169.

문영호(2002). 자기교시훈련이 수학 학습장애아의 나눗셈 연산학습에 미치는 영향. 광주교육대학교 석사학위논문.

박성택 · 신택균 · 양인환 · 손용규 · 이정재(1993). 수학 교육. 동명사.

배종수(1999). 초등수학 교육 내용지도법-제7차교육과정을 중심으로. 서울: 경문사.

배종수(2005). 제7차 교육과정을 중심으로 초등수학 교육 내용지도법. 경문사.

송순희(2000). 스켐프의 곱셈구구 지도 방법 적용사례연구. -초등학교 3학년 수학 학습부진아를 대상으로- 인천교육대학교 교육대학원 석사학위논문.

신현기 · 김영표 · 이병혁(2009). 통합교육 효율화를 위한 장애아동 수학지도 방법. 서울: 시그마프레스.

우미순(2004). 발달장애 아동의 연산지도에서 지산법 적용의 효과. 단국대학교 석사학위논문.

이대식(2004). 학습장애 및 학습부진 문제 해결을 위한 직접교수법의 이론과 활용방안. 직접교 수법의 의미와 주요 특징. 학습장애연구, 1(1), 133-161.

이은정(2001). 수학 학습부진아의 수 지각 · 연산 및 작업기억 특성. 대구대학교 석사학위논문.

장수연(2010). 초등학교 1학년 수와 연산영역에서 오류에 따른 효과적인 지도방안. 광주교육대학교 석사학위논문.

전영례(2003). 초등학교 수학 학습장애와 일반아동의 연산오류 유형 비교 연구. 부산대학교 교육대학원 석사학위논문.

정남신(1985). 국민학교에서 사칙연산 지도에 관한 연구. 단국대학교 교육대학원 석사학위논문.

조영현(2007). 자기교수법이 수학 학습부진아의 연산능력에 미치는 효과. 전남대학교 교육대학원 석사학위논문.

주미선(2006). 나눗셈 전략교수가 초등학교 수학 학습부진아의 나눗셈 연산능력에 미치는 효과. 광주교육대학교 교육대학원 석사학위논문.

한국교육개발원(1985). 문제해결력 신장을 위한 수업방법 개선 연구.

현종익(2008). 교사를 위한 초등수학교육론. 교우사.

Babbitt, B. C. (1999). 10 tips for software selection for math instruction. LDOnline, Retrieved July 7, 2006, from http://www.ldonline.org/article/6243

Butts, K. (1980). *Posing Problem properly problem solving in school mathematics.* NCTM (1980). yearbook.

Chales, R. I., & Lester, F. K. (1982). An evaluation of a process oriented instructional problem in mathematics problem solving in grade 5 and 7, JRME. vol. 15(no. 1), Jan.

Frank, A. R., & Brown, D. (1992). Self-monitoring strategies in arithmetic. Teaching Exceptional Children, 24(2), 52-53.

Friend, M., & Bursuck, W. D. (2002). *Including students with special needs: A practical guide for classroom teachers (3rd ed.)* Boston, MA: Allyn & Bacon.

Garnett, K. (1992). Developing fluency with basic number facts: Intervention for students with learning disabilities, *Learning Disabilities Research & Practice, 7(4),* 210-216.

Gersten, R., & Chard, D. (1999). Number sense: Rethinking mathematics instruction for students with mathematical disabilities. *Journal of Special Education, 33(1),* 19-28.

Harniss, M. K., Carnine, D. W., Silbert, J., & Dixon, R. C. (2002). Effective strategies for teaching mathematics. In E. J.Kame'enui, D. W.Carnine, R. C.Dixon, D. C.Simmons, & M. D.Coyne, (Eds.), *Effective teaching strategies that accommodate diverse learners* (pp. 121-148). Upper Saddle River, NJ: Merrill-Prentice Hall (an imprint of Pearson Education, Inc).

Hembree, R. (1986). Research gives calculators a green light. *Arithmetic Teacher, 34(1),* 18-21.

Horton, S. V., Lovitt, T. C., & White, O. R. (1992). Teaching mathematics to adolescents classified as educable mentally handicapped: using calculators to remove the computational onus. *Remedial and Special Education, 13(3),* 36-60.

Jitendra, A., Dipipi, C. M., & Perron-Jones, N. (2002). An exploratory study of schema-based word-problem-solving instruction for middle school students with learning disabilities. *Journal of Special Education, 36(1),* 23-38.

Jitendra, A., Hoff, K., & Beck, M. M. (1999). Teaching middle school students with learning disabilities to solve word problems using schema-based approach. *Remedial and Special Education, 20(1),* 50-64.

Jonassen, D. H. (2004). *Learning to solve problems: An Instructional Guide.* John Wiley & Sons, INC.

Kamii, C. (2000). *Young children reinvent arithmetic (2nd ed.).* New York: Teachers College Press.

Kantowski, K. G. (1981). *Process involving in mathematical problem solving.* JRME vol. 8.

Lenchner, G. (1983). *Creative problem solving in school mathematics.* Boston: Houghton Mifflin.

Marshall, S. P. (1995). *Schemas in problem solving*. New York: Cambridge University Press.

Montague, M., Warger, C. L., & Morgan, H. (2000). Solve It! Strategy instruction to improve mathematical problem solving. *Learning Disabilities Research and Practice, 15(2),* 110-116.

Movshovitz-Hardar & Zaslavsky, O. (1987). An empirical classifical model for Errors in high school mathematics. *Journal for Research in Mathematics Education, 18(1),* pp.3-14.

National Council of Teachers of Mathematics (NCTM). (1989). *Curriculum and Evaluation Standards for School Mathematics.* Reston, Virginia: NCTM.

Polya, G. (1957). How to solve it?(2nd ed.). New York: Doubledey.

Reid, R., & Lienemann, T. O. (2006). *Strategy Instruction For Students with Learning Disabilities.* New York, NY: Guilford Publications.

Silva, J. (2004). *Teaching Inclusive Mathematics to Special Learners, K-6.* Thousand Oaks, CA: Corwin Press.

Scriven, M. (1980). *The methodology of educational evaluation.* in Srake(ed.), Chicago: Rand NcNally.

Steffe, L. (1992). Children's multiplying schemes. In Harel, Guershon(Eds), *Multiplicative reasoning in the learning of mathematics*(pp. 3-39). State University of New York Press.

Thornton, C., & Toohey, M. (1985). Basic math facts: Guidelines for teaching and learning. *Learning Disabilities Focus, 1(1),* 44-57.

Van de Walle, J. A. (1998). *Elementary and middle school mathematics: Teaching Developmentally.* New York: Addison Wesley Longman.

Watkins, C., & Slocum, T. (2004). The components of Direct Instruction. In N. E.

Marchand-Martella, T. A. Slocum, & R. C. Martella (Eds.), *Introduction to Direct Instruction* (pp. 28-65). Boston, MA: Allyn & Bacon.

Wheatley, G. H., & Clements, D. H. (1990). Calculators and constructivism. *Arithmetic Teacher, 38 (2)*, 22-23.

Wood, D. K., & Frank, A. R. (2000). Using Memory-Enhancing Strategies to Learn Multiplication Facts, *Teaching Exceptional Children, 32(5)*, 78-82.

Xin, Y. P., & Jitendra, A. K. (1999). The effects of instruction in solving mathematical word problems for students with learning problems: A meta-analysis. *The Journal of Special Education, 32(4),* 207-225.

제 11 장 도형 영역의 교수 · 학습 방법

남 윤 석

도형 영역은 우리가 일상생활을 하면서 접하게 되는 2차원 및 3차원의 공간을 이해하는 내용으로 구성되어 있다. 따라서 도형을 학습할 때에는, 단순히 수학자들이 만들어 놓은 내용을 익힌다는 측면을 넘어서 공간을 효율적으로 다루는 방법을 익힘으로써 일상생활을 더 잘 영위할 수 있다는 실용적인 측면까지도 고려해야 한다. 특수교육에서 도형 영역의 지도는 실용적 측면이 더욱 부각된다. 시각장애학생의 보행 훈련이나 운동 능력은 위상 개념과 밀접한 관련이 있으며, 지체장애학생의 시각-운동 수행능력, 지적장애와 학습장애학생에게서 나타나는 시지각의 문제 역시도 도형 영역과 매우 밀접한 관련을 맺고 있기 때문이다. 따라서 특수교육대상학생들이 수학 수업을 통해 공간 개념을 익히는 일은 이들의 학업생활뿐만 아니라 일상생활에 큰 도움을 줄 것이다.

이 장에서는 먼저 도형 영역의 교수 · 학습 내용을 살펴보았다. 수학자들이 공간을 설명하고 이해하기 위해 개발한 여러 가지 기하학적 체계를 이해하고, 이를 토대로 학생들에게 구체적으로 무엇을 가르쳐야 하는지를 이해하게 된다. 또한 여러 가지 기하학적 체계 안에서 교육과정의 내용 선정과 위계 설정이 어떻게 관련되어 있는지를 파악할 수 있다.

그리고 도형 영역의 교수 · 학습 내용을 어떻게 가르칠 것인가에 관한 몇 가지 교수 · 학습 방법을 소개하였다. 이들 교수 · 학습 방법은 도형 영역의 지도와 관련된 여러 가지 서적이나 연구를 바탕으로 선정하였으며, 여러 가지 사례를 중심으로 설명하고 있으므로, 교육 현장에서 증거 기반의 실제(evidence-based practice)를 구현하는 데 도움이 될 것이다.

1. 도형 영역의 교수 · 학습 내용

수학은 위계적이라는 특성을 가지고 있기 때문에 도형 영역의 내용이 어떤 위계를 가지고 구성되어 있는지, 왜 그렇게 구성되어 있는지를 파악하는 것이 중요하다.

도형 영역은 공간을 대상으로 하는 기하학(geometry)의 내용을 다루고 있다. 학생이 생활하고 호흡하며 활동하는 공간 속에서 보다 잘 살아가기 위해서는 공간을 탐구하고 정복해야 한다(Freudental, 1973). 종이와 같은 평면도형은 앞 · 뒤, 오른쪽 · 왼쪽이 있는 책상 위와 같은 평평한 면 위, 즉 2차원 공간에 있고, 상자와 같은 입체도형은 앞 · 뒤, 오른쪽 · 왼쪽, 그리고 위 · 아래가 있는 3차원 공간에 위치한다. 이렇게 우리가 접하고 살아가는 3차원 및 2차원 공간을 설명하고 이해하기 위해서 수학자들은 여러 가지 기하학적 체계를 발달시켜 왔다(이정욱, 2004). 이들 중에서 학령기에 접하는 기하학적 경험은 다음과 같은 네 가지 기하학적 체계들이다.

위상 기하는 공간 속에서의 위치, 거리, 방향, 개폐 등을 다루며, 공간 개념을 익히는 기하 체계이다. Piaget에 의하면 유아가 가장 먼저 접하는 기하학적 경험은 위상학적 경험이다(이정욱, 2004). 아동은 점, 선, 각 등의 추상적 개념을 기본요소로 하는 유클리드 기하보다는 어떤 물체가 다른 물체와 얼마나 가까운지, 어떤 부분들이 서로 분리되어 있는지, 붙어 있는지 등의 위상적 기하의 공간 개념을 발달 단계에서 더 먼저 갖게 된다는 것이다. 고도의 연역적 사고를 필요로 하는 위상 기하의 내용은 고등 교육에서 실시해야 하지만, 위상 수학적 기초 개념은 유클리드 기하를 다루기 전에 학습하도록 해야 한다.

유클리드 기하는 평면 및 입체도형과 같은 기하학적 형태를 다루는 기하 체계이다. 2차원 및 3차원 공간에서 점, 선, 각과 같은 도형의 구성요소, 사각형, 삼각형, 원과 같은 평면도형, 직육면체, 정육면체, 원기둥, 원뿔과 같은 입체도형을 다룬다. 우리나라 초등학교 수학 교육과정에서의 도형 영역은 유클리드 기하의 범위와 계열이 내용 선정과 조직의 주된 준거가 되고 있다(계영희, 김진숙, 2003). 일상생활에서 흔히 접할 수 있는 기본적인 입체도형에 대한 감각을 익힌 후, 기본적인 입체도형에서 평면도형을 추출하여 평면도형과 그 구성요소를 학습하고, 평면도형보다 한 차원 높은 입체도형과 그 구성요소를 학습하게 된다.

좌표 기하는 좌표를 활용하여 2차원 및 3차원 공간을 설명하는 기하 체계이다. 해석 기하라고도 하는 좌표 기하는 x좌표와 y좌표의 순서쌍(x, y)으로 평면을 산술화한 방정식을 이용하여 다양한 곡선을 대수적으로 표현함으로써, 유클리드 기하에서는 다루지 않는 다양한 곡선에 대한 연구로 기하학의 연구 영역을 확장시켰다(우정호, 1998). 일상생활에서는 지도와 같이 평면 위에서의 특정 위치를 좌표로 파악할 수 있다. 함수 개념과 미적분학으로 확장되는 좌표 기하는 대수적 엄밀성을 요구하므로, 주로 고등 교육에서 다루게 된다.

변환 기하는 도형의 모양이나 크기는 변하지 않고 위치만 변환시키는 것으로, 도형의 이동, 합동, 대칭 등을 다루는 기하 체계이다. 유클리드 기하는 도형을 정적으로 보고 동적으로 고찰하지 않았으나, 변환 기하에서는 위치를 변환하면서도 불변인 도형의 성질을 연구함으로써 동적인 기하학적 체계를 발전시켰다(우정호, 1998). 도형을 옮기고, 돌리고, 뒤집어 보는 활동은 구체적 조작이나 직관적 사고를 요구하기도 하나, 평행 이동, 회전 이동, 대칭 이동 등의 변환은 함수적 사고를 요구한다. 따라서 변환 기하는 유클리드 기하와 좌표 기하의 경계에서 직관적 사고와 함수적 사고를 연결짓는 학습 기회로 활용될 수 있다.

이처럼 수학자들은 공간을 다루기 위한 여러 가지 기하 체계를 발전시켜 왔으며, 이러한 기하 체계는 [그림 11-1]과 같이 학생들이 학습하는 기하 교육의 내용으로 적용될 수 있다.

• 기하학 체계의 이해

수학과 교육과정의 도형 영역에서는 공간을 대상으로 하는 기하학(geometry)의 내용을 다루고 있다(남윤석 외, 2011). 공간은 2차원과 3차원으로 주로 구분할 수 있는데, 2차원의 공간에서는 평면도형을 다루게 되며, 3차원의 공간에서는 입체도형을 다루게 된다.

학생들과 도형 영역을 공부할 때 알아야 할 기하학 체계는 위상 기하, 유클리드 기하, 좌표 기하, 변환 기하의 네 가지로 구분할 수 있다. 첫째, 위상 기하는 공간 속에서의 위치, 거리, 방향, 개폐 등을 다루며, 공간 개념을 익히는 기하 체계를 말한다. 피아제에 의하면 유아가 가장 먼저 접하는 기하학적 경험은 위상학적 경험으로 점, 선, 각 등의 추상적 개념을 기본 요소로 하는 유클리드 기하보다는 어떤 물체가 얼마나 가까운지, 붙어 있는 것과 분리되어 있는 것 등을 파악하는 위상학적 기하의 공간 개념을 발달단계에서 먼저 갖게 된다고 한다(이정욱, 2004, 재인용: 조용공, 2015). 둘째, 유클리드 기하는 평면 및 입체도형과 같은 기하학적 형태를 다루는 기하 체계를 말한다. 주로 도형의 구성 요소와 평면도형, 입체도형을 교육과정에서 다루게 된다. 흔히 접하게 되는 입체도형에 대한 감각을 익힌 후 기본적인 입체도형에서 평면도형을 추출하고, 평면도형과 그 구성요소를 학습한 후 한 차원 높은 입체도형과 그 구성 요소를 다룬다. 셋째, 좌표 기하는 좌표를 활용해 2차원 및 3차원 공간을 설명하는 기하 체계를 말한다. 해석 기하라고도 하며 평면을 산술화한 방정식을 이용해 다양한 곡선을 대수적으로 표현하기도 한다. 넷째, 변환 기하는 도형의 모양이나 크기는 변하지 않고 위치만 변화시키는 것으로, 도형의 이동, 합동, 대칭 등을 다루는 기하 체계를 말한다. 변환 기하에서는 위치를 변환하면서 불변인 도형의 성질을 연구해 동적인 기하학적 체계를 발전시켰다(우정호, 2998, 재인용; 조용공, 2015).

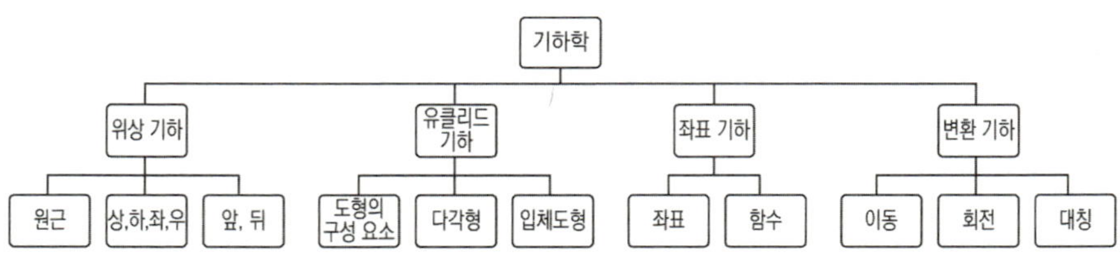

[기하학 체계]

이러한 기하 체계는 학생들이 학습하는 수학 교육의 내용으로 적용되고 있으며 위상 기하와 변환 기하의 내용이 일부 포함되어 있는 것을 알 수 있다. 위상 기하의 내용으로는 '공간의 이해'와 '입체도형의 공간 감각'이 포함되어 있으며, 변환 기하의 내용으로는 '평면도형의 이동'이 포함되어 있다. 그 이외의 내용들은 모두 평면도형과 입체도형을 다루는 유클리드 기하에 해당하는 내용으로 볼 수 있다.

[그림 11-1] 기하학 체계의 이해

출처: 교육부(2018). 중학교 수학(가) 교사용 지도서. 서울: ㈜미래엔, p. 388.

최근의 우리나라 학교 교육과정에서 이러한 기하 영역의 내용이 어떻게 다루어지고 있는지를 대략적으로 살펴보면, 다음과 같다. 첫째, 유클리드 기하는 수학 교육과정에서 도형 영역의 내용과 계열을 결정짓는 주된 역할을 하고 있다. 둘째, 위상 기하의 기초적인 개념은 유클리드 기하를 학습하기 전에 배울 수 있도록 유치원 교육과정에서 주로 다루고 있다. 셋째, 직관적 사고를 요하는 변환 기하의 내용은 유클리드 기하와 함께 초등학교 교육과정에서 다루어지고 있으며, 함수적 사고를 요하는 변환 기하의 내용은 중등학교 교육과정에서 다루어지고 있다. 넷째, 대수적 엄밀성이 요구되는 좌표 기하의 내용은 중등학교 교육과정이나 고등교육에서 다루어지고 있다.

2. van Hieles의 기하 학습 수준

네덜란드의 중등 수학 교육자 van Hieles는 학생들의 연령이 증가함에 따라 어떤 순서로 기하 개념을 습득하게 되는지, 기하를 어떤 순서로 어떻게 가르쳐야 하는지에 대한 연구를 체계화하였다. 기하 학습에 곤란을 겪는 학생들에게서 그 원인을 분석한 결과, 교사와 학생들 사이의 사고 수준에 차이가 있음을 발견하였다. 즉, 학생들이 기하 학습에서 어려움을 겪는 이유는 그들의 사고 수준보다 높은 수준에서 가르쳐지기 때문이라고 가정하였던 것이다(한태식, 1991).

이를 바탕으로 van Hieles는 기하 학습에서의 사고 수준을 시각적 인식 수준(제1수준)에서부터 도형의 분석적 수준(제2수준), 관계적/추상적 인식 수준(제3수준), 연역적 추론 수준(제4수준), 기하학의 엄밀화 수준(제5수준)의 5단계로 구분하였다. van Hieles는 본래 5단계의 기하 학습 수준을 0~4수준으로 구분하였는데, 이후 기초수준인 0수준에 미치지 못하는 학생들을 고려한 연구자들에 의해 1~5수준으로 표현하게 되었다(류성림, 2000). van Hieles의 5단계 기하 학습 수준은 다음과 같다.

• 제1수준: 시각적 인식 수준

주변에 있는 어떤 사물이 학습의 대상이 되어, 단순히 시각적으로 외형적인 형태만을 인식하는 단계이다. 이 수준의 학생은 도형의 성질을 알지 못하며 주변의 사물을 전체적인 모양으로만 파악한다. 오직 도형 그 자체만을 하나의 학습 수단으로 삼는 것이다. 이 수준의 학생은 '이 모양이 왜 네모일까요?'라는 물음에 '네모처럼 보이니까요.'라고 답한다. 제1수준인 시각적 인식 수준에서 제2수준인 도형의 분석적 수준으로 나아가는 과정에서 시각적 대상으로서의 도형은 그 성질들과 결합하게 된다.

• 제2수준: 도형의 분석적 수준

주변의 어떤 사물에 있는 형태에서 이끌어 낸 도형이 학습의 대상이 되어, 도형의 구성 요소와 성질에 대한 비형식적인 분석을 통해 도형을 파악하는 수준이다. 이 수준의 학생은 어떤 물건의 길이와 높이 등의 대소 개념이 형성되어 어떤 상자에 있는 직사각형을 보고, '마주보는 두 변의 길이는 서로 같다'는 것을 인식하게 된다. 나아가 이 도형은 '네 개의 곧은 선으로 만들어져 있고, 그 선들이 만나면 하나의 뾰족한 점이 생기는데, 그 점이 모두 네 개이다'라고 말할 수 있게 된다. 도형의 구성 요소와 기본 성질에 대한 초보적인 분석을 하게 되어 각 도형의 성질을 말할 수는 있지만, 도형의 성질을 활용하여 도형들 간의 관계를 파악하지는 못한다.

• 제3수준: 관계적/추상적 인식 수준

도형의 성질이 학습의 대상이 되어, 도형의 여러 가지 성질 및 도형들 간의 관계를 파악하는 수준이다. 이 수준의 학생은 도형의 여러 가지 성질을 파악하게 됨에 따라 도형이 가지는 성질의 일부를 활용한 추상적인 정의를 이해한다. 또한, 도형들 간의 성질을 이용하여 '모든 정사각형은 직사각형이다'라는 명제가 '참'인 것을 이해하게 되지만, 이를 논리적으로 증명하지는 못한다.

• 제4수준: 연역적 추론 수준

명제가 학습의 대상이 되어, 명제들 사이의 논리적 관계를 통하여 공리, 정리, 증명의 의미와 역할을 이해하며 기하학의 연역 체계를 파악하는 수준이다. 이 수준의 학생은 기하학적 사고의 전개와 형성의 수단인 연역의 의미를 이해하며, 생소한 정의로부터도 연역적인 사고를 할 수 있다. 예를 들면, '두 쌍의 대변이 서로 평행인 사각형은 평행사변형이다.'라는 정의를 기초로 평행사변형의 성질을 추론할 수 있을 뿐만 아니라, '한 쌍의 대변이 평행이고 그 길이가 같은 사각형은 평행사변형이다'라는 또 다른 정의를 토대로도 평행사변형의 성질을 연역해 낼 수 있다(한태식, 1991).

• 제5수준: 기하학의 엄밀화 수준

명제의 논리적 관계로 이루어진 기하학 체계 그 자체가 학습의 대상이 되어, 유클리드 기하, 비유클리드 기하 등의 여러 가지 기하 체계를 비교할 수 있다. 이 수준은 구체적인 도형이 없이도 이론을 전개해 나갈 수 있을 정도로 사물에 대한 추상화가 발달된 전문적인 수학자 수준이라고 할 수 있다.

이와 같은 van Hieles의 기하 학습 수준은 [그림 11-2]와 같이 표현될 수 있다. 제1수준에서 주변의 사물을 학습 수단으로 하여 도형을 학습 대상으로 익히게 되고, 다음 수준에서는 이전 수준의 학습 대상을 학습 수단으로 삼아 새로운 학습 대상을 익히는 식으로 발전하게 된다. 우리나라의 초등학교에서는 제3수준까지의 기하교육을 실시하고 있는 것으로 조사되었다(계영희, 김진숙, 2003). 또, 중・고등학교 기하교육의 목표는 학생들이 제4수준에 도달하게 하는 것, 즉 증명의 의미를 이해할 수 있도록 하는 것이라고 할 수 있다(한태식, 1991).

기하 학습 수준	〈제1수준〉 시각적 인식 수준	〈제2수준〉 도형의 분석적 수준	〈제3수준〉 관계적/추상적 인식 수준	〈제4수준〉 연역적 추론 수준	〈제5수준〉 기하학의 엄밀화 수준
학습 수단	주변의 사물	도형	도형의 성질	명제	명제의 논리적 관계
학습 대상	도형	도형의 성질	명제	명제의 논리적 관계	추상화

[그림 11-2] van Hieles의 기하 학습 수준

출처: 우정호(2000). 수학 학습-지도 원리와 방법. 서울: 서울대학교출판부, p. 435를 수정함.

이러한 van Hieles의 기하 학습 이론은 도형 영역의 지도에 있어서 다음과 같은 시사점을 제공해 준다.

첫째, 도형 영역의 지도는 위계적 수준에 따라 충분한 경험을 제공해야 한다. 어떤 학생이 n수준의 도형 학습에서 어려움을 겪고 있는데, 그와 같은 수준에서나 아니면 그보다 한 단계 높은 n+1 수준에서의 내용을 학습하게 된다면, 심리적으로 좌절과 불안을 느낄 뿐만 아니라, 그 다음 단계로의 학습 진입이 불가능하다(서성보, 1995). 따라서 분류, 위상과 같은 기하의 기초 개념을 충분히 익힌 후에 시각적 인식 수준으로 넘어가야 하며, 시각적 인식 수준에서는 여러 가지 구체물을 통해 외형적인 형태를 인지할 수 있는 다양한 기회를 제공해야 하며, 도형의 분석적 수준에서는 조작적 검증을 통해 도형과 그 성질과의 상호관계를 연결지어 인식할 수 있는 다양한 활동을 시도해야 한다(교육과학기술부, 2009a).

둘째, 도형 영역의 지도를 위해서는 학습자의 준비도(readiness)를 파악해야 한다. van Hieles에 의하면, 이전 수준에서는 학습의 수단이었던 것이 다음 수준에서는 학습의 대상이 되며, 이전 수준에서 불분명했던 개념이 다음 수준에서는 분명하게 이해된다. 이전 수준의 학습 내용이 다음 수준의 학습을 위한 출발점 행동으로 작용하는 것이다. 따라서 van Hieles 이론을 활용하여 학습자의 기하학적 발달

수준을 진단함으로써 학습자의 준비도 혹은 출발점 행동을 살펴보는 일이 필요하다(계영희, 김진숙, 2003).

셋째, 도형 영역의 학습에 영향을 끼치는 환경적 요인을 고려해야 한다. van Hieles에 의하면, 기하 학습 수준의 발달은 교재나 교사의 지도에 의해 촉진될 수도 지연될 수도 있으며, 서로 다른 수준의 사람은 서로를 이해할 수 없다고 한다(한태식, 1991). 이는 교사와 학생 사이에 흔히 발생하는 일로, 학생들의 도형 학습을 어렵게 하는 주된 요인이 될 수 있다. 따라서 학생 수준에 알맞은 교재나 교사의 지도가 이루어져 학습자의 기하 학습 수준의 발달을 촉진시켜야 한다.

3. 놀이를 통한 도형 학습

어린 시절 골목 길에서 사방치기 놀이를 하면서 오른쪽/왼쪽/가운데, 위/아래, 가깝다/멀다 등의 기초적인 위상 개념을 자연스럽게 익혔던 기억이 있다. 좀 더 성장하면서 어른들에게서 배웠던 바둑이나 장기 게임은 좌표 기하를 떠오르게 한다. 이처럼 자라면서 친근하게 접하는 놀이나 게임은 도형 영역의 내용을 자연스럽게 익히는 주요한 교수·학습 방법이 될 수 있다. Dienes는 수학 학습과 지도를 위한 초기 단계에서 자유놀이와 게임을 제안하였는데, 이는 자유로운 놀이와 다양한 게임이 학생의 수학 학습에 대한 흥미를 유발시키며 학습 활동에의 적극적인 참여를 가능하게 하는 중요한 방법임을 강조한 것이다(교육과학기술부, 2009b). 여기에서는 도형 영역의 내용을 학습하는데 이용할 수 있는 몇 가지 놀이를 소개하고자 한다.

- 도형 찾기 놀이

속의 내용물이 보이지 않는 비밀주머니에 공모양이나 상자모양과 같은 여러 가지 입체 형태의 구체물을 넣어놓고, 교사의 지시에 따라 손으로 도형을 만져서 찾는 놀이다. 두꺼운 도화지에 동그라미, 네모, 세모 모양을 여러 크기로 그려서 오려낸 다음, 비밀주머니에 넣으면 동일한 방식으로 평면도형 찾기 놀이를 할 수 있다. 또한, 자료를 두 배로 준비하고 학생들을 두 편으로 나누어서 먼저 도형을 찾는 편이 점수를 얻는 게임으로도 진행할 수 있다. 학생들이 눈으로 보지 않고 손으로 만지면서 도형을 찾게 되면, 다감각을 활용함으로써 도형의 특성을 좀 더 명료하게 인식하게 될 것이다.

• 모양 찍기 놀이

일상생활에서 접하는 여러 가지 물건들 중에서 단면이 동그라미, 네모, 세모 모양으로 생긴 물건을 스탬프나 물감을 이용하여 큰 종이 위에 모양을 찍어보는 놀이다. 크기가 다른 물건을 이용하여 찍은 모양을 비교해 보면서 크기는 다르지만, 모양은 같다는 것을 알 수 있으며, 색깔을 다르게 찍은 모양을 비교해 보면서 색깔은 다르지만, 모양은 같다는 것을 알 수 있다. 입체 형태의 구체물에서 평면도형의 모양을 추출해내는 학습에서의 놀이로 활용될 수 있다.

• 칠교놀이

칠교놀이(탱그램)는 퍼즐놀이의 하나로, 큰 정사각형을 직각이등변삼각형, 정사각형, 평행사변형의 7개 조각으로 잘라서 그 조각들을 모두 사용하여 여러 가지 모양을 만드는 놀이다. 칠교놀이를 위한 7개의 조각은 두꺼운 종이상자를 이용해 만들 수 있다. 학생 수준에 따라 7개의 조각을 모두 같은 색상으로 만들 수도 있으며, 각각 다른 색상으로 만들어 단서로 활용하게 할 수 있다. [그림 11-3]에서와 같이 삼각형 모양이나 집 모양 또는 사람 모양 등을 만들어보게 하는데, 각 조각의 모양이 드러나게 과제를 제시할 수도 있고, 난이도를 높이기 위해서는 외곽선만을 제시할 수도 있다.

[그림 11-3] 칠교놀이

• 삼각형, 사각형 그리기 놀이

여기저기에 점을 찍어놓은 학습지를 준비한 후, 자를 이용하여 두 개의 점을 연결하는 선을 그으면서 삼각형이나 사각형을 그리는 놀이다. 두 명의 학생이 번갈아가며 점과 점을 연결하여 선을 그리다가 삼각형이나 사각형이 만들어지면 자기 이름을 표시하고, 모든 점을 연결하면 자기 이름을 표시한 도형이 많은 학생이 이기는 게임으로 진행할 수 있다. 자를 이용하여 평면도형을 그려보는 학습 과제에서 활용할 수 있는 놀이다. 이 놀이를 통해 학생들은 다양한 형태의 삼각형(또는 사각형)이 그려질 수 있음을 알 수 있다.

놀이를 통한 도형 학습에서 교사는 사방치기 놀이, 칠교놀이, 땅따먹기 놀이와 같은 전통적인 놀이를 활용할 수도 있고, 위의 도형 찾기 놀이, 모양 찍기 놀이와 같이 학습 과제에 알맞은 놀이 방법을 구안하여 활용할 수도 있다. 또한, 놀이를 통한 도형 학습은 체육이나 미술과 같은 다른 교과와 연계하여 교과 통합의 수업으로 운영할 수 있다. 예를 들어, 사방치기 놀이는 체육 수업과 통합하여 운영할 수 있으며, 모양 찍기 놀이는 미술 수업과 통합하여 운영할 수 있다.

4. 조작 활동을 통한 도형 학습

어린 아이들이 장난감 블록을 가지고 놀면서 기차 모양이나 집 모양을 만드는 것은 도형 학습을 위한 기초를 다지는 일이 될 수 있다. 왜냐하면 학생들은 직접 만져볼 수 있는 다양한 구체물을 활용하여 구체적이고 조작적인 활동을 충분히 경험해야만 형식적이고 추상적인 수학적 사고에 도달할 수 있기 때문이다. 따라서 교사는 어떤 구체물을 준비하여 조작 활동이 이루어지도록 할 것인지, 어떻게 하면 구체적 조작 활동을 통해 도형 개념을 형성시킬 수 있을지를 고민해야 한다.

장난감 블록과 같은 인위적인 구체물 이외에도 우리가 일상생활에서 접하는 수많은 물건들이 도형을 조작적으로 학습하기 위한 도구가 될 수 있다. 어떤 물건이든지 동그라미, 네모, 세모와 같은 모양이나 공, 상자와 같은 형태를 지니고 있기 때문이다. 여기에서는 몇몇 도형 학습에 관한 연구들에서 언급된 조작 도구와 활동들을 소개하고자 한다.

- 종이접기를 통한 조작 활동

종이접기 활동은 구체적 형상을 평면적으로는 물론 입체적으로 표현하는 흥미로운 과정으로, 특별한 부가적 도구를 필요로 하지 않고 자신의 손만으로 의도하는 조작 활동을 해낼 수 있다는 조작의 편리성과 종이는 학생들이 쉽게 구하여 부담없이 소모시킬 수 있는 안전한 재료라는 점에서 장점을 가진다(백석윤, 1996). 또한, 종이접기를 하면서 네모, 세모, 위, 아래, 반 등의 도형 학습과 관련된 용어를 자연스럽게 접하게 되며, 네모를 반으로 접어 세모가 될 수도 있고 또 다른 네모가 될 수도 있다는 것을 확인하면서 도형간의 관계를 탐색할 수도 있다. 김혜숙과 홍혜경(1999)은 유아의 종이접기 활동이 기하 도형의 이해에 미치는 영향에 관한 연구를 통해서 종이접기 활동을 통해 앞 · 뒤, 위 · 아래, 안 · 밖과 같은 위상 기하의 기초적인 개념을 익히고, 네모, 세모와 같은 기초적인 유클리드 기하를 익힐 수 있음을 밝히고 있다. 또한, 똑같이 반으로 접어보거나 이미 접어놓은 모양과 똑같이 접어보는 활동 등을 통해서 도형의 합동이나 대칭을 자연스럽게 익힐 수도 있다.

종이접기 활동은 여러 권의 책으로 소개되거나 예술 분야의 한 부분을 차지할 만큼 다양하다. 여기에서는 정사각형의 색종이를 이용해서 다양한 모양을 만들어 보는 활동을 예시로 들어보고자 한다. [그림 11-4]와 같이 여러 장의 색종이를 접었다 펴서 점선과 같은 자국을 남겨 놓는다. 접힌 선을 따라서만 접으면서 〈보기〉와 같은 다양한 모양을 만들어 도화지에 붙인다. 학생들은 〈보기〉에 제시된 모양 이외에도 다양한 모양을 만들어낼 수 있다. 도화지에 붙인 다양한 모양을 비교해 보면서 어떤 모양이 비슷하고 어떤 모양이 다른지를 확인해 본다.

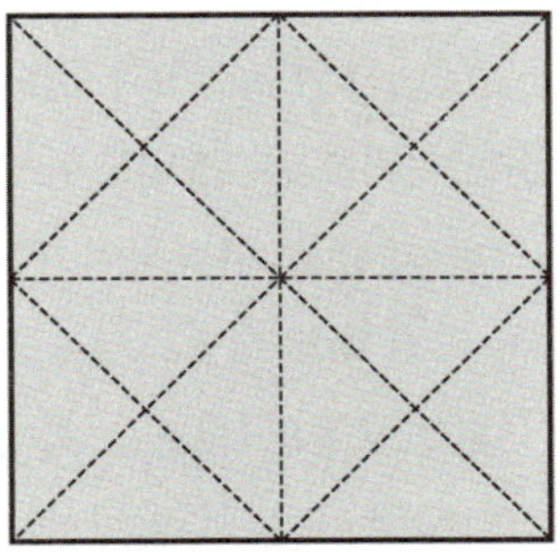

〈보기〉

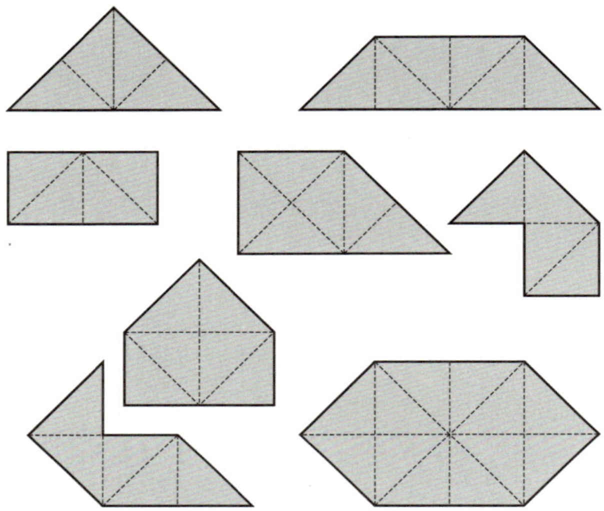

[그림 11-4] 색종이로 여러 가지 모양 만들기 활동

• 기하판(geoboard)을 이용한 조작 활동

기하판은 점판이라고도 하는데, [그림 11-5]와 같이 격자 모양으로 못을 박은 나무판으로 못에 고무줄을 걸어 여러 가지 평면도형을 만들 수 있는 구체적 조작물이다. 기하판은 학생들이 기하 개념을 시각적이고 조작적으로 표현할 수 있는 도구로, 오래 전부터 여러 가지 기하학적 개념을 지도하는 데 활용되어 온 교구다. 기하판을 활용하면, 기본적인 평면도형의 개념을 학습하는 데 유용할 뿐만 아니라, 도형의 합동과 대칭, 도형의 특성, 도형의 넓이 등 다양한 학습 과제에서 유용하게 활용될 수 있다.

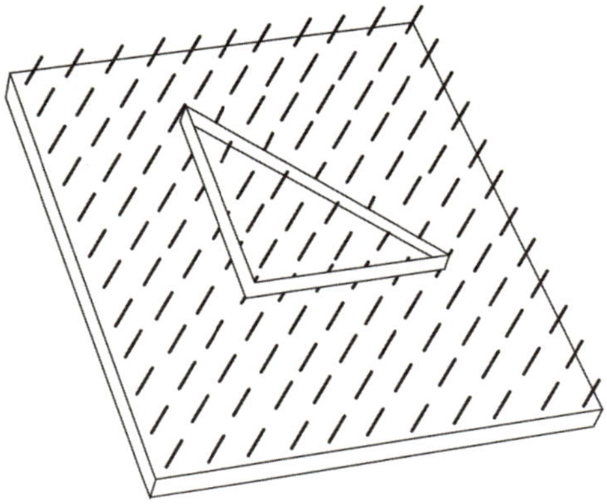

[그림 11-5] 기하판

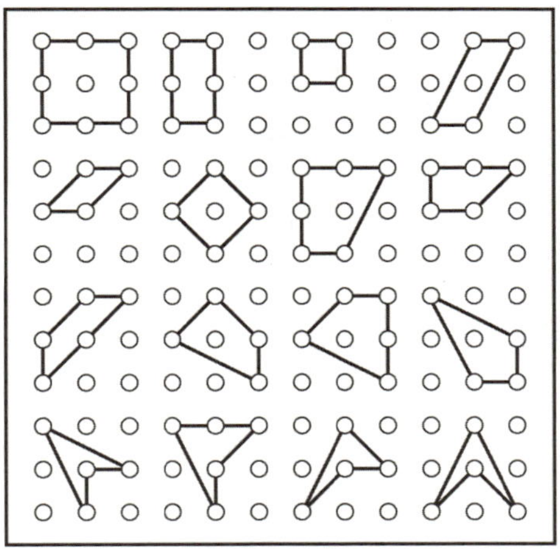

[그림 11-6] 사각형의 구성

출처: 김남희(2001). 기하판을 활용한 학교수학의 지도. 대한수학교육학회〈학교수학〉, 3(1), p. 164.

예를 들어, [그림 11-6]과 같이 학생들로 하여금 합동이 되지 않는 다양한 사각형을 찾아 기하판 위에 구성하게 한다. 그러면 학생들은 다양한 사각형의 기본적인 특성을 탐구하고, 시각화를 통해 어떠한 특성을 갖는 것들을 마름모, 평행사변형, 정사각형, 직사각형, 사다리꼴이라고 부르게 되는지를 탐구할 수 있게 된다(김남희, 2001). 결과적으로 학생들은 [그림 11-7]과 같은 사각형의 관계를 파악할 수 있게 된다. 기하판이 없는 경우에는 기하판과 유사한 모눈종이를 활용하여 도형 학습을 할 수 있다.

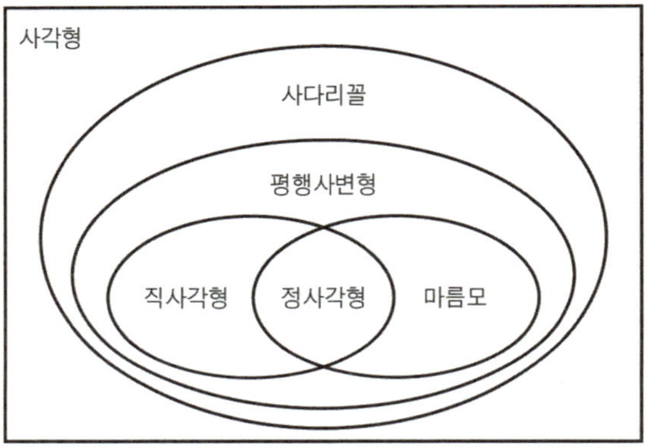

[그림 11-7] 사각형의 관계

5. 쌓기나무를 활용한 공간 감각 학습

쌓기나무를 활용한 조작활동은 상-하, 앞-뒤, 좌-우 등과 같은 공간 속에서의 위치와 관계를 다루는 위상 기하의 내용을 포함하고 있기 때문에, 학생들이 공간 감각을 체계적으로 익히는데 활용될 수 있다. 기본 교육과정 수학 교사용 지도서(교육부, 2018)에서는 다음과 같이 쌓기나무를 활용한 공간 감각 학습을 안내하고 있다.

> 공간 감각을 익히는 기초 단계에서는 쌓기나무를 활용해 주어진 모양을 그대로 쌓아 보거나, 만들어진 모양을 보고, 그 모양을 만드는 경험적 활동을 주로 하며 나아가 쌓기나무의 개수를 알고 입체도형을 만드는 데 필요한 쌓기나무의 개수를 알아보는 활동을 할 수 있다. 이 단계를 넘어 입체도형을 보고 분석적으로 파악하고 분석할 수 있는 역량을 기르기 위해서는 쌓기나무로 만든 입체도형을 구성하고 있는 개개의 쌓기나무의 위치와 방향을 이해하고, 앞, 평, 위에서 본 모양을 상징적으로 표현하며, 본 모양을 기억하고 연상해 입체도형을 만들어 보는 활동을 할 수 있어야 한다. 이것은 단순한 기억이 아니라 쌓기나무 개개의 위치와 방향을 이해하는 것으로 위상 기하의 이해와 관련이 된다.
>
> 더불어 입체도형을 구성하고 있는 개개의 쌓기나무의 위치와 방향을 파악할 수 있는 역량을 기를 수 있다면, 이를 생활 속에 적용해 공간에서 사물과 사물의 관계를 파악하고 공간을 구성해, 필요에 따라 혹은 상황에 따라 주도적으로 공간을 활용할 수 있는 능력을 기를 수 있을 것이다. 쌓기나무는 공간 감각을 향상시키기 위한 구체물일 뿐만 아니라 2차원의 평면적 활동을 3차원으로 변환하고, 혹은 그 반대로 3차원의 활동을 2차원으로 변환해서 평면과 입체에 대한 감각을 익힐 수 있는 좋은 교구이다.

출처: 교육부(2018). 중학교 수학(가) 교사용 지도서. 서울: ㈜미래엔, p. 389.

정육면체로 만들어진 쌓기나무는 낱개로 활용할 수 있고, 2개 이상의 쌓기나무를 붙인 큐브를 활용할 수도 있다. 쌓기나무의 수나 쌓는 모양에 따라 여러 가지 큐브가 있는데, 심상길(2005)은 큐브를 활용한 조작 활동에 관한 연구에서 [그림 11-8]과 같은 몇 가지 큐브를 소개하고 있다. 꼬마큐브는 쌓기나무 2-3개를 붙여서 만든 6조각을 사용한다. 다이어볼릭큐브는 쌓기나무 2-7개를 붙여서 만든 6조각을 사용하며, 각 조각들의 이름은 쌓기나무의 개수를 이용하여 부른다. 입체펜토미노는 쌓기나무 5개를 붙여서 만든 12조각을 사용하며, 각 조각들의 이름은 모양에 맞추어 알파벳 대문자를 이용하여 부른다.

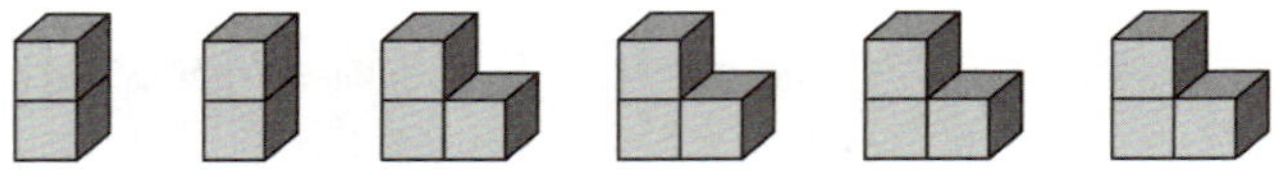

〈꼬마 큐브〉

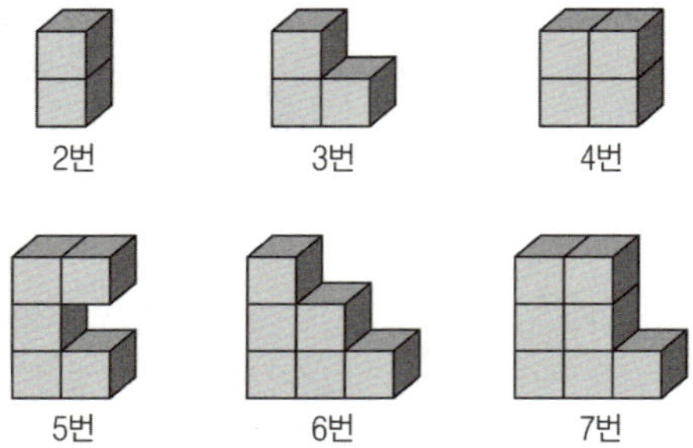

〈다이어볼릭큐브〉

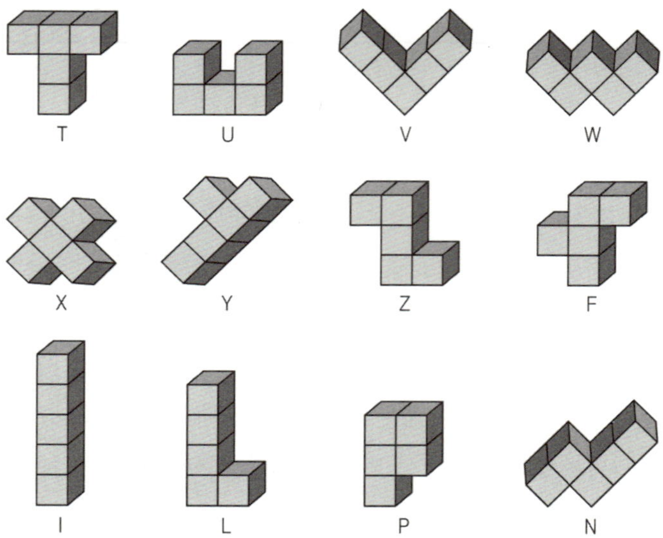

〈입체 펜토미노〉

[그림 11-8] 여러 가지 큐브의 구성

출처: 심상길(2005). 초등학교 기하에서 큐브를 활용한 조작 활동에 관한 연구. 한국수학교육학회지 시리즈 A 〈수학 교육〉, 44(1), pp. 146-147.

학생들은 쌓기나무나 큐브를 활용하여 여러 가지 입체도형을 만들어 봄으로써 공간 개념을 습득할 수 있다. 예를 들어, 소마큐브는 [그림 11-9]와 같이 3-4개의 쌓기나무로 구성된 7개의 조각을 가지고 3×3×3의 정육면체를 비롯한 다양한 입체도형을 만들 수 있다. 일부의 조각이나 모든 조각을 이용하여 여러 가지 형태의 입체도형을 만들어보는 활동이나 입체도형의 단면을 그려보거나 겨냥도나 설계도를 그려보는 활동 등을 통해 공간 감각을 기를 수 있다.

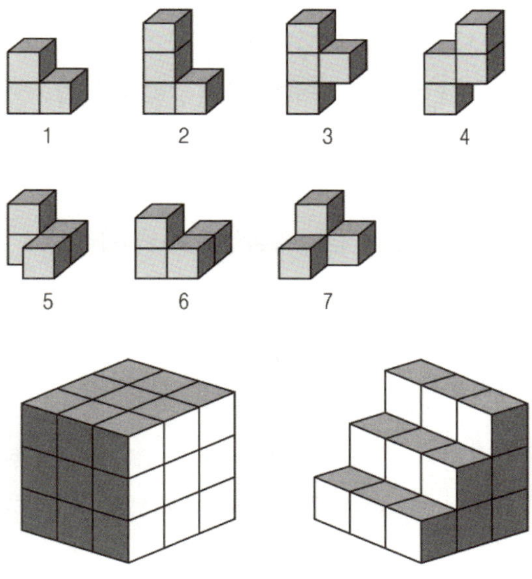

[그림 11-9] 소마큐브의 구성과 여러 가지 입체도형

6. 컴퓨터를 활용한 도형 학습

컴퓨터는 학생들에게 흥미로운 도구가 될 뿐만 아니라, 조작을 가능하게 하고 시각적 모델을 제공함으로써 수학적 사고를 도울 수 있는 유익한 도구가 될 수 있다. 특수교육에서의 컴퓨터는 정보 인출을 위한 도구, 의사소통을 위한 도구,

지식을 표현하는 도구, 기능을 연습시키는 도구로 다양하게 활용될 수 있다(Sarah, 2003). 특히 도형 학습에 있어서는 실물을 가지고 조작하는 것처럼 물리적 조작을 통해 기하의 형태를 인식하고, 이동 기하를 직관적으로 경험할 수 있으며, 도형을 표상하도록 도울 수 있다는 점에서 유익한 도구가 될 수 있다(임수진, 이정욱, 2008).

이처럼 도형 학습에서 컴퓨터를 활용하는 것은 그 활용 방법에 따라 교사와 학생 사이에서 일어나는 교수·학습 과정을 보다 효과적으로 만들 수 있다. 이러한 효과를 얻기 위해서는 컴퓨터 활용 중심의 수업이 아닌 수업 중심의 컴퓨터 활용이 이루어져야 한다. 교사는 컴퓨터를 통해 제공하는 콘텐츠나 프로그램이 수업 목표에 적합한 것인지를 확인하고, 특수교육대상학생이 접근하는 데 어려움은 없는지를 확인하는 등의 충분한 사전 준비를 해야 한다.

여기에서는 도형 학습에서의 컴퓨터 활용을 교육용 소프트웨어의 활용, 온라인 게임 콘텐츠의 활용, 탐구형 소프트웨어인 LOGO의 활용으로 구분하여 소개하고자 한다.

- 교육용 소프트웨어의 활용

컴퓨터를 교육에 활용하기 위해 국내에서 많은 교육용 소프트웨어 및 앱이 개발되어 왔다. 이들 중에서 도형 학습과 관련된 상용화된 소프트웨어 및 앱은 '토도수학'(에누마 제작)'과 '알지오매스'(한국과학창의재단 제작)'가 있다. 이 두 소프트웨어 모두 수학 전반의 내용을 다루면서 도형 영역의 내용을 포함하고 있다.

예를 들어, '알지오매스'라는 교육용 소프트웨어는 한국과학창의재단에서 제작한 무료 프로그램으로 [그림 11-10]과 같이 도형 그리기, 쌓기나무 만들기 등 다양한 도형 학습 프로그램을 제공한다. 이 프로그램은 학생들이 소프트웨어를 활용하여 조작하고 시각화하는 과정을 통해 복합한 수학 개념을 이해하는데 도움을 주며 공학적 도구를 활용하여 학습 과정을 효율적으로 지원한다. 교사는 사전에 각 프로그램의 내용과 사용 방법을 확인하고, 도형 영역의 교육과정과 학생 수준에 알맞게 적용시킬 수 있어야 한다.

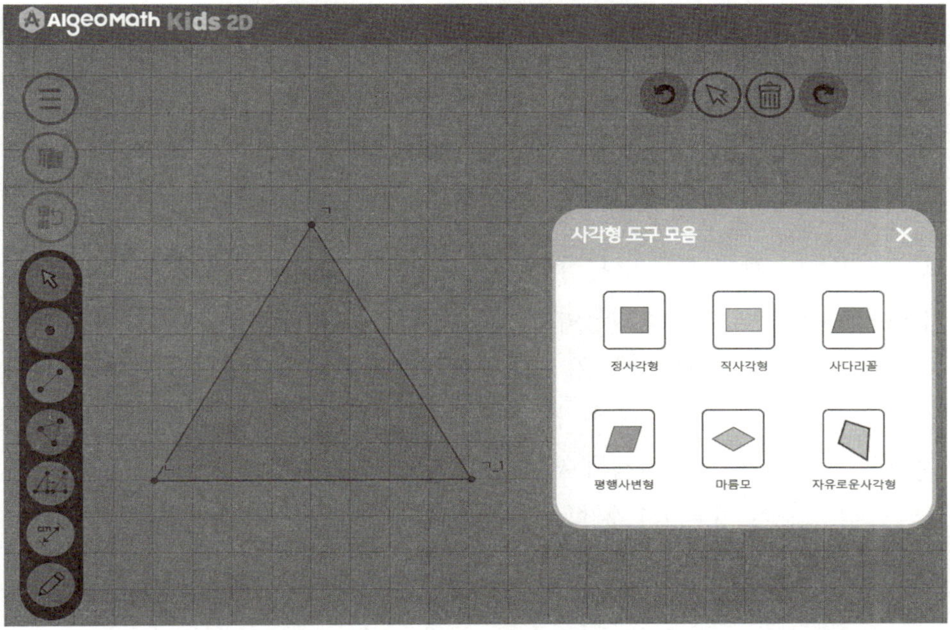

[그림 11-10] '알지오매스' 도형 학습 프로그램

출처: https://www.algeomath.kr/kids/tool/introduce.do

• 온라인 게임 콘텐츠의 활용

공학 기술의 발달은 교육(education)에 오락(entertainment)의 요소를 접목시킨 에듀테인먼트(edutainment)의 개념을 만들어냈다. 온라인 상에서 제공되는 각종 교육용 콘텐츠가 게임식으로 제공되는 것은 에듀테인먼트의 대표적 사례라 할 수 있다. 도형 학습에 있어서도 에듀테인먼트의 개념을 적용한 각종 온라인 게임 콘텐츠를 찾아볼 수 있다.

특수학급 교사들이 수업에서 많이 활용하는 인터넷 사이트에는 에듀넷 티-클리어, 세티넷, 인디스쿨, 똑똑수학탐험대, 주니어 네이버, 깨비키즈 등이 있다. 에듀넷 티-클리어, 세티넷, 인디스쿨 등은 주로 교사 중심의 콘텐츠를 제공하고 있으며,

똑똑수학탐험대, 주니어 네이버, 깨비키즈 등은 주로 학생 중심의 콘텐츠에 초점을 맞추고 있다. 여기에서는 똑똑수학탐험대에서 제공하는 온라인 게임 콘텐츠를 소개하고자 한다. 똑똑수학탐험대는 교육부와 한국교육학술정보원이 함께 개발한 인공지능 활용 초등 수학 수업 지원시스템으로 게임과 놀이를 접목한 다양한 활동을 제공한다. 예를 들어 [그림 11-11]은 다양한 입체도형을 활용하여 여러 가지 모양을 만들어 보는 활동이다. 학생들은 마우스를 조작하여 주어진 입체도형을 이동시키며 다양한 모양을 만들어보는 과정을 통해 입체도형에 대한 흥미와 이해를 높일 수 있다. 이러한 활동은 교실이나 생활 주변에서 관찰된 직육면체, 원기둥, 구의 모양을 이용하여 여러 가지 모양을 만드는 수업에 활용될 수 있다. 특히, 수업의 도입 단계에서는 학생의 흥미를 높이는 역할을 할 수 있으며, 충분한 구체물의 조작 활동이 이루어진 후 학습 내용을 정리하고 마무리하는 단계에서도 유익하게 활용될 수 있다.

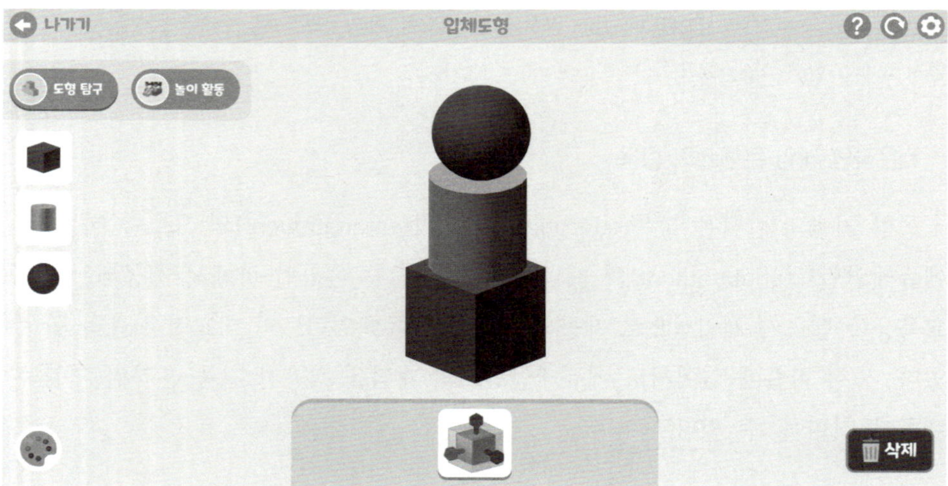

[그림 11-11] 여러 가지 입체도형으로 모양 만들기 게임

출처: https://www.toctocmath.kr/toctoc

• LOGO의 활용

LOGO의 거북기하는 주어진 명령어에 따라 거북이 움직이면서 도형을 만들어 내는 프로그램이다. 거북이 앞으로 가기(FD), 뒤로 가기(BK), 오른쪽으로 돌기(RT), 왼쪽으로 돌기(LT), 반복하기(REPEAT) 등의 명령어에 따라 여러 가지 도형을 만들어낸다. 예를 들어, "FD 50"을 명령하면, 거북이는 앞으로 50걸음을 나아간다. [그림 11-12]와 같이 명령어를 작성하면, 거북이는 명령어를 차례대로 수행하면서 오른쪽 그림과 같이 정사각형을 만들어낸다.

〈명령어〉
FD 50 LT 90
FD 50 LT 90
FD 50 LT 90
FD 50 LT 90
또는
REPERT 4[FD 50 LT 90]

[그림 11-12] 거북기하

출처: http://javamath.snu.ac.kr/LOGO-program.html

학생들은 거북기하를 이용하여 도형을 만들어 내기 위해 명령어를 익히게 되며, 이러한 명령어를 익히는 가운데 자연스럽게 도형의 구성요소를 파악할 수 있다. 자를 이용하여 종이 위에 작도하는 것과는 달리, 거북이의 움직임을 통제하면서 흥미와 호기심을 가지고 학습에 능동적으로 참여할 수 있다. LOGO 이외에도 동적인 기하 탐구형 프로그램으로 GSP(Geometer's SketchPad)가 중등교육 현장에서 많이 소개되는데, 이 프로그램은 사용자로 하여금 컴퓨터 스크린 상의 도형을 직접 조작하며 도형의 성질이나 관계들을 탐구하도록 해 준다(류희찬 외, 2000).

7. 역동적 평가를 통한 도형 학습

Vygotsky는 아동 혼자서 과제를 해결함으로써 결정되는 실제 발달 수준과 교사(또는 부모, 또래, 교구)의 도움을 받아 과제를 해결함으로써 결정되는 잠재적 발달 수준 사이에 존재하는 근접발달영역(zone of proximal development)을 설정하였다(Vygotsky, 1978). 교사는 도형 영역의 교수 과정에서 학생의 근접발달영역을 민감하게 찾아내고, 그 영역 내에서 지도해야 한다. 이러한 근접발달영역을 알아내고자 하는 평가 방법이 역동적 평가(dynamic assessment)이다. 역동적 평가는 교수와 평가가 결합된 방식이며(남미경 외, 2007), 학생이 가지고 있는 앞으로의 가능성에 초점을 맞춘 교육을 실시할 수 있다는 장점을 지니고 있다(황해익 외, 2006).

역동적 평가는 기존의 평가 방법인 정적 평가와는 다른 특성을 지니고 있다. 〈표 11-1〉에서 보는 바와 같이, 학습의 결과를 강조하고 학습자가 이전에 획득한 기능이 무엇인가를 확인하는 역할을 하는 정적 평가와 달리, 역동적 평가는 학습의 과정을 강조하고 학습자가 가까운 미래에 획득할 수 있는 기능을 숙달시키는 교수 과정이 결합된 방식이다. 또한 정적 평가에서는 평가자가 중립적 입장에서 학습자의 학업 수행에 대한 피드백을 제공하지 않는 반면에, 역동적 평가에서는 평가자인 교사가 피검자인 학습자에게 명시적으로 적절한 피드백을 제공함으로써 쌍방향적 상호작용 관계를 맺게 된다. 이러한 역동적 평가는 일반학생뿐만 아니라 학습에 어려움을 지닌 특수교육대상학생들에게 개별화 교수·학습의 방법으로 활용될 수 있다.

교수·학습 방법으로써의 역동적 평가는 여러 교과의 다양한 학습 과제에 적용될 수 있는데, 여기에서는 도형 영역의 학습에 적용된 사례를 중심으로 구체적인 적용 방법을 살펴보고자 한다. 남미경 등(2007)은 유아를 대상으로 기하 학습 잠재력을 평가하고 지도하기 위해 역동적 평가를 적용하였는데, 평가 과정으로서

〈표 11-1〉 정적 평가와 역동적 평가의 차이점

구분	정적 평가	역동적 평가
평가의 강조점	발달의 결과 및 산출물 강조	발달의 과정 및 심리과정 강조
평가 기능	이전에 획득한 기능 확인	기능의 숙달, 적용, 재적용
피드백의 성격	수행의 질에 대한 피드백 없음	명시적, 묵시적 피드백 제시
평가자와 피검자의 관계	평가자는 중립적 입장	쌍방향적 상호작용 관계
평가의 주 대상	일반 학생	일반 학생 및 불리한 조건의 학생

출처: 한순미(2008). 개별화 교수 · 학습에서의 평가 방안: 역동적 평가를 중심으로. 교육방법연구, 20(1), p. 53.

뿐만 아니라 교수 과정으로써의 효과가 있는 것으로 밝히고 있다. 4-6개의 삼각형 조각으로 구성할 수 있는 모양을 만드는 학습 과제에서 유아가 혼자서 해결하기 어려워하면 세분화된 도움이나 힌트를 점진적으로 제공하는 방법(① 반복 및 단순 부적 반응, ② 문제해결의 단서 제시, ③ 문제해결의 구체적 방법 제시, ④ 부분적 시범 제공, ⑤ 전체적인 시범 제공)을 사용하였다. 학습자에게 제공되는 도움이나 힌트는 답을 맞출 수 있을 때까지 일반적이고 추상적인 것(예를 들어 '그 모양이 맞을까?, 다시 생각해 보겠니?'와 같은 단순 부적 피드백)에서부터 구체적이고 직접적인 것(예를 들어 '이 쪽을 돌려서 끝을 맞추면 네모 모양이 되는구나'와 같은 직접 교수)으로 차례대로 제공되었다. 이러한 과정에서 교사는 학생이 수행하는 전략과 오류를 분석하고, 학습자의 과제 해결에 필요한 도움의 양을 결정할 수 있게 된다. 평가-교수-평가의 구조가 지속적으로 이루어지는 가운데, 학습자는 점차적으로 도움이나 힌트를 필요로 하지 않게 되며 결국에는 혼자서 과제를 완성할 수 있게 된다.

이처럼 역동적 평가는 과정 중심의 평가, 학습자의 잠재력을 알아내는 평가, 교수와 평가의 과정이 분리되지 않은 평가, 학습자에게 필요한 도움을 적절하게 제공하는 평가라는 측면에서 기존의 정적 평가와 달리 특수교육대상학생의 교수 · 학습 방법으로 활용될 수 있는 가능성이 크다.

요약

도형 영역에서는 공간을 대상으로 하는 기하학의 내용을 다루고 있다. 수학자들은 우리가 생활하는 공간을 이해하기 위해 여러 가지 기하학적 체계를 발전시켜 왔는데, 학령기에 접하게 되는 기하 체계는 크게 위상 기하, 유클리드 기하, 좌표 기하, 변환 기하의 네 가지로 구분할 수 있다. 평면 및 입체도형을 중심으로 하는 유클리드 기하는 학교 수학의 도형 영역에서 핵심적인 내용으로 다루어지며, 위상 기하의 기초적인 개념은 유클리드 기하를 배우기 전에 다루어지고, 변환 기하는 유클리드 기하와 함께 초등학교 교육과정에서 다루어지고 있음을 살펴보았다.

도형 영역의 교수·학습 방법으로는 van Hieles의 기하 학습 수준, 놀이를 통한 도형 학습, 조작 활동을 통한 도형 학습, 쌓기나무를 활용한 공간 감각 학습, 컴퓨터를 활용한 도형 학습, 역동적 평가를 통한 도형 학습을 알아보았다. van Hieles의 기하 학습에 관한 이론에서는 학생들이 기하를 어떻게 학습하게 되는가를 살펴보고, 도형 영역을 어떻게 지도해야 하는지에 대한 몇 가지 시사점을 살펴보았다. 놀이, 조작 활동, 쌓기나무, 컴퓨터를 활용한 도형 학습에서는 구체적인 사례를 통해 다양한 교수·학습 방법으로 도형 영역의 지도가 가능하다는 것을 살펴보았다. 역동적 평가를 통한 도형 학습에서는 역동적 평가 방안이 평가로서 뿐만 아니라 교수·학습 방법으로써 활용될 수 있음을 알아보았다. 도형 영역에서 활용할 수 있는 여러 가지 교수·학습 방법을 소개하였으나, 이를 실제 교육 현장에서 학생들에게 적용시키고 발전시키는 일은 여전히 교사 또는 예비교사인 독자의 몫으로 남는다.

연구과제

- 기하학 체계가 학교 교육과정에서 다루는 도형 영역의 교수 · 학습 내용과 어떻게 연계되는지 토의해 봅시다.
- 도형 영역의 학습 내용을 한 가지 떠올려 보고, 그 학습 내용의 전 · 후에는 어떤 학습 내용이 있는지 확인해 보고, 왜 그러한 계열로 구성되어야 하는지를 토의해 봅시다.
- 도형 영역의 교육과정에서 한 차시의 학습 과제를 선정한 후, 그 학습 과제를 성취하기 위한 여러 가지 교수 · 학습 활동을 구안해 봅시다.
- 컴퓨터를 활용한 도형 학습의 바람직한 사례와 그렇지 않은 사례를 찾아보고, 그 이유에 대하여 토의해 봅시다.
- 도형 영역에서의 구체적인 학습 과제를 가지고, 역동적 평가를 활용한 교수 · 학습 방안을 적용해 봅시다.

참고문헌

교육과학기술부(2009a). 특수학교 교육과정 해설(Ⅱ): 기본 교육과정. 경기도: 창원문화.

교육과학기술부(2009b). 기본 교육과정 수학 교사용 지도서. 서울: 대한교과서주식회사.

교육부(2018). 중학교 수학(가) 교사용 지도서. 서울: ㈜미래엔.

김남희(2001). 기하판을 활용한 학교수학의 지도. 대한수학교육학회〈학교수학〉, 3(1), 155-184.

김혜숙 · 홍혜경(1999). 유아의 종이접기 활동이 기하 도형의 이해에 미치는 영향. 아동학회지, 20(3), 325-337.

계영희 · 김진숙(2003). 우리 아이 수학 가르치기. 서울: 경문사.

남미경 · 최혜진 · 손원경(2007). 만 4, 5세 유아의 기학학습잠재력과 역동적 평가의 교수효과. 열린유아교육연구, 12(2), 119-139.

류성림(2000). SOLO 분류법과 van Hiele의 기하학습 수준 이론의 관련성에 대한 고찰. 한국수학교육학회지 시리즈 A 〈수학 교육〉, 39(2), 151-166.

류희찬 · 유공주 · 조민식(2000). 탐구형 소프트웨어를 활용한 기하학습내용의 구성방안 탐색. 대한수학교육학회지 수학교육학연구, 10(1), 139-159.

백석윤(1996). 종이접기를 통한 초등 기하 학습 지도 방법의 탐색. 대한수학교육학회 논문집, 6(1), 25-32.

서성보(1995). van Hieles의 이론에 의한 국민학교 기하도형 학습의 분석연구. 한국수학교육학회지 시리즈 A, 34(2), 141-202.

심상길(2005). 초등학교 기하에서 큐브를 활용한 조작 활동에 관한 연구. 한국수학교육학회지 시리즈 A 〈수학교육〉, 44(1), 143-152.

우정호(1998). 학교수학의 교육적 기초. 서울: 서울대학교출판부.

우정호(2000). 수학 학습-지도 원리와 방법. 서울: 서울대학교출판부.

육주혜 · 남윤석 · 정동일(2004). 특수학급 학생 교육을 위한 공학 실태와 지원 방안. 특수교육저널: 이론과 실천, 5(3), 353-376.

이정욱(2004). Vygotsky의 근접발달지대에 기초한 유아 기하도형 지도를 위한 이론적 고찰. 열린유아교육연구, 9(3), 371-391.

임수진 · 이정욱(2008). 유아대상 교육용 게임 콘텐츠에 대한 연구: 공간과 기하 영역을 중심으로. 유아교육학논집, 12(3), 129-152.

한순미(2008). 개별화 교수 · 학습에서의 평가 방안: 역동적 평가를 중심으로. 교육방법연구, 20(1), 49-73.

한태식(1991). 기학교육과 Van Hiele 이론. 한국수학교육학회지 〈수학교육〉, 30(3), 47-69.

황해익 · 최혜진 · 고은미(2006). 유아수학 학습잠재력의 역동적 측정과정에서 나타난 발달적 경향 및 교수효과성 분석. 유아교육연구, 26(3), 59-82.

Freudental, H. (1973). *Mathematics as an educational task.* Dordrecht: Kluwer Academic Publishers.

Sarah, I. B. (2003). *Technology for exceptional learners.* Boston, MA: Houghton Mifflin Company.

Vygotsky, L. S. (1978). *Mind in society: The development of higher psychological processes.* Harvard University, Cambridge, MA.

제 12 장 측정 영역의 교수 · 학습 방법

이 대 식

측정 영역은 수학 교과의 여러 내용 중 일반학생뿐만 아니라 장애학생의 일상생활과의 관련성이 특히 높은 영역 중 하나이다. 예컨대, 길이나 무게를 재고 표현하며 양이나 넓이를 어림하는 일은 우리가 일상생활 중 흔히 하는 것들이다. 교과 내용으로서의 측정 영역에서 학생들은 어떤 사물을 측정할 수 있을 뿐만 아니라, 그 사물의 특징에 가장 적절한 방식으로 측정하고 표현할 수 있어야 한다. 또한, 다양한 측정 개념을 정확히 이해하고 있어야 하며, 측정 단위 간 환산과 측정 결과의 연산을 능숙하게 할 수 있어야 한다. 교사의 입장에서 봤을 때 측정 영역은 다양한 수학 기술을 실제 생활 맥락에서 적용할 수 있어 학생들에게 실생활과 수학 공부와의 관련성을 가장 효과적으로 보여줄 수 있는 부분 중 하나이다.

이 장을 학습할 때에는 먼저 측정 영역의 교수 · 학습 내용을 확인하는 것이 중요하다. 또한 측정 영역에서 따라야 할지도 원리가 무엇인지를 파악할 필요가 있다. 이 장에서는 이러한 교수 · 학습 내용과 지도 원리 이외에도 측정 영역에서 다루어야 할 측정 기술과 개념을 소개할 것이다. 이러한 측정 기술과 개념을 지도할 때에는 기계적인 계산이나 암기보다 측정 관련 다양한 실생활 문제를 해결하는 활동을 통해서 기본적인 수준에서나마 수학적으로 사고하고 문제를 해결해나가는 기회를 충분히 갖도록 해야 할 것이다.

1. 측정 영역의 교수 · 학습 내용

측정이란 사물에 수를 부여하는 행위를 말한다. 측정은 우리가 일상생활의 매우 다양한 상황에서 자주 하고 있는 행위이다. 또한, 측정은 학생들로 하여금 일상생활에서 수학이 어떻게 활용되고 있고 또 활용할 수 있는지를 알 수 있게 해주는 중요한 수학 개념이자 수학 현상 중 하나이다. 미국수학교사협회(NCTM)(2000)에서는 측정을 학교 수학 원리와 표준(Principles and Standards for School Mathematics) 열 가지 중 하나로 제시하고 있다. 뿐만 아니라, 이 협회에서는 측정 영역을 어느 특정 기간 동안만 가르칠 것이 아니라, 전 학년 동안 내내 지속적으로 가르쳐야 할 영역으로 규정하고 있다. 각 학년별로 측정 영역과 관련하여 학생들이 달성해야 할 교육 목표로 미국수학교사협회에서 제시한 것은 〈표 12-1〉과 같다.

〈표 12-1〉 미국수학교사협회(NCTM)가 제시한 학년별 측정 영역 교육 목표

교수 프로그램이 모든 학생들에게 형성시켜야 할 능력	유치원-초등 2학년 모든 학생의 교육 목표	3-5학년 모든 학생의 교육 목표
사물의 측정가능 속성과 측정의 단위, 측정 시스템, 측정 과정을 이해한다.	• 길이, 부피, 무게, 면적, 시간 속성을 인식한다. • 측정 속성에 따라 사물을 비교하고 순서화할 수 있다. • 표준 단위와 비표준 단위를 이용하여 측정하는 방법을 이해한다. • 측정할 대상의 속성에 맞는 적절한 측정단위와 도구를 선정할 수 있다.	• 길이, 면적, 무게, 부피, 각도 등의 속성을 이해하고 각 속성을 측정하는 데 적합한 단위를 선정한다. • 표준 단위를 사용하여 측정해야 하는 필요성을 이해하고 이것의 사용에 익숙해진다. • 센티미터에서 미터로, 측정 시스템 내에서 간단한 단위변환을 할 수 있다. • 측정이란 것은 근사값을 구하는 것임을 이해하고, 단위에 따라 측정의 정확성이 달라질 수 있음

교수 프로그램이 모든 학생들에게 형성시켜야 할 능력	유치원-초등 2학년 모든 학생의 교육 목표	3-5학년 모든 학생의 교육 목표
		을 이해한다. • 모양이 바뀌었을 때 평면 도형의 둘레나 면적을 측정하는 것이 어떻게 바뀌는지 탐색해본다.
측정하는 과정에 적절한 기법, 도구, 공식을 적용할 수 있다.	• 동일한 크기를 여러 번 사용하여 사물을 측정할 수 있다. • 방 하나를 하나의 미터자를 사용하여 측정하는 것처럼 하나의 단위를 사용하여 그 단위보다 큰 사물을 측정할 수 있다. • 측정 도구를 사용할 수 있다. • 비교와 어림을 하기 위한 공통적인 준거를 설정할 수 있다.	• 불규칙한 모양의 둘레, 면적, 부피를 추정하는 전략을 구사한다. • 길이, 면적, 부피, 무게, 시각, 온도, 각도 등을 측정할 적절한 표준 단위와 도구를 골라 사용할 수 있다. • 추정시 활용할 준거를 골라 사용할 수 있다. • 직사각형, 삼각형, 평행사변형 등의 면적을 구할 공식을 이해하고 활용할 수 있다. • 직육면체의 표면적과 부피를 구할 전략을 구사한다.

출처: Reys, R. E., Lindquist, M. M., Lambdin, D. V., Smith, N. L., & Suydam, M. N. (2004). Helping children learn mathematics. Hoboken, NJ: John Wiley & Sons, Inc. p. 393.

미국수학교사협회에서 제시한 측정영역에서의 핵심 학습요소를 요약하면, 학생들은 사물의 측정가능 속성과 측정의 단위, 측정 시스템, 측정 과정을 이해하고, 측정하는 과정에 적절한 기법, 도구, 공식을 적용할 수 있어야 한다. 이러한 목표 달성을 위해 측정 영역에서 주로 다루어야 할 내용 요소는 다음과 같다.

1) 사물의 측정 속성

사물이나 현상을 수학적으로 이해하고 표현하는 활동 중의 하나는 그 측정학적 속성을 파악하는 것이다. 측정학적 속성으로는 길이, 들이, 무게, 면적, 부피, 온도, 시각과 시간, 각도 등을 들 수 있다. 대개 사물이나 현상은 이들 특성 중 두 가지 이상의 것으로 이해하거나 표현할 수 있지만, 어떤 경우에는 특별히 어떤 특성이 다른 특성보다 해당 사물이나 현상을 보다 정확하게 그리고 보다 적절하게 나타내 준다. 예컨대, 컵 속의 우유는 길이나 넓이보다는 들이로 나타내는 것이 적절할 것이다. 논이나 밭은 길이나 들이보다는 넓이(면적)로 나타내는 것이 적절할 것이다. 금이나 은은 부피나 길이보다는 무게로 나타내는 것이 더 적절할 것이다. 학생들이 측정 영역에서 배워야 하는 것 중 하나는 바로 이와 같이 어떤 사물이나 현상에 어떤 측정 속성이 가장 적절한지를 이해하고 활용하는 것이다.

2) 측정의 단위

사물이나 현상의 측정학적 속성을 이해하거나 표현하고자 할 때 필수적으로 수반되어야 할 것은 측정의 단위이다. 학생들이 측정 영역에서 배워야 할 또 하나의 항목은 어떤 사물의 길이나 면적, 혹은 부피를 나타내고자 할 때에는 반드시 그에 맞는 단위를 사용해야 한다는 점이다. 학생들에게 측정 단위의 중요성과 필요성을 인식시키는 좋은 방법 중 하나는 다양한 측정 활동을 통해 왜 측정 단위를 사용해야 하는지, 왜 측정하고자 하는 속성과 측정 단위를 조화시켜야 하는지에 대해서 스스로 깨닫게 하는 것이다. 예컨대, 책이나 공책 혹은 연필의 길이를 재되 세 가지 길이의 물체로 재어보도록 한 다음, 얼마나 긴지를 서로 이야기해보게 한다. 이럴 경우 자연스럽게 학생들은 측정을 할 때에는 동일한 측정 단위를 사용해야 한다는 점을 알게 될 것이다.

3) 일상생활에서의 측정 활용

일단 학생들이 측정의 필요성과 측정 방법에 관해 기본적인 소양을 갖추면 일상생활 속에서 다양한 형태로 측정 활동을 할 수 있도록 교육 내용을 구성할 필요가 있다. 사실, 수학 영역 중 측정 영역만큼 일상생활과의 관계가 분명한 부분도 별로 없을 것이다. 일상생활의 다양한 장면은 학생들이 측정 영역을 공부할 때 보다 의미 있게 그리고 능동적으로 참여할 수 있도록 해줄 수 있을 뿐만 아니라 풍부한 소재를 제공해줄 수 있다.

4) 수학 학습 활동에의 측정 자료 활용

측정 단위 간 상호 변환과 측정값을 대상으로 한 다양한 연산 활동은 수학적 이해력과 표현력을 형성시키는 데 효과적일 수 있다. 학생들은 단순히 특정 사물이나 현상을 측정할 수 있을 뿐만 아니라 그렇게 해서 얻은 측정값을 다양한 수학 활동에 활용할 수 있어야 할 것이다.

2. 측정 영역의 지도 원리

Piaget의 인지발달 이론에 따르면, 다양한 측정 속성별로 아이들이 해당 개념을 습득하는 데에는 시간상 다소간의 차이가 있다. 예컨대, Piaget에 따르면, 아이들의 보존개념은 동일한 시간에 동일한 정도로 발달하는 것이 아니라 수, 액체량, 길이의 보존 개념은 6~7세경에 획득되며, 무게 개념은 8~9세경, 그리고 부피 보존 개념은 11~12세경에 가질 수 있다. 이렇게 측정의 각 속성별로 습득 시기가 다른 것을 수평적 격차(horizontal decalage)라고 한다. 따라서, 측정영역 지도시 제일 먼저 고려해야 할 사항은 발달단계에 맞는 측정 내용으로 교육과정을 구성하는 것이다.

둘째는 실생활과 연계된 지도 방법이다. 예컨대, 교육과정 해설서에서 권장하는 측정 영역 교수방법상의 고려점은 다음과 같다.

- 여러 가지 양을 지도할 때에는 생활에서 접하는 실물의 비교 활동을 충분히 한 다음 임의의 단위에 의한 측정 활동으로 유도한다.
- 시계 지도는 학생의 실생활과 연계하여 시간을 읽고 활용할 수 있도록 한다.
- 달력보기는 일상생활 속에서 의미 있는 날들을 중심으로 달력보기를 생활화할 수 있도록 지도한다.

이상의 지도 지침에 따르면, 측정의 각 영역마다 지도할 때에는 실생활과의 연계를 중시하고 있다. Reys 등(2004: 394)도 측정영역을 가르칠 때 실생활과 연계하여 지도하는 것의 중요성을 다음과 같은 주장을 통해 강조한 바 있다.

- 아이들로 하여금 가급적 자주 교과서 문제보다는 실제 생활에서의 구체물을 측정해보는 활동을 하도록 해야 한다.
- 평상시에 사용할 수 있는 준거를 개발하기 위해(즉, 특정 무게나 길이, 부피가 대략 어느 정도나 되는지 감을 잡기 위해) 그리고 조기에 수감각을 형성하도록 하기 위해 측정상의 어림 기술을 개발해야 한다.
- 다양한 측정 상황에서 능동적으로 다양한 측정 활동에 참여하도록 해야 한다. 측정 활동시에는 서로 간에 토론과 자극을 통해 측정 개념이나 관련 추론 능력을 더욱 다듬도록 해야 한다. 측정에 흥미를 갖도록 하는 실생활 관련 활동 예로는 다음과 같은 것을 들 수 있을 것이다.

1) 여러분의 머리, 허리, 가슴 둘레를 재어 봅시다.
2) 여러분의 몸무게를 재어 봅시다.
   ____kg 혹은 ____kg _____g
3) 여러분 손의 한 뼘 길이는?
4) 학교 이름을 1분에 몇 번 쓸 수 있는가?
5) 수업이 가장 많은 날의 여러분 책가방 무게는 얼마인가?
6) 1분 동안에 읽을 수 있는 글자의 수는?
7) 여러분들의 키를 재어 봅시다.
   ____cm 혹은 ____m _____cm
8) 여러분의 발 크기는?
9) 50미터를 달리는 데 걸린 시간을 나타내어라.
   _____초
10) 숫자(5나 9)를 1분에 몇 번이나 쓸 수 있는가?

셋째, 측정 관련 각종 개념을 충분히 이해할 수 있도록 지도해야 한다. 측정 단원에서는 그 어느 단원보다도 새로운 개념이 많이 등장한다. 학생들은 이들 각 개념은 물론, 이들 개념들이 다른 영역에 어떻게 적용될 수 있는지를 이해해야 한다. Rey 등(2004)은 수업을 계획할 때에는 다른 측정 영역에 적용 가능한 중요한 측정 개념을 강조해야 한다고 주장했다.

3. 길이

학생들의 생활에서 길이 단위를 이용하여 측정해야 하는 경우는 다양하다. 길이를 측정한다는 것은 대개 특정 단위의 수를 부여하는 행위이다. 따라서 학생들은 동일한 단위를 여러 번 반복 사용하면서 어떤 물건의 길이를 재는 활동을 이해해야 한다. 이를 위해서는 학생들이 실제로 어떤 물건의 길이를 측정하기 전에 측정 단위란 개념을 형성시킬 필요가 있다. 이를테면, 주변에서 흔히 볼 수 있는 작은 것(클립 등)을 이용하여 특정 물건을 측정하는 연습을 해보도록 가르치는 것이 필요하다. 이 때에는 교사가 먼저 명시적인 시범을 보이고 안내하면서 학생들로 하여금 연습을 해보도록 한다. 이러한 활동을 통해서 학생들에게 어떤 물건의 길이를 잴 때 단위를 어떻게 사용하는가를 가르친다. 이 과정에서 반드시 학생들에게 이해시켜야 하는 것은 길이를 잴 때 특정 단위(이 경우에는 클립)는 항상 같아야 한다는 것, 그리고 길이는 그 동일한 단위(클립)가 몇 번 반복되는가 하는 횟수로 나타낸다는 점이다.

학생들은 두 지점 사이의 거리나 어떤 것의 둘레도 길이 단위를 사용하여 측정한다는 것을 이해하고 또 관련 활동을 다양하게 해 보아야 한다. 그렇지만 둘레나 거리 개념은 어떤 사물의 길이 개념보다 이해하기 어렵기 때문에 일단 사물의 길이 개념이 확실히 형성된 이후에 소개하는 것이 좋다.

특수교육 교육과정에 따르면, 먼저 측정 가능한 속성을 이해해야 한다. 측정 가능한 속성에는 길이, 들이, 무게, 부피, 면적 등이 있는데, 제시 순서는 Piaget의 인지발달 관련 이론에 근거하여 길이, 들이, 무게 순으로 다룬다. 측정 가능한 속성을 이해시키는 방법은 각 측정 속성별로 서로 다른 예를 비교해보도록 하는 방법이 효과적이다(Reys 등, 2004). 비교하는 방법에는 직관적 비교, 직접 비교, 간접 비교 등 세 가지가 있다(Reys 등, 2004). 직관적 비교는 연필, 크레파스 등을 보고 이것들이 어떻게 다른지를 말해보게 하는 활동이다. 이 과정에서 어느 것이 더 짧다거나 길다는 등의 용어를 사용하도록 한다. 직접 비교는 여러 사물을 제시하고 비슷한 길이나 크기별로 모아 보도록 한다. 예를 들면, 분필, 클립, 지우개, 큰 연필, 작은 연필, 자 등을 주고 짧은 것, 같은 것, 긴 것 등의 항목으로 분류해보도록 한다. 간접 비교는 직접 비교할 수 없는 물건이나 사물을 서로 다른 길이의 실이나 줄을 사용하여 측정하게 한 다음, 서로의 길고 짧은 것을 비교해보도록 하는 방법이다.

길이 개념을 익히는 데 효과적인 방법 중 하나는 퀴즈네르 막대(Cuisenaire Rod)를 이용하는 것이다. 퀴즈네르 막대는 벨기에 교사 George Cuisenaire가 개발한 도구이다. 퀴즈네르는 막대의 길이와 색을 통해 수들의 관계를 나타내어 아이들이 보다 쉽게 수 감각을 익히도록 하고자 이 도구를 개발했다. 퀴즈네르 막대는 1cm에서 10cm까지 길이와 색깔이 다양한 직사각형 모양의 막대 10개를 한 묶음으로 묶은 것이다. 각 막대에는 길이가 표시되어 있지 않다. 하지만, 서로 다른 길이의 막대를 사용하여 하나의 막대를 다른 막대로 다양하게 나타낼 수 있는 장점을 갖고 있다. 퀴즈네르 막대는 총 74개로 구성되어 있다. 각 길이별 색은 〈표 12-2〉와 같다.

〈표 12-2〉 퀴즈네르 막대

길이	개수	색깔
1cm	22	흰색
2cm	12	빨강색
3cm	10	연두색
4cm	4	보라색
5cm	4	노랑색
6cm	4	초록색
7cm	4	검정색
8cm	4	갈색
9cm	4	파랑색
10cm	4	주황색

퀴즈네르 막대를 사용하여 다양한 학습활동을 구성할 수 있다. 예컨대, [그림 12-1]과 같이 막대를 배열해놓고 다양한 질문을 제시한다.

※ 다음 그림을 보고 질문에 답해보세요.

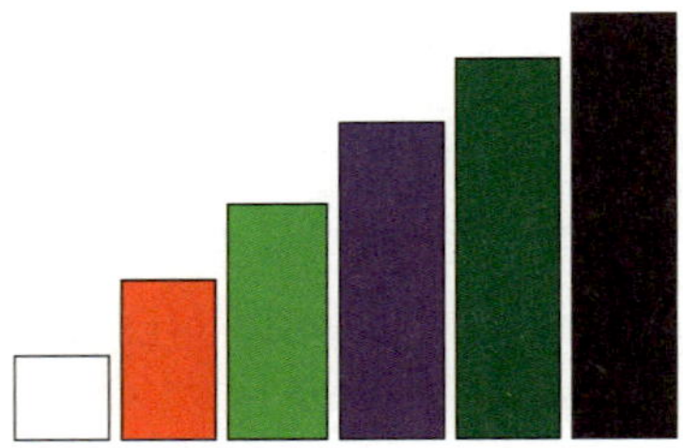

질문 1. 첫째 막대의 색깔은 무엇입니까? (흰색)

질문 2. 키가 제일 큰 것은 무엇입니까?(검정색)

질문 3. 막대들은 어떻게 놓여져 있나요? (오른쪽으로 갈수록 점점 커진다.)

[그림 12-1] 퀴즈네르 막대를 이용한 활동 예

'길다' 혹은 '짧다'는 개념 자체는 추상적이기 때문에 장애학생들이 이해하는 데 어려움을 겪을 수 있다. 이는 들이, 무게, 면적 등의 다른 측정 분야 개념을 소개할 때에도 마찬가지이다. 이럴 때에는 예를 체계적으로 제시하여 관련 개념을 명확히 습득하도록 지도하는 것이 좋다. 개념 형성을 돕기 위해 예를 제시할 때에는 다음과 같은 원리를 준수한다(Engelmann & Carnine, 1990).

① 말의 일관성 원칙(the wording principle)

가능한 모든 경우에 동일하거나 유사한 말을 사용해야 한다. 그렇게 함으로써 학생들이 교사가 다양한 표현을 함으로써 주의가 산만해지고 혼동을 일으킬 가능성을 줄이고 해당 사례의 구체적인 특징에 집중할 수 있게 해준다.

② 배치 원칙(the setup principle)

개념을 가르치기 위해 선정한 예들과 비(非)예들은 가능한 한 최대한으로 관련 없는 특성을 서로 공유해야 한다. 예컨대, '길다' 혹은 '짧다'라는 개념의 예시로 막대그래프를 사용하기로 했으면, 모든 예시는 막대그래프라는 특성은 같이 공유하고 오직 길고 짧은 것만 차이가 나도록 해야 한다.

③ 차이 원칙(the difference principle)

특정 개념의 한계와 경계를 설명하기 위해서는 오직 중요한 특징만을 제외하고는 매우 유사한 예와 비예를 보여주어 그들이 서로 다르다는 것을 보여주어야 한다. 차이 원칙은 항목들이 유사성과 차이를 가장 분명하게 드러내도록 병치 되었을 때(즉, 서로 나란히 혹은 연속적으로 배치될 때) 가장 효과적이다.

④ 동일성의 원리(the sameness principle)

개념의 다양한 변화 범위를 보이려면 여타 특성 측면에서는 가능한 한 서로 최대한으로 다르되 핵심적인 특성 측면에서는 여전히 그 개념에 속하는 예임을 보여주는 항목들을 나란히 병치해야 한다. 이러한 계열화는 설명 단계에서 보여주지 못한 범위에 속하지 않았던 낯선 예에 일반화를 촉진시키기 위함이다.

⑤ 검사의 원리(the testing principle)

특정 개념이나 원리의 습득 여부 확인을 위해 검사를 할 때에는 새로운 예와 해당되지 않는 예를 무작위로 병치해야 한다.

위의 다섯 가지 계열화 원칙을 모두 적용하여 '더 길다' 개념을 지도하는 방식을 예로 들면 〈표 12-3〉과 같다. 먼저, 표에서 배치의 원칙은 '더 길다'라는 개념의 예를 보여주기 위해 막대라는 특성은 모두 같이 공유하지만 오직 길고 짧은 것에서만 서로 차이가 나도록 함으로써 준수되고 있다.

〈표 12-3〉 명료한 의사소통 원리에 따른 "더 길다" 개념 교수 방식

예의 번호	적용된 원칙			예의 속성	교사의 말
					이 막대를 잘 보기 바란다.
1	배치 원칙				이 막대는 앞에 것보다 더 길지 않다.
2		차이 원칙			이 막대는 앞에 것보다 더 길지 않다.
3			동일성의 원칙		이 막대는 앞에 것보다 더 길다.
4					이 막대는 앞에 것보다 더 길다.
5		차이 원칙			이 막대는 앞에 것보다 더 길다
6			검사 원칙		이 막대는 앞에 것보다 더 긴가?
7					이 막대는 앞에 것보다 더 긴가?
8					이 막대는 앞에 것보다 더 긴가?
9					이 막대는 앞에 것보다 더 긴가?
10					이 막대는 앞에 것보다 더 긴가?
11					이 막대는 앞에 것보다 더 긴가?
12					이 막대는 앞에 것보다 더 긴가?
13					이 막대는 앞에 것보다 더 긴가?

차이 원칙은 막대의 길고 짧음을 보여주기 위해 이웃하고 있는 예들이 아주 조금씩만 차이가 나도록 배치함으로써 준수되고 있다. 이웃하고 있는 막대들이 너무 큰 차이가 나버리면 애매한 경우에 개념을 서로 구분하지 못할 수도 있다.

동일성의 원칙은 용어를 동일하게 사용함으로써 준수되고 있다. 예컨대, 〈표 12-3〉에서 교사의 말은 언제나 "이 막대는 앞의 것보다 더 길다, 더 길지 않다"로 표현되고 있다. 더 길지 않는 것을 더 짧다라고 표현함으로써 더 길다와 짧다라는 말을 서로 혼동하지 않도록 하고 있다.

검사의 원칙은 학습자가 답을 추측하지 못하도록 물어보는 방식이다. 정답과 정답 아닌 것을 지그재그식으로 배치해놓으면 학습자는 답을 몰라도 짐작으로 그 다음 문제의 답을 맞출 수 있다.

4. 들이

들이란 특정 뭔가를 담을 수 있는 그릇이나 용기에 얼마나 많은 양이 들어 있는가를 재고자 할 때 대상으로 하는 측정 속성이다. Piaget의 인지발달 이론에 따르면 어린 아동의 경우 실제 그릇의 들이보다는 그릇의 모양, 예컨대 어느 것이 더 높은가에 따라 들이의 많고 적음을 판단해버린다. 따라서, 길이에서처럼 직관적 비교, 직접 비교, 간접 비교 방법을 사용하여 다양한 크기의 들이를 비교해보게 한다.

실생활에서는 다양한 형태로 들이 관련 물건과 활동이 필요하기 때문에 들이와 관련된 기본적인 내용들을 가르쳐 줄 필요가 있다. 들이 내용과 관련하여 장애학생들이 먼저 형성해야 하는 개념은 우리 실생활에서 다양한 들이 단위가 있다는 점이다. 이러한 이해를 촉진하기 위한 구체물 조작 활동으로는 다양한 크기의 용기(우유통, 음료수 병, 음료 캔, 물통 등)를 가지고 들이의 다양함과 단위의 통일 필요성을 체험하게 한다.

5. 무게

무게 영역에서 학생들이 학습해야 할 기능은 크게 다섯 가지이다. 첫째는 특정 물체의 무게를 정확히 재는 능력이다. 둘째는 무게 단위 간의 관계를 정확히 이해하고 상황에 맞게 가장 적절한 단위를 사용하는 능력이다. 셋째, 무게 단위 간

환산하는 능력이다. 넷째는 무게를 가지고 사칙연산을 하는 것이다. 다섯째는 특정 물체의 무게를 가급적 정확하게 어림하는 능력이다.

먼저, 무게 개념 파악을 위해서는 다양한 무게의 물체를 들어보고 그 느낌을 '더 무겁다' 혹은 '더 가볍다' 개념으로 파악하도록 지도한다. 이를 위해서 교사는 예를 체계적으로, 예컨대, 일련의 예를 제시하면서 오직 무게만 다르게 하되, 더 무거워지는 것과 가벼워지는 것을 적절하게 섞어 학생들이 '무겁다'개념을 익히도록 해야 한다.

두 번째로 형성시켜야 할 기능은 아날로그 숫자 저울에서 바늘이 가르치는 무게나 디지털 저울의 숫자에 쓰여진 무게를 정확하게 읽는 것이다. 요즘에는 주로 후자가 일상생활에서 많이 사용되기 때문에 실제 디지털 저울을 갖고서 다양한 무게의 물체를 재어보는 연습을 충분히 시킨다. 시각장애 학생들에게는 물론 무게를 소리로 알려주는 저울을 사용하여 자신이 들어본 무게와 저울에서 음성으로 알려주는 무게를 비교해보도록 하여 특정 무게가 어느 정도인지 어림하는 능력을 갖도록 한다.

6. 넓이

넓이(면적)란 어떤 지역 안 혹은 어떤 지역이 차지하고 있는 공간을 말한다. 학생들은 넓이를 측정할 수 있기 전에 먼저 면적 개념을 이해해야 한다. 넓이 개념을 이해하는 한 가지 방법은 다양한 크기의 넓이를 서로 비교하여 어느 것이 더 큰지 알아보게 하는 것이다.

다양한 모양의 물체를 활용하거나 다양한 활동을 통하여 '넓다'와 '좁다'라는 용어의 의미를 이해하고 바르게 사용할 수 있도록 체계적으로 예를 제시하여 지도할 필요가 있다. 이후 도형 영역과 관련지어 사각형 또는 삼각형의 넓이를 측정하는 방법을 학습하게 된다.

7. 부피

부피란 어떤 물체가 차지하고 있는 공간의 양을 말한다. 부피의 개념 이해를 돕기 위해 서로 다른 모양과 크기의 용기를 제시하고 각 용기의 부피를 비교해보게 한다. 부피 크기 비교는 서로 다른 크기와 모양의 고체 물체나 용기를 활용할 수 있다. 또 다른 방법으로는 용량이 일정한 컵으로 모양과 크기가 다른 용기에 몇 컵의 내용물이 들어갈 수 있는지를 확인하는 활동도 가능하다.

8. 시간

시간과 관련해서 첫 번째로 학생들에게 형성시켜야 하는 기능은 시계를 보고 시간을 정확하게 읽을 수 있도록 하는 것이다. 디지털 시계의 경우에는 숫자를 읽으면 되기 때문에 별 문제가 되지 않지만 바늘 시계의 경우에는 몇 가지 선수 학습기능이 필요하다. 첫째, 시계 바늘이 어느 방향으로 움직이는지를 알아야 한다. 둘째, 시침과 분침을 구분할 수 있어야 한다. 셋째, 보통의 아날로그 바늘 시계에서는 시를 나타내는 숫자(1, 2, 3...12)는 나와 있지만 분을 나타내는 숫자는 나와 있지 않다. 따라서 분을 말하는 방법을 알아야 한다. 넷째, 시간을 표현하는 다음과 같은 다양한 용어를 이해해야 한다.

- 몇 분 전
- '몇 분 남았다' 혹은 '몇 분 지났다'
- 몇 시 반(예: 3시 반)
- 자정, 정오, 오전, 오후

시간과 관련해서 두 번째로 형성시켜야 할 기능은 시각과 시간을 구분하는 것이다. 시각은 특정 시점이 몇 시 몇 분인가를 이야기하는 것이고, 시간은 시간의 양을 표현하는 것이다.

세 번째로 형성시켜야 할 기능은 시간 단위 간의 환산 방법이다. 1시간은 60분, 1분은 60초, 1일은 24시간 등을 알고 시간을 분으로, 분을 초로, 날짜를 시간 수로 환산하는 능력을 갖게 한다.

네 번째로 형성시켜야 하는 능력은 시간을 가지고 수행하는 다양한 연산이다. 예컨대, 현재 시각이 4시 15분인데 앞으로 75분 후는 몇 시 몇 분인가와 같은 문제를 해결하는 능력이다.

이렇게 시간을 정확하게 읽고 표현하는 능력은 장애학생에게도 매우 중요한 기능이다. 이러한 기능을 익히기 전에 일상적인 활동을 통해 시간의 흐름, 시간의 연속성, 일의 순서 등을 파악하는 경험을 충분히 하는 것이 필요하다. 또한 시간을 읽고 표현하는 능력을 활용하여 시간 계획을 세우는 등의 활동을 통하여 일상생활에 적용해 보는 활동도 지도해야 한다.

요약

측정 영역은 수학의 여러 영역 중에서도 특히 학생들의 실생활과 관련시킬 수 있는 내용이 많아 국가수준의 교육과정에서 강조하는 수학적 문제해결 능력, 수학적 사고 등을 익히는 데 유리하다. 측정 영역 학습을 통해 학생들은 사물의 측정가능 속성과 측정의 단위, 측정 시스템, 측정 과정을 이해하고, 측정하는 과정에 적절한 기법, 도구, 공식을 적용할 수 있어야 한다.

장애학생에게 측정 영역을 가르칠 때에는 이들이 각 측정 개념을 실제 생활과 연관된 다양한 문제해결 활동을 통해서 익히도록 하는 것이 중요하다. 구체적으로는 측정 대상의 속성을 고려하여 가장 적합한 방식으로 측정하고 그 결과를 수로 표현할 수 있어야 할 것이다. 추상적인 측정 개념을 소개할 때에는 명료한 의사소통 원리를 반영하는 것이 효과적이다. 이 밖에도 특정 길이나 들이, 무게가 대략 어느 정도나 되는지 감을 잡기 위해 조기에 수감각을 형성하도록 하기 위해 측정상의 어림 기술을 개발하고, 다양한 측정 상황에서 능동적으로 다양한 측정 활동에 참여하도록 해야 한다. 또한, 측정 활동시에는 서로 간에 토론과 자극을 통해 측정 개념이나 관련 추론 능력을 더욱 다듬도록 해야 한다.

연구과제

- 공통 교육과정과 기본 교육과정 상의 측정 내용 요소는 어떻게 다른지 토의하여 보자.
- 측정 내용을 소재로 하여 수감각이나 연산 기능을 향상시킬 수 있는 방안을 제시해 보자.
- 측정 영역에서 장애학생들이 반드시 형성해야 할 지식이나 기능이 무엇이라고 생각하는지 각 세부 영역별로 열거해 보자.
- 수학적 문제 해결력, 수학적 의사소통 능력 등을 기르는 데 측정 영역을 어떻게 활용할 수 있을지 생각해 보자.

참고문헌

Engelmann, S., & Carnine, D. (1991). Theory of instruction: Principles and applications. ADI Press.

National Council of Teachers of Mathematics. (2000). Principles and standards for school mathematics [on-line]. Available: standards.nctm.org/index.htm.

Reys, R. E., Lindquist, M. M., Lambdin, D. V., Smith, N. L., & Suydam, M. N. (2004). Helping children learn mathematics. Hoboken, NJ: John Wiley & Sons, Inc.

제 13 장 규칙성 영역의 교수 · 학습 방법

이 성 진

규칙성 영역의 지도는 수와 수 사이의 관계를 파악하게 함으로써 함수적 관계를 이해하게 할 뿐만 아니라 일반화를 통하여 대수적인 관계를 익히는 기초가 된다. 또한 규칙성은 논리적으로 추론하는 능력의 개발과 추상적으로 학문하는 데 많은 도움을 줄 뿐만 아니라 공식의 발견과 관계의 개념을 이해하는 데 도움을 준다. 뿐만 아니라 특수교육에서는 규칙성 지도를 자폐아동이 지닌 특성이나 재능과 연계하여 규칙적 무늬가 있는 작품 제작이나 일상생활에 활용하기도 한다. 따라서 규칙성을 인식하고 사용하는 능력은 유용하며 수학의 기초이기 때문에 규칙성과 관계에 초점을 둔 활동은 어렸을 때부터 시작되어야 하고 모든 학년에서 계속되어야 한다. 하지만 교육현장에서 규칙성 영역의 교수 · 학습은 학생에게 주어지는 규칙성 관련 과제들이 단순하고, 수 영역 지도와 무관하다는 생각으로 그 내용 지도를 소홀히 하는 경향이 없지 않다. 이러한 문제점을 극복하기 위하여 교사는 스스로 수학과에 내재 된 규칙성을 찾아보고, 이를 학생들에게 전달하려고 노력할 필요가 있다.

이 장에서는 규칙성 영역의 중요성과 지도내용, 구체적인 지도방법을 살펴보고자 한다.

1. 규칙성 영역의 교수 · 학습 내용

규칙성은 패턴을 말하는데, 패턴이란 시각적, 청각적, 운동적 기본단위가 일정한 규칙성을 나타내며 반복되는 것이다(Charlesworth & Lind, 1995). 수학은 어떤 면에서 이 규칙성을 다루는 학문이라고 해도 과언이 아닐 정도이다. 인류는 자연 속에 내재되어 있는 질서와 규칙을 밝혀내려는 노력을 계속해 왔고, 이러한 노력은 수학의 발달과 무관하지 않다. 수 영역의 최초 학습내용이라 할 수 있는 자연수는 n+1이라고 하는 규칙성을 가지고 있으며, 수학에서 다루는 여러 가지 공식들은 수학적 계산에서 드러난 규칙을 일반화해 한 눈에 알아보기 쉽게 정리해 놓은 식이라고 할 수 있다. 또한 일상생활에서도 규칙성을 쉽게 찾아볼 수 있는데, 시각적인 것으로 벽지나 타일의 무늬, 혹은 우리 고유의 창살, 단청의 무늬 등을 들 수 있으며, 청각적인 것으로는 음악의 반복적 소절이나 돌림노래, 규칙적으로 떨어지는 물방울 소리 등이 있다. 뿐만 아니라 운동적인 것으로는 체조활동에서 학생들의 반복적인 움직임을 들 수 있다. 또한 신호등의 변화와 같이 시각적인 것과 운동적인 것이 한꺼번에 나타나는 경우도 있다.

규칙성에 대한 탐구는 문제해결 전략의 하나이며 현상에 대한 통찰력을 가질 수 있게 한다. 또한 규칙성을 찾는 활동은 학생들이 미래를 예상하고 추측하는데 중요하며, 수학적으로는 함수를 이해하는 기초가 된다(교육부, 2018). 학생은 규칙성을 발견하고 이를 수학적으로 표현하는 기회를 통해서 자신이 살고 있는 주위 환경에서 수학이 어떻게 활용되고 있는가를 이해하게 되며, 주어진 정보를 분류하고 조직하는 능력을 향상시킬 수 있다(강지형, 김수환, 라병소, 박성택, 이의원, 정은실, 2003). 이와 같이 규칙성의 개념은 대수의 기초이므로 어렸을 때부터 관심을 가지고 지도하고, 모든 학년에서 계속되어야 한다. 저학년에서는 신체적 놀이와 소리, 운동, 모양이나 사물의 배열 등에서 규칙성을 발견하도록 하며, 학년이 올라갈수록 보다 추상화되고, 외부로 드러나지 않은 규칙성을 발견할 수 있는 기회를 제공하여야 한다(강지형 등, 2003).

초등학교 과정에서 규칙성은 반복되는 패턴, 증가하는 패턴, 특수한 패턴 등으로 나누어 생각할 수 있다. 또한 지도하는 방법에 따라 신체를 이용하는 방법, 물체를 이용하는 방법, 그림을 이용하는 방법, 기호를 이용하는 방법, 수를 이용하는 방법 등으로 구분할 수 있다.

초등학교 단계의 학생들은 규칙을 인식하고, 설명하고, 일반화 할 수 있어야 하며, 일정한 규칙을 지닌 일상생활의 현상을 예측하기 위한 수학적 모델을 만들 수 있어야 한다. 자연세계에서는 규칙적이거나 무질서한 패턴이 광범위하게 일어나고 있으므로 이 영역에 대한 학습은 더욱 중요하다(강지형 등, 2003).

미국수학교사협의회(NCTM)에서도 유치원에서 4학년까지의 학생들은 수학적 상황을 분석하기 위하여 규칙과 관계를 이용할 수 있도록 추론을 강조하도록 권고하고 있고, 5학년에서 8학년까지도 규칙과 함수를 포함하도록 권고하고 있다.

이처럼 규칙성은 자연과 사회현상의 예측을 위한 수학과의 지도요소라고 할 수 있으며, 여기서는 그 지도요소로 규칙성의 유형과 귀납적 추리, 등차수열, 등비수열, 기타 다른 수열과 패턴에 대하여 알아보고자 한다.

1) 규칙성의 유형

규칙성의 유형은 생성방법, 지각속성, 생성소재 등에 의하여 구분할 수 있다. 이경우 등(1997)은 패턴의 유형을 지각속성에 따라 운동적 유형, 시각적 유형, 청각적 유형 등으로 구분하였고, 권영례(1997)는 시각적, 청각적, 운동적 양상으로 구분하였다. 강지형 등(2003)은 속성에 따른 패턴과 생성방식에 따른 패턴으로 구분하며, 속성에 따른 패턴은 관계적 속성을 지닌 패턴, 기하적 속성을 지닌 패턴, 물리적 속성을 지닌 패턴으로 나누었고, 생성방식에 따른 패턴은 반복패턴, 증가패턴, 대칭패턴, 회전패턴, 카오스 패턴 등으로 구분하였다. Copley(2000)는 반복패턴과 증가패턴으로 구분하였다. Richardson 등(1980)은 패턴 생성의 소재에 따라 사물을 사용한 패턴, 모양을 사용한 패턴, 색깔을 사용한 패턴, 청각적 패턴,

행동의 순서를 사용하는 패턴으로 구분하였다. 이를 정리하면 〈표 13-1〉과 같다.

〈표 13-1〉 규칙성의 유형

연구자	규칙성의 유형
이경우 등 (1997)	• 운동적 유형: 신체를 이용하여 만드는 패턴 • 청각적 유형: 손뼉, 발구르기, 손뼉이나 발구르기 등 규칙적인 소리를 이어나가면서 만드는 패턴 • 시각적 유형: 세운 의자, 눕힌 의자 등과 같이 물체나 그림을 이용하여 만드는 패턴 • 상징적 유형: 여러 가지 기호나 글자를 이용하여 만드는 패턴으로 ○×○×와 같은 형태
강지형 등 (2003)	• 속성에 따른 패턴 – 관계적 속성: 수열이나 함수를 기초로 하는 패턴 – 기하적 속성: 도형의 성질이나 모양을 기초로 하는 패턴 – 물리적 속성: 색, 크기, 방향 등을 기초로 하는 패턴 • 생성 방식에 따른 패턴 – 반복패턴 예) 1, 2, 1, 2…… – 증가패턴 예) 1, 2, 3, 4…… – 대칭패턴 예) -2, -1, 0, 1, 2 – 회전패턴: 기본단위가 회전하면서 만드는 패턴 예) ↑→↓← – 카오스패턴 예) 30년간의 날씨변화, 구름모양, 번개모양, 주가의 등락 등 패턴은 존재하나 비규칙적인 패턴
권영례 (1997)	• 시각적 양상: 이방연속무늬, 사방연속무늬 등 색이나 형과 같이 시각적으로 표현하거나 인식할 수 있는 패턴 • 청각적 양상: 북소리, 장구소리, 손뼉치기 등 음성이나 소리 등 청각적으로 표현하거나 지각할 수 있는 패턴 • 운동적 양상: 줄넘기, 마스게임, 국민체조 등과 같이 운동적인 방법으로 표현하거나 지각할 수 있는 패턴

연구자	규칙성의 유형
Copley (2000)	• 반복패턴: 동일한 패턴의 반복으로 이루어진 패턴 예) 빨강, 노랑, 빨강, 노랑 …… • 증가패턴: 하나의 수나 모양 등을 예측 가능한 크기로 증가하거나 감소해 나가는 패턴 예) 1, 2, 3……, 운명교향곡의 도입부
Richardson 등(1980)	•사물을 이용한 패턴 •모양을 이용한 패턴 예) 단청무늬, 전통가옥의 창살 무늬 등 •색깔을 이용한 패턴 예) 빨강, 노랑, 빨강, 노랑 …… •청각적 패턴 예) 사물놀이의 장단 •행동의 순서를 사용하는 패턴 예) 손뼉, 발구르기

2) 귀납적 추리

규칙성 지도에서 귀납적 추리란 여러 가지 사례나 자료의 집합, 규칙 찾기 등에 기초하여 결론을 이끌어내는 것을 말한다. 과학자들은 수집한 자료에 기초하여 결론을 이끌어내는 경우가 많으므로 주로 귀납적 추리를 한다고 할 수 있다.

귀납적 추리는 추론을 이끌어 낼 수 있는데 추론은 참이라고 생각이 되지만 참인지 거짓인지 아직 증명되지 않았다. 귀납적 추론은 반례처럼 거짓인 명제를 이용하여 발전할 수 있기 때문에 추리는 조심스럽게 이용하여야 한다(배종수, 2005).

3) 등차수열

등차수열이란 각 연속된 항이 이전의 항에 차라고 불리는 고정된 수를 더함으로써 얻어지는 수열을 말하며, 예를 들어보면 [그림 13-1]에서 사각형이 늘어날 때마다 증가하는 변의 수를 들 수 있다.

[그림 13-1]

[그림 13-1]에서 증가하는 변의 수를 살펴보면 〈표 13-2〉과 같다.

〈표 13-2〉 사각형의 수에 따라 증가하는 변의 수

사각형의 수	변의 수	증가하는 변의 수
1	4	-
2	7	3
3	10	3
4	13	3

〈표 13-2〉에서 볼 수 있듯이 사각형을 늘려 나갈수록 변의 수는 4+3+3+3…의 형태로 계속 늘어날 것이다. 각 연속된 항은 이전의 항에 3을 더함으로써 얻어지는 수이므로 이 수열은 등차수열이라고 할 수 있다.

4) 등비수열

등비수열에서 연속된 각 항은 비(ratio)라고 하는 고정된 수를 그 항의 앞에 있는 항에 곱함으로써 얻을 수 있다(배종수, 2005). 예를 들어 한 아이의 혈연관계에서 부모는 2명이며 조부모는 4명, 증조부모는 8명이 되며 그 위 조상은 16, 64와 같이 증가하게 된다. 이를 수식으로 표시하면 다음과 같다.

〈표 13-3〉 등비수열의 예

항의 수	항
1	$2=2^1$
2	$4=2\times2=2^2$
3	$8=2\times2\times2=2^3$
4	$16=2\times2\times2\times2=2^4$
5	$32=2\times2\times2\times2\times2=2^5$
…	…

5) 다른 수열

등차수열이나 등비수열이 아닌 다른 수열도 있다. 그 예로써 사각수를 들 수 있는데 사각수를 알아보기 위하여 그림으로 나타내면 [그림 13-2]와 같다.

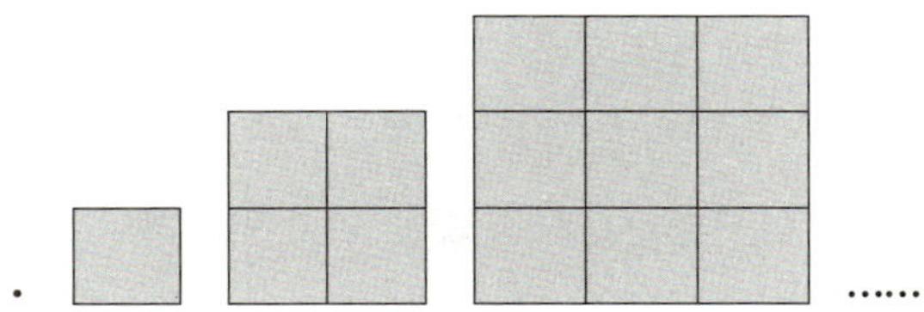

[그림 13-2] 도형수의 예

[그림 13-2]를 보면 점의 배열은 1, 4, 9, 16 …… 등으로 나타나므로 그 차는 3, 5, 7, 9 ……와 같이 나타난다. 따라서 처음 차의 수열간에는 공차나 공비가 없으므로 이 수열은 등차수열이나 등비수열은 아니다. 그러나 처음 차의 수열인 3, 5, 7, 9 …… 사이에는 각각 2씩 공차가 발생한다.

6) 반복되는 패턴

규칙성은 수로 이행하기 이전에 다양한 운동적, 시각적, 청각적 정보로부터 얻을 수 있다. 반복되는 패턴을 발견하고, 형성하며, 스스로 만들어보는 활동은 학급에서 쉽게 할 수 있다. 반복되는 패턴의 기본단위는 반복하는 원소들의 가장 짧은 집합이라고 할 수 있다. 기본단위는 언제나 반복되어야 하고, 부분적으로 보여주어서는 안 된다(배종수, 2005).

7) 증가하는 패턴

증가하는 패턴은 1 2, 1 2 3, 1 2 3 4 ……, 또는 2 4 6 8과 같이 규칙에 사용되는 기본 단위나 수가 증가 또는 변형되면서 나타나는 패턴이다. 초등학교 4학년 이상 학생들은 단계적으로 발전하는 것을 포함하는 패턴을 탐구할 수 있다. 이것을 수열이라고 하며, 증가하는 패턴으로 볼 수 있다. 증가하는 패턴을 통하여 학생들은 패턴의 연장뿐만 아니라 패턴의 일반화를 찾고, 패턴이 줄 수 있는 대수적 관계도 찾을 수 있다. 앞에서 살펴본 각 수열들은 증가하는 패턴에 해당된다.

8) 대칭/회전 패턴

−1, 0, 1……, → ←과 같이 기본단위가 대칭되면서 나타나는 패턴과 →, ↑, ←, ↓ 와 같이 도형이 회전하여 나타나는 규칙으로서 정수, 도형의 대칭, 각도, 회전체 등을 학습하는데 필요한 패턴이다.

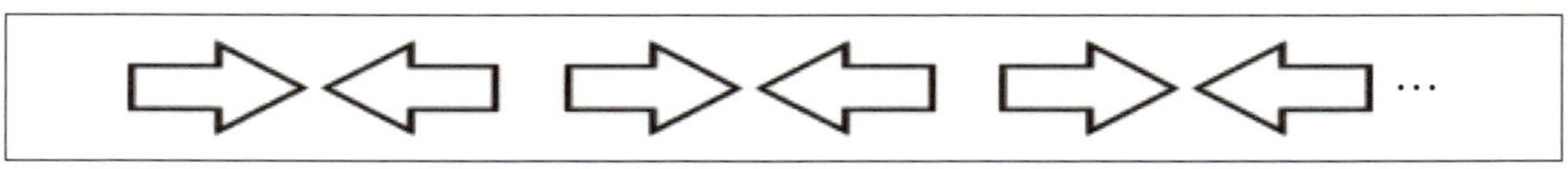

[그림 13-3] 대칭패턴

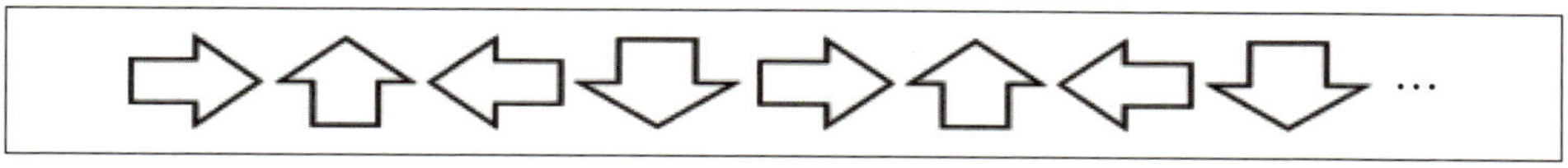

[그림 13-4] 회전패턴

2. 규칙성 영역의 교수 · 학습 방법

규칙성의 탐구는 학생에게 생활 주변에서 패턴을 찾고, 반복되는 것을 따라하고 즐길 수 있는 기회를 주는 것으로 시작할 수 있다. 음악의 노랫말이나 박자치기, 놀이에서 손뼉 치기, 미술의 색칠하기, 국어의 동시에서 반복되는 말 등은 패턴을 인식하는 데 좋은 자료가 된다. 이를 바탕으로 학생들이 도형, 그림, 기호, 수 등을 사용해 규칙성을 익히게 한다. 또한 패턴의 유형을 지도할 때는 한 번에 모든 유형을 소개하기 보다는 하루에 한 두 가지 활동을 소개하고, 학생이 소개된 활동에 익숙해졌을 때, 다른 패턴으로 이행하는 것이 좋다(Bartta-Lorton, 1995). 패턴의 지도는 일반적으로 패턴 발견하기, 패턴 예측하기, 패턴 창조하기의 순서로 이루어진다. 단 패턴의 지도 초기인 패턴 발견단계에서는 초기 활동으로 기본 패턴을 먼저 발견해보도록 하고, 이를 모방도 해보고 예측하여 표현해 보게 한 후, 보다 복잡한 패턴으로 이행할 수 있도록 하여야 한다. 그 내용을 단계별로 살펴보면 다음과 같다.

1) 기본 패턴 발견(패턴 따라하기)

패턴이 드러나는 운동이나 놀이, 시각적 교재나 교구를 이용하여 기본적인 패턴을 파악하여 모방하게 하거나 반복하여 나타내 보게 한다. 예를 들어 학생에게 규칙에 맞게 놓인 블록을 보여주고 나서 똑같이 놓아 보라고 요구한다.

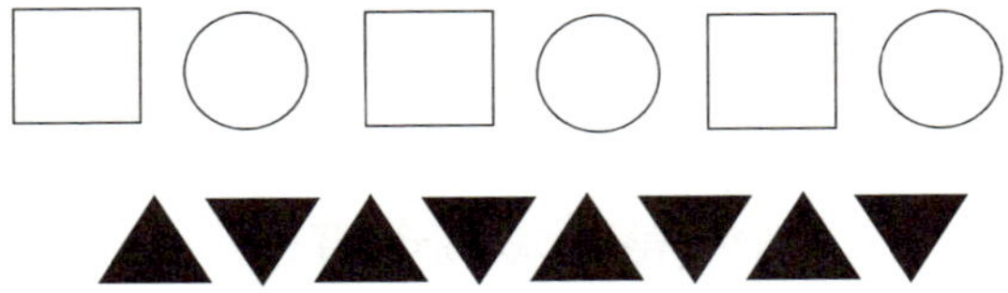

[그림 13-5] 기본 패턴의 반복 및 모방하기

2) 기본 패턴 예측(다음의 것 찾기)

패턴의 예측 지도를 위해서는 반복되는 패턴의 양상을 보거나 듣게 한 후 발견한 패턴을 예측하여 표현하여 보게 한다. 즉 패턴의 일부분을 보고 다음에 올 패턴을 예측해서 패턴을 구성해 보게 한다. [그림 13-6]은 점선 속에 발견한 패턴을 그려보게 하는 예시자료이다.

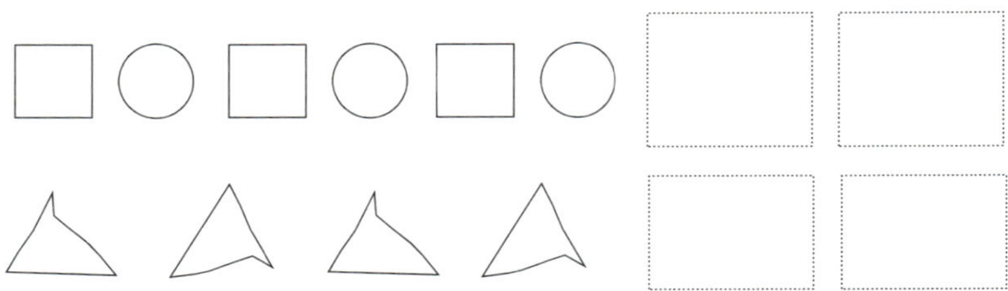

[그림 13-6] 기본 패턴 예측하여 표현하기

3) 복잡한 패턴의 발견(패턴 확장하기)

기본 패턴을 발견하고, 모방하며, 예측이 가능한 학생에게는 보다 복잡한 패턴을 발견할 수 있도록 한다. 지금까지 1, 2, 1, 2 수준의 간단한 패턴에서 이제는 1, 2, 2, 2, 1, 2, 2, 2와 같이 복잡한 수준의 패턴을 제시한다.

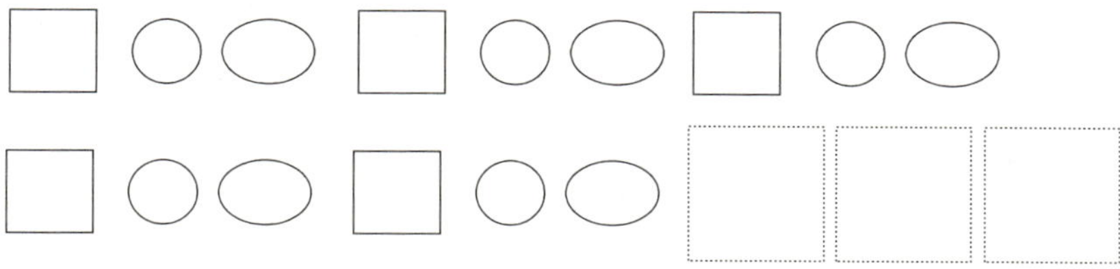

[그림 13-7] 복잡한 패턴 발견, 모방 및 예측하기

4) 패턴의 창조(자신의 패턴 만들기)

학생이 보다 복잡한 패턴을 알게 되면 스스로 패턴을 창조할 수 있는 기회를 제공하여야 한다. 학생은 몸짓이나 장난감, 각종 악기 등을 이용하여 시각적, 청각적, 운동적 패턴을 형성할 수 있어야 후속 학습에서 자신에게 필요한 패턴을 발견하게 된다. 가령 수 0을 지도함에 있어 일반적으로 5에서부터 1씩 감하여 숫자 0으로 이행하게 되는데 이 때, 학생은 1씩 감하는 패턴을 발견하여 스스로 감해갈 수 있어야 하며, 1과 10, 11, 2와 20, 22 등 십진기수법에서 십의 자리 숫자와 일의 자리 숫자의 값이 하나의 패턴으로 예측할 수 있는 '수'라는 사실을 발견할 수 있도록 한다.

언어와 의사소통은 규칙성 탐구 활동의 중요한 요소이다. 학생들은 그들이 패턴을 찾을 때, 생각을 소리 내어 말하게 격려 받아야 한다. 또한 학생들에게 패턴을 찾게 하고 다음에 올 것을 예측하게 하였을 때 왜 그렇게 생각하였는지를 물어보는 것이 필요하다. 왜냐하면 학생들은 때때로 우리가 기대한 것과는 다른 패턴을 발견하기 때문이다. 따라서 교사는 학생들을 지도할 때 교사가 보는 대로 학생들이 패턴을 인식할 것이라고 예측하지 말아야 한다. 예들 들면, 1, 2, 4 … 다음에 오는 수를 물어 보았다면 한 학생은 5로 한 학생은 7로, 한 학생은 1로 답할 수 있다. 그러므로 교사는 학생들이 패턴을 배우고 이해하게 노력하고 서로의 생각을 공유하게 격려해야 한다(박성선, 김민역, 방정숙, 권점례, 2012).

이상 규칙성에 관하여 알아보았다. 수학과를 지도하다 보면 문자 그대로 수학과는 규칙성을 발견하고 그 규칙성을 활용하는 교과라는 사실을 깨닫게 된다. 그러나 어린 학생에게 주어지는 규칙성 관련 과제들이 단순하고, 수 영역의 지도와 무관하다는 생각으로 그 내용 지도를 소홀히 하는 경향이 없지 않다. 이러한 문제점을 극복하기 위하여 교사는 스스로 수학과에 내재된 규칙성을 찾아보고, 이를 학생들에게 전달하려고 노력할 필요가 있다.

요약

규칙성은 패턴을 말하는데, 패턴이란 시각적, 청각적, 운동적 기본단위가 일정한 규칙성을 나타내며 반복되는 것이다. 규칙성이란 수 이전 영역에서부터 초등학교 이후 수학과 교육의 중요한 지도내용의 하나로서 수, 연산, 도형, 측정, 함수, 수열 등의 지도에 직접적인 영향을 미치지만 밖으로 드러나는 지각적 속성보다 비지각적 속성을 강하게 가지고 있다.

규칙성의 유형은 생성방법, 지각속성, 생성소재 등에 의하여 구분할 수 있다. 구체적인 예로 반복되는 패턴, 증가하는 패턴, 대칭/회전하는 패턴, 카오스패턴으로 구분할 수 있으며 이것들은 후에 수나 연산, 도형 등 전체 수학 영역의 기본 개념으로 활용된다.

규칙성의 지도에서 귀납적 추리란 여러 가지 사례나 자료의 집합, 규칙 찾기 등에 기초하여 결론을 이끌어 내는 것을 말하며, 과학자들은 귀납적 추리를 주로 한다.

규칙성의 탐구는 학생에게 생활 주변에서 패턴을 찾고, 반복되는 것을 따라하고 즐길 수 있는 기회를 주는 것으로 시작할 수 있다. 음악의 노랫말이나 박자치기, 놀이에서 손뼉 치기, 미술의 색칠하기, 국어의 동시에서 반복되는 말 등은 패턴을 인식하는데 좋은 자료가 된다. 이를 바탕으로 학생들이 도형, 그림, 기호, 수 등을 사용해 규칙성을 익히게 한다. 이때 패턴의 도는 일반적으로 패턴 발견하기(패턴 따라하기), 패턴 예측하기(다음의 것 찾기), 복잡한 패턴 발견하기(패턴 확장하기), 패턴 창조하기(자신의 패턴 만들기)의 순서로 이루어진다.

언어와 의사소통은 규칙성 탐구 활동의 중요한 요소이다. 학생들은 그들이 패턴을 찾을 때, 생각을 소리 내어 말하게 격려받아야 한다. 학생들에게 패턴을 찾게 하고 다음에 올 것을 예측하게 하였을 때 왜 그렇게 생각하였는지를 물어보는 것이 필요하다. 왜냐하면 학생들은 때때로 우리가 기대한 것과는 다른 패턴을 발견하기 때문이다.

연구과제

- 특수교육대상학생에게 규칙성 영역의 탐구가 필요한 이유에 대해 토의해 보자.
- 각 학년군 수와 연산 영역에서 나타나는 규칙성을 찾아보자.
- 규칙성을 일상생활에 활용하는 사례에는 어떤 것들이 있는지 토의해 보자.

참고문헌

강문봉 · 강완 · 김난희 · 김수환 · 나귀수 · 박경미 · 박영배 · 백석윤 · 송상헌 · 유현주 · 이경화 · 이중권 · 임문규 · 임재훈 · 장혜원 · 정동권 · 정영옥 · 정은실 · 허혜자(역)(2004). 초등수학 학습지도의 이해. 서울: 양서원.

강지형 · 김수환 · 라병소 · 박성택 · 이의원 · 정은실(2003). 7차 교육과정에 의한 초등수학 교육. 서울: 동명사.

교육과학기술부(2008). 초등학교 수학과 교사용지도서 1-가.

교육부(2015). 기본교육과정 중학교 교사용 지도서 수학 나. 서울: ㈜미래엔.

교육부(2018). 초등학교 교육과정[별책2]. 미간행 자료.

권영례 · 박영충(1997). 수학 · 과학 통합활동이 창의적 사고에 미치는 영향. 열린유아교육연구, 2(1), 121-136.

김진락(1990). 수학문제 유형의 분류와 그 실제. 수학 교육 제29권 제1호(통권67호). 한국수학교육학회.

박성선 · 김민경 · 방정숙 · 권점례(역)(2012). 초등교사를 위한 수학과 교수법. 서울: 경문사.

박성택 · 신택균 · 양인환 · 손용규 · 이정재(1993). 수학 교육. 서울: 동명사.

배종수(2005). 제7차 교육과정을 중심으로 초등수학 교육 내용지도법. 서울: 경문사.

이경우(1997). 수학교육을 위한 문학적 접근. 다음세대.

이대현(2011). 초등수학지도의 원리와 방법. 서울: 동명사.

정연희(2015). 유아수학교육. 서울: 창지사.

한국교육개발원(1985). 문제해결력 신장을 위한 수업방법 개선 연구.

현종익(2008). 교사를 위한 초등수학교육론. 서울: 교우사.

Kantowski, K. G. (1981). *Process involving in mathematical problem solving.* JRME vol. 8.

Butts, K. (1980). *Posing Problem properly problem solving in school mathematics.* NCTM (1980). yearbook.

Chales, R. I. & Lester, F. K. (1982). An evaluation of a process oriented instructional problem in mathematics problem solving in grade 5 and 7, JRME. vol. 15(no. 1), Jan.

Charlesworth, Rosalind, Lind, Karen K (1995). *Math and science for young children*. N.Y.: Delmar.

Copley. V. J. (2000). The young child and mathematics. NAEYC.

Jonassen, D. H. (2004). *Learning to solve problems: An Instructional Guide.* John Wiley & Sons, INC.

Lenchner, G. (1983). *Creative problem solving in school mathematics.* Boston: Houghton Mifflin.

NCTM. (1991). Standards for teaching Mathetics.

Polya, G. (1957). How to solve it?(2nd ed.). New York: Doubledey.

Richardson L. L., Goodman, K., Hartman, N. M., & LePique, H. C. (1980). A mathematics activity curriculum for early childhood and special education. New York: Macmillian.

Scriven, M. (1980). *The methodology of educational evaluation.* in Srake(ed.), Chicago: Rand NcNally.

제 14 장 자료와 가능성 영역의 교수 · 학습 방법

유 장 순

우리는 일상생활에서 일기예보, 물가상승, 직업고용 등의 다양한 자료를 수집하고 그 결과를 예측하고 미래를 준비한다. 자료를 속성에 따라 분류하여 표로 나타내고 정보를 직관적으로 파악할 수 있도록 그래프로 나타내는 수학적 활동은 관련 지식과 기능을 길러 궁극적으로는 생활 장면에 유익하게 활용하고자 하는 데에 그 목적이 있다. 학생들이 자료와 가능성에 관한 수학적 지식이나 계산식을 단순히 습득하는 것이 아니라, 일상생활에서 접하는 통계적 자료를 읽고 해석하여 보다 나은 의사결정을 하는 데 필요한 수학적 사고를 발달시키도록 하며 그들에게 수학적 힘과 유용성을 갖게 하는 것이다. 특히 특수교육대상학생의 경우 복잡하고 어려운 표를 작성하고 그래프를 그리고 계산식을 푸는 것보다도 더욱 중요한 것은 실생활에서 자료를 분류하고 정리할 수 있으며, 지역사회에서 제공하는 자료의 정보를 읽고 해석하여 학생 자신에게 보다 유익한 정보를 선택할 수 있는 능력과 의사결정을 하도록 지도하는 것이 중요하다.

유치원과 초등교육에서 다루는 자료와 가능성은 중등교육의 통계와 확률로 확장되어 학생들은 궁극적으로 고차원적인 기술 및 추리 통계를 배우게 된다. 따라서 이 장에서는 확률과 통계에 대한 이론적인 내용을 개괄적으로 기술하였다. 그리고 자료와 가능성 영역인 자료 분류하기, 표로 나타내기, 그래프로 나타내기, 대푯값과 평균, 퍼센트와 비율 그래프, 그리고 가능성과 확률의 내용을 제시하였다. 또한 각 내용과 관련된 수업 활동의 예를 간략하게 제시하여 현장에서 학생들 지도에 도움이 되도록 하였다.

1. 자료와 가능성 영역의 교수 · 학습 내용

통계와 확률은 수학의 다양한 측면을 응용하여 객관적이고 타당한 정보를 제공할 뿐만 아니라 불확실한 어떤 현상에 대해 결론을 내리고 예측하게 해주는 수학 분야이다. 학령기 교육과정에서는 통계를 자료라는 표현으로, 확률을 가능성이란 표현으로 바꾸어 자료와 가능성 영역이라는 쉬운 표현을 사용하고 있다.

통계란 이론을 도출, 지지, 거부, 수정하기 위하여 수집된 자료를 가지고 가설을 검증하는, 즉 확률적으로 판정하는 수리적 논리다. 예를 들어 어떤 검사를 두 집단에 실시하여 얻어진 점수를 두 집단 간에 차이가 있는지를 확률적으로 밝히는 것이 통계이다. 주관적 판단에 의한 외침과 구호로 이론이나 의견의 타당성을 주장하기보다는 객관적 자료에 입각하여 이론이나 의견을 주장하는 것이 보다 합리적이고 바람직하므로 자료 분석을 위한 통계는 경험과학에 있어서 필수적인 수단이다(성태제, 시기자, 2009: 261). 통계의 종류는 기술통계와 추리통계로 나뉜다. 기술통계는 어떤 집단의 현상을 파악하기 위하여 자료를 수집하고 정리하여 표나 그래프를 만들거나, 자료를 요약하여 대푯값이나 변동의 크기 등을 구하는 방법을 다룬다. 즉, 얻어진 자료를 분석하여 그 자료를 구성하는 대상들의 속성만을 설명하는 것이지 모집단의 속성을 유추하지는 않는다. 반면 추리통계는 일부자료(표본집단)에서 얻어진 결과를 활용하여 대상 전체집단(모집단)의 특성을 추측하는 학문이다. 즉, 추리통계는 관측된 자료를 분석하는 데 논리적인 근거를 주며, 통계적 모형을 설정하고 설정된 모형이 합리적인지 여부를 평가하며, 불충분한 자료나 정보를 근거로 미지의 특성에 대한 결론을 내리고 미래에 일어날 특성값에 대한 예측을 하게 된다(강지형 외, 2001: 299).

확률은 수학적 확률, 통계적 확률, 공리적 확률로 나누어진다. 확률 개념 발달을 Piaget는 3단계로 나누어 설명하고 있는데, 1단계는 대체로 7세 이하 아동들이 갖는 특성으로 확률론적 현상과 결정론적 현상을 구별할 수 없는 단계이다. 즉 우연적인 사건과 필연적인 사건을 구별할 수 없다. 2단계는 14세까지의 아동이 해당하는 단계로써 우연적인 사건과 필연적인 사건을 구별할 수 있어서 우연현상을 우연현상으로써 파악하지만, 가능성의 목록을 체계적으로 만들어내지는 못한다. 이 단계의 아동은 조합적 기능을 갖지 못하며, 추상적인 확률실험 모델을 만들만큼 수학적으로 성숙하지 못한 단계이다. 14세 이후의 3단계는 조합적 분석을 하기 시작하며 확률을 상대도수의 극한으로 이해하는 단계이다. 따라서 Piaget에 의하면 비(ratio) 개념이 확률개념의 발달에 결정적으로 중요한 것 같다(강지형 외, 2001: 313-314). 통계와 확률은 수량적인 이해와 수학적 사고를 요구하는 영역이다. 통계와 확률을 이해하고 배우기 위해서는 선수학습이 필요하다. 통계와 확률은 방법을 선택하고 결과를 해석하기 위한 판단이 필요한 의미 있는 상황에서 계산 활동의 기회를 제공한다. 그러므로 통계와 확률은 각각 별도로 고려되어지는 영역이 아니라, 0과 자연수, 분수, 소수, 퍼센트, 비, 비율에 대한 이해가 필수적이다. 확률은 분수 또는 소수, 퍼센트, 비로 나타낼 수 있다. 확률이 더 크면 사건이 더 일어날 것이다. 역으로 확률이 더 적으면 사건이 더 적게 일어날 것이다. 따라서 많은 계산 기능은 그래프를 그리거나 통계와 확률값을 구하는데 적용됨으로써 확인되고 발전된다(강문봉 외, 2001: 629).

이러한 통계와 확률의 내용을 교육과정과 관련지어 보면, 유치원 교육과정에서 자료 정리의 전 단계로 사물의 속성에 따른 분류를 주로 다루게 된다. 초등학교 교육과정에서는 직관적 사고를 요하는 기술 통계의 일부로써 그래프 그리기와 수학적 확률의 정의를 도입하여 확률의 기초적인 개념과 내용을 다루게 된다. 중등학교 교육과정에서는 초등학교 교육과정의 내용을 바탕으로 보다 깊이 있는 기술 통계와 함수적 사고를 요구하는 추리 통계의 내용을 다루게 된다.

2. 자료 분류하기[1)]

어떤 사물이나 집단에 대하여 조사한 결과를 문제해결 자료로써 그대로 사용하기에는 사물의 속성이나 특징을 파악하는 데 어려움이 있고 정보를 파악하는 데 많은 시간이 걸린다. 즉, 자료를 조사하거나 수집하였을 때 그것을 목적에 맞게 활용하기 위해서는 자료를 분류하고 정리하여야 한다.

분류는 특정 성격을 지닌 집합에서 사물의 동일한 특성을 지닌 집합으로 재구성하는 것을 의미한다(김숙자, 1992). 즉, 자료를 분류한다는 것은 정해진 기준에 따라 나누는 것을 의미하는데, 결국 분류는 자료를 수집하고 정리 및 해석하는 활동으로 발전되어 감으로써 통계의 기본 개념을 이해하는 데 필요한 활동이다. 정리는 분류된 자료를 표 또는 그래프로 나타내거나 대푯값, 표준편차 등을 산출하여 보다 알기 쉽게 만드는 것을 말한다(강지형 외, 2001: 300). 자료에는 양적 자료와 질적 자료가 있다. 양적 자료는 연령, 키, 몸무게, 성적 등과 같은 양적인 것이 해당되며, 질적 자료는 직업, 성별, 회사, 각종 현상 등과 같은 질적인 것이 해당된다.

분류 능력의 발달을 살펴보면, 4세경에 분류의 준거나 범주를 명확히 설정하지 못하지만 5~6세경에는 한 가지 준거를 사용하여 지속적인 분류가 가능한데, 모양에 의한 분류가 먼저 가능하고, 그 다음이 색, 크기순의 분류 능력이 발달하게 된다. 이 시기에 유목의 포함관계에 대한 이해, 예를 들면 자동차, 기차, 비행기는 교통수단이라는 유목에 포함되는 하위유목과 유목관계는 완전히 이해하지 못한다. 이러한 부분과 전체에 대한 이해나 둘 이상의 속성을 동시에 고려하는 분류, 위계적인 분류 등은 구체적 조작기가 되어서야 가능한 것으로 보고 있다(Copeland, 1974). 분류 학습의 범위와 내용간의 연계성은 학자들에 따라서 다양한 견해를 보이고 있다. High/Scope Educational Research Foundation(1991)에서 제시하고 있는 연령별 분류하기 발달수준은 〈표 14-1〉과 같다.

1) 본 내용은 남윤석 외(2011) 「특수교육 수학교육론」의 제8장의 '분류하기'의 내용과 제13장의 '자료 분류· 정리하기의 내용을 수정 요약 정리하였음

〈표 14-1〉 연령별 분류 수준

	3~4세	5~6세	1학년
사물의 속성을 탐색하고 기술하기	○	○	○
사물의 같고 다른 점을 인식하고 기술하기	○	○	○
동시에 한 가지 이상의 속성을 생각하기	○	○	○
전체와 부분의 차이를 구별하기	○	○	○
어떤 사물이 속하지 않는 속성 설명하기		○	○
물체를 분류하고 또 다른 준거로 재분류 하기		○	○
분류 범주의 영집합 이해하기			○
하위 집합의 패턴 관찰하기			○
동시에 두 가지 이상의 속성으로 분류하기			○

○: 해당 연령 가능 활동

1) 단순 분류

단순 분류는 분류의 가장 초기 형태로써 집합의 크기나 양의 차이에 관심을 두지 않고 사물의 속성을 고려하여 집합을 구성하는 것이다. 즉, 단순 분류는 하나의 규칙이나 조건만으로 분류하는 것이며, 사물의 공통점과 차이점을 식별하여 사물의 집합체로 구성하는 것이다(Richardson 등, 1980). 따라서 특수교육대상학생에게 단순 분류를 가르치고 할 경우에는 실생활에서 흔히 보는 친숙한 사물을 관찰하고 탐색하여 속성을 파악하는 놀이 중심으로 분류를 충분히 경험할 수 있도록 다양한 사물을 제공한다.

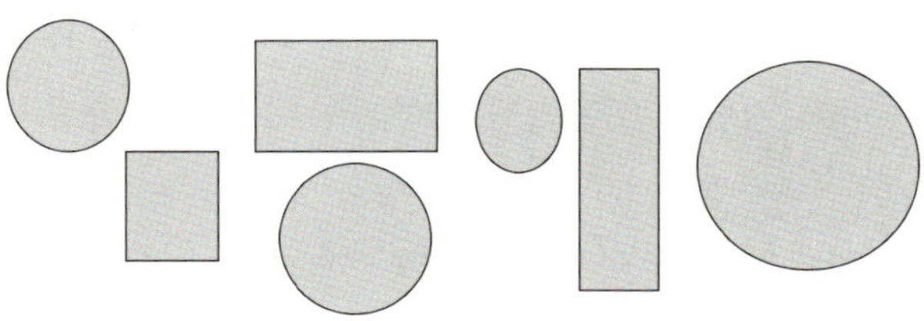

[그림 14-1] 모양에 의한 단순 분류가 가능한 자료

2) 복합 분류

복합 분류는 한 번에 두 가지 이상의 속성이나 조건을 고려하여 사물을 분류하는 것이다. 복합 분류를 할 경우에는 먼저 사물의 속성을 파악하고 그 속성을 두 가지 이상으로 표현할 수 있는지를 관찰하고 탐색하도록 한다. 즉, 사물은 여러 가지 속성을 가지고 있음을 파악하고, 이를 바탕으로 복합 분류를 하도록 한다. 복합 분류를 지도할 때는 학생들 스스로 분류 조건을 제시하고 그에 따라 분류하고, 분류된 자료를 보고 분류의 조건이나 속성을 찾도록 하며, 다른 기준으로 재분류하는 활동을 한다. 특수교육대상학생에게 복합 분류를 지도할 때는 사물의 속성이 분명하고 변별이 큰 물체를 제시하여 분류의 기준을 잘 이해하도록 한다.

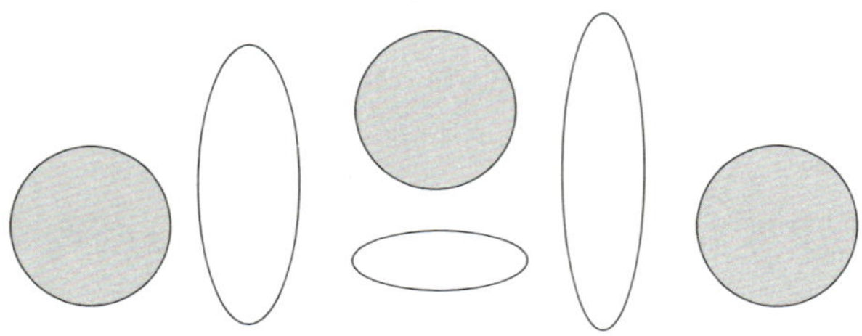

[그림 14-2] 복합 분류가 가능한 자료(희고 옆으로 긴 모양, 회색으로 된 동그라미)

3) 유목별 하위 분류

유목별 하위 분류는 사물들의 포함관계를 파악하여 분류하는 것이다. 포함관계는 층계적 범주를 구성하는 데에 기본이 된다. 사물들은 어떤 특정의 공통된 속성들에 기초하여 하나의 집합에 포함되게 된다. 특수교육대상학생에게 유목별 하위 분류를 지도할 때는 사물의 속성 간에 유사성과 포함관계를 잘 이해할 수 있도록 실생활에서 흔히 접하는 물체를 활용하도록 한다.

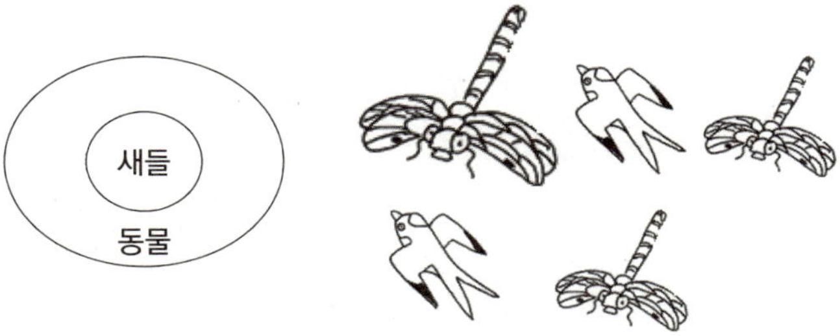

[그림 14-3] 유목 분류의 일반 모형과 예시

특수교육대상학생에게 자료 정리의 기본이 되는 분류를 지도하기 위해서는 다음과 같은 점을 고려하여 지도한다. 첫째, 자료 수집은 학생이 일상생활에서 많이 볼 수 있는 소재를 중심으로 수집하여 분류 활동에 흥미를 갖도록 한다. 교실에 있는 물건, 학용품, 선호하는 음식, 내가 선호하는 직업 등 일상생활과 관련 있는 자료를 수집한다. 둘째, 처음 '분류'개념을 도입할 경우에는 자료를 한 가지 기준에 따라 분류 활동을 하게 한다. 예를 들면 남자와 여자, 운동화와 구두, 양말과 장갑 등의 변별력이 뚜렷하고, 사물 속성이나 특징이 아주 다른 것을 제시하여 분류를 이해하도록 한다. 셋째, 분류 기준의 특징은 분명하고 간단한 것이어야 한다. 예를 들면 과일을 분류할 때, 종류에 따라, 색깔에 따라, 크기에 따라, 모양에 따라 나누어 보도록 한다. 넷째, 분류 활동을 한 다음에는 분류한 것들의 개수를 세어보는 활동을 한다. 이 활동은 자료 정리인 표 만들기와 그래프 그리기의 기초가 된다. 다섯째, 다양한 분류 활동을 실제로 경험한 후 '분류'라는 용어를 이해할 수 있도록 지도한다. 여섯째, 흩어진 사물을 분류하여 정리하면 어떤 점이 좋은지를 알게 하여 분류의 필요성을 인식 시킨다. 일곱째, 특수교육대상학생이 한 가지 기준에 의한 분류 활동을 충분히 하여 '분류'개념을 어느 정도 이해하면, 두 가지 기준에 의한 분류 활동으로 발전시켜 나간다. 예를 들면 '빨간 모자를 쓴 여자', 즉, '빨간 모자'와 '여자'라는 두 가지 기준을 이해하는 것은 한 가지 기준에 의해 분류하는 활동과는 질적인 차이가 있다.

◈ ◈ ◈ 〉〉 수업활동의 예 〈〈 ◈ ◈ ◈

◎ 자료 수집

- 교사는 학생들이 스스로 자료를 수집할 수 있도록 분위기를 조성한다.
- 교사는 학생들이 자료 수집에 적극적으로 참여할 수 있도록 발표의 기회를 준다.
- 교사는 자료 수집이 가능한 주변 환경 장면을 준비한다.
- 교사는 학생들이 자료 수집활동에 어려움이 없도록 직접 자료 수집 활동의 시범을 보여준다.
- 모든 학생이 참여할 수 있도록 조별로 자료를 수집할 수 있다.

◎ 지도의 실제

- 수집된 자료를 어떻게 분류하면 좋을지 학생들이 스스로 기준을 정하도록 한다.
- 처음에는 한 가지 기준을 정하여 자료를 분류하도록 한다.
- 흩어진 자료를 분류하도록 한다.
- 분류된 자료와 흩어진 자료의 차이를 비교하도록 한다. 이때 교사는 멀티미디어를 활용하여 자료들을 비교할 수 있도록 교수·학습 자료를 준비한다.
- 자료를 분류하면 어떤 점이 좋은지 발표하도록 한다.
- 분류된 자료를 세어보도록 한다.

◎ 용어 정리

- '분류'는 자료를 기준에 따라 나누는 것을 말한다.

3. 표로 나타내기

표는 자료를 기준에 따라 분류하고 알기 쉽게 항목에 따라 그림이나 숫자 등의 기호로 정리하여 나타낸 것이다. 조사한 자료를 표로 정리하면 각 항목별로 조사한 수를 쉽게 알아볼 수 있다. 또한 전체 조사 대상이 모두 얼마인지 합계를 알아내기 쉽다. 즉, 표는 자료를 분류·정리한 결과로서 통계적 사실에 대한 표현방법의 하나이다. 자료를 주어진 기준에 따라 분류하고 세어서 표로 정리하는 이유(강지형 외, 2001: 301)는 첫째, 통계자료의 특징을 일목요연하게 알 수 있다. 둘째, 수리적인 자료 분석을 간편하게 할 수 있다. 셋째, 보다 많은 정보를 시각적으로 보다 빨리 파악할 수 있다. 일반적으로 표 그리기 지도의 순서는 다음과 같다. 첫째, 자료의 수만큼 가로(행), 세로(열)의 칸을 만든다. 둘째, 윗줄에 자료의 종류를 적는다. 셋째, 가운데 줄에 개수를 표시한다. 넷째, 아랫줄에 자료의 개수를 적는다. 다섯째, 표에 제목(조사 연월일, 조사 장소)을 붙인다. 여섯째, 자료를 표를 정리하여 나타냈을 때의 좋은 점을 발표한다(교육과학기술부, 2008).

특수교육대상학생에게 표 만들기의 목적은 흩어진 자료를 일목요연하게 정리하는 것을 익히고, 작성된 표를 읽고 유용한 정보를 찾아 그 정보를 일상생활에 활용할 수 있도록 하는 데 있다. 또한 작성된 표 양식에 수집된 자료를 준거에 따라 분류하여 기입하거나, 이미 완성된 표의 자료를 읽고 해석하여 준거에 적합하게 수행하는 능력은 학령기 이후 직업에서 요구되는 기능을 익히는 데 중요한 학습활동이라고 할 수 있다. 따라서 특수교육대상학생에게 표 그리기를 지도하기 위해서는 일상생활에서 흔히 볼 수 있는 사물들을 활용하여 표 만들기에 흥미를 갖도록 하는데, 다음과 같은 점을 고려하여 지도한다. 첫째, 표는 숫자와 그림으로 기록되는데, 수 개념이 형성되지 않은 학생은 수 대신 그림으로 기록하도록 한다. 이는 후속학습인 그림그래프를 그리는 활동에 전이효과를 줄 수 있다. 둘째, 표를 처음부터 그리도록 하는 것보다 단계별로 제시한다. 이때 교사는 표 그리기에 대한 학생 개개인의 과제분석이 필요하다. 처음에는 완성된 표를 제시해 주고 어느 정도 학생들이 표를 이해하고 다루게 되면, 그 다음 단계로 분류된 자료 항목에 숫자만 학생들이 적게 한다든지, 표의 위 칸만 학생 스스로 적게 하고 나머지 칸은 교사가 적는다든지 등의 수업상황에 따라 적절하게 조정한다. 셋째, 분류된 자료를 보고 숫자를 세어 빈칸에 수를 쓸 때는 빗금(卌)을 사용하도록 지도한다. 자료

◈◈◈ 》 수업활동의 예 《 ◈◈◈

◎ 지도의 실제

우리반 학생들이 좋아하는 과일을 조사한다.

〈우리 반 학생들이 좋아하는 과일〉

과일	사과	포도	딸기	배	귤	수박	계
개수 표시	卌						
사람 수	5명						

- 표를 보고 우리반 학생들이 가장 좋아하는 과일을 알아보자.
- 자료를 표로 정리하여 나타냈을 때의 좋은 점을 발표한다.

◎ 위의 표를 보고 좋아하는 과일의 수만큼 ○표를 하여 그래프로 나타내어 봅시다.

학생수 (명) \ 좋아하는 과일	사과					
8						
7						
6						
5	○					
4	○					
3	○					
2	○					
1	○					

◎ 용어 정리 및 약속

- '표'는 자료를 기준에 따라 분류하고 알기 쉽게 항목에 따라 그림이나 숫자 등의 기호로 정리하여 나타낸 것이다.

를 하나씩 빗금을 쳐가며 항목별로 빗금(卌)을 표시하면, 학생들이 숫자를 중복해서 세거나 빠뜨리는 오류를 방지할 수 있다. 수업의 다양한 장면에서 빗금을 사용하여 이해도를 높이고 일반화시킨다. 넷째, 표에는 표의 제목, 자료 조사 연월일, 조사 장소 등을 명시하도록 하는데, 학생의 능력에 따라 표 만들기의 활동에 학생이 부분적 또는 점진적으로 참여할 수 있도록 한다. 또한 '표'라는 용어를 관련된 모든 교과 활동에서 자연스럽게 배울 수 있도록 반복 지도한다.

4. 그래프로 나타내기

그래프는 자료를 직관적으로 알아보기 쉽도록 그림으로 나타낸 것으로 그 종류는 매우 다양하다. 유치원 교육과정에서 주로 다루는 실물그래프에서부터 그림그래프, 상징그래프, 막대그래프, 꺾은선그래프 등의 높은 수준의 그래프가 있다. 실물그래프는 해당 실물을 그래프 판에 직접 놓아서 만드는 그래프이다. 예를 들면 작성된 그래프 판에 사과와 배를 직접 올려놓고 서로 비교해 볼 수 있다. 실물그래프는 그림그래프와 상징그래프의 기초가 되며 구체적인 경험을 제공하는 그래프라고 할 수 있다.

그림그래프는 실물의 그림을 이용하여 그래프를 만드는 것으로, 실물보다 기록이 더 영구적이며 학생들이 좋아하는 소재를 실물로 사용할 수 없을 경우에 적절하다. 상징그래프는 어떤 사물이나 물체를 표상하기 위해 추상적인 상징 기호, 도형 등을 사용하는 것이다. 막대그래프는 표를 보고 각 항목별 수를 막대로 나타낸 그래프이며 항목의 크기를 비교하기에 유용하다. 꺾은선그래프는 자료의 변화 상태를 표현하기에 적합한 그래프며, 이 밖에도 비율을 이용한 띠그래프와 원그래프 등이 있다(교육과학기술부, 2008). 이렇게 다양한 그래프는 그 자체마다 특징이 있기 때문에 자료의 특성 및 정보를 사용하고자 하는 목적에 적합한 그래프를 선택하여 적절하게 사용할 수 있도록 지도한다.

특수교육대상학생의 경우 그래프 그리기가 매우 어렵고 흥미가 없을 수 있다. 그렇기 때문에 그래프 그리는 방법을 가르치는 것도 중요하지만, 그래프가 나타내는 자료를 읽고 이해하여 일상생활에서 필요한 정보를 알고 그 정보를 선택할 수 있는 의사결정을 할 수 있도록 지도한다.

1) 막대그래프 그리기

막대그래프는 조사한 수량을 막대의 길이로 나타낸 그래프로서 각 항목의 양을 비교할 수 있다. 즉, 막대그래프는 조사된 자료를 빠르게 시각적으로 비교하기 위하여 사용되며, 자료가 이산량일 때 사용하는 것이 효과적이다. 막대그래프의 특징은 다음과 같다(강지형 외, 2001: 306). 첫째, 각 부분의 상대적인 크기를 비교할 수 있다. 둘째, 수치의 크기를 정확히 나타낼 수 있다. 셋째, 전체의 개관이 가능하다. 넷째, 주로 속성통계를 나타내는 데 사용한다. 다섯째, 연속적인 변화를 알기에 불편하다. 여섯째, 전체와 각 부분과의 비율을 알기 어렵다.

일반적으로 막대그래프를 그리는 순서는 다음과 같다(배종수, 2005: 651). 첫째, 가로와 세로 중에서 조사한 수를 어느 쪽에 나타낼 것인지를 정한다. 둘째, 조사한 수 중에서 가장 큰 수까지 나타낼 수 있도록 눈금 한 칸의 크기를 정한 후, 눈금의 수를 정한다. 셋째, 조사한 수에 맞도록 막대를 그린다. 막대를 그릴 때, 막대의 폭은 약간 굵은 선으로 나타내게 하고 막대 사이는 비워 두게 한다. 다섯째, 막대그래프에 제목을 붙인다. 제목은 간단하게 나타내게 하며, 막대그래프가 무엇을 조사하여 나타낸 것인지를 알도록 한다. 여섯째, 막대그래프를 그렸을 때 좋은 점에 대해 토의한다.

특수교육대상학생에게 막대그래프 그리기 지도의 목적은 자료를 그래프로 나타내고, 작성된 막대그래프를 읽고 각 항목의 양의 대소관계를 비교하여 유용한 정보를 선택하여 그 정보를 일상생활에 활용할 수 있도록 하는 데 있다. 따라서 특수교육대상학생에게 막대그래프 그리기를 지도하기 위해서는 [그림 14-4]와 같이 일상생활에서 볼 수 있는 정보를 막대그래프로 나타낸 자료를 활용하여, 수업활동에 사용하므로써 학생들에게 동기유발을 촉진시키고 그래프에 대한 친밀감을 형성하도록 한다. 특수교육대상학생에게 막대그래프 그리기를 지도하기 위해서는 다음과 같은 점을 고려한다. 첫째, 학생이 막대그래프의 용어 및 개념을 이해하도록 구체적인 조작 활동 및 경험을 충분히 제공한다. 즉, 측정 수업활동에서 길이, 높이, 넓이를 지도할 때 후속 학습활동인 통계 관련 학습과 관련지어 가로, 세로의 길이를 재보기, 모눈종이에 길이가 다른 자를 그려보고 비교하기 등의 학습활동을 한다. 둘째, 그래프에서 다루어지는 가로, 세로의 용어를 매 수업시간마다 반복해서 지도한다. 셋째, 칸의 수를 정확하게 셀 수 있도록 손가락이나 연필로 집어가며 세도록 지도한다. 넷째, 막대그래프를 그리는 순서를 지도한다. 그래프 그리는 순서는 학생의 개인차를 고려하여 부분적 단계를 제시하여 지도할 수 있다.

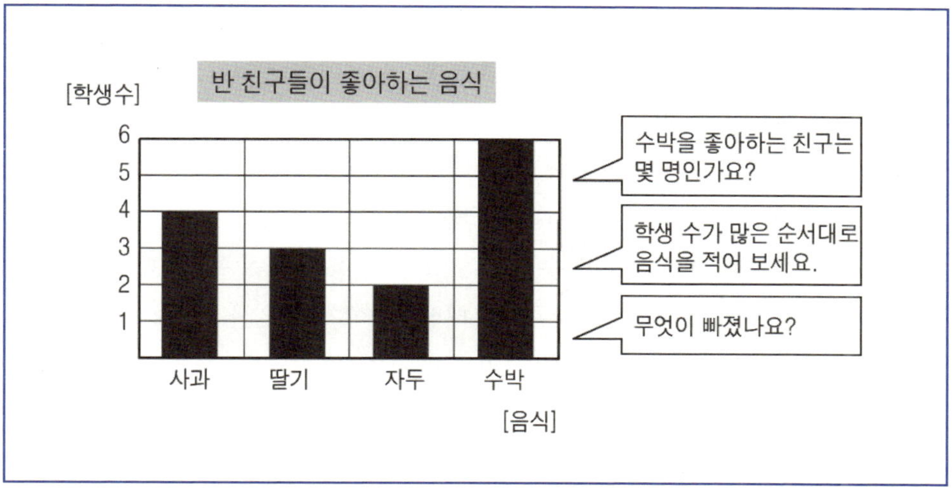

[그림 14-4] 막대그래프 읽기

2) 꺾은선그래프 그리기

꺾은선그래프는 시간의 경과에 따른 변화를 나타내고자 할 때 사용하는 그래프이다. 즉, 꺾은선그래프는 시간에 따라 변화를 연속적으로 보여주기 때문에 막대그래프와는 달리 증감의 상황을 쉽게 파악할 수 있다. 꺾은선그래프의 특징은 다음과 같다(강지형 외, 2001: 306). 첫째, 시간에 따른 연속적 변화를 한 눈에 파악하기 쉽다. 둘째, 꺾은선그래프로 나타내는 자료는 이산적인 것이 아니라 연속적이다. 셋째, 꺾은선의 상승, 하강의 완급에 의하여 증감의 상황을 파악하기 쉽다. 넷째, 부분상호의 비교가 가능하다.

꺾은선그래프를 그리는 순서는 다음과 같다(배종수, 2005: 652). 첫째, 가로와 세로 중에서 조사한 수를 어느 쪽에 나타낼 것인지를 정한다. 둘째, 조사한 수 중에서 가장 큰 수까지 나타낼 수 있도록 눈금 한 칸의 크기를 정한 후, 눈금의 수를 정한다. 셋째, 조사한 수에 맞도록 점을 찍는다. 이때 자를 이용하여 바르게 긋도록 한다. 넷째, 꺾은선그래프에 제목을 붙인다. 제목은 간단하게 나타내게 하며, 꺾은선그래프가 무엇을 조사하여 나타낸 것인지를 알도록 한다. 다섯째, 꺾은선그래프를 그렸을 때 좋은 점에 대해 토의한다.

특수교육대상학생들에게 꺾은선그래프를 지도할 경우 온도 변화, 식물 성장의 변화 등의 일상생활에서 적용할 수 있는 자료를 사용하여 특수교육대상학생들의 학습동기를 유발시키도록 한다. 특수교육대상학생에게 꺾은선그래프 그리기를 지도하기 위해서는 다음과 같은 점을 고려하여 지도한다. 첫째, 학생이 꺾은선그래프의 용어 및 개념을 이해하도록 구체적인 조작 활동 및 경험을 충분히 제공한다. 즉 도형 영역의 수업활동에서 점, 선, 면 등을 지도할 때 후속 학습활동인 통계 관련 학습과 관련지어 모눈종이에 점을 찍어 서로 이어보기 등의 학습활동을 할 수 있다. 둘째, 칸의 수를 정확하게 셀 수 있도록 손가락이나 연필로 짚어가며 세도록 지도한다. 셋째, 조사된 변화내용을 세로의 눈금에서 찾아 가로의 눈금과 세로의 눈금이 만나는 자리에 점을 찍는 활동을 연습한다. 넷째, 꺾은선그래프를 그리는 순서를 지도한다. 그래프 그리는 순서는 학생의 개인차를 고려하여 단계를 제시하도록 한다. 또한 꺾은선그래프를 명확하게 이해할 수 있도록 [그림 14-5]와 같이 동일한 자료를 막대그래프와 꺾은선그래프를 비교해보도록 하며, 각각의 특징을 알아볼 수 있도록 한다.

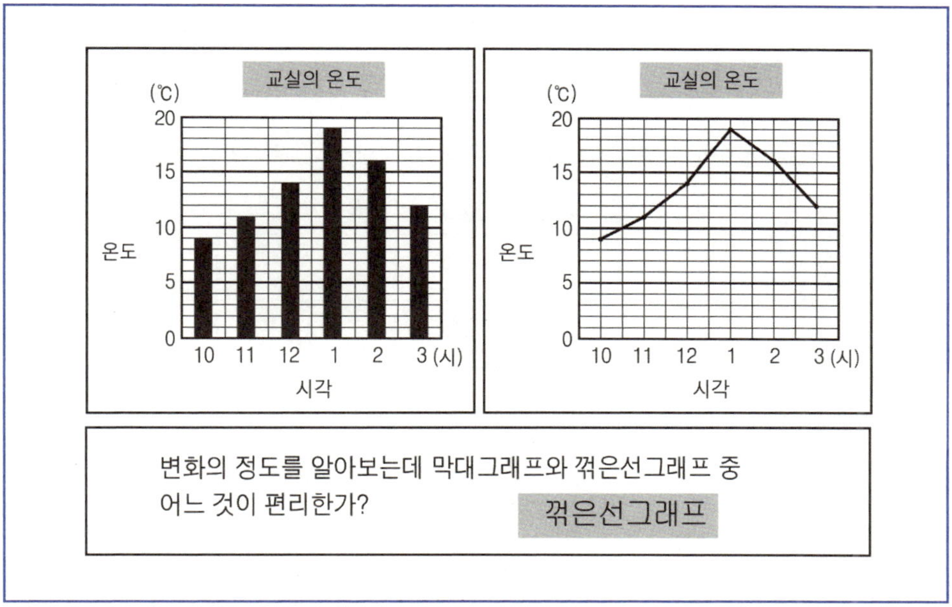

[그림 14-5] 막대그래프와 꺾은선그래프 비교

◈ ◈ ◈ 》 수업활동의 예 《 ◈ ◈ ◈

◎ 지도의 실제

- 우리반 학생들의 혈액형을 조사하여 표로 나타내어 봅시다.

〈우리반 학생들의 혈액형〉

혈액형	A 형	B 형	O 형	AB 형
학생 수 (명)				

- 표를 보고 아래의 막대그래프를 완성하여 봅시다.

〈우리반 학생들의 혈액형〉

(명)				
5				
1				
학생 수 / 혈액형	A 형	B 형	AB 형	O 형

◎ 용어 정리 및 약속

- '막대그래프'는 조사한 수를 막대로 나타낸 그래프이다.

3) 줄기와 잎 그림 그리기

줄기와 잎 그림은 십의 자리 숫자를 줄기 모양으로 하고 일의 자리 숫자를 잎 모양으로 하여 나타낸 그래프이다. 줄기와 잎 그림의 특징은 다음과 같다(강지형 외, 2001: 306). 첫째, 각 부분의 상대적인 크기를 비교할 수 있다. 둘째, 정확한 값을 알 수 있다. 셋째, 전체의 개관이 가능하다. 넷째, 그리기가 쉽다. 다섯째, 두 집단을 비교해서 볼 수 있다. 여섯째, 막대그래프와 달리 속성통계가 아니라 양적 통계를 나타내는 데 사용한다. 일곱째, 연속적인 변화를 알기에 불편하다. 여덟째, 전체와 각 부분과의 비율을 알기 어렵다. 아홉째, 숫자로만 표시되어 있어서 그래프라기보다는 표와 같은 느낌이 강하다.

일반적으로 줄기와 잎 그림을 그리는 순서는 다음과 같다(배종수, 2005). 첫째, 줄기와 잎을 정한다. 줄기는 십의자리, 잎은 일의 자리를 나타낸다. 둘째, 가장 큰 수와 가장 작은 수를 찾는다. 셋째, 세로선을 긋고 세로선 왼쪽에 줄기의 숫자를 쓴다. 넷째, 세로선의 오른쪽에 잎의 숫자를 쓴다. 다섯째, 줄기와 잎 그래프에 제목을 붙인다. 여섯째, 줄기와 잎 그림을 그렸을 때 좋은 점에 대해 토의한다.

특수교육대상학생에게 줄기와 잎 그림 그리기를 지도하기 위해서는 다음과 같은 점을 고려하여 지도한다. 첫째, 줄기와 잎 그림을 그리기 위해서는 우선 수의 지도가 충분히 이루어져야 한다. 둘째, 수의 크기를 비교할 수 있도록 한다. 셋째, 수의 자릿값을 알고 십의 자리 수, 일의 자리 수를 알고 읽을 수 있도록 한다. 넷째, 줄기는 십의 자리 숫자, 잎 모양은 일의 자리 숫자를 나타낸다는 것과 읽는 방법을 지도한다. 예를 들면 [그림 14-6]과 같이 남학생과 여학생의 키를 나타내는 그래프를 활용하여 직접 줄기와 잎의 자리를 익힐 수 있도록 지도하고, 익숙해지면 어떤 점수를 나타내는 줄기와 잎 그림[2 | 3는 23점이다]을 제시하여 반복 지도한다. 또한 과학과에서 식물 단원을 지도할 때 수학과의 그래프 단원을 고려하여 줄기와 잎 그림을 관련지어 줄기와 잎이라는 용어를 익힐 수 있도록 지도한다. 다섯째, 줄기와 잎 그림을 그리는 순서를 지도한다. 이때 학생의 개인차를 고려하여 그래프 그리는 순서를 학생들에게 부분적으로 단계를 제시할 수도 있다.

남학생				여학생			
117	133	136	138	123	155	118	124
121	125	148	129	157	137	138	138
134	149	156	126	135	131	133	144
				147	148	146	

			남학생		여학생					
			6	15	5	7				
		8	9	14	4	6	7	8		
3	4	6	8	13	1	3	5	7	8	8
1	5	6	9	12	3	4				
			7	11	8					

↑
줄기

[그림 14-6] 남학생과 여학생 키의 줄기와 잎 그림

◈ ◈ ◈ 〉〉 수업활동의 예 〈〈 ◈ ◈ ◈

◎ 지도의 실제

다음은 서진이네 반 학생들의 수학 성적을 모아놓은 자료이다. 물음에 답하여 봅시다.

74	38	84	67	55
85	66	21	29	53
78	82	89	83	70

위 자료의 수학 성적을 보고 줄기와 잎 그림으로 나타내어 봅시다.

줄기	잎
2	
3	
5	
6	
7	
8	

◎ 용어 정리 및 약속

- '줄기와 잎 그림'은 세로선을 중심으로 왼쪽에 있는 수를 줄기, 오른쪽에 있는 수를 잎으로 나타낸 그래프이다.

5. 대푯값과 평균

일상생활에서 흔히 접하는 평균 기온, 평균 가족 수입, 하루 평균 운동 시간 등을 알아보거나 보고할 때 대푯값을 사용한다. 대푯값은 여러 가지 값을 표현하는 데 사용하는 어떤 수를 말하며 집중경향 값이라고 한다. 대푯값에는 평균, 중앙값 그리고 최빈값이 있다. 이 중에서 가장 널리 사용되는 것은 평균이며 초등학교에서는 통계의 내용으로 평균을 포함하고 있다.

평균(mean)이란 산술평균으로 관련된 전체 자료의 값을 모두 더한 다음 전체 자료의 사례수(개수)로 나눈 값을 말한다. 평균에는 다음과 같은 특징이 있다(강지형 외, 2001: 309). 첫째, 평균은 극단적인 값 사이에 존재한다. 예를 들면 어떤 반 아동들의 평균 나이는 가장 나이 많은 아동과 가장 어린 아동의 나이 사이에 있다. 둘째, 평균으로부터의 편차의 합은 0이다. 셋째, 평균은 평균 이외의 다른 값에 의해서 영향을 받는다. 넷째, 평균은 자료 중의 어느 하나와 반드시 일치하는 것은 아니다. 예를 들어 1과 3의 평균은 2이다. 다섯째, 평균은 추상적인 대푯값이지 반드시 실제적인 뜻을 가진 것은 아니다. 예를 들어 가족 당 평균 자녀수가 2.5명이다. 이와 같이 평균은 그에 대응하는 대상이 실제적으로 존재하지 않는 소수가 될 수도 있다. 여섯째, 평균을 계산할 때에 0이 있다면 반드시 고려해야 한다. 예를 들어 아동이 일주일에 숙제를 하는 평균 시간을 계산하려고 할 때, 아동이 숙제를 하지 않는 요일도 반드시 포함시켜야 한다. 일곱째, 평균은 그 변량 전체를 대표하는 값이다. 이 성질을 공간적인 용어로 표현하다면, 평균은 변량 전체의 집합의 원소 각각으로부터 가장 가까이 있는 값이다.

특수교육대상학생에게 평균을 지도할 때 다음과 같은 점을 고려한다. 첫째, 평균의 개념을 이해하기 위해서는 더하기와 나누기 개념을 사전에 지도한다. 만약에 학생이 더하기와 나누기의 수식을 세워 사칙연산 문제를 푸는 데 어려움이 있는 경우 전자계산기를 이용하여 문제를 해결하도록 지도할 수 있다. 그리고 전체를 더하는 것과 더한 횟수만큼 나누는 것이 무엇을 의미하는지 잘 이해할 수 있도록 구체적인 사례들을 제공하여 지도한다. 둘째, 일상생활에서 평균이 활용되는 경우를 찾아보고 구체적으로 학습활동을 함으로써 평균의 의미를 이해하게 한다. 예를 들면 월요일부터 금요일까지 학교버스를 이용한 우리반 학생들을 조사하고, 하루에 평균 몇 명씩 타게 되었는지를 알아본다. 셋째, 평균을 활용하면 일상생활에서 여러 가지 계획을 세워 실천할 때 유용함을 알게 한다.

6. 퍼센트와 비율 그래프

사람들은 일상생활에서 퍼센트(%)라는 용어를 흔히 접한다. 대형 마트나 백화점에서 할인행사를 할 경우, 할인 퍼센트가 얼마인지를 따져 물건을 구입한다. 또한 최근 건강에 대한 관심이 높아져 사람들은 식품의 '% 영양소 기준치'를 살펴보고 그 식품을 선택한다. 신문이나 TV 방송에서 비올 확률이 20% 혹은 70%라고 했을 때 사람들은 비가 올 확률이 높으면 외출 시 우산을 준비한다. 이와 같이 퍼센트로 나타내는 수치는 사람들이 어떤 의사결정을 할 경우에 판단의 기준으로 작용한다.

퍼센트(%)는 백분율을 표기하는 기호이다. 즉, 백분율이란 기준량을 100으로 할 때의 비율을 의미하며 기호를 %로 하고 퍼센트라고 읽는다. 퍼센트는 소수와 분수를 철저하게 이해하고 비와 비율에 대한 많은 경험을 한 후 도입되는 개념이다. 기준량, 비교하는 양, 비율, 비의 값에 대한 개념을 이해하고 서로의 관계를 알아야 한다. 따라서 초등학교 단계에서 퍼센트를 지도할 때는 여러 가지 구체적인 모델을 가지고 충분한 조작활동을 할 수 있도록 한다. 퍼센트 지도는 단순히 계산하는 수식을 암기하는 주입식을 지양하고 실생활과 밀접한 문제를 제시하여 퍼센트의 유용함을 학생 스스로 찾도록 하는 것이 중요하다. 결국 퍼센트의 개념을 이해하는 것은, 비율을 이용한 띠그래프와 원그래프를 그리고 해석하는 데 기본이 된다. 비율을 이용한 그래프는 전체를 100으로 하여 전체에 대한 부분의 크기 또는 비율을 알아보는 데 편리하다.

띠그래프는 전체에 대한 각 구분의 비율을 큰 항목부터 차례로 구분하여 띠 모양으로 나타낸 그래프이다. 즉, 띠그래프는 전체에 대한 각 부분의 비율을 백분율로 나타내어 띠 그림에 백분율만큼 분할하여 큰 항목부터 차례대로 나타낸다. 띠그래프의 특징은 다음과 같다(강지형 외, 2001: 307). 첫째, 작성과 읽기가 쉽다. 둘째, 부분과 전체, 부분과 부분의 비율을 알기 쉽다. 셋째, 길이로 비율을 나타내므로 보기에 쉽다. 넷째, 수치가 적은 항목은 나타내기 곤란하다. 다섯째, 부분의 차를 보는 데는 쉽지 않다. 띠그래프를 그리기 위해서는 가장 먼저 백분율을 계산한다. 그런 다음 차지하는 비율을 띠에 나타낸다. 마지막으로 띠그래프에 제목을 붙인다(배종수, 2005: 654).

원그래프는 전체에 대한 각 부분의 비율을 원에 나타낸 그래프이다, 즉, 원그래프는 전체에 대한 각 부분의 비율을 백분율로 나타내어 원을 백분율만큼 분할하여 부채꼴 모양으로 나나낸 그래프이다. 원그래프의 특징은 다음과 같다(강지형 외, 2001: 307; 배종수, 2005: 654). 첫째, 전반적인 관계를 알기 쉽다. 둘째, 부분과 전체, 부분과 부분 상호간의 비율을 한눈에 알 수 있다. 셋째, 좁은 공간에 띠그래프보다는 많은 항목을 넣을 수 있고, 작은 비율도 비교적 쉽게 나타낼 수 있다. 넷째, 그리기가 어렵고 실제량의 크기나 변화의 상황을 나타내는데 적당하지 않다. 원그래프를 그리기 위해서는 가장 먼저 백분율을 계산한다. 그런 다음 차지하는 비율만큼 중심각의 크기를 계산한다. 그리고 나서 원 둘레에 점을 찍고 중심과 원 둘레의 점을 연결하여 부채꼴 모양으로 그래프를 그린다. 마지막으로 띠그래프에 제목을 붙인다.

띠그래프나 원그래프를 그리기 위해서는 백분율을 구하는 것이 매우 중요하다. 그러나 특수교육대상학생들이 백분율을 계산하는 데 많은 시간을 보내기보다는 비율그래프의 수학적 사실과 원리를 알고 그것이 일상생활에 어떻게 적용되며, 통계적인 숫자를 이해하고 해석하여 생활에 유익한 정보를 얻을 수 있도록 지도하는 것이 중요하다.

◈ ◈ ◈ **》 수업활동의 예 《** ◈ ◈ ◈

◎ 지도의 실제

다음은 서영이네 반 학생들이 좋아하는 색깔을 조사한 표이다. 물음에 답하시오.

〈학생들이 좋아하는 색깔〉

좋아하는 색깔	빨강	노랑	파랑	녹색	기타	합계
학생수(명)	12	10	8	6	4	40

1. 학생들이 가장 좋아하는 색깔은 무엇인가?

2. 각각의 색깔에 대하여 백분율을 구하시오.

좋아하는 색깔	빨강	노랑	파랑	녹색	기타	합계
백분율(%)		25		15		100

3. 위의 표를 띠그래프로 나타내시오.

〈학생들이 좋아하는 색깔〉

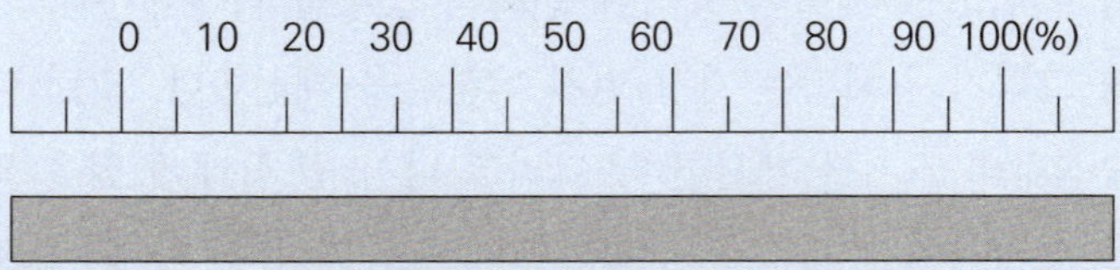

◎ 용어 정리 및 약속

- '띠그래프'는 전체에 대한 각 구분의 비율을 큰 항목부터 차례로 구분하여 띠 모양으로 나타낸 그래프이다.

7. 가능성과 확률

일상생활에서 어떤 상황에 대한 수학적인 판단을 하기 위해 가능성과 확률로 알아볼 때가 있다. 가능성은 실생활에서 매우 많이 접하게 되며 어떤 사건의 결과를 예측하여 준비하게 한다. 가능성은 확률의 중요 개념을 설명하고 명료화하게 하는데, 절대 일어날 수 없는 경우는 '불가능한'으로, 분명하고 확실하게 일어날 수 있는 경우는'확실한', 반반씩 일어날 수 있는 경우는'반반'으로 표현할 수 있다. 이를 수로 표현하면 0, 1, ($\frac{1}{2}$)로 나타낼 수 있다(교육부, 2015).

확률은 일정한 조건 아래에서 어떤 사건이 일어날 가능성의 정도를 의미하는 것으로 가능성을 바탕으로 직관적으로 확률을 이해하도록 지도한다. 확률 1은 항상 일어나는 것을 의미하고, 확률 0은 절대로 일어나지 않음을 의미하기 때문에 수학적으로는 확률은 1을 넘을 수 없고 음이 될 수도 없다.

실생활에서 '오늘 비 올 확률이 40%이다'. '내일 내가 좋아하는 축구팀이 이길 가능성은 불확실하다.' 등과 같이 확률이 사용되는 상황이나, 확실한, 불가능한 등의 실생활과 관련된 상황을 제시하여 학생들이 확률을 직관적으로 이해하도록 한다. 특수교육대상학생에게 확률을 지도할 경우는 일상생활에서 확률에 관한 자료를 수집하고 그것을 읽고 의미를 알아 문제해결 능력을 길러 판단할 수 있도록 한다. 다음의 사례는 비가 오면 유난히 수업 집중력이 떨어지고 짜증을 많이 내며 문제행동을 보인 자폐성 장애학생에게 신문과 일기예보를 통해 확률을 지도한 사례이다.

〈사례〉 자폐성 특수교육대상학생의 확률 지도

성진이는 일반초등학교에 다니고 있는 4학년인 자폐성 특수교육대상학생이다. 그는 특수학급에서 국어와 수학과목을 공부하고 나머지 모든 교과는 통합학급에서 수업을 받고 있다. 그는 명랑하고 운동을 좋아하며 승부욕이 강하며 친구들과 함께 노는 활동을 좋아한다. 그의 말은 모노톤이고 구문론적으로 맞지 않은 문장을 구사하기도 하지만 자신의 요구를 구 이상으로 표현한다. 수업에도 적극적으로 참여하고 열심히 공부하는 학생이다. 그런데 성진이는 비가 오는 날이면 창가에서 걱정스런 표정으로 유난히 짜증을 내고 심할 경우에는 소리를 지르며 울고 안절부절한다. 수업에 참여하지 않을 때도 있고 수업에 집중하지 못하는 경우가 허다하다. 특수교사는 성진이의 행동을 관찰하고 그와 면담하는 가운데, 그런 행동의 결과를 알게 되었다. 성진이는 비가 오는 날 우산을 가져오지 않아서 걱정하고 있었던 것이다. 그리고 성진이는 우산 없을 때 어떻게 집에 가야 할지 걱정되어 그런 행동을 보였음을 특수교사는 알게 되었다.

특수교사는 성진이에게 일기예보를 통해 확률과 통계를 가르치기로 계획을 세웠다. 성진이가 잘 보는 어린이 신문을 활용하여 매일 15분씩 지도를 하였다. 먼저 신문에서 일기예보가 실린 면을 찾도록 하였다. 둘째, 서울 경기지역에 색연필로 동그라미 표시를 하도록 하였다. 그런 다음 비가 올 확률의 숫자를 찾아 동그라미를 하도록 하였다. 특수교사는 일기예보의 통계자료 및 우리나라 일기예보 정보와 성진이의 행동적 특성을 고려하여 비가 올 확률이 15%되면 우산을 가지고 다니도록 하였다. 신문을 보지 못한 날은 텔레비전의 일기예보를 꼭 보고 비가 올 확률이 있으면 우산을 챙겨서 학교에 오도록 하였다. 이러한 지도를 한후 성진이는 비가 와도 걱정을 하거나 창가에서 서성거리지 않았다. 그런데 어느날 통합학급 교사가 성진이 이야기를 하였다. "성진이는 왜 항상 우산을 가지고 다니냐고" 특수학급 교사에게 물었다. 알고 보니 성진이는 비가 올 확률이 5%만 되어도 우산을 가지고 다니고 있었다. 그때 특수교사는 성진이에게 확률에 대해 다시 가르쳐야 함을 느꼈다. 비가 올 확률을 오전과 오후로 나누어서 일기예보를 보도록 지도하였다. 그리고 비가 올 확률이 30%가 되면 아침에 우산을 챙겨서 학교를 오도록 하였다. 만약에 일기예보와는 달리 비가 왔을 때를 대비하여, 우산이 없을 경우 어떻게 할 것인지에 대해 대안을 지도하였다. 그후 성진이는 우산을 미처 챙겨오지 못했을 경우, 비가 올 때 어떻게 해야 할지 스스로 의사결정을 잘 했을 뿐만 아니라 문제를 잘 해결하였다.

요약

자료와 가능성은 확률과 통계의 기초 입문 단계로 자료를 분류하고 이를 표로 정리하여 그래프로 나타내어 해석함으로써 수학적 사고를 발달시키고 수학적 유용성을 느끼도록 해준다. 또한 자료의 활용은 계산 기능과 문제해결 능력을 향상시킬 뿐만 아니라, 불확실한 가능과 확률을 바탕으로 논리적이며 비판적 사고 기능을 기르게 된다. 이 장에서는 학교 교육과정에서 다루는 자료와 가능성 관련 내용이 무엇인지를 살펴보고, 그에 따른 교수 · 학습 방법을 제시하였다. 자료 분류하기, 표로 나타내기, 그래프로 나타내기, 대푯값과 평균, 퍼센트와 비율 그래프, 그리고 가능성과 확률로 구분하여 교수 · 학습 방법을 소개하였다.

또한 각 그래프의 일반적인 특징과 지도 순서를 기술하고, 특수교육대상학생의 지도 방법에 대해 간략하게 설명하였다. 특수교육대상학생에게 그래프 그리기를 지도할 경우는 일상생활에서 볼 수 있는 자료를 수업활동에 사용하므로써 학생들에게 동기유발을 촉진시키고 그래프에 대한 친밀감을 형성하도록 한다. 또한 그래프 그리는 방법을 가르치는 것도 중요하지만, 그래프가 나타내는 자료를 읽고 이해하여 일상생활에 필요한 정보를 선택할 수 있는 의사결정을 할 수 있도록 한다.

연구과제

- 자료와 가능성 영역에서 다루는 학교 교육과정의 내용은 무엇인지 토의해 봅시다.
- 그래프 그리기의 학습 내용을 한 가지 떠올려 보고, 그 학습 내용의 전 · 후에는 어떤 학습 내용이 있는지 확인해 보고, 왜 그러한 계열로 구성되어야 하는지를 토의해 봅시다.
- 막대그래프 및 꺾은선그래프 그리기의 한 차시의 학습 과제를 선정한 후, 그 학습 과제를 성취하기 위한 여러 가지 교수 · 학습 활동을 구안해 봅시다.
- 신문이나 잡지에서 막대그래프, 꺾은선그래프, 비율그래프의 예를 찾아보고, 각각의 그래프가 나타내는 정보에 대해 논의해 봅시다.

▸ 동전을 10번 던져 앞면과 뒷면이 나올 가능성을 알아봅시다.

▸ 0에서 4가 쓰인 카드 5장을 가지고 가능성과 확률 지도 계획을 수립해 봅시다.

참고문헌

교육과학기술부(2008). 초등학교 교사용지도서 수학 1, 2학기(1학년-6학년). 서울: 대한교과서 주식회사.

교육부(2015). 특수교육 교육과정. 서울: 교육부

교육부(2015). 공통교육과정. 서울: 교육부

교육부(2015). 초등교육과정. 서울: 교육부

교육부(2015). 기본교육과정. 서울: 교육부

강지형 · 김수환 · 라병소 · 박성택 · 이의원 · 이정재 · 정은실(2003). 7차 교육과정에 의한 초등 수학 교육. 서울: 동명사.

김숙자(1992). 유아 수놀이 교육. 서울: 문음사.

배종수(2005). 제7차 초등수학 교육 내용지도법. 서울: 경문사.

성태제 · 시기자(2009). 연구방법론. 서울: 학지사.

Copeland, R. W. (1974). *How children learn mathematics*. NY: Macmillan.

Richardson L. L., Goodman, K., Hartman, N. M., & LePique, H. C. (1980). A mathematics activity curriculum for early childhood and special education. New York: Macmillian.

Robert, E. R., Marilyn, N. S., & Nancy, L. S. (1998). Helping Children Learn Mathematics (5th). 초등 수학 학습지도의 이해. 강문봉 외 역(2001). 서울: 양서원.

부록

1. 2022 개정 공통 교육과정 수학과 교육과정
2. 2022 개정 기본 교육과정 수학과 교육과정

1. 2022 개정 공통 교육과정 수학과 교육과정

교육과정 설계의 개요

총론 교육과정에서는 교육 환경 변화에 대처하고 국가・사회적 요구를 반영하여 미래 사회가 요구하는 '포용성과 창의성을 갖춘 주도적인 사람'이라는 인간상을 제시하였다. 또한 학생의 삶과 성장을 지원하며 '자기 관리, 지식정보처리, 창의적 사고, 심미적 감성, 협력적 소통, 공동체' 역량을 중점적으로 기르고, 수리 소양, 디지털 소양, 언어 소양의 기초 소양 함양도 강조하였다. 이에 수학과 교육과정은 총론의 핵심역량과 연계하여 '문제해결, 추론, 의사소통, 연결, 정보처리' 역량을 수학 교과 역량으로 설정하고, 핵심 아이디어와 지식・이해, 과정・기능, 가치・태도의 세 범주로 내용 체계를 구성하여 수학 교과 역량 함양을 지원하도록 설계하였다. 아울러 기초 소양의 함양과 생태전환 교육, 민주 시민 교육, 학생 맞춤형 교육을 도모하는 교수・학습 및 평가 방법을 제시하였다. 또한 학생 주도성 개념을 바탕으로 학생의 삶과 성장을 지원하고 온라인 교육 환경에서 교수・학습 및 평가를 할 수 있도록 하였다.

수학과 교육과정은 성격, 목표, 내용 체계, 성취기준, 교수・학습, 평가로 구성하였다. '성격'에는 수학과의 고유한 특성과 수학 학습의 필요성을 제시하였다. '목표'는 총괄 목표와 세부 목표로 구성하였는데, 총괄 목표는 지식・이해, 과정・기능, 가치・태도를 통합적으로 학습하여 수학 교과 역량을 함양하는 것으로, 세부 목표는 문제해결, 추론, 의사소통, 연결, 정보처리 역량을 각각 함양하는 것으로 설정하였다. '내용 체계'는 영역별 핵심 아이디어와 지식・이해, 과정・기능, 가치・태도의 세 범주로 구성하였다. '성취기준'에는 지식・이해, 과정・기능, 가치・태도를 학습한 도달점으로 구체적인 성취 내용을 제시하였고, '성취기준 해설'과 '성취기준 적용 시 고려 사항'에는 성취기준의 취지, 범위 등 수학과 성취기준의 고유한 측면을 해석하고 적용할 때 고려할 수 있는 정보를 제시하였다. '교수・학습'과 '평가'에는 수학 교과 역량 및 총론의 개정 중점을 반영하여 교수・학습 및 평가의 방향과 방법을 제시하였다.

수학과의 영역은 초・중학교에서 다루는 수학적 대상과 기본적인 개념을 드러내는 '수와 연산', '변화와 관계', '도형과 측정', '자료와 가능성'으로 구성하였다. 초・중학교의 영역을 동일하게 설정하여 내용 체계를 구성함으로써 초·중학교를 관통하는 핵심적인 대상과 개념을 학습하도록 하였다. 초·중학교의 4개 영역은 고등학교의 수학 공통 과목이나 선택 과목을 학습하는 데 기초가 되는 내용을 전반적으로 다룬다.

내용 체계에서 핵심 아이디어는 학년(군) 또는 학교급을 관통하는 수학 내용의 본질 또는 가치를 보여주며, 학생들이 핵심 아이디어를 향한 깊이 있는 학습을 추구하게 하였다. 수학과의 핵심 아이디어는 주요한 수학의 개념, 원리, 법칙 등이 어떻게 발생하고 확장되며 그 결과로 어떤 일반성과 추상성을 획득하는지, 수평적으로 또는 수직적으로 어떻게 상호 관련되는지, 어떤 탐구 과정을 중점적으로 강조하는지 등을 압축하여 제시한 것이다. 핵심 아이디어는 수학 학습 과정에서 전이가가 높은 내용을 담은 문장으로 기술하였다.

내용 체계의 지식·이해, 과정·기능, 가치·태도는 수학 교과 역량을 함양하는 데 필요한 핵심 요소로 구성하였다. 지식·이해 범주는 수학의 핵심적인 개념, 원리, 법칙 등을 학년(군)별로 구분하여 제시하였다. 초·중학교의 지식·이해 범주는 학년(군)에 따라 위계성을 가지며, 영역 간에도 위계성을 고려하여 구성하였다. 과정·기능 범주는 수학의 개념, 원리, 법칙 등을 학습할 때 5가지 교과 역량이 발현되는 사고 과정이나 기능을 보여주도록 구성하였다. 가치·태도 범주는 수학을 학습하면서 학생들이 갖게 되는 태도와 실천적인 성향을 나타낸 것으로, 수학의 가치를 인식하고 수학적 태도를 함양할 수 있게 구성하였다. 내용 체계의 지식·이해, 과정·기능, 가치·태도는 성취기준 개발의 근거가 된다.

수학 수업을 계획할 때 교육과정을 다음과 같이 활용할 것을 권장한다. 먼저 내용 체계의 '핵심 아이디어'를 통해 영역 전체를 아우르거나 관통하는 관점을 파악한다. 다음으로 내용 체계의 '지식·이해, 과정·기능, 가치·태도'를 확인하여 중점을 두어야 하는 내용을 확인한다. 이어서 '성취기준, 성취기준 해설, 성취기준 적용 시 고려 사항', '교수·학습 및 평가'를 확인하여 세부적인 수업 내용과 방법을 구체화한다. 수업 계획이 성취기준 학습에만 그치지 않고 여러 성취기준을 아우르거나 관통하는 핵심 아이디어를 구성하는 데에 기여하는지 점검하여 보완한다.

수학과 교육과정 설계의 개요를 그림으로 나타내면 다음과 같다.

수학과 교육과정

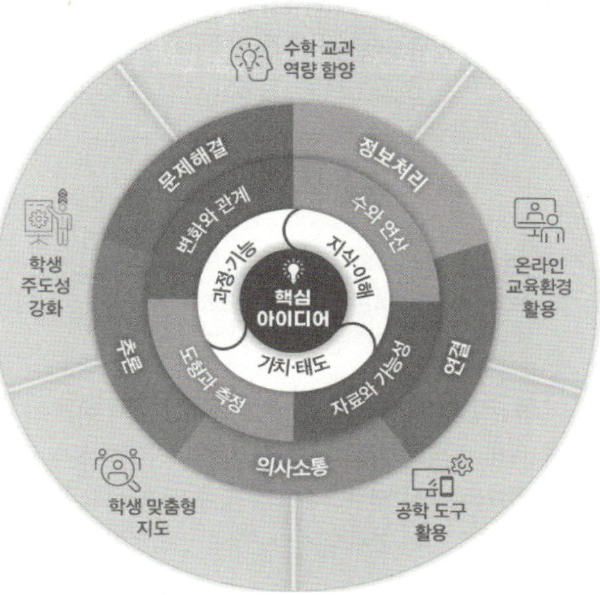

[수학과 교육과정 설계의 개요]

1. 성격 및 목표

가. 성격

수학과는 수학의 개념, 원리, 법칙을 이해하고 주변의 여러 가지 현상을 수학적으로 관찰하고 해석하며 논리적으로 사고하고 합리적으로 문제를 해결하는 능력과 태도를 기르는 교과이다. 수학은 오랜 역사를 통해 인류 문명 발전의 원동력이 되어 왔으며, 세계화·정보화가 가속화되는 미래 사회의 구성원이 지녀야 할 역량을 기르는 데 필수적이다.

초·중학교에서 학습한 수학은 기본적인 삶을 영위하고 일상생활을 포함한 다양한 맥락의 문제를 해결하는 데 도움이 되고, 고등학교 수학뿐만 아니라 여러 교과 학습의 토대가 된다. 수학 학습은 자연과학, 공학, 의학뿐만 아니라 사회과학, 인문학, 예술 및 체육 분야 등 다양한 분야의 직업에서 요구하는 수리 소양을 형성하는 데 기초가 되며, 나아가 미래

사회를 주도할 창의성을 갖춘 사람으로 성장할 수 있는 기반을 제공한다.

학생들은 수학 학습을 통해 수학 지식을 이해하고 수학적 사고 과정과 기능을 형성하며 수학의 가치를 인식하고 바람직한 수학적 태도를 갖추어 수학 교과 역량을 함양할 수 있다. 또한 수학을 학습하는 과정에서 협력하여 문제를 해결하고 성찰하는 경험을 통해 다른 사람에 대한 포용성을 갖춘 민주 시민이자 인간과 환경의 공존 및 지속가능한 발전을 추구하는 세계 공동체의 일원으로 성장할 수 있다.

나. 목표

수학의 개념, 원리, 법칙을 이해하고 수학의 가치를 인식하며 바람직한 수학적 태도를 길러 수학적으로 추론하고 의사소통하며 다양한 현상과 연결하여 정보를 처리하고 문제를 창의적으로 해결하는 수학 교과 역량을 함양한다.

(1) 수학적 지식을 이해하고 활용하여 적극적이고 자신감 있게 여러 가지 문제를 해결한다.
(2) 수학적 사실에 대해 흥미와 관심을 갖고 추측과 정당화를 통해 추론한다.
(3) 수학적 사고와 전략에 대해 의사소통하고 수학적 표현의 편리함을 인식한다.
(4) 수학의 개념, 원리, 법칙 간의 관련성을 탐구하고 실생활이나 타 교과에 수학을 적용하여 수학의 유용성을 인식한다.
(5) 목적에 맞게 교구나 공학 도구를 활용하며 자료를 수집하고 처리하여 정보에 근거한 합리적 의사 결정을 한다.

2. 내용 체계 및 성취기준

가. 내용 체계

(1) 수와 연산

핵심 아이디어	• 사물의 양은 자연수, 분수, 소수 등으로 표현되며, 수는 자연수에서 정수, 유리수, 실수로 확장된다. • 사칙계산은 자연수에 대해 정의되며 정수, 유리수, 실수의 사칙계산으로 확장되고 이때 연산의 성질이 일관되게 성립한다. • 수와 사칙계산은 수학 학습의 기본이 되며, 실생활 문제를 포함한 다양한 문제를 해결하는 데 유용하게 활용된다.

<table>
<tr><th rowspan="3">구분
범주</th><th colspan="6">내용 요소</th></tr>
<tr><th colspan="3">초등학교</th><th colspan="3">중학교</th></tr>
<tr><th>1~2학년</th><th>3~4학년</th><th>5~6학년</th><th colspan="3">1~3학년</th></tr>
<tr><td>지식·이해</td><td>• 네 자리 이하의 수
• 두 자리 수 범위의 덧셈과 뺄셈
• 한 자리 수의 곱셈</td><td>• 다섯 자리 이상의 수
• 분수
• 소수
• 세 자리 수의 덧셈과 뺄셈
• 자연수의 곱셈과 나눗셈
• 분모가 같은 분수의 덧셈과 뺄셈
• 소수의 덧셈과 뺄셈</td><td>• 약수와 배수
• 수의 범위와 올림, 버림, 반올림
• 자연수의 혼합 계산
• 분모가 다른 분수의 덧셈과 뺄셈
• 분수의 곱셈과 나눗셈
• 소수의 곱셈과 나눗셈</td><td>• 소인수분해
• 정수와 유리수</td><td>• 유리수와 순환소수</td><td>• 제곱근과 실수</td></tr>
<tr><td>과정·기능</td><td colspan="3">• 자연수, 분수, 소수 등 수 관련 개념과 원리를 탐구하기
• 수를 세고 읽고 쓰기
• 자연수, 분수, 소수의 크기를 비교하고 그 방법을 설명하기
• 사칙계산의 의미와 계산 원리를 탐구하고 계산하기
• 수 감각과 연산 감각 기르기
• 연산 사이의 관계, 분수와 소수의 관계를 탐구하기
• 수의 범위와 올림, 버림, 반올림한 어림값을 실생활과 연결하기
• 자연수, 분수, 소수, 사칙계산을 실생활 및 타 교과와 연결하여 문제해결하기</td><td colspan="3">• 최대공약수와 최소공배수 구하기
• 정수, 유리수, 실수의 대소 관계 판단하기
• 정수, 유리수, 근호를 포함한 식의 사칙계산의 원리를 탐구하고 계산하기
• 유리수와 순환소수의 관계 설명하기</td></tr>
<tr><td>가치·태도</td><td colspan="3">• 자연수, 분수, 소수의 필요성 인식
• 사칙계산, 어림의 유용성 인식
• 분수 표현의 편리함 인식
• 수와 연산 관련 문제해결에서 비판적으로 사고하는 태도</td><td colspan="3">• 음수, 무리수의 필요성 인식
• 실생활에서 사칙계산의 유용성 인식
• 수 체계의 논리적 아름다움에 대한 관심
• 정수와 유리수의 사칙계산의 원리를 이용하는 문제의 풀이 과정과 결과를 반성하는 태도</td></tr>
</table>

(2) 변화와 관계

<table>
<tr><td>핵심 아이디어</td><td colspan="6">• 변화하는 현상에 반복적인 요소로 들어있는 규칙은 수나 식으로 표현될 수 있으며, 규칙을 탐구하는 것은 수학적으로 추측하고 일반화하는 데 기반이 된다.
• 동치 관계, 대응 관계, 비례 관계 등은 여러 현상에 들어있는 대상들 사이의 다양한 관계를 기술하고 복잡한 문제를 해결하는 데 유용하게 활용된다.
• 수와 그 계산은 문자와 식을 사용하여 일반화되며, 특정한 관계를 만족시키는 미지의 값은 방정식과 부등식을 해결하는 적절한 절차를 거쳐 구해진다.
• 한 양이 변함에 따라 다른 양이 하나씩 정해지는 두 양 사이의 대응 관계를 나타내는 함수와 그 그래프는 변화하는 현상 속의 다양한 관계를 수학적으로 표현한다.</td></tr>
<tr><td rowspan="3">구분
범주</td><td colspan="6">내용 요소</td></tr>
<tr><td colspan="3">초등학교</td><td colspan="3">중학교</td></tr>
<tr><td>1~2학년</td><td>3~4학년</td><td>5~6학년</td><td colspan="3">1~3학년</td></tr>
<tr><td>지식 · 이해</td><td>• 규칙</td><td>• 규칙
• 동치 관계</td><td>• 대응 관계
• 비와 비율
• 비례식과 비례배분</td><td>• 문자의 사용과 식
• 일차방정식
• 좌표평면과 그래프</td><td>• 식의 계산
• 일차부등식
• 연립일차방정식
• 일차함수와 그 그래프
• 일차함수와 일차방정식의 관계</td><td>• 다항식의 곱셈과 인수분해
• 이차방정식
• 이차함수와 그 그래프</td></tr>
<tr><td>과정 · 기능</td><td colspan="3">• 물체, 무늬, 수, 계산식의 배열에서 규칙을 탐구하기
• 규칙을 찾아 여러 가지 방법으로 표현하기
• 두 양의 관계를 탐구하고, 등호를 사용하여 나타내기
• 대응 관계를 탐구하고, □, △ 등을 사용하여 식으로 나타내고 설명하기
• 두 양의 관계를 비나 비율로 나타내기
• 비율을 분수, 소수, 백분율로 나타내기
• 비율을 실생활 및 타 교과와 연결하여 문제해결하기
• 비례식을 풀고, 주어진 양을 비례배분하기</td><td colspan="3">• 식의 값과 함숫값 구하기
• 다항식의 연산 원리에 따라 계산하기
• 식을 간단히 하기
• 등식의 성질과 부등식의 성질 설명하기
• 방정식과 부등식 풀기
• 방정식, 부등식, 함수와 관련된 문제해결하기
• 상황이나 관계를 표, 식, 그래프로 나타내기
• 주어진 그래프 해석하기
• 일차함수의 그래프와 이차함수의 그래프의 성질 설명하기
• 일차함수의 그래프와 미지수가 2개인 일차방정식의 해 사이의 관계 설명하기</td></tr>
</table>

가치·태도	• 규칙, 동치 관계 탐구에 대한 흥미 • 대응 관계, 비 표현의 편리함 인식 • 비와 비율의 유용성 인식 • 변화와 관계 관련 문제해결에서 비판적으로 사고하는 태도	• 문자의 유용성 인식 • 순서쌍과 좌표, 그래프 등 수학적 표현의 유용성과 편리함 인식 • 방정식, 부등식, 함수의 필요성 인식 • 실생활, 사회 및 자연 현상과 관련된 문제를 수학적 모델링을 통해 해결하려는 도전적인 태도 • 체계적으로 사고하여 합리적으로 의사결정하는 태도 • 타당한 근거에 따라 논리적으로 설명하는 태도

(3) 도형과 측정

핵심 아이디어	• 평면도형과 입체도형은 여러 가지 모양을 범주화한 것이며, 각각의 평면도형과 입체도형은 고유한 성질을 갖는다. • 도형의 성질과 관계를 탐구하고 정당화하는 것은 논리적이고 비판적으로 사고하는 데 기반이 된다. • 측정은 여러 가지 속성의 양을 비교하고 속성에 따른 단위를 이용하여 양을 수치화함으로써 여러 가지 현상을 해석하거나 실생활 문제를 해결하는 데 활용된다.					
범주 \ 구분	내용 요소					
	초등학교			중학교		
	1~2학년	3~4학년	5~6학년	1~3학년		
지식·이해	• 입체도형의 모양 • 평면도형과 그 구성 요소 • 양의 비교 • 시각과 시간 (시, 분) • 길이(cm, m)	• 도형의 기초 • 원의 구성 요소 • 여러 가지 삼각형 • 여러 가지 사각형 • 다각형 • 평면도형의 이동 • 시각과 시간(초) • 길이(mm,	• 합동과 대칭 • 직육면체와 정육면체 • 각기둥과 각뿔 • 원기둥, 원뿔, 구 • 다각형의 둘레와 넓이 • 원주율과 원의 넓이 • 직육면체와 정육면체의	• 기본 도형 • 작도와 합동 • 평면도형의 성질 • 입체도형의 성질	• 삼각형과 사각형의 성질 • 도형의 닮음 • 피타고라스 정리	• 삼각비 • 원의 성질

		km) • 들이(L, mL) • 무게(kg, g, t) • 각도(°)	겉넓이와 부피			
과정 · 기능	• 여러 가지 사물과 도형을 기준에 따라 분류하기 • 도형의 개념, 구성 요소, 성질 탐구하고 설명하기 • 평면도형이나 입체도형 그리기와 만들기 • 평면도형을 밀기, 뒤집기, 돌리기 한 모양을 추측하고 그리기 • 쌓은 모양 추측하고 쌓기나무의 개수 구하기 • 공간 감각 기르기 • 여러 가지 양을 비교, 측정, 어림하는 방법 탐구하기 • 측정 단위 사이의 관계 탐구하기 • 측정 단위를 사용하여 양을 표현하기 • 실생활 문제 상황에서 길이, 들이, 무게, 시간의 덧셈과 뺄셈하기 • 도형의 둘레, 넓이, 부피 구하는 방법 탐구하기 • 측정을 실생활 및 타 교과와 연결하여 문제해결하기			• 점, 직선, 평면의 위치 관계를 다양한 상황과 연결하기 • 도형의 성질 설명하기 • 삼각형의 작도 과정 설명하기 • 삼각형의 합동과 닮음 판별하기 • 도형의 길이, 넓이, 겉넓이, 부피 구하기 • 구체적인 모형이나 공학 도구 이용하기 • 도형의 성질을 정당화하기 • 닮음비 구하기 • 간단한 삼각비의 값 구하기 • 삼각비를 활용하여 문제해결하기		
가치 · 태도	• 평면도형, 입체도형에 대한 흥미와 관심 • 합동인 도형, 선대칭도형, 점대칭도형의 아름다움 인식 • 표준 단위의 필요성 인식 • 넓이와 부피를 구하는 방법의 편리함 인식 • 도형과 측정 관련 문제해결에서 비판적으로 사고하는 태도			• 증명의 필요성 인식 • 피타고라스 정리, 삼각비의 유용성 인식 • 피타고라스 정리, 삼각비에 대한 흥미와 관심 • 도형의 성질을 이용한 건축물, 문화유산, 예술 작품에 대한 흥미와 관심 • 다양한 정당화 방법을 이용하여 체계적으로 사고하고 타인을 합리적으로 설득하려는 태도 • 정당화를 통해 수학적 근거를 바탕으로 비판적으로 사고하는 태도		

(4) 자료와 가능성

<table>
<tr><td>핵심
아이디어</td><td colspan="6">• 자료를 수집, 정리, 해석하는 통계는 자료의 특징을 파악하고 두 집단을 비교하며 자료의 관계를 탐구하는 데 활용된다.
• 사건이 일어날 가능성을 여러 가지 방법으로 표현하는 것은 불확실성을 이해하는 데 도움이 되며, 가능성을 확률로 수치화하면 불확실성을 수학적으로 다룰 수 있게 된다.
• 자료를 이용하여 통계적 문제해결 과정을 실천하고 생활 속의 가능성을 탐구하는 것은 미래를 예측하고 합리적인 의사 결정을 하는 데 기반이 된다.</td></tr>
<tr><td rowspan="3">구분
범주</td><td colspan="6">내용 요소</td></tr>
<tr><td colspan="3">초등학교</td><td colspan="3">중학교</td></tr>
<tr><td>1~2학년</td><td>3~4학년</td><td>5~6학년</td><td colspan="3">1~3학년</td></tr>
<tr><td>지식·이해</td><td>• 자료의 분류
• 표
• ○, ×, / 를 이용한 그래프</td><td>• 그림그래프
• 막대그래프
• 꺾은선그래프</td><td>• 평균
• 띠그래프, 원그래프
• 가능성</td><td>• 대푯값
• 도수분포표와 상대도수</td><td>• 경우의 수와 확률</td><td>• 산포도
• 상자그림과 산점도</td></tr>
<tr><td>과정·기능</td><td colspan="3">• 자료를 기준에 따라 분류하고 설명하기
• 탐구 문제를 설정하고 그에 맞는 자료를 수집하기
• 자료를 표나 그래프로 나타내고 해석하기
• 자료의 평균을 구하고 해석하기
• 자료를 수집하고 정리하여 문제해결하기
• 사건이 일어날 가능성을 비교하고 표현하기
• 실생활과 연결하여 사건이 일어날 가능성을 예상하기</td><td colspan="3">• 적절한 대푯값을 선택하여 구하기
• 자료를 표, 그래프로 나타내고 해석하기
• 통계적 탐구 문제 설정하기
• 공학 도구를 이용하여 자료를 수집하고 분석하기
• 확률의 기본 성질 탐구하기
• 자료의 분포를 비교하고 설명하기
• 자료의 상관관계 설명하기</td></tr>
<tr><td>가치·태도</td><td colspan="3">• 표와 그래프의 편리함 인식
• 평균의 유용성 인식
• 자료를 이용한 통계적 문제해결 과정의 가치 인식
• 가능성에 근거하여 판단하는 태도
• 자료와 가능성 관련 문제해결에서 비판적으로 사고하는 태도</td><td colspan="3">• 대푯값, 상대도수, 상자그림의 유용성 인식
• 공학 도구를 이용한 자료 수집과 분석의 편리함과 유용성 인식
• 자신의 삶과 연계된 확률과 통계에 대한 흥미와 관심
• 통계적 문제해결 과정에 주도적으로 참여하는 태도
• 체계적으로 사고하여 합리적으로 의사 결정하는 태도
• 확률 및 통계적 근거를 바탕으로 비판적으로 사고하는 태도</td></tr>
</table>

나. 성취기준

[초등학교 1~2학년]

(1) 수와 연산

1 네 자리 이하의 수
[2수01-01] 수의 필요성을 인식하면서 0과 100까지의 수 개념을 이해하고, 수를 세고 읽고 쓸 수 있다.
[2수01-02] 일, 십, 백, 천의 자릿값과 위치적 기수법을 이해하고, 네 자리 이하의 수를 읽고 쓸 수 있다.
[2수01-03] 네 자리 이하의 수의 범위에서 수의 계열을 이해하고, 수의 크기를 비교할 수 있다.
[2수01-04] 하나의 수를 두 수로 분해하고 두 수를 하나의 수로 합성하는 활동을 통하여 수 감각을 기른다.

2 두 자리 수 범위의 덧셈과 뺄셈
[2수01-05] 덧셈과 뺄셈이 이루어지는 실생활 상황과 연결하여 덧셈과 뺄셈의 의미를 이해한다.
[2수01-06] 두 자리 수의 범위에서 덧셈과 뺄셈의 계산 원리를 이해하고 그 계산을 할 수 있다.
[2수01-07] 덧셈과 뺄셈의 관계를 이해한다.
[2수01-08] 두 자리 수의 범위에서 세 수의 덧셈과 뺄셈을 할 수 있다.
[2수01-09] □가 사용된 덧셈식과 뺄셈식을 만들고, □의 값을 구할 수 있다.

3 한 자리 수의 곱셈
[2수01-10] 곱셈이 이루어지는 실생활 상황과 연결하여 곱셈의 의미를 이해한다.
[2수01-11] 곱셈구구를 이해하고, 한 자리 수의 곱셈을 할 수 있다.

(가) 성취기준 해설

- [2수01-06] 덧셈은 두 자리 수의 범위에서 다루되, 합이 세 자리 수인 경우도 포함한다.

(나) 성취기준 적용 시 고려 사항

- '수와 연산' 영역에서는 용어와 기호로 '덧셈, 뺄셈, 곱셈, 짝수, 홀수, +, −, ×, =, >, <'를 다룬다.
- 자연수가 개수, 순서, 이름 등을 나타내는 경우가 있음을 알고, 실생활에서 수가 사용되는 사례를 통하여 네 자리 이하의 수의 필요성을 인식하게 한다.
- 두 자리 수를 10개씩 묶음과 낱개로 나타내게 함으로써 위치적 기수법의 기초 개념을 형성하게 한다.
- 저학년 학생들의 한글 학습 정도를 고려하여 수를 '여덟', '마흔아홉', '칠십육', '첫째' 등

과 같이 한글로 쓰게 하는 것은 지양한다.

- 수 세기가 필요한 장면에서 묶어 세기, 뛰어 세기의 방법으로 수를 세어 보게 한다.
- 짝수와 홀수는 20 이하의 수의 범위에서 다루고, 실생활 상황에서 둘씩 묶어 보는 활동을 통하여 짝수와 홀수를 직관적으로 이해하게 한다.
- 십의 자리 수가 0인 세 자리 수, 백의 자리 수나 십의 자리 수가 0인 네 자리 수를 활용하여 자릿값을 이해하게 할 수 있다.
- 수를 분해하고 합성하는 활동은 20 이하의 수의 범위에서 한다.
- '~보다 ~만큼 더 큰 수', '~보다 ~만큼 더 작은 수', '더한다', '합한다', '뺀다', '덜어 낸다', '합', '차' 등의 일상용어를 사용하여 덧셈과 뺄셈의 의미에 친숙하게 한다.
- 한 자리 수인 두 수를 바꾸어 더해 보고 그 결과를 비교하는 활동을 통하여 덧셈의 교환법칙을 직관적으로 이해하게 한다.
- 덧셈과 뺄셈을 여러 가지 방법으로 계산하는 활동을 통하여 연산 감각을 기르게 하되, 이를 지나치게 형식화하여 다루지 않는다.
- 학생들에게 친근한 실생활 상황을 이용하여 덧셈과 뺄셈에 관련된 문제를 만들고 해결하게 한다.
- 덧셈식, 뺄셈식, 곱셈식에서 등호(=)의 양쪽에 있는 양이 서로 같음을 이해하게 한다.
- 한 가지 상황을 간단한 덧셈식과 뺄셈식으로 나타내는 활동을 통하여 덧셈과 뺄셈의 관계를 이해하게 한다.
- 세 수의 덧셈에서는 세 수를 앞에서부터 순서대로 더한 결과와 합이 10이 되는 두 수를 먼저 더하고 나머지 수를 더한 결과를 비교하는 활동을 통하여 덧셈의 결합법칙을 직관적으로 이해하게 한다.
- □가 사용된 덧셈식과 뺄셈식은 □의 값을 직관적으로 구할 수 있는 수준으로 다룬다.
- 곱셈의 의미는 배의 개념과 동수누가를 통하여 다루고, 1의 곱과 0의 곱은 실생활과 관련지어 다룬다.
- 곱셈표를 이용해서 두 수를 바꾸어 곱해도 곱이 같음을 비교하는 활동을 통하여 곱셈의 교환법칙을 직관적으로 이해하게 한다.
- '수와 연산' 영역의 문제 상황에 적합한 문제해결 전략을 지도하여 문제해결 역량을 기르게 한다.

(2) 변화와 관계

1 규칙 찾기
[2수02-01] 물체, 무늬, 수 등의 배열에서 규칙을 찾아 여러 가지 방법으로 표현할 수 있다.
[2수02-02] 자신이 정한 규칙에 따라 물체, 무늬, 수 등을 배열할 수 있다.

(가) 성취기준 해설

- [2수02-01] 물체, 무늬, 수 등의 배열을 관찰하여 일정하게 반복되거나 증가하는 규칙을 찾고 말, 수, 그림, 기호, 구체물, 행동 등의 다양한 방법으로 표현하게 한다. 그리고 물체, 무늬, 수의 배열에서 다음에 올 것이나 중간에 빠진 것을 추측하게 한다.

(나) 성취기준 적용 시 고려 사항

- 학생이 스스로 만든 규칙에 따라 물체, 무늬, 수 등을 배열하는 활동을 통해 수학에 대한 흥미를 느끼게 할 수 있다.
- 수의 배열뿐만 아니라 수 배열표, 덧셈표, 곱셈표를 활용하여 수의 다양한 규칙을 찾게 한다.
- 물체, 무늬, 수 등의 배열에서는 크기, 색깔, 위치, 순서 등에 대한 단순한 규칙을 다루고, 지나치게 복잡한 배열에 대한 평가는 지양한다.
- 다른 사람의 배열에서 규칙을 찾아보거나 규칙에 대해 서로 말하게 한다.
- '변화와 관계' 영역의 문제 상황에 적합한 문제해결 전략을 지도하여 문제해결 역량을 기르게 한다.

(3) 도형과 측정

1 입체도형의 모양
[2수03-01] 교실 및 생활 주변에서 여러 가지 물건을 관찰하여 직육면체, 원기둥, 구의 모양을 찾고, 이를 이용하여 여러 가지 모양을 만들 수 있다.
[2수03-02] 쌓기나무를 이용하여 여러 가지 입체도형의 모양을 만들고, 그 모양에 대해 위치나 방향을 이용하여 말할 수 있다.

2 평면도형과 그 구성 요소
[2수03-03] 교실 및 생활 주변에서 여러 가지 물건을 관찰하여 삼각형, 사각형, 원의 모양을 찾고, 이를

이용하여 여러 가지 모양을 만들 수 있다.
[2수03-04] 삼각형, 사각형, 원을 직관적으로 이해하고, 그 모양을 그릴 수 있다.
[2수03-05] 삼각형, 사각형에서 각각의 공통점을 찾아 말할 수 있다.

③ 양의 비교
[2수03-06] 구체물의 길이, 들이, 무게, 넓이를 비교하여 각각 '길다, 짧다', '많다, 적다', '무겁다, 가볍다', '넓다, 좁다' 등을 구별하여 말할 수 있다.

④ 시각과 시간
[2수03-07] 시계를 보고 시각을 '몇 시 몇 분'까지 읽을 수 있다.
[2수03-08] 1시간과 1분의 관계를 이해하고, 시간을 '시간', '분'으로 표현할 수 있다.
[2수03-09] 실생활 문제 상황과 연결하여 1분, 1시간, 1일, 1주일, 1개월, 1년 사이의 관계를 이해한다.

⑤ 길이
[2수03-10] 길이 단위 1cm와 1m를 알고, 이를 이용하여 주변 사물의 길이를 측정할 수 있다.
[2수03-11] 1m와 1cm의 관계를 이해하고, 길이를 '몇 m 몇 cm'와 '몇 cm'로 표현할 수 있다.
[2수03-12] 여러 가지 물건의 길이를 어림하고, 길이에 대한 양감을 기른다.
[2수03-13] 실생활 문제 상황과 연결하여 길이의 덧셈과 뺄셈을 할 수 있다.

(가) 성취기준 해설

- [2수03-02] 쌓기나무로 만든 입체도형의 모양에 대해서 '～의 앞', '～의 오른쪽', '～의 위', '2층' 등을 사용하여 말하게 한다.
- [2수03-04] 삼각형, 사각형, 원은 예인 것과 예가 아닌 것을 분류하는 활동을 통하여 직관적으로 이해하게 한다. 본뜨기, 도형판을 이용한 활동 등을 통해 삼각형, 사각형, 원의 모양을 그리게 할 수 있다.
- [2수03-10] 길이의 표준 단위를 도입하기 전에 구체물을 직접 비교해 보거나 여러 가지 임의 단위를 사용하여 구체물의 길이를 재어보는 활동을 통해 표준 단위의 필요성을 알게 한다.
- [2수03-12] 생활 주변의 여러 가지 물건들의 길이를 어림해 보고 자로 측정하여 확인하는 활동과 주어진 길이에 해당하는 선분을 그려 보는 활동을 통해 길이에 대한 양감을 기르게 한다.

(나) 성취기준 적용 시 고려 사항

- '도형과 측정' 영역에서는 용어와 기호로 '삼각형, 사각형, 원, 꼭짓점, 변, 시, 분, 약, cm, m'를 다룬다.
- 입체도형과 평면도형의 모양을 다룰 때 모양의 특징을 직관적으로 파악하여 모양을 분류하고, 분류한 모양을 지칭하기 위해 일상용어를 사용하게 할 수 있다.
- 입체도형과 평면도형의 모양을 이용한 모양 만들기의 주제는 학생들에게 친근한 소재인 동물, 탈 것, 건물 등으로 다양하게 제시하여 수학에 대한 흥미와 관심을 갖게 한다.
- 쌓기나무, 칠교판 등의 구체물을 이용한 모양 만들기를 통하여 도형에 대한 공간 감각을 기르게 한다.
- 양의 비교는 학생들에게 친근한 실생활 상황을 이용하고, 직관적인 비교, 직접 비교, 간접 비교 등을 상황에 따라 알맞게 다룬다.
- 저학년 학생들의 한글 학습 정도를 고려하여 양을 비교할 때 '짧다', '많다', '넓다' 등과 같이 한글로 쓰게 하는 것은 지양한다.
- 학생들이 모형 시계를 조작하여 '몇 시', '몇 시 30분', '몇 시 몇 분', '몇 시 몇 분 전' 등의 시각을 읽게 한다.
- '몇 시 몇 분 전'의 시각 읽기에서 5분 전, 10분 전과 같이 간단한 경우를 다루고, 13분 전과 같이 복잡한 경우는 다루지 않는다.
- 시간의 여러 가지 단위를 지도할 때는 단위 사이의 관계를 이해하는 데 중점을 두고, 지나친 단위 환산은 다루지 않는다.
- 1일, 1주일, 1개월, 1년 사이의 관계를 지도할 때는 실생활 상황에서 달력을 이용하여 그 관계를 이해하게 한다.
- 구체물의 길이를 재는 과정에서 자의 눈금과 일치하지 않는 길이의 측정값을 '약'으로 표현할 수 있음을 알게 한다.
- '도형과 측정' 영역의 문제 상황에 적합한 문제해결 전략을 지도하여 문제해결 역량을 기르게 한다.

(4) 자료와 가능성

1 자료의 정리
[2수04-01] 여러 가지 사물을 정해진 기준 또는 자신이 정한 기준으로 분류하여 개수를 세어 보고, 기준에 따른 결과를 말할 수 있다.
[2수04-02] 자료를 분류하여 표로 나타내고, 자료를 표로 나타내면 편리한 점을 말할 수 있다.
[2수04-03] 자료를 분류하여 ○, ×, / 등을 이용한 그래프로 나타내고, 자료를 그래프로 나타내면 편리한 점을 말할 수 있다.

(가) 성취기준 해설

- [2수04-02] 표를 이용하여 자료의 크기를 수로 정리하면, 자료의 크기를 나타내고 비교하는 데 편리하다는 점을 통해 수학의 유용성을 인식하게 한다.
- [2수04-03] 그래프를 이용하여 자료의 크기를 시각적으로 나타내면, 자료의 크기를 한눈에 비교하는 데 편리하다는 점을 통해 수학의 유용성을 인식하게 한다.

(나) 성취기준 적용 시 고려 사항

- ‘자료와 가능성’ 영역에서는 용어와 기호로 ‘표, 그래프’를 다룬다.
- 분류하기에서는 학생들이 실생활에서 친근하게 느낄 수 있는 소재를 활용한다.
- 기준을 정하여 분류할 때는 학생들이 정한 다양한 기준을 존중하되, 분명하지 않은 기준으로는 분류하기가 어렵다는 점을 인식하게 한다.
- 자료를 분류하여 표나 그래프를 만들 때는 자료가 중복되거나 빠지지 않도록 세어 보는 방법을 함께 지도한다.
- 표와 그래프로 나타내기는 실생활이나 환경과 관련된 자료들을 활용하되, 학생들의 수준에 비해 어려운 분류 대상이나 분류 기준을 사용하지 않는다.
- ‘자료와 가능성’ 영역의 문제 상황에 적합한 문제해결 전략을 지도하여 문제해결 역량을 기르게 한다.

[초등학교 3~4학년]

(1) 수와 연산

1 다섯 자리 이상의 수
[4수01-01] 큰 수의 필요성을 인식하면서 10000 이상의 큰 수에 대한 자릿값과 위치적 기수법을 이해하고, 수를 읽고 쓸 수 있다.
[4수01-02] 다섯 자리 이상의 수의 범위에서 수의 계열을 이해하고, 수의 크기를 비교하며 그 방법을 설명할 수 있다.

2 세 자리 수의 덧셈과 뺄셈
[4수01-03] 세 자리 수의 덧셈과 뺄셈의 계산 원리를 이해하고 그 계산을 할 수 있다.

3 세 자리 수 범위의 곱셈
[4수01-04] 곱하는 수가 한 자리 수 또는 두 자리 수인 곱셈의 계산 원리를 이해하고 그 계산을 할 수 있다.

4 세 자리 수 범위의 나눗셈
[4수01-05] 나눗셈이 이루어지는 실생활 상황과 연결하여 나눗셈의 의미를 알고, 곱셈과 나눗셈의 관계를 이해한다.
[4수01-06] 나누는 수가 한 자리 수인 나눗셈의 계산 원리를 이해하고 그 계산을 할 수 있으며, 나눗셈에서 몫과 나머지의 의미를 안다.
[4수01-07] 나누는 수가 두 자리 수인 나눗셈의 계산 원리를 이해하고 그 계산을 할 수 있다.

5 자연수의 어림셈
[4수01-08] 자연수의 덧셈, 뺄셈, 곱셈, 나눗셈과 관련한 여러 가지 상황에서 어림셈을 할 수 있다.

6 분수
[4수01-09] 양의 등분할을 통하여 분수의 필요성을 인식하고, 분수를 이해하고 읽고 쓸 수 있다.
[4수01-10] 단위분수, 진분수, 가분수, 대분수를 알고, 그 관계를 이해한다.
[4수01-11] 분모가 같은 분수끼리, 단위분수끼리 크기를 비교하고 그 방법을 설명할 수 있다.

7 소수
[4수01-12] 분모가 10인 진분수와 연결하여 소수 한 자리 수를 이해하고 읽고 쓸 수 있다.
[4수01-13] 자릿값의 원리를 바탕으로 소수 두 자리 수와 소수 세 자리 수를 이해하고 읽고 쓸 수 있다.
[4수01-14] 소수의 크기를 비교하고 그 방법을 설명할 수 있다.

8 분수의 덧셈과 뺄셈
[4수01-15] 분모가 같은 분수의 덧셈과 뺄셈의 계산 원리를 이해하고 그 계산을 할 수 있다.

9 소수의 덧셈과 뺄셈
[4수01-16] 소수 두 자리 수의 범위에서 소수의 덧셈과 뺄셈의 계산 원리를 이해하고 그 계산을 할 수 있다.

(가) 성취기준 해설

- [4수01-03] 덧셈은 세 자리 수의 범위에서 다루되, 합이 네 자리 수인 경우도 포함한다.
- [4수01-04] 곱셈은 '(두 자리 수)×(한 자리 수)', '(세 자리 수)×(한 자리 수)', '(두 자리 수)×(두 자리 수)', '(세 자리 수)×(두 자리 수)'를 다룬다.
- [4수01-06] 나눗셈에서 '(두 자리 수)÷(한 자리 수)'는 나누어떨어지는 경우와 나누어떨어지지 않는 경우를 포함하여 몫과 나머지를 이해하게 한다.
- [4수01-07] 나누는 수가 두 자리 수인 나눗셈에서는 '(두 자리 수)÷(두 자리 수)', '(세 자리 수)÷(두 자리 수)'를 다룬다.
- [4수01-09] 1보다 작은 양을 나타내는 경우를 통하여 분수의 필요성이나 그 표현의 편리함을 인식하게 할 수 있다. 양의 등분할을 통하여 분수를 도입할 때 부분과 전체를 파악하게 하고, '분모', '분자'를 사용한다.

(나) 성취기준 적용 시 고려 사항

- '수와 연산' 영역에서는 용어와 기호로 '나눗셈, 몫, 나머지, 나누어떨어진다, 분수, 분모, 분자, 단위분수, 진분수, 가분수, 대분수, 자연수, 소수, 소수점(.), ÷'를 다룬다.
- 뉴스, 광고 등 여러 가지 매체를 활용해 자료를 조사하는 활동을 통하여 실생활에서 다섯 자리 이상의 큰 수가 쓰이는 경우를 찾아보게 한다. 조사한 결과를 바탕으로 큰 수와 관련하여 이야기하는 활동을 통하여 큰 수에 대한 필요성을 인식하고 양감을 기르게 한다.
- 한 가지 상황을 곱셈식과 나눗셈식으로 나타내는 활동을 통하여 곱셈과 나눗셈의 관계를 이해하게 한다.
- 나눗셈에 대한 검산에서는 나눗셈식을 보고 곱셈식으로 나타내는 것보다 검산의 목적과 필요성을 이해하는 데 초점을 둔다.
- 자연수의 덧셈, 뺄셈, 곱셈, 나눗셈을 하기 전에 계산 결과를 어림하기, 어림한 값을 이용하여 계산 결과가 타당한지 확인하기, 어림셈이 필요한 실생활 상황의 문제를 해결

하기 등을 다룰 수 있다.

- 친근한 실생활 상황을 이용하여 자연수의 덧셈, 뺄셈, 곱셈, 나눗셈에 관련된 문제를 만들어 해결하게 하고, 사칙계산의 유용성을 인식하게 한다.
- 실생활에서 소수를 활용한 사례를 통해 소수의 필요성을 인식하게 한다.
- 소수의 덧셈과 뺄셈은 계산 원리를 이해할 수 있는 수준에서 간단히 다룬다.
- 계산 기능을 숙달하는 것이 목적이 아닌 경우에는 계산기를 사용하게 할 수 있다.
- '수와 연산' 영역의 문제 상황에 적합한 문제해결 전략을 지도하고, 문제해결 과정을 설명하게 하여 문제해결 역량을 기르게 한다.
- '수와 연산' 영역에서 문제해결 과정을 설명할 때 다른 친구의 의견을 존중하고 경청하는 태도로 참여하게 한다.

(2) 변화와 관계

1 규칙을 수나 식으로 나타내기
[4수02-01] 다양한 변화 규칙을 찾아 설명하고, 그 규칙을 수나 식으로 나타낼 수 있다.
[4수02-02] 계산식의 배열에서 규칙을 찾고, 계산 결과를 추측할 수 있다.

2 등호와 동치 관계
[4수02-03] 등호를 사용하여 크기가 같은 두 양의 관계를 식으로 나타낼 수 있다.

(가) 성취기준 해설

- [4수02-02] 다양한 규칙을 찾을 수 있는 계산식의 배열, 수의 성질을 탐구할 수 있는 계산식의 배열을 다룬다.
- [4수02-03] 등호(=)의 의미를 토대로 구체물, 그림 등을 사용하여 주어진 식이 옳은지 판단하는 활동, 크기가 같은 두 양을 찾는 활동 등을 통해 동치 관계를 이해하게 한다.

(나) 성취기준 적용 시 고려 사항

- 규칙을 식으로 나타낼 때 혼합 계산식, 일반항을 나타낸 식 등을 이용해야 하는 복잡한 문제는 다루지 않는다.
- 계산식의 배열에서 계산 결과의 규칙을 찾는 활동을 할 때 필요에 따라 계산기를 사용하게 할 수 있다.

- 자신이 추측한 규칙을 배열에 적용해 보는 등 다양한 방법으로 규칙이 옳은지 스스로 검토하게 할 수 있다.
- 동치 관계는 두 자리 수의 범위에서 다룬다.
- 등호가 사용된 식이 옳은지 판단할 때는 수 감각이나 학생이 직관적으로 이해하고 있는 연산의 성질을 이용하여 두 양이 서로 같은지 비교하게 할 수 있다.
- '변화와 관계' 영역의 문제 상황에 적합한 문제해결 전략을 지도하고, 문제해결 과정을 설명하게 하여 문제해결 역량을 기르게 한다.
- '변화와 관계' 영역에서 문제해결 과정을 설명할 때 다른 친구의 의견을 존중하고 경청하는 태도로 참여하게 한다.

(3) 도형과 측정

1 도형의 기초
[4수03-01] 직선, 선분, 반직선을 이해하고 구별할 수 있다.
[4수03-02] 각과 직각을 이해하고, 직각과 비교하는 활동을 통하여 예각과 둔각을 구별할 수 있다.
[4수03-03] 직선의 수직 관계와 평행 관계를 이해한다.

2 평면도형의 이동
[4수03-04] 구체물이나 평면도형의 밀기, 뒤집기, 돌리기 활동을 통하여 그 변화를 이해한다.
[4수03-05] 평면에서 점의 이동에 대해 위치와 방향을 이용하여 설명할 수 있다.

3 원의 구성 요소
[4수03-06] 원의 중심, 반지름, 지름을 이해하고, 그 성질을 안다.
[4수03-07] 컴퍼스를 이용하여 여러 가지 크기의 원을 그릴 수 있다.

4 여러 가지 삼각형
[4수03-08] 여러 가지 모양의 삼각형에 대한 분류 활동을 통하여 이등변삼각형, 정삼각형을 이해하고, 그 성질을 탐구하고 설명할 수 있다.
[4수03-09] 여러 가지 모양의 삼각형에 대한 분류 활동을 통하여 직각삼각형, 예각삼각형, 둔각삼각형을 이해한다.

5 여러 가지 사각형
[4수03-10] 여러 가지 모양의 사각형에 대한 분류 활동을 통하여 직사각형, 정사각형, 사다리꼴, 평행사변형, 마름모를 이해하고, 그 성질을 탐구하고 설명할 수 있다.

⑥ 다각형
[4수03-11] 다각형과 정다각형을 이해한다.
[4수03-12] 주어진 도형을 이용하여 여러 가지 모양을 만들거나 채우고 설명할 수 있다.

⑦ 시각과 시간
[4수03-13] 1분과 1초의 관계를 이해하고, 초 단위까지 시각을 읽을 수 있다.
[4수03-14] 실생활 문제 상황과 연결하여 초 단위까지의 시간의 덧셈과 뺄셈을 할 수 있다.

⑧ 길이
[4수03-15] 길이 단위 1mm와 1km를 알고, 이를 이용하여 길이를 측정하고 어림하며 수학의 유용성을 인식할 수 있다.
[4수03-16] 1cm와 1mm, 1km와 1m의 관계를 이해하고, 길이를 '몇 cm 몇 mm'와 '몇 mm', '몇 km 몇 m'와 '몇 m'로 다양하게 표현할 수 있다.

⑨ 들이
[4수03-17] 들이 단위 1L와 1mL를 알고, 이를 이용하여 들이를 측정하고 어림하며 수학의 유용성을 인식할 수 있다.
[4수03-18] 1L와 1mL의 관계를 이해하고, 들이를 '몇 L 몇 mL'와 '몇 mL'로 표현할 수 있다.
[4수03-19] 실생활 문제 상황과 연결하여 들이의 덧셈과 뺄셈을 할 수 있다.

⑩ 무게
[4수03-20] 실생활에서 무게를 나타낼 때 사용하는 단위 1g과 1kg을 알고, 이를 이용하여 무게를 측정하고 어림하며 수학의 유용성을 인식할 수 있다.
[4수03-21] 1kg과 1g의 관계를 이해하고, 무게를 '몇 kg 몇 g'과 '몇 g'으로 표현할 수 있다.
[4수03-22] 실생활에서 무게를 나타낼 때 사용하는 단위 1t을 알고, 1t과 1kg의 관계를 이해한다.
[4수03-23] 실생활 문제 상황과 연결하여 무게의 덧셈과 뺄셈을 할 수 있다.

⑪ 각도
[4수03-24] 각의 크기의 단위인 1도(°)를 알고, 각도기를 이용하여 각의 크기를 측정하고 어림할 수 있다.
[4수03-25] 여러 가지 방법으로 삼각형과 사각형의 내각의 크기의 합을 추론하고, 자신의 추론 과정을 설명할 수 있다.

(가) 성취기준 해설

• [4수03-04] 실생활에서 평면도형의 이동을 활용한 사례를 찾아서 이동에 따른 변화를 추론하고 위치나 방향이 어떻게 변화했는지 설명하게 한다.

- [4수03-05] 평면에서 점의 이동은 격자를 따라 위, 아래, 오른쪽, 왼쪽으로 '~칸', '~cm'를 이동하는 수준에서 다룬다. 한 점의 이동에 대해 위치와 방향을 설명하는 데 초점을 두고, 꼭짓점의 이동을 이용하여 평면도형의 이동을 설명하는 활동은 다루지 않는다.
- [4수03-07] 컴퍼스를 사용하여 다양한 크기의 원을 그리는 방법을 원의 성질과 연결하여 이해하게 한다.
- [4수03-11] 도형판, 모양 조각 등의 교구를 이용한 구체적인 조작 활동을 통해 다각형과 정다각형을 이해하게 한다.
- [4수03-12] 다양한 교구와 공학 도구 등을 이용한 구체적인 활동을 통해 주어진 도형으로 여러 가지 모양을 다양하게 만들거나 채울 수 있다.
- [4수03-20] 초등학교에서는 무게와 질량의 개념을 엄밀하게 구분하지 않으며, 무게를 비교하고 측정하는 데에 g, kg의 단위를 사용하게 한다.

(나) 성취기준 적용 시 고려 사항

- '도형과 측정' 영역에서는 용어와 기호로 '직선, 선분, 반직선, 각, (각의) 꼭짓점, (각의) 변, 직각, 예각, 둔각, 수직, 수선, 평행, 평행선, 원의 중심, 반지름, 지름, 이등변삼각형, 정삼각형, 직각삼각형, 예각삼각형, 둔각삼각형, 직사각형, 정사각형, 사다리꼴, 평행사변형, 마름모, 다각형, 정다각형, 대각선, 초, 도(°), mm, km, L, mL, g, kg, t'을 다룬다.
- 직선, 선분, 반직선에 대한 평가에서는 정확한 정의나 표현보다 직선, 선분, 반직선을 서로 구별할 수 있는지에 중점을 둔다.
- 평면도형의 이동에서 돌리고 뒤집기나 뒤집고 돌리기 등 복잡한 변화를 지양한다.
- 평면도형의 이동을 활용하여 모양의 변화나 무늬를 설명하게 할 때 설명 방법이 다양할 수 있음에 유의하여 다른 친구들의 설명을 비판적으로 검토하게 한다.
- 평면도형의 이동, 원 그리기 등을 이용하여 여러 가지 모양이나 무늬 만들기 활동을 통해 수학의 아름다움을 느끼게 할 수 있다.
- 삼각형의 성질을 탐구하는 활동에서 구체적인 관찰, 실험, 측정 등 귀납적 추론을 통해 성질을 이해하게 한다.
- 여러 가지 사각형의 성질은 구체적인 조작 활동을 통하여 간단한 것만 다루고, 여러 가지 사각형 사이의 관계는 다루지 않는다.
- 시각과 시간의 의미는 구체적인 상황 속에서 구별하여 사용할 수 있는 정도로 이해하게 한다.
- 실제로 재거나 어림하는 측정 활동을 통하여 시간, 길이, 들이, 무게, 각도에 대한 양감

을 기르게 한다.

- 들이, 무게의 표준 단위를 도입하기 전에 표준 단위의 필요성을 알게 한다.
- 시간, 길이, 들이, 무게의 단위를 지도할 때 단위 사이의 관계를 이해하는 데 중점을 두고, 1km와 1cm의 관계, 1t과 1g의 관계 등의 지나친 단위 환산은 다루지 않는다.
- 길이, 들이, 무게, 각도를 측정할 때 측정도구의 눈금에 일치하지 않는 측정값을 '약'으로 표현하게 한다.
- '도형과 측정' 영역의 문제 상황에 적합한 문제해결 전략을 지도하고, 문제해결 과정을 설명하게 하여 문제해결 역량을 기르게 한다.
- '도형과 측정' 영역에서 문제해결 과정을 설명할 때 다른 친구의 의견을 존중하고 경청하는 태도로 참여하게 한다.

(4) 자료와 가능성

① 자료의 수집과 정리
[4수04-01] 자료를 수집하여 그림그래프나 막대그래프로 나타내고 해석할 수 있다.
[4수04-02] 자료를 수집하여 꺾은선그래프로 나타내고 해석할 수 있다.
[4수04-03] 탐구 문제를 해결하기 위해 자료를 수집, 정리하여 막대그래프나 꺾은선그래프로 나타내고 해석할 수 있다.

(가) 성취기준 해설

- [4수04-03] 여러 가지 문제를 해결하기 위해 자료를 수집, 정리하고 그래프로 나타내어 해석하는 일련의 과정을 직접 경험하게 한다. 자료의 크기를 비교할 때는 막대그래프로, 시간에 따른 변화의 경향을 알아볼 때는 꺾은선그래프로 나타내는 것이 편리함을 알고, 자료의 특성에 따라 목적에 맞는 적절한 그래프를 선택하게 한다.

(나) 성취기준 적용 시 고려 사항

- '자료와 가능성' 영역에서는 용어와 기호로 '그림그래프, 막대그래프, 꺾은선그래프'를 다룬다.
- 문제 상황에 맞게 간단한 설문조사, 실험과 관찰, 공공 자료의 활용 등을 통해 자료를 직접 수집하게 한다.
- 그림그래프를 그릴 때 항목의 이름과 수량의 단위를 명확히 인식하고, 자료의 개수에

따라 그림이 나타내는 단위를 적절히 선택하게 한다.

• 막대그래프와 꺾은선그래프를 그릴 때는 가로축과 세로축이 각각 무엇을 나타내는지 확인하게 하고 눈금 한 칸이 나타내는 크기를 적절히 선택하게 한다.
• 막대그래프와 꺾은선그래프를 그릴 때 공학 도구를 사용하게 할 수 있다.
• 여러 가지 사회, 환경 문제를 탐구하는 데 그림그래프, 막대그래프, 꺾은선그래프로부터 얻은 정보를 활용하게 할 수 있다.
• 자료 수집의 목적과 수집한 자료의 특성에 맞는 그래프로 적절히 표현되었는지를 비판적으로 판단하게 할 수 있다.
• '자료와 가능성' 영역의 문제 상황에 적합한 문제해결 전략을 지도하고, 문제해결 과정을 설명하게 하여 문제해결 역량을 기르게 한다.
• '자료와 가능성' 영역에서 문제해결 과정을 설명할 때 다른 친구의 의견을 존중하고 경청하는 태도로 참여하게 한다.

[초등학교 5~6학년]

(1) 수와 연산

1 자연수의 혼합 계산

[6수01-01] 덧셈, 뺄셈, 곱셈, 나눗셈의 혼합 계산에서 계산하는 순서를 알고, 혼합 계산을 할 수 있다.

2 수의 범위와 올림, 버림, 반올림

[6수01-02] 실생활과 연결하여 이상, 이하, 초과, 미만의 의미와 쓰임을 알고, 이를 활용하여 수의 범위를 나타낼 수 있다.

[6수01-03] 어림값을 구하기 위한 방법으로 올림, 버림, 반올림의 의미와 필요성을 알고, 이를 실생활에 활용함으로써 수학의 유용성을 인식할 수 있다.

3 약수와 배수

[6수01-04] 약수, 공약수, 최대공약수를 이해하고 구할 수 있다.

[6수01-05] 배수, 공배수, 최소공배수를 이해하고 구할 수 있다.

4 분수의 덧셈과 뺄셈

[6수01-06] 크기가 같은 분수를 만드는 방법을 이해하고, 분수를 약분, 통분할 수 있다.

[6수01-07] 분모가 다른 분수의 크기를 비교하고 그 방법을 설명할 수 있다.

[6수01-08] 분모가 다른 분수의 덧셈과 뺄셈의 계산 원리를 탐구하고 그 계산을 할 수 있다.

5 분수의 곱셈과 나눗셈
[6수01-09] 분수의 곱셈의 계산 원리를 탐구하고 그 계산을 할 수 있다.
[6수01-10] '(자연수) ÷ (자연수)'에서 나눗셈의 몫을 분수로 나타낼 수 있다.
[6수01-11] 분수의 나눗셈의 계산 원리를 탐구하고 그 계산을 할 수 있다.

6 분수와 소수의 관계
[6수01-12] 분수와 소수의 관계를 이해하고 크기를 비교하며 그 방법을 설명할 수 있다.

7 소수의 곱셈과 나눗셈
[6수01-13] 소수의 곱셈의 계산 원리를 탐구하고 그 계산을 할 수 있다.
[6수01-14] '(자연수) ÷ (자연수)'에서 나눗셈의 몫을 소수로 나타낼 수 있다.
[6수01-15] 소수의 나눗셈의 계산 원리를 탐구하고 그 계산을 할 수 있다.

(가) 성취기준 해설

- [6수01-11] 분수의 나눗셈은 '(분수) ÷ (자연수)', '(자연수) ÷ (분수)', '(분수) ÷ (분수)'를 다룬다.
- [6수01-15] 소수의 나눗셈은 '(소수) ÷ (자연수)', '(자연수) ÷ (소수)', '(소수) ÷ (소수)'를 다룬다.

(나) 성취기준 적용 시 고려 사항

- '수와 연산' 영역에서는 용어와 기호로 '이상, 이하, 초과, 미만, 올림, 버림, 반올림, 약수, 공약수, 최대공약수, 배수, 공배수, 최소공배수, 약분, 통분, 기약분수'를 다룬다.
- 자연수의 혼합 계산은 계산 순서에 중점을 두고, 지나치게 복잡한 혼합 계산은 다루지 않는다.
- 수의 범위와 올림, 버림, 반올림은 측정 상황과 같이 수나 양의 어림이 필요한 여러 가지 실생활 사례를 통하여 그 의미를 알게 한다.
- 약수와 배수는 실생활에서 활용되는 경우를 찾아 자연수 범위에서 다룬다.
- 약수와 배수를 학습하는 과정에서 약수와 배수의 관계를 이해하게 한다.
- 최대공약수와 최소공배수는 두 수에 대하여 약수와 배수를 각각 나열하여 공통된 약수와 배수를 찾는 방법으로 그 의미를 이해하게 하고, 평가에서 소인수의 곱으로 나타내어 구하는 방법은 다루지 않는다.
- 구체물이나 그림 등을 이용하여 크기가 같은 분수를 만든 후 분모는 분모끼리, 분자는 분자끼리 비교하는 활동을 통해 크기가 같은 분수를 만드는 방법을 이해하게 한다.

- 분모가 다른 분수의 크기를 비교할 때 수 감각을 이용하여 추론하고 토론하는 활동을 하게 한다.
- 분수의 사칙계산에서 기약분수로 나타낼 것을 요구하지 않을 경우, 계산 결과를 기약분수가 아닌 분수로 나타내는 것도 허용한다.
- 분수를 통분할 때는 공통분모로 최소공배수뿐만 아니라 분모의 곱과 같은 공배수도 이용하게 할 수 있다.
- 분수의 곱셈과 나눗셈, 소수의 곱셈과 나눗셈은 계산 원리를 탐구하여 이해하는 수준에서 다룬다.
- 소수의 곱셈과 나눗셈에서 복잡한 계산은 계산기를 사용하게 할 수 있다.
- 소수의 곱셈과 나눗셈에서 계산 결과를 어림할 필요가 있는 상황, 정확한 계산 대신에 어림셈으로 비교가 가능한 상황 등 어림셈이 필요한 여러 가지 실생활 상황을 제시하여 어림셈의 필요성과 유용성을 알게 한다.
- '수와 연산' 영역의 문제 상황에서 문제해결 전략 비교하기, 주어진 문제에서 필요 없는 정보나 부족한 정보 찾기, 조건을 바꾸어 새로운 문제 만들기, 문제해결 과정의 타당성 검토하기 등을 통하여 문제해결 역량을 기르게 한다.
- '수와 연산' 영역에서 자신의 문제해결 과정을 논리적으로 설명하고 다른 친구의 문제해결 과정과 비교함으로써 비판적으로 사고하는 태도를 기르게 한다.

(2) 변화와 관계

1 대응 관계

[6수02-01] 한 양이 변할 때 다른 양이 그에 종속하여 변하는 대응 관계를 나타낸 표에서 규칙을 찾아 설명하고, □, △ 등을 사용하여 식으로 나타낼 수 있다.

2 비와 비율

[6수02-02] 두 양의 크기를 비교하는 상황을 통해 비의 개념을 이해하고, 두 양의 관계를 비로 나타낼 수 있다.

[6수02-03] 비율을 이해하고, 비율을 분수, 소수, 백분율로 나타낼 수 있다.

3 비례식과 비례배분

[6수02-04] 비례식을 알고, 그 성질을 이해하며, 이를 활용하여 간단한 비례식을 풀 수 있다.

[6수02-05] 비례배분을 알고, 주어진 양을 비례배분 할 수 있다.

(가) 성취기준 해설

- [6수02-02] 두 양을 비교할 때는 한 양을 기준으로 다른 양이 몇 배가 되는지를 나타낼 필요성을 인식하면서 비의 개념을 이해하게 한다.

(나) 성취기준 적용 시 고려 사항

- '변화와 관계' 영역에서는 용어와 기호로 '비, 기준량, 비교하는 양, 비율, 백분율, 비례식, 비례배분, :, %'를 다룬다.
- 대응 관계를 탐구할 때는 두 양의 변화를 함께 고려하게 하고, 한 양의 변화에만 초점을 두지 않는다.
- 두 양 사이의 대응 관계를 식으로 나타내는 방법을 지도하는 활동에서는 덧셈식, 뺄셈식, 곱셈식, 나눗셈식 중 하나로 표현되는 간단한 경우만 다룬다.
- 비와 비율을 다룰 때는 기준량과 비교하는 양을 명확하게 인식하게 한다.
- 비와 비율을 탐구할 때는 실생활 및 타 교과에서 비와 비율이 적용되는 간단한 사례를 활용하며 수학의 유용성을 인식하게 한다.
- 동일한 비율을 분수, 소수, 백분율로 다양하게 나타낼 수 있음을 알게 한다.
- 대응 관계를 기호를 사용하여 식으로 나타내고 두 양의 관계를 비로 나타내 보는 경험을 통해 수학적 표현의 편리함을 인식하게 할 수 있다.
- '변화와 관계' 영역에서는 기후변화, 생태계, 과학 기술의 발전 등 학생의 삶과 관련된 다양한 문제 상황을 활용할 수 있다.
- '변화와 관계' 영역의 문제 상황에서 문제해결 전략 비교하기, 주어진 문제에서 필요 없는 정보나 부족한 정보 찾기, 조건을 바꾸어 새로운 문제 만들기, 문제해결 과정의 타당성 검토하기 등을 통하여 문제해결 역량을 기르게 한다.
- '변화와 관계' 영역에서 자신의 문제해결 과정을 논리적으로 설명하고 다른 친구의 문제해결 과정과 비교함으로써 비판적으로 사고하는 태도를 기르게 한다.

(3) 도형과 측정

[1] 합동과 대칭
[6수03-01] 도형의 합동을 이해하고, 합동인 도형의 성질을 탐구하고 설명할 수 있다.
[6수03-02] 실생활과 연결하여 선대칭도형과 점대칭도형을 이해하고 그릴 수 있다.

[2] 직육면체와 정육면체
[6수03-03] 직육면체와 정육면체를 이해하고, 구성 요소와 성질을 탐구하고 설명할 수 있다.
[6수03-04] 직육면체와 정육면체의 겨냥도와 전개도를 그릴 수 있다.

[3] 각기둥과 각뿔
[6수03-05] 각기둥과 각뿔을 이해하고, 구성 요소와 성질을 탐구하고 설명할 수 있다.
[6수03-06] 각기둥의 전개도를 그릴 수 있다.

[4] 원기둥, 원뿔, 구
[6수03-07] 원기둥, 원뿔, 구를 이해하고, 구성 요소와 성질을 탐구하고 설명할 수 있다.
[6수03-08] 원기둥의 전개도를 그릴 수 있다.

[5] 입체도형의 공간 감각
[6수03-09] 쌓기나무로 만든 입체도형을 보고 사용된 쌓기나무의 개수를 구할 수 있다.
[6수03-10] 쌓기나무로 만든 입체도형의 위, 앞, 옆에서 본 모양을 표현할 수 있고, 이러한 표현을 보고 입체도형의 모양을 추측할 수 있다.

[6] 다각형의 둘레와 넓이
[6수03-11] 평면도형의 둘레를 이해하고, 기본적인 평면도형의 둘레를 구할 수 있다.
[6수03-12] 넓이 단위 $1cm^2$, $1m^2$, $1km^2$를 알며, 그 관계를 이해한다.
[6수03-13] 직사각형과 정사각형의 넓이를 구하는 방법을 이해하고, 이를 구할 수 있다.
[6수03-14] 평행사변형, 삼각형, 사다리꼴, 마름모의 넓이를 구하는 방법을 다양하게 추론하고, 이와 관련된 문제를 해결할 수 있다.

[7] 원주율과 원의 넓이
[6수03-15] 여러 가지 원 모양 물체의 원주와 지름을 측정하는 활동을 통하여, 원주율이 일정한 값임을 알고 그 근삿값을 사용할 수 있다.
[6수03-16] 원주와 원의 넓이를 구하는 방법을 이해하고, 이를 구할 수 있다.

[8] 입체도형의 겉넓이와 부피
[6수03-17] 직육면체와 정육면체의 겉넓이를 구하는 방법을 이해하고, 이를 구할 수 있다.
[6수03-18] 부피 단위 $1cm^3$, $1m^3$를 알며, 그 관계를 이해한다.
[6수03-19] 직육면체와 정육면체의 부피를 구하는 방법을 이해하고, 이를 구할 수 있다.

(가) 성취기준 해설

• [6수03-01] 합동인 두 도형에서 대응점, 대응변, 대응각을 각각 찾게 하고 대응변의 길이

와 대응각의 크기를 비교하는 활동을 통해 합동인 도형의 성질을 탐구하고 설명하게 한다.

- [6수03-10] 여러 가지 물체, 건축물, 예술품, 쌓기나무로 만든 입체도형 등의 위, 앞, 옆에서 본 모양을 이용해서 전체 모양을 추측하게 하고, 이에 대해 자신의 추론 과정을 설명하게 한다.
- [6수03-15] 여러 가지 원에서 (원주)÷(지름)의 값을 구하여 모든 원에서 원주율이 일정함을 이해하게 하고, 원주율의 근삿값으로 3.14를 사용하게 한다.
- [6수03-16] 지름과 원주율을 이용하면 원주를 직접 측정하지 않고도 구할 수 있음을 알게 하고, 직사각형의 넓이를 구하는 방법을 이용하여 원의 넓이를 구하는 방법을 이해하게 한다.

(나) 성취기준 적용 시 고려 사항

- '도형과 측정' 영역에서는 용어와 기호로 '합동, 대칭, 대응점, 대응변, 대응각, 선대칭도형, 점대칭도형, 대칭축, 대칭의 중심, 직육면체, 정육면체, 면, 모서리, 밑면, 옆면, 겨냥도, 전개도, 각기둥, 각뿔, 원기둥, 원뿔, 구, 모선, 가로, 세로, 밑변, 높이, 원주, 원주율, cm^2, m^2, km^2, cm^3, m^3'를 다룬다.
- 선대칭도형과 점대칭도형 그리기를 평가할 때 모눈종이, 점판, 공학 도구 등을 이용하여 쉽게 그릴 수 있게 한다.
- 무늬 찾기, 종이 겹쳐 오리기, 도장 찍기, 데칼코마니 등 구체적인 조작 활동을 통하여 도형의 합동의 의미를 알게 한다.
- 실생활이나 자연 환경 등에서 도형의 합동, 선대칭도형, 점대칭도형의 예를 찾고 수학의 아름다움을 느낄 수 있게 한다.
- 입체도형의 전개도에 대한 평가는 전개도가 될 수 있는 것과 될 수 없는 것을 구별하는 데 중점을 둔다.
- 각기둥의 전개도는 간단한 형태만 다루고, 각뿔과 원뿔의 전개도는 다루지 않는다.
- 한 직선을 중심으로 직사각형, 직각삼각형, 반원을 돌리는 활동을 통하여 원기둥, 원뿔, 구를 만들어 보게 한다.
- 실생활에서 접할 수 있는 여러 가지 물건, 건축물 등에서 직육면체, 정육면체, 각기둥, 각뿔, 원기둥, 원뿔, 구를 찾고 수학에 대한 흥미와 관심을 갖게 한다.
- 입체도형의 구성 요소와 성질, 전개도, 쌓기나무로 만든 입체도형을 탐구할 때는 여러

가지 모형과 공학 도구를 이용하게 할 수 있다.

- 쌓기나무로 만든 입체도형의 위, 앞, 옆에서 본 모양에 대한 평가를 할 때는 간단한 모양을 이용한다.
- 삼각형의 넓이를 구할 때는 높이가 삼각형의 외부에 있는 것도 다룬다.
- 넓이 단위 사이의 관계 중 $1cm^2$, $1km^2$ 사이의 단위 환산은 다루지 않는다.
- 도형의 넓이는 $1cm^2$인 정사각형의 몇 배인지를 구하는 것임을 이해하게 하고, 도형의 변형을 이용하여 넓이를 구하는 여러 가지 방법을 추론하게 한다.
- 원주율을 지도할 때는 원주와 지름의 관계를 이해하고 원주율에 대한 양감을 기르게 한다.
- 원주율, 원주, 원의 넓이, 입체도형의 겉넓이와 부피 등을 구할 때 복잡한 계산은 계산기를 사용하게 한다.
- 겉넓이와 부피를 구하는 방법에 대하여 다양한 추론을 하게 하고, 자신의 추론 과정을 다른 사람에게 설명하게 할 수 있다.
- 도형의 넓이와 부피를 구하는 방법의 편리함을 인식하게 한다.
- '도형과 측정' 영역의 문제 상황에서 문제해결 전략 비교하기, 주어진 문제에서 필요 없는 정보나 부족한 정보 찾기, 조건을 바꾸어 문제 만들기, 문제해결 과정의 타당성 검토하기 등을 통하여 문제해결 역량을 기르게 한다.
- '도형과 측정' 영역에서 자신의 문제해결 과정을 논리적으로 설명하고 다른 친구의 문제해결 과정과 비교함으로써 비판적으로 사고하는 태도를 기르게 한다.

(4) 자료와 가능성

1 자료의 수집과 정리

[6수04-01] 평균의 의미를 알고, 자료를 수집하여 평균을 구하고 해석할 수 있다.

[6수04-02] 자료를 수집하여 띠그래프나 원그래프로 나타내고 해석할 수 있다.

[6수04-03] 탐구 문제를 설정하고, 그에 맞는 자료를 수집, 정리하여 적절한 그래프로 나타내고 해석할 수 있다.

2 가능성

[6수04-04] 사건이 일어날 가능성을 말로 표현하고 비교할 수 있다.

[6수04-05] 사건이 일어날 가능성을 수로 나타낼 수 있다.

[6수04-06] 자료를 이용하여 가능성을 예상하고, 가능성에 근거하여 적절한 판단을 내릴 수 있다.

(가) 성취기준 해설

- [6수04-01] 평균은 집단의 자료를 대표하는 값임을 이해하고, 여러 집단의 평균을 비교하는 활동을 통해 수학의 유용성을 인식하게 한다.
- [6수04-03] 해결하고자 하는 문제를 설정하고 그에 맞는 자료를 수집, 정리하여, 막대그래프, 꺾은선그래프, 띠그래프와 원그래프 중 적절한 그래프로 나타내고 해석하는 일련의 과정을 직접 경험하게 한다.
- [6수04-04] '확실하다', '불가능하다', '~일 것 같다', '~아닐 것 같다', '반반이다' 등 일상에서 사건이 일어날 가능성을 나타내는 다양한 표현을 이해하고, 가능성의 크기를 비교하게 한다.
- [6수04-05] 가능성이 직관적으로 파악되는 생활 속의 간단한 사건에 대하여 그 가능성을 0, $\frac{1}{2}$, 1 등과 같은 수로 표현하게 한다. 사건이 일어날 가능성과 일어나지 않을 가능성이 같은 경우에 사건이 일어날 가능성을 $\frac{1}{2}$로 표현할 수 있음을 이해하게 한다.
- [6수04-06] 제비뽑기, 동전 던지기, 주사위 던지기, 회전판 돌리기 등과 같은 간단한 실험 결과를 나타낸 표나 그래프를 보고 사건이 일어날 가능성을 비교하고 대략적으로 예상하게 한다.

(나) 성취기준 적용 시 고려 사항

- '자료와 가능성' 영역에서는 용어와 기호로 '평균, 띠그래프, 원그래프, 가능성'을 다룬다.
- 자료를 수집할 때, 간단한 설문조사, 실험이나 관찰, 공공 자료 활용과 같은 방법 중 탐구 목적에 적합한 것을 결정하게 한다.
- 평균을 구하는 방법뿐만 아니라 그 의미를 직관적으로 파악하게 한다.
- 복잡한 자료의 평균이나 백분율을 구할 때 계산기를 사용하게 할 수 있다.
- 조사 자료에서 전체에 대한 각 부분의 비율을 비교해야 하는 문제 상황을 제시하여 띠그래프와 원그래프의 필요성을 인식하게 한다.
- 원그래프를 그릴 때는 눈금이 표시된 원을 사용하게 한다.
- 띠그래프와 원그래프를 그릴 때 공학 도구를 사용하게 할 수 있다.
- 여러 가지 사회, 환경 문제를 탐구하는 데 그림그래프, 막대그래프, 꺾은선그래프, 띠그래프, 원그래프로부터 얻은 정보를 활용하게 할 수 있다.
- 자료 수집의 목적과 수집한 자료의 특성에 맞는 그래프로 적절히 표현되었는지, 또는

정보를 왜곡하는 오류가 포함되어 있지는 않은지 등을 비판적으로 판단하게 할 수 있다.

- '자료와 가능성' 영역의 문제 상황에서 문제해결 전략 비교하기, 주어진 문제에서 필요 없는 정보나 부족한 정보 찾기, 조건을 바꾸어 새로운 문제 만들기, 문제해결 과정의 타당성 검토하기 등을 통하여 문제해결 역량을 기르게 한다.
- '자료와 가능성' 영역에서 자신의 문제해결 과정을 논리적으로 설명하고 다른 친구의 문제해결 과정과 비교함으로써 비판적으로 사고하는 태도를 기르게 한다.

[중학교 1~3학년]

(1) 수와 연산

1 소인수분해
[9수01-01] 소인수분해의 뜻을 알고, 자연수를 소인수분해 할 수 있다.
[9수01-02] 소인수분해를 이용하여 최대공약수와 최소공배수를 구할 수 있다.

2 정수와 유리수
[9수01-03] 다양한 상황을 이용하여 음수의 필요성을 인식하고, 양수와 음수, 정수와 유리수의 개념을 이해한다.
[9수01-04] 정수와 유리수의 대소 관계를 판단할 수 있다.
[9수01-05] 정수와 유리수의 사칙계산의 원리를 이해하고, 그 계산을 할 수 있다.

3 유리수와 순환소수
[9수01-06] 순환소수의 뜻을 알고, 유리수와 순환소수의 관계를 설명할 수 있다.

4 제곱근과 실수
[9수01-07] 제곱근의 뜻과 성질을 알고, 제곱근의 대소 관계를 판단할 수 있다.
[9수01-08] 무리수의 개념을 이해하고, 무리수의 유용성을 인식할 수 있다.
[9수01-09] 실수의 대소 관계를 판단하고 설명할 수 있다.
[9수01-10] 근호를 포함한 식의 사칙계산의 원리를 이해하고, 그 계산을 할 수 있다.

(가) 성취기준 해설

- [9수01-02] 초등학교에서 학습한 최대공약수와 최소공배수의 개념을 바탕으로 소인수분해를 이용하여 최대공약수와 최소공배수를 구하게 한다. 최대공약수와 최소공배수는 자연수의 소인수분해를 이용하는 범위에서 다루고, 최대공약수와 최소공배수의 활용 문

제는 다루지 않는다.

- [9수01-05] 정수의 사칙계산의 원리는 여러 가지 모델을 이용하여 직관적으로 이해하게 하고, 실생활에서 사칙계산의 유용성을 인식하게 한다.
- [9수01-06] 순환소수를 분수로 고치는 것은 순환소수가 유리수임을 이해할 수 있는 정도로 다룬다. 유한소수를 순환소수로 나타내는 것은 다루지 않는다.
- [9수01-08] 실생활에서 사용되는 무리수의 예를 찾아보는 활동을 통해 무리수의 필요성과 유용성을 인식하게 한다. 실수는 유리수와 무리수로 이루어짐을 이해하게 하고, 수 체계의 논리적인 아름다움에 관심을 갖게 한다.

(나) 성취기준 적용 시 고려 사항

- '수와 연산' 영역에서는 용어와 기호로 '소수, 합성수, 거듭제곱, 지수, 밑, 소인수, 소인수분해, 서로소, 양수, 음수, 양의 정수, 음의 정수, 정수, 수직선, 양의 유리수, 음의 유리수, 유리수, 절댓값, 교환법칙, 결합법칙, 분배법칙, 역수, 유한소수, 무한소수, 순환소수, 순환마디, 제곱근, 근호, 무리수, 실수, 분모의 유리화, 양의 부호(+), 음의 부호(−), $|\ |$, $\le$, $\ge$, 순환소수 표현(예. $7.\dot{2}1\dot{5}$), $\sqrt{\ }$'를 다룬다.
- 정수와 유리수의 사칙계산의 원리를 이용하는 문제를 해결하기 위해 더 나은 계산 방법을 끈기 있게 찾아보게 하고, 풀이 과정과 결과를 반성하는 태도를 갖게 한다.
- 제곱근과 무리수는 피타고라스 정리를 이용하여 도입할 수 있다.
- 한 변의 길이가 1인 정사각형의 대각선의 길이 등을 이용하여 무리수의 존재를 직관적으로 이해하게 한다.
- 제곱근의 값은 계산기 등을 이용하여 구할 수 있음을 알게 한다.
- 정수, 유리수와 관련하여 지나치게 복잡한 계산을 포함하는 문제는 다루지 않는다.
- 사칙계산 이외의 이항연산 문제는 다루지 않는다.

(2) 변화와 관계

1 문자의 사용과 식

[9수02-01] 다양한 상황을 문자를 사용한 식으로 나타내어 그 유용성을 인식하고, 식의 값을 구할 수 있다.

[9수02-02] 일차식의 덧셈과 뺄셈의 원리를 이해하고, 그 계산을 할 수 있다.

[2] 일차방정식
[9수02-03] 방정식과 그 해의 뜻을 알고, 등식의 성질을 설명할 수 있다.
[9수02-04] 일차방정식을 풀 수 있고, 이를 활용하여 문제를 해결할 수 있다.

[3] 좌표평면과 그래프
[9수02-05] 순서쌍과 좌표를 이해하고, 그 편리함을 인식할 수 있다.
[9수02-06] 다양한 상황을 그래프로 나타내고, 주어진 그래프를 해석할 수 있다.
[9수02-07] 정비례, 반비례 관계를 이해하고, 그 관계를 표, 식, 그래프로 나타낼 수 있다.

[4] 식의 계산
[9수02-08] 지수법칙을 이해하고, 이를 이용하여 식을 간단히 할 수 있다.
[9수02-09] 다항식의 덧셈과 뺄셈의 원리를 이해하고, 그 계산을 할 수 있다.
[9수02-10] '(단항식)×(다항식)', '(다항식)÷(단항식)'과 같은 곱셈과 나눗셈의 원리를 이해하고, 그 계산을 할 수 있다.

[5] 일차부등식
[9수02-11] 부등식과 그 해의 뜻을 알고, 부등식의 성질을 설명할 수 있다.
[9수02-12] 일차부등식을 풀 수 있고, 이를 활용하여 문제를 해결할 수 있다.

[6] 연립일차방정식
[9수02-13] 미지수가 2개인 연립일차방정식을 풀 수 있고, 이를 활용하여 문제를 해결할 수 있다.

[7] 일차함수와 그 그래프
[9수02-14] 함수의 개념을 이해하고, 함숫값을 구할 수 있다.
[9수02-15] 일차함수의 개념을 이해하고, 그 그래프를 그릴 수 있다.
[9수02-16] 일차함수의 그래프의 성질을 이해하고, 이를 활용하여 문제를 해결할 수 있다.

[8] 일차함수와 일차방정식의 관계
[9수02-17] 일차함수와 미지수가 2개인 일차방정식의 관계를 설명할 수 있다.
[9수02-18] 두 일차함수의 그래프와 연립일차방정식의 관계를 설명할 수 있다.

[9] 다항식의 곱셈과 인수분해
[9수02-19] 다항식의 곱셈과 인수분해를 할 수 있다.

[10] 이차방정식
[9수02-20] 이차방정식을 풀 수 있고, 이를 활용하여 문제를 해결할 수 있다.

11 이차함수와 그 그래프
[9수02-21] 이차함수의 개념을 이해한다.
[9수02-22] 이차함수의 그래프를 그릴 수 있고, 그 성질을 설명할 수 있다.

(가) 성취기준 해설

- [9수02-05] 실생활에서 좌표가 사용되는 예를 찾아보고 이를 수직선과 좌표평면 위에 표현해 보며, 그 유용성과 편리함을 인식하게 한다.
- [9수02-06] 다양한 상황을 그래프로 나타내어 증가와 감소, 주기적 변화 등 변화 상태를 쉽게 파악할 수 있게 한다. 주어진 그래프를 해석하여 그래프가 나타내는 상황을 설명하게 함으로써 그래프의 유용성을 인식하게 한다.
- [9수02-07] 속력과 거리, 속력과 시간과 같은 실생활의 예를 통해 정비례와 반비례 관계를 직관적으로 이해하게 하고, 정비례와 반비례 관계가 성립하는 실생활의 예를 찾아 설명하게 한다.
- [9수02-08] 지수법칙은 지수가 자연수인 범위에서 단항식의 곱셈과 나눗셈을 하는 데 필요한 정도로 다룬다.
- [9수02-10] 다항식의 나눗셈에서는 다항식을 단항식으로 나누어 그 몫이 다항식이 되는 경우만 다룬다.
- [9수02-19] 다항식의 곱셈과 다항식의 인수분해의 역관계를 이해하고, 이와 유사한 관계를 찾아보는 활동을 하게 한다. 다항식의 곱셈과 인수분해는 다음의 경우를 다룬다.
  $m(a+b)=ma+mb$
  $(a+b)^2=a^2+2ab+b^2$
  $(a-b)^2=a^2-2ab+b^2$
  $(a+b)(a-b)=a^2-b^2$
  $(x+a)(x+b)=x^2+(a+b)x+ab$
  $(ax+b)(cx+d)=acx^2+(ad+bc)x+bd$
- [9수02-22] 이차함수 $y=f(x)$에서 최댓값과 최솟값은 x의 범위가 실수 전체인 경우만 다룬다.

(나) 성취기준 적용 시 고려 사항

- '변화와 관계' 영역에서는 용어와 기호로 '대입, 다항식, 항, 단항식, 상수항, 계수, 차수, 일차식, 동류항, 등식, 방정식, 미지수, 해, 근, 항등식, 이항, 일차방정식, 전개, 변수, 좌표, 순서쌍, x좌표, y좌표, 원점, 좌표축, x축, y축, 좌표평면, 제1사분면, 제2사분면, 제3사분면, 제4사분면, 그래프, 정비례, 반비례, 부등식, 일차부등식, 연립방정식, 함수, 함숫값, 일차함수, 기울기, x절편, y절편, 평행이동, 직선의 방정식, 인수, 인수분해, 완전제곱식, 이차방정식, 중근, 근의 공식, 이차함수, 포물선, 축, 꼭짓점, 최댓값, 최솟값, $f(x)$, $y=f(x)$'를 다룬다.
- 문자와 수, 문자와 일상 언어의 공통점과 차이점에 대한 탐색을 통해 문자의 특징을 이해하고, 자신의 삶 속에서 문자의 유용성을 인식하게 한다.
- 수에 대한 사칙연산과 소인수분해가 다항식으로 확장될 수 있음을 인식하게 한다.
- 방정식과 부등식, 함수는 다양한 상황을 통해 도입하고, 그 필요성을 인식하게 한다.
- 방정식과 부등식은 여러 가지 방법으로 풀어 보면서 더 나은 풀이 방법으로 해를 찾게 한다. 구한 해가 문제 상황에 적합한지 확인하는 과정을 통해 타당한 근거에 따라 자신의 의견을 논리적으로 설명하는 태도를 갖게 한다.
- 다양한 상황을 일상 언어, 표, 그래프, 식으로 나타내고 이들 사이의 상호 변환 활동을 하게 한다.
- 함수의 개념은 다양한 상황에서 한 양이 변함에 따라 다른 양이 하나씩 정해지는 두 양 사이의 대응 관계를 이용하여 도입한다.
- 다양한 상황을 이용하여 일차함수와 이차함수의 의미를 다룬다.
- 공학 도구를 이용하여 함수의 그래프를 그리거나 함수의 그래프의 성질을 탐구하게 한다.
- 이차방정식은 해가 실수인 경우만 다룬다.
- 이차방정식의 근과 계수와의 관계는 다루지 않는다.
- 실생활이나 사회 및 자연 현상과 관련된 문제를 해결할 때 수학적 모델링을 적용하고 도전적으로 문제를 해결할 수 있게 한다. 이때, 환경 및 기후변화 등과 관련된 다양한 문제 상황을 통해 생태전환에 관심을 갖게 한다.
- 방정식, 부등식, 함수에 대한 지나치게 복잡한 활용 문제는 다루지 않는다.
- '식의 값', '좌변', '우변', '양변', '이차식', '전개식', '연립일차방정식', '소거', '가감법', '대입법', '함수의 그래프' 용어는 교수·학습 상황에서 사용할 수 있다.

(3) 도형과 측정

1 기본 도형
[9수03-01] 점, 선, 면, 각을 이해하고, 실생활 상황과 연결하여 점, 직선, 평면의 위치 관계를 설명할 수 있다.
[9수03-02] 평행선에서 동위각과 엇각의 성질을 이해하고 설명할 수 있다.

2 작도와 합동
[9수03-03] 삼각형을 작도하고, 그 과정을 설명할 수 있다.
[9수03-04] 삼각형의 합동 조건을 이해하고, 이를 이용하여 두 삼각형이 합동인지 판별할 수 있다.

3 평면도형의 성질
[9수03-05] 다각형의 성질을 이해하고 설명할 수 있다.
[9수03-06] 부채꼴의 중심각과 호의 관계를 이해하고, 이를 이용하여 부채꼴의 호의 길이와 넓이를 구할 수 있다.

4 입체도형의 성질
[9수03-07] 구체적인 모형이나 공학 도구를 이용하여 다면체와 회전체의 성질을 탐구하고, 이를 설명할 수 있다.
[9수03-08] 입체도형의 겉넓이와 부피를 구할 수 있다.

5 삼각형과 사각형의 성질
[9수03-09] 이등변삼각형의 성질을 이해하고 정당화할 수 있다.
[9수03-10] 삼각형의 외심과 내심의 성질을 이해하고 정당화할 수 있다.
[9수03-11] 사각형의 성질을 이해하고 정당화할 수 있다.

6 도형의 닮음
[9수03-12] 도형의 닮음의 뜻과 닮은 도형의 성질을 이해하고, 닮음비를 구할 수 있다.
[9수03-13] 삼각형의 닮음 조건을 이해하고, 이를 이용하여 두 삼각형이 닮음인지 판별할 수 있다.
[9수03-14] 평행선 사이의 선분의 길이의 비를 구할 수 있다.

7 피타고라스 정리
[9수03-15] 피타고라스 정리를 이해하고 정당화할 수 있다.

8 삼각비
[9수03-16] 삼각비의 뜻을 알고, 간단한 삼각비의 값을 구할 수 있다.
[9수03-17] 삼각비를 활용하여 여러 가지 문제를 해결할 수 있다.

9 원의 성질
[9수03-18] 원의 현에 관한 성질과 접선에 관한 성질을 이해하고 정당화할 수 있다.
[9수03-19] 원주각의 성질을 이해하고 정당화할 수 있다.

(가) 성취기준 해설

- [9수03-01] 점, 선, 면, 각과 관련된 용어는 다양한 상황에서 직관적으로 이해하게 한다.
- [9수03-03] 주어진 삼각형과 합동인 삼각형을 작도하는 활동을 하고, 자신의 방법을 설명하게 한다.
- [9수03-05] 삼각형의 내각과 외각의 크기, 다각형의 내각과 외각의 크기의 합, 다각형의 대각선의 개수를 구하는 과정을 탐구하여 다각형의 성질을 추측하고 일반화할 수 있게 한다.
- [9수03-07] 구체적인 사물, 전개도, 교구, 컴퓨터 프로그램 등을 이용하여 다면체와 회전체를 관찰하고 그 성질을 탐구하게 한다. 회전체 단면의 모양은 회전체의 성질을 이해하는 데 필요한 정도로 다룬다.
- [9수03-09] 종이접기, 작도, 공학 도구 등을 이용하여 이등변삼각형의 성질을 추측하게 하고, 그 성질을 삼각형의 합동 조건을 이용하여 정당화할 수 있게 한다. 이때, 증명이라는 용어를 도입하고, 그 필요성을 인식하게 한다.
- [9수03-11] 사각형의 성질은 대각선에 관한 성질을 위주로 다룬다. 여러 가지 사각형의 성질을 통해 사각형 사이의 관계를 설명하게 한다.
- [9수03-15] 피타고라스 정리는 다양한 활동을 통하여 추측하고 정당화할 수 있게 한다. 피타고라스 정리의 역은 직관적으로 이해하게 하고, 이를 이용하여 세 변의 길이가 주어진 삼각형이 직각삼각형인지 판별하게 한다.
- [9수03-17] 삼각비를 활용하여 직접 측정하기 어려운 거리나 높이 등을 구해 보는 활동을 통해 유용성을 인식하고 흥미를 느낄 수 있게 한다.

(나) 성취기준 적용 시 고려 사항

- '도형과 측정' 영역에서는 용어와 기호로 '교점, 교선, 두 점 사이의 거리, 중점, 수직이등분선, 꼬인 위치, 교각, 맞꼭지각, 엇각, 동위각, 평각, 직교, 수선의 발, 작도, 대변, 대각, 삼각형의 합동 조건, 내각, 외각, 부채꼴, 중심각, 호, 현, 활꼴, 할선, 다면체, 각뿔대, 정다면체, 회전체, 회전축, 원뿔대, 증명, 접선, 접점, 접한다, 외심, 외접, 외접원, 내심, 내접, 내접원, 중선, 무게중심, 닮음, 닮음비, 삼각형의 닮음 조건, 피타고라스 정리, 삼각비, 사인, 코사인, 탄젠트, 원주각, $\overleftrightarrow{\mathrm{AB}}$, $\overrightarrow{\mathrm{AB}}$, $\overline{\mathrm{AB}}$, $//$, $\angle\mathrm{ABC}$, $\perp$, $\triangle\mathrm{ABC}$, $\equiv$, $\overset{\frown}{\mathrm{AB}}$, π, $\square\mathrm{ABCD}$, $\backsim$, $\sin A$, $\cos A$, $\tan A$'를 다룬다.
- 다양한 교구나 공학 도구를 이용하여 합동과 닮음의 의미를 이해하게 한다.

- 다각형과 다면체는 그 모양이 볼록인 경우만 다룬다.
- 간단한 입체도형의 단면을 관찰하는 활동과 전개도를 접어 간단한 입체도형을 만드는 활동을 통해 평면도형과 입체도형의 관계를 직관적으로 이해하게 한다.
- 다양한 교구나 공학 도구를 이용하여 도형을 그리거나 만들어 보는 활동을 통해 도형의 성질을 추론하고 토론할 수 있게 한다.
- 도형의 성질을 이해하고 정당화하는 방법은 관찰이나 실험을 통한 확인, 사례나 근거 제시를 통한 설명, 유사성에 근거한 추론, 증명 등이 있으며, 이를 학생 수준에 맞게 활용할 수 있다.
- 도형의 성질을 정당화하는 다양한 방법을 통해 체계적으로 사고하고 타인을 논리적으로 설득하는 태도를 갖게 한다.
- 증명을 할 때, '가정', '결론' 용어는 다루지 않는다.
- 수학사를 통하여 피타고라스 정리, 삼각비에 관심을 가지고 그 유용성을 인식하게 한다.
- 삼각비 사이의 관계는 다루지 않는다.
- 삼각비의 값은 0°에서 90°까지의 각도에 대한 것만 다룬다.
- 주변의 건축물, 문화유산, 예술 작품 등에서 도형의 성질을 찾게 하여 수학에 대한 흥미와 관심을 가질 수 있게 한다.
- 복잡하게 변형된 평면도형의 넓이와 둘레의 길이, 입체도형의 겉넓이와 부피를 구하는 문제는 다루지 않는다.
- 도형의 성질을 이해하고 정당화하는 것을 평가할 때는 증명 과정에서 지나치게 엄밀한 형식 논리 규칙의 이용을 요구하는 문제는 다루지 않는다.
- 원과 비례에 관한 성질은 다루지 않는다.
- '(도형의) 대응', '삼각형의 중점연결정리', '접선의 길이' 용어는 교수・학습 상황에서 사용할 수 있다.

(4) 자료와 가능성

① 대푯값

[9수04-01] 중앙값, 최빈값의 뜻을 알고, 자료의 특성에 따라 적절한 대푯값을 선택하여 구할 수 있다.

② 도수분포표와 상대도수

[9수04-02] 자료를 줄기와 잎 그림, 도수분포표, 히스토그램, 도수분포다각형으로 나타내고 해석할 수

있다.
[9수04-03] 상대도수를 구하고, 상대도수의 분포를 표나 그래프로 나타내고 해석할 수 있다.
[9수04-04] 통계적 탐구 문제를 설정하고, 공학 도구를 이용하여 자료를 수집하여 분석하고, 그 결과를 해석할 수 있다.

③ 경우의 수와 확률
[9수04-05] 경우의 수를 구할 수 있다.
[9수04-06] 확률의 개념과 그 기본 성질을 이해하고, 확률을 구할 수 있다.

④ 산포도
[9수04-07] 분산과 표준편차를 구하고 자료의 분포를 설명할 수 있다.

⑤ 상자그림과 산점도
[9수04-08] 공학 도구를 이용하여 자료를 상자그림으로 나타내고 분포를 비교할 수 있다.
[9수04-09] 자료를 산점도로 나타내고 상관관계를 말할 수 있다.

(가) 성취기준 해설

- [9수04-01] 대푯값에는 초등학교에서 학습한 평균 이외에도 중앙값, 최빈값이 있음을 알고 그 필요성을 인식하게 한다. 자료의 특성에 따라 적절한 대푯값을 선택하여 구해보고, 각 대푯값이 어떤 상황에서 유용하게 사용될 수 있는지 토론하게 한다.
- [9수04-03] 상대도수는 도수의 총합이 다른 두 집단의 분포를 비교하는 상황에서 간단히 다루고, 상대도수의 필요성과 유용성을 인식하게 한다.
- [9수04-04] 다양한 맥락에서 해결하고자 하는 통계적 탐구 문제를 설정하고 적절한 계획을 세워 자료를 수집하게 한다. 수집한 자료를 자료의 특성과 목적에 맞게 표, 그래프, 수치 등으로 나타내어 분석하고, 그 결과를 탐구 문제와 연결하여 해석하게 한다. 자료를 수집하고 분석할 때는 인터넷 검색, 웹 기반 소프트웨어, 통계 프로그램 등을 활용하게 한다. 수집한 자료나 분석 결과가 적절한지 판단하여 계획을 수정하고, 통계적 근거를 바탕으로 토론하는 등 통계적 문제해결 과정에 주도적으로 참여하게 한다.
- [9수04-05] 경우의 수는 두 경우의 수를 합하거나 곱하는 경우 정도로만 다루고, 순열과 조합을 이용하면 쉽게 해결되는 등의 복잡한 경우의 수를 구하는 문제는 다루지 않는다.
- [9수04-06] 확률은 실험이나 관찰을 통해 구한 상대도수로서의 의미와 경우의 수의 비율로서의 의미를 연결하여 이해하게 한다. 경우의 수의 비율로 확률을 다룰 때, 각 경우가

발생할 가능성이 동등하다는 것을 가정한다는 점에 유의하게 한다.

- [9수04-08] 상자그림을 다룰 때는 두 집단의 분포를 비교하고 해석하는 활동에 중점을 두고, 이를 통해 상자그림의 유용성을 인식하게 한다.
- [9수04-09] 상관관계는 양의 상관관계, 음의 상관관계, 상관관계가 없는 경우로 구분하여 다룬다.

(나) 성취기준 적용 시 고려 사항

- '자료와 가능성' 영역에서는 용어와 기호로 '변량, 대푯값, 중앙값, 최빈값, 줄기와 잎 그림, 계급, 계급의 크기, 도수, 도수분포표, 히스토그램, 도수분포다각형, 상대도수, 사건, 확률, 산포도, 편차, 분산, 표준편차, 사분위수, 상자그림, 산점도, 상관관계'를 다룬다.
- 눈금 등을 부적절하게 사용하여 자료를 부정확하게 나타낸 표나 그래프에서 오류를 찾는 활동을 통해 비판적으로 사고하는 태도를 갖게 한다.
- 자료를 수집하고 정리하여 표나 그래프로 나타내거나 대푯값과 산포도를 구할 때 공학 도구를 이용할 수 있게 하고, 공학 도구의 편리함과 유용성을 인식하게 한다.
- '자료와 가능성' 영역에서 환경, 지속가능한 발전 등 범교과 학습 주제를 소재로 다루고, 이를 탐구하는 과정에서 체계적으로 사고하고 합리적으로 의사 결정을 할 수 있게 한다.
- 진로연계교육을 실시할 때는 학생의 흥미, 관심, 진로에 맞는 탐구 문제를 설정하여 통계 프로젝트를 수행하게 할 수 있다.
- '계급값', '경우의 수' 용어는 교수・학습 상황에서 사용할 수 있다.

3. 교수・학습 및 평가

가. 교수・학습

(1) 교수・학습의 방향

(가) 수학과 교육과정에 제시된 성격, 목표, 내용 체계, 성취기준, 평가와 일관성을 가지도록 교수・학습을 운영한다.

(나) 핵심 아이디어를 중심으로 수학의 지식・이해, 과정・기능, 가치・태도를 통합적으로 교수・학습하여 수학 교과 역량을 함양하고 수리 소양을 갖추게 한다.

(다) 학생이 주도적으로 수학을 학습하여 수학과 교육과정에 제시된 목표를 달성하도록

교수・학습을 운영한다.

(라) 수학 내용 특성에 적합한 교구나 공학 도구를 선택하여 효율적인 교수・학습이 이루어지도록 하고 학생들의 디지털 소양 함양을 도모한다. 그리고 수학 교과서 읽기, 수학 학습 과정과 결과 쓰기, 문장제 해결 등을 통해 학생들의 언어 소양 함양을 도모한다.

(마) 수학 내용의 특성, 학교 여건, 학생의 학습 능력과 수준 등을 고려하여 교수・학습을 운영한다.

(바) 학생 개인의 필요, 수학 학습 속도, 학습 능력 등을 고려하여 학생 맞춤형 수업을 실시하고 보충 학습과 심화 학습의 기회를 제공한다.

(사) 수학 교수・학습에서 범교과 학습 주제(안전・건강, 인성, 진로, 민주 시민, 인권, 다문화, 통일, 독도, 경제・금융, 환경・지속가능발전 등)를 현상이나 소재로 선택하여 활용할 수 있다.

(아) 사회적 환경, 학생의 요구, 수학 내용의 특성, 수업 방식 등에 따라 온라인을 활용한 교수・학습을 운영할 수 있다.

(자) 학교급 전환에 따라 변화되는 수학 내용과 수업 방법을 파악하여 교수・학습에 적용하고, 진로연계교육에서 이를 고려한다.

(차) 수학과 교수・학습 계획을 수립하거나 교수・학습 자료 개발 등을 할 때 교육과정을 재구성할 수 있다.

(2) 교수・학습 방법

(가) 수학 교과 역량 함양을 통해 수학을 깊이 있게 학습하고 적용할 기회를 제공한다.

① 다음과 같은 교수・학습 방법을 통해 문제해결 역량을 함양하게 한다.

㉠ 수학의 개념, 원리, 법칙을 이용하여 해결 가능한 문제를 학생에게 제시한다. 이때 다양한 방법으로 해결 가능한 문제, 여러 가지 해답이 나올 수 있는 문제 등을 활용할 수 있다.

㉡ 문제에 주어진 조건과 정보를 분석하고 적절한 문제해결 계획을 수립하고 실행하며 문제해결 과정을 반성하도록 구체적인 발문과 권고를 제시한다.

㉢ 문제해결 과정 및 결과의 의미를 재해석하여 주어진 문제를 변형하거나 새로운 문제를 만들어 해결하게 한다.

㉣ 성공적인 문제해결 경험을 바탕으로 적극적이고 자신감 있게 문제해결에 참여

하게 하고, 단번에 답이 나오지 않는 문제라도 끈기 있게 도전하여 성취감을 느끼게 한다.

② 다음과 같은 교수·학습 방법을 통해 추론 역량을 함양하게 한다.

㉠ 관찰, 실험, 측정 등 구체적 조작 활동을 통해 수학의 개념, 원리, 법칙에 흥미와 관심을 갖고 다양한 방법으로 탐구하고 이해하게 한다.

㉡ 귀납, 유추 등의 개연적 추론을 통해 수학적 추측을 제기하고 정당화하며, 수학적 증거와 논리적 근거를 바탕으로 비판적으로 사고하는 태도를 갖게 한다.

㉢ 수학의 개념, 원리, 법칙을 도출하는 과정과 수학적 절차를 논리적이고 체계적으로 수행하고 반성하게 한다.

③ 다음과 같은 교수·학습 방법을 통해 의사소통 역량을 함양하게 한다.

㉠ 수학 용어, 기호, 표, 그래프 등의 수학적 표현을 정확하게 사용하고 표현끼리 변환하게 한다.

㉡ 학생이 자신의 사고와 전략을 수학적 표현으로 나타내고 설명하면서 수학적 표현의 편리함을 인식하게 한다.

㉢ 학생 간 상호 작용과 질문이 활발한 교실 문화를 조성하고 수학적으로 의미 있는 의사소통이 이루어지도록 적절한 과제를 제시하고 안내한다.

㉣ 수학적 아이디어에 대해 상호 작용하는 과정에서 타인을 배려하고 의견을 존중하는 태도를 기르게 한다.

④ 다음과 같은 교수·학습 방법을 통해 연결 역량을 함양하게 한다.

㉠ 영역이나 학년(군) 내용 간에 관련된 수학의 개념, 원리, 법칙 등을 유기적으로 연계하여 새로운 지식을 생성하면서 창의성을 기르게 한다.

㉡ 수학과 실생활, 사회 및 자연 현상, 타 교과의 내용을 연계하는 과제를 활용하여 수학의 유용성을 인식하게 한다.

⑤ 다음과 같은 교수·학습 방법을 통해 정보처리 역량을 함양하게 한다.

㉠ 실생활 및 수학적 문제 상황에서 자료를 탐색하고 수집하며 수학적으로 처리하여 합리적인 의사 결정을 하는 태도를 기르게 한다.

㉡ 교구나 공학 도구를 활용하여 추상적인 수학 내용을 시각화하고 수학의 개념, 원리, 법칙에 대한 직관적 이해와 논리적 사고를 돕는다.

㉢ 학생이 주도적으로 교구나 공학 도구를 활용하여 탐구하게 한다.

㉣ 계산 기능 함양을 목표로 하지 않는 교수·학습 상황에서는 복잡한 계산을

할 때 공학 도구를 이용할 수 있게 한다.

(나) 학생들이 수학 학습에 주도적으로 참여하는 교수・학습 환경과 분위기를 조성한다.

① 수학 학습의 주체가 학생 자신임을 인식하고 수학 학습에 적극적으로 참여하도록 유도한다.

② 스스로 수학 학습 목표와 계획을 세우고 학습 결과를 평가하고 성찰하도록 안내한다.

③ 수학을 효과적으로 학습하는 방법을 탐색하고 자신의 학습 과정과 태도를 돌아보고 조절하는 자기주도적 학습 습관을 형성하도록 지도한다.

④ 교사 및 동료와 협력적 관계 속에서 수학 학습에 대한 조언과 의견을 경청하고 수용할 수 있도록 허용적인 분위기를 조성한다.

⑤ 수학 학습에 자신감을 가지고 실수가 배움의 기회임을 인식하며 끈기 있게 도전하도록 격려하고 지원한다.

(다) 수학과의 수업은 학습 내용, 학생의 학습 능력과 수준 등을 고려하여 다음의 교수・학습 방안을 적절히 선택하여 적용한다.

① 설명식 교수는 교사가 설명과 시연을 통해 수업을 주도하는 교수・학습 방안으로, 수업 내용을 구조화하여 체계적으로 지도하는 데 효과적이다. 이때, 교사는 학생의 적극적인 수업 참여를 유도하고, 사고를 촉진하는 발문을 적절히 활용한다.

② 토의・토론 학습은 특정 주제에 대해 협의하거나 논의하는 교수・학습 방안으로, 학생들이 수학 내용을 폭넓게 이해하고 자신의 주장을 효과적으로 표현하고 다른 사람의 의견을 비판적 사고를 통해 수용하여 합리적으로 의사 결정하는 태도를 기를 수 있게 한다.

③ 협력 학습은 모둠 내의 상호 작용, 의사소통, 참여를 통해 공동의 학습 목표에 도달하도록 하는 교수・학습 방안으로, 다른 사람을 존중하고 배려하며 모둠 내의 역할을 수행하고 책임감을 기를 수 있게 한다.

④ 탐구 학습은 학생이 중심이 되어 수학의 개념, 원리, 법칙을 발견하고 구성하는 교수・학습 방안으로, 학생 스스로 자료와 정보로부터 지식을 도출하거나 지식의 타당성을 확인하는 것이 중요함을 알게 할 수 있다.

⑤ 프로젝트 학습은 학생 스스로 특정 주제나 과제를 탐구하고 해결하기 위해 계획을 수립하고 수행하여 결과물을 산출하고 공유하는 교수・학습 방안으로, 자기주도적으로 수학 지식과 경험을 통합하게 할 수 있다.

⑥ 수학적 모델링은 학생의 삶과 연계된 현상을 다양한 수학적 표현 방식을 이용하여

수학적 모델로 만들고 수학적 모델을 다시 실생활이나 사회 및 자연 현상에 적용하는 교수·학습 방안으로, 수학의 응용에 대한 넓은 안목을 갖게 할 수 있다.

⑦ 놀이 및 게임 학습은 호기심과 흥미를 유발하는 놀이 및 게임 활동을 활용하는 교수·학습 방안으로, 활동 속에서 수학 개념이나 원리를 탐구하고 동료와 경쟁 또는 협력하면서 자연스럽게 수학에 접근하고 수학 학습에 대한 자신감 및 의사소통 역량을 기르게 할 수 있다.

(라) 수학 교수·학습 과정에서 학생의 다양성을 고려하고 학생의 성장을 지원하기 위한 맞춤형 지도를 실시한다.

① 학생의 수학 학습 수준이나 사고방식의 차이를 존중하여 학생 개인에게 적합한 학습 과제를 선정하여 제시하고, 학생이 소재나 과정을 선택하고 구성할 수 있도록 수학 학습 활동을 설계한다.

② 학생의 시도와 성취에 대해 구체적으로 격려하고 칭찬하며, 동료 학생의 학습 수준이나 학습 결과에 대해 포용적인 교실 문화를 형성한다.

③ 학생의 수학 학습 과정과 결과를 점검하여 학생의 성장 발전을 지원하고, 이때 온라인 학습 관리 시스템을 활용할 수 있다.

(마) 범교과 학습 또는 타 교과와의 연계를 고려하여 수학 교수·학습 과정을 설계할 수 있다.

① 범교과 학습 주제에 관심을 갖고 각종 자료와 정보를 수집하여 수학적으로 분석 및 해석하게 하고, 수학적 분석 결과에 근거하여 토의와 토론에 참여하게 한다.

② 가정, 학교, 지역사회와의 연계나 타 교과와의 연계를 고려하여 범교과 학습 주제에 대한 프로젝트를 수행할 수 있다.

③ 수학적 모델링을 활용하여 타 교과의 내용을 맥락으로 수학의 개념, 원리, 법칙 등을 다루는 연계 수업을 할 수 있다.

(바) 온라인 수학 교수·학습 상황에서는 다음 사항에 유의한다.

① 원격수업을 실시하는 경우, 학생의 특성과 학습 내용의 성격에 적합하고 안정적으로 운영할 수 있는 온라인 학습 플랫폼을 선택하여 수업 목표, 수업 내용, 수업 전략을 설계하고 운영한다.

② 학습 내용과 학생의 수준에 적합한 매체와 도구를 활용하여 학습의 효율성과 다양성을 도모한다.

③ 원격수업에서도 학생 참여형 수업이 이루어질 수 있도록 하고 적절한 조언과 발문

을 통하여 학습 참여를 이끌어 낸다.

④ 온라인 교수·학습 자료를 활용할 때는 공표된 저작물의 출처를 명시하고 다른 누리집 등에 공유하지 않도록 안내한다.

나. 평가

(1) 평가의 방향

(가) 학생의 수학 학습에 대한 정보를 수집·활용하여 학생의 주도적 학습과 성장을 지원하고 교사의 수업 개선을 돕도록 지속적으로 평가를 실시한다.

(나) 수학과 교육과정에 제시된 성격, 목표, 내용 체계, 성취기준, 교수·학습과 일관성을 가지도록 평가를 실시한다.

(다) 학생의 수학 학습을 돕기 위해 수업과 평가를 통합하여 과정을 중시하는 평가를 실시한다.

(라) 수학 내용 체계의 지식·이해, 과정·기능, 가치·태도를 학습 결과뿐 아니라 학습 과정에서 균형 있게 평가한다.

(마) 학생이 평가 과정에 적극적으로 참여하고 스스로 설정한 수학 학습 목표에 대한 달성 여부를 점검할 수 있게 한다.

(바) 학생의 사회·문화적 배경, 신체 특성 등이 불리하게 작용하지 않도록 평가를 실시하고, 학생의 사전 지식, 수학에 대한 흥미, 학습 유형, 학습 수준을 고려하여 평가 목적, 교수·학습 내용 및 방법에 따라 다양한 평가 방법을 적용한다.

(사) 진단평가, 형성평가, 총괄평가 등을 적절히 활용하여 수학 학습 과정과 결과에 대한 구체적인 정보를 바탕으로 학생의 특성과 학습 결손을 파악하고 개별적 지원 방안을 마련한다.

(아) 온라인 수학 수업에서 평가를 할 때 학습 환경 등의 외적 요소가 수학 학습 과정과 평가 결과에 영향을 미치지 않도록 한다.

(자) 평가 절차를 개방적이고 공정하게 시행하고 학생의 수학 학습에 대한 의미 있는 정보를 학생, 학부모에게 제공한다.

(2) 평가 방법

(가) 수학 수업과 연계하여 과정을 중시하는 평가를 실시할 때는 다음 사항을 고려한다.

① 성취기준을 중심으로 지식·이해, 과정·기능, 가치·태도 범주를 평가 요소로

구체화한다.

② 교수·학습과 연계하여 적절한 평가 도구와 준거를 개발하고 평가를 실시한다.

③ 평가 결과에 기반하여 학생의 학습 정보 및 수행 과정을 학생과 학부모에게 환류한다.

(나) 수학 교과 역량을 평가할 때는 다음 사항을 고려한다.

① 문제해결 역량의 평가는 수학의 개념, 원리, 법칙을 문제 상황에 적절히 활용하는지, 주어진 조건과 정보를 분석하고 적절한 해결 전략을 탐색하여 해결하는지, 문제해결 과정을 돌아보며 절차에 따라 타당하게 결과를 얻어내고 이를 반성하는지, 적극적이고 자신감 있게 문제해결에 참여하는지, 적절한 방법을 찾기 위해 끈기 있게 도전하는지 등을 고려한다.

② 추론 역량의 평가는 수학의 개념, 원리, 법칙을 이해하는지, 논리적으로 절차를 수행하는지, 수학적 지식을 다양한 방법으로 탐구하는지, 관찰에 근거하여 추측하고 일반화를 할 수 있는지, 추측의 근거를 제시하는지, 타당한 정당화를 하는지, 수학에 대한 흥미와 관심을 갖는지, 체계적으로 사고하려는 성향이 있는지, 수학적 증거와 논리적 근거를 바탕으로 비판적으로 사고하는 태도를 갖는지 등을 고려한다.

③ 의사소통 역량의 평가는 수학 용어, 기호, 표, 그래프 등 수학적 표현을 이해하고 정확하게 사용하는지, 적절한 수학적 표현을 선택할 수 있는지, 수학적 표현 간에 변환을 할 수 있는지, 수학적 아이디어나 수학 학습 과정 및 결과에 대해 표현하고 다른 사람의 견해를 이해하는지, 수학적 표현의 편리함을 인식하는지, 타인을 배려하고 의견을 존중하는지 등을 고려한다.

④ 연결 역량의 평가는 영역이나 학년(군) 내용 사이에서 개념, 원리, 법칙을 적절하게 관련지어 이해하는지, 수학의 개념, 원리, 법칙을 연계하여 새로운 지식을 생성할 수 있는지, 수학을 실생활이나 타 교과의 지식, 기능, 경험에 적용할 수 있는지, 실생활이나 타 교과의 지식, 기능, 경험을 수학적으로 해석할 수 있는지, 수학을 바탕으로 창의적으로 관련성을 찾을 수 있는지, 수학의 유용성을 인식하는지 등을 고려한다.

⑤ 정보처리 역량의 평가는 자료와 정보를 목적에 맞게 수집하고 변환하고 정리하는지, 자료를 바탕으로 도출한 결론이 적절한지, 교구나 공학 도구를 적절하게 활용하는지, 수학적 근거를 바탕으로 합리적으로 의사 결정하는 태도를 갖는지 등을

고려한다.

(다) 학생의 수학 학습 과정과 결과는 다양한 평가 방안을 사용하여 양적 또는 질적으로 평가한다.

① 지필평가는 수학 내용 체계의 지식·이해, 과정·기능을 평가하는 데 활용할 수 있고, 선택형, 단답형, 서·논술형 등의 다양한 문항 유형을 사용할 수 있다.

② 프로젝트 평가는 학생 스스로 특정 주제나 과제를 탐구하고 해결하기 위해 계획을 수립하고 수행하는 과정과 그 결과물을 평가하는 방안으로, 수학 내용 체계의 세 범주를 종합적으로 평가할 때 활용할 수 있다.

③ 포트폴리오 평가는 학생의 성장에 대한 정보를 얻기 위해 수학 학습 수행과 그 결과물을 일정 기간 수집하여 평가하는 방안으로, 수학 교과 역량의 발달을 종합적으로 평가할 때 활용할 수 있다.

④ 관찰 평가, 면담 평가, 구술 평가는 학생 개인 및 소집단을 관찰, 학생과의 질의응답, 학생의 발표를 통해 평가하는 방안으로, 학생의 사고 방법, 수행 과정, 수학 내용 체계의 가치·태도 등을 평가할 때 활용할 수 있다.

⑤ 자기 평가는 학생 스스로 자신의 학습 과정과 결과를 평가하는 방안으로, 수학 내용의 이해와 수행 과정, 문제해결과 추론 과정의 반성, 자신의 생각 표현, 수학 내용 체계의 가치·태도 등을 평가할 때 활용할 수 있다.

⑥ 동료 평가는 동료 학생들이 상대방을 서로 평가하는 방안으로, 협력 학습 상황에서 학생 개개인의 역할 수행이나 집단 활동의 기여를 평가할 때 활용할 수 있다.

(라) 교구나 공학 도구를 활용하여 평가할 때는 다음 사항을 고려한다.

① 성취기준의 도달 여부를 판단하는 데 교구나 공학 도구의 사용이 효과적인 경우 이를 활용한 평가를 실시할 수 있다.

② 교구나 공학 도구를 활용하여 평가할 때는 교구나 공학 도구의 기능 및 조작이 아닌 수학 내용의 탐구 과정을 평가한다.

(마) 온라인 수학 교수·학습 환경에서 평가할 때는 다음 사항을 고려한다.

① 온라인 수학 학습에서는 학생의 활동에 근거한 구체적인 자료를 사용하여 평가한다.

② 온라인 학습 플랫폼이나 학습 관리 시스템을 이용하여 학생의 수행 과정을 관찰하고 개별 맞춤형으로 환류할 수 있다.

③ 학생의 접속 환경 미비로 인한 불참 시 기회 부여 등에 대해 방안을 마련하고 형평성의 문제가 제기되지 않도록 사전에 안내한다.

2. 2022 개정 기본 교육과정 수학과 교육과정

교육과정 설계의 개요

2022 개정 특수교육 교육과정 총론은 학생들이 미래 사회가 요구하는 핵심역량을 함양하여 포용성과 창의성을 갖춘 주도적인 사람으로 성장하는 것과 언어 · 수리 · 디지털 기초소양을 갖추어 학교 교육 및 평생 학습에 지속할 수 있는 능력을 강조하였다. 특히 학교 교육의 전 과정을 통해 '자기관리 역량, 지식정보처리 역량, 창의적 사고 역량, 심미적 감성 역량, 협력적 소통 역량, 공동체 역량'을 기르도록 하였다. 이에 기본 교육과정 수학과에서는 총론의 핵심역량과 연계하여 '문제 해결 역량, 추론 역량, 의사소통 역량, 연결 역량, 정보처리 역량'을 수학 교과의 역량으로 설정하고, 수학과 역량의 함양을 통해서 특수교육 대상 학생이 수리 · 디지털 기초소양을 갖추는 것을 강조하였다.

기본 교육과정 수학과는 특수교육 대상 학생이 수학을 왜 배워야 하는지, 구체적으로 무엇을 배워야 하며, 어떻게 배워야 하는지에 대한 해답을 제시하기 위해 '성격 및 목표', '내용 체계 및 성취기준', '교수 · 학습 및 평가'로 구성하였다. '성격 및 목표'에서는 특수교육 대상 학생이 수학을 왜 배워야 하는지에 대한 해답을 제시하기 위해 기본 교육과정 수학과의 특성을 밝히고, 궁극적으로 달성해야 하는 목표를 총괄 목표와 세부 목표로 제시하였다. '내용 체계 및 성취기준'에서는 '수와 연산, 도형, 측정, 규칙성, 자료와 가능성'의 5개 영역에서 학생들이 배워야 하는 '내용 요소'와 '성취기준'을 제시하고, '성취기준 해설과 적용 시 고려 사항'을 기술하였다. '교수 · 학습 및 평가'에서는 어떻게 교수 · 학습 활동이나 평가 활동을 전개할 것인지에 대한 전반적인 방향과 구체적인 방법을 제시하였다.

2022 개정 기본 교육과정 수학과의 설계는 특수교육 대상 학생이 수학을 배운다는 것의 의미를 구체적으로 밝히는 것으로부터 시작하였다. 특수교육 대상 학생이 수학을 배운다는 것은 실생활에 활용할 수 있는 실용적 수학을 익힌다는 것과 구체적인 상황에서 추상적인 수학을 다룸으로써 발생하는 학생 사고력의 증진을 의미한다. 즉 수학 자체의 성격에 실용성과 추상성이 동시에 포함되어 있으므로, 학생은 실용적인 수학을 학습하면서 실생활 적응 능력을 확장해 나아갈 수 있으며, 추상적이고 논리적인 수학을 구체적 조작 활동을 바탕으로 추론하고 검증하는 학습 활동을 통해 더욱 논리적이고 합리적인 사고력을 키워나갈 수 있다.

이러한 수학 학습의 의미 형성 과정에서 학생이 익혀야 하는 수학 학습의 내용은 수학적 '지식 · 이해', 수학적 탐구 '과정 · 기능', 수학적 '가치 · 태도'로 구성된다. 수학적 '지식 · 이해'는 인류가 만들어낸 수학이라는 학문 내에서 기초적이고 기본적인 개념이나 원리를 이해하고 익히는 인지적인 범주를 말한다. 수학적 탐구 '과정 · 기능'은 수학적 지식을 탐구하는 과정이나 수학적 이해를 위해 동반되어야 하는 수학적 기능을 경험하고 익히는 기능적인 범주를 말한다. 수학적 '가치 · 태도'는 수학적 '지식 · 이해'의 학습과 수학적 '과정 · 기능'의 습득과 더불어 수학 학습을 통해 형성해야 하는 수학 가치에 대한 긍정적 인식과 수학 학습에 대한 바람직한 태도의 정의적인 범주를 말한다.

이를 바탕으로 기초적이고 기본적인 수학 내용에서 시작하여 점차 생활 중심의 수학 내용으로 확장되도록 교육과정을 구성하였다. 수 이전 개념과 같은 수학 내용으로부터 시작하여 수학 학습의 토대를 다질 수 있는 수학 개념과 원리를 중심으로 내용을 조직화하여, 수학 학습 내용이 점차 실생활에 활용할 수 있는 생활 수학으로 전환되고 확장될 수 있도록 전개하였다. 이렇게 설계된 2022 개정 기본 교육과정 수학과 설계의 개요는 다음 그림과 같다.

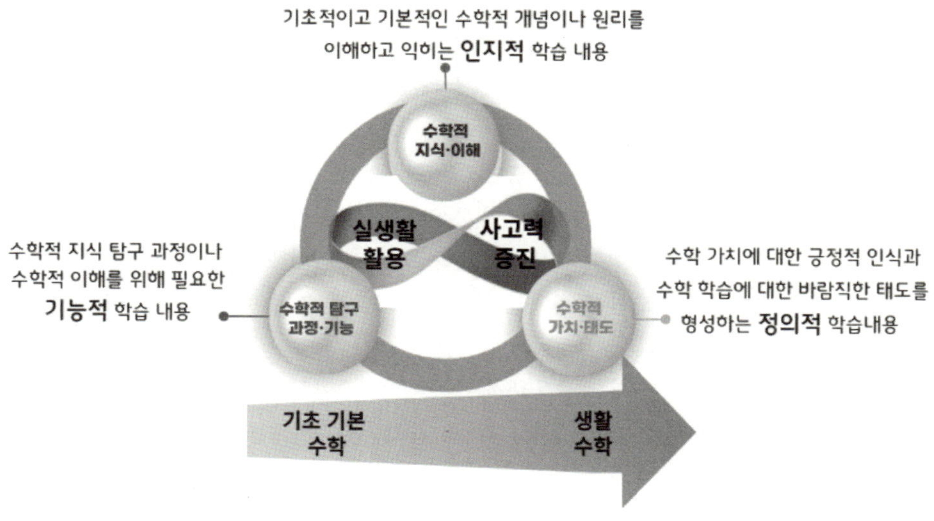

[부록 1] 2022 개정 기본 교육과정 수학과 설계의 개요

1. 성격 및 목표

가. 성격

수학은 수와 기호를 통해 개념과 논리를 다루는 학문이다. 수학과는 학생이 주변 현상을 관찰하고 주변 사물을 조작하는 과정을 통해 수학적 기본 개념과 원리를 이해하도록 하는 교과이다. 특수교육 대상 학생은 기본적인 수학적 개념을 바탕으로 추론하고 수학적으로 의사소통함으로써 논리적으로 사고하는 힘을 가져야 하며, 더 나아가 일상생활 속에서 접하게 되는 여러 가지 문제를 합리적으로 해결하는 능력과 태도를 길러야 한다.

기본 교육과정 수학과는 특수교육 대상 학생이 현재와 미래의 가정, 학교, 지역사회에서의 삶과 여가, 직업생활을 영위하기 위한 역량을 기르는 데 필수적이라는 성격을 가지고 있다. 학생의 가정생활, 학교생활, 지역사회 생활, 여가생활, 직업생활 등의 다양한 생활 장면 곳곳에는 기본적인 수학적 개념이나 원리가 포함되어 있기 때문에, 실용적 성격의 수학과 학습을 통해 생활 적응 능력을 향상해야 한다.

또한 기본 교육과정 수학과는 구체적 조작 활동에서 형식적 조작 활동으로 나아가려는 다양한 학습 활동을 통해서 특수교육 대상 학생의 수학적 사고력 즉 인지능력을 적극적으로 확장하는 데에 유용한 교과이다. 추상적 성격의 수학과는 여러 가지 조작 활동을 통해 학생의 생각을 자극하고 활성화하여 논리력, 문제 해결력 등과 같은 사고력을 신장하는 데에 필수적인 교과이기 때문이다.

수학과에서 추구하는 삶은 교육과정 총론의 인간상을 반영한다. 융합적으로 사고하고 도전적인 태도를 가지고 문제를 해결하는 것은 창의와 혁신을, 수학적으로 의사소통하고 협력하여 문제를 해결하는 것은 포용과 시민성을, 스스로 문제를 이해하고 필요한 정보를 정리하고 해석하며 논리적으로 사고하여 문제를 해결하고 그 과정을 검토하는 것은 자기주도성을 반영한다.

특수교육 대상 학생은 수학과 학습을 통해 실생활 속 수학적 용어와 표현을 사용함으로써 다른 사람과 의사소통할 수 있고, 특정 기준에 따라 주위 정보를 수집·정리하고 자료를 해석할 수 있을 뿐 아니라 보다 논리적으로 사고하며 추론할 수 있다. 또한 수학적 지식을 실생활이나 다른 교과와 연결하며 생활 속 문제를 합리적으로 해결할 수 있다. 이러한 과정에서 학생은 수학의 유용성과 가치를 인식하고 즐겁게 참여하며 협력하고 도전하는 태도를 기를 수 있다.

기본 교육과정 수학과는 특수교육 대상 학생들의 다양한 수준과 특성을 반영하여 기본적이고 필수적인 내용을 바탕으로, 다양한 수준의 특수교육 대상 학생이 그들의 교육적 요구에 맞게 학습할 수 있도록 내용을 구성하였다. 수학 학습 소재와 문제 상황을 학생이 익숙한 일상생활에서 가져와 친숙하고 흥미 있게 학습하도록 하고, 민주시민 교육, 생태전환 교육 등과 연계하여 미래 사회에 대비하는 유용한 활동이 이루어지도록 하였다. 또한 기본 교육과정의 다른 교과 내용과 연계하거나 수리적 소양이나 디지털 소양 함양과 연계함으로써 수학이 학생의 자립 및 직업생활 등의 삶과 밀접하게 연결되어 있으며 살아가는 데 유용한 교과임을 느끼게 하였다.

특수교육 대상 학생이 초등학교와 중학교에서 학습하는 수학은 삶을 영위하기 위해 기본적으로 필요한 소양을 제공하며 생활 속에서 만나는 다양한 문제들을 해결하는 데에 도움을 준다. 고등학교에서 학습하는 수학은 다양한 분야의 직업생활에서 요구하는 역량을 갖추기 위한 기반을 제공하며, 자신의 직업과 관련된 일을 처리하면서 생기는 여러 가지 문제들을 보다 합리적으로 해결하도록 한다. 학생은 수학 학습을 통해 자기 관리에서부터 가정생활, 학교생활, 여가생활, 건강생활, 지역사회 생활과 나아가 직업생활에 이르기까지 삶을 영위하는 데 필요한 수학적 역량을 갖춤으로써 자아를 실현하고, 우리 사회의 한 구성원으로 성장할 수 있다.

나. 목표

기초적이고 기본적인 수학 개념과 원리를 익히고, 수학적으로 사고하고 의사소통하며 합리적으로 문제를 해결하는 능력을 길러 일상생활을 하는 데 필요한 수학적 역량을 갖추는 것을 목표로 한다.

(1) 수학적 개념과 원리를 이해하고, 이를 활용하여 실생활 문제를 해결한다.
(2) 사물과 현상을 수학적으로 관찰하고, 추측하고 확인하는 과정을 통해 추론을 경험한다.
(3) 간단한 수학적 용어와 다양한 표현 방법으로 의사소통하고 협력하는 태도를 가진다.
(4) 실생활 상황이나 다른 교과 학습에 수학을 적용하여 수학의 유용성을 익힌다.
(5) 자료와 정보를 바르게 처리하고 교구나 공학적 도구를 적절하게 활용한다.

2. 내용 체계 및 성취기준

가. 내용 체계

(1) 수와 연산

<table>
<tr><td colspan="2">핵심 아이디어</td><td colspan="5">• 수 이전 개념을 다루는 활동은 수 개념 형성의 기초가 된다.
• 사물의 개수와 양을 나타내기 위해 만들어진 수는 생활 속에서 집합수, 순서수, 명명수로 사용된다.
• 기초적인 덧셈, 뺄셈, 곱셈, 나눗셈 연산의 문제 해결은 실생활 문제를 합리적으로 해결하는 데 유용하다.
• 실생활 장면에서 다양한 형태의 화폐 활용은 화폐의 용도와 가치를 이해하는 토대가 된다.</td></tr>
<tr><td colspan="2" rowspan="3">범주</td><td colspan="5">내용 요소</td></tr>
<tr><td colspan="3">초등학교</td><td>중학교</td><td>고등학교</td></tr>
<tr><td>1~2학년</td><td>3~4학년</td><td>5~6학년</td><td>1~3학년</td><td>1~3학년</td></tr>
<tr><td rowspan="4">지식 · 이해</td><td>수의 기초</td><td>• 찾기
• 변별하기
• 비교하기
• 짝짓기
• 순서짓기</td><td></td><td></td><td></td><td></td></tr>
<tr><td>수</td><td>• 다섯까지 개수 세기</td><td>• 열까지 개수 세기
• 한 자리 수
• 순서수</td><td>• 두 자리 수</td><td>• 세 자리 수</td><td>• 네 자리 수
• 생활 속의 수</td></tr>
<tr><td>수의 연산</td><td>• 가르기와 모으기</td><td>• 한 자리 수의 덧셈과 뺄셈</td><td>• 10이 되는 더하기와 10에서 빼기
• 몇 십의 덧셈과 뺄셈</td><td>• 몇 백의 덧셈과 뺄셈
• 받아올림이 있는 한 자리 수의 덧셈
• 곱셈의 기초</td><td>• 큰 수의 덧셈과 뺄셈
• 받아내림이 있는 십 몇과 한 자리 수의 뺄셈
• 나눗셈의 기초</td></tr>
<tr><td>화폐</td><td>• 화폐 탐색</td><td>• 동전 활용</td><td>• 지폐 활용</td><td>• 여러 가지 화폐 활용</td><td>• 화폐 활용과 관리</td></tr>
<tr><td colspan="2">과정 · 기능</td><td colspan="3">• 수 개념 파악하기
• 수를 세고 읽고 쓰기
• 덧셈, 뺄셈 문제 해결 과정 나타내기
• 화폐 활용 시 간단한 의사 표현하기
• 수와 연산을 실생활과 타 교과에 적용하기
• 구체물, 수모형, 계산 도구 활용하기</td><td colspan="2">• 수 계열 파악하기
• 생활 속의 수를 찾아 읽고 쓰기
• 사칙연산 문제 해결 과정 나타내기
• 화폐 활용 시 다양한 의사 표현하기
• 수와 연산을 여가, 직업생활 및 타 교과에 적용하기
• 수모형, 계산 도구 활용하기</td></tr>
<tr><td colspan="2">가치 · 태도</td><td colspan="3">• 수의 필요성
• 덧셈과 뺄셈의 유용성
• 동전과 지폐의 생활 속 가치
• 적극적으로 참여하는 태도</td><td colspan="2">• 생활 속의 수에 대한 흥미와 관심
• 사칙연산에서의 성공 경험
• 여러 가지 화폐의 생활 속 가치
• 또래와 협력하는 태도</td></tr>
</table>

(2) 도형

<table>
<tr><td colspan="2">핵심 아이디어</td><td colspan="5">• 주변 사물을 관찰하여 여러 가지 모양을 찾고, 조작하는 것은 도형의 특성과 성질을 이해하는 기초가 된다.
• 입체 또는 평면 모양과 도형을 만들고 꾸미는 활동을 통해 도형을 생활 속에서 유용하게 활용한다.
• 공간에 대한 직접적 경험은 물리적 공간을 이해하고 활용하는 기초가 된다.</td></tr>
<tr><td colspan="2" rowspan="3">범주</td><td colspan="5">내용 요소</td></tr>
<tr><td colspan="3">초등학교</td><td>중학교</td><td>고등학교</td></tr>
<tr><td>1~2학년</td><td>3~4학년</td><td>5~6학년</td><td>1~3학년</td><td>1~3학년</td></tr>
<tr><td rowspan="3">지식 · 이해</td><td>모양과 도형</td><td>• 사물의 모양</td><td>• 입체 모양</td><td>• 평면 모양</td><td>• 평면도형</td><td></td></tr>
<tr><td>만들기와 꾸미기</td><td></td><td>• 입체 모양 만들기와 꾸미기</td><td>• 평면 모양 만들기와 꾸미기</td><td>• 평면도형 만들기와 꾸미기</td><td>• 생활과 도형</td></tr>
<tr><td>공간 감각</td><td>• 공간의 탐색</td><td>• 위치와 방향의 변화</td><td>• 공간의 이해</td><td>• 쌓기나무 쌓기</td><td>• 공간의 활용</td></tr>
<tr><td colspan="2">과정 · 기능</td><td colspan="3">• 사물의 모양 관찰하고 찾기
• 위치와 방향, 거리를 구분하기
• 평면 모양 만들거나 그리기
• 여러 가지 모양으로 만들기와 꾸미기
• 대상의 위치, 방향, 거리 나타내기
• 직관적 비교로 모양 분류하기
• 도구를 사용하여 모양 그리기</td><td colspan="2">• 도형 관찰하고 구별하기
• 입체 모양과 똑같이 쌓기
• 사용된 쌓기나무 개수 세기
• 여러 가지 도형으로 만들기와 꾸미기
• 모양 보고 쌓기나무 개수 추측하기
• 직관적 비교로 도형 분류하기
• 도구를 사용하여 도형 그리기</td></tr>
<tr><td colspan="2">가치 · 태도</td><td colspan="3">• 사물의 모양에 대한 흥미와 관심
• 모양의 아름다움
• 만들기와 꾸미기의 즐거움
• 또래와 협력하여 만들기와 꾸미기</td><td colspan="2">• 도형에 대한 흥미와 관심
• 도형의 아름다움
• 공간의 효율적 활용
• 또래와 협력하여 만들기와 꾸미기</td></tr>
</table>

(3) 측정

<table>
<tr><td colspan="2">핵심 아이디어</td><td colspan="5">• 여러 가지 속성의 양을 비교하고, 단위를 사용하여 측정하는 활동은 실생활 및 실습 활동에 활용된다.
• 일상생활 속 시간의 순서와 경과를 이해하는 것은 계획적인 생활을 실천하는 토대가 된다.</td></tr>
<tr><td colspan="2" rowspan="3">범주</td><td colspan="5">내용 요소</td></tr>
<tr><td colspan="3">초등학교</td><td>중학교</td><td>고등학교</td></tr>
<tr><td>1~2학년</td><td>3~4학년</td><td>5~6학년</td><td>1~3학년</td><td>1~3학년</td></tr>
<tr><td rowspan="2">지식·이해</td><td>양의 측정</td><td>• 직관적 비교</td><td>• 직접 비교</td><td>• 길이(cm)
• 들이(L)</td><td>• 길이(m)
• 무게(kg)</td><td>• 생활과 측정</td></tr>
<tr><td>시간</td><td>• 시간 경험하기</td><td>• 하루의 일과</td><td>• 시각과 날짜</td><td>• 시간과 달력</td><td>• 시간 계획하기</td></tr>
<tr><td colspan="2">과정·기능</td><td colspan="3">• 측정 대상의 속성 탐색하기
• 측정 절차 따르기
• 측정 도구 사용하기
• 측정 단위(cm, L, 시, 일) 표현하기
• 양을 비교하고 결과를 표현하기
• 양적 감각 익히기
• 측정을 일상생활과 연결하기
• 시간의 순서 파악하기
• 시간과 생활 모습의 변화 연결하기</td><td colspan="2">• 측정 정보 파악하기
• 측정 도구 선택하고 활용하기
• 측정 단위(m, km, kg, 월, 년) 표현하기
• 측정을 자립, 진로와 직업생활, 타 교과와 연결하기
• 물체의 양 어림하기
• 시간 계획을 수립하고 생활에 활용하기
• 시간에 따른 생활 모습의 변화 관계 짓기</td></tr>
<tr><td colspan="2">가치·태도</td><td colspan="3">• 측정 도구의 필요성
• 시간 측정의 필요성
• 측정 활동에서의 성공 경험</td><td colspan="2">• 측정 도구 활용의 유용성
• 시간 계획의 유용성
• 측정 활동에서의 자신감</td></tr>
</table>

(4) 규칙성

<table>
<tr><td colspan="2">핵심 아이디어</td><td colspan="5">• 생활 주변의 여러 규칙적인 현상을 경험하고 탐구하는 활동은 변화하는 현상과 대상 간의 관계를 이해하는 기초가 된다.</td></tr>
<tr><td colspan="2" rowspan="3">범주</td><td colspan="5">내용 요소</td></tr>
<tr><td colspan="3">초등학교</td><td>중학교</td><td>고등학교</td></tr>
<tr><td>1~2학년</td><td>3~4학년</td><td>5~6학년</td><td>1~3학년</td><td>1~3학년</td></tr>
<tr><td>지식 · 이해</td><td>규칙성</td><td>• 규칙 따라 하기</td><td>• 물체 배열의 규칙</td><td>• 물체, 무늬 배열의 규칙</td><td>• 대응하는 규칙</td><td>• 규칙의 활용</td></tr>
<tr><td colspan="2">과정 · 기능</td><td colspan="3">• 규칙 경험하고 모방하기
• 다음에 올 것 추측하고 확인하기
• 규칙에 맞게 배열하기
• 물체와 무늬 배열에서 규칙 찾기
• 규칙에 맞게 나타내기
• 규칙을 실생활과 놀이와 연결하기
• 도구를 활용하여 규칙 나타내기</td><td colspan="2">• 규칙에 따른 변화 찾기
• 한 양에 대응하는 다른 양 추측하기
• 규칙을 정해 배열하기
• 물체, 무늬, 수 배열 등에서 규칙 찾기
• 규칙에 대한 생각을 공유하기
• 규칙을 여가 및 직업생활에 적용하기
• 도구를 활용하여 규칙 문제 해결하기</td></tr>
<tr><td colspan="2">가치 · 태도</td><td colspan="3">• 규칙적 무늬의 아름다움
• 규칙적 배열에 대한 흥미와 호기심
• 규칙 찾기 활동에서의 성공 경험</td><td colspan="2">• 규칙 활용의 유용성
• 규칙 정하는 활동에의 흥미와 관심
• 다른 학생의 규칙에 대한 생각을 존중하는 태도</td></tr>
</table>

(5) 자료와 가능성

<table>
<tr><td colspan="2">핵심 아이디어</td><td colspan="5">• 자료를 일정한 기준에 따라 분류하는 활동은 자료의 특징을 파악하고 집단을 비교하는 데 활용된다.
• 표와 그래프의 정보를 파악하는 것은 생활 속 문제를 합리적으로 해결하는 데 유용하다.
• 가능성을 이해하는 것은 생활 속에서 미래를 예측하고 준비하는 데 도움이 된다.</td></tr>
<tr><td colspan="2" rowspan="3">범주</td><td colspan="5">내용 요소</td></tr>
<tr><td colspan="3">초등학교</td><td>중학교</td><td>고등학교</td></tr>
<tr><td>1~2학년</td><td>3~4학년</td><td>5~6학년</td><td>1~3학년</td><td>1~3학년</td></tr>
<tr><td rowspan="3">지식 · 이해</td><td>분류하기</td><td>• 분류 경험하기</td><td>• 두 개로 분류하기</td><td>• 세 개 이상으로 분류하기</td><td>• 두 가지 기준으로 분류하기</td><td>• 여러 가지 기준으로 분류하기</td></tr>
<tr><td>표와 그래프</td><td></td><td></td><td>• 표 만들기</td><td>• 간단한 그래프</td><td>• 여러 가지 그래프</td></tr>
<tr><td>가능성</td><td></td><td></td><td></td><td>• 놀이 속의 가능성</td><td>• 생활 속의 가능성</td></tr>
<tr><td colspan="2">과정 · 기능</td><td colspan="3">• 자료의 특성과 분류 기준 파악하기
• 기준에 따라 자료 분류하기
• 자료를 수집 · 정리하기
• 자료를 분류하고 비교하기
• 표 그리는 과정 따르기
• 자료를 표로 나타내기
• 표를 일상생활과 연결하기</td><td colspan="2">• 자료의 분류 기준 파악하기
• 순차적으로 자료 분류하기
• 자료, 표, 그래프 연결하기
• 그래프 그리는 과정 따르기
• 자료를 그래프로 정리하기
• 그래프 정보를 활용하여 문제 해결하기
• 가능성 추측하기
• 가능성을 일상생활과 연결하기</td></tr>
<tr><td colspan="2">가치 · 태도</td><td colspan="3">• 분류의 필요성
• 분류 활동에의 적극적 참여
• 표의 편리함과 유용성</td><td colspan="2">• 그래프의 편리함과 유용성
• 실생활 자료 활용에의 자신감
• 가능성 예측의 필요성</td></tr>
</table>

나. 성취기준

[초등학교 1~2학년]

(1) 수와 연산

1 수의 기초

초등학교 1~2학년 '수의 기초'는 수 개념을 본격적으로 접하기 이전에 수와 관련한 기초를 경험하는 데 중점을 두었다. '수의 기초'의 내용 요소는 찾기, 변별하기, 비교하기, 짝짓기, 순서짓기이다. 친숙한 주변의 구체물을 통한 조작 활동을 반복함으로써 수와 관련한 감각을 경험하는 데 주안점을 둔다.

[2수학01-01] 주변을 탐색하여 방금 전에 보았던 사물을 찾는다.
[2수학01-02] 제시한 구체물과 같거나 다른 구체물을 찾는다.
[2수학01-03] 구체물을 보고 많은 것과 적은 것을 비교한다.
[2수학01-04] 서로 관계있는 구체물을 찾아 일대일로 짝짓는다.
[2수학01-05] 구체물을 한 가지 기준에 따라 순서대로 배열한다.

(가) 성취기준 해설

- [2수학01-01] 찾기는 시야에서 인지된 사물을 가림막, 천, 상자 등으로 가리고 다시 해당 사물을 찾게 하는 활동이다. 자신의 시야에 있던 사물이 눈앞에서 가려져서 마치 사라진 것처럼 보여도 실제로는 계속 존재한다고 인식하는 대상 영속성의 개념을 경험하게 한다.
- [2수학01-02] 변별하기는 교사가 제시한 구체물을 보고 같은 또는 다른 구체물을 찾는 활동이다. 구체물의 색상, 모양, 크기 등을 관찰하고 특징을 파악하여 다른 구체물과 구별하게 한다. 생활 주변의 친숙한 구체물을 활용하되 구체물 간의 차이가 명확하게 드러나는 구체물을 활용하여 변별할 수 있게 함으로써 성공 경험을 제공한다.
- [2수학01-03] 비교하기는 여러 가지 구체물을 두 군데로 나누어 제시하여 학생들이 직관적으로 두 군데 중 어느 쪽이 더 많고 적음을 인지하는 활동이다. 이 활동은 수의 기초 단계에 해당하며 제시된 구체물을 하나씩 세지 않고 눈으로 보았을 때의 수량을 비교한다. 따라서 사용하는 구체물의 크기, 모양, 색상 등을 동일하게 맞추어 제시함으로써 수량의 비교에 집중하게 한다.

- [2수학01-04] 짝짓기는 구체물과 구체물을 서로 관계있는 것끼리 일대일로 대응하여 짝을 만드는 활동으로써 수 개념과 비교 개념을 형성하기 위한 기초가 되는 활동이다. 제시된 구체물 중에서 똑같은 것을 찾아 일대일로 짝을 짓는 활동을 하여 짝이라는 대응 개념에 익숙하게 한다. 이후 점차 관계있는 양말, 신발과 같이 짝이 있는 구체물과 치약과 칫솔, 책상과 의자와 같이 사용할 때 짝이 되는 구체물 등을 활용하여 서로 연결하여 짝을 만들어 보는 활동으로 확장한다.
- [2수학01-05] 순서짓기는 하나의 기준을 가지고 세 가지의 구체물을 순서대로 배열하는 활동이다. 이는 수의 계열과 수의 대소 비교에 바탕이 되는 개념을 형성하는 활동으로써 크기 등의 기준에 따라 구체물을 순서에 맞추어 배열한다.

(나) 성취기준 적용 시 고려 사항

- 장애 정도가 심한 학생의 경우 주변의 친숙한 구체물을 사용하여 수의 기초 개념과 관련된 다양한 경험을 쌓을 수 있게 한다. 한 가지 활동 내에서 여러 가지 구체물로 변경하며 학습하는 것보다 같은 구체물을 가지고 같은 활동을 여러 번 반복하여 학습할 수 있도록 한 후, 점차 구체물을 변경해 가면서 같은 활동을 반복하여 수의 기초를 익힌다.

2 수

초등학교 1~2학년 '수'는 하나에서 다섯까지의 개수를 세어 보는 활동을 중심으로 수량에 관심을 가지는 데 중점을 두었다. '수'의 내용 요소는 다섯까지 개수 세기이며, 친숙한 주변의 구체물을 세는 조작 활동을 통해 개수 세기를 감각적으로 경험하는 데 주안점을 둔다.

[2수학01-06] 구체물이 있고 없음을 구별하고, 한 개와 여러 개를 구별한다.
[2수학01-07] 다섯 개 이하 구체물의 개수를 센다.
[2수학01-08] 배열이 다른 구체물의 개수를 세어 비교한다.

(가) 성취기준 해설

- [2수학01-06] 학생이 선호하는 구체물을 하나 선정하여 학생의 시야에서 구체물을 보여주고 가림판 등으로 구체물을 가려서 없는 상황을 제시하여 '있다', '없다'의 개념을 반복적으로 경험하게 한다. 다음으로 구체물이 한 개 있을 때와 여러 개가 있을 때를 구별하는 활동을 한다. 이때 구체물의 종류는 같게 제시하고 구체물의 수량을 학생들이 직관적

으로 인식할 수 있도록 반복 학습하여 수 개념을 익히게 한다.

- [2수학01-07] 하나, 둘, 셋, 넷, 다섯으로 구체물의 개수를 직접 세어 보며 다섯 이하의 개수 세기를 반복적으로 학습한다. 이는 수 세기와 집합수의 기초를 형성하게 한다. 여기서 주의할 점은 학생들이 수 개념을 익히기 전 단계이므로 1, 2, 3, 4, 5와 같은 수 기호를 도입하지는 않는다.
- [2수학01-08] 다섯 개 이하의 구체물을 가로로 나란히 놓거나 세로로 나란히 놓아서 개수를 세어 본다. 그 외 다양한 배열 모양을 활용하여 개수 세기를 한다. 또한 배열 간격을 좁게 또는 넓게 하여 세어 본다. 이를 통해 학생들은 수의 보존 개념의 기초를 다진다.

(나) 성취기준 적용 시 고려 사항

- 장애 정도가 심한 학생의 경우 구체물 한 개와 여러 개를 직관적으로 구별할 때 모양이나 크기, 형태 등이 모두 똑같은 구체물을 사용하여 다른 자극은 최소한으로 줄이고 사물의 수량에만 집중할 수 있게 한다. 또한 다섯 개 이하의 구체물을 세는 활동을 할 때 학생이 구어로 개수를 세는 반응뿐만 아니라 필요한 경우 교사가 개수를 세면 해당하는 구체물을 따라서 응시하거나 손가락으로 가리키게 한다.

3 수의 연산

초등학교 1~2학년 '수의 연산'은 '수'에서 학습한 하나에서 다섯까지의 개수 세기를 바탕으로 구체물 가르기와 모으기를 통한 수의 분해와 합성에 중점을 두었다. '수의 연산'의 내용 요소는 구체물 가르기와 모으기로, 구체물을 가르고 모으는 조작 활동을 반복함으로써 연산의 기초를 경험하는 데 주안점을 둔다.

[2수학01-09] 다섯 개 이하의 구체물을 양쪽으로 가른다.
[2수학01-10] 양쪽의 구체물을 하나로 모은다.

(가) 성취기준 해설

- [2수학01-09], [2수학01-10] 생활 주변의 친숙한 다섯 개 이하의 구체물을 활용한 가르기와 모으기 활동을 한다. 이때 구체물은 모양, 크기, 색상 등 특징이 똑같은 구체물을 사용하여 구체물 간의 차이로 인한 혼동을 줄이고 가르기와 모으기 활동 자체에 집중할 수 있게 한다.

(나) 성취기준 적용 시 고려 사항

• 장애 정도가 심한 학생의 경우 활동 결과를 명확하게 인식할 수 있는 상황이나 단서를 제공한다. 가르기의 경우 모여 있던 구체물이 양쪽으로 갈라진 결과를 더 쉽게 인지하기 위해 두 개의 바구니에 구체물을 각각 분리하여 담거나 분리된 구체물 가운데에 색 막대를 두어 양쪽으로 갈라졌음을 나타낸다. 모으기 역시 양쪽으로 갈라진 구체물을 하나의 바구니에 모아 담는 활동을 통해 모으기가 되었음을 경험하게 한다.

④ **화폐**

초등학교 1~2학년 '화폐'는 화폐의 용도와 개념을 제시하는 데 중점을 두었다. '화폐'의 내용 요소는 화폐 탐색으로, 화폐가 필요한 상황들을 직・간접적으로 경험하여 화폐의 용도를 이해하고 화폐의 종류와 모양을 탐색하는 데 주안점을 둔다.

[2수학01-11] 화폐의 용도를 알고 구체물 중에서 화폐를 찾는다.

(가) 성취기준 해설

• [2수학01-11] 생활 속에서 화폐를 사용하는 다양한 장면을 학생들이 관찰함으로써 화폐의 용도와 필요성을 파악하게 한다. 여러 가지 구체물 중에서 주어진 화폐와 모양, 색상, 크기가 같은 화폐를 찾는 활동을 중심으로 내용을 다룬다. 화폐와 화폐가 아닌 것을 구별하고 이후 활동에 익숙해지면 여러 가지 화폐 중에서 주어진 화폐와 같은 화폐를 찾는 활동으로 확장한다.

(나) 성취기준 적용 시 고려 사항

• 장애 정도가 심한 학생의 경우 물건 가격을 정하지 않고 학생이 가지고 있는 화폐 중 어떠한 화폐라도 상대방에게 건네면 원하는 물건을 구입할 수 있게 하여 화폐가 가지는 교환 가치를 직접 경험하고 화폐의 용도를 파악하는 데 중점을 둔다.

(2) 도형

① **모양과 도형**

초등학교 1~2학년 '모양과 도형'은 생활 주변에서 볼 수 있는 사물을 관찰하여 각각의 사물마다 모양이 다름을 아는 것에 중점을 두었다. '모양과 도형'의 내용 요소는 사물의 모양이다. 생활 주변에서 다양한 모양의 사물을 관찰하면서 그 모양에서 볼 수 있는 기초적 특성에 관심을 가지고, 이를 바탕으로 모양이 같거나 다른 사물을 찾는 데 주안점을 둔다.

[2수학02-01] 생활 주변에서 볼 수 있는 사물의 모양을 관찰한다.
[2수학02-02] 여러 가지 사물의 모양의 기초적인 특성을 구별한다.
[2수학02-03] 직관적인 비교를 통하여 같은 모양과 다른 모양을 찾는다.

(가) 성취기준 해설

- [2수학02-01] 생활 주변에서 볼 수 있는 사물의 모양을 살펴보며 그 모양이 각각 다름을 인식하게 한다. 사물을 관찰하면서 크기, 색상, 질감, 모양 등의 속성 중 겉으로 나타나는 생김새나 형태에 초점을 두어 인식하게 한다. 이를 통해 사물의 모양이 저마다 다름을 인식하게 하며, 사물의 여러 모양에 관심과 흥미를 가지게 한다.
- [2수학02-02] 생활 속의 사물에 대한 직접적이고 구체적인 경험을 통하여 여러 가지 모양을 구별하기 위한 기초적인 능력을 기르게 한다. 생활 주변에 있는 다양한 모양의 사물을 여러 가지 감각을 통해 탐색하면서 '뾰족하다', '둥글다', '반듯하다'와 같은 사물의 모양에서 찾아볼 수 있는 기초적인 특성을 직관적으로 파악하게 한다.
- [2수학02-03] '뾰족하다', '둥글다', '반듯하다' 등 사물의 모양에서 찾아볼 수 있는 기초적인 특성을 바탕으로 여러 가지 사물의 모양을 직관적으로 비교하게 한다. 이때 모양에 대한 정확한 개념보다 직관적 방법을 활용하여 모양이 같거나 다른 사물을 찾아보게 한다.

(나) 성취기준 적용 시 고려 사항

- 장애 정도가 심한 학생의 경우 학습 활동을 위해서 사물을 선정할 때 사물의 모양 차이가 명확한 물건을 제시하여 여러 가지 모양의 특성을 직관적으로 파악하는 데 도움을 제공한다.

2 공간 감각

초등학교 1~2학년 '공간 감각'은 공간에 대한 흥미와 관심을 갖고 직관적으로 기초적인 방위를 경험하는 것에 중점을 두었다. '공간 감각'의 내용 요소는 공간의 탐색이다. 공간을 경험하고 기초적인 방위를 구별하는 데 주안점을 둔다.

[2수학02-04] 주변의 물건을 자유롭게 옮긴다.
[2수학02-05] 나를 중심으로 앞, 뒤, 옆, 위, 아래를 구별한다.

(가) 성취기준 해설

- [2수학02-04] 공간이라는 개념을 직접 경험을 통해 인식하게 한다. 학생에게 익숙한 위치와 장소에서 여러 가지 물건을 자유롭게 옮기면서 주변을 탐색하게 하고, 점진적으로 학생이 인식할 수 있는 범위를 확장해 나간다.
- [2수학02-05] 공간을 인식하는 주체는 자기 자신이며, 자신을 중심으로 공간 관계를 경험한다. 자신을 중심으로 앞, 뒤, 옆, 위, 아래 등을 경험하고 구별하면서 방위에 대한 기초적인 경험을 하게 한다.

(나) 성취기준 적용 시 고려 사항

- 장애 정도가 심한 학생의 경우 '나'의 주변 공간에 관심과 호기심을 가질 수 있도록 다양한 기회를 제공하는 데 중점을 두며, 공간 탐색의 범위를 초기에는 좁게 설정하고 이를 점진적으로 늘려가면서 공간을 탐색할 수 있게 한다.

(3) 측정

1 양의 측정

초등학교 1~2학년 '양의 측정'은 생활 주변 구체물의 특징을 신체감각을 통해 경험하고, 구체물 두 개의 차이점을 파악하여 표현할 수 있도록 하는 데 중점을 두었다. '양의 측정'의 내용 요소는 직관적 비교이다. 구체물에 대한 감각적 경험을 충분히 하여 구체물의 특징을 파악하게 하고 제시한 구체물 두 개의 크기, 길이, 무게의 차이를 알맞은 비교 용어로 표현하는 데 주안점을 둔다.

[2수학03-01] 여러 가지 구체물의 크기, 길이, 무게를 감각적으로 경험한다.
[2수학03-02] 구체물 두 개의 크기, 길이를 직관적으로 비교하고 용어로 나타낸다.
[2수학03-03] 구체물 두 개의 무게를 직관적으로 비교하고 용어로 나타낸다.

(가) 성취기준 해설

- [2수학03-01] 여러 가지 구체물의 표면적인 크기를 관찰하고, 가로와 세로의 길이 차이를 알아보고, 손으로 물체를 들었을 때 서로 다른 느낌이 있다는 것을 경험하게 한다. 이를 통해 구체물에는 여러 가지 속성이 있으며 물체에 따라 서로 다른 감각적 차이가 있다는 것을 자연스럽게 인식하게 한다.
- [2수학03-02] 구체물 두 개의 크기와 길이를 비교할 때는 구체물의 형태를 직관적으로 관찰하여 비교하게 한다. 직관적으로 변별하기 쉬운 같은 종류의 구체물을 활용하여 크기나 길이를 비교하게 하며, 비교한 구체물의 크기는 '크다'와 '작다'로, 길이는 '길다'와 '짧다'와 같은 비교 용어로 구분하여 표현하게 한다.
- [2수학03-03] 구체물 두 개의 무게를 비교할 때는 각각의 구체물을 손으로 들어 보고 느껴지는 감각적 차이를 비교하게 한다. 무게의 차이가 명확하게 다른 구체물을 활용하여 무게를 비교하며, 비교한 구체물의 무게는 '무겁다'와 '가볍다'와 같은 비교 용어로 구분하여 표현하게 한다.

(나) 성취기준 적용 시 고려 사항

- 장애 정도가 심한 학생의 경우 수업에 사용되는 구체물은 익숙한 물건이나 주변 환경에서 쉽게 접할 수 있는 것을 사용하여 학생의 관심과 흥미를 높인다. 구체물의 크기, 길이, 무게 등의 속성을 충분히 느낄 수 있도록 오감을 통한 탐색과 관찰의 기회를 충분히 제공하고 직관적으로 변별하기 쉬운 두 개의 구체물을 반복적으로 제시하여 서로 다름을 경험하게 한다.

2 시간

초등학교 1~2학년 '시간'은 사물이나 현상의 연속성을 인식하기 위한 추상적 시간 개념을 친숙한 일상 장면의 변화를 통해 경험하는 데 중점을 두었다. '시간'의 내용 요소는 시간 경험하기이다. 낮과 밤에 따라 변화하는 환경, 상황 등을 관찰하고, 반복되는 상황이나 놀이 활동의 전과 후를 탐색하여 시간의 흐름을 충분히 경험하는 데 주안점을 둔다.

[2수학03-04] 생활 모습을 관찰하여 낮과 밤으로 나타낸다.
[2수학03-05] 시간의 변화에 따른 일상생활의 모습을 관찰하여 전과 후로 구분한다.

(가) 성취기준 해설

- [2수학03-04] 가정이나 학교에서 일어나는 일상생활을 관찰하고 낮과 밤이라는 시간의 변화에 따라 생활 모습에 차이가 있다는 것을 알게 한다. 낮과 밤의 활동은 각각 주위 환경, 생활 모습 등의 차이를 통해 구분하고 낮에서 밤, 밤에서 낮으로 반복되며 이어지는 시간의 특성을 탐색하게 한다. 이후 여러 가지 생활 모습을 관찰하며 낮과 밤을 나타내게 한다.
- [2수학03-05] 일상생활의.관찰을 통해 시간의 변화에 따라 일이 일어나기 전과 후의 달라진 상황이나 모습 등의 차이를 알게 한다. 그리고 일이 일어나기 전과 후의 다른 모습을 비교하고, 변화된 모습을 순차적으로 나타냄으로써 시간의 연속성을 인식하게 한다.

(나) 성취기준 적용 시 고려 사항

- 장애 정도가 심한 학생의 경우 낮과 밤의 활동을 제시할 때 비교되는 환경 요인과 변별 단서를 충분히 제공한다. 낮에 일어나는 일상적인 활동은 하늘에 떠 있는 태양, 빛의 밝음 등의 시각적 시간 단서를 함께 제공하고 밤에 일어나는 생활 모습은 하늘에 떠 있는 달이나 별, 어둠 등의 시각적 시간 단서를 함께 제공하여 낮과 밤의 시간 차이를 감각적으로 인식하게 한다.

(4) 규칙성

초등학교 1~2학년 '규칙성'은 학생에게 생활 주변에서 다양한 형태의 간단한 규칙을 경험하게 함으로써 학생이 일상생활과 놀이 속에서 반복되는 규칙에 관심을 가지고 따라 하게 하는 데 중점을 두었다. '규칙성'의 내용 요소는 규칙 따라 하기이다. 학생에게 규칙을 관찰하고 모방하게 하며, 단순하게 반복되는 규칙을 배우고 즐길 수 있는 기회를 주는 데 주안점을 둔다.

[2수학04-01] 시각적, 청각적, 운동적 표현을 통해 생활 주변에서 반복되는 규칙을 경험한다.
[2수학04-02] 소리와 리듬, 동작 등을 통해 반복되는 규칙을 따라 한다.

(가) 성취기준 해설

- [2수학04-01] 시각적, 청각적, 운동적 표현활동을 통해 학생에게 생활 주변에서 반복되는 다양한 형태의 규칙을 경험하게 한다. 시각적인 것으로는 옷이나 벽지의 무늬, 포장지의

그림 등이 있고, 청각적인 것으로는 규칙적인 요소가 포함되어 있는 동요, 의성어와 의태어 등이 있다. 또한 반복적인 신체의 움직임은 규칙을 즐겁게 지각할 수 있는 기회를 준다.

- [2수학04-02] 소리와 리듬, 동작을 활용하거나 학생에게 쉽고 친숙한 놀이 활동을 통해 규칙적인 표현을 관찰하고 모방하게 한다. 노래 속에서 반복되는 리듬과 몸 움직임, 소리 등을 통해 자연스럽게 반복되는 규칙을 따라 하게 한다. 이때에는 '쿵짝쿵짝'이나 '쿵쿵짝짝쿵쿵짝짝과' 같이 단순한 형태의 규칙을 모방하게 한다. 학생은 단순하지만 다양한 형태의 규칙을 따라 해보는 과정을 통해 반복되는 규칙의 즐거움을 찾을 수 있다.

(나) 성취기준 적용 시 고려 사항

- 장애 정도가 심한 학생의 경우 일상생활과 놀이에서 간단한 규칙을 경험하게 하고, 반복되는 소리와 리듬, 동작 등에 대한 학생의 반응을 살피는 데 중점을 둔다. 친근한 리듬이나 멜로디가 반복되는 음악, 의성어나 의태어가 반복되는 동시나 동요 등을 활용하여 규칙에 대한 경험의 기회를 주고, 이에 대한 학생의 표정이나 근육 긴장도가 달라지는 모습을 주의 깊게 관찰한다. 이와 함께 반복적인 동작에 대해 학생의 눈길이 따라가거나 움직이는 신체 부위를 손가락으로 가리키는 반응도 규칙을 지각하는 표현으로 활용한다.

(5) 자료와 가능성

1 분류하기

초등학교 1~2학년 '분류하기'는 일상생활에서 사용하는 여러 가지 물건을 상황에 따라 정리하는 경험을 통해 분류의 개념을 인식하는 데 중점을 두었다. '분류하기'의 내용 요소는 분류 경험하기이다. 일상생활에서 정리된 환경, 상황 등을 통해 분류의 편리함과 필요성을 알게 하고 공통점이나 특징이 있는 생활 속 구체물을 일정한 공간에 모아 보는 활동을 통해 분류를 충분히 경험하는 데 주안점을 둔다.

[2수학05-01] 여러 가지 분류 상황을 경험한다.

(가) 성취기준 해설

- [2수학05-01] 일상생활 속 물건이 정리된 모습을 관찰하고, 필요한 물건을 찾아보는 활동

을 경험하면서 분류의 편리함과 필요성을 인식하게 한다. 그리고 여러 가지 구체물을 다양한 감각을 통해 탐색하고 크기, 색, 모양 등과 같은 명확한 특성에 따라 일정한 공간에 각각 모으는 활동을 통해 분류 활동을 충분히 경험하게 한다.

(나) 성취기준 적용 시 고려 사항

• 장애 정도가 심한 학생의 경우 학생이 좋아하는 물건과 똑같은 모양의 물건을 제시하고 두 개의 물건을 하나의 상자 또는 선반 등에 정리하는 활동을 하게 한다. 그리고 학생이 가진 물건과 똑같은 모양의 물건, 특성이 명확하게 다른 모양의 물건을 함께 제시하고 그중 학생이 가진 물건과 똑같은 모양의 물건만 선택하여 같은 공간에 정리하게 하되, 똑같은 모양의 물체를 하나씩 추가하여 정리하게 하는 등 기초적인 분류 활동을 충분히 경험할 수 있게 한다.

[초등학교 3~4학년]

(1) 수와 연산

1 수

초등학교 3~4학년 '수'는 열 개 이하의 개수 세기와 더불어 한 자리 수를 학습함으로써 수 개념에 친숙해지는 데 중점을 두었다. '수'의 내용 요소는 열까지 개수 세기, 한 자리 수, 순서수이다. 구체물의 개수에 대응하는 알맞은 수가 있음을 알고 수를 읽고 쓰는 데 주안점을 둔다.

[4수학01-01] 열 개 이하의 구체물 개수를 센다.
[4수학01-02] 두 모음의 구체물 개수를 비교하고 많고 적음을 표현한다.
[4수학01-03] 9 이하의 수를 읽고 쓴다.
[4수학01-04] 0의 개념을 알고 0을 읽고 쓴다.
[4수학01-05] 9 이하의 수 크기를 비교한다.
[4수학01-06] 구체물의 배열을 순서수로 표현한다.

(가) 성취기준 해설

• [4수학01-01] 생활 주변의 친숙한 구체물을 활용하여 하나부터 열까지 개수를 세어 보는 활동을 통해 이후 수를 활용한 수 세기의 기초를 형성하게 한다. 개수와 구체물을 일대

일로 대응하며 세고 마지막 구체물에 대응하는 개수의 이름이 전체의 개수라는 것을 인지하게 한다.

- [4수학01-02] 열 개 이하인 두 집합을 보고 개수를 비교하여 어느 쪽이 많고 적음을 표현하게 한다. 이때 크기, 모양, 색상 등의 특성이 모두 같은 구체물을 활용하여 구체물의 개수를 세는 데 혼동을 주는 요소를 최소화한다. 개수의 차이가 큰 두 집합을 제시하여 개수의 비교를 경험하게 하고 수의 크기에 대한 기초 개념을 형성하게 한다.
- [4수학01-03], [4수학01-04], [4수학01-05] 하나부터 열까지의 구체물 개수와 1부터 9까지의 수를 연결하여 구체물 개수에 대응하는 수가 있음을 알게 한다. 수를 읽고 쓰며 한 자리 수를 파악하고, 구체물의 개수와 수의 대응을 통해 수의 크기를 비교한다. 또한 열 개 이하의 구체물을 하나씩 줄이며 구체물이 없을 때는 0으로 표현함을 알고, 생활 속 다양한 상황에서 0이 활용됨을 살펴본다.
- [4수학01-06] 생활 속에서 순서수가 활용되는 상황을 살펴보고 한 줄로 배열된 구체물의 순서를 순서수로 표현하는 데 중점을 둔다. 일과 시간 중에서 줄서기 등 순서수가 활용되는 여러 장면을 모의로 구성한 후 반복적인 경험을 통해 순서수에 익숙하게 한다.

(나) 성취기준 적용 시 고려 사항

- 장애 정도가 심한 학생의 경우 수를 읽고 쓰는 활동과 더불어 구체물 개수를 세고 해당하는 수를 찾거나 수를 제시하면 제시된 수만큼 구체물의 개수를 세고 모으는 조작 활동을 중점적으로 반복하여 구체물의 개수와 수의 관계를 인식하게 한다.

2 수의 연산

초등학교 3~4학년 '수의 연산'은 10 이하의 수를 바탕으로 덧셈과 뺄셈의 의미를 이해하고 연산 활동을 경험하는 데 중점을 두었다. '수의 연산' 영역의 내용 요소는 한 자리 수의 덧셈과 뺄셈이다. 덧셈과 뺄셈의 개념을 이해하고 합이 9 이하가 되는 더하기와 피감수가 9 이하인 빼기를 덧셈식과 뺄셈식으로 나타내는 데 주안점을 둔다.

[4수학01-07] 실생활에서 활용되는 한 자리 수의 덧셈과 뺄셈의 의미를 안다.
[4수학01-08] 합이 9 이하인 더하기를 하고 덧셈식으로 나타낸다.
[4수학01-09] 피감수가 9 이하인 빼기를 하고 뺄셈식으로 나타낸다.
[4수학01-10] 0이 있는 덧셈과 뺄셈을 한다.

(가) 성취기준 해설

- [4수학01-07] 다양한 생활 속 장면에서 활용되는 한 자리 수의 덧셈과 뺄셈을 보고 덧셈과 뺄셈 상황을 파악하게 한다. 덧셈은 개수가 더 많아지는 것, 뺄셈은 개수가 더 적어지는 것으로 연산의 기초 개념을 형성하게 한다.
- [4수학01-08], [4수학01-09] 한 자리 수의 덧셈은 구체물과 반 구체물을 활용하여 우선 합이 5 이하가 되는 덧셈부터 시작하여 합이 9 이하인 덧셈까지 단계적인 내용을 다룬다. 한 자리 수의 뺄셈 역시 피감수가 5 이하인 뺄셈을 충분히 학습한 뒤 피감수가 9 이하인 뺄셈을 경험하게 한다. 필요한 경우 계산 도구를 도입한다. 계산기의 필요성과 여러 가지 종류 살펴보기, 숫자와 기호 찾아보기, 계산기 창에 수 나타내기 등의 활동을 중심으로 내용을 다룬다. 계산기 조작에 충분히 익숙해진 후 덧셈과 뺄셈에 계산기를 활용하게 한다.
- [4수학01-10] 구체물이 없는 상태가 0인 개념을 다시 복습하고 구체물과 반 구체물을 활용하여 수에 0을 더하거나 빼도 그 결과에 변화가 없음을 인지하게 한다.

(나) 성취기준 적용 시 고려 사항

- 장애 정도가 심한 학생의 경우 9개 이하인 구체물을 가지고 가르기와 모으기의 조작 활동을 반복하여 연산을 경험하게 한다. 계산 도구를 활용하는 경우, 조작이 쉬운 형태의 계산기를 활용하고 계산기 자체에 익숙해지는 시간을 충분히 가지게 한다. 자신이 편한 방법으로 버튼을 눌러 보도록 하고 제시되는 숫자와 기호를 따라 눌러서 계산기 창에 나타내 보는 활동을 하게 한다.

3 화폐

초등학교 3~4학년 '화폐'는 실생활에서 동전을 활용하는 능력을 갖추는 데 중점을 두었다. '화폐'의 내용 요소는 동전 활용이다. 동전의 액면가를 알고 실생활에서 물건 가격에 알맞은 동전을 지불하여 화폐 활용을 경험하는 데 주안점을 둔다.

[4수학01-11] 동전의 액면가를 읽고 크기를 비교한다.
[4수학01-12] 몇백 원짜리 상품과 교환할 수 있는 동전을 찾는다.

(가) 성취기준 해설

- [4수학01-11] 생활 속에서 화폐가 다양하게 사용되고 있는 장면을 제시하여 화폐의 단위에 흥미와 관심을 가지게 한다. 우리나라의 화폐 단위는 '원'임을 알고 몇 원으로 표현하게 한다. 백 원과 오백 원 동전의 모양, 크기, 그림, 숫자 등의 특징을 살펴보고 액면가를 파악한다. 또한 주어진 동전을 액면가가 크거나 작은 동전으로 교환하는 경험을 한다.
- [4수학01-12] 시장 놀이 등의 활동을 통해 학생은 백 원 또는 오백 원으로 표시한 상품 가격을 확인하고 알맞은 동전을 제시하는 활동을 하고 이후 몇백 원의 상품과 동전을 교환하는 활동을 반복함으로써 화폐의 실용성과 가치를 인식하게 한다.

(나) 성취기준 적용 시 고려 사항

- 장애 정도가 심한 학생의 경우 백 원과 오백 원 동전의 앞 뒷면을 크게 확대한 사진을 살펴보고 실제 동전을 손으로 만져보면서 탐색하는 시간을 충분히 갖게 한다. 시장 놀이에서 상품 가격을 표기할 때 가격 옆에 실제 동전이나 동전 사진을 붙여서 학생이 같은 동전을 쉽게 찾아 지불하게 한다.

(2) 도형

1 모양과 도형

초등학교 3~4학년 '모양과 도형'은 생활 주변의 사물을 관찰하여 입체 모양을 인식하고, 구체물의 공통된 특성에 따라 분류하며 모양을 직관적으로 이해하는 데 중점을 두었다. '모양과 도형'의 내용 요소는 입체 모양이다. 실생활에서 쉽게 볼 수 있는 사물, 자연, 건축물 등을 관찰하여 여러 가지 입체 모양을 인식하고, 다양한 구체물을 조작하면서 입체 모양을 직관적으로 파악하는 데 주안점을 둔다.

[4수학02-01] 교실 및 생활 주변에서 볼 수 있는 사물에서 여러 가지 입체 모양을 찾는다.
[4수학02-02] 상자 모양, 공 모양, 둥근 기둥 모양 등의 여러 가지 입체 모양을 탐색한다.
[4수학02-03] 직관적인 비교를 통하여 상자 모양, 공 모양, 둥근 기둥 모양을 분류한다.

(가) 성취기준 해설

- [4수학02-01] 생활 속 주변 사물의 관찰을 통해 직관적으로 입체 모양을 인식하고 그 특징을 파악하여 기본적인 입체 모양에 친숙한 경험을 갖게 한다. 이때 사물은 학생에게

익숙한 사물을 선정하여 흥미와 관심을 유발한다.

- [4수학02-02] 생활 주변의 다양한 상자 모양, 공 모양, 둥근 기둥 모양을 가진 사물을 제시한다. 입체 모양의 크기와 위치를 다양한 방식으로 파악할 수 있는 여러 가지 실물 자료를 제공한다. 생활 속에 있는 여러 가지 친숙한 사물을 관찰하고 만져 보고 쌓아 보고 굴려 보는 등의 직접적인 조작 경험을 하게 한다. 이를 통하여 입체 모양의 특성을 직관적으로 찾게 한다.
- [4수학02-03] 실생활에서 여러 가지 모양을 찾아보며 상자 모양, 공 모양, 둥근 기둥 모양 등 기본적인 입체 모양을 인식하게 하고, 여러 가지 공통된 특징을 직관적으로 파악하여 같은 모양끼리 모을 수 있게 한다. 그리고 어떻게 모양을 모았는지에 대한 발문을 통하여 학생의 사고 과정을 스스로 표현할 수 있게 한다.

(나) 성취기준 적용 시 고려 사항

- 장애 정도가 심한 학생의 경우 매일 생활에서 자주 사용하는 익숙한 물건이나 대상을 다양한 감각적 경험을 통해 여러 가지 입체 모양의 특성을 보다 쉽게 학생에게 인식되게 한다. 더불어 같은 모양이라 하더라도 크기나 위치 등의 변화를 주어 다양한 형태와 모습을 관찰하게 한다.

2 만들기와 꾸미기

초등학교 3~4학년 '만들기와 꾸미기'는 여러 가지 입체 모양을 활용하여 모양을 만들거나 꾸미는 활동을 통해 입체 모양에 대한 이해를 높이는 데 중점을 두었다. '만들기와 꾸미기'의 내용 요소는 입체 모양 만들기와 꾸미기이다. 상자 모양, 공 모양, 둥근 기둥 모양 등의 구체물이나 교구를 이용하여 여러 가지 모양을 만들거나 꾸미는 활동을 통해 기본적인 입체 모양에 대한 감각을 기르는 데 주안점을 둔다.

> [4수학02-04] 여러 가지 입체 모양을 활용하여 모양을 만들거나 꾸민다.

(가) 성취기준 해설

- [4수학02-04] 여러 가지 입체 모양을 활용하여 다양한 모양이나 형태를 만들거나 꾸며 본다. 우유갑, 갑 티슈, 캔 등 다양한 입체 모양의 재활용품을 활용하여 디자인이나 활용도를 더해 새로운 모양이나 형태로 물건을 만들 수도 있다. 이를 통하여 우리 주변이

여러 가지 입체 모양으로 구성되어 있음을 알고, 심미성 있는 형태를 만들거나 꾸미면서 도형의 아름다움을 느끼게 한다. 그리고 친구들과 함께 작품을 만들거나 꾸미는 활동을 통해 협동의 즐거움을 느끼게 한다.

(나) 성취기준 적용 시 고려 사항

- 장애 정도가 심한 학생의 경우 스스로 입체 모양을 만들거나 꾸미기 어렵다면 만들거나 꾸미는 과정에 대한 안내도를 제공하여 안내에 따라 순서대로 조작하면 입체 모양이 만들어지거나 꾸미기 활동이 이루어지도록 계획한다. 이와 더불어 또래와 함께 협력하고 역할을 분담하여 학급 단위로 만들기와 꾸미기를 할 수도 있다.

③ 공간 감각

초등학교 3~4학년 '공간 감각'은 위치와 방향에 대한 흥미와 관심을 갖고 직관적으로 공간을 경험하는 것에 중점을 두었다. '공간 감각'의 내용 요소는 위치와 방향의 변화이다. 생활 주변의 여러 가지 물건의 위치와 방향을 경험하는 데 주안점을 둔다.

[4수학02-05] 주변의 물건을 찾거나 옮기면서 위치의 변화를 경험한다.
[4수학02-06] 주변의 물건을 찾거나 옮기면서 방향의 변화를 경험한다.

(가) 성취기준 해설

- [4수학02-05] 주변의 물건을 찾거나 옮기면서 위와 아래, 앞과 뒤와 옆, 안과 밖 등의 위치를 경험하게 한다. 위치에 관련된 개념들을 직접 경험을 통하여 직관적으로 경험하게 한다. 이때 특정한 위치에 맞게 물건 옮기기를 지도하기보다 학생이 원하는 곳으로 자유롭게 물건을 옮기면서 기존의 위치에서 다른 곳으로 변화되었음을 인식하게 한다.
- [4수학02-06] 주변의 물건을 찾거나 옮기면서 오른쪽, 왼쪽 등 자신을 기준으로 한 방향을 경험하게 한다. 생활 주변의 사물 중에서 오른쪽, 왼쪽 등 방향이 표시되어 있는 사물들을 활용하는 모습을 직접 경험하거나 살펴보면서 방향이 생활 속 넓은 범위에 활용되고 있음을 알게 한다.

(나) 성취기준 적용 시 고려 사항

- 장애 정도가 심한 학생의 경우 사물을 일정한 공간 속 다양한 위치에 자유롭게 배치하여

관찰하거나 극명하게 대비되는 위치에 사물을 놓고 비교하는 활동을 하게 한다. 예를 들어, 앞과 뒤를 지도할 때 교실 가장 앞과 뒤에 사물을 배치하거나 표식으로 표시하는 등의 방법을 활용하여 공간 개념을 보다 쉽게 학습할 수 있게 한다.

(3) 측정

① 양의 측정

초등학교 3~4학년 '양의 측정'은 생활 주변의 구체물 두세 개를 직접 맞대거나 들어보는 비교 경험을 통해 측정 속성에 따른 차이점을 파악하고 표현할 수 있도록 하는 데 중점을 두었다. '양의 측정'의 내용 요소는 직접 비교이다. 생활 속 구체물 두세 개의 크기, 길이, 무게의 비교 방법을 활용하여 차이점을 파악하고 알맞은 비교 용어로 표현하는 데 주안점을 둔다.

[4수학03-01] 구체물 두세 개의 크기, 길이를 직접 비교하고 용어로 나타낸다.
[4수학03-02] 구체물 두세 개의 무게를 직접 비교하고 용어로 나타낸다.

(가) 성취기준 해설

- [4수학03-01] 구체물 두세 개의 크기를 직접 비교하기 위해 나란히 놓거나 한 물체를 다른 물체 위에 겹쳐 놓는 방법 등을 사용하고 길이의 경우 비교하고자 하는 물체의 한쪽 끝을 맞추어 직접 맞대는 방법을 사용한다. 구체물을 직접 비교한 후 크기는 '가장 크다', '더 크다', '작다'로, 길이는 '가장 길다', '더 길다', '짧다'로 구분하여 표현하게 한다.
- [4수학03-02] 구체물 두세 개의 무게를 직접 비교하기 위해 물건을 양손으로 동시에 들어 보거나 한 손으로 각각 들어 보고 무게의 느낌을 비교한다. 구체물 두세 개의 무게 차이가 큰 물건에서 점차 무게 차이를 줄여가며 비교하고, 서로 다른 무게는 '가장 무겁다', '더 무겁다', '가볍다'로 구분하여 표현하게 한다.

(나) 성취기준 적용 시 고려 사항

- 장애 정도가 심한 학생의 경우 자신과 다른 사람의 신체를 활용하여 비교 활동을 경험하도록 한다. 친구의 옆에 나란히 서거나 앞이나 뒤에 겹쳐 서 있는 활동 등을 통해 누구의 신체가 더 크고, 작은지 구분하게 하고, 팔이나 다리의 길이 등을 맞대고 견주어 보는 활동을 통해 누구의 팔이 더 길고, 짧은지 비교하게 한다.

2 시간

초등학교 3~4학년 '시간'의 하루의 주요 활동을 특정 시간과 연계하여 구분하거나 시간의 흐름에 따라 나열하여 시간의 순서성과 연속성을 인식하는 데 중점을 두었다. '시간'의 내용 요소는 하루의 일과이다. 일상생활에서의 주요 활동을 아침, 점심, 저녁으로 구분하여 나타내고, 여러 가지 장면이나 활동을 시간의 순서에 맞게 차례대로 표현하는 데 주안점을 둔다.

[4수학03-03] 하루의 주요 활동을 보고 아침, 점심, 저녁으로 구분한다.
[4수학03-04] 하루의 주요 활동을 아침, 점심, 저녁의 시간 순서대로 나타낸다.

(가) 성취기준 해설

- [4수학03-03] 하루 중 변화하는 일상생활 및 주변 환경의 모습을 관찰하고, 나와 가족, 친구의 아침, 점심, 주요 활동 모습을 각각 구분하여 탐색하고 비교하게 한다. 이러한 과정을 통해 하루의 일과 중 특정 장면이나 모습이 일정한 간격을 두고 반복해서 일어나고 있음을 인식하게 하고, 주요 활동이 아침, 점심, 저녁 중 언제 일어나는지 구분할 수 있게 한다.
- [4수학03-04] 하루 중 일어나는 여러 가지 주요 활동을 관찰하고, 시간에 따라 먼저 일어난 일과 나중에 일어난 일로 구분하게 한다. 그리고 구분된 일은 일정한 시간 간격을 기준으로 아침, 점심, 저녁의 시간 중 언제인지 파악하며 시간 순서에 따라 차례대로 나열하게 한다.

(나) 성취기준 적용 시 고려 사항

- 장애 정도가 심한 학생의 경우 좋아하는 놀이, 간식, 만들기 등의 생활 소재를 아침, 점심, 저녁의 시간과 연결하여 체험하게 한다. 아침에는 재미있는 놀이 하기, 점심에는 맛있는 간식 먹기, 저녁에는 좋아하는 만들기 시간을 학생에게 안내하고 일과 중 직접 경험하게 하여 학생이 선호하는 활동이 일정한 시간에 따라 일어나고 있다는 것을 경험을 통해 인식하게 한다.

(4) 규칙성

초등학교 3~4학년 '규칙성'은 학생이 두 가지 구체물을 정해진 규칙에 맞게 배열하거나 반복되는 두 가지 물체의 배열에서 규칙을 찾게 함으로써 학생이 규칙적인 물체의 배열을 보고 똑같이 따라 배열하고, 반복되는 두 가지 물체의 배열에서 규칙을 찾는 데 중점을 두었다. '규칙성'의 내용 요소는 물체 배열의 규칙이다. 생활 주변에서 자주 볼 수 있는 두 가지 구체물의 규칙적인 배열을 통해 규칙을 찾고 다음에 올 것을 예측해 보는 활동을 통해 사물의 관계를 파악하는 기초를 마련하는 데 주안점을 둔다.

[4수학04-01] 반복되는 두 가지 물체 배열을 보고 똑같이 배열한다.
[4수학04-02] 반복되는 두 가지 물체 배열을 보고, 다음에 올 것을 추측하여 배열한다.
[4수학04-03] 생활 주변의 두 가지 물체 배열에서 규칙을 찾는다.

(가) 성취기준 해설

- [4수학04-01] 단순하게 반복되는 두 가지 구체물의 규칙을 보여 주고 그것을 그대로 똑같이 만들어 보게 한다. 이때에는 다음에 올 것이 무엇인지를 강조하여 지도하기보다는 "지우개와 연필이 반복되고 있어"와 같이 두 가지 물체가 'ABAB'의 형태로 반복되고 있다는 것을 알려 준다. 이러한 활동은 학생에게 반복되는 부분이 무엇인지를 인식하게 하고 규칙을 찾는 기초를 형성할 수 있게 한다.
- [4수학04-02] 학생에게 두 가지 물체가 반복되는 규칙의 일부분을 보고 다음에 올 규칙을 추측해서 배열해 보게 한다. 이는 규칙을 단순하게 인식하고 따라 하는 수준을 넘어서 다음에 올 것을 예측하는 데 도움이 된다. 또한 다음에 올 것을 추측하여 물체를 배열해 보는 활동은 수학에 대한 흥미를 높이면서 규칙을 찾고 사물의 관계를 파악하는 기초가 된다.
- [4수학04-03] 학생에게 생활 주변에서 단순하게 반복되는 규칙에 관심을 가지고 알아볼 수 있는 기회를 제공한다. 책상과 의자의 배열, 연필과 지우개의 배열, 흰색과 검정색 바둑돌의 배열 등 학생의 생활 주변에서 자주 볼 수 있는 친숙한 두 가지 물체의 반복되는 배열을 활용한다. 먼저 규칙적인 두 가지 물체의 배열에서 규칙이 있는 것과 없는 것을 구분하게 한 후 규칙을 찾게 한다. 이때에는 반복되는 일정한 부분을 보고 다음에 올 것을 예측하여 '규칙이 있다'는 것을 알게 한다.

(나) 성취기준 적용 시 고려 사항

- 장애 정도가 심한 학생의 경우 규칙적인 배열에 사용하는 물체는 가정이나 교실에서 볼 수 있는 크기, 모양, 색깔 등 특징이 단순한 두 가지 물체로 한정하여 제시하여, 다른

자극을 최소화하고 규칙적인 배열에 주의를 집중할 수 있게 한다. 이와 함께 정교하고 세밀한 소근육의 움직임이 필요한 물체보다는 학생이 조작하기 쉬운 물체를 활용하여 두 가지 물체를 반복하여 배열하게 한다. 이때에는 규칙대로 놓을 물체의 배열 순서를 그림판으로 제시하는 것과 같이 규칙 도움 도구를 활용하여 그 위에 해당 물체를 똑같이 놓게 함으로써 학생의 성공 경험을 높일 수 있다.

(5) 자료와 가능성

1 분류하기

초등학교 3~4학년 '분류하기'는 분류된 자료의 관찰을 통해 사물의 속성이나 특징에 따른 한 가지 기준을 알게 하고, 한 가지 기준에 따라 자료를 분류할 수 있는 능력을 갖추는 데 중점을 두었다. '분류하기'의 내용 요소는 한 가지 기준에 따라 두 개로 분류하기이다. 일상생활에서 많이 볼 수 있는 상황 및 환경 소재 등을 사용하며 자료의 크기, 색, 모양 등과 같이 분명하고 간단한 한 가지 기준에 따라 두 개의 모음으로 구분하는 활동을 충분히 경험하는 데 주안점을 둔다.

[4수학05-01] 두 개의 모음으로 분류된 자료를 보고 한 가지 기준을 찾는다.
[4수학05-02] 자료를 한 가지 기준에 따라 두 개의 모음으로 분류한다.

(가) 성취기준 해설

- [4수학05-01] 두 개의 모음으로 정리된 물건이나 주변의 자료들을 관찰하고 모음별 특징을 비교하며 한 가지 기준을 찾게 한다. 분류의 기준은 분명하게 구별될 수 있는 크기, 색, 모양 등으로 하고 분류의 자료는 실생활 속 구체물로 시작하여 사진이나 그림 등으로 제시하게 한다.
- [4수학05-02] 명확한 한 가지 기준(예: 크기, 색, 모양)으로 자료를 두 개의 모음으로 분류하고, 각각의 모음에 들어있는 자료를 관찰하여 자료의 크기, 색, 모양 등의 공통된 특성을 파악하게 한다. 그리고 두 개의 모음에 들어있는 자료의 수를 각각 세어보고 그 결과를 표현하게 한다.

(나) 성취기준 적용 시 고려 사항

- 장애 정도가 심한 학생의 경우 분류의 기준(예: 크기, 색, 모양)을 사전 안내하고 그

기준에 따라 분류된 두 개의 모음을 제시한다. 각각의 모음에 들어 있는 물체를 꺼내어 보며 특징을 알아보고, 분류된 자료와 똑같은 물건을 한 개씩 제시하며 같은 특징을 갖고 있는 모음에 분류하는 활동을 충분히 경험하게 한다.

[초등학교 5~6학년]

(1) 수와 연산

1 수

초등학교 5~6학년 '수 '는 10개의 묶음과 낱개를 통해 두 자리 수와 관련한 활동을 경험하는 데 중점을 두었다. '수 '의 내용 요소는 두 자리 수이다. 구체물이나 반 구체물을 통해 10의 개념을 알고 몇 십을 읽고 쓰며, 두 자리 수의 크기를 비교하는 데 주안점을 둔다.

[6수학01-01] 10의 개념을 알고, 몇 십을 센다.
[6수학01-02] 10개의 묶음과 낱개의 수를 두 자리 수로 나타낸다.
[6수학01-03] 두 자리 수의 크기를 비교한다.

(가) 성취기준 해설

- [6수학01-01], [6수학01-02], [6수학01-03] 9보다 1 큰 수가 10임을 알게 한다. 구체물을 세어서 10이 되게 만드는 활동을 반복하여 10의 개념에 익숙해지게 하고 구체물과 반 구체물을 10씩 묶으며 몇 십으로 세는 활동을 한다. 십 모형의 수와 낱개의 수를 두 자리 수로 나타내고 자릿값 개념을 형성하여 두 자리 수의 크기를 '크다, 작다'로 비교한다.

(나) 성취기준 적용 시 고려 사항

- 장애 정도가 심한 학생의 경우 십(10) 모형을 살펴보고 하나씩 모아 보는 활동을 한다. 교사가 세는 십(10) 모형을 따라 응시하거나 손가락으로 함께 가리키는 반응도 수를 세는 반응으로 간주한다. 십(10) 모형이 하나씩 늘어나면 수도 함께 커진다는 것을 경험을 통해 인식하게 한다.

2 수의 연산

초등학교 5~6학년 '수의 연산'은 십의 보수 개념을 활용하여 합이 10이 되는 덧셈과 피감수가 10인 뺄셈을 경험하고 받아올림(내림)이 없는 몇 십의 덧셈과 뺄셈 연산 문제 해결에 중점을 두었다. '수의 연산'의 내용 요소는 10이 되는 더하기와 10에서 빼기, 몇 십의 덧셈과 뺄셈이다. 덧셈과 뺄셈 연산을 통해 실생활 문제를 해결하는 데 주안점을 둔다.

[6수학01-04] 합이 10이 되는 더하기를 하고 덧셈식으로 나타낸다.
[6수학01-05] 피감수가 10인 빼기를 하고 뺄셈식으로 나타낸다.
[6수학01-06] 실생활에서 활용되는 몇 십의 덧셈과 뺄셈의 의미를 안다.
[6수학01-07] 받아올림(내림)이 없는 몇 십의 덧셈과 뺄셈을 한다.
[6수학01-08] 받아올림(내림)이 없는 몇 십의 덧셈, 뺄셈과 관련된 실생활 문제를 해결한다.

(가) 성취기준 해설

- [6수학01-04], [6수학01-05] 합이 10이 되는 더하기는 학생이 10의 보수 관계를 파악하는 데 중점을 두어 지도하며 구체물을 가르고 모으는 활동과 덧셈식으로 반복 학습하게 한다. 10의 보수 개념을 활용하여 피감수가 10인 빼기 역시 구체물과 덧셈식을 통해 반복 학습한다.
- [6수학01-06] 생활 속에서 몇 십의 덧셈과 뺄셈이 활용되는 다양한 상황을 살펴보고 받아올림이 없는 (몇 십)+(몇 십)과 받아내림이 없는 (몇 십)-(몇 십)에 대한 학생의 흥미와 관심을 높인다.
- [6수학01-07], [6수학01-08] 받아올림(내림)이 없는 몇 십의 덧셈과 뺄셈은 가로식과 세로식을 모두 지도하되 세로식은 자릿값을 맞추어 계산하는 데 특별히 주의를 기울이도록 한다. 필요에 따라 계산 도구를 활용하는 경우 받아올림(내림)이 없는 몇 십의 덧셈과 뺄셈의 연산을 체험하는 기능적인 측면에 중점을 두어 지도한다.

(나) 성취기준 적용 시 고려 사항

- 장애 정도가 심한 학생의 경우 구체물을 주로 활용하여 합이 10이 되는 덧셈과 피감수가 10인 뺄셈을 반복하여 경험하게 한다. 계산 도구를 활용하는 경우 계산기 사용 순서를 나타낸 일련의 사진이나 그림을 보며 순서대로 계산기를 따라 조작하게 한다.

3 화폐

초등학교 5~6학년 '화폐'는 실생활에서 지폐를 활용하는 능력을 갖추는 데 중점을 두었다. '화폐' 영역의 내용 요소는 지폐 활용으로, 지폐(천 원, 오천 원, 만 원)의 액면가를 알고 실생활에서 물건 가격에 알맞은 지폐를 지불하여 화폐 활용을 경험하는 데 주안점을 둔다.

[6수학01-09] 지폐(천 원, 오천 원, 만 원)의 액면가를 읽고 크기를 비교한다.
[6수학01-10] 지폐(천 원, 오천 원, 만 원)를 다른 액면가의 지폐로 교환한다.
[6수학01-11] 몇 천 원짜리 상품과 교환할 수 있는 지폐를 찾는다.
[6수학01-12] 만 몇 천 원짜리 상품과 교환할 수 있는 지폐를 찾는다.

(가) 성취기준 해설

- [6수학01-09], [6수학01-10] 천 원, 오천 원, 만 원권 지폐의 모양, 크기, 색깔, 그림, 수 등을 살펴보는 활동을 한다. 각 지폐의 액면가를 읽고 쓰며, 천원으로 교환할 수 있는 물건의 양보다 오천 원, 만 원이 더 많다는 것을 경험하게 하여 액면가의 차이를 알게 한다. 이후 지폐를 액면가가 작거나 큰 지폐로 교환하는 활동을 한다.
- [6수학01-11], [수학01-12] 시장 놀이 등의 활동을 통해 천 원, 오천 원, 만 원의 상품 가격에 알맞은 지폐를 지불하여 물건과 지폐를 교환함으로써 화폐의 가치를 인식하게 한다. 천 원이나 만 원과 같은 지폐의 액면가는 고유 명칭이나 단위로 이해하고 천 원 이상부터 2만 원 미만의 범위에서만 상품 가격을 다룬다.

(나) 성취기준 적용 시 고려 사항

- 장애 정도가 심한 학생의 경우 지폐의 앞 뒷면을 확대한 사진을 살펴보며 각 지폐의 특성 중 색깔이나 그림을 통해 구분하고 액면가에 따라 구입할 수 있는 상품 수나 음식의 양 등을 체험하게 하여 화폐의 가치를 친숙한 경험을 통해 이해할 수 있게 한다.

(2) 도형

1 모양과 도형

초등학교 5~6학년 '모양과 도형'은 생활 주변에서 흔히 볼 수 있는 입체 모양의 구체물에서 일부분의 모양에 주목하여 평면 모양을 찾고, 평면 모양을 직관적으로 파악하는 데 중점을 두었다. '모양과 도형'의 내용 요소는 평면 모양이다. 교실 및 생활 주변에 있는 구체물의 형태로 파악되는 평면 모양의 특징을 관찰하고, 분류하는 활동을 통해 평면 모양에 대한 직관적인 경험을 하는 것에 주안점을 둔다.

[6수학02-01] 교실 및 생활 주변의 사물을 관찰하여 여러 가지 평면 모양을 찾는다.
[6수학02-02] 동그라미, 네모, 세모 등의 여러 가지 평면 모양을 탐색한다.
[6수학02-03] 직관적 비교를 통하여 동그라미, 네모, 세모 모양을 분류한다.

(가) 성취기준 해설

- [6수학02-01] 생활 주변의 사물을 관찰하고 사물의 형태 중 일부분에서 평면 모양을 찾게 한다. 주변의 사물은 입체 모양이기 때문에 평면 모양을 찾기 위해서는 입체 모양을 구성하는 일부분인 평면에 초점을 맞추게 한다. 학생에게 익숙한 구체물을 활용하여 모양을 인식하기 위한 여러 가지 활동이 동기화될 수 있게 유도한다.
- [6수학02-02] 생활 주변 사물에 포함된 평면 모양을 통해 동그라미, 네모, 세모 모양의 특징을 관찰하고, 조작하는 과정을 통하여 각 모양의 특징을 인식하게 한다. 이러한 일련의 활동을 하면서 동그라미, 네모, 세모 모양 등의 여러 가지 평면 모양에 대한 기본적인 이해를 하게 한다.
- [6수학02-03] 생활 주변의 사물에 포함된 평면 모양의 특징을 인식하고, 모양의 생김새나 특징에 따라 공통점을 찾아 직관적으로 비교하여 비슷한 모양끼리 분류하게 한다.

(나) 성취기준 적용 시 고려 사항

- 장애 정도가 심한 학생의 경우 일상생활에서 자주 사용하는 물건의 일부분을 본뜨거나 모양을 대고 따라 그려 보는 활동을 통하여 동그라미, 네모, 세모 모양을 찾을 수 있게 한다. 필요하다면 교사가 학생이 보다 쉽게 모양을 그리거나 만들 수 있는 사물을 제공한다.

2 만들기와 꾸미기

초등학교 5~6학년 '만들기와 꾸미기'는 평면 모양을 활용하여 만들거나 꾸미는 활동을 하면서 평면 모양에 대한 이해를 높이는 데 중점을 두었다. '만들기와 꾸미기'의 내용 요소는 평면 모양 만들기와 꾸미기이다. 여러 가지 방법으로 동그라미, 네모, 세모 모양을 만들거나 동그라미, 네모, 세모 모양을 활용하여 여러 가지 그림이나 작품을 만들고 꾸며 보는 활동을 통해 평면 모양의 일상생활 속 유용성을 느끼게 한다.

[6수학02-04] 동그라미, 네모, 세모 등의 평면 모양을 다양한 방법으로 만들거나 그린다.
[6수학02-05] 여러 가지 평면 모양을 활용하여 모양을 만들거나 꾸민다.

(가) 성취기준 해설

- [6수학02-04] 평면 모양을 만들거나 그리면서 평면 모양에 대한 이해를 높인다. 동그라미, 네모, 세모 모양을 여러 가지 방법으로 만들거나 그리는 과정을 통하여 여러 가지 평면 모양의 형태를 직관적으로 이해하고 도형의 기초가 되는 모양이 우리 생활에 밀접하게 연관되어 있음을 알게 한다.
- [6수학02-05] 동그라미, 네모, 세모 등의 평면 모양을 활용하여 심미성이 있는 형태를 만들거나 꾸미면서 여러 가지 모양의 아름다움을 느낄 수 있게 한다. 친구와 함께 여러 가지 평면 모양을 활용하여 작품을 만들거나 공간을 꾸미는 활동을 통해 함께 학습하는 즐거움을 느끼게 한다.

(나) 성취기준 적용 시 고려 사항

- 장애 정도가 심한 학생의 경우 평면 모양을 만들거나 그리기 어려운 경우 여러 가지 형태와 크기의 모양 붙임딱지를 붙이면서 평면 모양을 만들거나 꾸밀 수 있게 한다.

3 공간 감각

초등학교 5~6학년 '공간 감각'은 생활 주변에서 접하는 대상이 어떤 위치, 방향, 거리에 있는지에 대한 직접적인 경험에 중점을 두었다. '공간 감각'의 내용 요소는 공간의 이해이다. 사물의 위치, 방향, 거리를 경험하고 알맞은 용어를 사용하여 표현한다. 학생이 직접적으로 볼 수 있는 장소에서 보이지 않는 범위까지로 점차 공간을 확장하여 활동을 반복함으로써 자연스럽게 공간을 이해하고 공간 감각을 가지도록 한다.

[6수학02-06] 사물의 위치, 방향, 거리를 파악하여 표현한다.
[6수학02-07] 위치, 방향, 거리에 맞게 물건을 옮긴다.

(가) 성취기준 해설

- [6수학02-06] 현재 학생 자신이 속해 있는 장소를 중심으로 여러 가지 사물의 위치, 방향,

거리를 경험한다. 다양하고 반복적인 경험을 하면서 자연스럽게 공간과 관련된 개념과 용어를 정확하게 인식할 수 있게 하고, 자신의 위치를 중심으로 떨어져 있는 여러 가지 사물의 위치, 방향, 거리를 알맞은 용어를 사용하여 표현할 수 있게 한다.

- [6수학02-07] 위치, 방향, 거리에 맞게 물건을 옮겨 보면서 자연스럽게 공간 감각을 익히게 한다. 더불어 실제 생활의 맥락에서 지시에 따라 물건을 옮겨 보며 공간 감각을 실용적으로 활용하게 한다.

(나) 성취기준 적용 시 고려 사항

- 장애 정도가 심한 학생의 경우 거리에 대한 개념(예: 가까운, 먼)을 지도할 때 학교에서 교실의 위치(2층 오른쪽에 있는 교실, 1층 가운데에 있는 교실), 교실에서 자리의 위치(○○의 앞자리, □□의 뒷자리) 등 학교생활 속의 위치와 방향이 포함된 내용을 활용한다.

(3) 측정

① 양의 측정

초등학교 5~6학년 '양의 측정'은 표준 단위를 알고 측정 도구를 바르게 사용하여 물체의 속성을 측정할 수 있는 능력을 기르는 데 중점을 두었다. '양의 측정'의 내용 요소는 길이(cm), 들이(L) 이다. 생활 물건 및 주변 환경 등을 활용하여 표준 단위 길이(cm)와 들이(L)에 대한 관심과 이해를 높이고 측정 도구인 자와 비커 등의 바른 사용법을 익혀 여러 가지 물건에 대한 측정 활동을 충분히 경험하는 데 주안점을 둔다.

[6수학03-01] 길이(cm)의 단위를 알고 측정 도구(자 등)를 사용하여 길이를 측정한다.
[6수학03-02] 들이(L)의 단위를 알고 측정 도구(비커 등)를 사용하여 들이를 측정한다.

(가) 성취기준 해설

- [6수학03-01] 길이를 나타내는 표준 단위 cm가 표시된 다양한 물건과 상황, 환경 등을 탐색하여 표준 단위 cm를 알게 한다. 자의 사용법을 익혀 여러 가지 생활 속 구체물의 길이를 측정하고 학생이 추측한 구체물의 길이와 실제 길이의 차이를 비교하며 길이에 대한 양적 감각을 익히게 한다.
- [6수학03-02] 들이를 나타내는 표준 단위 L가 사용되는 다양한 물건과 환경 상황을 탐색하여 표준 단위 L를 알게 한다. 여러 가지 물체에 물을 가득 채워 보는 활동을 통해

들이 개념을 이해하고 들이의 측정 도구인 비커의 사용법을 익혀 여러 가지 물체의 들이를 측정하게 한다. 그리고 측정하기 전 자신이 추측한 용기의 들이와 실제 들이와의 차이를 비교하며 들이에 대한 양적 감각을 익히게 한다.

(나) 성취기준 적용 시 고려 사항

- [6수학03-01], [6수학03-02] 장애 정도가 심한 학생의 경우 일상생활 속 표준 단위가 표시된 여러 가지 물건을 살펴보고 표준 단위가 우리 생활에서 다양한 방식으로 사용되고 있다는 것을 인식하게 한다. 그리고 물건에 표시된 표준 단위를 나타내는 수치와 표시 내용을 쉽게 파악할 수 있도록 주변과 구분되는 색, 글자의 크기, 진하기 등의 시각 변별 요소와 함께 안내하거나 표준 단위가 표시된 위치에 붙일 수 있는 똑같은 모양의 스티커를 제공하고 붙이게 한다.
- [6수학03-01], [6수학03-02] 길이 활동은 제시된 물체의 한쪽 끝에서 다른 한끝까지의 길이를 일정한 간격의 길이가 주어진 블록, 붙임딱지 등을 사용하는 간접 측정 방식으로 경험하게 한다. 그리고 들이 활동은 일정한 양의 공간이 있는 여러 가지 용기에 물을 부어 끝까지 채워보는 활동을 통해 들이의 개념을 인식하게 하고, 1L가 표시된 여러 가지 용기에 물을 채우는 활동을 통해 용기의 모양이 달라도 같은 양의 물이 들어갈 수 있음을 경험하게 한다.

2 시간

초등학교 5~6학년 '시간'은 시계를 보며 시각을 읽고 1일과 1주일 개념을 이해하며 요일을 표현할 수 있는 능력을 갖추는 데 중점을 두었다. '시간'의 내용 요소는 시각과 날짜이다. 다양한 형태의 시계를 알아보고 그 구성 요소를 충분히 탐색하여 주어진 특정 시점의 시각을 표현하도록 하며, 주간 일정표의 항목을 보고 정해진 일정을 날짜와 요일로 표현하는 데 주안점을 둔다.

[6수학03-03] 다양한 형태의 시계를 경험하고 시각을 '몇 시', '몇 시 30분'으로 나타낸다.
[6수학03-04] 1일, 1주일을 알고 날짜를 '며칠', '무슨 요일'로 나타낸다.

(가) 성취기준 해설

- [6수학03-03] 다양한 형태의 시계를 탐색하여 공통적인 구성 요소를 파악하고 시계에

표시된 내용을 읽는 방법을 익혀 제시된 시각을 정확하게 읽게 한다. 일상생활과 관련된 1시간, 30분 단위의 시각을 시계를 통해 확인하고 같은 시각이 나타난 시계를 찾아보거나 활동에 표시된 시각을 보고 시계를 조작하여 같은 시각으로 나타내는 등 다양한 방식으로 시각을 나타내고 '몇 시', '몇 시 30분'으로 표현하게 한다.

- [6수학03-04] 1일은 하루 동안의 시간이라는 것을 알게 하고, 여러 가지 형태의 주간 일정표를 탐색하여 표에 제시된 '일'과 '요일' 항목을 파악하게 한다. 주간 일정표의 한 칸은 1일이며, 제시된 내용은 하루의 활동이라는 것을 알게 한다. 일정표의 가장 왼쪽부터 요일을 차례대로 세어보는 활동을 통해 1주일이 7일로 이루어져 있음을 알고, '일'과 '요일'의 연관성을 통해 일정표에 나타난 특정한 활동이 '며칠', '무슨 요일'에 일어났는지 표현하게 한다.

(나) 성취기준 적용 시 고려 사항

- [6수학03-03] 장애 정도가 심한 학생의 경우 학생이 쉽게 조작할 수 있는 아날로그 시계와 디지털 시계 모형을 활용하여 시계에 대한 경험을 충분히 제공한다. 아날로그 시계 모형에 제시된 시침, 분침, 수 등의 구성 요소 관찰을 통해 시계의 구조에 대한 이해를 높일 수 있으며, 아날로그 시계의 바늘을 돌려보거나 조작 활동을 통해 시계에 대한 흥미와 관심을 높인다. 그리고 디지털 시계 모형은 교사가 제시한 시각을 보고 똑같은 시각으로 나타내는 활동을 통해 시간의 표현활동에 쉽게 참여하게 한다.
- [6수학03-04] 장애 정도가 심한 학생의 경우 주간 일정표를 교사 또는 친구들과 함께 꾸며 보는 활동으로 구성한다. 표에는 월요일부터 일요일까지의 요일 항목을 순차적으로 제시하되 요일별로 색을 다르게 구성하여 직관적 차이를 분명하게 제시한다. 요일별 활동은 제시된 내용을 친구들과 함께 요일별 순서에 따라 반복적, 규칙적, 순차적으로 나타내게 하며 요일의 이름과 순서를 활동 속에서 자연스럽게 익히게 한다.

(4) 규칙성

초등학교 5~6학년 '규칙성'은 학생이 물체의 배열뿐만 아니라 반 구체물인 무늬의 배열에서 규칙을 찾게 하고, 물체의 수는 두 가지에서 두세 가지로 늘려 좀 더 복잡한 형태의 규칙을 찾고 만들어 보는 데 중점을 두었다. '규칙성'의 내용 요소는 물체, 무늬 배열의 규칙이다. 생활 주변에서 자주 볼 수 있는 두세 가지 구체물과 반 구체물(예: 무늬)의 규칙적인 배열을 통해 규칙을 찾고 만들며, 모양과 색 등을 활용하여 규칙적인 무늬를 꾸미는 데 주안점을 둔다.

[6수학04-01] 생활 주변의 두세 가지 물체의 배열에서 규칙을 찾는다.
[6수학04-02] 정해진 규칙에 따라 두세 가지 물체를 배열한다.
[6수학04-03] 생활 주변의 두세 가지 무늬의 배열에서 규칙을 찾는다.
[6수학04-04] 여러 가지 모양과 색 등을 활용하여 규칙적인 무늬를 꾸민다.

(가) 성취기준 해설

- [6수학04-01] 이전 학년군에서 간단히 반복되는 규칙을 모방하고, 발견하며, 다음에 올 것을 예측하게 한 것을 바탕으로 좀 더 복잡한 형태의 규칙을 발견할 수 있게 한다. 물체는 두 가지 혹은 세 가지를 활용하고, 색, 모양, 크기 등 특징이 단순한 물체의 배열에서 규칙을 찾게 한다. 먼저 두세 가지 물체의 배열에서 규칙이 있는 것과 없는 것을 구분하게 한다. 나아가 반복되는 배열의 일정한 부분을 보고 규칙을 찾고, 다음에 올 것을 예측해 보게 한다.
- [6수학04-02] 정해진 규칙에 따라 두세 가지 물체를 배열하게 한다. 먼저 'ABAB' 형태와 같이 간단한 규칙에서 시작하여, 물체의 개수를 동일하게 늘려 'AABBAABB' 형태, 두 가지 물체의 개수를 서로 다르게 변화시켜 'AABAAB' 형태로 물체를 규칙에 따라 배열하게 한다. 그리고 물체의 종류를 세 가지로 늘려 'ABCABC'와 같은 형태로 정해진 규칙에 맞게 물체를 배열하게 한다.
- [6수학04-03] 구체물을 조작하며 반복되는 물체의 배열에서 규칙을 찾는 활동에서 나아가 반 구체물인 무늬의 배열에서 규칙을 찾을 수 있게 한다. 옷, 포장지, 타일의 무늬 등 생활 주변에서 자주 접하는 규칙적 무늬의 배열을 활용할 수 있다. 먼저 두 가지 규칙적인 무늬의 배열을 활용한 간단한 규칙에서 시작하여 무늬의 배열 형태를 바꾸거나 세 가지로 무늬의 수를 늘려 좀 더 복잡한 형태의 규칙적인 무늬의 배열에서 규칙을 발견할 수 있게 한다.
- [6수학04-04] 여러 가지 모양과 색 등을 활용하여 규칙적인 무늬를 꾸미게 한다. 반복되는 무늬의 일정 부분을 보고 규칙을 찾아 무늬를 완성할 수 있게 한다. 이때에는 포장지 꾸미기와 책 표지 꾸미기, 티셔츠 꾸미기와 벽지 꾸미기 등 학생에게 친숙하면서도 실생활과 연관된 활동의 기회를 제공한다. 이러한 활동은 규칙적인 무늬가 주는 아름다움과 수학의 유용성을 인식하게 한다.

(나) 성취기준 적용 시 고려 사항

- 장애 정도가 심한 학생의 경우 이불, 옷, 포장지의 무늬와 같이 생활 주변에서 자주 접할 수 있는 규칙적인 무늬의 배열을 관찰하고 경험할 수 있는 기회를 준 후 규칙적인 무늬에 대한 학생의 다양한 반응을 관찰한다. 이와 함께 신체나 친근한 사물을 활용하여 규칙적인 무늬를 꾸며보는 활동을 하게 한다. 이때에는 규칙대로 찍을 무늬의 형태와 배열 순서를 그림판으로 제시하는 것과 같이 규칙 도움 도구를 활용하여 그 위에 똑같이 규칙적인 무늬를 찍게 하거나 반복되는 간단한 형태의 규칙적인 무늬를 보고 똑같이 따라서 무늬를 찍게 할 수 있다.

(5) 자료와 가능성

1 분류하기

초등학교 5~6학년 '분류하기'는 분류된 자료의 속성이나 특징을 파악하여 한 가지 기준을 알게 하고, 한 가지 기준에 따라 자료를 여러 가지 모음으로 분류할 수 있는 능력을 갖추는 데 중점을 두었다. '분류하기'의 내용 요소는 한 가지 기준에 따라 세 개 이상으로 분류하기이다. 한 가지 기준을 실생활 관련 쓰임이나 선호도 등 학생이 선택할 수 있는 것으로 확장하고 그 한 가지 기준에 따라 세 개 이상의 모음으로 분류하고 정리하는 경험을 충분히 하게 하는 데 주안점을 둔다.

[6수학05-01] 세 개 이상의 모음으로 분류된 자료를 보고 한 가지 기준을 찾는다.
[6수학05-02] 자료를 한 가지 기준에 따라 세 개 이상의 모음으로 분류한다.

(가) 성취기준 해설

- [6수학05-01] 세 개 이상의 모음으로 분류된 자료를 탐색하고 모음별 특징이나 속성을 비교하며 한 가지 기준을 찾게 한다. 분류의 기준은 분명하게 구별될 수 있는 것에서 종류, 쓰임 등으로 확장하고 분류의 자료는 여러 가지 실생활 물건부터 지역사회, 자연환경 소재 등으로 제시하게 한다.
- [6수학05-02] 학생이 정한 한 가지 기준으로 자료를 세 개 이상의 모음으로 분류하고, 각각의 모음에 들어있는 자료를 탐색하여 자료의 쓰임, 용도 등의 공통된 특성을 확인하게 한다. 그리고 세 개 이상의 모음에 들어있는 자료의 수를 각각 세어보고 비교하며

그 결과를 표현하게 한다.

(나) 성취기준 적용 시 고려 사항

• 장애 정도가 심한 학생의 경우 학생에게 친숙한 물체를 기준에 따라 종류별 또는 용도별로 세 곳 이상의 일정한 공간에 정리하게 한다. 일정한 공간은 작은 크기의 상자부터 커다란 선반까지 활용할 수 있으며 서로 분리되어 있어야 하고 사전에 물체를 분류 기준에 따라 구분하여 일정한 공간에 제시함으로써 학생이 분류해야 하는 물체를 어느 공간에 두어야 하는지 시각 단서 등을 활용하게 한다.

2 표와 그래프

초등학교 5~6학년 '표와 그래프'는 기준에 따라 분류한 자료를 표의 항목에 따라 정리하는 능력을 갖추는 데 중점을 두었다. '표와 그래프'의 내용 요소는 표 만들기이다. 한 가지 기준으로 분류한 여러 가지 자료를 일정한 양식으로 제시된 표에 나타내는 방법을 익히고 항목에 따라 알맞게 표현하는 데 주안점을 둔다.

[6수학05-03] 분류한 자료를 표로 나타낸다.

(가) 성취기준 해설

• [6수학05-03] 한 가지 기준에 따라 조사하고 분류한 자료를 표로 정리하여 표의 구성 요소와 항목별 자료의 위치를 자연스럽게 파악하게 한다. 그리고 표 양식을 정리하는 방법을 익혀 분류한 자료를 표로 정리하게 하되, 분류된 자료의 수가 늘어나 정리할 자료의 양이 증가하여도 표로 나타내는 방법이 같다는 것을 인식하게 한다.

(나) 성취기준 적용 시 고려 사항

• 장애 정도가 심한 학생을 위해 표로 정리할 자료는 학생이 선호하는 물건이나 활동 등을 소재로 선정하고 사진이나 그림 등으로 나타내게 한다. 교사 및 친구와 함께 자료를 표에 붙여 보는 활동으로 진행하되, 자료에 해당하는 항목을 명확하게 구분할 수 있도록 시각 단서를 제공하거나 다른 항목을 가리는 등 변별할 요인을 최소화한다. 그리고 학생이 쉽고 안정적으로 경험할 수 있도록 표 양식은 항목별 공간을 넓게 제공한다.

[중학교 1~3학년]

(1) 수와 연산

1 수

중학교 1~3학년 '수'는 100과 10의 묶음과 낱개를 통해 세 자리 수와 관련한 활동을 경험하는 데 중점을 두었다. '수'의 내용 요소는 세 자리 수이다. 100의 개념을 알고 몇 백을 읽고 쓰며, 자릿값을 통해 세 자리 수의 크기를 파악하는 데 주안점을 둔다.

> [9수학01-01] 100의 개념을 알고, 몇 백을 센다.
> [9수학01-02] 일, 십, 백의 자릿값을 알고, 세 자리 수를 읽고 쓴다.
> [9수학01-03] 세 자리 수의 크기를 비교한다.

(가) 성취기준 해설

- [9수학01-01], [9수학01-02], [9수학01-03] 십 모형을 활용하여 십 모형 10개가 모여 백 모형 하나가 됨을 살펴보며 100 개념을 도입한다. 세 자리 수를 읽고 쓸 때는 100과 10의 묶음과 낱개로 나타내고 위치적 기수법을 바탕으로 수를 이해하도록 한다. 세 자리 수를 반 구체물로 표현하고 서로 다른 수의 크기를 비교한다.

(나) 성취기준 적용 시 고려 사항

- 장애 정도가 심한 학생의 경우 100과 10의 묶음, 낱개의 색을 다르게 표현해서 보다 쉽게 자릿값을 구분하게 한다. 백 모형이 한 개씩 늘어날 때마다 100씩 수가 커짐을 직관적으로 확인하고 경험하는 데 중점을 둔다.

2 수의 연산

중학교 1~3학년 '수의 연산'은 받아올림(내림)이 없는 몇 백의 덧셈과 뺄셈을 연산하고 받아올림이 있는 한 자리 수의 덧셈과 곱셈에 중점을 두었다. '수의 연산'의 내용 요소는 몇 백의 덧셈과 뺄셈, 받아올림이 있는 한 자리 수의 덧셈과 곱셈의 기초이다. 덧셈과 뺄셈, 곱셈을 통하여 실생활 문제를 해결하는 데 주안점을 둔다.

[9수학01-04] 실생활에서 활용되는 몇 백의 덧셈과 뺄셈의 의미를 안다.
[9수학01-05] 받아올림(내림)이 없는 몇 백의 덧셈과 뺄셈을 한다.
[9수학01-06] 받아올림(내림)이 없는 몇 백의 덧셈, 뺄셈과 관련된 실생활 문제를 해결한다.
[9수학01-07] 받아올림이 있는 한 자리 수의 덧셈을 한다.
[9수학01-08] 실생활에서 활용되는 곱셈의 의미를 안다.
[9수학01-09] 곱셈구구의 원리를 알고 1단부터 9단까지 나타낸다.
[9수학01-10] 곱셈구구를 활용하여 실생활 문제를 해결한다.

(가) 성취기준 해설

- [9수학01-04] 생활 속에서 활용되는 몇 백의 덧셈과 뺄셈 연산의 다양한 상황을 살펴봄으로써 이후 받아올림이 없는 (몇 백)+(몇 백)과 받아내림이 없는 (몇 백)-(몇 백)에 대한 흥미와 관심을 가지게 한다.
- [9수학01-05], [9수학01-06] 실생활과 관련된 연산 활동 장면을 제시하고 구체물과 반 구체물을 조작하여 연산 문제를 해결해 본다. 가로셈 및 세로셈을 사용하여 식을 세워보고, 계산 도구를 활용하는 경우 덧셈, 뺄셈 연산의 기능적인 측면에 중점을 두어 지도한다.
- [9수학01-07] 받아올림이 있는 (몇)+(몇)은 10의 보수 개념을 바탕으로 10개의 칸이 그려진 그림 등을 활용하여 구체물과 반 구체물을 조작하여 한 자리 수끼리의 덧셈 연산을 충분히 연습하도록 한 뒤 가로식과 세로식을 도입한다.
- [9수학01-08], [9수학01-09], [9수학01-10] 생활 속에서 곱셈이 활용되는 상황을 제시하고 곱셈에 대한 흥미와 관심을 가지는 데 중점을 둔다. 곱셈의 의미는 배의 개념과 동수누가를 통해 다룬다. 곱셈구구는 반복 학습으로 익히게 하되 노래나 놀이를 통해 학생의 흥미를 높인다. 계산 도구를 활용하는 경우 계산기를 조작하여 곱셈을 연산하게 한다.

(나) 성취기준 적용 시 고려 사항

- 장애 정도가 심한 학생의 경우 실생활 속에 곱셈이 활용되는 신발 한 켤레씩 반복해서 놓기 등과 같이 곱셈이 활용되는 친숙한 상황들을 살펴보고 유용성을 경험하는 데 초점을 둔다. 또한 교사와 함께 순서대로 계산기를 입력하는 방법을 따라 하면서 몇 백의 덧셈과 뺄셈, 곱셈을 경험하게 한다.

3 **화폐**

중학교 1~3학년 '화폐'는 실생활에서 지폐와 대용 화폐를 활용하는 능력을 갖추는 데 중점을 두었다. '화폐'의 내용 요소는 여러 가지 화폐 활용이다. 지폐(오만 원)의 액면가를 알고 대용 화폐(예: 카드)의 개념과 사용 방법을 익혀 생활 속 화폐 활용에 주안점을 둔다.

[9수학01-11] 지폐(오만 원)의 액면가를 읽고 크기를 비교한다.
[9수학01-12] 지폐(오만 원)를 다른 액면가의 지폐로 교환한다.
[9수학01-13] 몇 만 몇 천 원짜리 상품과 교환할 수 있는 지폐를 찾는다.
[9수학01-14] 대용 화폐를 활용하여 상품을 교환한다.

(가) 성취기준 해설

- [9수학01-11], [9수학01-12], [9수학01-13] 지폐(오만 원)를 액면가가 작은 지폐로 교환하는 활동을 한다. 시장 놀이나 지역사회 현장 체험 활동을 통해 몇 만 몇 천 원짜리 상품 가격에 알맞은 지폐를 제시하여 상품과 지폐를 교환함으로써 화폐의 가치를 인식하는 데 중점을 둔다. 오만 원권 지폐의 액면가는 고유 명칭이나 단위로 인식하도록 한다.
- [9수학01-14] 동전과 지폐와 같은 전통적인 화폐뿐만 아니라 현대에 많이 활용되는 대용 화폐를 도입한다. 대표적으로 카드와 연결된 계좌 안에 일정 금액을 사전에 넣어두고 사용할 수 있는 현금 카드의 개념을 알아보고, 현금 카드의 사용 방법을 동영상, 사진, 또는 사용하는 순서도 등을 통해 알아본다. 그 외 상품권이나 쿠폰(예: 바코드 및 QR코드 형태) 등 여러 가지 화폐의 종류와 사용 방법에 대해 살펴본다.

(나) 성취기준 적용 시 고려 사항

- [9수학01-11], [9수학01-12], [9수학01-13] 장애 정도가 심한 학생의 경우 오만 원권 지폐의 앞 뒷면을 크게 확대한 사진을 통해 색깔과 그림을 살펴보고, 오만 원권 지폐를 상품으로 교환하는 과정을 통해 화폐의 교환 기능과 가치를 알게 한다.
- [9수학01-14] 장애 정도가 심한 학생의 경우 대용 화폐(예: 카드)로 전통적인 화폐를 대신하여 상품을 구입할 수 있음을 알게 하고, 실생활에서 직접 여러 가지 대용 화폐를 활용해 보는 경험을 하게 한다. 대용 화폐를 사용하는 순서를 시각화한 순서도 등을 통해 전체 순서를 단계별로 제시한 뒤 학생이 한 단계씩 따라서 활용하게 한다.

(2) 도형

1 모양과 도형

중학교 1~3학년 '모양과 도형'은 여러 가지 평면도형을 관찰하고 공통점과 차이점을 찾아 분류하는 데 중점을 두었다. '모양과 도형'의 내용 요소는 평면도형이다. 도형의 특징에 대한 직관적인 경험을 통하여 사각형, 삼각형, 원을 명명하고 특성을 이해하는 데 주안점을 둔다.

[9수학02-01] 사각형, 삼각형, 원을 탐색한다.
[9수학02-02] 직관적 비교를 통하여 사각형, 삼각형, 원을 분류한다.
[9수학02-03] 사각형, 삼각형, 원의 특성을 이해한다.

(가) 성취기준 해설

- [9수학02-01] 생활 주변의 사물에서 사각형, 삼각형, 원을 찾고 예시적 정의를 통하여 사각형, 삼각형, 원을 약속하고 명명한다. 사각형, 삼각형, 원의 모양을 탐색하고 특징을 비교하며 도형과 이름을 연결하게 한다. 학생에게 익숙한 구체물을 학습의 소재로 활용하여 도형이 실제 생활에 깊게 연관되어 있음을 인식하게 한다.
- [9수학02-02], [9수학02-03] 사각형, 삼각형, 원을 찾아 각 도형의 형태에 따라 분류하는 활동을 하면서 사각형, 삼각형, 원의 의미와 특징을 파악하게 한다. 더불어 사각형, 삼각형, 원의 예인 것과 예가 아닌 것을 비교하며 여러 가지 도형을 직관적으로 이해하게 한다. 도형의 종류를 명명하여 지도하는 것을 지양하고 직접적인 조작 활동을 통하여 여러 가지 도형의 형태를 구별하는 데 중점을 둔다.

(나) 성취기준 적용 시 고려 사항

- 장애 정도가 심한 학생의 경우 사각형, 삼각형, 원이 포함되어 있는 구체물끼리 직접 맞대어보거나 비교하는 활동을 통하여 각각의 특징을 이해하고, 도형의 형태를 구별하게 한다.

2 만들기와 꾸미기

중학교 1~3학년 '만들기와 꾸미기'는 여러 가지 도형을 활용하여 만들거나 꾸미는 활동을 하면서 도형에 대한 이해를 높이는 데 중점을 두었다. '만들기와 꾸미기'의 내용 요소는 평면도형 만들기와 꾸미기이다. 도형을 만들거나 도형을 소재로 활용하여 꾸미는 활동을 하면서 평면도형에 대한 감각을 기르고 여러 가지 도형의 특징을 이해하는 데 중점을 둔다.

[9수학02-04] 다양한 방법으로 사각형, 삼각형, 원을 만들거나 그린다.
[9수학02-05] 여러 가지 도형을 활용하여 모양을 만들거나 꾸민다.

(가) 성취기준 해설

- [9수학02-04] 모양자나 컴퍼스 등과 같이 도형을 그리는 도구를 활용하여 사각형, 삼각형, 원을 그리거나 다양한 방법으로 사각형, 삼각형, 원 등의 평면도형을 완성하며 평면도형에 대한 인식과 감각을 기르게 한다.
- [9수학02-05] 여러 가지 도형을 활용하여 아름다운 모양이나 형태를 만들거나 꾸미는 활동을 직접 경험하거나 컴퓨터 소프트웨어를 활용하여 도형을 만드는 활동, 친구와 함께 공동의 작품을 만드는 활동 등을 하면서 협동의 즐거움과 도형의 아름다움을 느끼게 한다.

(나) 성취기준 적용 시 고려 사항

- 장애 정도가 심한 학생의 경우 형식이나 조건에 구애받지 않고 여러 가지 방법으로 자유롭게 평면도형을 만들거나 꾸미게 한다. 만약 스스로 평면도형을 만들거나 꾸미기 어려운 경우 부분적으로 미완성된 도형을 제공하고 이를 채워 완성하게 하고, 다양한 크기나 형태의 평면도형 모양 붙임자료를 제공하여 꾸밀 수 있게 한다.

3 공간 감각

중학교 1~3학년 '공간 감각'은 쌓기나무 쌓기를 통해 입체 공간에 대한 공간 감각을 익히는 데 중점을 두었다. '공간 감각'의 내용 요소는 쌓기나무 쌓기이다. 쌓기나무를 자유롭게 조작하면서 처음 접하는 쌓기나무에 흥미와 관심을 가지고 자유롭게 쌓기, 똑같이 쌓기, 쌓은 입체 모양 여러 방향에서 본 모양 찾기 등의 활동을 하면서 자연스럽게 공간 감각을 익히는 데 주안점을 둔다.

[9수학02-06] 쌓기나무를 이용하여 자유롭게 늘어놓거나 쌓는다.
[9수학02-07] 입체 모양을 보고 똑같이 쌓기나무로 쌓는다.
[9수학02-08] 쌓기나무로 만든 입체 모양에 사용된 쌓기나무의 개수를 센다.

(가) 성취기준 해설

• [9수학02-06] 쌓기나무를 이용하여 자유롭게 조작하면서 쌓기나무에 익숙해지게 한다. 쌓기나무를 한 줄로 늘어놓거나 높이 쌓아 보는 등 다양한 방식으로 자유롭게 조작하며 쌓기나무의 모양을 알아보고 공간에 대한 흥미와 관심을 가지게 한다.
• [9수학02-07] 쌓기나무로 만든 입체 모양을 보고, 똑같은 모양으로 쌓기나무를 쌓고 쌓기나무와 입체 모양 간의 위치, 방향 등의 관계와 같은 공간에 대한 경험을 통하여 실생활에서 접할 수 있는 공간 문제를 해결할 수 있게 한다.
• [9수학02-08] 입체 모양에 사용된 쌓기나무의 개수를 세어 보면서 생활 속 물건의 개수를 세고, 상황에 맞게 쌓고 옮기는 능력을 기르게 한다. 단순히 쌓기나무 개수를 세는 것에 그치지 말고 쌓기나무의 위치를 옮기며 다른 입체 모양을 만들면서 공간 감각을 익히게 한다.

(나) 성취기준 적용 시 고려 사항

• 장애 정도가 심한 학생의 경우 형식에 구애받지 않고 자유롭게 쌓기나무를 쌓아보게 한다. 만약 스스로 쌓기나무를 쌓기 어렵다면 교사나 지원 인력의 도움을 받아 순서대로 하나씩 쌓아 본다. 또한 학생의 장애 특성에 맞게 쌓기나무의 크기를 조정하는 등 교수·학습 자료를 수정하여 교수·학습 활동을 전개한다.

(3) 측정

1 양의 측정

중학교 1~3학년 양의 '측정'은 생활 속에서 사용되는 표준 단위를 알고 여러 가지 측정 도구를 바르게 사용하여 물체의 속성을 측정하는 양에 대한 감각 능력을 높이는 데 중점을 두었다. '양의 측정'의 내용 요소는 길이(m), 무게(kg) 이다. 실생활 관련 소재를 활용하여 표준 단위 길이(m)와 무게(kg)에 대한 관심과 이해를 높이고 측정 도구인 줄자와 저울 등의 바른 사용법을 익혀 실생활에서 활용하는 여러 가지 물건의 정확한 측정 활동을 충분히 경험하는 데 주안점을 둔다.

[9수학03-01] 길이(m)의 단위를 알고 측정 도구(줄자 등)를 사용하여 길이를 측정한다.
[9수학03-02] 무게(kg)의 단위를 알고 측정 도구(저울 등)를 사용하여 무게를 측정한다.

(가) 성취기준 해설

- [9수학03-01] 표준 단위인 cm와 m가 사용되는 여러 가지 물건과 상황을 알아보고 표준 단위 m를 알게 한다. 이후 표준 단위 m를 측정할 수 있는 줄자 등의 사용법을 익혀 주변 사물의 길이를 측정하되, 1m 구체물의 측정 활동을 충분히 실시하여 1m에 대한 감각을 익힌 후 '몇 m', '몇 m, 몇 cm' 등의 활동으로 확장하며 길이의 양감을 익히게 한다.
- [9수학03-02] 생활 속에서 무게를 나타내는 표준 단위 kg이 사용되는 다양한 물건과 상황을 탐색하여 표준 단위 kg을 알게 한다. 이후 표준 단위 kg을 측정할 수 있는 저울의 사용법을 익혀 물체의 무게를 측정하되, 1kg 구체물의 측정 활동을 충분히 실시하여 1kg에 대한 감각을 익힌 후 '몇 kg'등의 활동으로 확장하며 무게의 양감을 익히게 한다.

(나) 성취기준 적용 시 고려 사항

- [9수학03-01] 장애 정도가 심한 학생의 경우 이전 학년군에서 배운 활동을 활용하여 50cm, 10cm 등의 일정한 길이의 끈이나 스티커 등을 반복적으로 붙여 1m의 길이를 경험하게 한다. 그리고 학생의 신체활동을 통해 1m 길이를 나타내거나 비교하게 하고, 가정과 학교 등의 환경에서 1m 길이에 해당하는 물건의 크기와 위치에 대해 알아보는 등 1m에 대한 길이 감각을 경험하게 한다.
- [9수학03-02] 장애 정도가 심한 학생의 경우 먼저 일상생활 속 물건 중 무게가 1kg에 해당하는 물체를 제시한다. 이와 함께 물체를 한 손이나 양손으로 들어보게 하거나 친구에게 전달하게 하는 등 1kg에 대한 다양한 신체 경험의 기회를 제공한다. 그리고 물건 한 개의 무게가 1kg인 경우와 여러 물건의 합이 1kg인 것을 각각 들어 보고 비교하게 함으로써 물건의 수와 상관없이 일정한 무게 1kg에 대한 무게 감각을 인식하게 한다.

2 시간

중학교 1~3학년 '시간'은 시각의 변화를 통해 시간을 이해하며, 달력에 제시된 내용을 보고 알맞게 표현할 수 있는 능력을 갖추는 데 중점을 두었다. '시간'의 내용 요소는 시간과 달력이다. 1시간 동안 움직이는 분침의 이동, 활동의 시작과 끝 시각의 변화를 통해 시간을 인식하고, 달력에 표시된 구성 요소를 항목별로 이해하고 제시된 상황이 언제인지 날짜를 찾아 알맞게 표현하는 데 주안점을 둔다.

[9수학03-03] 1시간은 60분임을 알고 시간을 '몇 분', '몇 시간'으로 나타낸다.
[9수학03-04] 다양한 형태의 달력을 경험하고 날짜를 '몇 월', '몇 월 며칠'로 나타낸다.

(가) 성취기준 해설

- [9수학03-03] 5분, 10분, 30분 단위 일정한 시간이 정해진 놀이 활동을 통해 분 단위 시간을 경험하게 하고, 시계를 보고 1시간은 60분임을 시침과 분침의 이동을 통해 알게 한다. 생활 속 여러 가지 활동의 시작 시각과 끝 시각을 비교하여 활동한 시간을 파악하되, 시간 단위의 변화부터 분 단위의 변화 순서로 구성하고 시침과 분침의 변화를 다양한 방법으로 나타내게 한다.
- [9수학03-04] 다양한 형태의 달력을 탐색하여 구성 요소를 파악하고 달력에 표시된 내용과 날짜 읽는 방법을 익혀 일정을 파악하게 한다. 월별 달력을 관찰하여 1년은 12개월, 1개월은 30일(또는 28일, 31일)로 구성되어 있음을 알게 한다. 그리고 달력에 표시된 행사, 기념일, 공휴일 등의 날짜를 찾아 표시하게 하거나 '몇 월'이나 '몇 월 며칠' 등 다양한 방법으로 나타내게 한다.

(나) 성취기준 적용 시 고려 사항

- [9수학03-03] 장애 정도가 심한 학생의 경우 시간 단위 활동은 수업 시간, 점심시간, 쉬는 시간 등 학생에게 자연스럽고 친숙한 상황을 소재로 사용하며 시계 모형을 활용하여 시침의 변화와 함께 색, 크기, 움직임 등의 시각 단서를 충분히 제공하게 한다. 분 단위 활동은 학생의 장애 특성 등을 고려하여 1분, 2분 등의 짧은 시간으로 구성하며 반복적인 활동을 통해 시간을 경험하게 한다.
- [9수학03-04] 장애 정도가 심한 학생의 경우 달력을 친구들과 함께 만들고 꾸미는 활동을 통해 달력에 대한 이해와 생활 속 활용 가능성을 경험하게 한다. 달력과 같은 모양의 표 양식을 제공하고 알맞은 항목이나 위치에 수나 문자를 붙이거나 그려 보게 하고, 제작한 달력에서 특정 내용을 찾아 손가락으로 짚어 보거나, 동그라미로 표시하는 등 여러 가지 표현 방법을 활용하게 한다.

(4) 규칙성

중학교 1~3학년 '규칙성'은 생활 주변에서 대응 관계가 있는 것을 찾게 하고, 한 양이 변할 때 다른 양이 그에 종속하여 변화하는 대응 관계를 추측하고 확인할 수 있게 하는 데 중점을 두었다. '규칙성'의 내용 요소는 대응하는 규칙이다. 두 양 사이의 규칙적 대응 관계를 살펴보는 활동을 통해 변화를 가져오는 구성 요소가 무엇이고 어떤 관계를 맺으면서 변화하는가에 대한 규칙을 발견하게 하여 앞으로 일어날 현상을 예상할 수 있게 하는 기초를 마련하는 데 주안점을 둔다.

[09수학04-01] 대응 관계의 의미를 알고 생활 주변에서 대응 관계가 있는 것을 찾는다.
[09수학04-02] 두 양 사이의 대응 관계를 대응표에 나타내고, 규칙을 찾는다.
[09수학04-03] 한 양이 변할 때 다른 양이 그에 종속하여 변화하는 대응 관계를 추측하고 확인한다.

(가) 성취기준 해설

- [09수학04-01] 사물을 직접 짝지어 보게 함으로써 대응 관계의 의미를 알게 하고, 생활 주변에서 대응 관계가 있는 것을 찾을 수 있게 한다. 컵 하나에 컵 받침 하나가 필요한 일대일대응에서 시작하여 포장지 한 장에 여러 개의 물건을 넣는 일대다 대응, 농구 경기에서 우리 편의 수와 상대편의 수를 비교하는 다대다 대응 등의 예를 활용할 수 있다. 이는 한 양과 대응하여 변화하는 다른 양의 규칙적 대응 관계를 찾을 수 있게 하는 기초가 된다.
- [09수학04-02] 두 양 사이의 대응 관계를 그림과 수를 활용하여 대응표에 나타내게 한 후 규칙을 찾게 한다. 대응표를 활용하기 전 먼저 구체물을 통한 조작 활동 및 놀이 활동으로 한 양이 변할 때 다른 양이 종속하여 변화하는 것을 직관적으로 인식할 수 있게 한다. 다음으로 두 양 사이의 대응 관계를 간단한 그림을 통해 대응표에 나타내게 하고, 그림을 통한 대응표 활동 후에는 수를 대응표에 표시하게 한 후 대응하는 규칙을 찾게 한다. 이와 함께 주어진 규칙에 따라 하나의 양에 대응하는 다른 양을 찾아 대응표를 완성하게 한다.
- [09수학04-03] 한 양이 변할 때 다른 양이 그에 종속하여 변화하는 대응 관계를 추측하고 확인하게 한다. 하나의 양이 변화하면 그에 따라 다른 양이 변한다는 것을 이해하게 하고, 이를 통해 하나의 변화하는 양의 값을 알면 주어진 규칙에 의해 대응하는 다른 양의 값을 구할 수 있게 한다. 이러한 활동을 통해 학생은 변화를 가져오는 구성 요소를 파악하고, 미래에 앞으로 일어날 일을 예측하고 변화에 대응할 수 있는 기초를 마련할 수 있다.

(나) 성취기준 적용 시 고려 사항

• 장애 정도가 심한 학생의 경우 책상과 의자를 배열하거나 옷걸이에 옷을 거는 것과 같이 생활 주변에서 일대일 대응 관계가 있는 구체물을 짝 지어 볼 수 있는 충분한 기회를 제공한다. 이러한 경험을 통해 하나의 대상과 어떤 관계나 규칙에 의해 짝을 이루는 대상을 다양한 방법으로 찾게 한다. 다음으로 대상의 개수를 늘려 가며 조작해 봄으로써 한 양이 변할 때 다른 한 양이 종속하여 변화하는 것을 경험할 수 있게 한다.

(5) 자료와 가능성

1 분류하기

중학교 1~3학년 '분류하기'는 수집된 자료를 두 가지 기준으로 분류하되, 각각의 기준을 순차적으로 적용하여 분류하는 능력을 갖추는 데 중점을 두었다. '분류하기'의 내용 요소는 두 가지 기준으로 분류하기이다. 자료의 다양한 속성 및 특성에 따라 두 가지 기준이 있음을 알고, 먼저 한 가지 기준으로 자료를 분류한 후 다른 기준을 추가 적용하여 분류하면 자료의 특성을 구체적으로 파악하여 정리할 수 있다는 것을 경험하는 데 주안점을 둔다.

[9수학05-01] 두 가지 기준에 따라 자료를 순차적으로 분류한다.

(가) 성취기준 해설

• [9수학05-01] 같은 자료의 다양한 분류 상황을 탐색하며 자료는 각각의 기준에 따라 다양한 형태로 분류될 수 있다는 것을 알게 한다. 한 가지 기준으로 분류한 자료에 기준을 추가 제시하여 다시 분류하게 하고, 한 가지 기준으로 분류한 자료와 두 가지 기준으로 분류한 자료의 차이를 비교하게 한다. 분류 기준을 적용할 때는 크기, 색, 모양 등의 명확한 기준을 먼저 적용하고 종류, 쓰임, 용도 등으로 구성하게 한다.

(나) 성취기준 적용 시 고려 사항

• 장애 정도가 심한 학생의 경우 한 가지 기준에 따라 두 개로 분류된 자료 중 하나의 분류를 선택하여 해당 자료의 특징이나 속성을 탐색하게 한다. 그리고 자료를 변별할 수 있는 기준을 추가로 제시하여 기존에 분류된 하나의 자료를 다시 두 개로 분류하게 한다. 이때 제시되는 분류의 기준은 학생이 물체를 보고 직관적으로 쉽게 변별할 수

있는 크기, 색, 모양 위주로 구성하게 한다.

② 표와 그래프

중학교 1~3학년 '표와 그래프'는 분류된 자료를 그림그래프와 막대그래프를 통해 파악하고, 생활에 필요한 내용을 그래프에서 찾고 선택하는 능력을 높이는 데 중점을 두었다. '표와 그래프'의 내용 요소는 간단한 그래프이다. 조사한 자료를 그림으로 나타낸 그림그래프와 막대의 길이로 나타낸 막대그래프의 표현 방식을 알아보고, 여러 가지 그래프에서 필요한 내용을 찾아 정리하는 데 주안점을 둔다.

[9수학05-02] 자료를 간단한 그래프로 나타낸다.
[9수학05-03] 간단한 그래프를 보고 필요한 내용을 찾는다.

(가) 성취기준 해설

- [9수학05-02] 간단한 그래프의 소재는 학생들의 관심이나 선호, 요구 등을 고려하여 선정하고 간단한 그래프의 모양, 형태, 내용 등을 탐구하고 조작해 보며 그래프의 구성 요소 및 특징을 파악하게 한다. 그림그래프에 제시된 그림의 크기로 항목별 수량의 많고 적음을 직관적으로 파악하게 하고, 막대그래프에 제시된 막대의 길이로 조사한 항목별 수량과 함께 상대적 크기를 비교하게 한다.
- [9수학05-03] 여러 가지 그림그래프와 막대그래프를 보고 주제, 항목, 개수 등의 내용 정보를 파악하게 한다. 학생에게 필요한 정보가 포함된 그래프를 선택하여 세부 내용을 찾게 하되, 그림그래프는 특정 항목의 그림을 찾거나 선택하게 하고, 막대그래프는 두 개의 항목 중 더 필요한 것이나 세 개 이상의 항목 중 가장 필요한 것 등의 상대적인 비교 결과를 알게 한다.

(나) 성취기준 적용 시 고려 사항

- 장애 정도가 심한 학생의 경우 그래프에 표현하는 여러 가지 방안을 제공하여 활동에 참여하게 한다. 그림그래프의 경우 자료의 항목별 위치를 찾아 붙임 딱지를 붙이거나 동그라미 그리기 등의 활동으로 제시하고, 막대그래프의 경우 그래프 형태에 따라 막대 모양의 띠를 붙이거나 색칠하기 등의 활동으로 제시하여 다양한 그래프의 표현 방식을 경험하게 한다.

③ 가능성

중학교 1~3학년 '가능성'은 놀이 활동에서 나타나는 학생의 기대와 결과 확인을 통해 가능성을 경험하는 것에 중점을 두었다. '가능성'의 내용 요소는 놀이 속의 가능성이다. 학생들이 함께 쉽게 참여할 수 있는 여러 가지 놀이 활동을 제시하고 활동 과정 중 일어나게 될 여러 가지 경우의 수와 결과를 비교하며 가능성을 경험하는 데 주안점을 둔다.

[9수학05-04] 놀이로 가능성을 경험한다.

(가) 성취기준 해설

- [9수학05-04] 여러 가지 놀이 중 기대할 수 있는 결과의 경우의 수가 2개인 활동으로 시작하며, 어떤 결과가 일어날 것인지 추측해 보고, 일어난 결과와 비교해 보는 활동을 하며 가능성을 인식하게 한다. 이와 함께 놀이에 참여하는 학생이나 도구의 수에 따라 발생할 수 있는 경우의 수가 변할 수 있다는 것을 알게 한다. 그리고 가능성이 커지면 기대하는 일이 자주 나타나고, 가능성이 작아지면 적게 일어난다는 것을 경험하게 한다.

(나) 성취기준 적용 시 고려 사항

- 장애 정도가 심한 학생의 경우 다른 친구들과 함께 참여할 수 있고 규칙이 단순하고 명료한 형태의 놀이를 선택하여 일어날 수 있는 경우의 수는 2개로 최소화한다. 놀이 활동 중 어떤 일이 일어날 수 있는 상황에서 학생이 원하는 것을 선택하고, 일어난 결과와 비교해 보는 활동을 반복적으로 경험하게 한다. 그리고 개별 참여 및 선택이 어려운 학생의 경우 모둠별 활동으로 구성하여 가능성을 경험하게 한다.

[고등학교 1~3학년]

(1) 수와 연산

① 수

고등학교 1~3학년 '수'는 1000의 개념을 알고 네 자리 수 이상의 수를 읽고 쓰며 생활 속에서 접하는 여러 가지 수의 의미를 알고 활용하는 데 중점을 두었다. '수'의 내용 요소는 네 자리 수, 생활 속의 수이다. 몇 천을 읽고 쓰며 네 자리 수의 크기를 비교하고 생활 속에서 사용되는 여러 가지 수를 경험하는 데 주안점을 둔다.

[12수학01-01] 1000의 개념을 알고, 몇 천을 센다.
[12수학01-02] 일, 십, 백, 천의 자릿값을 알고, 네 자리 수를 읽고 쓴다.
[12수학01-03] 네 자리 수의 계열을 이해하고, 수의 크기를 비교한다.
[12수학01-04] 생활 속의 다양한 명명수를 읽는다.
[12수학01-05] 생활 속에서 접하는 여러 가지 수를 찾아 읽는다.
[12수학01-06] 생활 속에서 접하는 여러 가지 수의 의미를 알고 활용한다.

(가) 성취기준 해설

- [12수학01-01], [12수학01-02], [12수학01-03], [12수학01-04] 백 모형 10묶음이 모여 천 모형 하나가 됨을 살펴보고 1000의 개념을 도입한다. 천씩 묶어서 몇 천을 세고, 네 자리 수를 읽고 쓴다. 네 자리 수를 그림으로 나타내어 수의 크기를 비교한다.
- [12수학01-04] 실생활에서 활용되는 우편 번호, 전화번호, 계좌 번호 등과 같은 다양한 명명수를 제시하고 각 명명수의 특징에 맞게 읽는 방법을 살펴본다.
- [12수학01-05], [12수학01-06] 분수, 소수, 음의 정수 등의 여러 가지 수를 개념적으로 접근하기보다는 생활 속에서 여러 가지 수가 상황에 따라 어떻게 활용되는지 파악하게 한다. 피자 자르기, 색 종이띠 자르기 등의 조작 활동을 통해 간단한 분수 또는 소수를 표현하여 수의 크기를 파악하게 한다. 그 외 생활 속에서 분수, 소수, 음의 정수가 적힌 상품이나 상황을 다양하게 찾아보고 경험하게 한다.

(나) 성취기준 적용 시 고려 사항

- 장애 정도가 심한 학생의 경우 천 모형 그림을 하나씩 더해서 모으는 활동을 함으로써 천 모형이 한 개씩 늘어날 때마다 그 수도 1000씩 커진다는 개념을 직관적으로 인식하게 한다.

2 수의 연산

고등학교 1~3학년 '수의 연산'은 받아올림(내림)이 없는 몇 천의 덧셈과 뺄셈을 연산하고 받아내림이 있는 (십 몇)-(몇)의 뺄셈과 나눗셈에 중점을 두었다. '수의 연산'의 내용 요소는 큰 수의 덧셈과 뺄셈, 받아내림이 있는 십 몇과 한 자리 수의 뺄셈, 나눗셈의 기초로, '덧셈과 뺄셈, 나눗셈을 통하여 실생활 문제를 해결하는 데 주안점을 둔다.

[12수학01-07] 실생활에서 활용되는 몇 천의 덧셈과 뺄셈의 의미를 안다.
[12수학01-08] 받아올림(내림)이 없는 몇 천의 덧셈과 뺄셈을 한다.
[12수학01-09] 받아올림(내림)이 없는 몇 천의 덧셈, 뺄셈과 관련된 실생활 문제를 해결한다.
[12수학01-10] 받아내림이 있는 (십 몇)-(몇)을 한다.
[12수학01-11] 실생활에서 활용되는 나눗셈의 의미를 안다.
[12수학01-12] 나머지가 없는 나눗셈의 몫을 구한다.
[12수학01-13] 나눗셈과 관련된 실생활 문제를 해결한다.

(가) 성취기준 해설

- [12수학01-07] 생활 속에서 활용되는 몇 천의 덧셈과 뺄셈의 다양한 상황을 살펴봄으로써 이후 받아올림이 없는 (몇 천)+(몇 천)과 받아내림이 없는 (몇 천)-(몇 천)에 대한 흥미와 관심을 높인다.
- [12수학01-08], [12수학01-09] 받아올림(내림)이 없는 몇 천의 덧셈과 뺄셈은 실생활과 관련된 장면을 제시하고 천 모형 그림을 활용하여 더하거나 빼서 연산 문제를 해결하는 활동을 하며, 가로식과 세로식을 사용하여 계산하는 경험을 하게 한다. 계산 도구를 활용하는 경우 계산기를 사용하여 네 자리 수의 덧셈과 뺄셈을 연산하는 기능적인 측면에 중점을 두어 지도한다.
- [12수학01-10] 받아내림이 있는 (십 몇)-(몇)의 뺄셈은 10의 보수 개념을 활용하여 10개 칸이 그려진 그림 등을 활용하여 반 구체물로 연산을 연습한 뒤 연산이 익숙해지면 가로 및 세로식을 도입하여 연산 문제를 해결하게 한다.
- [12수학01-11], [12수학01-12], [12수학01-13] 생활 속의 다양한 상황에서 나눗셈이 사용되는 장면을 살펴보고 나눗셈의 의미와 필요성에 대해 인식하게 한다. 학생이 직접 물건을 똑같이 여러 명에게 나누어 주거나 여러 바구니에 똑같은 수로 나누어 넣는 활동 등을 반복한다. 이를 통해 나머지가 없는 나눗셈의 몫을 구해보는 활동을 경험한다. 또한 계산 도구를 활용하는 경우 계산기를 통해 나눗셈을 연산하는 기능적인 측면에 중점을 둔다.

(나) 성취기준 적용 시 고려 사항

- 장애 정도가 심한 학생의 경우 실생활 속에 나눗셈이 활용되는 친숙한 상황을 제시하여 함께 살펴보거나 교사의 시범을 보고 물건을 나누는 등의 활동을 한다. 이를 통해 우리 생활의 여러 장면에서 나눗셈이 활용되고 있음을 경험하고 유용성을 인식한다. 계산

도구의 경우 사용 방법이 사진 또는 그림으로 표현된 순서도에 따라 계산기를 조작하면서 몇 천의 덧셈과 뺄셈을 경험해 보게 한다.

3 화폐

고등학교 1~3학년 '화폐'는 실생활의 다양한 상황에서 화폐를 활용하고 관리하는 능력에 중점을 두었다. '화폐'의 내용 요소는 화폐 활용과 관리이다. 지역사회 안에서 여가생활, 직업생활 등에 필요한 화폐를 활용하고 관리하는 데 주안점을 둔다.

[12수학01-14] 실생활의 다양한 상황에서 필요한 화폐를 활용한다.
[12수학01-15] 화폐를 관리하여 저축 및 소비생활을 한다.

(가) 성취기준 해설

- [12수학01-14] 여가 및 직업생활 등 생활 속 다양한 상황에서 필요한 화폐(예: 현금, 카드)를 활용하는 경험을 제공한다. 무인 상점이나 음식점 또는 극장 등에서 많이 활용되는 무인 안내기를 사용하여 화폐를 지불하는 방법을 영상이나 시각적인 안내를 통해 순서대로 체험하고 지역사회에서 무인 안내기를 통해 여러 가지 화폐를 직접 사용하는 데 중점을 둔다. 또한 교사와 함께 인터넷 쇼핑을 체험하며 생활 속에 다양하게 화폐를 활용할 수 있음을 경험한다.
- [12수학01-15] 자신이 가진 화폐를 관리하여 일정 금액 내에서 저축과 소비를 하는 계획을 세우고 실행하게 한다. 용돈 관리장을 작성하여 들어온 용돈을 기입하고 해당 금액으로 정해진 기간 내에서 얼마를 저축하고 얼마를 소비에 사용할 것인지 결정한다. 소비에 사용할 금액으로 어떤 상품을 구입할 것인지 우선순위를 세워 지출하고 저축은 정해진 기간 내에 얼마를 모을 것인지 계획하여 화폐를 관리하는 경험을 하게 한다.

(나) 성취기준 적용 시 고려 사항

- 장애 정도가 심한 학생의 경우 실생활 속에서 다양한 화폐를 지불해야 하는 상황을 살펴보고 지역사회에서 카드를 제시하고 상품 가격을 계산한 뒤 카드를 다시 돌려받는 과정을 직접 경험하게 한다.

(2) 도형

1 만들기와 꾸미기

고등학교 1~3학년 만들기와 꾸미기 영역은 생활 속에서 도형을 실용적으로 활용하는 능력을 갖추는 데 중점을 두었다. 만들기와 꾸미기 영역의 내용 요소는 생활과 도형이다. 이전 학년군까지 학습한 모양과 도형의 내용을 바탕으로 학교, 가정 및 여가, 직업생활 등 학생의 현재 및 미래 생활에 필요한 도형을 활용하는 능력을 기르는 데 주안점을 둔다.

[12수학02-01] 주어진 도형으로 무늬를 꾸미거나 모양을 채운다.
[12수학02-02] 여러 가지 도형을 활용하여 만들거나 꾸며 실생활에 활용한다.

(가) 성취기준 해설

- [12수학02-01] 주어진 도형을 조합하거나 배열하여 여러 가지 무늬를 만들거나 모양을 채우게 한다. 실생활 속 다양한 벽지나 타일 등에 활용된 무늬나 모양을 찾게 하고, 칠교놀이, 테셀레이션 등 여러 가지 도형을 활용한 활동을 하면서 도형에 관심을 갖고 흥미 있게 참여하게 한다.
- [12수학02-02] 조건에 구애받지 않고 자유롭게 여러 가지 도형을 활용하여 만들거나 꾸미게 한다. 여러 가지 교구나 도구를 사용하여 도형을 활용한 다양한 모양을 만들거나 꾸밀 수 있다. 도형이 활용된 실생활 물건들을 찾아보거나 나만의 작품 만들기 등을 통해 도형의 아름다움과 실생활 유용성을 인식하게 한다.

(나) 성취기준 적용 시 고려 사항

- 장애 정도가 심한 학생의 경우 또래와 협력하고 역할을 분담하여 모둠이나 학급 단위로 만들거나 꾸민다. 무늬를 만들거나 모양을 채우는 순서를 안내하거나 견본을 제공하여 참고하여 학습 활동을 할 수 있도록 지원한다.

2 공간 감각

고등학교 1~3학년 '공간 감각'은 생활 장면에서 공간을 효율적으로 활용하는 능력을 갖추는 데 중점을 두었다. '공간 감각'의 내용 요소는 공간의 활용이다. 초등학교~중학교 학년군의 공간 감각 학습 내용을 바탕으로 학교, 가정, 지역사회 등 다양한 생활공간을 목적에 맞게 활용하는 능력을 기르는 데 주안점을 둔다.

[12수학02-03] 크기와 모양이 같은 물건을 늘어놓거나 쌓아 공간을 정리한다.
[12수학02-04] 크기와 모양이 다른 물건을 늘어놓거나 쌓아 공간을 정리한다.
[12수학02-05] 공간을 활용하는 목적에 맞게 정리한다.

(가) 성취기준 해설

- [12수학02-03] 크기와 모양이 같은 물건을 늘어놓거나 쌓아 공간을 정리하게 한다. 일상생활 속에서의 여러 가지 물건 쌓기 활동과 정리 활동을 찾아서 학생들이 스스로 공간을 구성하고 활용하게 한다.
- [12수학02-04] 크기와 모양이 다른 물건들을 늘어놓거나 쌓아 공간을 정리하게 한다. 모양과 크기가 서로 다른 물건을 한정된 공간에 정리하면서 공간을 효율적으로 활용하는 방법을 익히고 실생활에 활용할 수 있게 한다.
- [12수학02-05] 공간이라는 개념이 일상생활의 큰 축을 담당하고 있음을 알고 생활 속에서 공간을 효율적으로 활용하게 한다. 크기와 모양에 관계없이 공간을 활용하는 목적에 따라 정리하게 한다. 사용 목적에 맞게 공간을 효율적으로 정리하고 이를 실제 생활에 적용하여 공간을 활용하는 방법을 익히는 데 주안점을 둔다.

(나) 성취기준 적용 시 고려 사항

- 장애 정도가 심한 학생의 경우 일상생활에서 필수적으로 사용하는 물건들을 정리하는 활동을 통하여 자신의 물건을 효율적으로 보관하고 활용할 수 있게 한다. 사물함, 옷장 같은 큰 공간의 정리나 가방이나 책상 서랍 등 작은 공간의 정리 등을 학생의 특성에 맞게 실생활 장면에서 지도한다.

(3) 측정

1 양의 측정

고등학교 1~3학년 '양의 측정'은 생활 속에서 사용되고 있는 표준 단위를 파악하고, 다양한 측정 도구와 양적 감각을 활용하여 여러 가지 측정 문제를 해결할 수 있는 능력을 갖추는 데 중점을 두었다. '양의 측정'의 내용 요소는 생활과 측정으로, 일상생활 및 실습 활동 등에 필요한 측정 활동을 위해 다양한 계량형 측정 도구를 활용하며 생활에 필요한 측정 활동을 충분히 경험하는 데 주안점을 둔다.

[12수학03-01] 길이의 단위를 활용하여 여러 가지 측정 활동에 참여한다.
[12수학03-02] 들이의 단위를 활용하여 여러 가지 측정 활동에 참여한다.
[12수학03-03] 무게의 단위를 활용하여 여러 가지 측정 활동에 참여한다.
[12수학03-04] 생활 속 활동에 필요한 양을 어림한다.

(가) 성취기준 해설

- [12수학03-01] 길이의 표준 단위인 cm, m를 활용하여 직접 측정하기 어려운 두 장소 사이의 거리를 통해 표준 단위 km의 필요성을 알게 한다. 표준 단위 km는 척도 및 거리 측정기기를 활용하여 간접 측정하며, 가정이나 학교를 기준으로 '몇 km' 거리에 있는 장소를 알아보고, 자주 이용하는 공공기관이나 시설 등의 거리를 측정하여 '몇 km 몇 m', '몇 m' 등으로 표현하게 한다.
- [12수학03-02] 들이를 나타내는 표준 단위 'L'와 'mL'가 사용되는 다양한 물건과 환경 상황을 탐색하여 표준 단위 'mL'를 알게 하고 비커, 실린더, 계량형 측정 도구의 사용 방법을 익히고 측정하게 한다. 똑같은 들이의 물건을 'L'와 'mL'단위로 각각 측정해 보며 표준 단위 사이의 관계를 파악하고, 다양한 용기에 들어있는 재료 및 음료수의 양을 측정하며 '몇 백 mL', '몇 십 mL' 등으로 표현하게 한다.
- [12수학03-03] 1kg보다 가벼운 무게를 나타내는 표준 단위 'g'이 사용되는 다양한 물건과 상황을 탐색하여 표준 단위 'g'을 알게 하고 여러 가지 계량형 저울의 사용 방법을 익히고 측정하게 한다. 똑같은 무게의 물건을 'kg'과 'g'으로 측정해 보며 표준 단위 사이의 관계를 파악하고, 여러 가지 물건의 무게 측정 활동을 통해 'g'에 대한 양적 감각을 익히며 무게의 표준 단위를 활용한 요리, 공예 등의 여러 가지 활동에 참여하게 한다.
- [12수학03-04] 어림 활동 관련 친숙한 상황이나 표현 등을 탐구하며 제시된 구체물의 길이, 무게, 들이의 양을 예측해 보고 결과를 확인하게 한다. 그리고 가정생활 및 직업 실습 활동 등에 필요한 여러 가지 물체의 양을 알아보고 같은 양의 물체를 찾거나 같은 양만큼 나타내는 활동 결과를 비교하며 어림에 대한 양적 감각을 경험을 통해 익히게 한다.

(나) 성취기준 적용 시 고려 사항

- [12수학03-01], [12수학03-02], [12수학03-03] 장애 정도가 심한 학생의 경우 학생이 쉽게 사용할 수 있는 임의 제작 측정 도구 및 디지털 기기 등을 활용하게 한다. 임의 제작

측정 도구는 표면에 눈금선과 수치를 제시하여 측정 결과를 직관적으로 읽을 수 있게 도움을 제공하고, 디지털 기기는 학생의 선택에 따른 측정 결과를 즉시 확인하여 활동에 대한 흥미와 관심을 높인다.

- [12수학03-01] 길이 활동의 경우, 길 찾기 웹사이트를 활용하여 우리 집을 출발점으로 지역사회 내 이용 시설이나 공공기관이 얼마나 멀리 떨어져 있는지 찾아보는 활동으로 진행하되, 디지털 기기의 사용 방법을 장애 특성에 맞게 최소화하여 제시하고 검색 결과는 시각적으로 확인하게 한다.
- [12수학03-02] 들이 활동의 경우, 'mL'가 표시되어 있는 여러 가지 용기에 물을 끝까지 채워 보는 활동을 통해 들이의 표준 단위 'mL'를 경험하게 한다. 그리고 'mL'와 'L'가 표시된 음료수 용기의 크기와 모양을 직관적으로 비교하게 하고, 1L의 물을 100mL, 500mL 용기에 똑같이 나누어 담는 활동을 통해 표준 단위의 차이를 경험하게 한다.
- [12수학03-03] 무게 활동의 경우, 500g, 100g 무게의 여러 가지 물건을 들어 보며 'g'에 대한 무게 감각을 경험하게 하고, 'kg' 단위의 물체와 'g' 단위의 물체를 양손으로 함께 들어 보며 'kg'과 'g'의 상대적 무게 차이를 인식하게 한다. 그리고 무게를 경험하는 활동과 함께 전자저울을 사용하여 무게를 측정함으로써 수치의 차이도 함께 확인하게 한다.

② 시간

고등학교 1~3학년 '시간'은 일상생활의 다양한 일들을 시간에 따라 계획하여 표로 나타내고, 여러 가지 생활 속 일정표를 보고 표시된 내용이나 정보를 찾아 활용할 수 있는 생활 속 시간 관리 능력을 갖추는 데 중점을 두었다. '시간'의 내용 요소는 시간 계획하기이다. 하루나 일주일의 생활 계획을 시간에 따라 세워 보는 방법을 익혀 계획표를 작성하고, 계획표에서 필요한 내용을 찾아 정리하는 활동을 충분히 경험하는 데 주안점을 둔다.

> [12수학03-05] 여러 가지 생활 내용을 일일, 주간 계획표에 나타낸다.
> [12수학03-06] 여러 가지 생활 계획표를 보고 필요한 일정을 나타낸다.

(가) 성취기준 해설

- [12수학03-05] 생활 속에서 볼 수 있는 여러 가지 일일, 주간 계획표를 보고 각각의 계획표에 나타난 공통적인 특성을 파악하여 계획표 작성 방법을 알게 한다. 하루(평일, 주말)나 일주일 동안 내가 해야 하는 일, 중요한 일 등을 알아보고 시간 순서, 우선순위에

따라 기록하게 한다. 그리고 일일, 주간 계획표를 작성하되, 내용은 개인의 일상적인 생활 내용뿐 아니라 직업생활, 환경 활동 등과 연계하여 범주를 확장한다.

- [12수학03-06] 생활 속 여러 가지 계획표의 내용을 보고 알 수 있는 사실이나 필요한 정보를 찾게 하며 계획표에서 찾은 내용을 일의 순서, 시간, 시각에 따라 정리하고, 자신의 일정표에 기록하게 한다. 그리고 계획표에 정리된 내용을 파악하여 다양하게 활용하는 활동을 통해 시간을 체계적으로 활용하는 능력을 신장시킨다.

(나) 성취기준 적용 시 고려 사항

- 장애 정도가 심한 학생의 경우 학생에게 익숙한 표와 달력 양식을 제시하고 학생이 좋아하는 활동을 삽화 또는 사진을 사용하여 표와 달력의 일정 공간 또는 숫자 옆에 나타내는 표현활동을 한다. 언어적 표현이나 신체활동이 어려운 경우, 교사 및 친구들과 함께 선택하기, 붙이기, 확인하기 활동 등으로 연계하고, 완성된 일정표와 달력을 보며 이야기 나눌 수 있게 한다.

(4) 규칙성

고등학교 1~3학년 '규칙성'은 생활 주변의 물체, 무늬, 수 등의 배열에서 규칙을 찾고, 찾은 규칙을 표현하며, 규칙을 생활 속 문제 해결에 활용하게 하는 데 중점을 두었다. '규칙성'의 내용 요소는 규칙의 활용이다. 일상생활의 다양한 장면에서 여러 가지 형태의 규칙을 찾고 표현하며, 스스로 규칙을 만들거나 규칙적인 요소를 생활 속 문제 해결에 적용하여 일상생활 속에서 규칙의 활용성을 높이는 데 주안점을 둔다.

[12수학04-01] 생활 주변의 물체, 무늬, 수 등의 배열에서 규칙을 찾고, 찾은 규칙을 표현한다.
[12수학04-02] 규칙적인 물체, 무늬, 수 등을 활용하여 생활 속 문제를 해결한다.
[12수학04-03] 대응하는 규칙을 활용하여 생활 속 문제를 해결한다.

(가) 성취기준 해설

- [12수학04-01] 생활 주변의 규칙적인 물체와 무늬의 배열, 엘리베이터의 숫자나 달력의 숫자와 같은 수 배열 등에서 규칙을 찾고, 찾은 규칙을 표현하게 한다. 학생은 물체, 무늬, 수 등의 배열에서 'ABAB'와 같이 반복되는 형태의 규칙뿐만 아니라 증가하는 형태의 규칙도 찾을 수 있다. 이와 함께 찾은 규칙에 대해 표현할 기회를 부여하는 것이

필요한데, 규칙에 대한 표현은 규칙성 활동에 중요한 요소이며, 학생들은 교사가 예상한 것과는 다른 규칙을 발견하기도 하기 때문이다.

- [12수학04-02] 학생에게 규칙적인 물체, 무늬, 수 등을 생활 속 문제 해결에 활용할 수 있게 한다. 학생은 규칙을 정해 물체를 배열하거나 규칙적 무늬를 활용하여 주변 환경을 꾸밀 수 있다. 이와 함께 규칙적인 물체 배열에서 규칙을 파악하여 다음에 필요한 물건의 개수를 추측하여 준비할 수 있다. 그뿐만 아니라 스스로 만든 규칙을 통해 자신이 만든 규칙을 친구가 찾고 다음에 올 것이 무엇인지를 알아맞히게 하는 활동도 할 수 있다.
- [12수학04-03] 대응하는 규칙을 활용하여 생활 속 문제를 해결할 수 있는 기회를 부여한다. 직업생활 장면에서 포장·조립을 반복하거나 일상생활에서 일정 개수의 물건을 반복해서 나누어 주는 것처럼 무언가를 만들거나 조작하는 상황 등에서 대응 관계에 따라 필요한 물건의 개수를 추측하여 준비하게 할 수 있다. 이처럼 규칙에 따라 하나의 변화하는 양에 대응하는 다른 양의 값을 구할 수 있게 하여 생활 속의 다양한 문제를 해결하게 한다.

(나) 성취기준 적용 시 고려 사항

- 장애 정도가 심한 학생의 경우 생활 주변에서 자주 접하는 구체물과 무늬 등에서 규칙을 찾거나 규칙에 맞게 물체와 무늬 등을 배열해 보는 기회를 제공한다. 이와 함께 여가생활 장면에서 규칙적인 동작, 물체 등을 활용하는 놀이에 친구들과 함께 참여하여 활동하게 한다. 또한 직업생활 장면에서 정교하고 세밀한 소근육의 움직임이 필요한 물건보다는 학생이 조작하기 쉬운 물건을 활용하여 대응하는 규칙에 따라 물건을 나누어주거나 만들고 조작하는 활동을 경험해 보게 한다.

(5) 자료와 가능성

① 분류하기

고등학교 1~3학년 '분류하기'는 실생활 속에서 분류된 물건들을 탐색하고 그 물건 중 내가 필요한 것을 찾아 선택하는 능력을 갖추는 데 중점을 두었다. '분류하기'의 내용 요소는 여러 가지 기준으로 분류하기이다. 일상생활 속 분류는 간단한 물건의 정리부터 의류, 서적, 음료 등 다양한 상황에서 관찰할 수 있으며 그중 물건이 정리된 곳에서 필요한 것을 찾아 선택하는 활동을 충분히 경험하는 데 주안점을 둔다.

[12수학05-01] 여러 가지 기준에 따라 자료를 분류한다.
[12수학05-02] 생활 속 분류된 자료를 보고 필요한 물건을 찾는다.

(가) 성취기준 해설

- [12수학05-01] 일상생활 속 여러 가지 물건의 특징을 보고 색과 모양, 크기와 쓰임, 색과 용도 등 두 개 이상의 기준을 함께 고려하여 분류하게 한다. 기준의 설정은 정해진 기준과 함께 학생에게 필요하거나 선호하는 기준을 자신이 정하게 하여 능동적 학습 상황으로 연계해 간다. 분류 활동은 생활 속 물건을 효율적으로 정리하고 쉽게 찾게 하여 분류의 유용성을 실생활에 활용하게 한다.
- [12수학05-02] 가정, 학교, 지역사회 영역으로 분류 상황을 확장하며 정리된 물건을 관찰하여 분류의 속성이나 특징을 파악하고 분류의 기준을 찾아보게 한다. 분류 기준을 파악하면 필요한 물건을 정확하게 찾을 수 있다는 것을 알게 하고 내가 정리한 물건의 분류 기준을 다른 사람에게 전달하여 나와 같은 방식으로 물건을 쉽게 찾을 수 있게 하여 분류의 실생활 활용성을 알게 한다.

(나) 성취기준 적용 시 고려 사항

- 장애 정도가 심한 학생의 경우 먼저 여러 가지 물건이 분류된 친숙한 공간이나 장소를 관찰하고, 학생에게 필요한 물건이 어디에 있는지 찾아보게 한다. 그리고 학생이 찾고자 하는 물건의 특징을 확인하고 해당 물건이 정리된 곳에서 찾게 하되, 교사가 먼저 찾는 시범을 보이거나 해당 물건이 정리된 공간에 대한 사진이나 그림 등을 제시하여 학습에 대한 자신감을 높인다.

2 표와 그래프

고등학교 1~3학년 '표와 그래프'는 실생활 속에서 접하게 되는 다양한 그래프 자료를 통해 필요한 정보를 찾고 그 정보에 따라 필요한 것을 선택하는 의사 결정 능력을 갖추는 데 중점을 두었다. '표와 그래프'의 내용 요소는 여러 가지 그래프이다. 여러 가지 형태의 그래프를 통해 다양한 방식으로 정보가 전달되고 있음을 알고, 그중 필요한 정보를 찾고 선택하는 활동을 충분히 경험하는 데 주안점을 둔다.

[12수학05-03] 여러 가지 그래프를 경험한다.
[12수학05-04] 생활 속 그래프를 보고 필요한 정보를 찾는다.

(가) 성취기준 해설

- [12수학05-03] 여러 가지 선, 띠, 원 모양 그래프의 형태, 내용 등을 탐구하여 그래프의 유형별 특징을 파악하고 그래프에 나타난 생활 정보 관련 디자인 요소를 활용하여 이미지로 전달하는 방식을 알아보게 한다. 그리고 그래프의 내용 소재는 실제 생활에 필요하거나 친구들과 함께 이야기를 나눌 수 있는 관심과 선호, 요구 등을 고려하여 선정한다.
- [12수학05-04] 여러 가지 매체에서 접할 수 있는 여러 가지 그래프 형태를 알고 그래프에 나타나 있는 다양한 정보를 파악하게 한다. 가정 및 지역사회 활동에 필요한 정보를 그래프에서 찾되, 정보의 내용이나 범주에 따라 두 개의 그래프를 활용하게 한다. 그리고 다양하게 제시된 여러 가지 그래프의 시각화 정보를 알아보는 충분한 경험을 통해 필요한 정보를 효율적으로 찾게 한다.

(나) 성취기준 적용 시 고려 사항

- 장애 정도가 심한 학생의 경우 생활 속 정보를 그림 형태로 제시하되, 제시된 항목의 종류와 수를 최소화하고 정보의 양은 직관적인 그림의 형태와 크기를 통해 명확하게 비교 가능한 것을 제시하게 한다. 그리고 장애 특성에 따른 디지털 기기를 활용하여 학생이 선택한 그래프 속 정보의 양을 크기, 면적 등에 따라 직관적으로 파악할 수 있는 경험을 제공하게 한다.

3 가능성

고등학교 1~3학년 '가능성'은 각종 매체를 통해 접하게 되는 다양한 가능성 정보를 듣고 활용하여 실생활 문제에 대해 합리적 결정 능력을 갖추는 데 중점을 두었다. '가능성'의 내용 요소는 생활 속의 가능성이다. 일상생활 속 각종 매체를 통해 제공되는 실생활 관련 가능성 정보를 알아보며 우리 생활에 필요한 활동이나 물건 등을 준비하는 데 주안점을 둔다.

[12수학05-05] 생활 속에서 여러 가지 가능성을 경험한다.

(가) 성취기준 해설

• [12수학05-05] 일상생활과 밀접하게 관련 있는 내용으로 구성하며 앞으로 일어날 일에 대해 예측하는 여러 가지 생활 및 환경 정보를 각종 매체를 통해 찾게 한다. 예측된 정보 중 가능성이 높거나 낮은 경우에 따라 학생이 무엇을 선택하고 준비해야 하는지 알아보고 이후 나타난 결과를 비교하며 생활 속 가능성 정보가 우리에게 주는 실용성을 인식하게 한다.

(나) 성취기준 적용 시 고려 사항

• 장애 정도가 심한 학생의 경우 일상생활에서 자주 발생하는 가능성 높은 정보를 미리 제공하고 어떤 상황이나 사건이 일어날 수 있는 일을 예측하여 결과를 비교하게 한다. 어떤 일이 일어날 가능성이 높은 경우에는 예측과 결과가 일치하는 경우를 자주 확인할 수 있지만 상황이나 조건에 따라 예측과 다른 결과가 나타날 수 있다는 것도 경험하게 하여 가능성의 특징을 인식하게 한다.

3. 교수 · 학습 및 평가

가. 교수 · 학습

(1) 교수 · 학습의 방향

(가) 교육과정에 제시된 '목표', '내용 체계', '성취기준', '평가'와 일관성을 가지도록 교수 · 학습 계획을 수립한다.

(나) 핵심 아이디어를 기반으로 지식의 전이 및 일반화를 높이고, 학생들이 '지식 · 이해', '과정 · 기능', '가치 · 태도' 범주를 다양하게 경험하도록 교수 · 학습을 운영한다.

(다) 학생의 생활연령과 주도적 참여를 고려하여 다양한 실생활 활동을 적용하는 생활 수학이 구현되도록 교수 · 학습을 계획하여 운영한다.

(라) 교수 · 학습 계획을 수립하거나 교수 · 학습 자료를 개발할 때에는 학생 수준, 내용의 특성과 난이도, 학교 여건 등을 고려하여 교육과정을 재구성할 수 있다.

(마) 타 교과 및 범교과 학습 주제를 수학 교과와 연계하여 생활 속의 문제를 합리적으로 해결할 수 있도록 교수 · 학습을 구성한다.

(바) 학생의 교육적 요구 및 특성 등을 고려하여 디지털 기반 교수 · 학습, 원격수업 등

미래 사회 및 환경 변화에 대응하는 교수・학습을 계획한다.

(사) 장애 정도가 심한 학생의 수학적 기능 향상을 위해 구체적 조작활동, 실생활의 친숙한 소재 활용, 놀이 중심 활동 등의 교수・학습을 계획하여 운영한다.

(2) 교수・학습 방법

(가) 수학과 수업은 학생의 능력과 수준, 학습 내용의 성격, 학습 상황 등을 고려하여 직접 교수 수업모형, 개념학습 수업모형, 원리탐구 수업모형, 문제 해결 수업모형 등의 적절한 수업모형을 융통성 있게 적용한다.

(나) 수학과 수업은 학생의 인지적 발달 단계를 고려하여 동작적・영상적・상징적 표상 활용 학습, 놀이를 통한 수학 학습, 인지・초인지 전략 등의 다양한 교수・학습 이론을 적용한다.

(다) 수학과 수업은 학생의 자기주도적 학습 능력을 향상시키기 위하여 자기 관리 중재법, 인지적 자기교수법, 협동 학습 등의 다양한 증거 기반 실제를 적용한다.

(라) 수학과 수업은 학생의 교육적 요구 및 특성을 고려하여 컴퓨터 보조학습, 보조공학, 매체 및 도구 활용 학습 등을 적절히 선택하여 적용한다.

(마) 학습 내용은 구체적 설명, 체계적 시범, 실생활 적용의 예시, 학생의 연습과 질문, 피드백 제공, 자기 점검, 그리고 평가 과정을 유기적으로 관련지어 지도한다.

(바) 장애 정도가 심한 학생에게 보완대체의사소통 체계, 부분 참여의 원리, 촉진 전략 등을 제공하여 주체적으로 수학 학습 활동에 참여하도록 한다.

(사) '지식・이해'의 교수・학습에서는 다음 사항을 강조하여 지도한다.

- 수학의 기초적 개념이나 용어를 지도할 때에는 직접 경험을 할 수 있도록 생활 주변의 사물이나 구체적인 사실을 학습 소재로 활용한다.
- 수학의 용어, 기호, 표, 그래프 등의 수학적 표현을 이해하기 위해 실생활에서 직접적으로 활용되고 있는 다양한 내용과 자료를 활용한다.
- 교수・학습 과정에서 다양하고 적절한 교구를 활용한 구체적인 조작 및 탐구 활동을 통해 수학의 기초적인 개념과 원리를 이해하게 한다.
- 가상현실(VR), 증강현실(AR), 혼합현실(MR), 교육용 콘텐츠 등의 디지털 자료를 활용하여 수학적 개념의 이해를 돕는다.
- 생활 주변 현상, 사회 현상, 자연 현상 등의 여러 가지 현상과 관련된 실생활 문제를 해결하면서 수학적 개념과 원리를 탐구하고, 이를 일반화하게 한다.

(아) '과정 · 기능'의 교수 · 학습에서는 다음 사항을 강조하여 지도한다.

- 수학적 지식과 기능을 활용하는 여러 가지 문제 상황을 접하게 하고, 적절한 문제 해결 방법을 계획하고 적용해 보는 다양한 학습 활동을 통해 성공적인 문제 해결 과정을 경험하게 한다.
- 학생 간 상호 작용 및 역할 부여를 통해 또래들과 협력하여 문제를 해결하는 협력적 문제 해결의 기회를 제공한다.
- 관찰과 탐구 상황에서 귀납, 유추 등을 통해 학생 스스로 수학적 사실을 추측하고, 그 결과를 확인하는 많은 경험을 통해서 합리적이고 논리적으로 생각하는 능력을 키운다.
- 개별 학생에게 적절한 다양한 표상 양식을 활용하여 수학적 아이디어를 표현하게 하고, 다른 사람의 생각을 이해하는 과정에서 다양한 관점을 존중하고 협력하게 한다.
- 수학적 개념 간의 연관성을 파악하고 수학적 지식과 기능을 다른 교과나 실생활 상황에 적용하는 학습 활동을 통해 융합적 사고 능력을 키운다.
- 계산기, 컴퓨터, 교육용 소프트웨어, 교육용 앱 등의 공학적 도구와 구체물, 가상 조작물, 측정 도구 등의 교구를 활용하는 다양한 학습 활동을 통해 실생활 활용 능력을 키운다.

(자) '가치 · 태도'의 교수 · 학습에서는 다음 사항을 강조하여 지도한다.

- 생활 주변 및 사회, 자연 등의 다양한 현상과 관련지어 수학을 배움으로써, 수학의 역할과 가치를 인식하고 수학의 필요성을 느낄 수 있게 한다.
- 수학에 흥미, 호기심, 자신감을 갖고 학습에 적극적으로 참여하게 하며, 끈기 있게 도전하도록 격려하여 학습동기와 의욕을 갖게 한다.
- 정답만을 강조하지 않는 허용적인 학습 분위기를 조성하고, 학생 특성에 따른 적절한 지원을 제공하여 성공적인 수학 학습을 경험함으로써 바람직한 태도를 형성하게 한다.

(차) 개인차를 고려하여 개별화된 수업을 실행할 때에는 다음 사항에 유의한다.

- 학생 개인별로 개별화교육계획을 수립하여 학생 맞춤형 수업을 실행한다.
- 보편적 학습설계의 원리에 따라 장애 정도가 심한 학생을 포함한 모든 학생이 수업에 참여할 수 있는 다양한 선택권을 제공하는 수업 계획을 수립한다.
- 학생 개개인의 선행 학습 경험, 학습 능력과 수준 등을 고려하여 교수 · 학습 방법,

교수 · 학습 자료, 교수적 지원 정도 등에서 개별화를 실행한다.

(카) 교수 · 학습 자료를 개발할 때에는 다음 사항에 유의한다.

- 교수 · 학습 자료는 학습 목표, 학습 내용, 학습 과정에 맞추어 개발하되, 학생의 흥미 및 동기, 학습 양식, 의사소통 방법 및 능력 등의 개인차를 고려한다.
- 교수 · 학습 자료는 다양하고 풍부한 실생활에서의 구체적인 소재로 실물, 동영상, 모형, 사진 등을 활용하여 학생의 경험을 확대하고, 학생이 선호하는 자료를 학습 활동에 적극 활용한다.
- 원격수업을 위한 교수 · 학습 자료는 학생의 교육적 요구 및 특성, 여건 등을 고려하여 개발하되, 학습 내용이 체계적으로 전달될 수 있도록 맞춤형으로 개발한다.
- 미래 사회에서 필요로 하는 수리, 디지털 소양 등을 고려하여 다양한 공학 도구 및 보조 기구와 교수 · 학습 자료를 활용한다.

(타) 의미 있는 발문을 하기 위해서는 교수 · 학습에서 다음 사항에 유의한다.

- 발문을 할 때는 학생의 인지 발달과 경험을 고려하며, 발문에 대한 학생의 반응을 의미 있게 처리한다.
- 학생의 사고를 촉진하는 다양한 발문을 통해 상호 작용이 활발한 교실 환경을 구축하고 학생의 능동적 수업 참여를 촉진한다.

(파) 원격수업에서의 교수 · 학습 방법을 제시할 때에는 다음 사항에 유의한다.

- 교사와 학생, 학생과 학생 간의 상호 작용이 원활하게 이루어지도록 수학 내용과 관련된 다양한 콘텐츠를 활용한다.
- 학교와 가정 간의 원활한 소통이 이루어지도록 원격수업 관련 플랫폼을 사전 점검하여 수업 진행에 어려움이 없도록 한다.

나. 평가

(1) 평가의 방향

(가) 학생의 수학 학습에 필요한 유용한 정보를 수집 · 활용하여 학생 성장과 발달을 돕기 위한 학습 측면에서의 평가와 교사의 수업 방법을 개선하고 전문성을 신장하기 위한 교수 측면에서의 평가로 실행할 수 있다.

(나) 교육과정에 제시된 내용의 수준과 범위를 준수하고, 교육과정의 '목표'와 '내용 체계', '성취기준', '교수 · 학습 방법 및 평가'가 일체화되도록 구체적인 평가 방향과 기준을 제시하도록 한다.

(다) 수학과 평가 활동은 교수·학습 활동과 연계된 필수적인 수업 활동으로, 모든 학생이 평가 활동에 참여할 수 있도록 다양한 평가 방안을 계획한다.

(라) 평가 결과는 학생, 학부모, 교사에게 피드백을 제공하고 환류하여 학생의 발달 및 수학 학습 개선에 도움이 되게 한다.

(마) 다양한 학습자의 교육적 요구 및 특성, 온오프라인의 학교 공간 확대 등을 고려한 실제적인 평가가 되도록 한다.

(바) 학습 측면에서의 평가는 학생 간 비교보다는 학생 내 향상 정도를 점검하고, 학생 개개인의 장점과 가능성을 발견하는 데에 초점을 둔다.

(사) 교수 측면에서의 평가는 교수·학습 방법, 교수·학습 자료, 평가 방법 등의 실제 수업을 개선하고, 교사 전문성을 신장하기 위한 반성적 자료로 활용한다.

(2) 평가 방법

(가) 학생 개개인의 현재 학습 수행 수준과 인지 발달 정도를 고려하고, 교육과정에 제시된 내용 수준과 성취기준을 종합적으로 고려하여 실시한다.

(나) 수업 전개 과정에 따라 진단평가, 형성평가, 총괄평가 등을 실시하되, 학습 과정 전반에 걸친 지속적인 평가를 통해 다양한 정보를 수집한다.

(다) '지식·이해', '과정·기능', '가치·태도' 범주가 고루 반영될 수 있도록 과정과 결과 모두에 초점을 두고 종합적인 평가가 이루어지도록 한다.

(라) 관찰, 체크리스트, 평정 척도, 면담, 포트폴리오, 자기 평가 등의 다양한 평가 방법을 사용한다.

(마) 생활 주변 현상이나 구체적 사실 등에서 수학의 기초적인 개념과 원리에 대해 이해하고 적용하는 과정에 초점을 둔 과정 중심의 평가가 이루어지도록 한다.

(바) 실생활과 관련된 다양한 문제 상황에서의 실제적인 평가를 통해 생활 수학으로의 전개를 위한 환류 자료로 활용되도록 한다.

(사) 평가하는 내용이나 방법에 따라 학생이 계산기, 컴퓨터, 교육용 소프트웨어 등의 공학적 도구와 다양한 교구를 이용할 수 있게 한다.

(아) 학생 개개인의 장애 유형이나 특성, 반응 및 표현 방식에 따라 다양한 표현 방식으로 수학적 의사소통이 이루어질 수 있는 평가 방안을 마련하여 모든 학생이 평가에 참여하게 한다.

(자) 장애 정도가 심한 학생의 경우 실제 장면에서의 '과정·기능'에 초점을 둔 참평가를

실시하고, 필요한 경우 대안평가 방안, 학생 특성을 반영한 평가기준 적용, 평가 방법의 조정 등을 적용한다.

(차) 교수 측면에서의 평가는 수업 설계, 수업 실행, 수업 평가 등 일련의 과정에서 여러 가지 정량적 혹은 정성적 평가를 실시하여 수업 방법의 개선에 실제적인 도움이 되게 한다.

[찾아보기]

인명

내용

[ㄱ]

[ㄴ]

[ㄷ]

[ㄹ]

[ㅁ]

[ㅂ]

[ㅅ]

[ㅇ]

[ㅈ]

[ㅊ]

[ㅋ]

[ㅌ]

[ㅍ]

[ㅎ]

[기 타]

[저자 소개]

남 윤 석(위덕대학교 특수교육학부 교수)

• 공주교육대학교
• 공주대학교 대학원(지적장애교육전공, 교육학박사)
• 논문: 장점 중심 특수교육을 위한 탐색적 연구, 수학 수업에서 나타나는 특수교육대상학생들의 수학 학습 특성의 다양성에 관한 연구, 특수교육 관련 도서 분석을 통한 특수교육학의 학술 동향 탐색 등
• 저서: 2022 개정 특수교육 기본 교육과정 수학과 교육과정 개발(공저), 특수교육 기본 교육과정 수학 교과서 및 지도서(공저), 특수교육 교과교육론(공저), 특수교육 교재연구 및 지도법(공저), 장애학생 통합교육론(공저), 특수교육 수학교육론(공저) 등

유 장 순(나사렛대학교 중등특수교육과 교수)

• 강남대학교
• 단국대학교 대학원(지적장애아교육전공, 교육학박사)
• 논문: 특수학교의 미술교과 시간에 일반학생과의 협동학습이 자폐성장애학생의 사회적 기술에 미치는 영향, 초등학교 통합학급에서 협력교수 실행에 관한 협력교사들의 인식 분석, 통합교육을 위한 특수교사의 직전교육 방향 탐색 등
• 저서: 2022 개정 특수교육 기본 교육과정 수학과 교육과정 개발(공저), 특수교육 기본 교육과정 수학 교과서 및 지도서(공저), 특수교육 교재연구 및 지도법(공저), 특수교육 수학교육론(공저), 특수학급 경영론(공저), 통합교육 이론과 실제(공저) 등

이 대 식(경인교육대학교 특수(통합)교육학과 교수)

• 서울대학교
• 서울대학교 대학원(교육방법전공, 교육학석사)
• University of Oregon(특수교육, 박사)
• 논문: 교육과정 재구성에 대한 교사들의 인식, 학습 어려움, 어떻게 이해하고 대처할 것인가?: 국내 학습장애교육 발전을 위한 과제와 방향, 학습부진학생 지원체제에 대한 경기 지역 초등교사들의 의견, 개별화교육계획(IEP)의 현장 적합성 강화 방안 등
• 저서: 학습부진 및 학습장애 교육, 직접교수법에 따른 효과적인 수학 수업(공역), 통합교육의 이해와 실제(공저), 학습장애아동의 이해와 교육(공저), 21세기 특수교사(공역), 학업성공을 위한 학습전략(공역), 영어읽기 학습부진 직접교수법(역) 등

이 필 상(건양대학교 초등특수교육과 교수)

• 대구대학교
• 대구대학교 대학원(청각・언어장애교육전공, 문학박사)
• 논문: 2015 개정 특수교육 기본 교육과정 현장 적용성에 관한 특수교사의 인식 연구, 2015 개정 특수교육 기본 교육과정 수학과 지도에 관한 특수교사의 경험적 인식 연구, 특수교육적 관점에서 바라본 다문화가정 아동, 청각장애아동의 어음변별 및 발성・발화 특성 등
• 저서: 특수교육학개론(공저), 최신 특수교육학(공저), 청각장애아교육의 이해(공저), 청각장애아교육(공저), 특수교육 수업컨설팅(공저) 등

홍 성 두(서울교육대학교 유아·특수교육과 교수)

• 단국대학교
• 서울대학교 대학원(학습장애아교육전공, 교육학박사)
• 논문: 문장제 문제에 대한 일반아동과 저성취 아동 및 수학학습장애아동의 중재반응 특성 비교 분석, 수학학습장애 진단을 위한 교육과정중심측정 진전도 기울기의 대안적 산출 방안 연구, 장애유무에 따른 국어・영어・수학 교과별 내재동기의 변화 추세

고 혜 정(순천향대학교 특수교육학부 교수)

• 부산대학교
• 서울대학교 대학원(학습장애아교육전공, 교육학박사)
• 논문: 수학문장제 문제해결과정에서의 수학학습장애 위험학생 인지상태 진단, 경로분석을 활용한 수학문장제 문제해결력 영향요인에 관한 연구, 수학문장제 문제해결력 향상을 위한 중재 효과 분석 등
• 저서: 특수교육의 이해(공저), 특수아상담(공저), 특수아동의 이해(공저), 특수학교 기본교육과정 여가활용 교과서 및 지도서(공저) 등

이 성 진(흥해남산초등학교 교사)

• 위덕대학교
• 위덕대학교 대학원(특수교육전공, 교육학 박사)
• 논문: 좋은 수학수업에 대한 초등특수교사의 학습경험 탐색 연구
• 저서: 2022 개정 특수교육 기본 교육과정 수학과 교육과정 개발(공저), 특수교육 기본 교육과정 수학 교과서 및 지도서(공저), 특수교육에서 함께 디자인하는 좋은 수학 수업(공저)

〈2판〉
개정 교육과정에 따른
특수교육 수학교육론

2021년 3월 5일 1판 1쇄 발행
2023년 6월 30일 1판 2쇄 발행
2025년 3월 1일 2판 1쇄 인쇄
2025년 3월 5일 2판 1쇄 발행

저 자 : 남윤석 유장순 이대식
이필상 홍성두 고혜정
이성진
발행자 : 한 정 주
발행처 : 교 육 과 학 사

저자와의
협의하에
인지생략

경기도 파주시 광인사길 71
전화(031)955-6956~8/팩스(031)955-6037
Home-page: www.kyoyookbook.co.kr
E-mail: kyoyookbook@daum.net
등록: 1970년 5월 18일 제2-73호

낙장 · 파본은 교환해 드립니다.
Printed in Korea.

정가 29,000원
ISBN 978-89-254-2009-7